新郑年鉴

XINZHENG YEARBOOK

2023

新郑市地方史志办公室 编

方志出版社

Publishing House of Local Records

图书在版编目(CIP)数据

新郑年鉴. 2023 / 新郑市地方史志办公室编. —北京 : 方志出版社, 2023.12
ISBN 978-7-5144-6102-2

Ⅰ. ①新… Ⅱ. ①新… Ⅲ. ①新郑－2023－年鉴 Ⅳ. ①Z526.14

中国版本图书馆CIP数据核字(2023)第253055号

责任编辑：王海荣
责任校对：张玉霞
责任印制：梅中英
出 版 者：方志出版社
地　　址：北京市朝阳区潘家园东里 9 号（国家方志馆4层）
邮　　编：100021
网　　址：http://www.zgfzcb.cn
发　　行：方志出版社图书营销中心（010−67110500）
印　　刷：河南瑞之光印刷股份有限公司
开　　本：889毫米×1194毫米 1/16
印　　张：24.75
字　　数：1070千字
版　　次：2023年12月第1版
印　　次：2023年12月第1次印刷
定　　价：280.00元

编辑说明

一、《新郑年鉴》是在中共新郑市委领导下，由新郑市人民政府主办，新郑市地方史志办公室编纂的，以马克思列宁主义、毛泽东思想、邓小平理论、“三个代表”重要思想、科学发展观、习近平新时代中国特色社会主义思想为指导，坚持辩证唯物主义和历史唯物主义的立场、观点和方法，具有政府年度公报性质的资料性、综合性、实用性的年度地情书。

二、《新郑年鉴》2004年首次出版，此后每年出版一卷，逐年排列卷次，本卷为第十九卷。

三、《新郑年鉴（2023）》记述的是2022年度新郑市的政治、经济、文化和社会发展进程及重大事件。为保持事物的连续性和完整性，有些事物记述时限适当上溯或下延。

四、《新郑年鉴（2023）》采用条目体形式编纂，主要按类目、分目、条目三级框架编排，条目为记述实体。全书设特载、数字新郑、专记、大事记、市情总貌、中共新郑市委、新郑市人民代表大会及其常务委员会、新郑市人民政府、政协新郑市委员会、纪检　监察、民主党派、人民团体、军事、法治、城乡建设和环境保护、商务　政务、园区建设、农业　农村、水利、工业、交通　通信、商业贸易、金融、财政　税务、经济管理与监督、科学技术、教育、文化、旅游、卫生　体育、社会生活、乡（镇）街道、人物、附录、索引。为反映重大事件及领导的重要活动，以专记和图片说明的形式载入。为增加知识性、直观性，书中插排一定数量的照片和图表。

五、《新郑年鉴（2023）》未标明具体城市名的“县”“市”一律为“新郑县”“新郑市”。组织机构及领导成员收录的标准为2022年12月31日前担任领导职务的科级以上（含副科级）领导干部，当年度离退休领导干部未收录。班子成员以新郑市委组织部核定信息为准，排序仅为编辑需要和查询方便。

六、《新郑年鉴（2023）》录入资料由各单位搜集提供，经各单位领导审阅签字后编辑入鉴。书中主要数据出自统计资料，统计资料未详的，以原单位提供数据载入，与统计数据有出入的，以统计数据为准。

七、《新郑年鉴（2023）》数字用法、标点符号用法分别采用国家标准《出版物上数字用法》（GB/T 15835—2011）、《标点符号用法》（GB/T 15834—2011），计量单位采用国家技术监督局1993年12月发布的《量和单位》系列国家标准。

新郑年鉴编纂委员会

《新郑年鉴（2023）》编辑部

总　　编	王淑慧
主　　编	李　磊
执行主编	鲍利伟　赵　峰
副 主 编	宁淑娜　乔永杰　王建平
执行副主编	刘广平　高　敏　张玉香　张铁峰
编　　辑	马艳辉　安丰铭　史慧琳　安韶军　张书琴　赵艳萍 韩伟萍　许聪敏　王　然　郭　涛　李　冰　杜国召 马军霞　连艳霞　王彦峰　韩建勋　崔国强　吴玲玲 朱焕英
图片编辑	张玉香　刘栓阳

荣誉新郑

Honorable Xinzheng

◎国家级

中华第一古都
中国大枣之乡
国家卫生城市
国家园林城市
中国优秀旅游城市
中国特色魅力城市200强
中国全面小康十大示范县（市）
全国科学发展最具区域带动力中小城市百强县（市）
全国中小城市综合实力百强县（市）排名第37位
全国十佳和谐可持续发展城市
全国县域经济基本竞争力百强县（市）排名第28位
全国县城发展潜力百强县（市）排名第12位
国家首批创新型县（市）
全国工业百强县（市）排名第32位
全国营商环境百强县（市）排名第74位
国家新型城镇化建设示范县
全国最具农业投资价值县（市）
全国品牌农业示范县（市）
全国食品工业十大发展特色县（市）
全国食品工业强县（市）
全国新型农村合作医疗试点县（市）
全国县级城市旅游竞争力20强
全国知识产权试点（市）
全国侨联爱国主义教育基地
全国社会治安综合治理先进单位
全国科技创新百强县（市）排名升至第44位
全国体育工作先进县（市）
中国数字治理百佳县（市）
全国民政工作先进县（市）
全国电气先进县（市）
全国文物保护先进县（市）
全国工商系统商标工作先进集体
全国法治县（市、区）创建活动先进单位（连续4年）
全国经济普查先进单位
全国企业信息化试点县（市）
全国义务教育发展基本均衡县（市）
全国农村职业教育和成人教育示范县（市）
全国水土保持生态环境建设示范城市
全国农田水利基本建设先进单位
全国中医药工作先进县（市）
全国劳动力转移就业示范县（市）
连续9年获评全国平安建设先进县（市）
全国“两基”工作先进县（市）
全国价格认证机构规范化建设示范单位
全国农机推广运行机制研究试点县（市）
全国科技富民强县行动试点县
全国和谐中小城市示范单位
连续五年被评为全国人民网网民留言办理工作先进单位
全国健康促进县（市）
拜祖大典被列入国家级非物质文化遗产名录
黄帝故里拜祖大典被评为最具国际影响力祭拜大典
全国“新时代好少年”主题教育读书活动先进单位
全国第二批节水型社会建设达标县（区）
国家高效节水灌溉示范县
被中宣部确定为全面建成小康社会“百城千县万村”调研行活动县级调研点
入选国家首批创新型县（市）建设试点
通过全国基层中医药工作先进单位复审
列为国家慢性病综合防控示范区
“戏曲进乡村”活动成为全省唯一入选的首批全国农村公共服务典型案例
郑韩故城跻身国家考古遗址公园行列
获全国统战工作实践创新成果奖
被确定为全国农村承包地确权登记颁证工作先进典型地位
获“中华诗词之乡”称号
跻身全国退役军人就业创业中部地区试点
“龙湖樱桃”获评国家地理标志证明商标
新郑市公立人民医院通过“三甲”医院验收
新郑市博物馆晋升国家二级博物馆
裴李岗遗址入选第三届中国考古学“百年百大考古发现”名单
公共资源交易中心跻身全国公共资源交易机构百强
南水北调丹江口库区移民安置通过国家验收
辛店镇荣膺全国文明镇
龙湖镇连续5年为全省唯一跻身全国综合实力百强镇
龙湖镇泰山村入选全国乡村旅游重点村名录
渔夫子路社区获评全国综合城市示范社区
石聚彬获“中国好人”称号
薛店镇通过国家卫生镇复审
创成国家卫生镇5个
泰山村、北靳楼村获得全国文明村、中国旅游模范村
首批国家创新型县（市）
好想你获评中国商标金奖企业

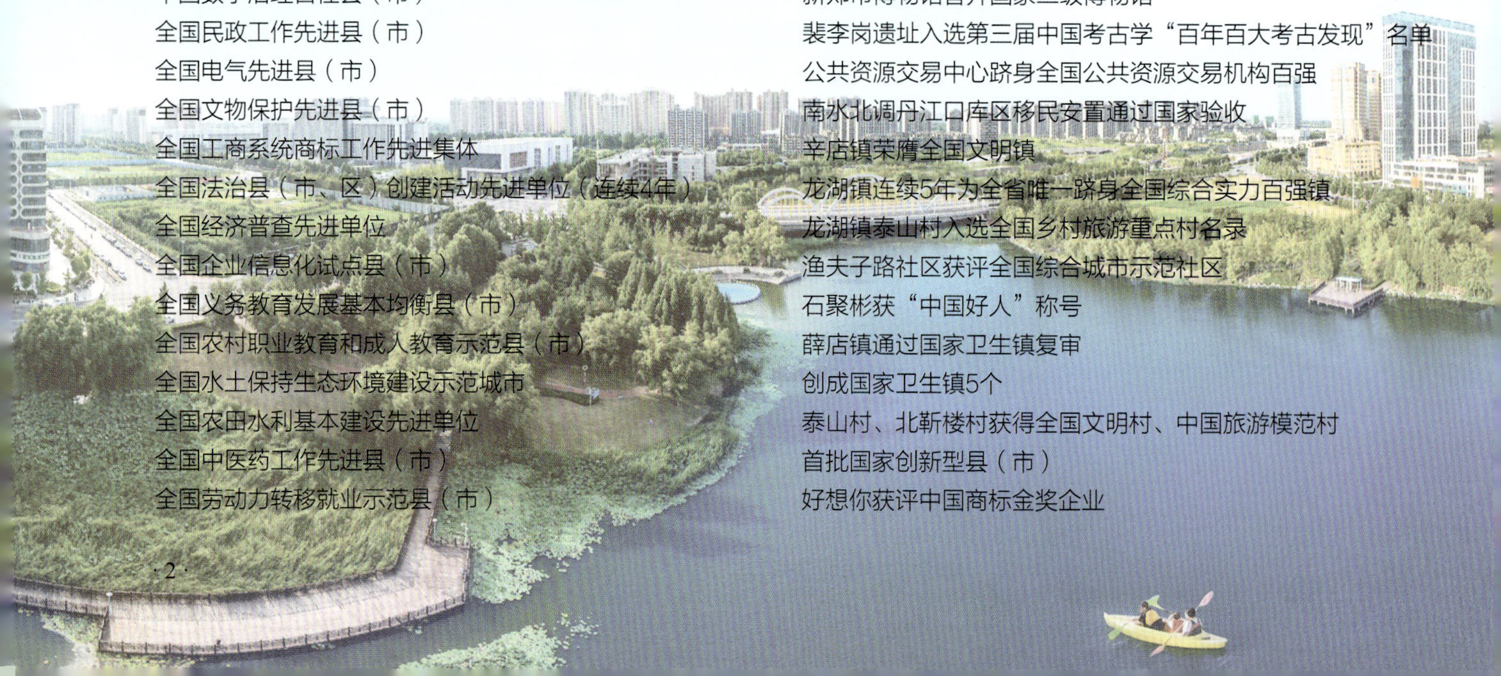

◎省级

河南文明城市创建年度测评连续三年名列全省第一
河南省食品安全示范市
河南省园林城市
河南省红旗渠精神杯（连续20年）
河南省对外开放先进县（市）
河南省双拥模范城市“九连冠”
全省移民工作先进单位
河南省“安全生产日”活动先进单位
河南省信访工作先进县（市）
县域经济发展质量总体评价连续位居全省县（市）首位
全省结对帮扶工作先进单位
河南省知识产权强县工程示范县（市）
通过国家园林城市创建省级初验
全省第一批践行县城治理“三起来”示范县
全省“万村通客车提质工程”示范县（市）
河南省十大文化强县
通过河南省公共文化服务体系示范县创建验收
通过省级全域旅游示范区验收
河南省安全工作先进单位
河南省农业生产社会化服务示范县
河南省营商环境建设先进县（市）
“不见面开标+AI智慧辅助评标”入选省优化营商环境优秀案例
全省首个中国联通“数字乡村”示范县
成功通过省级森林城市验收公示
河南省秸秆禁烧工作成绩突出单位
河南省结对帮扶工作先进单位
全省县（市）营商环境排名第一位
唯一一个达到省辖市优秀水平的县（市）
河南省制造业高质量发展综合评价试点县（市）
通过全省首批县级融媒体中心试点县（市）验收
河南省家风家教示范基地
河南省示范性老年学校
河南省农产品质量安全县（市）
河南省生态廊道高标准建设示范县（市）
河南省“四好农村路”示范县（市）
河南省“万村通客车”提质工程示范县（市）
新郑考院入选第八批河南省文物保护单位
全省制造业高质量发展综合评价试点县（市）
全省政府系统督查工作先进单位
以第一名成绩荣获全省现代化公共文化服务体系建设绩效考核优秀县（市）称号
全省红十字系统“99公益日”互联网筹资先进县
全省党的二十大维稳安保工作先进集体
连续6年获得全省平安建设先进单位
农村垃圾治理、乡镇公厕建设工作通过省级达标验收
全省农村垃圾分类和资源化利用示范县（市）
薛店镇被评为省级园林乡镇
传化物流小镇、好想你健康食品物流产业园成功入选省级服务专业园区
观音寺镇创成省级农业产业强镇，被认定为河南省特色生态旅游示范镇
创成省级卫生镇5个
泰山村、敬楼村被评为省级基层党建示范村
新港产业集聚区晋升省级经济技术开发区
市公共资源交易改革经验荣登省委改革办典型案例红榜并全省推广
河南省唯一一个县（市）级公共资源交易平台

◎郑州市级

城市管理综合考评连续4年蝉联郑州县（市）首位
荣获2022年度郑州市环卫优胜杯
夺取郑州市爱国卫生金杯
15个单位创建为郑州市级以上园林单位
重新认定郑州市级卫生村（社区）44个
5家单位获评郑州市食品安全管理示范单位
郑州市建议提案办理先进单位
郑州市市长电话工作先进单位
郑州市农作物秸秆禁烧和综合利用工作先进单位
郑州市疫情防控先进集体
郑州市双拥模范城
郑州市重点民生实事办理工作先进单位
郑州市市长电话优秀督办单位
郑州市义务教育阶段课后服务示范市
郑州市“提升中小学作业设计质量的实践研究”推广应用示范区
壬寅年黄帝故里拜祖大典筹办工作先进单位
郑州市“放管服”改革先进集体
“数字郑州”建设工作先进区县（市）
郑州市国防后备力量建设先进单位：党管武装工作模范县（市）
安置房建设和问题楼盘攻坚化解先进集体

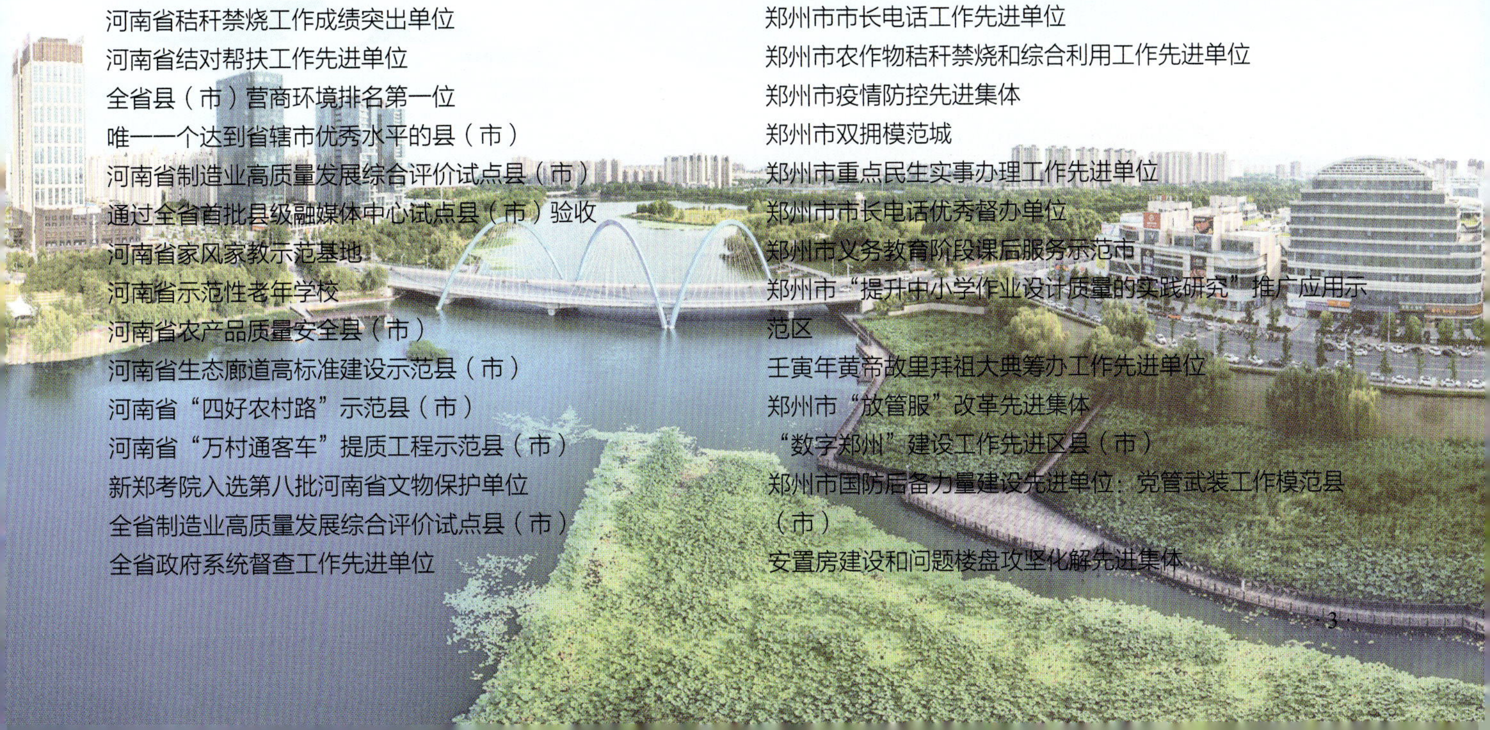

政治建设全面加强

ZHENGZHI JIANSHE QUANMIAN JIAQIANG

2022年2月22日，中国共产党新郑市第六届委员会第三次全体会议暨市委经济工作会议召开（刘栓阳/摄）

2022年6月28日，新郑市第六届人民代表大会第一次会议召开（刘栓阳/摄）

2022年6月27日，中国人民政治协商会议新郑市第六届委员会第一次会议召开（刘栓阳/摄）

2022年2月24日，中国共产党新郑市第六届纪律检查委员会第二次全体会议召开（刘栓阳/摄）

"十大战略"行动深入推进

SHIDA ZHANLUE XINGDONG SHENRU TUIJIN

创新驱动高质量发展

新郑市积极引进高端科研资源，与国内知名院校、科研机构开展合作，搭建省级以上研发平台50多家，为经济高质量发展赋能（刘栓阳/摄）

河南天康宏展食品有限公司生产车间，工人在生产线上分割包装食品（刘栓阳/摄）

数字化赋能城市发展

在孟庄镇酒孙村古枣园，技术人员在带领农户认识智慧农业数字化智能控制设备（刘栓阳/摄）

先进制造业优化发展

新郑着力打造全省产学研一体化示范区，加快培育和发展新质生产力（刘栓阳/摄）

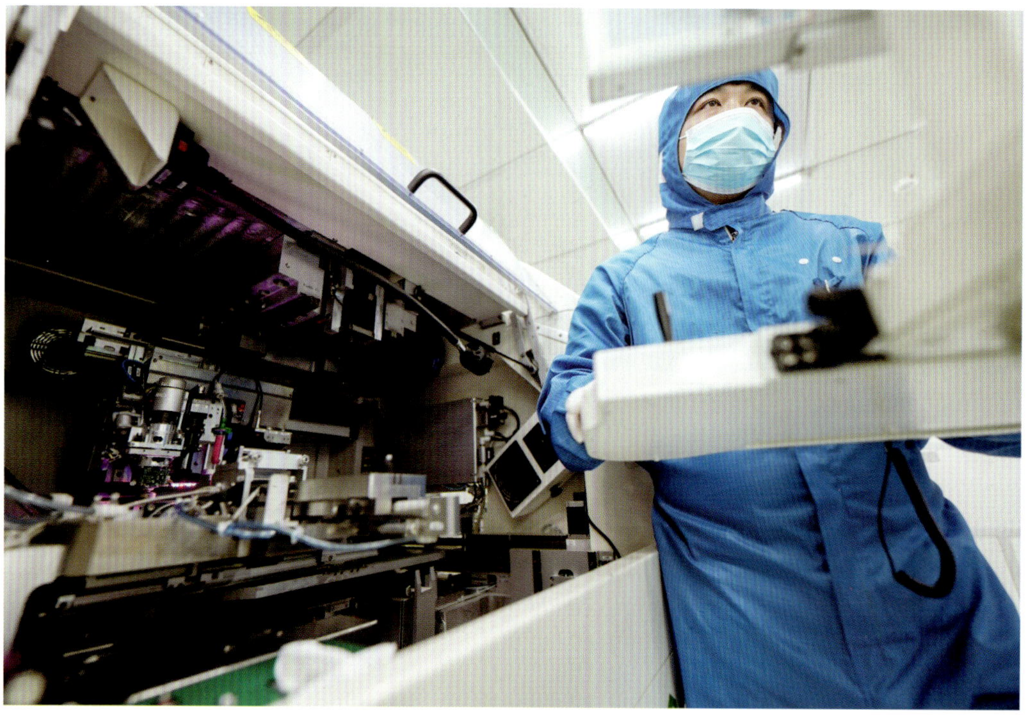

锐杰微科技集团技术人员在检测产品（刘栓阳/摄）

城市文化特色充分彰显

2022年4月3日，壬寅年黄帝故里拜祖大典在新郑举行（刘栓阳/摄）

南街古巷

优秀中华儿女在壬寅年黄帝故里拜祖大典仪式上手持火炬，祝福祖国繁荣昌盛

新郑市文化馆在辛店镇北靳楼村开展非遗传承文化活动（刘栓阳/摄）

外向型经济发展增添动能

优化营商环境，群众办事更加便捷

城市品质持续提升

火车公园俯瞰

郑韩路东延通车（刘栓阳/摄）

郑韩故城国家考古遗址公园（合成图）（刘栓阳/摄）

新郑新区（刘栓阳 / 摄）

南街历史文化街区一隅

乡村振兴稳步推进

历史文化名村新村镇裴李岗村（刘栓阳／摄）

历史文化名村观音寺镇唐户村（刘栓阳/摄）

花海摇曳，色彩斑斓（刘栓阳/摄）

观音寺镇菜王村发展养驴特色产业，助推乡村振兴（刘栓阳／摄）

一名老师带着孩子体验农耕乐趣（刘栓阳／摄）

游人在新村镇时垌村桃花林游览（刘栓阳／摄）

梨河镇供港蔬菜基地喜获丰收（刘栓阳／摄）

2022 年 1 月 9 日，位于河南省郑州市新郑市城关乡的新郑市贺源农机专业合作社，社员给购置的 10 台新型农机绑上红绸绳，并对驾驶员进行农机操作安全培训，为即将到来的春耕生产做准备（刘栓阳 / 摄）

农民在大棚内进行作物治理

生态环境质量持续改善

四季有花的滨河公园

轩辕湖湿地公园秋景（刘栓阳/摄）

社会大局安全和谐稳定

SHEHUI DAJU ANQUAN HEXIE WENDING

加强应急管理体系和能力建设

开展消防救援演练（刘栓阳／摄）

举行危险化学品火灾事故企地联动应急救援演练（刘栓阳／摄）

推进“三零”平安创建

具茨山社区平安创建工作例会

平安创建示范村辛店镇大槐树村（王红涛／摄）

防范化解安全生产风险

电力部门利用无人机进行安全巡检，保障电力供应

民生福祉持续增进

MINSHENG FUZHI CHIXU ZENGJIN

就业

梨河镇前吕村有服饰生产、农场种植等企业八家，助力附近村民就地就业（刘栓阳/摄）

郑州人人利食品生产车间，工人在加紧生产

教育

学生在校园里进行课外学习（刘栓阳／摄）

孩子在华信剑桥小学明亮的教室里上课（刘栓阳／摄）

新郑市实验小学开展学雷锋教育活动（刘栓阳／摄）

卫生

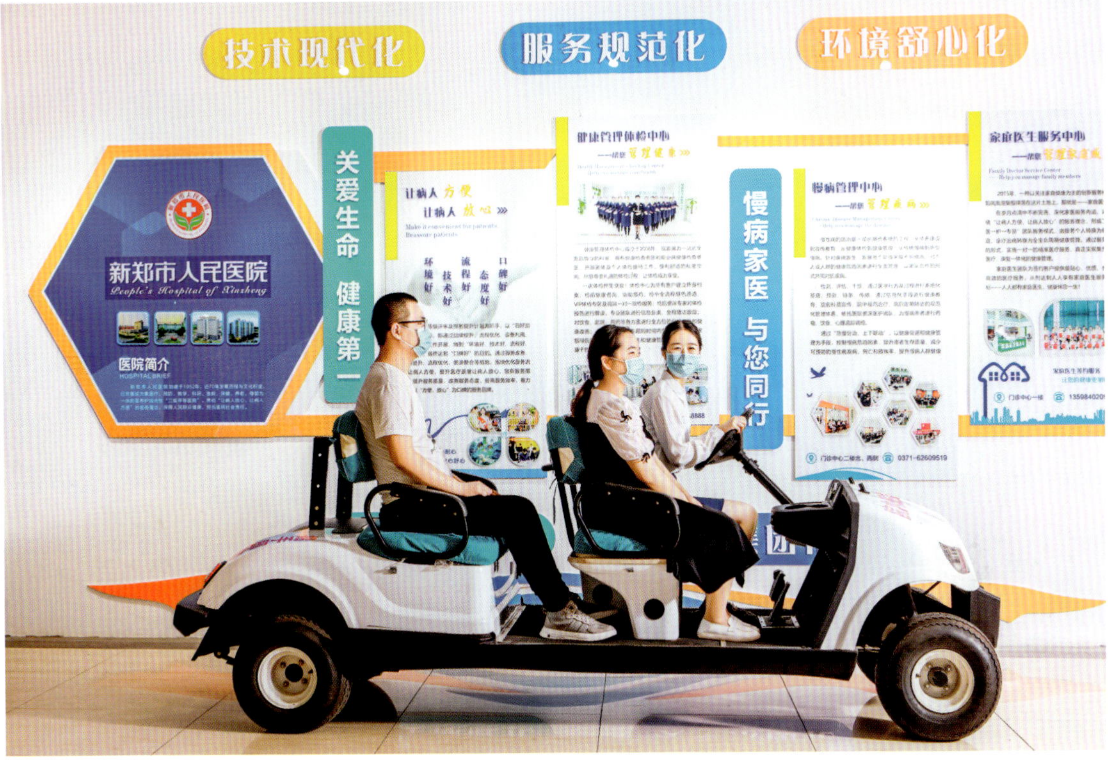

新郑人民医院标准化管理让群众就医更加便捷（刘栓阳/摄）

群众就医，电子扫码支付更加便捷（刘栓阳/摄）

公共服务

群众在康养中心工作人员的帮助下健身（刘栓阳/摄）

东街社区党群服务中心（刘栓阳/摄）

全面从严治党

QUANMIAN CONGYAN ZHIDANG

强化理论武装

6月21日，中共新郑市委党校2022年春季学期主体班开班召开

党建引领推进网格化基层治理

5月17日，新郑市“五星”支部创建任务分解、党建引领网格化基层治理暨基层党建质量提升三年行动计划推进会召开

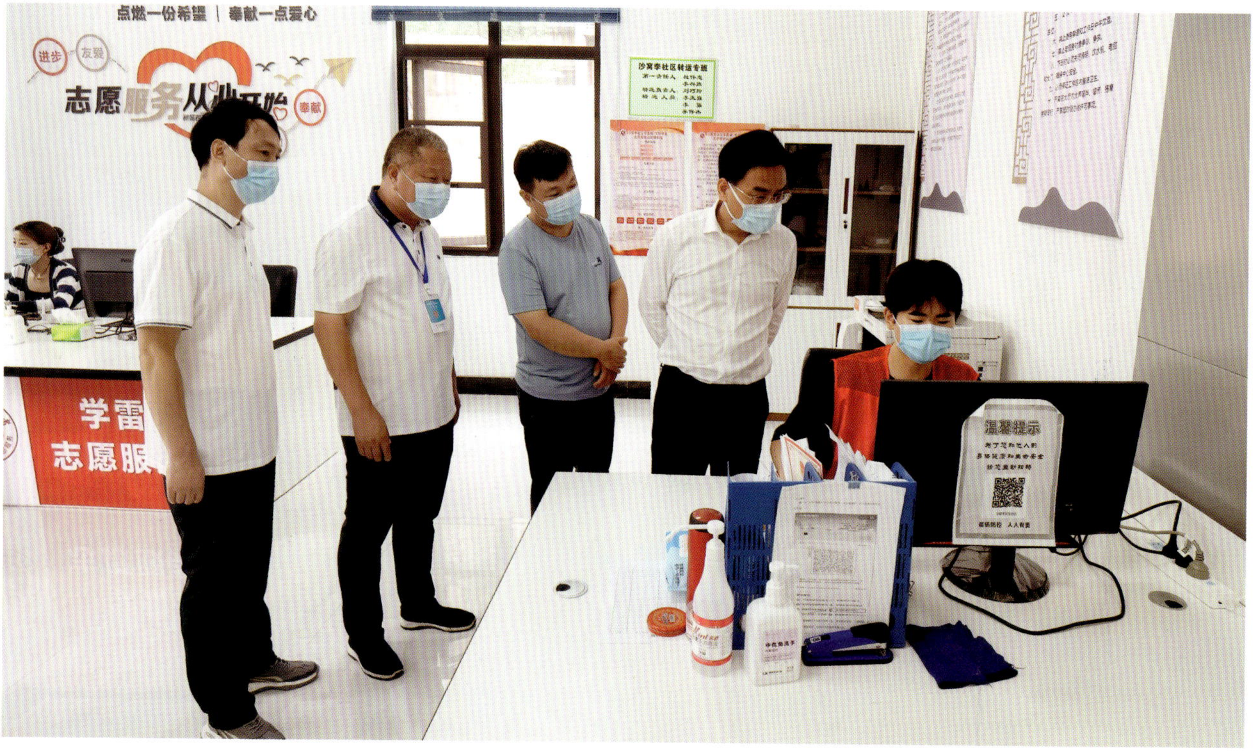

8月10日，调研龙湖镇党建引领推进网格化基层治理工作

党风廉政建设持续加强

4月14日，新郑市纪委监委举办第二届特约监察员聘任仪式

5月17日，新郑市纪委监委执纪执法工作推进会召开

8月2日，新郑市纪委监委“清廉新郑”之青少年心理健康服务走进北关街社区

能力作风建设年

新郑市通过“脚步丈量城市和乡村”知民情，解民意

12月2日，市领导调研和庄镇杜楼村党组织整顿工作

观音寺镇菜王村党员志愿者走访群众（刘栓阳/摄）

目录

中共新郑市委

新郑市人民代表大会及其常务委员会

新郑市人民政府

政协新郑市委员会

纪检　监察

民主党派

人民团体

军　事

法　治

城乡建设和环境保护

商务 政务

园区建设

农业 农村

水 利

工 业

交通　通信

商业贸易

金 融

财政　税务

经济管理与监督

科学技术

教　育

文　化

旅　游

卫生　体育

社会生活

乡（镇）街道

人 物

附 录

索 引

特载

FEATURES

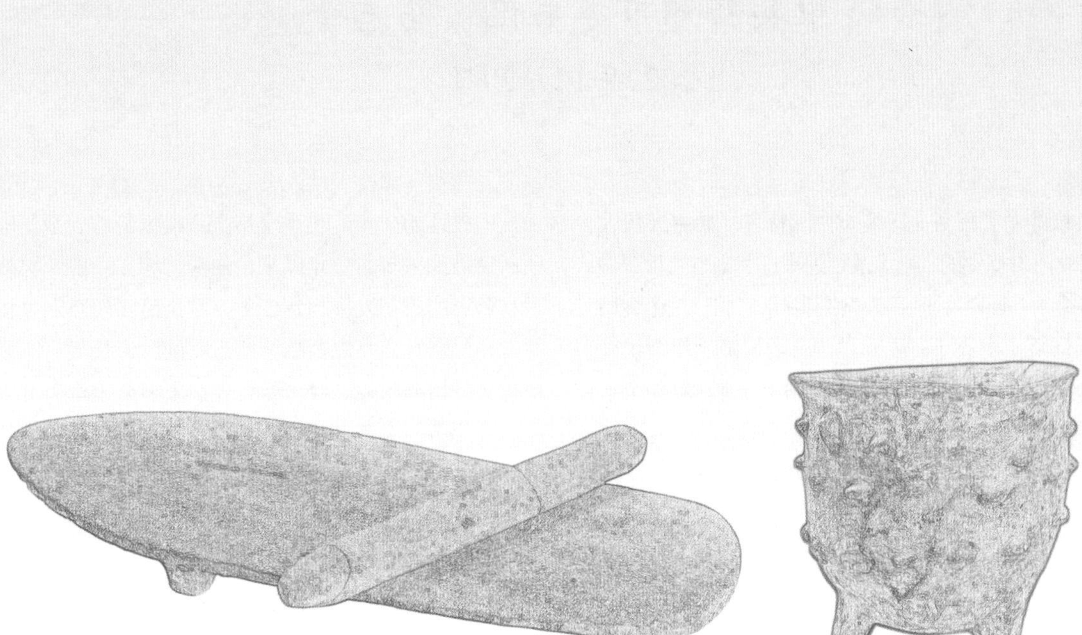

全力推动高质量发展　当好县域经济排头兵 为建设现代化全国一流中等城市而不懈奋斗

——在市委六届五次全会暨市委经济工作会议上的讲话（摘编）

中共新郑市委书记　马志峰

（2022年12月29日）

这次会议的主要任务是：高举中国特色社会主义伟大旗帜，深入学习贯彻党的二十大及习近平总书记系列重要讲话精神、省委十一届四次全会和郑州市委十二届三次全会精神，认真贯彻落实中央、省委和郑州市委经济工作会议精神，回顾总结2022年工作，研究部署2023年任务，动员全市上下守正创新、接续奋斗，砥砺前行、担当作为，以党的建设高质量推动经济发展高质量，为新郑建设现代化全国一流中等城市奠定坚实的政治基础。

下面，我受市委常委会委托，向全会报告过去一年的工作，就我市明年工作，讲几点意见。

一、务实重干、砥砺前行，为建设现代化全国一流中等城市奠定坚实基础

2022年是党的二十大召开之年，是"十四五"承上启下发力提速的一年，也是全市上下提振信心、顶压奋进、创新突破的一年。今年以来，面对严峻复杂的国际局势和艰难繁巨的改革发展稳定任务，特别是多轮新冠疫情严重冲击，经济社会发展面临前所未有的巨大挑战。市委按照中央"疫情要防住、经济要稳住、发展要安全"要求和省委、郑州市委决策部署，团结带领全市广大党员干部和人民群众，凝心聚力、克难攻坚，实干笃行、奋楫争先，经济社会发展和党的建设取得新进展，现代化全国一流中等城市建设迈出坚实步伐。

（一）综合实力稳中有进。坚持稳字当头、稳中求进、以进促稳，在受到疫情严重冲击的情况下，全市前三季度地区生产总值完成647.6亿元，增长4.2%（高于全省0.5个百分点、郑州市1.2个百分点）；1—11月，完成地方公共财政预算收入73.7亿元，增长2.3%，税收收入33.2亿元；主要工业

增加值增长3.7%；固定资产投资完成474亿元，增长12.7%；社会消费品零售总额287.7亿元；金融机构存贷款余额分别是792.2亿元、668.7亿元。全市现有市场主体突破13万家，总量位居全省县（市）第一；常住人口突破120万，是全省人口净流入最多的县（市），也是郑州地区唯一一个人口破百万的县（市）。全国县域发展潜力百强县（市）、县域经济基本竞争力百强县（市）、全国综合实力百强县（市）、全国科技创新百强县（市）排名分别位列第12、28、37、44位，创成全省唯一国家首批创新型县（市），县域经济发展质量总体评价连年位居全省首位。《人民日报》、新华社、央视、《河南日报》等众多央媒、省媒先后对我市经济社会发展情况进行宣传报道，受到社会各界一致好评。

（二）产业发展提质增效。围绕“三主三新”产业发展，坚持抓大项目、好项目，实施三大改造项目81个，华思光电、润弘制药、遂成药业智能化改造等23个项目竣工投产。设立两期共30亿元战新基金，招引锐杰微等项目15个，3月7日，华思光电产出省内第一片Mini LED直显产品，填补了全省Mini LED产业空白；锐杰微芯片封测项目月封装芯片4000万颗以上，填补了全省集成电路产业空白，今年新投资1.1亿元扩充产能，预计2023年4月份投入运行，投产后月封装芯片达8200万颗，年产值3.8亿元。成功申报国家级“专精特新”“小巨人”企业4家，新增省级“专精特新”企业11家，“三主三新”产业加速融合发展。

（三）营商环境创优争先。在全省营商环境综合评价中，我市连续两年客观指标在全省县（市）中排名第1位，综合成绩分列第1、第2，稳居全省县（市）前列。扎实开展“万人助万企”活动，深入践行“用脚步丈量工作法”，在全省率先出台《新郑市稳经济、助企纾困政策三十条》，减免企业各项税费14.5亿元，提供助企纾困贷款近60亿元。2040项审批事项全部进驻政务服务大厅，1389项实现“马上办”，实现了政务服务高质高效。新郑市公共资源交易改革经验荣登省委改革办2022年第二季度改革典型案例红榜。公共资源交易“莲鹤”不见面开标大厅与大连、徐州、三门峡等88个省内外城市开展远程评标，完成交易金额41.3亿元；9月21日“新郑市公共资源电子交易平台潢川专区”正式启用，标志着全国跨区域合作的新突破，为全国统一公共资源交易大市场进行了有益探索。

（四）城乡品质不断提升。我们下足“绣花”功夫，锻造“钻石”品质，高标准完成“三区三线”划定、重点项目举证等工作，城市建成区面积由2016年的61.7平方公里提升至2021年的131.4平方公里，五年翻了一番，位列全省县（市、区）第一。以郑韩故城内外环路和国家考古遗址公园规划建设、中华路和迎宾路沿线提升为牵引，打通老城新城接合部的堵点、难点。完成33个老旧小区基础设施改造提升工作，农村人居环境整治扎实推进，农村旱厕、垃圾治理实现动态清零，村容村貌焕然一新。深入推进智慧城市建设，建成运营新型智慧城市运行管理中心。9月22日，我市成为全省首个中国联通“数字乡村”示范县，率先在全省新型数字基础设施建设上迈出了实质性步伐。

（五）生态建设卓见成效。我们以“一渠八脉”水系框架为依托，大力推进水系连通、龙湖西部污水处理厂等项目建设，老观寨水库区域生态修复项目建成投用。城市建成区及农村黑臭水体全部动态清零，建设用地及农用地安全利用率均达100%，空气质量优良天数达228天。完成新造林1407亩、森林抚育5500亩；建成中华路公园等街头游园6个，新增城市绿地48万平方米，成功通过省级森林城市验收公示，生态环境持续改善。

（六）民生福祉持续增进。我们深入推进“人人持证・技能河南”建设工作，开展职业技能培训4.5万人次，新增高技能人才4.2万人，城镇“零就业家庭”动态保持为零。新建扩建中小学、幼儿园8所，新增学位5210个，高考综合评价连续31年保持郑州市县（市）领先位次。城市集中供热项目全面启动，预计新增供热覆盖面积30万平方米。深入推进紧密型医共体、教育“双减”“一网通办”等便民利民惠民工程。大力发展老龄事业，建成街道养老服务中心3个、社区养老服务场所67个，实现了街道养老服务中心全覆盖。

（七）文化事业展现新貌。我们充分发挥黄帝文化核心优势，高标准完成黄帝故里园区一期工程建设任务，大力推动黄帝故里国家5A级景区创建，壬寅年黄帝故里拜祖大典在全新场地成功举办，向全世界炎黄子孙展示庄严肃穆、气势磅礴的故里新貌，黄帝文化的影响力、凝聚力和向心力更加强劲。高标准打造黄帝千古情“夜经济”品牌，持续绽放文化魅力，成为全省文化旅游一张新名片。泰山村、北靳楼村先后获得全国文明村、中国乡村旅游模范村等荣誉称号，观音寺镇被认定为河南省特色生态旅游示范镇。连续三年在文明城市创建年度测评工作中荣获全省第一，为2023年创建全国文明城市打下坚实基础。

（八）社会大局和谐稳定。我们以“三零”创建为统揽，深入开展“大排查、大起底、大化解”专项行动，连续6年获得河南省平安建设优秀等次县（市、区）。严格落实“三管三必须”要求，全面开展安全隐患排查整治和重大危险源企业专项督导行动，确保了全年无重特大事故发生。全力推进问题楼盘化解及“保交楼”工作，28个列入省、郑州市问题楼盘台账项目已初步化解25个，推动全市停工项目实现全面可持续实质性复工。

（九）管党治党全面加强。我们认真履行管党治党政治责任，引导全市上下坚定捍卫“两个确立”、增强“四个意识”、坚定“四个自信”、做到“两个维护”，确保思想统一、步调一致，政令畅通、令行禁止。以“能力作风建设年”活动为载体，扎实开展“三起来”“亮赛比”活动，大力推进“五星”支部争创和“双带双争”活动，基层“头雁”领飞作用全面加强，在防汛防疫的大战大考中彰显了组织担当。牢牢把握党对意识形态工作的领导权，加强意识形态阵地建设和管理，持续巩固壮大主流思想舆论。持之以恒抓好党风廉政建设，不断筑牢夯实拒腐防变思想防线，反腐败斗争压倒性胜利进一步巩固拓展。

这些成绩的取得，殊为不易、成之唯艰，根本在于习近平总书记的掌舵领航和党中央的英明决策、在于习近平新时代中国特色社会主义思想的科学指引，是省委、省政府，郑州市委、市政府正确领导、大力支持的结果，是全市党员干部履职尽责、攻坚克难，全市人民勠力同心、团结奋斗的结果。同时，我们也清醒认识到工作中还有不少不足，城乡发展不充分、不平衡、不协调的问题仍较为突出，经济持续向好的基础还不够稳固，党的建设还存在薄弱环节，党员领导干部的改革创新能力、统筹发展和安全能力、群众工作能力等亟须进一步提升。对此，我们必须增强忧患意识，坚持问题导向，在攻坚克难中夺取新的更大胜利！

二、把握形势、锚定目标，坚定建设现代化全国一流中等城市信心决心

新时代新征程，我们必须保持战略清醒和战略主动，切实扛稳以“三城”建设为载体，大力实施“九项工程”，加快建设现代化全国一流中等城市的历史使命，奋力打造中国式现代化的新郑样板。

（一）肩负使命，我们必须识时机、抢先机。疫情防控工作已经进入从“防”到“治”的新阶段，全面恢复经济发展的号角已经吹响，谁能抢占经济复苏先机，谁就能掌握主动、赢得未来。从国内看，党中央释放稳经济、促发展，推动明年经济复苏的鲜明导向，更是把恢复和扩大消费摆在优先位置，推动经济运行整体好转。可以预见，明年消费投资、产业发展、重大项目、科技创新等领域必然迎来重大机遇，为我们全力发展经济营造了良好的政策环境。从全省看，省委经济工作会议提出，“培育临港经济”“加快电子信息、智能制造、生物医药等产业集群发展”，我们“三主三新”产业体系与省委、郑州市委谋划高度契合；省委省政府出台了支持郑许一体化建设的意见，新郑作为“桥头堡”，必然会有更多的政策、更多的资源向新郑倾斜，为我们内挖潜力、凝聚动力创造了有利环境、开辟了广阔空间。从郑州市看，以“四高地、一枢纽、一重地、一中心”和郑州都市圈建设为核心，着力提升经济发展的“量”和“质”，我们所处“半小时通勤圈”核心范围内，为我们更广范围聚集高端要素、更深层次融入区域发展创造了有利条件。我们要准确把握发展之变，抢抓发展之机，切实把“机遇条件”转化为“发展优势”。

（二）肩负使命，我们必须克艰险、迎挑战。习近平总书记指出，中华民族伟大复兴，绝不是轻轻松松、敲锣打鼓就能实现的。着眼新郑，我们坚持守正创新，抢抓制造业高质量发展战略机遇，科学谋划“三城”建设、全面布局“三主三新”产业体系，推动传统产业转型升级，为新郑的发展奠定了基础、赢得了先机。审视自身，新郑经济持续多年高速增长，正在经历转型升级的“阵痛期”，需要我们克服经济下行带来的冲击，克服产业竞争带来的压力，克服能力不足带来的恐慌，实现换道领跑，为新郑的明天开辟出一条既有强力支撑、又有广阔前景的新路。立足实际，在区域协同发展的大背景下，经济发展势头有所放缓，我市县域经济“排头兵”地位受到严重挑战。因此，我们既要看到新郑经济突破“瓶颈期”的艰难险阻，也要看到兄弟县（市）“你追我赶、竞相发展”的竞争态势，必须坚定信心、铆足干劲，做好应对各种风险挑战的准备，在危机中育先机、于变局中开新局。

（三）肩负使命，我们必须扬优势、补短板。认清自身，方能找准方向、赢得未来。经过长期的发展和积累，新郑拥有特色鲜明的产业体系，汇聚华思光电、锐杰微等多家知名电子信息企业，培育出中德产业园、航美智慧城等产业平台，以电子信息为核心的高端制造业呈现出产业链条完整、产品特色鲜明的显著特征，“三主三新”产业发展迈出坚实步伐；新郑拥有独特厚重的历史文化，连续多年成功举办黄帝故里拜祖大典、黄帝文化国际论坛，以黄帝文化、郑韩文化为核心的文旅产业深度融合，黄帝故里有望打造成世界级城市文化名片；新郑拥有全省一流的营商环境，政务服务、数据共享、审批事项全面改革优化，“用脚步丈量工作法”、首席服务官等机制一体推进，以最大的努力、最优的服务助力企业发展壮大，赢得了企业的信任和一致好评。在看到优势的同时，更需正视短板。纵观近年来新郑发展道路，城市框架不断拓宽和延伸，治理体系和治理能力面临新考验；电子信息产业近两年进展缓慢，未能将来之不易的成果扩大，产业发展面临量的扩张和质的提升双重压力，转型升级速度还不够快，经济发展的结构性制约尚未有效破解，与预期还有不小差距。因此，我们必须坚持问题导向、结果导向，聚集新动能、谋求新突破、实现新跨越，跑出高质量

发展加速度。

明年经济工作的总体要求是：以习近平新时代中国特色社会主义思想为指导，全面贯彻党的二十大和中央经济工作会议精神，全面落实省委十一届四次全会和省委经济工作会议、郑州市委十二届三次全会和郑州市委经济工作会议部署，坚持稳中求进工作总基调，完整、准确、全面贯彻新发展理念，以建设现代化全国一流中等城市为总目标，深入推进“十大战略”行动，全面开展“三标”活动，大力实施“九项工程”，加快推进“三城”建设，更好统筹疫情防控和经济社会发展，更好统筹发展和安全，以舍我其谁的精神状态和一往无前的奋斗姿态，奋力推动经济发展全面提速提质，在全省县域经济高质量发展中“挑大梁、起高峰、出重彩”，为郑州国家中心城市现代化建设、中原更加出彩作出新的更大贡献。

明年经济发展主要预期目标是：地区生产总值增长7.5%，规模以上工业增加值增长10%，固定资产投资增长10%以上，社会消费品零售总额增长12%，全社会研发投入强度突破1.9%，居民收入和经济增长基本同步。

确定这样的目标，主要从三个方面考虑：一是基于良好基础。新郑是郑州地区常住人口唯一一个破百万的县（市），市场主体总数居全省第一，疫情之后市场必然回暖，群众外出意愿强烈，人口优势带来的消费增长，进一步吸引资金和配套产业的持续流入，有效的良性循环将促进经济活动持续攀升，同时我市拥有完备的产业体系、全省县市最多的高校和一支敢于担当作为的高素质干部队伍，加上今年基数相对较低，经济增长7.5%是有可能实现的。二是基于有利因素。国家政策在保持连续性稳定性的基础上，明确了更加积极的财政政策和稳健的货币政策，省、郑州市也明确提出要支持民营经济发展，引导广大民营企业增强预期、提振信心，这将更好地促进我市经济回暖、持续向好。三是基于发展大局。制定高于全省、郑州市平均增速，是当好全省县域经济“排头兵”的需要，是经济大县“挑大梁”的需要，是建设现代化全国一流中等城市的需要，必须有一定的增速来支持，只有自我加压、奋勇争先，保持竞进姿态，树立对标意识、危机意识、突破意识，才能有力推动经济发展实现提质增效、进中突破。

做好明年经济工作，实现上述目标，要把握好以下几点：

坚持提振信心、坚定决心。面对复杂艰巨的发展任务，信心和决心至关重要。我们要站位郑州、全省乃至全国发展大局，深刻认识新郑发展的战略机遇、向好态势和重大使命，始终坚持以经济发展为中心，扎实恢复扩大消费，推进重大项目建设，全面加强招商引资，常态化开展“三个一批”活动，以党委政府有信心带动市场强信心，确保在新一轮发展中赢得先机、占据主动。

坚持稳中求进、奋勇争先。正确把握“稳”和“进”的辩证关系，以进促稳、以进固稳，“稳”就是要求我们牢固树立以人民为中心的发展思想，全力做好稳增长、稳就业、稳物价“三稳”工作，以务实为民的行动凝聚民心民力，推动各项事业发展。“进”就是要求我们全心全意谋发展，各行各业都要在郑州乃至全省争先晋位、提档升级，取得与我市经济社会发展相匹配的成就。

坚持“三标”工作方法。把当好全省县域经济“排头兵”是本色本能的理念落实到各项工作中，对标对表全国一流中等城市发展，树牢目标导向、过程导向、结果导向，增强工作的前瞻性、针对性、实效性，大力实施“九项工程”，做到“工作有标杆、落实有标准、突破有标志”。

坚持强化统筹、安全发展。深刻把握习近平总书记提出的“六个统筹”重大要求，牢固树立“一盘棋”思想，落实省委、郑州市委工作部署，统筹好发展与防疫、安全、服务、民生，强化系统观念、极限思维，实现多重目标的动态平衡、一体推进。

三、知重负重、踔厉奋发，为建设现代化全国一流中等城市注入强劲动能

做好明年经济工作，要紧紧围绕“发展要上去、质量要提升”两大任务，统筹“稳”与“进”双向发力，确保经济社会发展稳中有进、稳中向好，重点做好八个方面的工作：

（一）坚定不移抓好经济发展，构筑高质量发展的根本支撑。大力实施换道领跑战略，深入实施产业升级提速工程，加快打造现代临空产业新城。一要全力抓好项目投资。坚持把抓项目投资摆在突出位置，要充分利用中央政策性金融工具谋划和推动项目，尤其是专项债要做到应包尽包。大力实施“5115”工程，常态化开展“三个一批”活动，强化项目储备，创新投融资体制，优化服务保障，扎实推进郑许高速、小李庄南站、薛店铁路物流基地等重点项目建设，力争2023年完成固定资产投资560亿元。进一步扩大制造业投资，聚焦“三主三新”产业体系，提高项目谋划和招引水平，创新新型产业用地供应，通过“腾笼换鸟”全面提升土地二次利用效率，优先保障制造业用地用能，全面调动企业项目投入、技术改造、扩产扩能的积极性和能动性。持续做好重点领域补短板投资，聚焦交通、水利等基础设施建设，系统做好规划衔接、资金争取、要素保障和建设推进。大力推动5G、人工智能、大数据技术与交通物流、城市运行、公共服务的深度融合，加快建设“数智新郑”。二要加

快推进产业发展。坚持把发展的着力点放在实体经济上，突出先进制造业主攻方向，加快推动制造业向产业链、价值链的中高端迈进。力争2023年实现规上工业增加值增长10%以上，战略性新兴产业比重稳定在30%以上，工业投资增长20%以上，技改投资增长50%以上，新增规上工业企业35家。发展壮大主导产业，巩固扩大我市以电子信息产业为代表的战略性新兴产业优势地位，围绕“芯”“屏”联动，精准绘制产业链图谱，纵向链接上下游，横向配套左右端，推动产业链、供应链现代化水平和本地化保障能力大幅提升，着力打造百亿级电子信息产业集群。大力发展高端商贸物流业，推动物流物贸、线上线下深度融合发展，为落地企业提供更好物流服务，努力打造全省重要现代商贸物流中心。加快传统产业提质发展，聚焦食品制造、耐材建材等传统优势产业，大力嫁接新技术、发展新模式、培育新品牌，让产业特色更加鲜明、形成新的竞争力。强化产业数字赋能，突出抓好制造业数字化转型，推动“5G+人工智能+工业互联网”融合应用，深入实施“企业上云上平台”提升行动，力争2023年新增上云企业450家。三要切实提升园区质效。充分发挥省级经济技术开发区优势，调整优化主导产业定位和空间布局，扎实推动开发区改革，形成各具特色、优势互补、协同并进的园区发展新格局。围绕园区内企业生产生活需求，进一步完善园区公共服务配套设施，着力构建高水平产城融合发展体系。持续开展“专精特新”中小企业培育行动，统筹推进中德产业园、航美智慧城等中小企业园招商运营，加快光电显示产业园、集成电路产业港等小微企业园建设，力争2023年新增省级以上“专精特新”企业10家以上，新开工建设小微企业园2个、实现入园企业550家以上。四要全面提振消费信心。抢抓后疫情时代消费回温回补机遇，用足用活政策工具、刺激手段，充分激发市民消费潜力、增强市场活力，促进消费全面回补回升。坚持“房住不炒”定位，稳妥实施房地产市场平稳健康发展长效机制，开展好商品房团购活动，促进房地产稳价放量，拉动装修、家居、家电等消费。扩大服务消费，适应疫情后群众对文化旅游消费的需求，拓展多样化旅游产品和服务。培育新型消费，大力培育“互联网+社会服务”新模式，支持线上线下商品消费融合发展，加快“宅消费”等电商新模式应用，促进消费结构升级，有效提振消费信心。

（二）坚定不移深化开放创新，充沛高质量发展的动力源泉。坚持把发展第一要务落到实处，大力实施创新驱动、科教兴省、人才强省战略，积蓄新动能，厚植新优势，推动经济发展行稳致远。一要持续壮大创新主体。抢抓郑州打造创新高地战略机遇，充分发挥我市高校集聚优势，探索完善校地合作模式，重点在电子信息、新材料、健康食品、生物医药等领域共建一批校地企合作的科技创新平台。积极争取省、郑州市科技项目支持，引导企业加大研发投入，大力推动企业建设重点实验室、工程技术研究中心等平台，让更多科技创新成果在新郑转化和产业化，不断激发创新活力。力争2023年新增高新技术企业25家、科技型企业40家，新增郑州市级及以上创新平台10家。二要精准实施招商引资。抢抓郑州打造开放高地战略机遇，紧盯京津冀、长三角、珠三角等重点区域战略性新兴产业龙头企业和“链主”企业，加快招引一批延链、补链、扩链、强链型重大项目。加快完善产业链图谱和招商指导目录，积极谋划、前瞻布局未来产业发展项目，抢占产业发展制高点、中高端、关键环。充分发挥基金公司、金融机构、行业商协会、已落地企业等招商资源作用，深化开展产业链招商、驻地招商、以商招商，精心策划、深入对接，着力引进一批具有重要影响力、辐射力、资源整合力的重大项目。力争2023年新签约项目总额达到375亿元，至少新引进2个10亿元以上先进制造业项目、3个5亿元主导产业链项目。三要坚持强化人才支撑。始终把人才工作摆在优先战略位置，大力实施人才队伍建设工程，持续推进“故里英才引进计划”，不断完善人才政策和服务体系，持续增强青年人才储备力度。高质量推进“人人持证・技能河南”建设，推动“专业+产业+就业”三业协同联动和“人才链+创新链+产业链”三链有机衔接，为新郑经济发展提供坚强的人才支撑。强化人才保障，不断完善配套设施和服务，切实解决好人才医疗保障、安居住房、配偶安置、子女教育等关键需求，以最大的诚意、最优的政策、最好的服务广聚英才、用好人才。力争2023年吸引留住大学生1万名以上，新引进博士、硕士及以上青年人才500名以上。

（三）坚定不移优化营商环境，培育高质量发展的优质土壤。全面落实保市场主体、保产业链供应链稳定的各项政策措施，深化实施营商环境优化工程，确保营商环境排名稳居全省最前列。一要强力推动重点改革攻坚。扎实推进供给侧结构性改革，坚定推进县域“三项改革”，抓好创新发展综合配套改革、要素市场化配置综合改革，力争重点领域和关键环节的改革取得更大进展。积极稳妥做好党政机构改革“后半篇文章”，有序推进事业单位重塑性改革，实施好养老服务体系、县域紧密型医共体、中小学“双减”等民生领域改革。围绕园区建设规律和企业成长需求，结合“三化三制”改革要求，持续推进开发区管理体制改革。深化“三区三线”划定成果，围绕企业、高校用地需求，加强联审联批，强化规划调控，有针对性地出台“一揽子”政策，解决企业和高校规划、土地等遗留问题。二要确保惠企政策落地见效。用好用实各级帮扶政策是稳经济促发展的当务之急和首要任务。认真落实“两个毫不动摇”，坚持以稳定企业来稳经济，以深入推进“万人助万企”活动为抓手，完善惠企政策直达快享机制，切实发挥政策效应，全力巩固经济恢复基础。这里我强调一点，中央、省委和郑州市委经济工作会议都明确指出，推动房地产业向新发展模式平稳过渡，要认真落实上级关于刺激房地产的具体政策、举措，努力形成完整的推进机制，有效帮助房地产企业渡过难关。加快完善产业配套服务，主动靠前服务指导，认真对惠企政策落实情况进行“回头看”，用真金白银兑现政策，为企业精准纾困解难，引领经济健康发展。三要全面提升政务服务水平。持续深化“放管服效”改革，探索便民服务“全科无差别”受理模式，推行无人工干预的“智能审批”，加快“一网通办”高频事项全覆盖，不断推进政务服务水平迈上新台阶。坚持“首席服务官”制度，树牢服务意识，深入践行“用脚步丈量工作法”，强化全要素服务保障，及时帮助企业协调解决难题，努力为全市高质量发展提供最优服务、最大支持、最好环境。

（四）坚定不移统筹城乡建设，打造高质量发展的强劲引擎。深入推进以人为核心的新型城镇化战略，大力实施城乡建设管理提质工程，持续推进产城融合，不断健全完善“双核引领、多点支撑、组团联动、功能互补”的城乡发展格局。一要坚持规划引领。在郑州国家中心城市格局中，定位新郑中部和东部建设——“空港—新郑副城”，新郑北部龙湖片区建设——“郑州南部新城”，充分说明新郑在郑州发展大局中的重要性，我们要积极融入郑州都市圈建设，主动对标对表郑州主城区，加快推动新一轮国土空间规划编制进度，优化全域城镇空间布局和生产力布局，拓展重点区域发展空间，促进全域资源统筹整合、空间高效利用、平台支撑有力、基础服务全面提升。二要提升城市功能品质。加速老城有机更新，大力实施疏解腾退、老旧小区改造等重点工程，深入开展市政、公用老旧管网“全面体检、精准整治”行动，系统做好水电气等市政、公用设施提档升级，加快新建和改造集中供热项目建设进度，努力实现主城区、龙湖片区等区域集中供暖全覆盖目标。加快道路建设，进一步强化与港区道路的融通联通。全面提升城市安全标准，把安全理念贯穿城市规划、建设和管理的全过程，持续完善地下空间、综合管廊等重大基础设施建设，高标准规划建设城市避险场所，不断夯实韧性城市、坚强城市基础。三要抓好城市精细化管理工作。加快推进城市“序化、洁化、亮化、美化、智慧化”，不断提升城市“颜值”，努力打造整体整洁有序、局部诗情画意的城市形象。聚焦影响市容难点，集中开展系列专项整治行动，彻底整治一批群众反映强烈的城市管理痼疾顽症。持续建强“城市大脑”，提升城运中心功能品质，进一步提高城市管理的现代化水平，加快建设新型智慧城市。四要全面推进乡村振兴。紧紧围绕“五大振兴”，扎实抓好“三农”工作，以实际行动扛稳粮食安全责任，持续推动巩固脱贫攻坚成果同乡村振兴战略有效衔接，坚决守牢不发生规模性返贫底线。把“一渠八脉”作为乡村振兴的源头活水，坚持因地制宜、全域规划、资源共享，充分利用水系连通工程建设成果，围绕特色种养、文化体验、旅游度假、精品民宿等发展新产业新业态新模式，打造“组团+片区”的发展格局，努力实现“一村一品”“研学游”一体化发展，为乡村振兴赋能增值。力争2023年创成郑州市和省级“一村一品”村5个。做好“土特产”文章，依托大枣等特色优质资源，大力发展绿色有机食品，加快农村一二三产业融合发展，不断壮大农业产业集群，推进农业全产业链发展。大力实施乡村建设行动，扎实推进农村人居环境整治提升，持续推动“四美乡村”“美丽小镇”建设，着力绘就农村自然生态新画卷。

（五）坚定不移推进文化繁荣，彰显高质量发展的特色魅力。认真落实文旅文创融合战略，大力实施文化特色彰显工程，积极推进黄帝文化、根亲文化与黄河文化的有机融合，加快打造“兼具自然生态之美、彰显历史人文魅力”的黄帝文化历史名城。一要不断彰显文化特色。郑州市委经济工作会议明确提出要加快黄帝故里拜祖大典提升层次、扩大影响，加快黄帝故里园区项目建设。我们要抓住这一难得的机遇，以黄帝故里拜祖大典升格国拜为目标，按照2023年基本完工要求，加快推动黄帝故里园区改建提升工程二期建设，高标准建设中华姓氏馆、黄帝文化馆，高质量展陈，全面展示黄帝故里园区新面貌；积极筹备癸卯年黄帝故里拜祖大典和黄帝文化国际论坛，持续扩大黄帝文化在全球华人中的影响力、辐射力和感召力，着力打造全球华人拜祖圣地、中华民族精神家园。充分挖掘保护传承历史文化资源，加大文化创新力度，将黄帝文化与裴李岗文化、郑韩文化、红枣文化等一盘棋谋划、一体化推进，聚力打造一批宣传新郑、推介新郑的精品力作。二要深入做好文旅融合。以省级全域旅游示范区创建为契机，加快黄帝故里国家5A级景区创建，集中力量培育做强黄帝故里、郑韩故城、裴李岗遗址等新郑特色文化旅游品牌，着力打造一批精品旅游线路和景区，塑造全域旅游主题形象。依托黄帝文化，整合全市非遗资源，建立新郑“非遗传承基地”，高质量推出“黄帝文创”“老家礼物”系列旅游商品，让厚重的历史文化“活”起来、“火”起来。积极对接重庆奥雅可是公司，加快实施新郑文商旅综合提升项目，着力打造文旅融合“新郑模式”。三要大力培育文明新风。2023年是我市全国文明城市创建的决战决胜之年，我们从2017年启动文明城市创建工作以来，历经五年不懈努力、艰苦拼搏，不断取得突破，每年测评成绩都位居全省前列，为创建全国文明城市奠定了坚实基础。我们要把握关键节点、全力冲刺，切实扛牢责任、顶压奋进，确保圆满创成全国文明城市。要广泛开展群众性文化活动，鼓励社会力量参与文化事业，在全市营造“弘扬全社会崇德向善正能量，争做新时代最美黄帝故里人”浓厚氛围。积极完善城乡公共文化服务载体，全面推进图书档案方志馆、博物馆新馆等文化项目建设，加快文化馆、炎黄文化中心等公共文化场馆提档升级，全面提升公共文化服务效能。

（六）坚定不移推动生态文明，提升高质量发展的重要内涵。深入贯彻习近平生态文明思想，积极践行“绿水青山就是金山银山”理念，大力实施生态环境改善工程，加快打造宜居宜业生态城市。一要深化环境治理。围绕郑州市下达的空气质量目标任务，持续深化“七控”措施，狠抓“三散”治理，加强$PM_{2.5}$与臭氧污染协同整治，努力让“蓝天白云、繁星闪烁”常驻新郑。统筹抓好双洎河、十七里河、潮河等水域水质提升，深入推进“工业源、生活源、农业源、移动源”四源治理，加强饮用水水源地环境保护，确保流域国控、市控断面水质稳定达标。二要打造优质生态。坚持生态优先、绿色发展，全面推动“美丽河湖”建设，大力推进南水北调中线观音寺调蓄工程、中小型水库综合整治、双洎河缓冲带生态保护修复等项目进度，不断提升流域水源涵养和水生态自净能力。坚持植绿护绿并重，扎实开展园林绿地景观综合整治提升活动，不断优化完善城市绿廊，争创国家森林城市、国家生态园林城市。三要推动绿色发展。抢抓“双碳”机遇，大力实施重点行业减污降碳行动，鼓励发展绿色低碳高效产业，加快重点行业绿色低碳改造，积极培育绿色低碳、文明健康的生活方式和消费模式，争创国家生态文明建设示范县。

（七）坚定不移守护城市安全，坚守高质量发展的工作底线。更好统筹发展和安全，突出底线思维，强化重点攻坚，全力守护人民群众生命和财产安全。一要全力以赴保障疫情度过流行期。坚持以“保健康、防重症”为目标，认真落实新型冠状病毒感染“乙类乙管”总体方案，科学精准做好应对感染高峰的各项工作。健全完善分级分类诊疗体系和农村地区疫情防控的责任体系，持续加强医疗救治服务，突出抓好重点药品物资的储备和供应。完善摸清重点人群底数，积极发挥“9+N”模式服务团队作用，从严抓好重点场所管理，切实保障人民群众生命安全和身体健康。二要加快推进应急管理体系和能力现代化。持续深化“7·20”特大暴雨灾害问题整改成果运用，进一步完善市、镇、村（社区）三级应急指挥体系，衔接好“防、抗、救”责任链条。坚持以防为主、协调高效、提升能力相结合，全面提高预报、预判、预警水平，及时修订完善各类应急预案，全方位培养引进用好应急专业人才，持续加强各类救援队伍建设，强化应急演练的针对性、实战性。三要守牢安全生产红线。牢固树立“人民至上、生命至上”理念，突出抓好煤矿、防灾减灾等重点领域安全生产大检查，深化燃气危化品重大危险源企业检查督导专项行动，扎实做好消防安全，切实做到“四个不放过”，坚决遏制重特大事故发生。

（八）坚定不移繁荣社会事业，筑牢高质量发展的深厚基础。始终坚持全心全意为人民服务的根本宗旨，持续深化民生福祉增进工程，以和谐稳定的社会环境推动实现更高质量的发展。一要提升城乡社会保障水平。紧盯高校毕业生、退役军人、失业人员等重点人群，不断完善社会救助、慈善事业等制度，着力提升群众创业成效和就业质量。积极应对人口老龄化，健全基本养老服务体系，落实落细大病保险等制度，常态化开展“关爱你我他（她）·温暖千万家”行动。二要持续优化公共服务。深入推进教育优质均衡发展，加强师资队伍建设，强化校外培训机构的规范管理，确保我市教育教学质量在郑州县（市）领先。持续办好托育服务，加快成立一批普惠性、公益性托育机构，最大程度让群众享受到实惠。以紧密型医共体建设为契机，持续完善现代医疗卫生服务体系，加快建成运营市公立中医院，推进市域医疗中心和社区卫生服务中心建设。三要坚决维护大局稳定。大力实施“雪亮工程”，常态化开展扫黑除恶，坚决防止各类“黑天鹅”“灰犀牛”事件。加强金融风险监测预警，持续推动存量金融风险出清，保持防范和处置非法集资等违法金融行为高压态势，确保金融市场稳定。完善风险应对预案，营造清朗的网络空间。聚焦问题楼盘化解、农民工工资等信访领域重点问题，着力控增量减存量，切实以一域之稳定为全市大局之稳定尽责任、作贡献。

四、加强领导、强化统筹，为建设现代化全国一流中等城市提供强力支撑

坚持以党建“第一责任”引领和保障发展“第一要务”，深入贯彻新时代党的建设总要求，深入实施强化党建引领工程，以高质量党建引领高质量发展。

（一）加强政治引领，提振干事创业的精气神。各级

党组织和广大党员干部要站在战略和全局的高度，深化认识做好经济工作、维护经济安全的重大政治责任，把捍卫“两个确立”、增强“四个意识”、坚定“四个自信”、做到“两个维护”落实到经济工作的各方面、各领域，不断提高政治判断力、政治领悟力、政治执行力，深入学习贯彻习近平经济思想，完整、准确、全面贯彻新发展理念，确保总书记关于经济工作重要讲话指示精神在新郑形成生动实践。要认真贯彻《中共中央政治局关于加强和维护党中央集中统一领导的若干规定》精神，坚持和完善党委领导经济工作的机制，更好发挥总揽全局、协调各方的作用，确保全市上下思想统一、步调一致、凝心聚力推动中央、省委和郑州市委各项工作部署条条落实、件件落地、事事见效。

（二）夯实基层基础，打造坚强有力的战斗堡垒。坚持大抓基层的鲜明导向，扎实推进基层党建质量提升三年行动计划，深入开展“三起来”活动。深化“三色”管理、“三零”创建，全面推进党组织“有形覆盖”“有效覆盖”，使基层党组织向下延伸、党的工作向上生长。以“五星”支部创建为基础，深入开展“摘星夺旗、三级争创”活动，持续抓好软弱涣散党组织和无主管楼院治理工作，不断提升基层党组织政治领导力、思想引领力、群众组织力和社会号召力。深化党建引领网格化基层治理，构建市镇村三级组织架构、网格运行体系和“1335N”联动指挥体系，把党的政治优势、组织优势与数字化赋能相结合，推进基层治理由“稳得住”向“管得好”转变。

（三）提高能力作风，锤炼堪当重任的干部队伍。干部是成就事业的关键因素，要践行“用脚步丈量工作法”，完善领导干部联系服务群众机制，促进党员干部真正把心思花在谋发展上，把精力放在干事业上，把功夫下到抓落实上。坚持新时期好干部标准，树牢重实干、重实绩、重基层的用人导向，注重在产业发展、乡村振兴、项目建设等重点工作中选拔使用干部，营造干部干事创业良好氛围。注重丰富专业知识、提升专业能力、培养专业精神，以过硬的能力本领在错综复杂形势中牢牢把握方向、赢得主动，真正成为胜任新时代经济工作的行家里手。健全绩效考核体系和评价机制，引导干部树立和践行正确政绩观，形成能者上、优者奖、庸者下、劣者汰的良好局面。

（四）坚持正风肃纪，营造风清气正的政治生态。坚决扛起全面从严治党的政治责任，深入落实中央八项规定及其实施细则精神，实现以优良党风带政风、促民风。持续保持高压反腐态势，把握反腐败斗争新的阶段性特征，大力开展营商环境、农民工工资、问题楼盘化解处置等领域专项检查，推动党风廉政建设和反腐败斗争向纵深发展。坚持严管与厚爱相结合，落实好“三个区分开来”，健全完善容错纠错、澄清保护机制，为勇于负责的干部负责，为勇于担当的干部担当，为敢抓敢管的干部撑腰，更好激发干部干事创业热情。

黄水河湿地公园（刘栓阳/摄）

政府工作报告（摘编）

——在新郑市第六届人民代表大会第三次会议上

新郑市人民政府市长　马宏伟

（2023年2月27日）

一、2022年工作回顾

刚刚过去的一年，极不平凡、极具挑战、极其难忘。面对复杂严峻的外部环境和超出预期的叠加风险，我们坚持以习近平新时代中国特色社会主义思想为指导，深入学习宣传贯彻党的二十大精神，在上级党委、政府和市委的坚强领导下，在市人大、市政协和社会各界的监督支持下，认真落实“疫情要防住、经济要稳住、发展要安全”重大要求，扎实推进“十大战略”行动，全面开展“三标”活动，事不畏难、行不避险，尽最大努力化解风险、解决矛盾、应对挑战，经济社会高质量发展迈出坚实步伐。全市地区生产总值突破800亿元、达到819.8亿元，增长2.1%；地方一般公共预算收入70.96亿元，税收34.19亿元，总量稳居全省县（市）首位；固定资产投资506亿元，增长10.7%；社会消费品零售总额315.2亿元；城镇和农村居民人均可支配收入分别达40079元和28518元，增长2.9%、6.1%。全国中小城市综合实力百强县（市）、县域经济基本竞争力百强县（市）排名分别升至第37位、27位，县域经济发展质量总体评价连年位居全省县（市）首位。

一年来，我们聚焦转型提质，产业结构持续优化。制造业稳步转型。新培育国家级专精特新“小巨人”企业4家、省级“专精特新”企业11家、高新技术企业50家、规上工业企业25家，入库国家科技型企业165家、郑州科技型企业41家。实施“三大改造”项目81个，创成省级智能车间1个、新一代信息技术与制造业融合发展企业1家。工业投资增长41.3%，占固定资产投资的19.7%；工业技改投资增长344%，占工业投资的34.9%。建设以制造业为主的小微企业园6个，集聚入园企业534家。医药制造业、食品制造业增加值分别增长16.6%、16.8%。现代服务业提质发展。规上互联网和相关服务、软件和信息技术服务企业实现零的突破。推出8条精品旅游线路，创成省级特色生态旅游示范镇1个、乡村旅游特色村1个，通过省级全域旅游示范区验收。A级以上物流企业达11家。金融机构存贷款余额分别达790.6亿元、666.2亿元，继续保持全省县（市）首位。现代农业基础更牢。粮食总产达23.3万吨，新培育省级农业产业化龙头企业1家、农民合作社2家、家庭农场3家，观音寺镇创成省级农业产业强镇。

一年来，我们强化互促共融，城乡面貌持续改善。城乡功能日益完善。高质量完成“三区三线”划定，城镇开发边界内新增建设用地21.6平方公里；31个行政村“多规合一”实用性村庄规划形成初步成果。新建改造鼎坛南路等城乡道路20条，打通子产路、郑韩路东延、嫘祖路3条断头路，建设过街天桥2座，新增公共停车泊位1437个，整治窨井盖8640座，群众出行更加安全便捷。城市集中供热项目快速推进，新增供热面积30万平方米。新建改造供水管网124公里、燃气管网53公里，建成投运6项电网工程，村级寄递物流综合服务站覆盖率达60%。人居环境不断优化。改造3个老旧小区，既有住宅加装电梯12部，为5万户居民家庭加装燃气安全装置；新建安置房93万平方米，网签安置房195.3万平方米，1.4万名群众入住新居。建成中华路公园等公园游园11个，完成郑新路等5条道路绿化景观提升，新增城市绿地49.8万平方米，创成郑州市级园林单位（小区）8个。深入推进“治理六乱、开展六清”，创建“美丽庭院”4363户，138个规划保留村污水处理设施实现全覆盖，裴李岗、泰山村等一批美丽乡村加紧建设，农村生活垃圾治理率100%。城市管理更加精细。探索推行网格化社会治理模式，成立新型智慧城市运行中心，建成13大类可推广应用场景。深入实施城乡环卫一体化，严格落实“路长制”“街长制”，城市主次干道机械化清扫率、垃圾清运率、无害化焚烧处理率均达100%，创成国家卫生镇5个、省级卫生镇5个，荣获2022年度郑州市环卫优胜杯。文明城市创建年度测评连续三年名列全省第一，为创建全国文明城市打下坚实基础。

一年来，我们深化改革开放，创新活力持续增强。发展动能快速集聚。以“三个一批”活动为抓手，全力推动项目招引建设，新签约人工心脏医研中心等高质量产业项目27个，总投资347.4亿元；雪麦龙食品等95个项目开工建设，宅乐送等33个项目竣工投产。新增“四上”企业155家，市场主体总量达13万家、居全省县（市）首位。新增技能人才6.9万人、高技能人才3.4万人，引进硕博士877名。科技创新成果丰硕。新创郑州市级以上研发平台18家，技术合同成交额14.6亿元、增长45.2%，规上工业企业研发投入覆盖率75%，全社会研发投入强度达1.84%，全省唯一通过首批国家创新型县（市）验收。新增注册商标3402件、发明专利314件。营商环境不断优化。深化“放管服效”改革，2044项政务服务事项全部进驻政务服务大厅，“马上办”事项1389项，政务服务自助终端实现乡镇和社区全覆盖，“不见面开标＋AI智慧辅助评标”入选省优化营商环境优秀案例，营商环境总体评价客观指标连续两年排名全省县（市）首位，评为全省营商环境建设先进县（市）。深入开展“万人助万企”活动，落实落细稳经济一揽子政策和接续措施，在全省县（市）率先出台稳经济助企纾困30条硬举措，减免缓各项税费15亿元，为市场主体提供贷款近60亿元。落实“双线嵌合”机制，纳入“四保”白名单企业（项目）250家，实现应急状态下重点企业不停产、重大项目不停工。重点改革成效显著。创新开展跨省域远程异地评标，“新潢合作”成为国内全流程、全环节跨行政区域异地交易首创，公共资源交易改革经验荣登省委改革办典型案例红榜并全省推广。新郑经济技术开发区挂牌成立，整合面积30.25平方公里，“三化三制”改革基本完成，发展规划确定初步方案。粮食储备管理运营机制、事业单位人事制度、农村宅基地等重点领域改革取得新成效。

一年来，我们突出标本兼治，环境质量持续提升。污染治理有效有力。常态推进大气污染防治，PM_{10}、$PM_{2.5}$等主要指标均完成省、郑州市下达任务，空气质量优良天数达228天。严格落实“河长制”，全面完成妨碍河道行洪突出问题排查整治，深入开展饮用水水源地问题整改“回头看”，国控、省控断面水质稳定达标，集中式饮用水水源地水质达标率100%。重点行业重金属污染物排放量零增长，建设用地及农用地安全利用率均达100%。生态环境向优向好。坚持植绿护绿并重，全面压实“林长”责任，全年新造林1400亩、森林抚育5500亩，创成森林特色小镇1个、森林乡村15个。老观寨水库区域生态修复项目完工蓄水，新区污水处理厂一期基本建成，南水北调中线观音寺调蓄工程、水系连通工程、龙湖西部污水处理厂建设稳步推进，黑臭水体实现全域动态清零。绿色发展提速提质。加快能源结构调整，实施光伏发电项目17个，新增并网容量1.5万千瓦；建成充电站10个、直流充电桩300个，更换新能源公交车292台，全市公交线路实现新能源车辆全覆盖。

一年来，我们坚持共建共享，民生福祉持续增进。社会保障扩面提质。新增城镇就业再就业9593人、农村劳动力转移就业6133人，发放创业担保贷款7616万元。继续上调退休人员养老金，城乡居民最低保障标准和特困人员供养标准分别提高至每人每月750元、1125元。持续巩固拓展脱贫攻坚成果，贫困人口稳定脱贫、持续增收。文体事业蓬勃发展。成功举办壬寅年黄帝故里拜祖大典，完成新密禹抗日民主政府旧址等一批文物保护单位修缮，以第一名成绩荣获全省现代化公共文化服务体系建设绩效考核优秀县（市）称号。新建健身路径35条、智能健身驿站4个、多功能运动场1个，人均体育场地面积达2.3平方米。教育事业欣欣向荣。新建改扩建中小学、幼儿园21所，新增学位5210个；普惠性民办幼儿园达到150所，覆盖率96.1%；高考综合评价连续31年保持郑州县（市）领先位次。评为郑州市义务教育阶段课后服务示范市、郑州市“提升中小学作业设计质量的实践研究”推广应用示范区。健康新郑深入推进。紧密型县域医共体建设成效明显，建成市级医共体信息化平台，完成87个村卫生室医疗设备升级改造，基层卫生院（社区卫生服务中心）服务能力全部达到国家标准；建成1家托育指导中心、12家普惠托育中心。高度关注老龄事业，建成3个街道养老服务中心、67个社区日间照料中心，完成100户家庭适老化改造，创成国家级老年友好型社区1个。社会事业全面发展。深化双拥共建，再获全省双拥模范城荣誉称号，实现“八连冠”，为创建全国双拥模范城奠定坚实基础。建强普法阵地，创成郑州市级民主法治乡镇4个。夯实统计基层基础，乡级统计基础规范化建设达标率100%。评为全省红十字系统“99公益日”互联网筹资先进县。

一年来，我们着眼治防一体，安全稳定持续向好。安全基础更加牢固。新建应急避难场所8个、防汛紧急避险点399个，建成投勤乡镇专职消防救援站6个，3个城市消防站建设加紧推进，完成33个老旧小区消防设施改造提升，113个灾后重建和能力提升项目全部开工、竣工109个。投用市级应急指挥平台，组建应急管理专家库和72支应急救援队伍，应急处置能力持续提升。社会秩序和谐稳定。深化“三零”平安创建，集中开展矛盾纠纷大排查大起底大化解活动，圆满完成党的二十大安保任务，荣获全省党的二十大维稳安保工作先进集体。安全生产责任压得更紧更实，消防、煤矿、燃气、房屋建筑等重点领域安全隐患得到有效整治，安全生产形势持续稳定。严格落实房地产调控政策，全力推进问题楼盘化解攻坚，保交楼工作取得明显成效。深入推进全民反诈，依法严厉打击各类违法犯罪行为，群众安全感更有保障。

一年来，我们笃行勤政务实，自身建设持续加强。深入学习宣传贯彻党的二十大精神，坚定拥护“两个确立”，坚决做到“两个维护”。全面落实市委决策部署，自觉接受人大法律监督、政协民主监督和社会各界监督，高效办理人大代表建议424件、政协委员提案235件。办理12345热线、市长信箱、网民留言反映问题3万余件，整体办结率98%，连续五年被人民日报社评为全国人民网网民留言办理工作先进单位；主动公开政府信息6202条。落实落细全面从严治党和意识形态“一岗双责”，政府系统党风廉政建设深入推进。严格落实中央八项规定及其实施细则精神，全面加强预算绩效管理，一般性支出压减3.2亿元，“三公”经费缩减15%。全面加强审计监督，完成审计项目147个，增收节支1.4亿元。

工会、共青团、妇女儿童、慈善等事业健康发展，税务、医保、人防、粮食、供销、气象、融媒体、黄帝文化研究、地方志等工作取得新成绩，邮政、烟草等部门和各高等院校，都为全市经济社会发展作出了积极贡献。

肯定成绩的同时，我们也清醒认识到推动高质量发展仍存在不少困难和问题：一是实体经济还不够强，新引育重大产业项目偏少，消费恢复较慢、投资后劲乏力，稳增长支撑力不足；二是安全生产、经济金融、社会治理、环境保护等领域仍有不少风险隐患，统筹发展和安全压力依然较大；三是经营城市理念树得不牢，城市管理不够精细高效，教育、托育、养老、医疗卫生等公共服务供给与群众需求还有一定差距；四是一些干部改革创新、狠抓落实能力不强，专业素养和服务能力还需进一步提升。对此，我们将坚持问题导向，采取有力措施，竭尽全力认真解决。

二、2023年政府工作的总体要求、目标任务和工作重点

2023年是全面贯彻落实党的二十大精神的开局之年，是“十四五”规划承上启下的关键之年。三年疫情云消雾散，造成经济巨大创伤的同时，也带给我们更深启示：推动高质量发展，必须把稳经济放在首位，把更多精力聚焦到实体经济上来。只有铆足劲头招引大企业、全力以赴培育新动能，才能把房地产业在经济结构中的占比优化到合理区间，逐步摆脱经济增长对房地产业的过度依赖；只有迈开步子大招商，放开手脚上项目，才能开启后疫情时代奋力拼经济、抢先谋发展的“新赛道”。作为三年疫情后全面恢复经济的拼抢之年，做好全年的工作任务艰巨、意义非凡、责任重大。

今年政府工作的总体要求是：以习近平新时代中国特色社会主义思想为指导，全面贯彻党的二十大和中央经济工作会议精神，全面落实省委十一届四次全会和省委经济工作会议、郑州市委十二届三次全会和郑州市委经济工作会议、市委六届五次全会和市委经济工作会议部署，坚持稳中求进工作总基调，完整、准确、全面贯彻新发展理念，以现代化全国一流中等城市建设为统揽，锚定“过百超千”发展目标，深入推进“十大战略”行动，全面开展“三标”活动，大力实施“九项工程”，纲举目张抓工作，争分夺秒拼经济，突出抓好大招商、大项目、大民生、大稳定、大督查“五大任务”，更好统筹发展和安全，以舍我其谁的精神状态和一往无前的奋斗姿态，奋力推动经济发展全面提速提质，在全省县域经济高质量发展中“挑大梁、走前头”，为郑州国家中心城市现代化建设、中原更加出彩作出新的更大贡献。

2023年全市经济社会发展的主要预期目标是：地区生产总值增长7.5%，规模以上工业增加值增长10%，固定资产投资增长10%以上，社会消费品零售总额增长12%，全社会研发投入强度突破1.9%，居民收入和经济增长基本同步。在实际工作中，我们将全力争取更好的结果。

目标既定，使命必达，唯有实干。面对新形势、新任务，我们必须抓住新机遇、直面新挑战，知重负重、知责担责，拉高标杆、埋头苦干，重点抓好九个方面的工作：

（一）坚持多端发力，全力保持经济稳定运行。经济稳则大局稳。我们将把拼经济作为压倒一切的中心工作，从扩投资、促消费和稳市场主体三端发力，推动全市经济稳定好转，全力把失去的时间抢回来，把发展的质效提上来。

多措并举扩投资。树牢“项目为王”理念，以“三个一批”活动为抓手，全速推进已申报的19个省重点项目、43个郑州市重点项目和256个市本级重点项目建设，确保年度完成投资400亿元以上。坚持“要素跟着项目走”，深入推行“拿地即开工”“双承诺制”，强化土地、环境容量、金融等支持保障，高效解决项目建设中的困难问题，推动124个拟开工项目能开早开、89个在建项目快推快建，全力配合薛店铁路物流基地、郑州枢纽郑州南站及陇

海线外绕工程大机检修基地和焊轨基地开工建设，争取长润开阔生物科技、宏美彩印二期等项目竣工达效；强化项目全生命周期服务管理，建立台账清单，落实包保机制，用目标倒逼责任，以时限倒逼进度。坚持“资金跟着项目走”，紧盯政策导向和资金投向，积极争取中央预算内投资、政府专项债券、政策性开发性金融工具，尽可能吸引和撬动民间投资，不断充实项目谋划储备库，提高项目成熟度和转化率，形成谋划一批、储备一批、在建一批、达产一批的梯次推进格局。

综合施策促消费。坚持政府引导、市场参与，打好线上线下“组合拳”，推动消费持续恢复升级。抓住节假日等消费高峰期，聚焦汽车、家电、餐饮等重点领域，组织开展各类促消费活动，提振群众消费信心。落实支持房地产业良性循环和健康发展政策，通过降低购房信贷负担、支持团购在售商品住房、实行购房契税补贴等措施，稳定促进住房消费。加快黄帝故里园区、新区轩辕湖、龙湖华南城等区域消费集聚区提档升级，持续丰富商业购物、餐饮住宿、娱乐休闲等服务业态，打造更具吸引力、集聚力的消费街区。深化省级全域旅游示范区创建成果，推动文旅消费持续升温。围绕传统美食、手工技艺等老字号资源，坚持域内挖掘和域外引进两手抓，打造一批具有“烟火气”的老字号集聚区。积极发展网红经济、首店经济、夜间经济，加快培育定制、体验、智能、时尚等新兴消费。持续完善村级寄递物流体系，鼓励引导大型商贸流通企业和电商平台下沉农村，加速释放农村消费潜能。

千方百计稳市场主体。三年疫情，广大企业和企业家顶压负重，支撑了全市经济平稳运行。我们将拿出最大诚意、采取最实举措，雷厉风行解决企业困难，用心用情助力企业成长，竭尽所能让企业在新郑投资放心、创业安心、发展顺心。坚持“两个毫不动摇”，秉承“企业所需即政府所为”理念，深入开展“万人助万企”活动，健全服务企业常态长效机制，全力帮助企业解决实际问题。落实落细各项惠企政策，完善政策工具箱，科学调整政策组合，确保各项政策直达快享、精准高效。鼓励引导金融机构强化对市场主体金融支持，继续用好普惠小微贷款支持工具、再贷款再贴现政策等，加大信贷投放力度，扩大政府性融资担保覆盖面，降低企业综合融资成本。坚持扩量提质并重，支持优势产业和重点企业发挥潜能、做大做强，加快引育小微企业和个体工商户，让大企业顶天立地、小微企业铺天盖地，不断夯实经济发展基础，力争新增挂牌上市企业1家，新增市场主体2.1万家，总量突破15万家。

（二）坚持质效并重，全力构建现代产业体系。推动高质量发展，实体经济是基础，产业发展是关键。我们将以振兴实体经济为主线，以延链补链强链为抓手，做强主导产业、做大新兴产业、做实未来产业，推动产业快速转型、集群发展。

大力发展先进制造业。坚持工业立市不动摇，把制造业高质量发展作为主攻方向持续发力。实施60个工业项目，力争工业投资增长30%以上、技改投资增长60%以上，新增规上工业企业35家。围绕“芯”“屏”联动，瞄准产业发展趋势和技术前沿，从技术含量、发展潜力、增链补链性等多角度综合评判，着力引育一批链主企业和头部企业，带动上下游、左右端配套企业快速集聚，推动电子信息产业不断向高端化、链条化、集群化迈进；强力推进华思光电、尊绅光电、电子信息产业园等项目建设，力争早日建成达效。突出抓好雪麦龙食品、人人利三期等项目建设，引导好想你、白象、雪花、光明、达利、世通等优势企业嫁接新技术、培育新产品，持续提升品牌知名度和市场占有率。抓住生物医药产业格局重构机遇，鼓励润弘制药、遂成药业等骨干企业创制新药、研发仿制药，积极争取将本地生产药品纳入医保药品目录，支持发展生命健康服务、新型医疗器械等业态，推动生物医药全产业链布局。前瞻谋划布局氢能与储能、元宇宙、前沿新材料等未来产业，抢占战略性发展先机。

提档升级现代服务业。发挥北部四镇物流企业集聚优势，强化资源整合和规范引导，鼓励发展冷链物流、智慧物流、多式联运，推动物流企业由“小而散”向“大而强”转型；加快推进深国际·智慧供应链产业园、万家丽智能生活物流港等项目，着力打造高端商贸物流集聚区。高规格举办癸卯年黄帝故里拜祖大典、黄帝文化国际论坛、第四届国家考古遗址公园文化艺术周暨第十二届国家考古遗址公园联盟联席会，精心筹办枣乡风情游等文旅活动，强力推进轩辕夜游谷、具茨山景区开发等重点文旅项目，积极推动黄帝故里创建国家AAAAA级景区，加大精品旅游线路打造和宣传力度，力争全年旅游人数超500万人次。深入实施总部增能计划，着力引育一批综合性、区域性、功能性总部企业，积蓄高质量发展新动能。支持发展现代金融、信息服务、工业设计、文化创意等行业领域，持续提升现代服务业发展空间。

积极发展数字经济。深入实施“企业上云上平台”提升行动，加快工业互联网项目平台建设，推动中小企业研发设计、生产制造、经营管理、运维服务等关键环节广泛上云，新增上云企业450家。加快发展智能制造，鼓励企业对生产设备、工艺条件等进行智能化改造，培育智能化数字化赋能示范试点企业5家、省级智能化改造项目10个。抓好重点行业绿色化改造，培育省级以上绿色工厂1家。

强化项目要素支撑。坚持效益优先，将有限的要素资源向前期工作做得深、落地见效快、对发展贡献大的产业项目聚集，把“好钢”用在“刀刃”上。严格执行“亩均论英雄”综合评价机制，树立优胜劣汰鲜明导向，通过正向激励和反向倒逼，加速制造业腾笼换鸟、转型升级。坚持向存量要空间，下大力气清理处置闲置低效用地，力争盘活批而未供土地2200亩、处置闲置土地290亩，不让一寸土地“晒太阳”；扎实推进闲置楼宇、厂房、车间等资源盘活利用，有效缩短新嫁接项目落地周期，实现“老巢”栖“新凤”。加快产业用地报批进度，全年供应建设用地不少于4500亩。强力推进小微企业园建设运营，力争新建2个，投入运营2个以上，入园企业600家以上。优化整合各类产业基金、投资基金，用好战新产业基金，助力产业高质量发展。

（三）坚持纵深推进，全力扩大改革开放成效。牢牢抓住全面深化改革这个“纲”，在强力招商引资、优化营商环境上下大功夫、真功夫，通过全面提升城市软环境，形成推动经济社会高质量发展的硬支撑。

以更大格局开展全员招商引资。牢固树立“大招商、招大商”理念，深入开展“招商引资年”活动，调动方方面面积极性，以招商引资比贡献，以速度效率比担当，全面掀起新一轮全员招商引资热潮。健全招商机制，出台大招商方案，落实乡镇间合作招商税收共享等制度，制定招商引资考核奖励办法，将招商引资工作成效与年度绩效考核挂钩，真正让“干与不干不一样、真干假干不一样”的干事创业导向在全市党员干部中蔚然成风。创新招商方式，紧紧围绕“三主三新”产业体系，完善产业链图谱和招商指导目录，研究制定“1张图谱、N张清单”，充实以长三角、京津冀、粤港澳等区域为重点的招商专班，加强与省市驻外联络机构沟通对接，积极开展产业链招商、驻点招商、资本招商、飞地招商。增强招商实效，紧盯项目落地、形成税收等关键指标，建立健全定期调度推进机制，全面加强招商引资全过程跟踪服务和管理。推动新农利合·中国（国际）河南冷链物流产业园、中交畅观等12个在谈项目早日签约，确保人工心脏医研中心、优碧科技等5个签约项目尽快落地，加快大应急产业园、花花牛、河南少儿影视基地等7个项目建设进度。力争全年新签约项目总额700亿元，实际到位省外资金100亿元。

以更实举措优化提升发展环境。持续深化“放管服效”改革，努力实现行政审批和服务事项“一个系统”统

一管理、“一个窗口”提供综合服务、“一张表单”整合申报材料、“一套机制”规范审批运行，推动便民事项就近能办、多点可办、少跑快办，以政府部门多服务，让企业群众少跑路。加快推进政务服务数字化进程，充分运用5G、人工智能、区块链等新技术，推动跨部门数据汇聚联通，不断优化应用场景建设，以数据集成和共享为支撑，尽早全面实现“电子证照共享”“无纸办”等改革目标，全年完成1389个事项“即来即办”、1664个事项三个工作日办结。认真对照2022年营商环境评价问题清单、企业诉求清单和各项工作要点，在政务效能、法治环境、企业家服务、群众满意度等方面持续发力，真正把工作做到企业、群众心坎上，以企业受益、群众满意的实际成效，确保全省营商环境评价中继续保持领先位次。民营经济是新郑发展的支柱，企业家是我们的“衣食父母”，是宝贵稀缺的人才资源，没有企业家的辛勤努力，就没有企业的良性运转，经济社会高质量发展就会缺乏动力支撑。我们今年成立企业服务中心，作为市政府直属事业单位，就是为了更好地服务企业，依法保护企业产权和企业家权益。各级党员干部要当好服务企业的“店小二”，不叫不扰、随叫随到，亲而有度、清而有为，大胆为企业家撑腰，全力为企业服务，真正让企业家有地位、得荣誉、受尊重。

以更大力度推进重点领域改革。深化事业单位重塑性改革，坚持目标导向、问题导向、结果导向，进一步厘清政事关系、事企关系、管办关系，围绕项目建设、应急执法、建筑质量监督等重点领域，全面优化工作流程。通过优化机构设置、充实人员、整合资源等方式，有效解决事业单位职能交叉、弱化等问题，推动事业单位管理体制和运行机制更加顺畅高效。积极推进龙湖行政管理体制机制改革，着力破解“小马拉大车”问题，全力服务经济社会健康发展。深化国资国企改革，推动国资国企切实扛起服务发展、服务大局的重任。深化经济技术开发区改革，加快修编开发区发展规划、专项规划和国土空间规划，深入推进“管委会+公司”模式，用好开发区专班、规划、基金、招商团队等“六个一”机制，扩大产业发展集聚效应。

（四）坚持创新引领，全力提升发展活力能级。创新是第一动力，人才是第一资源。我们将发挥创新引领作用，聚焦自主创新能力弱、研发投入强度低等短板弱项，高效集聚各类创新要素，持续提升全社会创新能力，为高质量发展汇聚强劲动能。

加快培育创新平台。抢抓国家创新型县（市）建设机遇，充分发挥市域高校和企业众多优势，加快建设新型研

轩辕湖湿地公园（刘栓阳/摄）

发机构，鼓励引导企业建设工程技术研究中心，指导高校积极申报重点实验室，力争新增新型研发机构1家、省级创新平台10个。强化企业创新主体地位，借助高新技术企业倍增计划、科技型中小企业“春笋”计划，加大企业扶持培育力度，力争新增高新技术企业30家、“专精特新”企业32家、郑州市科技型企业45家、国家科技型中小企业评价企业160家。进一步强化财政投入导向作用，鼓励企业加大研发投入，力争规模以上工业企业研发费用覆盖率达到76%。

加速汇聚创新人才。深入实施“郑州人才计划”和“五彩”人才计划，办好中国·河南招才引智创新发展大会新郑专场活动，加大领军人才和创新创业团队、青年科技人才等引育力度，培育创新创业团队2个，用创新人才的聚合为高质量发展厚植根基。大力推进“人人持证、技能河南”建设，高标准组织职业技能培训竞赛，力争新增高技能人才2.3万人以上、技能人才3.3万人以上。

营造良好创新生态。积极争取上级科技项目，支持高校院所和企业共建产业研究院和中试基地，共同破解技术难题，通过推行“揭榜挂帅”，推动先进科技成果在我市就地转化，力争全年技术合同成交额15亿元以上。因地制宜建设一批创客空间、企业孵化器，更好承接创新资源、导入科创项目。鼓励引导金融机构加大对科技型企业信贷支持力度，创新科技金融产品和服务，撬动社会资本促进科技创新。持续办好科技活动周、院士论坛等科技交流活动和创新创业大赛，营造创新创业浓厚氛围。

（五）坚持建管并重，全力升级城市功能品质。紧盯建设现代化全国一流中等城市目标，坚持高起点规划、高标准建设、高水平管理，拿出绣花功夫、做实精细文章，谋划生态水系，打造休闲之都，再现“四十五里牛角城”昔日繁华，让新郑成为一座“到过就能记住、来了就不想走”的城市。

突出规划引领。按照“三区三线”划定的空间布局，精心编制全市国土空间总体规划和乡镇国土空间规划，力争年底前完成集聚提升、特色保护、整治改善等三类规划编制工作，科学指导城市建设。加快融郑、联港、通许（昌）步伐，以交通先行打开城市大门、拉大城市框架。推动各片区有机融合、联动发展，龙湖、郭店、薛店、孟庄、和庄等乡镇持续加快融郑联港步伐，着力打造区域外联组团，形成带动城市发展的顶翼；加快城关、梨河、新村与主城区、新区融合互通，打造结构趋优、功能互补的中心城区组团，进一步放大城市辐射能力；充分发挥辛店、观音寺、具茨山自身优势，依托具茨山、陉山、双洎河、溟水河做好生态文章，形成扮靓城市的西南生态组团。加强城市规划管控，保持规划执行严肃性，严厉打击非法违法建设行为，维护城乡规划权威，确保“一张蓝图干到底”。

提高建管水平。按照“低调奢华”城市建设理念，突出“小切口”“细打磨”，少做“拆”的事情，多做“留”和“改”的文章，有序推进城市更新，高标推进城市建管。加快学院路东延、郑许高速新郑段等项目建设，实现茨山路南移、双湖大道东延等项目竣工通车。统筹推进黄帝故里园区、郑韩故城后端湾遗址公园等项目建设。开工和畅路污水管网、玉前路综合改造等5个城市提质项目，改造老旧供水管网15公里。开工南部污泥处理厂一期、中水回用配套管网项目一期。加快推进生活垃圾分拣中心建设。开工2座110千伏变电站，完善优化北部电网网架。落实好数字化、精细化、路长制“三位一体”城市管理制度，深入推进“智慧城管”建设，初步建成集综合执法、环卫、园林、市政公用等多方融合的综合应用系统，推动城市运转管理更科学、更智慧。

深耕城市经营。树牢“经营城市”理念，把“经营”的思想贯穿城市规划、建设、管理各环节。在城市规划设计中提前谋划后期经营项目，为城市经营留足空间。集约节约利用土地等资产资源，在基础设施建设、城市家具打造等方面追求性价比，做到少花钱、多办事。盘活城市资产资源，加大黄帝故里园区、南街古巷、接旨胡同和洧水公园业态引进力度，精心谋划一批城市经营类项目，让街区（公园）“动”起来、“活”起来。

（六）坚持产业为基，全力加快乡村振兴步伐。找准乡村振兴的切入点和突破口，因地制宜、精准施策，抓实乡村发展、乡村建设、乡村治理等重点工作，着力建设宜居宜业和美乡村。

扛稳粮食安全责任。全面落实粮食安全责任制，深入实施“藏粮于地、藏粮于技”战略，执行最严格的耕地保护制度，持续深入开展耕地“非农化”“非粮化”整治行动，确保粮食播种面积稳定在58万亩以上，粮食总产量20万吨以上，地方储备粮达到7.61万吨。

大力发展乡村产业。加快村庄规划编制全覆盖，因地制宜推动乡村产业发展。积极发展都市现代农业，深入开展农民合作社质量规范提升行动，强力推进家庭农场和农业社会化服务组织培育计划，创建市级以上示范性家庭农场3家，新增省级农业强镇1个。着力培育乡村产业新业态，大力发展民宿经济、创意农业等经营模式。加快壮大农村集体经济，所有村庄集体经济年经营性收入达到10万元。稳步推进农村宅基地制度改革，积极申报第二批农村宅基地制度改革试点。严格落实“四个不摘”要求，保持现有帮扶政策、资金、力量总体稳定，守牢不发生规模性返贫底线。争创省数字乡村示范县。

加快和美乡村建设。深化农村人居环境集中整治，加快推进农村生活污水治理；持续开展美丽庭院建设，统筹抓好改院、改水、改厨、改厕，打造干净整洁、宜居宜业的乡村环境。大力建设美丽乡村，高品质推进王庄、酒孙2个精品片区项目，巩固提升裴李岗、泰山村2个精品村成效，以点带面推进全域美丽乡村建设。

（七）坚持绿色低碳，全力打造生态县域样板。绿色是高质量发展最鲜明的底色。我们将深入践行“两山”理念，坚持生态优先、绿色低碳，把生态文明建设融入经济社会发展全过程、各环节，着力打造“高颜值”生态城市。

持续抓好污染防治。深入抓好工业源、移动源、扬尘源和面源治理，加强$PM_{2.5}$和臭氧协同控制，确保完成省、郑州市下达空气质量目标任务。压实“河湖长+警长+检察长”责任，持续开展河湖“清四乱”专项整治行动，强化排污口和饮用水水源地环境管理，推进污水处理设施建设，确保地表水考核断面和饮用水水源地水质稳定达标。

强力推进生态建设。加快推进南水北调中线观音寺调蓄工程，持续增强水资源安全保障能力。以创建国家森林城市、国家生态园林城市为抓手，全面推行“林长制”，完成新造林200亩、森林抚育7000亩，创建森林特色小镇1个、森林乡村10个，新建8个5000平方米以上公园游园，着力构建绿色生态屏障。

加快绿色低碳转型。落实郑州市“1+11+7”碳达峰行动方案，稳步推进减煤、稳油、增气、强电、加绿。坚持以节能改造、清洁生产改造等为抓手，强化能耗“双控”，倒逼企业技术改造提升，推动企业向高端化、智能化、绿色化转型。严格项目准入条件，坚决遏制“两高一危”项目盲目发展。统筹能源保供和降耗降碳，支持发展光伏发电、抽水蓄能发电等清洁能源项目，持续优化能源结构。

（八）坚持人民至上，全力提高群众生活品质。前进道路上，无论是风高浪急还是惊涛骇浪，人民永远是我们最坚实的依托、最强大的底气。我们将始终坚持人民至上，立足发展实际和群众需求，不断提升关键民生领域服务和供给标准，加大民生投入，补齐民生短板，让发展更有温度、幸福更有质感。

优先发展教育事业。加快建设教育项目，全力支持郑州六十七中建设，新建改扩建教育项目9个、新增学位1.3万个。加大城镇小区配套幼儿园治理力度，确保年底前公办园幼儿占比提高至50%。进一步优化教师队伍结构，新招聘在编教师1000名。扎实做好“双减”工作，促进学生全面发展和健康成长。教育教学质量继续保持郑州县（市）领先位次。

加快建设健康新郑。积极推进新村、新区、孟庄、观音寺等4个基层医疗机构和市妇幼保健院新改建项目建设，建成投用市公立人民医院传染病区综合楼及检疫检验楼，不断补齐医疗卫生短板。紧紧抓住紧密型医共体建设机遇，持续深化医疗卫生体制机制改革，提升县域医疗服务能力。扎实推进健康新郑18个专项行动，顺利通过国家慢性病综合防控示范区复审验收。大力开展爱国卫生运动，提升城乡环境卫生管理水平，持续巩固国家卫生城市创建成果。严格按照新冠病毒“乙类乙管”要求，扎实做好各项服务保障，最大程度保护人民生命安全和身体健康。

积极推进养老托育。统筹加快市乡两级养老服务中心建设，力争农村日间照料中心覆盖率达到70%；探索推进乡镇敬老院与光荣院有机整合，切实提高综合服务水平。积极落实生育支持政策，支持社会力量举办普惠托育机构，不断扩大普惠托育服务供给，推进托幼一体化，加快实现老有所养、幼有所育。

不断强化社会保障。加大力度稳定就业，突出做好拆迁群众、农村转移劳动力、城镇困难人员等重点人群就业工作，新增城镇就业6000人，农村劳动力转移就业5000人。深入实施全民参保登记计划，重点抓好大学生、外来务工人员医疗参保，进一步扩大城乡居民基本医保覆盖面。持续做好城乡低保救助资金发放，落实特困人员供养制度，不断完善城乡社会救助体系，稳步提高社会保障待遇水平。严格落实安置房建设三年行动计划，用足棚改专项债、政策性银行贷款等国家政策，加快推进安置房及周边配套基础设施建设，确保回迁群众5000人。全面开展“关爱你我他（她），温暖千万家”活动。

扎实开展文体惠民。持续实施“百千万”文化惠民工程，开展“舞台艺术进乡村、进社区”等各类演出335场。高标准举办第五届运动会暨第二届全民健身大会。扎实推进精神文明建设，深入践行社会主义核心价值观，持续深化文明创建、文明实践、文明培育，让文明之花开遍郑韩大地。创成全国文明城市。

认真办好民生实事。今年民生实事候选项目已提交大会，票决确定后，我们将细化任务书，明确时间表，落实销号制，以炽热的为民情怀和扎实的工作举措，兑现政府不遗余力改善民生的庄严承诺。

（九）坚持底线思维，全力筑牢安全发展根基。安全稳定是做好一切工作的前提和保障。我们将坚持问题导向，增强忧患意识，树牢底线思维，更好统筹发展和安全两件大事，有效防范化解风险隐患，持续提高安全发展水平。

防范化解重大安全风险。深入践行“两个坚持、三个转变”防灾减灾救灾理念，严格落实国务院安全生产“十五条硬措施”和省市各级细化举措，突出重点行业领域隐患排查治理，坚决防范和遏制各类安全事故发生。健全完善乡镇（街道）“1+4”和村（社区）“1+3”应急管理体系，持续提升基层应急处置能力。加强基层消防力量建设，建成投用龙湖镇特勤消防站、郭店镇汇通路消防站和薛店镇腊梅路消防站。

防范化解金融风险。做好财政资金调度，兜牢“三保”底线。加强政府债务风险管控，坚决守住不发生区域性金融风险底线。严厉打击电信网络诈骗、非法集资、恶意“逃废债”等违法行为，营造良好金融生态环境。

防范化解房地产领域风险。坚持“一楼一策一专班”，落实县级领导包案制度，压实房地产企业保交楼主体责任，统筹运用地产纾困基金“4+1”模式，引导金融机构加大对房企贷款支持力度，全力做好矛盾化解，推动40个问题楼盘稳妥有效处置。落实好金融支持房地产市场平稳健康发展十六条政策，研究制定稳房市、惠企业措施，提高企业投资积极性，激发房地产市场活力，推动房地产业健康平稳发展。

持续深化社会治理。积极融入党建引领网格化基层社会治理，创造性践行新时代“枫桥经验”，持续深化“六防六促”专项行动，深入开展“三零”平安创建，强化社会治安整体防控，最大限度把各类矛盾隐患化解在源头、消灭在萌芽，着力建设更高水平的平安新郑。

各位代表！云开疫散，春归如约。站在全力以赴拼经济、时不我待谋发展的关键时刻，我们将主动适应发展新形势，不断满足人民群众新期盼，着力展现政府自身建设新作为，以忠诚干净担当的实际行动，推动政府各项工作再上新台阶。一是忠心向党，坚定政治方向。深学笃信活用习近平新时代中国特色社会主义思想，时刻胸怀“两个大局”、心系“国之大者”，坚决捍卫“两个确立”，增强“四个意识”、树牢“四个自信”、做到“两个维护”，不断提高政治判断力、政治领悟力、政治执行力，把牢意识形态工作主动权，确保上级和市委决策部署有力有效贯彻落实。二是潜心干事，勇于扛旗争先。坚持干字当头、实字为要，对定下的重点工作和目标任务，实施链条式、清单式、台账式推进，严格落实“13710”工作制度，形成闭环抓落实。树牢“不进则退、慢进亦退、不创新必退”的意识，保持敢为人先、敢闯新路的劲头，“跳起来”摸高、“跑起来”干事，努力探索更多新郑模式、打造更多新郑样板，坚决扛稳全省县域经济发展排头兵大旗。三是初心如磐，坚持人民至上。坚持“一线工作法”，放下身段、扑下身子，跟企业家交朋友，跟劳动者多谈心，进一步畅通民意诉求渠道，找准发展需求与群众诉求的契合点，做到民有所呼、政有所应。不断增加民生投入的力度和精度，用实绩书写更有温度的民生答卷。四是公心用权，坚守廉洁底线。把依法行政贯穿政府工作始终，深化权力公开运行，用制度、程序和规范来管权用权，打造法治政府示范样板。强化财政预算绩效管理和审计监督，严控“三公”经费和一般性支出，把有限财力用到保民生、补短板上。永葆清廉政治本色，自觉接受市人大、市政协和社会各界监督，突出抓好重点领域廉政风险防控，重拳整治不正之风，持续巩固中央八项规定落实成果，营造风清气正、干事创业良好环境。

各位代表！百舸争流，奋楫者先；千帆竞发，勇进者胜。让我们更加紧密地团结在以习近平同志为核心的党中央周围，以习近平新时代中国特色社会主义思想为指导，全面贯彻落实党的二十大精神，在市委的坚强领导下，在市人大、市政协和社会各界的监督支持下，紧紧团结和依靠全市人民，坚定信心、振奋精神，同心同德、埋头苦干，在推进中国式现代化的县域实践中奋勇争先，为新郑加快建设现代化全国一流中等城市做出新的更大贡献！

关于2022年国民经济和社会发展计划执行情况与2023年国民经济和社会发展计划（草案）的报告

——在市六届人民代表大会第三次会议上

新郑市发展和改革委员会主任　张　勇

（2023年2月27日）

各位代表：

受市人民政府委托，现将我市2022年国民经济和社会发展计划执行情况与2023年国民经济和社会发展计划（草案）提请市六届人大三次会议审议，并请各位政协委员和列席人员提出意见和建议。

一、2022年国民经济和社会发展计划执行情况

2022年，全市上下在市委、市政府的正确领导和市人大、市政协的监督支持下，围绕市六届人大一次会议确定的目标任务，坚持以习近平新时代中国特色社会主义思想为指导，坚持稳中求进工作总基调，以县域治理"三起来"为根本遵循，以党的建设为引领，以"三城"建设为载体，全面开展"三标"活动，深入实施"九项工程"，努力发挥好全省县域经济发展"领头羊"作用，实现了经济平稳发展与社会和谐稳定。

（一）统筹兼顾，综合实力稳中有进。深入贯彻"疫情要防住、经济要稳住、发展要安全"工作要求，出台《新郑市高效统筹疫情防控和经济社会发展工作方案》，成立由市长任指挥长的市常态化疫情防控下经济运行调度机制指挥部，落实双线嵌合机制，纳入"四保"白名单企业（项目）250家，实现了应急状态下重点企业不停产、重大项目不停工。疫情防控和经济社会发展双向发力，全年地区生产总值完成819.8亿元，增长2.1%，地方一般公共预算收入完成70.96亿元，规模以上工业增加值增长2.2%，固定资产投资增长10.7%，社会消费品零售总额下降5.1%。全国县域发展潜力百强县（市）排名第12位，全国县域经济基本竞争力百强县（市）排名第27位，全国中小城市综合实力百强县（市）排名第37位，县域经济发展质量总体评价连年位居全省首位。

（二）转型加速，产业发展提质增效。工业经济稳步提升。围绕"三主三新"产业发展，坚持抓大项目、好项目，实施"三大改造"项目81个，华思光电、宅乐送、光明乳业等33个项目竣工投产，工业投资增长41.3%，技改投资增长344%，建成小微企业园6个，入驻企业534家，新增规上工业企业25家。华思光电产出省内第一片Mini LED直显产品，填补了全省Mini LED产业空白。全市现有市场主体达13万家，总量位居全省县（市）首位。现代服务业加速发展。商贸物流业不断壮大，薛店铁路物流基地持续推进，中原传化物流、华南城高端商业等项目快速建设，华南城特色商业区晋升省三星服务业"两区"。积极推进黄帝故里改扩建等项目，扩大文旅服务阵地，壮大文旅产业规模，通过省级全域旅游示范区验收。积极发展金融服务业，金融机构存款余额790.6亿元，金融机构贷款余额666.2亿元。现代农业有序发展。全年粮食总产量23.3万吨，肉类总产量达到2万吨，新培育省级农业产业化龙头企业1家、农民合作社2家、家庭农场3家，观音寺镇创成省级农业产业强镇。

（三）统筹推进，城乡面貌持续改善。城区功能品质不断优化。高质量完成"三区三线"划定，城镇开发边界内新增建设用地21.6平方公里；完成中华路公园、郑韩故城遗址公园等11个街头游园建设，完成郑新路绿化景观提升（二

期）、阁老路（郑韩路至铁路桥段）等5条道路的绿化建设，新增城市绿地49.8万平方米。改造3个老旧小区，既有住宅加装电梯12部，为5万户居民家庭加装燃气安全装置。城市集中供热项目全面启动，新增供热覆盖面积30万平方米。城市管理水平不断提高。以打造“整洁、有序、舒适、愉悦”城市环境为目标，深入推进“路长制”，有效推进中心城区生活垃圾分类工作，更新完善四分类集中投放点300余个，市区生活垃圾清运率和无害化处理率均达到100%。深入推进智慧城市建设，建成运营新型智慧城市运行管理中心。交通路网结构日益完善。全年共推进交通道路建设项目12个，147.5公里。完工农村公路省、郑州市专项养护工程、农村公路灾后重建工程，加快推进茨山路南移、莲花路下穿京广铁路、北环路东延等4个续建项目，竣工通车鼎坛南路，打通子产路连通、嫘祖路连通、郑韩路东延三条断头路，完成投资3406万元；持续推进西关桥新建等工程建设。乡村振兴战略不断深化。按照“产业兴旺、生态宜居、乡风文明、治理有效、生活富裕”的总要求，新改建农村公路20公里，推进全市饮用水地表化试点任务的主体工程。继续推进农配网建设改造，全面增强农村电力保障能力。深入开展农房安全隐患排查整治，完成520个农村自建房鉴定整治。全力推进美丽乡村建设，新建森林特色小镇1个，创建森林乡村15个。农村人居环境整治扎实推进，农村旱厕、垃圾治理实现动态清零，村容村貌焕然一新。

（四）激发活力，开放创新步伐加快。开放招商积极开展。以先进制造业为主攻方向，以电子信息、高端装备制造等“三主三新”主导产业为招商重点，全年签约华思光电背光模组显示二期、花花牛乳制品生产基地等项目27个，总投资347.4亿元；新开工项目20个，总投资额277亿元；省外资金引进90.5亿元。创新能力持续增强。坚持创新驱动发展战略，着力引进和培育创新引领型企业、人才、平台和机构，全社会研发强度达到1.84%，规上工业企业研发投入覆盖率达到75%。成功申报国家级专精特新“小巨人”企业4家，新增省级“专精特新”企业11家、高新技术企业50家。顺利通过国家创新型县（市）验收工作，成为河南省唯一一家首批通过国家验收的47个创新型县（市）之一。营商环境创优争先。以打造全国一流全省领先的政务服务标杆城市为目标，深入践行“用脚步丈量工作法”，在全省率先出台《新郑市稳经济、助企纾困政策三十条》，减免企业各项税费15亿元，提供助企纾困贷款近60亿元。投用首个县级市“一平台一库”数据共享平台和“莲鹤”AI智慧辅助不见面开标评标系统，推行“双承诺”制度，实现“承诺即开工”。在全省营商环境综合评价中，我市连续两年客观指标在全省县（市）中排名第1位，同时被河南省委、省政府评为2021年度营商环境建设先进单位。

（五）绿色发展，生态建设卓有成效。污染防治攻坚战狠抓不懈。坚持源头治理与末端治理相结合，加大对散煤、散尘、散乱污的排查整治力度，扎实做好“三散”治理、机动车、结构调整等重点工作，整治提升162家中小微企业，依法取缔不符合相关政策类78家。全市空气质量$PM_{2.5}$、PM_{10}、氮氧化物浓度同比下降，空气优良天数228天，均完成了年度目标任务。生态林业建设进展顺利。围绕森林城市创建目标，严格落实“双非”工作要求，完成新造林1400亩、森林抚育5500亩，成功通过省级森林城市验收公示。5个沿黄示范村和新郑市观音寺临山沿黄干流特色产业小镇均达到森林（示范）乡村、森林（示范）特色小镇建设验收标准。生态水利建设有力推进。严格落实“河长制”，扎实开展河湖“清四乱”“三污一净”专项行动。今年我市双洎河黄甫寨断面水质年均值稳定达到地表水Ⅲ类，南水北调总干渠（新郑段）水质稳定达到Ⅱ类，全市集中式饮用水水源地取水水质达标率100%。龙湖西部污水处理厂项目一期工程顺利推进，新郑新区污水处理厂项目一期基本建成。生态土地修复更加深入。全市土壤环境质量总体稳定，农业农村污染防治进展顺利，建成区及农村黑臭水体全部动态清零，重点行业重金属污染物排放量零增长，建设用地及农用地安全利用率均达到100%。

（六）人民至上，民生保障显著增强。高质量推进灾后重建。深入落实“1+18+15”灾后恢复重建方案，113个灾后恢复重建和能力提升项目全部开工建设，竣工109个，竣工率96.5%，完成投资4.63亿元，生产生活秩序全面恢复。优质发展教育事业。新建、改扩建中小学和幼儿园21所，新增学位5210个，普惠性民办幼儿园达到150所，普惠性幼儿园覆盖率达96.1%，高考综合评价连续31年保持郑州市县（市）领先位次。加快群众回迁安置。全年建成安置房93万平方米，回迁安置群众达到1.4万人，超额完成任务。优化公共医疗卫生服务。加快推动市公立中医院、市公立人民医院传染病区综合楼建设，推进“互联网+”医保服务发展，提升医保服务水平。大力支持创业就业。开展各类职业技能培训4.5万人次，新增技能人才6.9万人、高技能人才3.4万人，新增城镇就业再就业9593人、农村劳动力转移就业6133人，发放创业担保贷款7616万元。完善民生保障体系。加快养老服务体系建设，建成3个街道养老服务中心和67个社区养老服务场所。城乡居民最低保障标准和特困人员供养标准分别提高至每人每月750元、1125元。文化事业繁荣发展。成功举办壬寅年黄帝故里拜祖大典和黄帝文化国际论坛，持续开展“戏曲进乡村”“百场演出送农民”等文化惠民活动1700余场，“千场红色电影（宣教片）进基层”放映电影879场次。建成图书馆分馆20个。同时，安全生产、信访稳定、消防安全、妇女儿童、地方志、统计、市场监管、税务、粮食、供销、气象等工作都取得了新的成绩。

在肯定成绩的同时，我们也要清醒地认识到，当前和今后一段时期，我市经济社会发展工作仍存在问题和挑战。一是产业发展动能不足。传统制造业改造提升缓慢，招商项目储备不足，在建项目进展缓慢，新的工业增长点尚在培育，增长动能有所减弱。二是实体经济发展困难增加。面对多轮疫情冲击，当前消费和投资恢复迟缓，企业受生产成本上升、市场大环境变化等因素影响，投资意愿普遍不高。三是城市更新仍需加快。城乡发展不平衡、不充分、不协调的问题仍较为突出，学位、病床位、养老床位等百姓"心头事"，还需锲而不舍、久久为功。

二、2023年国民经济和社会发展的总体思路和主要预期目标

2023年是全面落实党的二十大精神的开局之年，也是三年疫情后经济社会全面修复的一年。今年经济社会发展的总体要求是：以习近平新时代中国特色社会主义思想为指导，全面贯彻党的二十大和中央经济工作会议精神，全面落实省委十一届四次全会和省委经济工作会议、郑州市委十二届三次全会和郑州市委经济工作会议、市委六届五次全会和市委经济工作会议部署，坚持稳中求进工作总基调，完整、准确、全面贯彻新发展理念，以现代化全国一流中等城市建设为统揽，锚定"过百超千"发展目标，深入推进"十大战略"行动，全面开展"三标"活动，大力实施"九项工程"，纲举目张抓工作，争分夺秒拼经济，突出抓好大招商、大项目、大民生、大稳定、大督查"五大任务"，更好统筹发展和安全，以舍我其谁的精神状态和一往无前的奋斗姿态，奋力推动经济发展全面提速提质，在全省县域经济高质量发展中"挑大梁、走前头"，为郑州国家中心城市现代化建设、中原更加出彩作出新的更大贡献。

综合分析我市经济社会发展的环境和条件，经过认真测算，2023年经济社会发展主要预期目标：地区生产总值增长7.5%，规模以上工业增加值增长10%，固定资产投资增长10%以上，社会消费品零售总额增长12%，全社会研发投入强度突破1.9%，居民收入和经济增长基本同步。

三、2023年经济社会发展的主要任务

（一）扩投资促消费，全面提振市场信心。一要狠抓项目投资。牢固树立"项目为王"鲜明导向，滚动实施"三个一批"项目，全速推进62个省市重点项目和256个市本级重点项目（124个拟开工，89个续建，43个前期）建设，健全领导分包、联审联批、首问负责等机制，坚持"要素跟着项目走"，深入推行"拿地即开工""双承诺制"，强化土地、环境容量、金融等支持保障，高效协调解决项目建设难题，推动签约项目早开工、开工项目早投产、投产项目早达效，确保年度完成投资超400亿元。充分利用政府专项债券、中央预算内资金、中长期贷款、政策性开发性金融工具等政策机遇，努力争取包装项目，不断充实完善项目谋划储备库，提高项目成熟度和转化率，形成谋划一批、储备一批、在建一批、达产一批的项目推进格局。二要狠抓促进消费。加快黄帝故里、新区轩辕湖、龙湖华南城等区域消费集聚区提档升级，持续丰富商业购物、餐饮住宿、娱乐休闲、科技创新等服务业态，积极发展网红经济、首店经济、夜间经济，打造更具吸引力、集聚力的消费街区。紧跟郑州市住房消费政策调整步伐，积极提供个人购房信贷支持，组织域内开发企业开展"人才购房、企业让利"优惠活动，适时取消限购、实行购房契税补贴、购房补贴等政策。鼓励汽车消费，落实国家免征新能源汽车购置税、放宽二手车迁入限制等政策，用好郑州市汽车消费券，加快汽车换代更新，加密充电设施布局，夯实新能源汽车消费基础。刺激家电消费，积极开展家电"以旧换新"等系列促销优惠活动。三要狠抓政策直达快享。落实落细稳经济促增长政策措施，精准指导企业申请上级各项扶持奖励资金，使企业充分享受政策红利，提振发展信心。持续深入开展"万人助万企"活动，强化跟踪服务，做好保供稳价，强化油电气、交通物流等要素保障，全力帮助企业解决生产经营难题，保障企业正常生产经营。同时，针对市场需求不足等问题，通过举办产销对接会等形式，全力以赴帮助企业找订单、拓市场、增渠道，推动工业经济回稳向好。

（二）聚焦产业升级提速，构建更加优化的产业体系。一要大力发展先进制造业。巩固扩大我市以电子信息产业为代表的战略新兴产业优势地位，围绕"芯""屏"双轮驱动，加快引育一批链主企业和头部企业，带动上下游、左右端配套企业快速集聚，推动先进制造业集群发展、链式发展，加快尊绅光电、华思5G等项目建设，力争早日建成投产；做大做强健康食品产业，充分发挥好想你、雪花啤酒等龙头企业带动作用，顺应消费结构变化，提高高端产品占比，加快推进人人利、雪麦龙等健康食品产业；拓展生物医药产业，依托遂成药业、润弘制药等医药骨干企业，持续提升注射剂、片剂等优势产品市场占有率，加大新药物创新研发生产力度。前瞻谋划布局氢能与储能、区块链、类脑智能、前沿新材料等未来产业，抢占战略性发展先机。全年实施60个工业建设项目，力争工业

投资增长30%以上，技改投资增长60%以上，新增规上工业企业35家。二要推动升级现代服务业。大力发展高端商贸物流业，鼓励发展冷链物流、智慧物流、多式联运，推动物流企业由小而散向大而强转型，加快万家丽智能生活物流港、传化中原物流基地核心区等项目建设，争取深国际·新郑智慧供应链产业园、薛店铁路物流基地等项目早日开工，努力打造高端商贸物流聚集区。积极发展高端文旅产业，高规格举办癸卯年黄帝故里拜祖大典和黄帝文化国际论坛，鼓励黄帝千古情景区扩容提质，引导鼓励传统景区推出一批文旅融合产品、夜间消费产品、网红打卡产品，充分挖掘文化旅游资源，推动文旅产业深度融合发展，力争全年旅游人数超500万人次。以新郑新区、龙湖教育园区为依托，大力发展总部经济、现代金融、信息服务、工业设计、文化创意等行业领域，持续提升现代服务业发展空间，争取软件和信息技术服务业实现新突破。三要积极发展数字经济。深入实施“企业上云上平台”提升行动，加快工业互联网项目平台建设，推动中小企业研发设计、生产制造、经营管理、运维服务等关键环节广泛上云，新增上云企业450家。深化智能制造实施，鼓励企业对生产设备、工艺条件等进行智能化改造，培育智能化数字化赋能示范试点企业5家、省级智能化改造项目10个。抓好重点行业绿色化改造，培育省级以上绿色工厂1家。四要强化产业要素支撑。严格执行“亩均论英雄”综合评价机制，通过正向激励和方向倒逼，加速制造业腾笼换鸟、转型升级。下大力气清理处置闲置低效用地，力争盘活批而未供土地2200亩、处置闲置土地290亩；扎实推进闲置楼宇、厂房、车间等资源盘活利用，有效缩短新嫁接项目落地周期，实现“老巢”栖“新凤”。加快产业用地报批进度，全年供应建设用地不少于4500亩。强力推进中德产业园、航美智慧城等小微企业园建设和运营，力争新建小微企业园2个、投入运营2个以上，入园企业600家以上，着力孵化一批优质企业项目，激发产业发展活力。优化整合各类产业基金、投资基金，用好战新产业基金，助力产业高质量发展。

（三）坚持城乡统筹推进，塑造更加宜居的城乡发展格局。一要提升城市功能品质。有序推进主城区和龙湖城市更新，深入开展市政、公用老旧管网“全面体检、精准整治”行动，系统做好水电气等市政、公用设施提档升级，加快新建和改造集中供热项目建设进度，努力实现主城区、龙湖片区等区域集中供暖全覆盖目标。对黄帝故里、南街古巷、接旨胡同和洧水公园进行业态整合引进，提升街区业态水平和整体形象。开工南部污泥处理厂一期、中水回用配套管网项目一期，谋划市政供水管网延伸、二次供水管理系统改造等城市供水配套设施，稳步推进生活垃圾分拣中心建设。二要提升城市精细化管理水平。加快推进城市“序化、洁化、亮化、美化、智慧化”，不断提升城市“颜值”，努力打造整体整洁有序、局部诗情画意的城市形象。深入推进“智慧城管”建设，进一步完善城市管理数据库，初步建成综合执法、环卫、园林、市政公用等多方融合的综合应用系统，不断提高城市运行管理效率。三要加快完善交通路网体系。加快融郑融港步伐，深入实施“畅通新郑”工程，加快道路建设，进一步强化与港区道路的融通联通。加快推进学院路东延（解放路至庆安路）、郑许高速（新郑境）等建设工程，打造方便快捷

的交通路网体系。加紧推进茨山路南移、北环路东延、国道343线新郑境改建、省道317线新郑境改建等工程，推动“四好农村路”高质量发展，实施农村公路“生命防护工程”。四要全面推进乡村振兴。加快美丽乡村建设，持续开展农村环境集中整治，加快推动水电路气等基础设施一体化、基本公共服务均等化，高品质推进王庄片区、酒孙片区2个精品片区项目，持续提升泰山村、裴李岗村2个精品村建设成效，加快推进乡村博物馆等公共文化服务设施建设，打造3—5个镇级最美公共文化空间。持续巩固拓展脱贫攻坚成果，严格落实“四个不摘”要求，完善和落实防止返贫监测帮扶机制，坚决守住不发生规模性返贫底线。牢牢扛稳粮食安全责任，深入实施“藏粮于地、藏粮于技”战略，落实耕地保护制度，做好粮食安全责任制考核，持续开展耕地“非农化”“非粮化”整治行动，确保粮食播种面积稳定在58万亩以上，粮食总产量20万吨以上，地方储备粮达到7.61万吨。大力发展乡村产业，持续抓好龙头企业、现代农业园区等新型农业经营主体培育，推动农业集约化、标准化、产业化发展，创建市级以上示范性家庭农场3家，打造省级农业强镇1个。

（四）实施开放创新驱动，激发更加强劲的发展活力。一要全面加强开放招商。抢抓郑州打造开放高地战略机遇，紧盯京津冀、长三角、珠三角等重点区域战略性新兴产业龙头企业和“链主”企业，加快招引一批延链、补链、扩链、强链型重大项目。加快完善产业链图谱和招商指导目录，积极谋划、前瞻布局未来产业发展项目，抢占产业发展制高点、中高端、关键环。充分发挥基金公司、金融机构、行业商协会、已落地企业等招商资源作用，深化开展产业链招商、驻地招商、以商招商，精心策划、深入对接。力争新签约项目总额达700亿元，实际到位省外资金100亿元。二要构筑科技创新优势。抢抓郑州打造创新高地战略机遇，充分发挥我市高效集聚优势，探索完善校地合作模式，重点在电子信息、新材料、健康食品、生物医药等领域共建一批校地企合作的科技创新平台。推进创新平台建设，加快构建高质量“双创”平台，充分发挥市域高校和企业众多优势，打造“双创”平台升级版。力争2023年新增高新技术企业30家、“专精特新”企业32家、郑州市科技型企业45家、国家科技型中小企业评价企业160家，新增新型研发机构1家、省级创新平台10个，支持企业加大研发投入，力争规模以上工业企业研发费用覆盖率达到76%。三要建设高水平人才高地。深入实施“黄河人才计划”和“五彩人才计划”，办好河南招才引智创新发展大会新郑专场活动，加大领军人才和创新创业团队、青年科技人才等引育力度，力争培育创新创业团队2个。持续推进“人人持证、技能河南”建设，高质量组织职业技能培训活动，力争新增高技能人才2.3万人以上、技能人才3.3万人以上。

（五）深化改革创优环境，增强更加高效的内生动力。一要持续深化“放管服效”改革。实现行政审批和服务事项“一个系统”统一管理、“一个窗口”提供综合服务、“一张表单”整合申报材料、“一套机制”规范审批运行，推动便民事项就近能办、多点可办、少跑快办。以数据集成和共享为支撑，实现1389个事项“即来即办”、1664个事项三个工作日办结。持续优化水电气热、通信等接入流程，推动容量160千瓦及以下小微企业用电报装“零

宜居新郑（刘栓阳/摄）

投资”，水气热报装1个工作日内办结。二要继续优化营商环境。深入开展以评促改工作，扎实开展多规合一、标准化服务、“就近办”服务能力提升、“互联网+政务服务”事项改革等重点工作任务，着力营造一流的营商环境。对照2022年评价问题清单、企业诉求清单和各项工作要点，坚持问题导向和目标导向，抓好各项任务落实，确保在河南省营商环境评价中排名稳居全省最前列。深化“双随机、一公开”机制运用，全面规范行政执法行为，减轻企业经营负担。严格执行国家涉企收费目录清单，坚决杜绝清单外收费。三要扎实推进重点领域改革。深化事业单位重塑性改革，围绕项目建设、企业服务、应急执法、税收征管等重点领域，通过优化机构设置、充实人员、整合资源等方式，切实提高事业单位工作效能。深化经济技术开发区改革，实质性推进“管委会+公司”模式，实施开发区专班、规划、基金、招商团队等“六个一”机制。深化国资国企改革，通过创新体制机制，在资本（资产）运营、公用事业（城市运营）、产业园区、文旅运营、智慧城市、城建地产等领域谋划组建培育龙头企业集团，推动国有资本向公共服务和公益性行业集中、向前瞻性战略性新兴产业集中，促进国有平台公司做大、做强、做活。扎实推进供给侧结构性改革，推进县域“三项改革”，抓好创新发展综合配套改革、要素市场化配置改革，力争重点领域和关键环节改革取得更大进展。

（六）推动绿色低碳发展，绘就更加美好的绿色画卷。一要加快生态绿地建设。积极践行“绿水青山就是金山银山”的根本理念，大力实施生态环境改善工程，加快打造宜居宜业生态城市。以创建国家森林城市、国家生态园林城市为抓手，完成新造林200亩、森林抚育2000亩，创建森林特色小镇1个，森林乡村10个，新建8个5000平方米以上公园游园，着力构建绿色生态屏障。二要持续打好污染防治攻坚战。围绕郑州市下达目标任务，深入抓好工业源、移动源、扬尘源和面源治理，加强$PM_{2.5}$和臭氧协同控制，努力让“蓝天白云、繁星闪烁”常驻新郑。深化落实“河长制”，统筹抓好双洎河、十七里河、潮河等水域水质提升，深入开展河湖“清四乱”专项整治行动，确保国控断面、市控断面水质达到国家、市定目标，城市集中式饮用水源地取水水质达标率保持100%。三要扎实推进净土保卫战。按照控源头、防新增、重监管、保安全的思路，确保受污染耕地安全利用率达到100%，重点建设用地安全利用得到有效保障，农村生活污水治理率、农村黑臭水体深度治理率达到省、郑州市标准，保证全市土壤环境质量稳定发展。四要加快绿色低碳转型。落实郑州市“1+11+7”碳达峰行动方案，稳步推进减煤、稳油、增气、强电、加绿。坚持以节能改造、清洁生产改造等为抓手，强化能耗“双控”，倒逼企业技术改造提升，推动企业向高端化、智能化、绿色化转型。严格项目准入条件，坚决遏制“两高一危”项目盲目发展。统筹能源保供和降耗降碳，支持发展光伏发电、抽水蓄能发电等清洁能源项目，持续优化能源结构。

（七）持续保障和改善民生，增进更加殷实的民生福祉。一要优先发展教育事业。以“办人民满意的美好教育”为目标，加快建设教育项目，全力支持郑州六十七中建设，新建、改扩建教育项目9个，新增学位1.3万个，公办幼儿园占比提高至50%，新招聘在编教师1000名。扎实做好“双减”工作，促进学生全面发展和健康成长。高中教育教学质量继续保持郑州县（市）领先位次。二要持续完善社会保障体系。统筹推进市级养老服务中心和乡镇级养老服务中心建设，力争农村日间照料中心覆盖率达到70%。深入实施全民参保计划，稳步提高社会保险待遇标准，确保基本医保参保率稳定在98%以上、大病保险政策范围内报销比例稳定在60%以上。加快安置房建设，确保全年回迁安置群众5000人。三要坚持稳定扩大就业。强化就业优先导向，多措并举稳定和扩大就业，统筹抓好高校毕业生、退役军人等重点人群就业工作，加强高水平职业院校和高水平专业建设，新增城镇就业6000人，农村劳动力转移就业5000人。四要持续提高医卫服务能力。高质量推进紧密型县域医共体建设，加快构建分级诊疗、合理诊疗、有序就医新秩序。加快推进新村、新区等卫生院（社区卫生服务中心）改扩建、新建项目，建成投用市公立人民医院传染病区综合楼及检疫检验楼，补齐医疗卫生短板。深入开展爱国卫生运动，巩固国家卫生城市成果。扎实推进健康新郑18个专项行动，推动国家慢性病综合防控示范区顺利通过复审验收。五要扎实推进文化惠民。讲好新郑故事、多宣传新郑正能量，建设文化新郑。持续实施“百千万”文化惠民工程，开展“舞台艺术进乡村、进社区”等各类演出335场。高标准举办第五届运动会暨第二届全民健身大会。六要大力推进社会文明治理。全面贯彻落实《新时代公民道德建设实施纲要》，深入推进公共文明素养提升行动，深化群众性精神文明创建，创成全国文明城市。完善社会治安防控体系，深化扫黑除恶行动，持续做好社会治安、信访稳定、安全生产、食品药品安全、消防安全等工作，强化安全隐患排查治理和专项治理，妥善解决人民群众合理诉求，强化矛盾排查化解，确保社会大局和谐稳定。同时，继续做好民族宗教、外事侨务、对台事务、机关事务、气象、档案等工作，支持工会、共青团、妇联、残联、红十字会等群团组织更好发挥桥梁纽带作用，推动社会事业全面发展。

数字新郑

DIGITAL XINZHENG

·数字新郑 >>>

DIGITAL XINZHENG

全国县城发展潜力百强县（市）排名第**12**位

全国中小城市综合实力百强县（市）升至**37**位

全国县域经济基本竞争力百强县（市）排名由**28**位升至**27**位

全国科技创新百强县（市）排名第**44**位

固定资产投资完成**474**亿元，比2022年增长**10.7**%

全市地方公共财政预算支出**93.3**亿元

全年地区生产总值完成**819.8**亿元

政府性基金预算支出**16.4**亿元

第一产业增加值**29.0**亿元

第二产业增加值**348.5**亿元

第三产业增加值**442.3**亿元

全市地方公共财政预算收入**71.0**亿元

房屋施工面积**1747.6**万平方米

税收收入**34.2**亿元

房屋新开工面积**123.1**万平方米

住宅施工面积**13913**万平方米

住宅新开工面积**106.4**万平方米

房屋竣工面积**51.6**万平方米

住宅竣工面积 **41.6** 万平方米

餐饮业销售额 **30.5** 亿元

全市金融机构存款余额 **790.6** 亿元

商品房销售面积 **250** 万平方米

金融机构贷款余额 **666.2** 亿元

住宅销售面积 **231.6** 万平方米

全年农村居民人均可支配收入 **28519** 元

商品房销售额 **146.2** 亿元

农民人均生活消费支出 **22128** 元

住宅销售额 **138.8** 亿元

城镇居民人均可支配收入 **40080** 元

批发和零售业增加值 **114.8** 亿元

城镇居民人均生活消费支出 **21515** 元

住宿和餐饮业增加值 **14.7** 亿元

实现社会消费品零售总额 **315.2** 亿元

限额以上单位消费品零售额 **67.4** 亿元

城镇消费品零售额 **264.3** 亿元

乡村消费品零售额 **50.9** 亿元

全市现有市场主体突破 **13** 万家

全市常住总人口 **120.37** 万人

其中城镇常住人口 **83.1** 万人

常住人口城镇化率为 **69** %

全年出生人口 **0.66** 万人，人口出生率 **5.49** ‰

自然增长率 **1.02** ‰

死亡人口 **0.54** 万人，人口死亡率 **4.47** ‰

批发业销售额 **80.1** 亿元

零售业销售额 **203.0** 亿元

住宿业销售额 **1.6** 亿元

全年招商引资共签订协议项目 **27** 个，总投资 **347.4** 亿元

开工建设项目 **95** 个

竣工投资项目 **33** 个

新增“四上”企业 **155** 家

市场主体总量达 **13** 万家

新增郑州市级以上工程技术中心研发平台 **10** 家

招商引资签约金额 **347.4** 亿元

国家网技术合同成交额 **14.63** 亿元

招引锐杰微等项目 **15** 个

华思光电、润弘制药、遂成药业智能化改造等 **23** 个重大项目竣工投产

锐杰微芯片封测项目月封装芯片 **4000** 万颗以上

新增注册商标 **3402** 件

新增国家级“专精特新”小巨人企业 **4** 家

新增省级“专精特新”企业 **11** 家

新增高新技术企业 **50** 家

新增规上工业企业 **25** 家

减缓各项税费 **15** 亿元

为市场主体提供贷款近 **60** 亿元

纳入“四保”白名单企业项目 **250** 家

实际利用外资 **23998** 万美元

外贸进出口总值 **10.5** 亿元

引进硕博士 **877** 名

全市规模以上工业增加值同比增长 **2.2**%

轻工业增长 **13.4** %，重工业下降 **6.7** %

食品加工业增长 **15.8** %

生物医药业增长 **16.6** %

非金属矿物制品业下降 **27.3** %

钢铁及金属制品业增长 **2.9** %

设备制造业下降 **21.4** %

煤炭开采和洗选业增长 **5.2** %

纺织服装业增长 **9.8** %

全年全市规模以上工业企业营业收入利润总额 **23.3** 亿元

全年全市方便面产量 **11.7** 万吨

乳制品产量 **7.5** 万吨

塑料制品产量 **4.5** 万吨

钢材产量 **45.1** 万吨

入库国家科技型企业 **165** 家

实施“三大改造”项目 **81** 个

创成省级智能车间 **1** 个

新一代信息技术与制造业融合发展企业 **1** 家

建设以制造业为主的小微企业园 **6** 个

集聚入园企业 **534** 家

郑州科技型企业 **41** 家

新增技能人才 **6.9** 万人，高层次人才 **3.4** 万人

专利授权 **2279** 件

新增发明专利 **317** 件

新创郑州市级以上研发平台 **18** 家

技术合同成交额 **14.6** 亿元

新郑经济技术开发区挂牌成立，整合面积 **30.25** 平方千米

实用新型专利 **1633** 件

外观设计专利 **329** 件

新增城镇就业再就业 **9593** 人

农村劳动力转移就业 **6133** 人

就业困难人员再就业 **624** 人

公益性岗位就业 **430** 人

职业技能培训 **4.47** 万人次

新增高技能人才 **4.2** 万人

失业人员再就业培训 **1893** 人

创业培训 **840** 人

引进省外资金 **97.8** 亿元

累计发放小额担保贷款 **7616** 万元

全年粮食总产量 **23.3** 万吨

农村劳动力转移就业 **6133** 人

夏粮总产量 **124604** 万吨

全市新增城镇就业再就业岗位 **9593** 个

秋粮总产量 **107940** 万吨

下岗失业人员再就业 **922** 人

全年油料总产量 **1.7** 万吨

全年蔬菜总产量 **17.0** 万吨

全年花生总产量 **1.60** 万吨

全年瓜果总产量 **6.7** 万吨，全年瓜果产量 **5957** 吨

生猪出栏 **17.7** 万头

牛出栏 **0.46** 万头

羊出栏 **3.99** 万只

家禽出栏 **203.17** 万只

农业规模经营户达 **1020** 家

全市具有资质等级的建筑业企业总产值增长 **46.2**%，利润总额增长 **66.7**%

全市建筑业实现增加值 **33.6** 亿元

机械总动力 **63.27** 万千瓦

农用拖拉机 **6920** 台

拖拉机配套农具达到 **12358** 台

联合收割机 **1621** 台

城区空气质量达到或优于国家二级标准的天数 **228** 天

城市集中饮用水水源地水质达标率 **100**%

机耕面积 **28.35** 千公顷

建设用地及农用地安全利用率均达 **100**%

创成森林特色小镇 ***1*** 个，森林乡村 ***15*** 个

新造林 ***86*** 公顷、森林抚育 ***366.67*** 公顷

机播面积 ***40.86*** 千公顷，机收面积 ***41.19*** 千公顷

改造提升老旧小区 ***3*** 个

新培育省级农业产业化龙头企业 ***1*** 家

新培育农民合作社 ***2*** 家

城镇开发边界内新增建设用地 ***21.6*** 平方千米

建成投运 ***6*** 项电网工程

村级投递物流综合服务站覆盖率达 ***60*** %

既有住宅加装电梯 ***12*** 部，为 ***5*** 万户居民家庭加装燃气安全装置

完成郑新路等 ***5*** 条道路绿化景观提升

新增城市绿地 ***49.8*** 万平方米

创建美丽庭院 ***4363*** 户

138 个规划保留村污水处理设施实现全覆盖

疫情防控新建应急避难场所 ***8*** 个，新建防汛紧急避险点 ***399*** 个

建成投勤乡镇专职消防救援站 ***6*** 个、城市消防站 ***3*** 个

完成 ***33*** 个老旧小区消防设施改造提升

113 个灾后重建和能力提升项目全部开工、竣工 ***109*** 个

组建应急管理专家库和 ***72*** 支应急救援队伍

一般性支出压减 ***3.2*** 亿元，“三公”经费缩减 ***15*** %

完成审计项目 ***147*** 个，增收节支 ***1.4*** 亿元

新培育家庭农场 ***3*** 家

高中教育质量综合评价连续 ***31*** 年位居郑州县（市）领先位次

新建改扩建中小学、幼儿园 ***21*** 所

办理人大代表建议 ***424*** 件

办理政协委员提案 ***235*** 件

全年新增学位 ***5210*** 个

普惠性民办幼儿园达到 ***150*** 所

全市各级各类中初等教育学校**360**所

全市普通初中**32**所

全市中等职业学校**9**所

全市小学**110**所

全市普通高中**7**所

全市幼儿园**201**所

全年共接待游客**420**万人次

推出精品旅游线路**8**条

创成省级特色生态旅游示范镇**1**个

乡村旅游特色村**1**个

A级以上物流企业达**11**家

全市特殊教育**1**所

全市小学生人数**113985**人

旅游业总收入**18**亿元

全市普通初中学生（九年一贯制）人数**47630**人

全市在校学生**262610**人

全市普通高中在校生**20860**人

中等职业学校在校生**30516**人

幼儿教育**49462**人

特殊教育**157**人

完成**87**个村卫生室医疗设备升级改造

建成**1**家托育指导中心，建成**12**家普惠托育中心

全市共有卫生机构（含村卫生室）**637**个

全市共有医疗床位**6615**张

全市共有卫生技术人员**6701**人

连续**17**年成功举办黄帝故里拜祖大典

连续高规格举办**16**届黄帝文化国际论坛

城乡居民养老保险累计参保人数达到**32.3**万人

执业医师、执业助理医师 **2255** 人

注册护士 **3035** 人

免费婚检率达到 **71.69** %

全年基层医疗卫生机构销售金额 **8605.2** 万元

基层卫生机构让利金额 **1979.2** 万元

新建改造鼎坛南路等城乡道路 **20** 条

打通子产路、郑韩路东延、嫘祖路 **3** 条断头路

建设过街天桥 **2** 座

新增公共停泊车位 **1437** 个

整治窨井盖 **8640** 座

新增供热面积 **30** 万平方米

新改造供水管网 **124** 千米

新建燃气管网 **53** 千米

实现光伏发电项目 **17** 个

新增并网容量 **1.5** 万千瓦

建成充电站 **10** 个

建成直流充电桩 **300** 个

更换新能源公交车 **292** 台

新建安置房 **93** 万平方米

网签安置房 **195.3** 万平方米

1.4 万名群众入住新房

市直公立医院销售金额 **5858.3** 万元

市直公立医院让利金额 **1347.4** 万元

“马上办”事项 **1389** 项（政务服务自助终端实现乡镇和社区全覆盖）

公共资源交易“莲鹤”不见面开标大厅完成交易额 **41.3** 亿元

新增中华路公园等街头游园 **11** 个

办理市长热线、市长信箱、网民留言反映问题 **3** 万余件，办结率 **98** %

建成街道养老服务中心 **3** 个

建成社区养老服务场所 **67** 个

完成 **100** 户家庭适老化改造

创建国家级老年友好型社区 **1** 个

创成郑州市级民主法治乡镇 **4** 个

新增社区日间照料中心 **67** 个

创郑州市级以上园林单位（小区）**8** 个、森林乡村 **15** 个

农村生活垃圾治理率保持 **100**%

城市主次干道机械化清扫率、清运率、无害化焚烧处理率均达 **100**%

全市机关事业单位养老保险参保职工 **2.67** 万人

全市新增参保企业 **1069** 家

养老、工伤、失业累计参保人数达到 **65.59** 万人

企业职工基本养老保险累计参保人数达到 **12.17** 万人

新建提升生态廊道 **2** 条

城乡居民最低生活保障标准和特困人员供养标准分别提高至每人每月 **740**元、**1125**元

新建健身路径 **35** 条，新建智能健身驿站 **4**个

新建多功能运动场 **1** 个，人均体育场地面积达 **2.3** 平方米

生育保险参保人数 **7.74** 万人

城乡居民基本医疗保险参保人数达到 **54.36** 万人

失业保险参保人数 **7.76** 万人

职工基本医疗保险参保人数 **10.2** 万人

农村生活垃圾治理率保持 **100**%

在职人员参保 **8.29** 万人，退休人员参保 **1.91** 万人

工伤保险参保人员 **10.69** 万人

累计将 **3917** 户 **7422** 人城乡困难家庭纳入低保范围

城区可吸入颗粒物PM_{10}年平均浓度为每立方米 **76** 微克

细颗粒物$PM_{2.5}$年平均浓度为每立方米 **45** 微克

全年发放救助金 **4105.2** 万元

全年共为 **1308** 名特困人员落实供养资金 **1697.2** 万元

专记

SPECIAL RECORDS

·专记>>>

SPECIAL RECORDS

壬寅年黄帝故里拜祖大典

【大典综述】 在各主办单位和省委、省政府的关心指导下，在省协调领导小组、郑州市拜祖大典组委会直接领导和社会各界的大力支持下，新郑市拜祖大典领导小组办公室精心策划、严密组织，按照“内容不减、标准不降、防疫要严、效果要好”的总遵循，创造性成功举办了壬寅年黄帝故里拜祖大典。此届拜祖大典在严防疫情的背景下，充分吸收往届大典筹办经验，在许多方面都有新突破、新提高、新成效，呈现出了文化内涵深、创新亮点多、组织协调好等特点，有力地服务了炎黄子孙的大团结和中华民族的大发展，得到了社会各界的高度赞誉和广泛好评，为扩大黄帝故里在海内外的知名度和影响力，推进全市经济社会发展做出了新推动。

【主要特点和丰硕成果】 一、新场地彰显新风采。辛丑年拜祖大典结束后，经过一年来高度紧张的设计、论证和施工，拜祖大典前，高标准完成了轩辕殿、黄帝像、连廊、拜祖广场、轩辕桥、同心广场等节点工程，拜祖内场高标准交付使用，恢宏大气、庄重典雅的新园区通过电视和网络直播，首次展现在世人面前，得到了社会各界和海内外华人的高度认可。省政协主席刘伟，省委常委、郑州市委书记安伟，郑州市市长何雄在调研园区后一致认为，黄帝故里园区规划壮观大气，建设质量较高，可以承载起厚重的黄帝文化，是传统文化、人文文化园区的标杆、典范之作。

二、新团队带来新变革。壬寅年黄帝故里拜祖大典，由央视大型节目中心副主任陈临春带领的导演团队执导，也是该导演团队首次执导拜祖大典。全新的导演团队依托黄帝故里园区新的场地，创造性地在寻根门前以鼓阵的方式举行入场仪式，在同心广场以郑风吟诵和国宝展示的方式举办迎亲仪式，在九项议程正式开始前增加黄帝像揭幕仪式，在拜祖广场以“旗阵+小祈福树+小花篮”的方式，弥补了现场因疫情原因人员减少的缺

壬寅年黄帝故里拜祖大典（唐　强/摄）

憾。所有变革和创新，为黄帝故里拜祖大典注入了新元素，极大地丰富了内涵、拓展了内容，提升了境界、彰显了魅力。

三、新常态应对新挑战。随着疫情防控进入常态化，按照省政协主席刘伟批示精神，壬寅年拜祖大典严格按照“防疫要严、效果要好”的总遵循，筹备期间按照闭环管理的要求，对园区建设人员、拜祖大典筹备人员、演职人员和大典办公室工作人员健康情况进行监测，同时以专业消杀公司为主要力量，对拜祖现场进行三次严格消杀，确保疫情防控实效。同时，严格按照中央办公厅关于壬寅年拜祖大典“现场人员不超过200人”的要求，现场嘉宾严格控制在86人，演职人员控制在100人左右，为海内外华人奉献出一场精彩纷呈、亮点不断的大典盛会。

四、新宣传凸显新效果。在往年中央电视台国际频道、凤凰卫视、河南卫视等媒体延续直播的基础上，2022年增加省内十八地市电视台和主要广场的大屏幕上进行大典直播，在地铁站、车站和小区门口等人流密集场所以各类方式对壬寅年黄帝故里拜祖大典进行宣传，取得了往年宣传没有达到的新高度。同时，坚持网络拜祖平台的推广，实现了多媒体、自媒体时代下的实时互动、互联互通，让更多的炎黄子孙在第一时间了解大典盛况。同时，在各类报纸平台共刊发各类稿件40余篇、图片30余幅。自3月2日起，先后开设《喜迎大典》《讲好黄帝故事 弘扬黄帝文化》专栏，《郑州日报·新郑新闻》版面各刊发此稿件16篇。

五、经贸成果更加丰厚。在扎实做好疫情防控工作前提下，借助拜祖大典搭建的平台，积极开展经贸洽谈活动，2022年以“不见面”，通过“屏对屏”方式进行网上签约，经过前期的充分沟通对接，壬寅年黄帝故里拜祖大典经贸洽谈活动期间，达成合作意向项目16个，意向金额198亿元。其中背光模组显示项目、隐形晶圆切割设备项目、少儿影视演艺中心等10个项目在签约仪式当天集中签约，意向金额120亿元。

【大典主要做法】在继承往届大典成功经验的基础上，深刻领会、认真贯彻省、郑州市指示精神，围绕大典“同根同祖同源、和平和睦和谐”的主题，精心策划、周密筹备，务求壬寅年黄帝故里拜祖大典有新突破、新提高、新成效。

（一）大员上阵，建章立制。市领导高度重视，将拜祖大典筹备工作作为全年首件大事抓紧抓好，从园区建设、现场布置、环境治理，到疫情防控、安全保卫，都进行了详细的安排部署。一是建立组织。1月底，成立了壬寅年黄帝故里拜祖大典指挥部，研究制定了《成立新郑市壬寅年黄帝故里拜祖大典指挥部的通知》，由市委书记、市长任指挥长，市四大班子和有任务的副县级以上领导干部任副指挥长，各乡镇、街道办事处、管委会和承担有筹备任务的市直单位和部门为成员单位。指挥部下设办公室和九个工作组具体负责大典筹备工作。二是制定方案。根据省委、省政府和郑州市委、市政府的工作要求，以及郑州市拜祖大典组委会《壬寅年黄帝故里拜祖大典总体方案》，结合壬寅年大典的新形势、新特点及新郑市承担的任务，对大典办和九个工作组的工作任务进行了细化分工，印发了《壬寅年黄帝故里拜祖大典执行方案》，明确了时间节点和工作质量标准，提出了工作要求。三是强力推进。大典筹备期间，市委马书记先后20多次到故里现场调研，多次召集部门会议，研究解决存在困难和问题；马市长专门召开政府常务会议，专项听取并研究大典筹备工作。市政协主席李志强、部长璩鹏辉等领导心系园区建设和大典筹备工作，经常深夜深入工地，查看并督促园区建设和大典现场筹备任务，各级领导的重视，为壬寅年大典筹备成功举办奠定了坚实基础。

（二）全力推进园区建设。一是推进速度快。从2021年7月份园区设计施工图纸陆续交付后，到2022年3月底，共完成了贵宾室、寻根门、系祖坛、轩辕桥、拜祖广场、黄帝像、连廊、轩辕殿等七项节点工程，完成了尽快建成交付、移交导演组使用的承诺。同时，对故里祠、景区围墙和周边商业街进行改造、提质，黄帝故里园区及周边的面貌焕然一新。二是建设标准高。在省、郑州市各级领导的持续关心下，牢牢把好建设材料源头关、运输进场关、施工工艺关和监理验收关，要求建设单位、监理单位在加快工程建设的同时，必须加强质量监管，无论是整体质量、建设流程，还是细节元素、绿化水平，真正达到千年工程、精品工程的标准，建设质量也得到了郑州专家组的充分认可。

（三）高标打造城市形象。通过打造一批精品线路、精品街区、精品游园，全面提升城市品质。新建绿地增活力，实施郑新路及滨河公园生态修复工程，打造“一路一园八节点”，新建绿化面积3万平方米，新建10.67公顷的滨河公园，在郑新路沿线打造故里迎宾、秋林桂雨等8个生态游园；同时，在北区新建一处城墙遗址公园，在轩辕丘实施绿化提升，全面打造美丽多彩、富有张力的城市空间。洒扫庭除迎嘉宾，共出动环卫工2160余人次，清运垃圾约720吨，机扫车机扫面积730多万平方米。精细管理促提升，对拜祖沿线和新建嫘祖路两侧的房屋进行全面整修刷新，及时清理破损门店牌匾、广告，每天对拜祖路线洒水降尘作业不少于8次；累计出动执法车辆135辆，队员1450人次，治理突店经营540处，清理广告490处。

（四）多渠道营造宣传氛围。与往年相比，壬寅年拜祖大典宣传氛围更加浓厚，宣传渠道更加多样化。高标准提升宣传标语设计内容，在拜祖迎亲线路、市区主干道、四大入市口等处，共计设置宣传栏430块，围挡26处约22000平方米；利用30辆公交车设置车体广告，在全市500余台公交车、出租车LED屏高频展播宣传标语；安装灯杆道旗广告950余套，制作大型喷绘7处约1900平方米。同时，为营造拜祖氛围，诚邀全球华人“云拜祖”，策划拍摄制作了《最好舞台，欢迎您来“云拜祖”》视频2部、发布《华人华侨话大典》系列5部、《主播说大典》系列5部，策划推出《黄帝傲娇表情包》，推出《喜迎大典》专栏，播出26篇。策划摄制系列报道《主播说大典》《从新郑市城市展览馆中探寻黄帝文化》《走进诗词里的具茨》《走进西泰山 探访会盟祠》等共播出6期，受到一致好评。

（五）突出重点，狠抓关键。突出现场布置，2022年拜祖大典是景区改扩建工程全面启动后的第一届，按照导演组安排根据现场情况按时间节点在拜祖主通道、系祖坛区、后区拜祖广场区域悬挂旗帜、摆放祈福树、铺设地毯，对拜祖主通道按照导演组要求对行道树进行装饰；在新建圣火台铺设燃气管道、安装圣火火炬，对园区所有道路及地面进行3次精细化冲刷清洗。突出仪程服务，为保证九项议程每个环节不出纰漏，精彩完美，抽调了98名干部服务九项议程，并对其进行业务及相关环节的培训，坚决落实策划方案并紧密配合央视导演组，九项议程总体标准高、要求严、分工细、筹备精，确保了大典的重头戏唱出了精彩。突出技术保障，根据大典播出要求，做好网络通信保障，保证视频信号畅通无阻；做好现场电力保障，为各个设备架设地点、直播点提供安全用电服务，特别是姓氏广场、拜祖广场和电视直播间提供双回路服务，配备低噪发电机，保证实现UPS不间断切换电源。突出安全保障，在提前排查隐患、加强治安管控的基础上，制定了拜祖大典警力总体安保方案、社会力量安保方案、回防安保方案、彩排安保方案等四个专项安保工作方案，并配合大典现场安保对突发事件应急处置进行了演练。

（六）守牢底线，加强防控。在既不耽误工作进度、又确保安全的前提下，科学研判、统筹大局，为拜祖大典成功举办提供坚强保障。提前把好关口，提前半个月工作人员先后入驻鑫港万豪酒店。严格进行检测，自3月27日开始，严格落实壬寅年黄帝故里拜祖大典组委会进行“七天三检”要求。严格现场消杀，对于出现的异常情况积极应对，及时汇报，确保了大典疫情防控工作万无一失。

（七）通力合作，加强督查。大典圆满成功离不开各个工作组、各个单位的通力合作，离不开督查组坚强有力的督查。工作中，督察部门既抓好故里园区工程建设，又紧抓壬寅年黄帝故里拜祖大典各项筹备工作，全力推动工作落实，确保各项工作按照规定时限、高标准、高质量完成。明晰职责抓保障，抽调专职人员进行驻守督查，制定了《壬寅年黄帝故里拜祖大典执行方案任务台账》，明确组织领导、工作职责、工作要求和工作目标，做到机构、人员、制度、保障“四到位”，坚持工作一线查实情、施工现场抓协调、想方设法督进度，确保各项筹备工作正常运转。突出重点抓进度，紧紧围绕一办八组承担的工作任务，进行实地查看，掌握进度，如实反馈，不折不扣推进工作落实。对故里园区各项工程建设、郑新路二期绿化、故城墙内外环路及遗址公园建设等工程进行不间断督查，倒排工期，挂图作战，严卡节点，一日不隔，昼夜不辍，如期完成了目标任务。对拜祖线路沿途环境卫生整治工作实行“一日两督查”，发现问题，及时交办，限期整改，严之又严，细之又细，实之又实，营造了绿、亮、净、美的城乡环境，树立了良好的对外开放形象。建立机制抓实效，按照“小事大干、大事细干、难事巧干”的工作思路，对各项工作硬起手腕、狠下决心，不达目的誓不罢休，加班加点，一抓到底，保证顺利完成工作任务。建立郑政钉工作群，督促相关单位每天上传工作照片及工作进度，并对督查中发现的问题，通过工作群及时进行交办。建立工作台账，督促相关单位明确时间节点，在规定时间内保质保量完成任务。建立研判机制，定期召集相关单位召开推进协调会，对工作中存在的问题进行研究解决，做到工作刻刻有新进展、时时有新变化、天天有新成果。共编发各类通报及信息约230期，协调解决各类问题近30个。

（撰稿：杨　斐　审阅：王　超）

大事记

CHRONICLE OF EVENTS

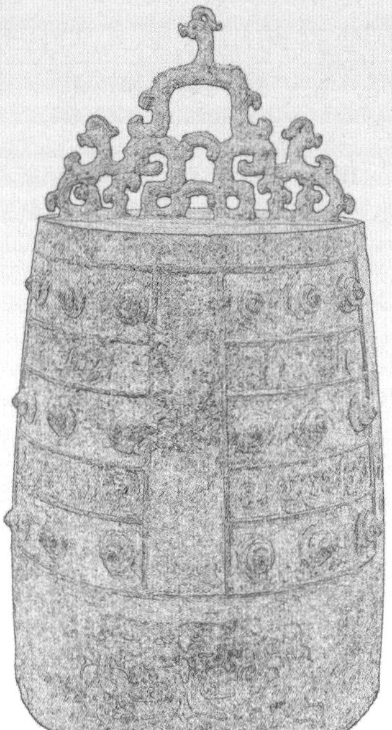

·大事记 >>>

CHRONICLE OF EVENTS

1月

1日 2021长三角及全国部分城市最美公共文化空间大赛评选结果出炉，新郑市孟庄镇综合文化服务中心当选“最美公共文化空间”。

2日 郑韩路东延正式通车。驾车从文化路驶向郑韩路，可直接与中华路相接。郑韩路东延工程道路长580多米，设计道路红线宽60米。

5日晚 新郑市委书记马志峰先后到中信银行、后屯社区、新郑市实验高中、梨河镇新蛮子营、梨河镇文化站、梨河镇第一初级中学、观音寺镇王行庄村等地，调研督导工作。

10日下午 新郑市委书记马志峰带队践行“用脚步丈量工作法”，先后到郑州吉港冷链物流有限公司、郑州光明乳业有限公司、白象食品股份有限公司、河南世通食品有限公司等企业，开展“万人助万企”活动，督导检查疫情防控、安全生产等工作落实情况。

10日至11日 新郑市长马宏伟带领市政府办、督查局、资源规划局、房管中心、新城中心等单位负责同志，先后到吴庄社区、第二社区、泥河新城、解放路社区、常家庄社区、观音寺安置社区等地，调研安置房项目建设及回迁安置工作。

11日 新郑市观音寺镇唐户村《唐户村志》正式出版发行，这是新郑市的首部名村志。《唐户村志》由中州古籍出版社出版，共计50余万字。

13日 新郑市举行慈善物资捐赠仪式，新郑爱心企业向新郑市慈善总会捐赠价值近30万元的面条、大米、食用油等物资，这些爱心物资将被陆续送到各乡镇受灾群众和特殊困难群众手中，帮助他们温暖过冬。

15日 在位于新郑市薛店镇的郑州运达造纸设备有限公司内，一台长约38米的转鼓碎浆机整体装运，将经“海上丝绸之路”出口至印度，这是疫情防控期间河南制造、中国制造走向世界的又一例证。

26日上午 新郑市组织召开2021年度党委（党组）书记抓基层党建工作述职评议考核会。郑州市委组织部组织二处处长韩松杰、副处长康文峰到会指导。

27日 省政协主席刘伟到新郑市黄帝故里园区调研，指出要认真学习贯彻习近平总书记重要讲话精神，切实弘扬黄河文化，高标准高质量推进黄帝故里园区建设，确保壬寅年拜祖大典按时顺利举办。省政协副主席周春艳、秘书长汪中山参加调研。

27日 在新郑市洧水公园，一群文化志愿者不畏严寒，跳起青春歌舞，喜迎北京冬奥盛会。

28日下午 新郑市召开2022年春节前集体廉政谈话会。

29日下午 黄帝故里园区规划建设指挥部第十二次全体会召开，会议由新郑市政协主席李志强主持。

是月 新郑市民周修峰的造血干细胞，挽救了一名陌生人的生命健康，这是新郑第26名造血干细胞捐献者。

是月 新郑市推出虎年贺岁短视频《国家》。

是月 在2022年中国虎年春节到来之际（注：1月 31日为除夕），位于新郑的郑州西亚斯学院的外籍教师们欢聚一堂，贴春联、剪窗花，还学做中国春节传统美食枣花馍，感受浓浓的节日氛围。

是月 由新郑文艺工作者薛冬作词，青年唱作人、位于新郑的郑州工业应用技术学院音乐学院赵飞老师作曲，著名歌唱家阎维文演唱的歌曲

《脚步的温度》发布。

是月 郑州市民政局官网公示了全市村委会规范化建设和村务公开“阳光工程”建设示范村名单，新郑市20个村成功上榜。上榜名单：观音寺镇楼李村、十里铺村，郭店镇冯寺村、海寨村，辛店镇大槐树村，龙湖镇泰山村，孟庄镇冯辛庄村、三旺马村，薛店镇常刘村、大吴庄村，新村镇王毕庄村、梨园村，和庄镇歹庄村、陆庄村，城关乡敬楼村、周庄村，梨河镇岗李村、前吕村，北靳楼村、史庄村。

2月

1日 农历新年第一天，新郑市委书记马志峰来到黄帝故里园区建设现场，慰问春节期间坚守工作岗位的一线施工人员，送去市委、市政府的新春祝福和慰问物品。

4日晚 北京2022年冬奥会开幕式，21岁的白英豪家住新郑市辛店镇北靳楼村，是中国公安大学侦查学院大三学生。在开幕式上，白英豪荣幸地担任宣誓环节奥林匹克运动会会旗执旗手。新郑小伙儿侯佳豪参与2022年冬奥会综合形象体系设计。28岁的侯佳豪是新郑市具茨山管委会山陈村人，侯佳豪工作于中国东道品牌创意集团，冬奥组委会最终选择侯佳豪设计方案。

7日 新年上班第一天，新郑市委书记马志峰践行“用脚步丈量工作法”，到黄帝故里园区建设现场、郑新路二期绿化项目、城墙外环路项目等地，调研黄帝故里园区及拜祖路线建设提升工作。

10日 新郑市组织召开2021年度省营商环境评价动员会。

12日 黄帝故里拜祖大典总导演陈临春一行到黄帝故里园区调研。

14日 河南省委农村工作会议以视频形式召开，新郑市在市政府六楼会议室设分会场收听收看。

15日 在新郑市城关乡官刘庄村马铃薯种植基地，农机手娴熟地驾驶操纵着马铃薯种植机。

17日上午 新郑市2021年引进优秀人才党史国情专题研修班开班仪式举行。

18日 新郑团市委举行2021年优秀大学生志愿者暨2022年寒假“返家乡”社会活动实践先进个人表彰大会。

20日 纪念白居易诞辰1250周年典礼在白居易诞生地——新郑市城关乡东郭寺村白居易故里园举行。此次纪念活动以线上线下同步开展的形式呈现。

22日 中共新郑市委六届三次全体会议暨市委经济工作会议召开。

是日 新郑教育园区（龙湖镇）魏庄社区袁堡小区门前鼓声阵阵。553名居民迎来一桩喜事——安置房分房。此次安置共分配房屋375套，涉及居民553人。

23日 省政协主席刘伟到黄帝故里园区调研。

24日 郑州市人大常委会主任胡荃到新郑市就县乡人大换届选举工作进行调研座谈，并深入企业调研“万人助万企”活动。

是日 中国共产党新郑市第六届纪律检查委员会第二次全体会议召开。

是月 新郑市被河南省列为优化开发县（市）。

是月 新郑教育园区（龙湖镇）数字化信息指挥中心正式投入运行，成为新郑市首家镇级数字城管指挥中心。

是月 新郑教育园区（龙湖镇）在荆王村举办一期电子商务专业培训班。来自荆王村的50余名村民完成电商各项培训课程，顺利结业，并获得“河南省专项职业能力证书”。

是月 全国爱卫会发出2021年度国家卫生城镇复审结果的通报，重新确认新郑市为“国家卫生城市”。

3月

1日 新郑市各乡镇（街道、管委会）、各级文明单位（村镇、校园）等在全市范围内广泛开展“学文明条例”文明实践主题日活动。

4日 新郑市召开选派驻地高校优秀人才挂职见面会。

是日 新郑市在炎黄文化中心举办“提能力 锻作风 争出彩”宣讲活动启动仪式。

是日 新郑市新华路街道办事处22个社区“明白人”摩拳擦掌、精神抖擞，擂台赛上，他们现场讲，拼成绩、比担当、争一流。

5日 在新郑市辛店镇北靳楼村，举行了一场由文化体育志愿服务与学雷锋志愿服务相结合的活动。

8日 新郑市召开2022年党管武装暨基层武装部预建党支部第一书记任职命令会议。

是日 新华网载《新郑市：突出组织建设 集聚党建引领》一文。

10日 新郑市“轩辕大讲堂”营商环境主题报告会在新郑市炎黄文化艺术中心举行。中国科学院大学教授、地理科学与资源研究所城市研究室副主任黄金川作《新时期营商环境建设形势暨新郑市营商环境优化路径》专题辅导报告。

是日 新郑市蓝天救援队龙湖服务中心揭牌仪式举行。

是日 新郑市首家村级少工委——梨河镇七里堂村少工委宣告成立。

11日 在新郑市新区常庄社区，村民们正在有序办理安置房分房手续。此次常庄社区共对156户居民进行首套房安置。

12日 新郑市委书记马志峰率市四大班子领导、相关单位负责同志及部分志愿者200余人，来到位于中华路与南水北调交会处的义务植树基地，参加义务植树活动。

是日 新郑市具茨山首届杏花艺术节正式开幕。

13日 郑州市委副书记、市政协党组书记、市委政法委书记杜新军带队到新郑市调研黄帝故里园区建设及拜祖大典筹备工作。

15日 郑州市委常委、市纪委书记、市监委代主任路云到新郑市调研郑州市委十二届二次全会暨市委经济工作会议精神、郑州市纪委十二届二次全会精神学习贯彻情况。

16日 从河南省政府新闻办召开的新闻发布会上获悉，新郑市、三门峡市义马市、信阳市光山县被命名为省级生态县（市）。

17日下午 新郑市召开“用脚步丈量工作法”半年总结暨双月评议会。

18日 新郑市新港产业集聚区管委会召开校、地、企合作调研座谈会。

22日 是新郑市人大代表换届选举日，全市各选区顺利开展市乡人大代表换届选举投票工作。据悉，选举日当天，新郑市625410名选民在各选区以无记名投票方式，选举新一届市人民代表大会代表。按照疫情防控要求，选举实施错峰投票。通过差额选举，产生新一届市人大代表354人，乡镇人大代表814人。

24日 新郑市召开2022年“脚步丈量创‘三零’、提升能力保平安”工作第一次例会暨反电诈工作会议。

截至24日 中共新郑六届市委第二轮巡察已全面展开，各巡察组全部完成进驻。此轮采取“巡乡带村”方式，对新烟街道办及所辖10个村级党组织、具茨山管委会及所辖12个村级党组织开展巡察，采取“一拖二”的方式对新郑市商务局、政务服务和大数据管理局、统计局、残联等4个市直单位党组开展常规巡察。此轮巡察于2022年4月29日结束。

25日 以新郑市本土文创产品“黄帝公仔”为基础的“黄帝表情包”正式上线。

28日 郑州市防汛工作会议暨“7·20”特大暴雨灾害问题整改以案促改工作推进会召开。新郑市在分会场收听收看会议实况。

31日 壬寅年黄帝故里拜祖大典进行彩排。省政协主席刘伟观看彩排并出席点评会。

是月 新郑市纪委监委召开问题线索处置专题会议，按照《新郑市纪检监察机关问题线索分色分级处置暂行办法》，对近期接收到的问题线索进行集体研究。

是月 河南省妇女联合会印发《关于命名河南省巾帼文明岗河南省巾帼建功标兵的决定》，新郑市郑国车马坑遗址博物馆被授予河南省“巾帼文明岗”荣誉称号。

是月 新郑市观音寺镇唐户村获得“2021年度省级基层党建示范村”荣誉称号，是新郑市唯一一个获得此项荣誉的基层党组织。

是月 新郑市个体工商户王先生在家通过手机上的“河南掌上登记”App，仅花费几分钟的时间，就通过个体工商户智能审批系统完成注册，申领到电子营业执照。“零见面、零跑腿、零干预、零收费”，新郑市个体商户智能审批“加速”前进，全面开启新时代。

是月 “新郑市家庭过期药品定点回收企业”揭牌。

是月 新郑市中华路公园项目分为南北两个部分，分别是中华路公园、铁路公园，春节后两园都已全面完工并投入使用，成为市民又一打卡好去处。

是月 嫘祖路连通工程通车，北起故里商城，南至轩辕路，道路全长277米、宽24米双向四车道，包含道路工程、雨污水工程等，同步在道路两侧安装集监控、一键报警和手机便携充电等设备于一体的智慧路灯。

4月

2日 壬寅年黄帝故里拜祖大典献礼片《5000年很长吗·双连壶》上线。

是日 新郑市人民政府公布了第三批市级非物质文化遗产代表性项目名录。

3日 壬寅年黄帝故里拜祖大典在新郑黄帝故里隆重举行。鉴于疫情防控，呈现方式由现场简约而庄重的典制性拜祖仪式、网上拜祖、电视直播、插播网上拜祖和境外拜祖、主持人和专家访谈等共同组成。第十二届全国政协副主席齐续春担任主拜人。河南省政协主席刘伟主持大典典礼、担任主司仪，省委常委、统战部部长王东伟，省委常委、郑州市委书记安伟，省人大常委会副主任徐济超，副省长何金平，省政协副主席周春艳等出席大典。

是日 新郑市举行壬寅年黄帝故里拜祖大典网络市情推介暨项目签约仪式，以“不见面”方式，通过“屏对屏”现场签约10个投资项目，意向金额120亿元。

4日 新郑市委书记马志峰先后来到商登高速新郑新区站、绕城高速大学南路站、绕城高速轩辕故里站、泰山村千稼集景区和黄帝千古情景区等地，看望慰问清明节期间坚守在岗位上的工作人员。

5日 共产党员网载《新郑：“三抓三高”，推动能力作风建设年活动走深走实》一文。

6日 新郑市委书记马志峰主持召开市委常委会（扩大）会议。会议传达学习习近平总书记近期重要讲话精神，研究疫情防控、灾后恢复重建、统战等工作。

13日 在第七个全民国家安全教

育日到来之际，新郑市在反间防谍宣传阵地——常青公园开展《中华人民共和国反间谍法》宣传活动。

14日 新郑市召开全市事业单位管理岗位职员等级晋升工作动员会。

是日 新郑市“奋进新征程 豫见新气象”大型主题采访活动在和庄镇正式启动。

15日 新郑市召开“能力作风建设年”活动推进会。会议以视频形式召开，设市直、乡镇（街道、管委会）分会场。新郑市薛店镇、和庄镇、新华路街道、市城管局、市发改委等主要负责人作交流发言。

是日 新郑市委常委、组织部部长、市疫情防控指挥部常务副指挥长胡坤到新郑市郭店镇小司村森林图斑恢复点开展巡林调研。

19日 新郑市龙湖镇王许村举行打井开钻仪式，爱心企业和个人共捐献32万元帮忙解决该村群众吃水难问题。

20日 新郑市委书记、市委深改委主任马志峰主持召开市委深改委第四次会议。会议审议通过《市委深改委2022年重点改革事项预安排》《新郑市关于开发区“三化三制”改革工作推进方案》。

22日 2022年“书香新郑 全民阅读”“绿书签行动”暨“知识产权宣传周”版权集中宣传活动启动。

23日上午9点 装载着好想你健康食品股份有限公司捐赠的碗装胡辣汤、馕、清菲菲等2000余箱生活物资以及新郑红十字会准备的医疗物资的4辆大货车，从新郑市好想你厂区启程前往上海，送给河南援沪医疗队，支援当地“战疫”。此次捐赠物资总价值120余万元，由好想你联合新郑红十字会共同捐赠给驰援上海的河南医护人员。

24日 新郑市委常委、市纪委书记、市监委代主任姚志刚带领调研组调研安全生产工作。

25日 新郑市召开一季度经济运行分析会，会议通报并点评全市一季度经济运行情况、经济社会发展“四挂钩”考核及高质量发展“擂台赛”考评结果。

27日 郑州市第十五届人民代表大会第五次会议在省人民会堂开幕。大会支持新郑、巩义、荥阳建设中等城市。

是日 新郑市委常委、宣传部部长璩鹏辉，副市长王淑慧到黄帝千古情景区实地检查五一安全生产工作。

是日 新郑市举行“提能力 锻作风 争出彩”进社区宣讲活动。

29日 全省教育科技创新大会暨人才工作会议以视频形式召开，新郑市在分会场收听收看会议实况。

是日 新郑市委常委会召开扩大会议，传达学习习近平总书记近期重要讲话精神、郑州市两会精神，研究新郑市贯彻落实意见。

是月 因在2021年“7·20”暴雨中，新郑市和庄镇杜楼水库莲河拱形桥桥基遭到暴雨严重冲刷，水库溢洪道两侧护坡被冲毁，经过协调，新项目总投资500余万元，溢洪道桥拆除重建、水毁修复。

是月 新郑市引进山药机械化种植技术，于梨河镇前吕村种植基地开始扎根试验、示范推广。

5月

9日 新郑市委财经委召开第三次会议，研究财政收支、集中供热、南水北调调蓄库安置区建设、产业新城PPP项目起步区绩效考核等工作。

10日 庆祝中国共产主义青年团成立100周年大会在北京人民大会堂举行。新郑市委书记马志峰与新郑市团干部、团员青年代表一起收看大会盛况，聆听习近平总书记重要讲话。

12日 全省2022年度巩固拓展脱贫攻坚成果同乡村振兴有效衔接推进会议召开，新郑市在分会场收听收看。

13日 新郑市委常委班子召开郑州“7·20”特大暴雨灾害追责问责案件以案促改专题民主生活会。

16日 壬寅年黄帝故里拜祖大典总结座谈会召开。

是日 新郑市委召开常委会（扩大）会议。

18日 新郑市在正弘新城壹号院举行“交房即发证”仪式，为16户业主代表现场颁发了不动产权证书和水卡、电卡，且该小区的800余户业主均能实现收房、领证、领卡“零时差”。

是日 “5·18”国际博物馆日当天，在河南省文物局主办的“河南省主会场启动仪式”上公布了关于2021年度河南省“庆祝中国共产党成立100周年”主题优秀展览项目推介活动结果的通知，新郑市博物馆开展的“永远跟党走 奋进新征程——新郑市庆祝建党百年主题展”名列其中，并荣获“河南省优秀主题展览项目”称号。

20日下午 新郑市2022年度防汛综合应急演练在具茨山管委会青岗庙水库举行。

是日 新郑市召开事业单位管理岗位职员等级晋升工作座谈会。

21日 新郑市舞蹈家协会联合市文化广电旅游体育局艺术科创编了广场舞《我宣誓》，喜迎中国共产党第二十次全国代表大会召开。

22日 在省、郑州市“三夏”生产暨夏粮收购工作电视电话会议后，新郑市召开专题会议，就全市“三夏”生产、夏粮收购、秸秆禁烧、农机跨区作业、疫情防控等工作进行安排部署。

是日 新郑市就业促进月活动启动仪式暨直播带岗网络招聘会举行。

23日 新郑市委书记马志峰先后来到新郑教育园区（龙湖镇）崔垌社区、沙窝里社区、梅山村、王口村旧址、荆王村等地，调研“五星”支部创建工作开展情况。座谈会上，马志峰强调，要紧紧围绕建设“支部过硬村、产业兴旺村、生态宜居村、平安法治村、文明幸福村”五大重点，用活用好“13710”工作法。

24日 新郑市委书记、市紧密型医共体管理委员会主任马志峰主持召开紧密型医共体管理委员会会议。

25日 新郑市举行支持社会救援力量捐赠仪式，新郑市慈善总会与新郑市神鹰救援队、新郑市蓝天救援队分别签订了捐赠协议，并向两支救援队捐赠30万元，专项用于救援装备购置、救援车辆维护、安全救援常识宣讲等。

是日 新郑市委党的建设工作领导小组召开基层党建质量提升三年行动计划暨“五星”支部创建工作推进会。

26日 河南省应对特大洪涝灾害应急演练以视频形式举行，新郑市在分会场收听收看演练实况。

28日 郑州市市长何雄先后到新郑市南水北调中线观音寺调蓄工程、莲花路东延工程现场、观音寺镇十里铺村、城关乡敬楼村、新郑城市展览馆等地，调研重点项目建设、“三夏”生产、乡村振兴等情况。

是月 从国网新郑市供电公司获悉，经过层层筛选，该公司龙湖供电部从众多班组、站所中脱颖而出，荣获“国网河南省电力公司企业文化建设示范点”称号。

是月 新郑市梨河镇4个蔬菜种植专业合作社种植的菜心、芥蓝、茼蒿等5200多亩蔬菜，通过冷链物流，供应到上海、深圳、广州等地，还有一部分提供给香港市场。

是月 乡村振兴新亮点，全市28家文化合作社“实力圈粉”。

是月 因高校疫情防控，新郑市迎接475名返乡大学生，并完成入住。晚饭后，邀请新郑市志办主任李磊为大学生开通“云课堂”，推介黄帝故里、郑韩故城、红枣故乡。

是月 新郑市郑韩故城后端湾铸铁遗址考古工作取得新进展，考古学家首次在战国时期铸铁遗址中发现脱碳窑，并在出土铁器中检测到球状石墨。这一发现将中国球墨铸铁年代向前推进至少200年。

是月 新郑市郑新路及滨河公园生态修复工程以崭新的面貌向市民开放。该项目北起新村大道，南至古城墙，总面积约13万平方米，成为集游览观赏、文化娱乐、休闲健身等多功能于一体的城市绿地。

6月

1日 农业农村部种植业司一级巡视员陈友权带领督导组到新郑市调研“三夏”生产工作。

截至1日 新郑市共帮扶20多个残疾人家庭，收割小麦近百亩。

2日 新郑市出台三十条稳经济、助企纾困政策。

是日 位于新郑的郑州西亚斯学院组织留学生在该校文化小镇举行“粽香端午 爱在西亚斯”主题活动。

3日 新郑市组织召开稳经济促增长工作部署会。市长马宏伟就稳经济促增长具体工作指出，要着力稳增长，保持经济运行在合理区间，坚守基本民生底线，为经济平稳健康发展营造良好环境。

7日 省人大常委会党组书记、副主任孔昌生带队到新郑市开展安全生产“一法一条例”执法检查，宣讲省委人大工作会议精神。省委常委、郑州市委书记安伟，郑州市人大常委会党组书记、主任周富强等陪同。

是日 郑州市教育局党组书记、局长楚惠东到新郑市开展高考巡考工作。

是日晚 新郑市委书记马志峰徒步“打卡”新郑的夜市经济、地摊经济并带头消费，以实际行动为新郑“夜经济”鼓劲打气、提振消费信心。

8日 新郑市召开智慧城市项目顶层设计汇报会。

是日 新郑市举行2022年“十佳百优”村（社区）党组织书记推荐人选比学交流擂台赛。

9日 省委常委、郑州市委书记安伟带队来到位于新郑市经济技术开发区的尊绅光电、华思光电等项目进行实地观摩。

10日 新郑市中华路与新华路西北角，新郑首个立体式停车场已经建成并投入使用。据了解，该停车场共两层，设计车位75个。

11日 “探寻农耕文明起源 助力美丽乡村建设”2022年“文化和自然遗产日”宣传活动在新郑市新村镇裴李岗村举行。

12日 郑州大学（好想你）共建营养健康食品研究院签约及揭牌仪式在新郑市好想你健康食品股份有限公司举行。

14日 新郑市委书记马志峰主持召开企业家座谈会。马志峰强调，全市上下要坚定不移贯彻“疫情要防住、经济要稳住、发展要安全”重大要求，坚持领导干部就是用来解决实际问题的，更好统筹疫情防控和经济社会发展。市长马宏伟要求，各行业协会要有效发挥好桥梁和纽带作用，积极助力广大企业稳健发展、做强做大。

是日 新郑市开展城市园林技能大赛。

15日 新郑市委常委、常务副市长张慧娴到新村镇“用脚步丈量企业”，实地查看新村镇永益达机械设备制造厂等企业，协助企业解决困难，助力经济高质量发展。

16日 省委统战部副部长、省工商联党组书记曾垂瑞带队到新郑市调研民营经济工作。

是日13时15分 新郑市气象台将高温橙色预警信号升级为高温红色预警信号：预计16日下午新郑市龙湖镇、孟庄镇、新村镇、郭店镇、辛店镇等全部乡镇、街道最高气温将升至40℃以上，请注意防范高温天气带来的不利影响。

19日 新郑市梨河镇七里堂村，村民正排队办理安置房网签手续。网签之后，他们的住房可以申请房本，上市交易，全村510户村民盼望七年的安置房房本问题，有了实质性进展。一位办理手续的村民拿出身份证，工作人员几分钟就办理完毕。

20日 新郑市文明实践中心为赴郑州捐献造血干细胞的红十字会职工高翔同志举行欢送仪式。高翔同志于2014年加入中国造血干细胞捐献者资料库，2022年3月与一名患者配型成功。

21日 郑州市2022年基础设施项目集中开工仪式新郑分会场在新区公共停车场和地上市民广场工程项目现场举行。新郑市此次基础设施领域新开工项目共35个。

是日 新郑市委党校2022年春季学期主体班开班。

是日 新郑市中华路与新华路交叉口，环卫工人在清扫完马路和街道上的垃圾后，就近到新概念爱心驿站避暑休息。据了解，面对持续高温天气，为保障环卫工人作业安全，新郑市多措并举做好夏季防暑降温工作。

22日 省委常委、统战部部长王东伟到位于新郑市的白象食品集团股份有限公司、好想你健康食品股份有限公司、锐杰微科技有限公司调研，了解企业生产经营、研发创新、党建工作等情况。

25日 黄帝故里新郑申报“河南省黄帝文化之乡”暨“河南省黄帝文化研究中心”河南省专家组考察论证会在新郑市召开，并通过河南省级专家组验收。

26日 郑州市委常委、市委秘书长牛卫国到新郑市调研防汛备汛工作。

是日 对于新郑市新华路街道后端湾社区阳光花园小区居民来说，这一天最开心的事情莫过于昔日“无人管”小区装上智能电子门禁，大伙儿的安全得到进一步保障。

27日 中国人民政治协商会议新郑市第六届委员会第一次会议在炎黄文化中心开幕。

28日 新郑市第六届人民代表大会第一次会议在炎黄文化中心开幕。

30日 在中国共产党成立101周年到来之际，新郑市委书记马志峰到新华路街道小高庄社区、新区赵庄社区、新村镇梨园村走访慰问部分老党员，上门为他们送去慰问金、慰问品，并致以节日的问候和祝福，让他们感受到党和政府的关怀和温暖。

是月 新郑市观音寺镇种植的5.5万亩小麦，机收率达到99%以上，亩均产量500公斤左右。观音寺镇小麦收购价是2.94元每公斤，每天正常能入库800吨左右。

是月 新郑市作为河南省县域经济排头兵，在2021年河南省营商环境评价中，位列河南省104个县市第一，也成为唯一一个达到地级市优秀水平的县（市）。

是月 新郑市新建路街道办事处针对辖区失业人员和有意创业人员开展职业技能培训活动，培训项目包括电工培训、电商直播培训、中式烹饪师培训等。

是月 汛期临近，新郑市运用国内先进的集成式环保清污设备，对新郑各社区、单位等场所进行“一站式”环保清污，疏通城市管网，助力城市防汛。

7月

4日 壬寅年农历六月初六，新郑市在具茨山举行第五届中华父母节暨壬寅年恭拜黄帝嫘祖仪式。

5日 河南日报报业集团党委委员、副总编辑孙德中带领专家学者、媒体采访组先后到新郑市人才公寓、行政服务中心、新郑新区和轩辕湖公园、数字城管指挥中心、文明实践中心等地，开展为期3天的“走进县城看变化”调研活动。

5日下午 新郑市召开“清廉新郑”建设推进会暨“送清风”赠廉政文化折扇发放仪式。

7日 新郑市举行见义勇为志愿者服务队授旗仪式。仪式上分别向新郑市保安公司、新郑市城市管理行政执法大队、新郑市蓝天救援队、新郑市神鹰救援队4支见义勇为志愿者服务队授旗。

8日 新郑市举办城镇燃气管网泄漏事故综合应急演练。

11日 新郑市委书记马志峰主持召开党政联席（扩大）会议。

11日 新郑市举办第十期“书香阅读促党建”读书分享会。

12日 省委督查委第二督查组到新郑市督查紧密型医共体建设相关工作。

13日 省政协副主席周春艳带队到新郑市就“进一步推动县域经济高质量发展”开展重点提案督办调研。郑州市政协主席杜新军陪同调研。

是日 新郑市爱心企业走进辛店镇化雨村的果园开展爱心采摘活动，帮助果农增加收入，以实际行动爱农助农。

14日 2022年全国医改工作电视电话会议召开。新郑市领导马志峰、马宏伟等在新郑市分会场收听收看会议实况。

是日 新郑市委人才工作领导小组、部分驻地高校及辖区重点企业开展了一场校地战略合作交流会。

15日 新郑市召开2022年人大建议政协提案交办会。总结2021年议案建议、提案办理成果，部署推进2022年议案建议、提案办理工作。市长马宏伟出席会议。

16日 由河南省黄帝故里基金会组织的“用脚步丈量新郑走溴水”

活动走进新郑市具茨山管委会大槐树村。

18日 新郑市交通局以“学习强国”学习平台为抓手，以公交车为宣传载体，精心打造的“学习强国”主题公交车正式上线。

是日 新郑市城市管理局园林中心开展为期10天的园林绿化技能培训。

19日 全省上半年经济运行调度暨优化营商环境工作电视电话会议召开。会议以视频形式召开，2021年新郑市优化营商环境工作成效突出，新郑市委书记马志峰作大会典型发言。

是日 新郑市南街古巷内锣鼓齐鸣，巷子中间始建于清代的新郑考院博物馆正式开馆。

是日 新郑市举行汛期突发水环境事件应急演练。

21日 新郑市黄帝故里文化研究工作会议在炎黄文化中心举行。会议宣读了省文旅厅、郑州市委组织部同意马国亮担任会长的批复和理事会决议，高林华不再担任河南省黄帝故里文化研究会会长，获聘为名誉会长，实现了新老会长的顺利交替。

22日 省工信厅副厅长田海涛带领调研组到新郑市调研工业运行情况。据悉，2022年上半年，全市规上工业增加值同比增长8.7%，战略新兴产业增加值同比增长9.7%，新增规上企业3家，小升规企业培育库储备企业56家；1至5月，工业投资同比增长117.7%，工业技改投资同比增长190.1%。

24日 新郑市委书记马志峰主持召开全市经济运行调度工作会议。

25日 省文化和旅游厅党组书记、厅长姜继鼎带队新郑市调研指导文旅工作。

26日 郑州慈善总会会长姚待献带队到新郑市调研乡村振兴河南专场暨腾讯“99公益日”活动、“幸福家园”村社互助工程建设和市慈善总会组织机构建设等情况。

27日 新郑市高中生谷梦飞研学途中救助老人一事，获得阿里巴巴正能量5000元现金奖励。

是日 新郑市纪委监委举行应急救援安全处置培训演练。

28日 新郑市开展“新未来 郑出发”2022年新郑籍大学生故里行活动。

29日 省开发区改革第一评估组组长、省委改革办副主任、一级巡视员王旭带队到新郑市考核评估开发区改革阶段性工作。

30日 新郑市组织开展2022年第二季度高质量发展“擂台赛”，各乡镇（街道、管委会）推选出15个项目进行现场观摩评比、打分排序。

是日 由郑州山海砗磲博物馆与新郑市文化广电旅游体育局联合主办的砗磲文物展在新郑市博物馆启幕。

是月 新郑市千名返乡大学生积极投身志愿服务，绽放青春展现青年担当。

8月

1日 新郑市委书记马志峰，市委副书记、市长马宏伟，市人大常委会主任王俊杰分别带领市四大班子领导和相关职能部门开展八一拥军慰问。

是日 “老兵永远跟党走”河南新郑第二届“最美退役军人”颁奖典礼举行。

是日 河南省双拥模范城（县）命名暨双拥模范单位和个人表彰大会在郑州举行，新郑市再次被授予“双拥模范城”荣誉称号，蝉联省级双拥模范城“八连冠”。

2日 新郑市委书记马志峰主持召开2022年第二季度高质量发展“擂台赛”观摩点评会议。

是日 新郑市召开2022年创建全国文明城市工作推进会。

是日 新郑市新密禹抗日民主政府旧址正式开馆。

3日 郑州市企业卓越绩效管理孵化基地揭牌和授牌仪式，分别在新郑市好想你健康食品股份有限公司、河南瑞腾塑胶集团有限公司举行。

是日 新郑市总工会启动2022年“送清凉”慰问活动。

4日 全省数字化转型工作会议以视频形式召开，新郑市在新郑分会场收听收看。

是日 新郑市好想你健康食品股份有限公司将斥资1200万元打造的“好想你公园”无偿捐赠给新郑市孟庄镇政府，并向市民开放。

是日 新郑市召开2022年普通高中招生均分生源会议。

5日 新郑市对全市电动车销售店发放首批废铅蓄电池溯源码。

7日 省委常委、郑州市委书记安伟到新郑市龙湖镇丰泽新苑小区、郑老庄社区、崔垌社区党群服务中心，调研党建引领网格化基层治理工作。

7日 新郑市“盛世梨园我来唱”2022年戏曲比赛圆满落幕。

8日 新郑市博物馆联合郑州山海砗磲博物馆开展“喜迎二十大·贝耀中华 砗磲文物展”活动。

是日 新郑市首个气象科普教育基地正式落户新郑市气象局。

9日 新华网载《新郑：黄帝故里焕新彩》一文。文中写道：2021年，新郑市完成地区生产总值793.3亿元，同比增长5%；地方一般公共预算收入74.7亿元；固定资产投资456.9亿元；社会消费品零售总额332.2亿元，同比增长9.2%。

11日 郑州市生态环境局新郑分局联合相关部门开展首次反恐培训和应急演练。

16日 新郑市举行退役军人及其他优抚对象首批优待证发放仪式。

17日 中央广播电视总台《新闻直播间》载：在河南省郑州市新郑市城关乡高皮匠村的玉米大豆带状复合种植示范田里，绿油油的玉米和大豆整齐地排列着，长势良好。

18日 全省绿色低碳转型工作会议召开，新郑市在新郑分会场收听收看。

是日 新郑市积极做好防汛应急工作，对全市符合安装条件的31座桥涵安装逃生梯。

是日 在新郑市具茨山农产品展销中心，农场主许莉化身带货主播，手机成了新农具，直播成为新农活，助力当地农产品销往全国各地。

19日 海康威视高级副总裁陈军科率团到新郑市开展选址考察，为在郑州布局中原制造基地进行投资调研。新郑市召开项目考察调研座谈会，新郑市领导马志峰、李峰、赵恒康参加。

23日 省委第一巡视组专项巡视郑州市特大暴雨洪涝灾害灾后恢复重建和以案促改工作情况反馈会议召开，新郑市在我市分会场收听收看。

是日 中共新郑市委宣传部机关党员干部赴新郑市梨河镇双楼赵村开展“四送一助力”结对帮创活动。

是日 在新郑市暖泉湖新时代文明实践站的农产品销售电商培训课上，学员们用家乡话认真地练习着。

25日 省人大常委会调研组到新郑市调研旅游新业态发展助推乡村振兴工作，新郑市领导马志峰、王俊杰等陪同。

是日 中国联通集团董事长、党组书记刘烈宏到新郑市调研数字乡村建设推进情况，新郑市委书记马志峰等陪同调研。

是日 新郑市与中原再担保集团“千企万户”支持计划正式签约。据了解，此次，新郑市建立1亿元融资担保代偿补偿资金池，专项用于为小微企业、“三农”、科创企业等市场主体提供融资担保风险补偿。

28日 省委常委、郑州市委书记安伟听取黄帝故里园区黄帝文化纪念馆、中华姓氏文化馆展陈策划和连廊浮雕设计方案汇报。

是日 赴重庆市巴南区援助山林火灾扑救的新郑市神鹰救援队六名队员平安凯旋。

30日 在科技部公布的国家首批创新型县（市）名单中，以科技支撑产业发展为建设主题的新郑市通过验收，成为全省唯一入榜县（市）。

是日 新郑市召开2022年“慈善日”暨“99公益日”专场活动冲刺会。新郑市市长马宏伟出席并讲话，新郑市委常委、统战部部长、市委办主任李峰，新郑市人大常委会原主任、市慈善总会活动筹备组组长李书良参加会议。

31日 在河南省委全面深化改革委员会办公室公布的2022年第二季度全省改革典型案例通报中，新郑市公共资源交易智慧化改革，创新建设“莲鹤”不见面开标、“莲鹤”AI智慧辅助评标等系统，实现“开标不见面、交易看得见”，成功从河南省各市县、各省直单位上报的众多案例中脱颖而出，荣登红榜。

是日 新郑市退役军人定点医院揭牌仪式举行。

是月 《2022中国县域发展潜力报告》榜单公布，新郑市成功入围中国百强县域，位居全国县域发展潜力百强县12名，河南县域首席。

截至8月底 新郑共有市场主体12.5万家，大中专院校23所（常年在校师生近30万人），银行机构16家，均居河南省县（市）第一。

9 月

1日 新郑市举办第七个“中华慈善日”暨“新郑慈善助乡村振兴”公益慈善活动。

是日 新郑市在炎黄文化中心举办“中原舞蹁跹”艺术广场舞比赛。比赛通过郑韩文旅云平台进行网络直播互动，观看量达10万人次。

3日 2022年中华枣乡风情游暨第二十届红枣文化节·第三届中国红枣食药同源峰会在新郑举行。

4日 河南省工信厅厅长、省政府稳住经济大盘督导和服务工作组组长朱鸣到新郑市，调研企业运行情况。

是日 新郑市新村镇时垌村的葡萄园内，果农们正忙着采摘。

5日 中央广播电视总台《新闻直播间》载，9月初，新郑市近2万亩红枣迎来收获期。

是日 新郑市举行2022年“99公益日”暨“慈善日”捐款活动，当天“线上+线下”共募集善款95万余元。

6日 铁道警察学院新郑校区部分启用。

7日 新郑市举行城市集中供热项目开工仪式。

是日晚 华夏“郑”月明——新郑2022年中秋音乐诗会在郑州西亚斯学院举办。

8日 全省乡村建设工作推进会议以视频形式召开，新郑市在新郑市分会场收听收看。

9日 在第38个教师节来临之际，新郑市举行教师节庆祝表彰大会。

13日 新郑市村（社区）党组织书记“五星”支部创建专题培训班在新郑市基层党建教育培训基地（泰山村）开班。此次培训为期五天，共260余人参训。

15日 全国政协委员、香港河南联谊总会主席杨志红一行到新郑黄帝故里园区参观考察。郑州市委常委、统战部部长黄卿，新郑市领导马志峰、李峰等陪同。

是日 新郑市朗诵协会举办全民阅读之第二届朗诵会。

17日 新郑市召开文商旅综合提升工程汇报会。河南省文旅厅党组书记、厅长姜继鼎主持会议。

19日 新郑当天上岗文明交通志愿者810余人次。

是日 新郑市2022年度符合政府安排工作退役士兵适应性培训班开班。

21日 新郑市组织收听收看河南省“设计河南”建设工作电视电话会议，新郑市领导马志峰、马宏伟、王俊杰、黄卫东、李峰、赵恒康等参加会议。

是日 新郑市公共资源电子交易平台“潢川专区”启用仪式在新郑市公共资源交易中心举行，潢川招投标项目正式通过新郑市公共资源电子交易平台进行全流程交易，标志着公共资源交易领域远程交易方式的又一创新突破。

是日 新郑市举行“喜迎二十大 强国复兴有我”“学习强国”答题挑战赛。

是日 新郑市举行“喜迎二十大 欢乐进万家”书法美术作品展。

22日 新郑市与中国联通郑州市分公司签署全省首个“数字乡村”示范县合作协议。

25日 平安郑州建设工作推进会以视频形式召开。会议通报郑州市社会稳定、安全生产、疫情防控、大气污染防治等工作情况，新郑市、郑东新区、金水区进行发言。

是日 新郑市薛店镇经济高峰论坛在薛店镇举行。在主旨演讲环节，中国期货行业协会原副会长、中国人民大学金融博士侯苏庆与大家分享了《大国博弈与百年未有之大变局》。

是日 新郑市观音寺镇菜王村，2000余亩玉米进入成熟收获期。一辆辆玉米收割机穿梭于田间，金黄的玉米通过收割机的机械化作业直接进入储存器，“丰收在望”变成“颗粒归仓”。

是日 新郑市具茨山管委会白庙村，400余亩谷子长势喜人。一台台联合收割机穿梭在田地里。不远处，村民们正忙着捡拾散落的谷穗。

26日 全省“能力作风建设年”活动总结会议以电视电话会议形式召开，新郑市领导马志峰、马宏伟、王俊杰等在新郑分会场收听收看。

27日 新郑市委书记马志峰主持召开全市经济运行调度会。

是日 新郑市和庄镇陆庄村杜楼水库莲河桥建成通车。

28日 中国电子科技集团第十三研究所孙聂枫教授率团就磷化铟项目到新郑市开展考察调研。

是日 新郑市“红十字爱在身边”大病救助金发放仪式暨2021年99公益日社会募捐工作表彰会举行。

是日 新郑市辛店镇“诗情乡村游”新闻发布会暨乡村振兴农文旅项目启动仪式举办。

是日 新郑市医保系统第二届“医保杯”能力提升岗位练兵比武竞赛活动在新郑华信民生医院拉开帷幕，新郑市公立人民医院等34支代表队参加比武竞赛。

29日 新郑市金秋促消费活动正式启动。

30日 是全国第九个烈士纪念日。新郑市领导马志峰、马宏伟及党政机关干部、烈属代表、部分功勋老兵代表、驻新郑部队官兵、社会各界群众、中小学生代表等参加公祭活动。

是月 新郑市辛店镇大汉窑村入选河南省乡村旅游特色村；新郑市观音寺镇入选河南省特色生态旅游示范镇；新郑市观音寺镇唐户村农家书屋入选河南省示范农家书屋名单。

10月

1日 新郑市委书记马志峰带队督导国庆期间社会稳定、安全生产、疫情防控等工作。

2日晚 新郑市郭店镇郭庄村举行欢度国庆暨重阳节文艺惠民演出。

3日 2022年新郑市第一届中小学生围棋比赛在新郑考院博物馆圆满落幕。

国庆假期里 新郑市文化旅游市场运转安全平稳有序，在就地过节的倡议下，共接待游客11万余人次，实现旅游收入419万余元。

10日 新郑市委常委、市纪委书记、市监委主任姚志刚带队督导调研文明城市创建工作。

11日 光明网载《红码患者急需透析，新郑：马上安排》文，文中写道：“经核实和协调，沙窝李社区和吕先生沟通联系，已安排一名鸿鹄嘉园物业工作人员点对点将求助人转运至郑州人民医院”。

是日 新郑市辛店镇黄岗村，大豆玉米带状复合种植，玉米籽粒饱满，大豆长势良好。大豆专用收割机在前，玉米收割机紧随其后，收割从北到南梯次推进，两种作物收获互不影响。

12日 新郑市供电公司组织开展“书承薪火 志燃青春”红色经典诵读会。

13日 “学习强国”新郑融媒号正式上线。

是日 新郑市辛店镇，一场以“亮赛比、拓思路、解难题”为内容的“五星”支部创建大讲堂开讲。

16日 中国共产党第二十次全国代表大会在北京隆重开幕。习近平代表第十九届中央委员会向党的二十大作报告。在新郑市，从党政机关到乡镇局委，从村（社区）到企业，从车站到工地，社会各界党员干部群众或坐在电视机前，或通过电脑、手机、广播等多种方式，聚精会神收听收看党的二十大开幕会直播。

17日 从新郑市新华路街道办事处获悉，新华路街道小高庄社区在团中央公布的《关于2021—2022年度社区青春行动实施评估意见的函》中，被评估确定为“优秀”等次。

20日 34岁的刘文龙完成了造血干细胞的捐献。刘文龙是新郑市成功捐献造血干细胞的第28人，成为郑州市第384例，河南省第1175例，全国第14161例。

21日5时27分 中共河南省委原书记、河南省人大常委会原主任徐光春因病医治无效，在郑州逝世，享年77岁。徐公此去，溱洧含恸，具茨生悲。新郑市融媒体中心组建了《徐光春书记与新郑》采访组，通过采访徐光春书记在新郑期间接触过的党员干部职工，真实再现他跟新郑有关的点点滴滴，凝聚黄帝故里人民对这位“河南人的老书记”的无限追思。

27日 中共新郑市委常委会召开扩大会议，传达学习党的二十大精神及中共中央政治局会议精神，安排部署全市宣传贯彻工作。

31日 新郑市召开全市“五星支部”创建暨“三起来”专项行动推进会。

是月 新郑市新华路街道小高庄社区在团中央公布的《关于2021—2022年度社区青春行动实施评估意见的函》中，被评估确定为“优秀”等次。

是月 新郑市辛店镇王庄村的农场里，90后的“新农人”高斌一有空就来到番茄大棚，查看新培育的番茄品种长势如何。他深耕番茄种植技术与推广6年，荣获河南省“创青春”金奖，创业项目获批团中央金种子计划。他在中国农科院专家和河南农业大学的帮助下，培育出了类型丰富、品质高端，亩产值接近6万元的番茄品种。

11月

4日 新郑市召开深化基层党组织“三起来”活动和网格化“三色标注”工作推进会，贯彻落实郑州市委要求，安排部署相关工作。新郑市委常委、组织部部长胡坤参加会议。

6日 全省学习贯彻党的二十大精神中央宣讲团报告会以视频会议形式举行，中央宣讲团成员、全国人大常委会法制工作委员会主任沈春耀作宣讲报告。新郑市领导马志峰、马宏伟、王俊杰、黄卫东、胡坤、姚志刚、璩鹏辉、崔淑娴、赵恒康等在新郑分会场收听收看。

7日 新郑市召开第23个中国记者节暨党的二十大精神宣传报道工作座谈会。

8日 新郑市融媒体中心发出的一条关于梨河镇刘楼村30亩白菜萝卜滞销的报道，引起了社会各界的广泛关注，随后，爱心企业和群众纷纷伸出援助之手，白菜萝卜的滞销状况得到较大改善。

是日 新郑市举办第31届“119”消防宣传月启动仪式。

10日 新郑市召开文商旅综合提升项目视频汇报会。新郑市领导璩鹏辉、崔淑娴、李利娜参加会议。

是日 新郑市林业局接到110转来的报警电话，称有群众发现一只受伤动物。经鉴定，该动物系本地物种狗獾，是国家“三有”保护动物。工作人员对该动物进行了隔离消毒、包扎用药、给水给食等专业救助，动物生命体征恢复正常后，放归自然。

14日 从新郑市和力热力有限公司了解到，新郑于11月15日0时开始2022年冬季集中供暖，供热期从2022年11月15日至2023年3月15日。

15日 新郑市委书记马志峰主持召开疫情防控工作分析研判会。省卫生健康委二级巡视员张伟平，省第三人民医院副院长吴迪到会指导，共同听取“一办十六专班”工作情况汇报，逐一查摆问题、剖析问题根源、明确整改措施。

是日 新郑市新村镇马垌村望京生态农业蔬菜基地，工人们忙着采摘新鲜蔬菜，爱心菜农冀小珍将1万公斤蔬菜作为爱心物资，分批送到神鹰救援队、养老院和两所高校，传递真情，彰显大爱。

15—16日 二十国集团（G20）峰会在印度尼西亚巴厘岛举行。在二十国集团（G20）峰会举行前夕，印尼发行量最大的全国性日报、影响力最大的报纸——《罗盘报》第10版发文《新郑：中国古老又年轻的新兴之城展现雄心》，介绍新郑历史文化底蕴和营商环境，释放新郑市推进高水平开放、面向全球寻找合作伙伴的强烈信号。

18日 《光明日报》刊发《2022年中国中小城市高质量发展指数研究成果发布》一文，新郑成功入围，位居前列。据了解，新郑市 入围2022年度全国综合实力百强县市，位居37位；入围2022年度全国绿色发展百强县市，位居70位；入围2022全国科技创新百强县市，位居44位；入围2022年度新型城镇化质量百强县市，位居53位。

20日 新郑市新的社会阶层人士，疫情防控“服务劝导”志愿活动启动。

是月 新郑市很多实体店开始“试水”直播带货，“实体店+线上直播”的经营模式在新郑正悄然成为新的商业潮流。

是月 新郑市辛店镇史庄村开设了一个特别超市，村民到这里取东西不用花钱，只要通过“积分制”攒积分，就能到该爱心超市挑选想要的商品。

是月 第18届中美电影节开幕式暨颁奖典礼在美国洛杉矶举行，壬寅年黄帝故里拜祖大典献礼影片《5000年很长吗·双连壶》荣获“金天使”奖，这个奖项被组委会誉为“中华文化国际传播力奖”。

是月 自“五星”支部创建工作开展以来，新郑市裴李岗村坚持党建引领，不断夯实产业基础，让这个古老的村落焕发出乡村振兴的新活力。

是月 走进新郑市新村镇时垌村的河南鸿日观赏鱼养殖基地，只见鱼池一个挨着一个，十多个品种的观赏鱼在水中畅游嬉戏。从这里培育出的观赏鱼颇受全国市场欢迎，一条条灵动优雅的金鱼成为推动乡村振兴的“新晋主角”。

是月 走进新郑市辛店镇化雨庄的润泽草莓园，种植户吴张斌正在给草莓苗浇水、施肥。随着头茬草莓进入初果期，种植户们抢抓晴好天气，加强大棚管护，为草莓丰产丰收打下基础。

是月 新郑市纪委监委组织87名纪检监察干部成立“攻坚突击队”前往孟庄镇督导支援疫情防控工作。

是月 新郑市新烟街道滨河帝城社区支部委员付小芳连续一个多月奋战在抗疫一线，协调社区党支部成立100多人的志愿者服务队，用女性的温柔、细腻和耐心，践行共产党员的初心和使命。

12月

1日上午 郑州市2022年重点项目集中开工仪式以视频形式成功举行。与此同时，新郑市10个重大项目集中开工，总投资28.8亿元。

2日 新郑市委书记马志峰先后深入河南天康宏展食品有限公司、郑州华思5G中部生产基地、郑州金星啤酒有限公司、河南瑞泰耐火材料科技有限公司、深国际物流、壹米滴答供应链管理有限公司、河南吉祥实业有限公司等地，调研指导企业复工复产情况。

是日 新郑市新村镇牌坊庄村携手郑州团市委开通的“郑州团团公益助农通道”，全力开展“爱心助农”暖冬行动。

是日 新郑市医疗保障局到新村镇暖泉湖社区开展“乡村振兴伸援手 爱心助销农产品”主题党日活动，为暖泉湖社区回龙沟村民小组丰收的大白菜解决销售难题。

5日 省政协办公厅一级巡视员曹金强带领调研组到黄帝故里园区调研。

6日 新郑市部分商超，不少市民前来购物消费，全市社会生产生活秩序正在积极稳步恢复正常。

8日 新郑市委书记马志峰到新郑市辛店镇刘湾村大汉窑欢乐田园、孙河民俗村、北靳楼村等地，调研巩固拓展脱贫攻坚成果同乡村振兴有效衔接工作，向基层党员干部群众宣讲党的二十大精神。

9日 新郑市辛店镇举行乡村振兴高质量发展示范区暨北靳楼片区建设启动仪式。

10日 学习贯彻党的二十大精神省委宣讲团郑州专场报告会以视频形式举行。省委宣讲团成员、党的二十大代表、省政协副主席、郑州大学党委书记刘炯天作宣讲报告。新郑市领导马志峰、马宏伟、黄卫东、胡坤、姚志刚、张慧娴、李峰、马宏、璩鹏辉、崔淑娴、赵恒康等参加会议。

12日起 新郑市多条公共交通线路有序恢复运营。

14日 新郑市召开“五星”支部创建暨党建引领推进网格化基层治理工作加压攻坚会议，新郑市领导胡坤、崔淑娴、李利娜、仪刚出席。

15日 在位于新郑市观音寺镇的郑州理工职业学院新校区项目建设现场看到，施工塔吊正来回作业，项目建设正在如火如荼进行。

19日 《光明日报》头版《【河南】想民企之所想》一文，报道新郑市深入贯彻落实党中央、国务院以及省、郑州市关于稳住经济一揽子政策措施，《新郑发布》予以转载：新郑市结合实际出台《新郑市稳经济促增长政策措施30条》。

20日 新郑市第六届人民代表大会第二次会议开幕。新郑市领导马志峰、张慧娴、胡坤、左建新、张顺安在主席台就座。此次会议应出席代表351人，实到代表295人，符合法定人数。大会选举乔建伟为市人大常委会副主任，新郑市37名同志、港区30名同志当选出席郑州市第十六届人民代表大会代表。

22日 新郑市委书记马志峰深入新建路社区卫生服务中心、新区社区卫生服务中心、张仲景大药房、河南仁行和远医药有限公司、润弘制药股份有限公司、遂成药业股份有限公司等地，调研药品保供和医疗救治工作。

23日 新郑市委书记马志峰先后到新建路街道东街社区、梨河镇七里堂村、城关乡敬楼村、辛店镇史庄村等地，调研“五星”支部创建工作。

是日 新郑市召开2022年社会信用体系建设新闻发布会。

25日 新郑市委书记马志峰主持召开市委常委会（扩大）会议，传达学习郑州市委经济工作会议精神，研究部署新郑市贯彻落实举措。

26日 新郑市举行新村镇、郭店镇、孟庄镇、观音寺镇、城关乡“一队一中心”揭牌暨投勤仪式。

是日 新郑市召开“五星”支部创建迎检工作动员会。

28—29日 中共新郑市委六届五次全体会议暨市委经济工作会议召开。

29日 新郑市委全面依法治市委员会第四次会议召开。

是日 新郑市委书记、市人武部党委第一书记马志峰主持召开2022年市委常委议军会议。

是日 子产路过街天桥顺利完工交付使用。该项目为新郑市2022年民生实事之一，2022年5月开工建设。

是日 郑州市“千村百镇”系列体育活动暨新郑市（十里铺村）赛区舞狮比赛在新郑市南街古巷惠济门处举办。

是月 郑州市委组织部组织开展全市党员教育电视片观摩交流活动。经过评选，新郑市共获得13个奖项。一等奖1部：《用脚步丈量》，二等奖4部，三等奖3部，优秀奖4部，新郑市委组织部被评为2022年党员教育电视片制播先进单位。

是月 地处新郑市的地铁华南城站，乘客走下扶梯，就是新郑公交候车区。D2、208、209等多条公交线路在此汇集。稍等几分钟，簇新的公交车到站，乘客刷卡乘车，票价一元。

市情总貌

OVERVIEWS OF XINZHENG

·市情总貌 >>>

OVERVIEWS OF XINZHENG

位置面积

【区位】新郑市位于河南省中部，地处北纬34° 16′ ~34° 39′ 、东经113° 30′ ~113° 54′ 。北靠省会郑州市区，东邻中牟县、尉氏县，南连长葛市、禹州市，西与新密市接壤。

【面积】新郑市北距郑州市区38千米，东北距中牟县城45.6千米、开封市区120千米，东至尉氏县城42.6千米，南至长葛市区20.4千米、许昌市区40千米，西南至禹州市区36.5千米、平顶山市区84千米，西至新密市区34.5千米。南北长42千米，东西宽36千米，总面积884.59平方千米。

自然环境

【地质地貌】新郑市在全国自然地理分布中处于二阶台地前沿，秦岭纬向构造东端，在河南省地质构造单元划分中，跨两个地质构造基本单元。西部属于嵩箕台隆，基岩裸露，构成西部山地、丘陵的地质基础；东部属于华北坳陷的通许凸起，第四系松散堆积物覆盖于基岩之上，构成东部平原的地质基础。与地质构造基础相对应，新郑市在河南的地貌格局中，处于豫西山地向豫东平原的过渡地带。地势西高东低，中部高，南北低。地貌类型有山地、丘陵、岗地和平原等。山地和丘陵集中分布在西南部和西部，系嵩山山脉的东部边缘，主要由陉山、具茨山、泰山、梅山、包嶂山等山地丘陵组成。其中，除具茨山主峰风后顶海拔793米，相对高度540米，属于低山类型外，其他各山山顶海拔均在400米以下，相对高度不到200米，属于丘陵类型。岗地主要分布在山丘外围和中部地带，系早期山前洪积倾斜平原，经后期流水切割作用形成岗丘状地貌形态，较大的岗东部有马陵岗、万僧岗、寿阳岗，南部有黄岗，西部有双岭岗、武岗，北部有走马岗、裴李岗等，大部分为新生代第四纪黄土覆盖，局部地区水土流失严重。平原多集中于京广铁路以东

具茨山（邱　枫/摄）

的黄河古阶地上，其中包括八千乡、龙王乡的大部分地区及和庄镇、薛店镇、孟庄镇的部分地区。京广铁路以西的双洎河、黄水河和溴水河两岸有带状冲积平原，面积很小。

【河流】 新郑市地处淮河流域。境内河流分别属于颍河和贾鲁河水系。近几年纳入全市河长制管理的有双洎河（古洧水）、黄水河（古溱水）、溴水河、十七里河、十八里河、潮河、莲河、暖泉河8条河流全属颍河水系。溴水河属清溴河支流，其余河流均属贾鲁河支流。溴水河，发源于新郑市辛店镇的具茨山主峰风后岭白龙潭，流经观音寺镇入长葛市境。境内河段长24千米，流域面积102.5平方千米。双洎河，清朝以前称洧水，发源于登封市阳城山，流经新密市境，在新郑境内河段35.5千米，流域面积358平方千米，为新郑境内最大河流。20世纪70年代尚可饮用，80年代后由于上游发展地方工业，大量提取地下水和工业污染等，已成季节河，正在治理中。黄水河，本名溱水。黄水之名也是至清代启用，为境内第二大河流，发源于新密市曲梁乡牛庵村南，全长29.4千米，流域面积110.84平方千米。此河前期由于流域工业污染，至21世纪初河里生物难以生存，但经新郑市十年来的不懈努力，水质已全面恢复，依水形成郑风苑及轩辕湖湿地不同风格的水生态环境，已成为新郑市生态水系建设的亮点。十七里河、十八里河和潮河等，皆季节河。

按照“一年新变化、三年见成效、五年水更清”的总体目标，加快河道综合整治，持续改善水环境质量，建设环境良好、人水和谐的生态宜居城市。

新郑市水系连通及农村水系综合整治试点县项目，总投资4.5亿元，对溴水河、黄水河、潮河三条水系进行综合整治，以提升农村水安全、改善农村水环境、传承农村水文化、打造农村“幸福河”为目标，以水域岸线并治、集中连片规划为思路，以“补短板，强监管”为基调，以水系为脉络，以村庄为节点，通过水系连通、河道扩挖、清淤疏浚、岸坡整治、水源涵养、生态修复、环境整治、河湖管护、截污控污等一系列综合性措施，打造“水清河畅、岸绿景美、人水和谐”的“水美乡村”，提升群众的安全感、幸福感和获得感，助力乡村振兴。已完成河道治理、清淤疏浚等工作。

双洎河（刘栓阳/摄）

2020年，双洎河胡垌至贾梁段河道治理工程完成河道疏挖11.09千米，险工护砌4.35千米等。已完成建设，正在进行审计工作。

新郑市孙河塘坝治理工程主要建设内容包括：土方开挖、回填7万立方米，土工膜铺设1.9万平方米，C20混凝土护脚650立方米，混凝土连锁砖护坡1630平方米，生产桥1座，溢流堰2座，水生净化植物0.33万平方米。已完成工程建设，正在进行审计工作。

新郑市老观寨水库区域生态修复工程项目主要建设内容包括老观寨水库扩容200万立方米，安装智能监控设备，修建隔离设施15千米。已完成库区清淤及土方工程。

新郑市双洎河双龙坝码头建设项目工程总投资220.00万元，建设码头2处，位于新郑市梨河镇双龙坝上游及下游右岸。建设内容包括平台整治、岸坡防护、码头、围栏以及施工导流等工程。已完成工程建设，正在进行审计工作。

【气候】 新郑市处于华北平原、豫西山地向豫东平原过渡地带，属暖温带大陆性季风气候。气温适中，四季分明。3月至5月为春季，天气温暖，多东北、西北风，雨水偏少；6月至8月为夏季，天气炎热，多东南风，雨水偏多，降水量占全年的52%；9月至11月为秋季，天气凉爽，风向不定，雨水偏少；12月至次年2月为冬季，天气严寒，多西北、东北风，雨雪偏少。主要灾害性天气为旱、涝、风、雹等。

年均气温14.6℃，历史最高气温42.5℃，历史最低气温-17.9℃；年均降水量683.3毫米，最高年降水量1175.7毫米，最少年降水量449.4毫米；年均蒸发量1434.3毫米，最高年蒸发量1976.2毫米，最低年蒸发量1237.3毫米；年均日照时数1990.1小时，最高年日照时数2571.3小时

（1978年），最低年日照时数1753.3小时（1989年）；年均雷暴日数17.5天，最多年雷暴日数26天，最少年雷暴日数11天；年均雾日21.2天，最多年雾日38天，最少年雾日7天；年均霜日62.4天，最多年霜日90天，最少年霜日37天；年均大风日7天，最多年大风日24天，最少年大风日0天。

2022年平均气温16.1℃，比常年值偏高1.0℃，显著偏高；年最高气温41.2℃，出现在6月24日，年最低气温零下6.9℃，出现在12月29日；年总降水量452.8毫米，比常年值偏少197.2毫米，显著偏少；年最大日降水量74.7毫米，出现时间7月3日；年日照总时数为1837.7小时，比常年偏少88.6小时，属偏少。总的来说，全年气温明显偏高、降水偏少、日照数偏少。

【土地资源】 2022年，新郑市土地总面积88459.55公顷（884.59平方千米）。其中，耕地28955.87公顷，种植园用地8785.32公顷，林地13643.51公顷，草地521.43公顷，城镇村及工矿用地28824.89公顷，交通运输用地3544.66公顷，水工建筑用地42.33公顷，水域及水利设施用地2014.42公顷，其他土地2127.12公顷。耕地中：水田15.75公顷，水浇地27447.27公顷，旱地1492.85公顷；种植园用地中：果园8701.07公顷，其他园地84.25公顷；林地中：乔木林地8475.58公顷，竹林地3.37公顷，灌木林地85.65公顷，其他林地5078.91公顷；草地中：其他草地521.43公顷；交通运输用地中：铁路用地279.02公顷，轨道交通用地108.15公顷，公路用地2325.98公顷，机场用地831.42公顷，管道运输用地0.09公顷；水域及水利设施用地中：河流水面841.87公顷，水库水面160.24公顷，坑塘水面338.33公顷，沟渠673.98公顷；其他土地中：农村道路742.11公顷，设施农用地812.22公顷，田坎555.43公顷，沙地0.16公顷，裸土地1.57公顷，裸岩石砾地15.63公顷。

【矿产资源】 新郑市矿产资源较为丰富，发现各类矿种有12种。区内固定矿产以沉积矿产为主，包括煤、黏土矿、石灰岩、红硅石、硅石等及部分沉积、变质矿产，铁矿、磷矿、白云岩矿、建筑石料等，还赋存着丰富的地热、矿泉水资源。新郑市资源格局以煤为主，煤区约占全市总面积的41%。新郑市现有煤矿2家，分别为：中煤河南新能开发有限公司王行庄煤矿，设计生产能力为120万吨/年；河南省新郑煤电有限责任公司赵家寨煤矿，设计生产能力为300万吨/年。

【水资源】 新郑市多年平均地表水水资源0.6459亿立方米，地下水资源1.1142亿立方米，除去0.1648亿立方米重复水量，多年平均水资源总量为1.5953亿立方米，比1980年测算的1.96亿立方米减少18.6%；人均占有水资源量132.94立方米，比1980年的412立方米减少67.73%，是全国人均占有水资源量的6.33%，是河南省人均占有水资源量的32.82%；亩均水资源量121.83立方米，比1980年的亩均水资源量259立方米减少52.96%。现有在册水库19座，其中2座中型水库，17座小型水库，总库容7527.34万立方米，控制流域面积为472.26平方千米，塘坝119处，控制流域面积125平方千米，拦河闸1处，控制流域面积1296平方千米。地表水资源量因双洎河（古洧水）、黄水河（古溱水），降水量偏少，水库水位下降等原因，基本无法直接利用；工业生产、农业灌溉和人畜生活用水基本依赖地下水资源。地下水资源可利用量为0.8882亿立方米，产水模数12.7万立方米/平方千米。近几年来，新郑市利用南水北调干渠对望京楼水库、双洎河、黄水河以及观音寺溟水寨村进行生态补水，河道景观更加亮丽，地下水位也大幅提升。

【生物资源】 新郑市位于北温带向亚热带、豫西山地向豫东平原过渡地带，气候多样，地貌多变，因而生物资源丰富，且具多样性。

植物：芳香植物主要有花椒、小茴香、芫荽、香椿、藿香、薄荷等；药用植物主要有半夏、远志、柴胡、桔梗、芦根、白茅根、白头翁、马蹄香、地丁、香附、何首乌、葛根、墓头回、田三七、车前、忍冬、地骨皮、酸枣、荆子、野菊花、艾、白蒿、亮帽英、败酱草、曲曲菜、荠荠芽、小虫卧单、伸筋草、马齿苋、老饭蛋、鱼腥草、复枯草、浮萍草、野扁豆、瓦松、山葱、卧沿草、星星草、节节草、猪毛菜、猴头草、拐子草、马鞭草、天地豆、翻白草、活根草、芫花根草、丹参、沙参、防风、木瓜、瓜蒌、红花、地黄、牛膝、芍药、白芷、金银花、苍耳子、元参、枸杞、蒲公英、牵牛子等；其他野草植物主要有灰灰草、龙须草、茅草、莠子草、稗子草、苜蓿、茭草、蒺藜、行义草、涩格涝秧、吉祥草、书带草、抓地秧、面条菜、菟丝子、驴尾巴蒿、毛妮菜、老驴蒿、麦滥棵、狗狗秧、灯笼棵、浮萍、蓼草、水红花、三白草、黄白草、轮叶黑藻等。

动物：环节动物类主要有蚯蚓、蛭等；软体动物类主要有蜗牛、田螺、河蚌等；节肢动物类主要有瓢虫、赤眼蜂、食蚜蝇、胡蜂、蜜蜂、小蚕蜂、草蛉、蚜小蜂、螳螂、食虫虻、食虫蝽象、泥蜂、步行虫、蝇子虎、萤火虫等；药物类动物主要有蝎子、蜈蚣、土元等。脊椎动物类：两栖类有青蛙、蟾蜍等；爬行类有鳖、壁虎、蛇、蜥蜴等。鸟类有野鸡、雀鹰、苍鹰、白肩雕、大鸨、小鸨、小鸦鹃、猫头鹰、灰林鸮、长耳鸮、啄木鸟、云雀、燕子鸥、鹦鹉、鹈鹕、花喜鹊、灰喜鹊、麻雀、老鹰、鸽鹰、斑鸠、大雁、山雀、黄莺、鹁鸪鸟、百舌、鸬鹚、乌鸦、水鸭等；哺乳类有狼、狐、狸猫、野兔、獾、蝙蝠、刺猬、老鼠、松鼠、黄鼠狼等，其中狼、狐、狸猫、獾已很少见。

旅游资源

【古文化资源】**裴李岗文化** 裴李岗文化因首掘于新郑市的裴李岗村而得名。裴李岗先民已进入母系氏族社会，从事以原始农业、手工业、家畜饲养为主，以渔猎业为辅的社会生产活动。与全国同时期其他地方相比，裴李岗人较早进入农业社会。新郑裴李岗文化遗址有裴李岗遗址、沙窝李遗址、唐户遗址、西土桥遗址、岭西遗址等。其典型生产工具是石斧、石铲、石镰、石磨盘，代表性陶器是红陶罐、三足钵等。裴李岗文化填补了我国新石器早期的一段历史空白，具有很高的科学、历史和文化价值。中国古代文明是从这里起步的。

黄帝故里故都 据史书记载，5000年前的仰韶文化时期，先民们已进入文明时代。新郑有许多仰韶文化遗址，最典型的是唐户遗址，包含有裴李岗、仰韶、龙山、殷商、西周和东周6个时期的文化遗址，连续达6000多年，考古学界称之为中华古代历史发展博物馆，有考古学家称之为“有熊之墟”。其他遗址有大朱庄、南李庄、王垌、洪府、高坡岩、岳庄、古城、人和寨等。这一时期，中华人文始祖轩辕黄帝诞生于新郑的轩辕丘（在今新郑市区内），在此建都约100年；神农氏炎帝诞生于华阳（在今新郑市北华阳故城）。史书记载，新郑有20多处炎帝和黄帝的活动遗址与纪念性古迹，如炎帝诞生地华阳城、黄帝诞生地轩辕丘，其他有轩辕故里、姬水、少典祠、少典坟、轩辕庙、具茨山、黄帝拜华盖童子处、黄帝故都、黄帝饮马泉、风后顶、黄帝御花园、黄帝避暑宫、大鸿山、西太山、崆峒山、轩辕宫、黄帝问道处、黄帝访大隗处、黄帝屯兵洞、黄帝驯兽台等。

新郑考院（刘栓阳/摄）

祝融氏之国 史书记载，4700年前，帝喾高辛氏先后封祝融氏重黎、吴回、陆终氏在有熊（新郑）为火正，建都约70年。故史书称新郑为“祝融氏之墟”。祝融氏时代，正处在我国龙山文化的中早期。新郑发掘龙山文化遗址8处，即人和寨、金钟寨、大司、于寨、唐户、高千庄、店张、崔府等。

郐国故都 史书记载，西周时，新郑为郐国，其都城在今新郑东北18千米苑陵故城（一说在新密市东北25千米古城寨，但仅有文献记载而无考古发现），建都时间280多年。

郑韩故都 春秋战国时期，郑国和韩国在新郑建都539年。至今郑韩故城岿然屹立，古迹比比皆是。主要遗址或古迹有宫殿遗址、宗庙遗址、地下冷藏遗址、铸铜遗址、铸铁遗址、大型祭祀遗址、郑国贵族墓葬区、车马坑、郑公大墓、郑武公

郑韩故都（刘栓阳/摄）

墓、子产墓、郑庄公望母台、授印台、梳妆台、积粟台等；还有分布在城外的20多座王室陵墓、大型制陶遗址等。

历史名人 新郑历史上建全国性国都和诸侯国都总计980多年。除炎黄二帝始祖外，有春秋初霸郑庄公、政治家子产、明辨家邓析、法家集大成者韩非、谋略家张良、世界文化名人白居易、建筑学集大成者李诫、理学家许衡、政治家高拱等十大名人彪炳史册。

名人墓葬 郑武公墓（杜庄）、郑公大墓（南街）、宰相子产墓（陉山）；唐宰相裴度墓（龙湖镇东张寨村）；后周皇帝郭威墓（郭店镇高家村北）、后周皇帝柴荣墓、柴宗训墓（郭店镇陵上村）；北宋布衣诗人杨朴墓（郭店镇袁堡村东）、北宋宰相吕夷简墓（郭店镇李坟村东）、北宋宰相陈尧佐墓（郭店镇宰相陈村）、北宋名将王德用墓（龙湖镇荆王村东）、北宋尚书吴育墓（辛店镇赵老庄村）、北宋宰相吕公著墓（郭店镇西武岗村）、一代文宗欧阳修墓（辛店镇欧阳寺北）、北宋宰相郑居中墓（城关乡东郭寺南）、北宋建筑学集大成者李诫墓（龙湖镇于寨村北）；明宰相高拱墓（市区阁老坟村东）。

至2021年，新郑有国家级文物保护单位11处：郑韩故城、裴李岗遗址、后周皇陵、唐户遗址、欧阳修墓、黄帝故里（新郑轩辕庙）、李诫墓、华阳故城、凤台寺塔、人和寨遗址、望京楼遗址，其中裴李岗遗址、郑韩故城2001年被评为“中国20世纪百项考古大发现”和“20世纪河南十项重大考古发现”；省级文物保护单位有14处：卧佛寺塔、高拱墓、金钟寨遗址、王垌遗址、古城遗址、于寨遗址、赵庄遗址、新密禹抗日民主政府旧址、子产墓、古城村古城、大司遗址、铁岭墓地、陈氏三宰相墓、具茨山岩画；郑州市级文物保护单位25处；新郑市级文物保护单位58处。馆藏文物6万多件，其中珍贵文物4800多件。古文化遗址（迹）遍布全市，古墓祠比比皆是，古塔岿然矗立，郑韩故城雄伟壮观。具茨山黄帝文化景区，被中国侨联公布为“全国爱国主义教育基地”，每年吸引大批海内外炎黄子孙前来寻根、拜祖。

姓氏寻根 新郑是中华民族姓氏起源地之一。上自8000年前少典族时代，下迄春秋战国，起源于新郑或与新郑密切相关，或新郑人在外地得姓者，据不完全考证达280多个姓氏。神农氏炎帝为有熊（新郑）国君少典之子，后徙陕西姜水流域而得姓姜，彭祖为祝融氏陆终之子，因封于安徽彭城而得姓彭等。主要姓氏有：少、典、熊、能、姬、姜、轩辕、轩、左、张、高、杜、方、史、龙、雷、常、龚、巫、周、牧、荀、车、昌、俞、伍、于、咸、冷、桓、稽、任、孔、祝、苑、彭、郑、韩、何、冯、侯、段、游、尉、国、印、都、蔚、丰、兰、皮、然、司、詹、梓、师等。

【自然风光资源】 主要分布在新郑市西南具茨山一带，2003年具茨山景区被河南省人民政府公布为省级森林公园，2005年被国家林业局公布为国家级森林公园。此山主峰风后顶海拔793米，山顶之上，林密草茂，四周皆悬崖峭壁，向西望去层峦叠嶂，烟波浩渺，向东眺望，阡陌纵横，村落如萍。

【生态资源】 被林业部命名为“红枣之乡”的孟庄镇和薛店镇的1.2万公顷枣园，秋季每年举行枣乡风情游。

历史沿革

【古时期建置沿革】 8000年前裴李岗文化时期，新郑地区率先进入以原始农业为主的氏族社会，是中国古代文明最早的发源地之一。5000年前仰韶文化中晚期，新郑为有熊国，是黄帝族时代，是中国古代文明形成的核心地带。4700年前，龙山文化中期，新郑为祝融氏之国。夏商时期，新郑为夏都、商都京畿。西周，新郑为郐国；春秋为郑国，战国时代为韩国，郑韩故都为中原地区最主要的政治、军事、经济和文化中心，是中原地区最大的工商业都会。韩国时，设郑县，治所在韩都。秦统一六国，设新郑、苑陵二县，属颍川郡。汉承秦制，属河南郡。西晋设荥阳郡，新郑入苑陵县。东魏，设广武郡，苑陵属广武郡。隋复新郑，后废苑陵，入新郑县，仍属荥阳郡。唐分新郑、清池二县，后清池县复归新郑。五代后设新郑县。

【新中国成立后】 新中国成立后，新郑县属郑州专区。1955年改属开封专区，1958年属郑州市，1961年属开封地区行政公署，1983年属郑州市。1994年5月16日，经国务院批准撤销新郑县，设立新郑市，属河南省，由郑州市代管。

行政区划

2021年，新郑有9个镇、1个乡、3个街道。和庄镇辖19个行政村，48个自然村；薛店镇辖20个行政村，46个自然村；辛店镇辖49个行政村，267个自然村；龙湖镇辖28个行政村，117个自然村；孟庄镇辖23个行政村，36个自然村；新村镇辖24个行政村，108个自然村；观音寺镇辖21个行政村，80个自然村；梨河镇辖23个行政村，66个自然村；郭店镇辖32个行政村，88个自然村；城关乡辖14个行政村，65个自然村。新华路街道辖10个居民区；新建路街道辖6个居民区；新烟街道辖8个居民区。

2008年，风后岭行政村的苏家岭、赵家闲、黑龙庙西坡、黑龙庙、北赵家、张家闲、寨里、许家岭、朱家闲、南王家闲、寇家闲、史家闲、尖山、卧雁滩14个自然村迁往北靳楼行政村。

2008年，龙王乡庙后安行政村的庙后安、庙后唐；郭村韩：郭村王、小唐庄、小秦、郭村韩；古城师：城李、古城；蒲庄：蒲庄、古城寨；刘庄：刘庄；辛庄：辛庄、魏家、罗家、椿树张；岗王：岗王；宋庄：酒李、宋庄；田王：田王、小田王；炮李：炮李；柿园吴：柿园吴；柿吴：柿吴；王庄：王庄；平庄：平庄；苏村郑：苏村郑、韩庄、杨庄归郑州新郑综合保税区（郑州航空港区）代管。

2008年，孟庄镇的寺东孙：寺东高、寺东孙、小寺东孙；谷庄：谷庄；陡沟：陡沟；山石王：山石王；胡岗：胡岗；后宋：后宋。薛店镇的牛村：牛村、任岗、小赵郭李、河刘；枣岗：南枣岗、北枣岗、西枣岗、斜庄；姜庄：姜庄、小姜庄；寺王：寺王、王沟、寺东；翟庄：翟庄；坡地刘：坡地刘、冯后马、花园；薛店南街：薛店南街；薛店北街：薛店北街、油坊庄；店张：店张、店韩、朱庄；岳村行政村东桥自然村归郑州新郑综合保税区（郑州航空港区）代管。

2009年，龙王乡的宋庄：酒李、宋庄；岗王：岗王；刘庄：刘庄；炮李：炮李；平庄：平庄；辛庄：辛庄、魏家、罗家、椿树张；苏村郑：苏村郑、韩庄、杨庄；柿园吴：柿园吴；柿吴：柿吴；王庄：王庄；田王：田王、小田王；庙后安：庙后安、庙后唐；郭村韩：郭村王、小唐庄、小秦、郭村韩；古城师：城李、古城；蒲庄：蒲庄、古城寨；孟庄镇的冢刘：冢刘归郑州新郑综合保税区（郑州航空港区）代管。

2013年，龙王乡的耿坡：耿坡、河东耿坡；龙王：龙王村；岗冯：岗冯；王道：王道、小铁庄；铁李：前铁李、后铁李、安老庄；霹雳店：霹雳店、大秦；庙前刘：郑楼、庙前刘；二甲张：郭家、二甲张；安新庄：安新庄；陈楼：陈楼；万家：万家、坡赵；小左：小左、寺后李、寺前陈；赵郭李：赵郭李、小赵郭李。八千乡的高夏：高夏、孙庄、雷庄；坟后吕：坟后吕、坟后左；枣陈：枣陈、张庄、罗家；苗庄：苗庄；刘店：刘店；东王马：东王马、河东马；王家庄：王家庄；湾左：湾左；河南王：河南王；八千：八千；吕槐：吕槐、范庄、陈庄、柴家庄、马富贵；丁庄：丁庄；双楼：双楼、董庄；和庄镇的坡刘：坡刘归郑州航空港经济综合实验区（郑州新郑综合保税区）管理委员会代管。

2014年，八千乡的君赵：君赵、魏庄；花园：花园；邢庄：邢庄、孟陈庄；路庄：路庄、岗孙；楼刘：楼刘、小潘庄；小合庄：小合庄、蛮陈；宋家庄：宋家庄；二郎店：二郎店；梅河：梅河、徐庄；大阎庄：大阎庄、赵楼；李久昌：李久昌；香炉朱：香炉朱、辛庄、小阎庄；小李庄：小李庄、大李、小苏庄、敬庄；沙张：沙张。和庄镇的陶庄：陶庄；杨家寨：杨家寨、中孙、牛庄、柴家；尹庄行政村大路韩自然村及钟观社区归郑州航空港经济综合实验区（郑州新郑综合保税区）管理委员会代管。

附：2021年新郑市各乡（镇）、街道及所辖行政村（自然村）、居委会名录

城关乡

胡庄：胡庄、小寨、暴庄、徐庄；王刘庄：王刘庄、王寨、王老庄、田庄；张庄：张庄、小杜庄、杜庄、丁家庄、头甲王、东小李庄；官刘庄：官刘庄、官庄、岳庄；小占庄：前小占庄、后小占庄、曹庄、柳家、马砦；高皮匠：高皮匠庄、王好庄；薛庄：苗庄、王安庄、薛庄；东郭寺：东郭寺、后门张、李楼、颜庄、孟天庙；敬楼：小张楼、吴王、吕庄、西敬楼、东敬楼；西贾庄：西贾庄、史庄、大毛庄、闵沟、刘庄、王庄、小赵庄、董吕庄；端庄：范庄、端庄、兰庄、苏庄、杨庄；大周庄：秦楼、大周庄、小周庄、靳垌；沟张：沟张、马楼、包庄、小李庄；乔庄：杨河、三里堂、乔庄、烈礓坡、侯家台、李垌、小冯庄。

辛店镇

辛店：辛店；前小庄：前小庄、新老沟、老沟、北岗；后小庄：后小庄、南许庄、南岗沟、北岗沟；许岗：许岗、靳家、北李家；军李：军李、小李庄、上申河、申庄；刘岗：刘岗、王道国、牛庄、老王庄；草场沟：南李家闲、王家闲、高家闲、南苗家闲、南许家闲、樊家闲；鲁楼：鲁楼、高庄、颜庄、北赵沟、南赵沟、谷庄、阎楼、阎庄；袁集：袁集；南李庄：南李庄、宁沟、滹沱沟、滹沱庄、北许庄、梁沟；人和村：人和寨、人和寨东沟；赵老庄村：赵老庄、新老庄；东土桥：东土桥；西李庄：西李庄、北李庄、胡垌；周湾：周湾；赵家寨：赵家寨、徐庄、周庄、香坊、北苗家、双岭岗、谷家；欧阳寺：欧阳寺（寺东沟、寺西庄、寺南庄、寺东庄）、贾庄、兴龙沟、新庄、龙池沟西、龙池沟东、丁庄；界牌：界牌、冢岗；铁炉：铁炉；西土桥：西土桥、铁匠庄、东大李园、西大李园、马安垌；贾嘴：贾嘴、北贾嘴、南贾嘴、彭家寨、槐树口；贾岗：贾岗、贾沟、井沟、上马蹄河、下马蹄河；北靳楼：北靳楼、北靳楼南庄、北靳楼西庄、东山水寨沟、西山水寨沟、北山水寨沟、南白土洞、北白土洞、杏园沟、娘娘庙新庄、侯楼；岳庄：岳庄、孙河、靳庄、蛤蟆洼、李庄、煤土沟（靳家闲、崔家闲、刘家闲）；刘湾：刘湾、大汉窑、下范河、上范河、前驴头郭、后驴头郭；齐河：张庄、齐河、小刘湾；化雨庄：化雨庄、新范河、小靳庄、东王楼、西王楼；后高庄：后高庄、前高庄、许窑、许窑东北地、樊家沟、许窑新村、老虎洞、南靳楼；靳沟：靳沟北寨、高时庄、傅李楼、刘张寨、赵陈庄、靳沟南寨、巍庄、靳家窝、张家；黄岗：黄岗、北王口、南王口、北崔家沟、东棒槌窑；史庄：史庄、史庄南沟；湛张：老郭寨沟、新郭寨沟、湛张；王庄：王庄、袁家岗、东杨树岗、西杨树岗、下涧坡河、郭家；裴商庙：裴商庙、下申河；仰望坡：小庄王、仰望坡；马沟：马沟、下丁沟、张沟、寇家闲、老泉沟、下老龙窝、下老泉沟、白家沟、老龙窝。

观音寺镇

英李：英李、小郑庄、小朱庄、翟庄、乔户；南贾庄：白庙贾、南贾庄、苏张、陉山东门、唐家；岳口：酸枣林、岳口、南小李庄、凤凰寨；十里铺：十里铺、西小庄；南场：南庄、鲁姑店、杨庄、卫生寨；林庄：陈庄、林庄、尚庄、北门、乾门、贾大沟；夏庄：夏庄、盘古寨；大董：前张庄、后张庄、大董、时庄；溟水：溟水寨、北岗、北寨；石固堆：柳树坑、岳家、王家、郭家、张家、泉上沟、泉下沟；王行庄：柳庄、花牛李、王行庄、乔庄、小郭庄、林场；唐庄：唐庄、小李庄、万庄、寺后张、史堂、大朱庄、辛庄、锻磨张；唐户：唐户、唐家寨；阎庄：小刘庄、头甲王、阎庄；前河刘：前河刘、后河刘、小寨、下河；楼李：观音寺、楼李、黄岗；太清：五虎赵、太清；菜园王：小赵庄、牛庄、菜园王、棘针李；沟冯：桐树张、沟冯；田庄：郭河、焦河、田庄；姚张：姚张。

梨河镇

梨河：梨河、胡张；三里岗：郜庄、蔡庄、冯庄、前端湾、郜湾、三里岗；黄桥：黄桥；七里堂：毕小庄、大朱庄、七里堂；陈庄：乔楼、陈庄、东小朱庄、西小朱庄；绰刘：小董、绰刘、小吴庄、滹沱、后吕；官庄：官庄、赵大楼；高班庄：高班庄、李湾；河李：河李；高辛庄：高辛庄、邢湾、张家闲、小闵庄、牛寨、后牛堂；周庄：周庄；七里阎：七里阎、郜楼、梅庄；吴庄：吴庄、吴窑、丁湾；刘楼：宋庄、刘楼、刘庄、小毛庄、柴楼；刘吉安楼：刘吉安楼、穆庄；双楼：双楼赵、三股槐；黄甫蔡：黄甫蔡、柴家楼、范庄、黄湾、牛堂；岗李：岗李、祝岗、葛寨；大高庄：大高庄；前吕：前吕；老观李：老观李、贾庄；学田：学田、南郜庄、霍照店；三刘：三刘、唐寨、赵庄。

和庄镇

任庄：任庄；傅庄：傅庄；郑庄：郑庄、小沈庄；能庄：能庄、侯庄、小李庄、泥河张、小高庄；苟郑：苟郑、碾岗赵、郜庄、蔡庄、肖庄、黄庄；崔庄：崔庄、小黄庄；河西高老庄：河西高老庄、周庄；河东高老庄：河东高老庄；尹庄：大孙、尹庄；河赵：河赵、河沿马庄、小陈庄；歹庄：辛集、歹庄、大连楼；老庄刘：老庄刘；小岗王：南吴、小岗王；香坊吴：香坊吴；穆庄：寺前刘、狮子邢、小穆庄、穆庄；杜楼：杨湾、杜楼、马家；陆庄：陆庄、小范庄；小连楼：小吴庄、小连楼；韩庄：木梳李、关庙郑、韩庄、河西郑。

薛店镇

贾庄：贾庄、吴家；常刘：常刘、老堂岗；花庄：花庄；岗周：岗周、前李；小吴庄：小吴庄、毛庄、侯庄；龙占洼：龙占洼；小马庄：郭庄、小马庄；岳村：岳村、西桥、东小李庄；岣嶂山：岣嶂山、山后、沟西、沟东、白家、河西暖泉、胡家庄、敬家；草庙马：草庙马、牛庄、庙后李；山后马：山后马、石羊刘；王张：小李庄、郭家、魏庄、王张；文正：文正、丁庄、西文正；西场李：西场李；草店：草店；薛集：薛集；格大张：格大张；庙东陈：庙东陈；大吴庄：大吴庄、肖庄；菜园马：菜园马、岗孙、后刘庄。

孟庄镇

孟庄：孟庄；小石庄：小石庄、河南张、河北张、娘娘庙；耿湖：耿湖、小耿湖；碾卢：碾卢、小碾卢；南常口：南常口；北常口：北常口；唐寨：唐寨、马东洼；唐河：唐河；鸡王：鸡王；城后马：城后马、小郭庄；洪府：洪府；酒孙：酒孙；栗园史：栗园史；石槽王：石槽王；麻线张：麻线张；三旺马：三旺马、宰庄；曹庄：毛寨、河东曹、曹庄、小高庄、小庄；冯辛庄：冯辛庄；萧庄：萧庄；寺后张：寺后张；寺西王：寺西王；口张：口张、余庄；小韩庄：小韩庄。

龙湖镇

小乔：小乔、前胡、三里岗、罗垌、孙庄、宝相寺；东徐：东徐、小赵；古城：古城、樱桃园、大赵、小芦、王家、刘家；郑老庄：郑老庄；泰山：山东坡、岗东头、岗西头、康垛、马武寨、长沟垴、山西坡、邱家嘴；梅山：梅山、王家垴、邱家垴、山后、高垌、彭庄；荆垌：荆垌、沙窝李南沟、连庄、后胡；王口：王口、双湖村、李巴什、于沟；林锦店：林锦店、高坡崖；李垌：李垌、李垌北寨；柏树刘：小司、马庄、柏树刘、张庄、塘坊、磨河南沿、磨河北沿、夏寨、太平沟、西戴寨；山后杜：山后杜、山东乔、大司；郭家庄：郭家庄、司家嘴、岗东；魏庄：

魏庄、袁堡、陈垌、南戴寨、北戴寨；山西乔：山西乔、山西卢、沈庄；郑堡：郑堡、竹杆园；沙窝李：沙窝李、沙窝李东庄、沙窝李西沟；菜园沟：菜园沟；小乔沟：小乔沟、杨树底、寨上、吕家、小乔沟北沟、李家、李木嘴、翟家寨、杜家、西鸿沟、乔河庄、肖家沟、小乔沟段家、桐树嘴；西张寨：西张寨、西徐；于寨：于寨、石堖；东张寨：东张寨；王许：王许、梨园、邱家、赵家；张沟：张沟、沟西、张小庄、转沟堖；崔垌：崔垌、郑家、段家；侯庄：侯庄东沟、侯庄；刘口：楚家堖、王垌、王口东沟、孟庄、孟庄南沟、刘口、刘沟、刘口西岗、鹁鸽垌沟；荆王：荆王、牛魁寨、乔家堖、老虎寨、荆王、北沟。

郭店镇

郭店南街：郭店南街；郭店北街：郭店北街；华阳寨：华阳寨、蒋家闲、李家闲；陵后：陵后、陵上；陵岗：陵岗；小洪沟：小洪沟、洪沟寨、洪沟嘴、夏寨、连环寨沟；东李庄：东李庄、王家、河西曹；小司：小司、司家、李沟、岗西、半坡乔、骆驼湾、崔府、刘知州；武岗：李坟、武岗、贾店；铜佛赵：岗王庄、铜佛赵；高孟：周庄、高家、孟家、卢家、任坡沟；冯寺：冯寺、周家；司洼：司洼、刘庄；前时：徐庄、阎家庄、前时、陈庄、聂庄、歧府；五里堡：双庙郭、后时、五里堡；岗时：岗时、小岗时、马庄、牛庄、宰相陈、前陈；三十里铺：三十里铺、冯庄、石家嘴；小杨庄：小杨庄、信府、梅府；河范：河范、大杨庄；鄢陵府：鄢陵府、河里王；八府：八府、楚庄、河西刘；北小李庄：北小李庄、小朱庄；张辛庄：张辛庄、朱庄、张祥；石羊寨：石羊寨、马庵、街东曹；大范庄：大范庄、大路河；郭庄：郭庄、戴庄；高寺：高寺、西贾庄；常家庄：东郭寨、北郭寨、常家庄、贾庄、小范庄；海寨：海寨、袁陈、小寨；山根：山根；双岭：双岭；新李营：新李营。

新村镇

新村：新村、北十里铺、核桃园、小庄、岭东；七里井：贾梁、泥河寨、侯垌、七里井；张垌：张垌、吴垌；北吴庄：北吴庄、铁岭、冯庄；梨园：梨园、吴陈、梨园北沟；二十里铺：二十里铺、王庄、周家湾、危家、小时庄、周垌、牛舌头嘴；马垌：马垌、孟家沟、杜庄、小冯庄；时垌：时垌、山南时；赵庄：赵庄、龙王庙坡、于庄；牌坊庄：牌坊庄、薛庄、李楼、河东暖泉；高千庄：香坊沟、高千庄、优庄、城后刘庄、蔡庄、吴李庄、马庄、弓刘庄、张家庄；孙庄：孙庄、北黄庄、苏岗、徐岗；王垌：王垌、金钟寨；王毕庄：西王毕庄、东王毕庄、朱家沟、走马岗、陈家、老观寨、赵家湾、曹家岗、科张；郝家岗：郝家岗、岗李、陈庄、冯家岗、王善垌、李家寨；焦沟：焦沟、刘庄、仲寨、杨楼、戴寨、东云湾；戴湾：戴湾、杨湾、邓湾、寺岗；鲍家：鲍家、张家、小黄庄、邓家、小鲁庄、李杜庄；云湾：西云湾、郭寨、靳家河、靳小寨；裴李岗：裴李岗、西河李、东小河口、西小河口；文士湾：文士湾、冯家岭、东炮李、沟嘴；前洼王：前洼王、后洼王、西炮李、小樊庄、岳庄；屯孙：屯孙西、屯孙东、孟家台；水泉：水泉、老黄庄、岗坡、新庄、王家。

新建路街道

北关街居民委员会、北街居民委员会、西街居民委员会、东街居民委员会、东关街居民委员会、南街居民委员会。

新华路街道

小高庄居民委员会、毛园居民委员会、张玉庄居民委员会、仓城居民委员会、张龙庄居民委员会、裴大户寨居民委员会、李唐庄居民委员会、阁老坟居民委员会、白庙范居民委员会、双龙寨居民委员会。

新烟街道

车站居民委员会、和庄居民委员会、道西居民委员会、烟厂东区居民委员会、金芒果花苑居民委员会、解放路居民委员会、渔夫子路居民委员会、道北居民委员会。

具茨山森林公园管委会

2010年10月27日，为整合景区内相关资源，加快具茨山国家级森林公园建设，打造知名生态旅游经济示范区，加快景区旅游经济的开发。做好具茨山国家森林公园生态保护和旅游开发工作，将原属新郑市辛店镇的14个行政村、147个自然村正式移交给具茨山管委会。

史垌：史垌、冯家闲、高家闲、苏家闲、黑里沟、西史垌、古嘴战沟、杨家岭、张家、郭家、雷家岭、赵家岭、王垌、岳家坪、大窝、王家庄、苏家闲。

柿树行：苏垌、柿树行、大槐树闲、上寇家闲、下寇家闲、河东闲、下郭家闲、太白岭西闲、上屈家闲、刘家闲、花榆树嘴、王家闲、北王家闲、河西闲。

油坊沟：岳垌沟、老张沟、油坊沟、石子岗、岳家闲、李家闲、乔家闲、吴家闲、水泉坡。

青岗庙：张家、青岗庙、石闲、刘家庄、沟草园、西沟草园、阎家沟。

转沟堖：转沟堖、下转沟堖、寇家沟、上老泉沟。

山陈：王嘴、山陈、西棒槌窑。

驮窑：驮窑、朱岗、下屈家闲、染坊闲、杨家闲、赵家闲、苏家闲、史家闲。

白庙：郭家闲、张家沟、西王

嘴、白庙、炮坊冽、关爷庙后、龙家坪、李宾冽、张家窝、崔东冽、李保冽、王林冽、李家沟、李家冽。

李庄：上涧坡河、李庄、丁沟、回龙沟、靳家、山神庙、北双嘴、太白岭。

千户寨：高家、寨后沟、土门后、土门、千户寨、苏家冽、高千户。

郭老庄：许家冽、水泉沟、郭老庄。

风后岭：苏家岭、赵家冽、黑龙庙西坡、黑龙庙、北赵家、张家冽、寨里、许家岭、朱家冽、南王家冽、寇家冽、史家、尖山、卧雁滩（该村委会下辖的自然村2007年搬迁到辛店镇北靳楼村，2011年村委会换届选举时将该村列为北靳楼村委会第14村民组）。

大槐树：南崔家沟、周家沟、下大槐树、上大槐树、张家、陈家沟。

苗家沟：高家冽、许家坪、陈家窝、申家冽、张庙沟、苗家沟、胡家沟、天心院、苗家冽、郭家沟、关冽家。

人　口

2022年，全市总人口共计1203700人。全年人口出生率为5.49‰，死亡率为4.47‰，人口自然增长率为1.02‰，城镇化率为69%。

民族宗教

【民族】 新郑市现有民族成分34个，少数民族人口12849名。其中少数民族户籍人口5829名，少数民族流动人口7020名。省级备案的少数民族聚居村有2个，分别是郭店镇华阳寨村和龙湖镇山西乔村。

【宗教】 新郑市有佛教、道教、伊斯兰教、天主教、基督教五大宗教；宗教活动场所35处（其中基督教21处、佛教7处、伊斯兰教5处、天主教1处、道教1处）；宗教团体4个，即基督教“两会”（基督教三自爱国运动会、基督教协会）、伊斯兰教协会和佛教协会。

组织机构及领导成员

中共新郑市委

书　记　马志峰
副书记　马宏伟
　　　　张慧娴
常　委　胡　坤
　　　　姚志刚
　　　　李　峰
　　　　马　宏
　　　　璩鹏辉
　　　　崔淑娴
　　　　赵恒康

市委工作机构

市委办

主　任　李　峰
常务副主任
　　　　安广涛
副主任　刘文辉
　　　　范振涛

市委市政府政策研究中心

副主任　连伟鹏
　　　　张　赟

市委组织部

部　长　胡　坤
常务副部长
　　　　赵东伟
副部长　朱郁琦
　　　　王　燕
部务委员
　　　　王　伟
　　　　朱　培

机构编制委员会办公室

主　任　敬伟民
副主任　郑　绮
　　　　陈军辉
　　　　陶宏伟

机构编制信息中心

主　任　王玉倩

事业单位登记中心

主　任　（空缺）
副主任　高俊杰

市委党史研究室

主　任　（空缺）

市委社治委

主　任　胡　坤
常务副主任
　　　　蒲文堆
副主任　朱红梅
　　　　范宏彬

市委宣传部

部　长　璩鹏辉
常务副部长
　　　　（空缺）
副部长　梁丽英
　　　　张温良
　　　　赵军友

市委对外宣传中心

主　任　陈艳玲

市精神文明建设指导中心

主　任　（空缺）
副主任　高毅翠
　　　　吴亚龙

市融媒体中心

主　任　孟晓微

副主任　李　霞
　　　　刘象乾

市委统战部

部　长　李　峰
常务副部长
　　　　贾海民
副部长　师俊杰
　　　　高维娜
　　　　张冠伟

台胞台属联谊会

会　长　（空缺）

海外联谊会

会　长　（空缺）
副会长　刘伟东
　　　　肖子豪

归国华侨联合会

主　席　李午生
副主席　陈　宝

市委政法委

书　记　（空缺）
常务副书记
　　　　刘辉霞
副书记　张新志
　　　　高明超
　　　　宋　铭

政治处

主　任　袁　凯

市社会治安综合治理中心

主　任　（空缺）
副主任　陈慧霞
　　　　申　瑞

市委市政府督查局

局　长　刘宗伟
副局长　张永祥

市属事业单位

党　校

校　长　（空缺）
党委书记、常务副校长
　　　　王向阳
党委委员、副校长
　　　　王秀平
　　　　谭杰超

档案馆

馆　长　安义刚
副局长　王志英
　　　　王聪慧
　　　　苏春霞

接待办

主　任　郭伟华
副主任　李巧玲
　　　　章海波

机关事务管理局

局长、党组书记
　　　　徐晓静
党组成员、副局长
　　　　贾伟宏
　　　　铁纪刚
　　　　赵进锋

黄帝故里文化研究会秘书处

党组书记、秘书长
　　　　张天伟
党组副书记
　　　　胡瑞芳
党组成员、副秘书长
　　　　郑利伟

市地方史志办

党组书记、主任
　　　　李　磊
党组成员、副主任
　　　　赵　峰
　　　　鲍利伟

中共新郑市纪律检查委员会

书　记　姚志刚
副书记　戴茂松
　　　　陈同周
常　委　陈志安
　　　　邢会方
　　　　李梅娟
　　　　贺艳妍

市监察委员会

主　任　姚志刚
副主任　戴茂松
　　　　陈同周
委　员　陈志安
　　　　贺艳妍
　　　　靳晓莉
　　　　张留涛

纪检监察综合事务中心

主　任　韩　洁
副主任　张建华
　　　　孙广跃
　　　　高　磊

纪检监察信息技术保障中心

主　任　岳　萌

市委巡察办

主　任　戴茂松
副主任　李　勇
　　　　刘　勇

公共资源交易中心

主任、党组书记
　　　　贺立军
党组副书记
　　　　郑建和
党组成员、副主任
　　　　孙天峰
　　　　侯斌睿

新郑市人民代表大会常务委员会

主任、党组书记

王俊杰
党组成员、副主任
左建新
张顺安
乔建伟
副主任　冯　煜

人大常委会机关工委办公室

主　任　曾海林
副主任　闫一凡
刘宏志

法工委

主　任　郑彩霞
副主任　白晓莉

财经委

主　任　李炎宏
副主任　孙　兴

农工委

主　任　马伟强
副主任　乔　芳

教科文卫委

主　任　田延辉
副主任　刘志强

代表工委

主　任　朱秋国
副主任　李　丽

社会建设委

主　任　李　明
副主任　李淑红

人事任免科

科　长　刘占有
副科长　肖廉洁

老干部科

科　长　孔会成
副科长　高东亮

信访室

主　任　张宏亮
副主任　周广亮

新郑市人民政府

市长、市委副书记
马宏伟
市委常委、副市长
赵恒康
副市长、党组成员
李利娜
赵红林
王淑慧
范超杰
党组成员
苗瑞光
副市长　高　燕
（挂职）

市政府工作部门

政府办公室

主任、党组书记
田平安
副主任、党组成员
左留根
李连忠
王　昱

金融服务中心

主　任　（空缺）
副主任　王　昱

网格化信息服务中心

主　任　李连忠
副主任　朱迎春
刘晓芳

住房和城乡建设局

局长、党组书记
李宗元
党组成员、副局长
吕献宝
胡中奇

房地产市场和产权交易中心

主　任　陈红战

房屋征收事务中心

主　任　（空缺）
副主任　赵新红

城市管理局

局长、党组书记
张宏政
党组成员、副局长
王发民
王根选

市城市管理执法大队

大队长　（空缺）
副大队长
侯自玉
常洪涛
高栓柱

科学技术和工业信息化局

局长、党组书记
孙现峰
党组成员、副局长
马向东
陈志刚
赵俊涛

应急管理局

局长、党委书记
孙现民
党委委员、副局长
高京涛
郭军义
耿海卿

市安全生产监察执法大队

大队长　邓新伟

市应急救援保障中心

主　任　杨剑锋

市安全技术教育培训中心

主　任　秦巍然

交通运输局

局长、党组书记

赵金聚

党组成员、副局长

杨伟增

道路运输服务中心

主　任　闫　华

公路事业发展中心

主　任　杨广超

副主任　李晓勇

马智勇

交通建设投资服务中心

副主任　吉　莉

农业农村工作委员会

主任、党组书记

王　鹏

党组成员、副主任

谷宏发

王　霞

冯超霞

市扶贫开发中心

主　任　张　强

市新农村建设服务中心

主　任　秦水亮

市农业机械技术推广中心

主　任　代志刚

林业局

局长、党组书记

王芳芳

党组成员、副局长

刘淑香

周根杰

靳伟杰

退耕还林办

主　任　张建芬

林业产业发展中心

主　任　李东伟

水利局

局长、党组书记

岳明旺

党组成员

李国照

党组成员、副局长

王银超

郭军义

赵勇光

水利技术服务中心

主　任　李延杰

市河道管理所

所　长　司浩然

市后湖水库管理所

所　长　冯伟超

市老观寨水库管理所

所　长　杨松涛

南水北调工程保障中心（水利工程移民服务中心）

主　任　李国照

副主任　安　勇

赵治国

财政局

党组书记、局长

赵东辉

党组成员、副局长

张志伟

刘国强

党组成员

张　沛

国有资产管理中心

主　任　寇黎晓

财政事务中心

主　任　许红霞

政府投资评审中心

主　任　苏红超

农业综合开发资金管理服务中心

主　任　（空缺）

副主任　李　波

税警大队

指导员　岳富强

审计局

党组书记、局长

孙国军

党组成员、副局长

夏春丽

沈建平

副局长　王灵超

经济责任审计中心

主　任　李香玉

文化广电和旅游体育局

局长、党组书记

赵舒琪

党组成员、副局长

邱冬梅

樊战东

文化新闻出版中心

主　任　刘永强

豫剧文化演艺中心

主　任　曹会敏

教育局

局长、党组书记

刘学敏

党组成员、副局长

王俊丽

郭海峰

党组成员、招生考试中心

主　任　秦培源

信访局

党组书记、局长

李炎武
党组成员、副局长
时明智
张鹏伟

人民来访接待中心

主　任　靳洪涛
副主任　丁　毅
吕战锋

卫生健康委员会

主任、党组书记
冯军辉
党组成员、副主任
毛保卫
吴限涛

疾病预防控制中心

主　任　李伟红
副主任　时江涛
陈小芳
胡向阳

爱国卫生服务中心

主　任　刘　锋
副主任　王建永
万国栋

市妇幼保健计划生育中心

主　任　岳志庚

卫生计生监督所

所　长　李吉军

出生人口性别比综合治理中心

主　任　赵建中

发展和改革委员会

主任、党组书记
张　勇
党组成员、副主任，粮食和物资储备局
局　长　安勇强
党组成员、副主任
谢　伟

朱河山

重点项目建设中心

主　任　林振霞

信用中心

主　任　林晓光

建设投资管理中心

主　任　（空缺）
副主任　陈俊霞

商务局

党组书记
赵　磊
局长、党组副书记
裴蕊寒
党组成员、副局长
柴海彬
张金伟
副局长　边　莉

政务服务和大数据管理局

局长、党组书记
马纯杰
党组成员、副局长
李水英
周维红
孙云霞

投资项目代办服务中心

主　任　（空缺）
副主任　柳伟锋
王晓莉

市电子政务中心

主　任　王　博

统计局

局长、党组书记
司中强
党组成员、副局长
时文魁
魏艳林

医疗保障局

局长、党组书记
赵建军
党组副书记、副局长
秦书军
党组成员、副局长
岳建萍

医保中心

主　任　申　剑

人力资源和社会保障局

局长、党组书记
王　燕
党组成员、副局长
王志超
蔡卫东
郑媛媛

人才交流服务中心

主　任　李文红

社会保险中心

主　任　陈松阳

农村劳动力转移办公室

主　任　许宝刚

市就业创业服务中心

主　任　（空缺）
副主任　郭玉玲
刘艳娜

自然资源和规划局

局长、党组书记
（空缺）
党组副书记、副局长
冯成志
党组成员、副局长
刘新霞
周　睿
党组成员
孙文超
刘春辉

市自然资源和规划发展服务中心

主　任　刘新霞
副主任　胡鹏娟
副主任　苗小锋

市土地储备中心

主　任　（空缺）
副主任　孟军杰
副主任　李展旭

公安局

局长、党委书记、督察长
　　（空缺）
党委副书记、政委
　　李清海
党委委员、副局长
　　郭铁民
　　张占民
　　吴　辉（挂职）
　　吴浩然（挂职）
党委委员、政治处主任
　　刘　宇
副局长　高明杰
　　孙东亮
党委委员、市纪委监委驻市公安局纪检监察组组长
　　刘玉霞

新郑市人民检察院

检察长、党组书记
　　刘文胜
党组成员、副检察长
　　杨广印
　　赵国华
党组成员、市纪委监委驻市人民检察院纪检监察组组长
　　万伟岭
党组成员、政治部主任
　　高　歌

新郑市人民法院

院长、党组书记
　　吴小锋
党组成员、副院长
　　师俊杰
　　郭　磊
党组成员、市纪委监委驻市人民法院纪检监察组组长
　　史晗阳
党组成员、政治部主任
　　高　魁
党组成员
　　刘明波

司法局

局长、党组书记
　　陈政玮
党组副书记
　　刘超勇
党组成员、副局长
　　刘延伟
　　张永建
党组成员、政治处主任
　　宰会凤

民政局

局长、党组书记
　　左莉敏
党组成员、副局长
　　乔国奇
　　袁文增
　　高新晓

民政事务服务中心

主　任　（空缺）
副主任　高颖敏

市社会组织服务中心

主　任　崔　敏

市场监督管理局

党组书记、局长
　　宋雪峰
党组成员、副局长
　　李建勇
　　路巧红

市场发展服务中心

主　任　（空缺）
副主任　赵学杰

食品药品检验检测中心

主　任　张义昌

市市场监督管理行政执法大队

副大队长
　　寇　颖
稽查大队大队长
　　许　博

退役军人事务局

局长、党组书记
　　苗　锐
党组成员、副局长
　　高雪鹏
　　乔万义

退役军人服务中心

主　任　（空缺）
副主任　赵跃强

供销社

党组副书记
　　张江波
党组成员、副主任
　　杨宪林

农业科学研究所

党组书记、所长
　　张申峰
党组成员、副所长
　　（空缺）

红枣科学研究院

党组书记、院长
　　白宏新
党组成员、副院长
　　毛宏耀

商业贸易总公司

党委副书记、常务副总经理
　　李　鸣

城市开发经营服务中心

党组成员、副主任
　　吴　晨

政协新郑市委员会

主席、党组书记
黄卫东
党组副书记
李　峰
党组成员、副主席
赵东伟
仪　刚
副主席　王艳红

政协机关
办公室

主　任　陈新红
副主任　赵巧芳

政协委员管理服务联络委

主　任　高　烨

教科卫体委

主　任　张宪军

提案委

主　任　白宵慥

社法委

主　任　赵明旭

经济委

主　任　史新军
副主任　冯俊岭

农业和农村委

主　任　刘新轩
副主任　贾建超

文化和文史委

主　任　沈爱敏

港澳台侨民族宗教委

主　任　赵松彦

群众团体

总工会

党组成员、副主席
刘俊亭

共青团新郑市委员会

书　记　朱光远
副书记　包　焕

妇女联合会

党组书记、主席
郑慧阁
党组成员、副主席
彭玲霞

科学技术协会

主席、党组书记
邢艳红
党组成员、副主席
秦成杰

文学艺术界联合会

党组书记、主席
岳建华
党组成员、副主席
李朝霞

残疾人联合会

党组书记、理事长
邓　嵩
党组成员、副理事长
马慧智

民主党派、工商联

中国民主同盟新郑市支部委员会

名誉主委
苏铁林
主　委　冯　煜
副主委　陈　明
陈弘毅
袁　燕
委　员　赵青建
毛智毅
樊伯巍
赵丽红
张留民

工商业联合会

主席、党组副书记
（空缺）
党组书记
（空缺）
党组成员、副主席
李　静
秘书长　沈宝珍

垂直管理单位

税务局

局长、党委书记
袁红伟
党委委员、副局长
范曙光
乔慧霞
史俊梅
申红杰
李广奎
吴书杰
左媛媛
党委委员、纪检组长
张雪涛

郑州市生态环境局新郑分局

局长、党组书记
王　潜
党组成员
冯胜利
党组成员、副局长
王国杰

供电公司

总经理、党委副书记
金先涛
副总经理、党委书记
李朝阳
纪委书记、工会主席
梁建立
副总经理

赵高峰
赵　亮
辛　鸿

中国人民银行新郑市支行

行　长　高立勇
副行长　闫中坤
　　　　杜　永
纪检组长
　　　　任鹏涛

中国工商银行新郑支行

行　长　李　森
副行长　陈　强
　　　　段永辉
　　　　黑德龙
纪检员　林慧民

中国农业银行新郑市支行

行　长　孙　磊
纪委书记
　　　　陈　磊
副行长　李巧叶
　　　　杨小林
　　　　时云峰
行长助理
　　　　杨亚洲

中国银行新郑市支行

行　长　桑　峰
副行长　赵志平
　　　　陈　豪

中国建设银行新郑市支行

行　长　孙　孟
副行长　陈　力
　　　　王子炀
　　　　白丽莉
　　　　赵　晓
　　　　范铭奇

中国农业发展银行新郑市支行

行　长　张　鸣
副行长　张现军
　　　　衡　飞

邮政储蓄银行新郑市支行

行　长　张水云
副行长　吴丙军

新郑农村商业银行

党委书记、董事长
　　　　校志峰
党委副书记、行长
　　　　杨茂林
纪委书记
　　　　王志刚
副行长　孟　聪
　　　　韩文磊
　　　　袁晓锋
　　　　田　晓
　　　　王　浩
　　　　郝世飞

郑州银行新郑市支行

行　长　孙志杨
副行长　吴振中
行长助理
　　　　樊　宁

中国人寿保险股份有限公司
新郑支公司

经　理　张　涛
副经理　任晓霞

火车站

站　长　张　宇
党总支书记
　　　　宋　毅
副站长　王永涛
　　　　李春锋
　　　　张　浩
　　　　董红兵

邮政公司

总经理　刘海洋
副总经理
　　　　吕宗杰
　　　　常　建

联合通信公司

总经理、党组书记
　　　　王　旭
副总经理
　　　　王和平
　　　　李　莹

郑州移动新郑分公司（移动公司）

总经理　付　东
副总经理
　　　　余　飞

气象局

局长、党组书记
　　　　闫伟杰
党组成员、副局长
　　　　赵艳梅

烟草专卖局

局长、党组书记
　　　　戴　冉
副经理、党组成员
　　　　王宏亮
副局长、党组成员
　　　　蒋为民
工会主席、党组成员
　　　　左东森

新华书店

经　理　张书文
副经理　李　磊
　　　　郭建涛

乡（镇）街道

新建路街道

党工委书记
　　　　崔淑娴
党工委副书记、主任
　　　　张　磊
党工委副书记
　　　　郑　爽
党工委委员、人大工委主任
　　　　苏永民
党工委委员、纪工委书记，监察

办公室主任
李锦红
党工委委员、副主任
端木智博
副主任　王春发
任晓莉
党工委委员
王一朴
党工委委员、人武部长
司永强

新华路街道

党工委书记
仪　刚
党工委副书记、主任
岳颖磊
党工委副书记
王　青
党工委委员、人大工委主任
郑记州
党工委委员、纪工委书记，监察办公室主任
孙航威
党工委委员、副主任
韩　莹
副主任　王利衡
刘伟峰
党工委委员
李树超
党工委委员、人武部长
王启名

新烟街道

党工委书记
马慧萍
党工委副书记、主任
李建培
党工委副书记
高留伟
党工委委员、人大工委主任
靳英杰
党工委委员、纪工委书记，监察办公室主任
刘炎峰
党工委委员、副主任
常中鑫
党工委委员、人武部长
睢跃鹏
党工委委员
李　鑫
副主任　刘素娟
邢洪彬

城关乡

党委书记
李利娜
党委副书记、乡长
李晓东
党委副书记
张玉洁
党委委员、人大主席
李光辉
党委委员、纪检书记，监察办公室主任
李　立
党委委员、副乡长
张建超
李培源
党委委员
代树勋
党委委员、人武部长
安　军
副乡长　刘宗霞

辛店镇

党委书记
王　燕
党委副书记、镇长
王瑞杰
党委副书记
姚小让
党委委员、人大主席
乔小伟
党委委员、纪检书记，监察办公室主任
王　静
党委委员、副镇长
刘鸿博
副镇长　高　帅
张　漫
王水峰
党委委员、人武部长
马骁兵

观音寺镇

党委书记
马聪锋
党委副书记、镇长
张豪乐
党委副书记
丁　聪
党委委员、人大主席
郑二和
党委委员、纪检书记，监察办公室主任
尹伟炜
党委委员、副镇长
赵红炎
党委委员
郭婵琼
副镇长　李　锐

梨河镇

党委书记
高智军
党委副书记、镇长
郭伟酬
党委副书记
杜　鹏
党委委员、人大主席
李俊峰
党委委员、纪检书记，监察办公室主任
潘刘邦
党委委员、副镇长
王朝辉
刘志敏
党委委员、人武部长
宋韶华
党委委员
黄桥宇
副镇长　杨海峰

和庄镇

党委书记

唐永刚
党委副书记、镇长
陈胜利
党委副书记
高　超
党委委员、人大主席
李华杰
党委委员、纪检书记，监察办公室主任
许利军
党委委员、副镇长
郭松涛
党委委员、人武部长
王　灏
党委委员
张松瑞
副镇长　刘广军

城东新区管理委员会

副主任　王向军
王麒翔

薛店镇

党委书记
郑国安
党委副书记、镇长
张海青
党委副书记
王　磊
党委委员、人大主席
刘国超
党委委员、纪检书记，监察办公室主任
左晓霞
党委委员、副镇长
李小俊
党委委员
刘少玺
党委委员、人武部长
陶玉新
副镇长　李英杰
高建磊
张　畅
张马闯

孟庄镇

党委书记
刘志刚
党委副书记、镇长
赵春阳
党委副书记
李　阳
党委委员、人大主席
张建国
党委委员、纪检书记，监察办公室主任
田　原
党委委员、副镇长
李自阳
副镇长　唐军滢
常申杰
唐亚光
杨勇超
党委委员、人武部长
张　鹏

龙湖镇

党委书记
（空缺）
党委副书记、镇长
冯举涛
党委副书记
张亿帆
党委委员、人大主席
李　华
党委委员、纪检书记，监察办公室主任
郭黎民
党委委员、副镇长
危红亮
副镇长　王俊艳
李建录
吴晓波
任大乾
党委委员
何朝阳

郭店镇

党委书记
马举增
党委副书记、镇长
敬广伟
党委副书记
王江田
陈勇刚
党委委员、人大主席
侯少利
党委委员、纪检书记，监察办公室主任
刘建欣
党委委员、副镇长
刘永刚
副镇长　王焕利
李　军
郑超峰
党委委员
李　杨
党委委员、人武部长
李　星

新村镇

党委书记
白育峰
党委副书记、镇长
李　青
党委副书记
司天明
党委委员、人大主席
肖睿敏
党委委员、纪检书记，监察办公室主任
左宪海
党委委员、副镇长
毛丽芳
副镇长　李伟峰
郭瑞锋
冉　鹏
党委委员
翟海莹
党委委员、人武部长
杨　淼

城北医药化工园管理委员会

党总支书记、主任
马　奎

副主任　刘向民
　　　　左振宇
　　　　张天增

黄帝故里景区管委会

党工委委员、副主任
　　　　胡凯军
　　　　秦汉伟

宣传接待局

局　长　路军军
副局长　卢敏霞

拜祖大典办公室

主　任　赵锡铭

经营管理局

局　长　赵志萍
副局长　赵建锋
科　长　刘　涛

市黄帝故里景区游客接待中心

主　任　时　凯

具茨山国家级森林公园管理委员会

党委书记
　　　　薛智强
党委副书记、主任
　　　　（空缺）
党委副书记
　　　　王润青
党委委员、纪检书记，监察办公室主任
　　　　赵　辉
党委委员、副主任
　　　　孙惠勇
　　　　王胜利
　　　　张超峰

具茨山景区管理处

主　任　（空缺）
副主任　高宏欣

具茨山森林公园管理处

主　任　寇首道
副主任　王　光

郑州新郑教育园区管委会

党工委书记
　　　　（空缺）
党工委副书记、主任
　　　　马绍敏
党工委委员、副主任
　　　　冯举涛
党工委委员
　　　　马举增
　　　　刘志刚
　　　　吕旭卿

规划建设局

局　长　冯成志
副局长　沈振东

市政环保局

局　长　张凌云

招商引资局

局　长　张春旺
副局长　柳朋明

发展服务中心

主　任　吕旭卿

产业发展办公室

主　任　王东东
副主任　李　创

新型城镇化建设服务中心

主　任　张县伟
副主任　郭　峰
　　　　杨伟杰

新郑新区管委会

党工委委员、副主任
　　　　王秀业
党工委委员
　　　　仪　刚

招商引资局

局　长　蔡现青

发展服务中心

主　任　张新良
副主任　常　伟
　　　　赵韶阳

新郑经济技术开发区

党工委书记、管委会主任
　　　　唐永刚
党工委副书记、管委会副主任
　　　　马新杰

中共新郑市委

XINZHENG MUNICIPAL PARTY
COMMITTEE OF THE CPC

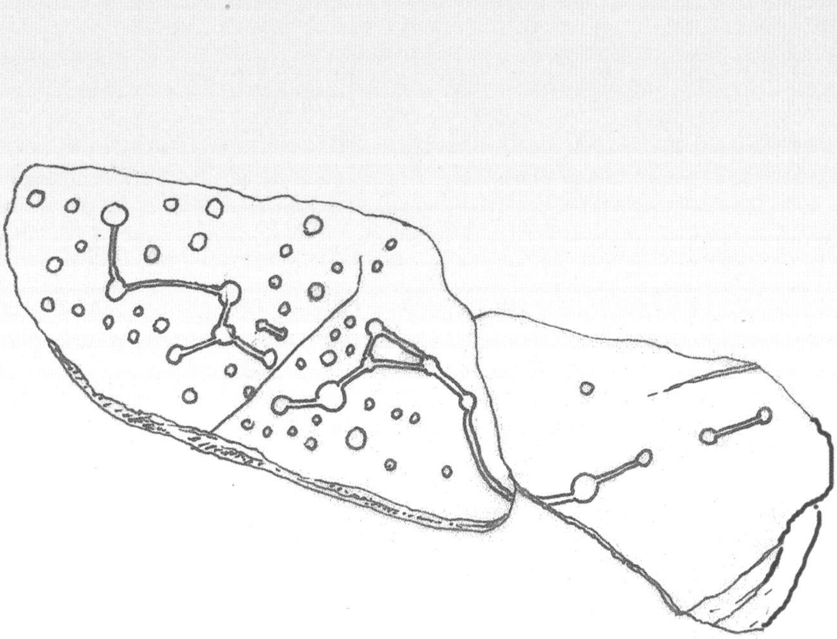

·中共新郑市委 >>>

XINZHENG MUNICIPAL PARTY COMMITTEE OF THE CPC

综 述

【概况】 2022年，新郑市面对国际局势复杂多变、经济下行压力加大的严峻形势，在省委省政府、郑州市委市政府的正确领导下，新郑市以建设现代化全国一流中等城市为总目标，深入推进“十大战略”行动，全面开展“三标”活动，大力实施“九项工程”，加快推进“三城”建设，统筹推进疫情防控和经济社会发展，凝心聚力、克难攻坚，经济社会发展和党的建设取得新进展，现代化全国一流中等城市建设迈出坚实步伐。

【主要指标完成情况】 全年完成地区生产总值819.8亿元，同比增长2.1%，地方一般公共财政预算收入完成70.9亿元，其中，税收收入34.19亿元；规模工业增加值增长2.2%；社会消费品零售总额315.2亿元；金融机构存款余额790.6亿元，比年初增长5.7%；金融机构贷款余额666.2亿元；城镇居民人均可支配收入40080元，同比增长2.9%；农村居民人均可支配收入28519元，同比增长6.1%。全市现有市场主体突破13万家，总量位居全省县（市）第一；常住人口突破120万人，是全省人口净流入最多的县（市），也是郑州地区唯一一个人口破百万的县（市）。全国县域发展潜力百强县（市）、县域经济基本竞争力百强县（市）、全国综合实力百强县（市）、全国科技创新百强县（市）排名分别位列第12、28、37、44位，创成全省唯一国家首批创新型县（市），县域经济发展质量总体评价连年位居全省首位。省第十一次党代会提出，支持新郑市等县市发展成为中等城市，为新郑市加快建设全国一流中等城市提出了具体目标、明确了思路。《人民日报》、新华社、央视、《河南日报》等众多央媒、省媒先后对全市经济社会发展情况进行宣传报道，受到社会各界一致好评。

【经济社会发展情况】 始终把政治建设摆在首位。带头落实“第一议题”制度，召开市委理论学习中心组会议10次，集中开展视频学习“先锋讲坛”14期、谈心谈话20余次、论坛讲座3场。扎实推进基层党建“书记项目”，依托“红色直通车”和“红色驿站”项目集中破解基层党建热点、难点问题，设置线下“党员驿站”329个。扎实推进党建引领推进网格化基层治理，构建市镇村三级组织架构、网格运行体系和“1335N”联动指挥体系。纵深推进“五星”支部创建，成功创建省级基层党建示范村3个，郑州市级基层党建示范村22个。毫不松懈抓好中央八项规定及其实施细则落实，持之以恒正风肃纪，严防“四风”反弹回潮。

产业发展提质增效。围绕“三主三新”产业发展，坚持抓大项目、好项目。实施三大改造项目81个，华思光电、润弘制药、遂成药业智能化改造等23个项目竣工投产。设立两期共30亿元战新基金，招引锐杰微等项目15个。2022年3月7日，华思光电产出省内第一片Mini LED直显产品，填补了全省Mini LED产业空白；锐杰微芯片封测项目月封装芯片4000万颗以上，填补了全省集成电路产业空白，新投资1.1亿元扩充产能，投产后月封装芯片达8200万颗，年产值3.8亿元。成功申报国家级“专精特新”“小巨人”企业4家，新增省级“专精特新”企业11家，“三主三新”产业加速融合发展。

营商环境创优争先。在全省营商环境综合评价中，新郑市连续两年客观指标在全省县（市）中排名第1位，综合成绩分列第1、第2，稳居全省县（市）前列。扎实开展“万人助万企”活动，深入践行“用脚步丈量工作法”，在全省率先出台《新郑市稳经济、助企纾困政策三十条》，减免企业各项税费14.5亿元，提供助企纾困贷款近60亿元。2040项审批事项全部进驻政务服务大厅，1389项实现“马上办”，实现了政务服务高质高效。新郑市公共资源交易改革经验荣登省委改革办2022年第二季度改革典型案例红榜。公共资源交易“莲鹤”不见面开标大厅与大连、徐州、三门峡等88个省内外城市开展远程评标，完成交易金额41.3亿元；2022年9月21日，新郑市公共资源电子交易平台潢川专区正式启用，标志着全国跨区域合作的新突破，为全国统一公共资源交易大市场进行有益探索。

城乡品质不断提升。高标准完成“三区三线”划定、重点项目举证等工作，城市建成区面积由2016年的61.7平方千米提升至2021年的131.4平方千米，五年翻了一番，位列全省县（市）区第一。以郑韩故城内外环路和国家考古遗址公园规划建设、中华路和迎宾路沿线提升为牵引，打通老城新城接合部的堵点、难点。完成33个老旧小区基础设施改造提升工作，农村人居环境整治扎实推进，农村旱厕、垃圾治理实现动态清零，村容村貌焕然一新。深入推进智慧城市建设，建成运营新型智慧城市运行管理中心。2022年9月22日，新郑市成为全省首个中国联通“数字乡村”示范县，率先在全省新型数字基础设施建设上迈出了实质性步伐。

生态建设卓见成效。以“一渠八脉”水系框架为依托，大力推进水系连通、龙湖西部污水处理厂等项目建设，老观寨水库区域生态修复项目建成投用。城市建成区及农村黑臭水体全部动态清零，建设用地及农用地安全利用率均达100%，空气质量优良天数达228天。完成新造林93.8公顷、森林抚育366.67公顷；建成中华路公园等街头游园6个，新增城市绿地48万平方米，成功通过省级森林城市验收公示，生态环境持续改善。

民生福祉持续增进。深入推进“人人持证·技能河南”建设工作，开展职业技能培训4.5万人次，新增高技能人才4.2万人，城镇“零就业家庭”动态保持为零。新建扩建中小学、幼儿园8所，新增学位5210个，高考综合评价连续31年保持郑州市县（市）领先位次。城市集中供热项目全面启动，预计新增供热覆盖面积30万平方米。深入推进紧密型医共体、教育“双减”“一网通办”等便民利民惠民工程。大力发展老龄事业，建成街道养老服务中心3个、社区养老服务场所67个，实现了街道养老服务中心全覆盖。

文化事业展现新貌。充分发挥黄帝故里的文化核心优势，高标准完成黄帝故里园区一期工程建设任务，大力推动黄帝故里国家AAAAA级旅游景区创建，壬寅年黄帝故里拜祖大典在全新场地成功举办，向全世界炎黄子孙展示庄严肃穆、气势磅礴的故里新貌，黄帝文化的影响力、凝聚力和向心力更加强劲。高标准打造黄帝千古情“夜经济”品牌，持续绽放文化魅力，成为全省文化旅游一张新名片。泰山村、北靳楼村先后获全国文明村、中国乡村旅游模范村等称号，观音寺镇被认定为河南省特色生态旅游示范镇。连续三年在文明城市创建年度测评工作中获全省第一，为2023年创建全国文明城市打下坚实基础。

社会大局和谐稳定。以“三零”创建为统揽，深入开展“大排查、大起底、大化解”专项行动，连续6年获得省平安建设优秀等次县（市、区）。严格落实“三管三必须”要求，全面开展安全隐患排查整治和重大危险源企业专项督导行动，确保了全年无重特大事故发生。全力推进问题楼盘化解及“保交楼”工作，28个列入省、郑州市问题楼盘台账项目已初步化解25个，推动全市停工项目实现全面可持续实质性复工。

管党治党全面加强。认真履行管党治党政治责任，引导全市上下坚定捍卫“两个确立”、增强“四个意识”、坚定“四个自信”、做到“两个维护”，确保思想统一、步调一致，政令畅通、令行禁止。以“能力作风建设年”活动为载体，扎实开展“三起来”“亮赛比”活动，大力推进“五星”支部争创和“双带双争”活动，基层“头雁”领飞作用全面加强，在防汛防疫的大战大考中彰显了组织担当。牢牢把握党对意识形态工作的领导权，加强意识形态阵地建设和管理，持续巩固壮大主流思想舆论。持之以恒抓好党风廉政建设，不断筑牢夯实拒腐防变思想防线，反腐败斗争压倒性胜利进一步巩固拓展。

（撰稿：刘宏亮　审阅：安广涛）

重要活动和会议

【刘伟调研黄帝故里园区建设工作】 1月27日，省政协主席刘伟到新郑市黄帝故里园区调研。刘伟指出，要认真学习贯彻习近平总书记重要讲话精神，切实弘扬黄河文化，高标准高质量推进黄帝故里园区建设，确保壬寅年拜祖大典按时顺利举办。省政协副主席周春艳、秘书长汪中山参加调研。郑州市领导杜新军，新郑市领导马志峰、马宏伟、李志强、黄卫东等分别参加调研。

【胡荃到新郑市调研县乡人大换届选举工作】 2月24日，郑州市人大常委会主任胡荃到新郑市围绕县乡人大换届选举工作进行调研座谈，并深入企业调研“万人助万企”活动。胡荃与新郑市主要领导和分管负责同志座谈交流，详细了解新郑市乡两级人大换届选举工作推进、代表名额分配、选区划分及换届选举宣传等情况，认真询问工作推进中遇到的实际困难，研究讨论当前重点工作。新郑市领导马宏伟、石玉、王俊杰、胡坤、周建超等分别参加座谈和调研。

【王万鹏调研新郑市黄帝故里园区】 3月8日，郑州市政协副主席王万鹏到新郑市调研壬寅年黄帝故里拜祖大典筹备情况，他要求，各级各部门主动担当、强化协调、密切沟通，加快项目推进，做好各项筹备工作，努力办一届高水平、有特色、出新意的大典。新郑市领导马志峰、李志强、璩鹏辉等参加调研。

【杜新军调研新郑市黄帝故里园区】 3月13日，郑州市委副书记、市政协党组书记、市委政法委书记杜新军带队到新郑市调研黄帝故里园区建设及拜祖大典筹备工作。郑州市委常委、宣传部部长陈明，市政协副主席王万鹏，一级巡视员吴晓君，新郑市领导马志峰、马宏伟、石玉、李志强、黄卫东、秦洪源、李峰、璩鹏辉等陪同调研。

【路云调研新郑市学习贯彻郑州市委十二届二次全会暨市委经济工作会议精神、郑州市纪委十二届二次全会精神情况】 3月15日，郑州市委常委、市纪委书记、市监委代主任路云先后来到新郑市薛店镇纪委、监察办公室和好想你健康食品股份有限公司、新郑市廉政教育中心、新郑市黄帝故里园区等地，走访调研基层纪检监察、以案促改、廉政教育等工作开展情况，详细了解企业党建和清廉文化建设情况，实地察看黄帝故里园区改造提升及疫情防控工作情况，并与基层纪检监察干部深入交流，听取工作汇报和意见建议。新郑市领导马志峰、姚志刚、李峰等陪同调研。

【市委常委会（扩大）会议召开】 4月6日，市委书记马志峰主持召开市委常委会（扩大）会议。会议传达学习习近平总书记近期重要讲话精神，研究灾后恢复重建、统战等工作。会议要求，灾后恢复重建工作要全面梳理，对涉及的各类重建项目，各单位要发挥主观能动性，加强与上级沟通协调，争取支持，推动灾后恢复重建各项工作有序开展。要求要扛稳政治责任，筑牢团结奋斗的思想政治基础，为加快推进现代化全国一流中等城市建设贡献统战力量。会议还研究了其他事项。市委常委石玉、秦洪源、胡坤、周建超、姚志刚、张慧娴、李峰、璩鹏辉、郑延青、崔淑娴、赵恒康等参加会议。市人大常委会主任王俊杰、市政协主席李志强、市政协党组书记黄卫东列席会议。

【孔昌生带队到新郑开展安全生产“一法一条例”执法检查】 6月7日，省人大常委会党组书记、副主任孔昌生带队到新郑市华润雪花啤酒有限公司、中储粮油脂新郑有限公司等地察看，了解企业贯彻执行安全生产“一法一条例”情况。宣讲省委人大工作会议精神。省委常委、郑州市委书记安伟，郑州市人大常委会党组书记、主任周富强及新郑市领导马志峰、马宏伟、王俊杰、李峰、赵恒康等陪同。

【省委统战部领导调研新郑市民营经济工作】 6月16日，省委统战部副部长、省工商联党组书记曾垂瑞带队到新郑市调研民营经济工作。曾垂瑞一行到白象食品集团股份有限公司、遂成药业股份有限公司等地，察看企业生产经营情况，了解企业现阶段面临的困难和问题。在随后召开的座谈会上，曾垂瑞对企业专注产品研发、回馈社会等方面取得的成绩给予肯定。他强调，要聚焦主业做强做优，增强创新能力和核心竞争力，引领民营经济健康发展。郑州市委统战部副部长、工商联党组书记李金勇及新郑市领导马志峰、李峰等陪同调研。

【省委统战部就重点提案督办工作到新郑调研】 6月22日，省委常委、统战部部长王东伟就做好重点提案督办工作到新郑市调研。座谈会上，王东伟与新郑市民营企业家代表面对面交流，详细了解企业生产经营、惠企政策落实、当前面临困难等方面情况，认真听取意见建议。王东伟强调，民营经济是县域经济的基本盘，要着力推动各项惠企政策落地落细落实，积极解决历史遗留问题，着力打造市场化国际化法治化营商环境，为促进县域经济高质量发展作出更大贡献。郑州市委常委、统战部部长黄卿，新郑市领导马志峰、马宏伟、李峰、赵恒康等参加调研。

【牛卫国调研新郑市防汛备汛工作】 6月26日，郑州市委常委、市委秘书长牛卫国到具茨山、黄水河新村段、老观寨水库，实地察看地质灾害点除险、水毁工程修复、河道堤防加固、水库预泄腾库等工作，随机检查风险点周边群众转移情况。他强调，要深入学习贯彻习近平总书记关于防灾减灾救灾的重要讲话精神，严格落实省委省政府、郑州市委市政府防汛工作部署要求，保持高度警醒，做好万全准备，严阵以待、有力有序有效打好防汛硬仗，切实守护好人民群众生命财产安全。新郑市领导马志峰、李峰、赵恒康等陪同调研。

【政治协商会议新郑市第六届委员会第一次会议召开】 6月27日，中国人民政治协商会议新郑市第六届委员会第一次会议在炎黄文化中心召开。市政协领导李志强、黄卫东、李峰、赵东伟、王艳红、仪刚、李中俊、李建国、杨春峰、马书强在主席台前排就座。市领导马志峰、马宏伟、王俊杰等在主席台就座。会议应出席委员280人，实到265人，符合规定人数。李志强代表政协新郑市第五届委员会常务委员会向大会作工作报告。今后五年市政协工作的总体思路：坚持以习近平新时代中国特色社会主义思想为指导，全面贯彻党的十九大和十九届二中、三中、四中、五中、六中全会精神，全面落实省、郑州市和新郑市党代会决策部署，牢牢把握团结民主两大主题，以永不懈怠的精神状态和一往无前的奋斗姿态，携手新时代、落实新部署、展现新作为，促使政治协商扎实深入、民主监督有力有序、参政议政精准到位、共识智慧广泛凝聚，为加快建设现代化全国一流中等城市做出新的更大贡献。今后五年市政协将着重做好六个方面工作：一是以政治建设为统领，始终坚持党的领导；二是以理论武装为抓手，切实筑牢思想根基；三是以协商民主助发展，紧扣中心参政议政；四是以团结民主促合作，凝聚共识汇聚合力；五是以完善制度优管理，践行全过程人民民主；六是以自身建设强支撑，不断提升履职水平。王艳红代表政协新郑市第五届委员会常务委员会向大会作提案工作情况的报告。所有提案办复完毕，委员满意和基本满意率100%。赵东伟宣读《政协新郑市委员会关于表彰2021年度先进单位和先进个人的决定》。

【新郑市六届人大一次会议召开】 6月28日，新郑市第六届人民代表大会第一次会议在炎黄文化中心召开。市领导王俊杰、马宏伟、黄卫东、李志强、胡坤、左建新在主席台前排就座。大会主席团其他成员在主席台就座。新郑市第六届人民代表大会应出席代表353人，实到代表345人，符合法定人数。会议听取了市长马宏伟所作的新郑市人民政府工作报告；听取市人大常委会主任王俊杰所作的市人大常委会工作报告；听取市人民法院代院长吴小锋作市人民法院工作报告；市人民检察院代检察长刘文胜作市人民检察院工作报告。2022年政府工作总体要求：坚持以习近平新时代中国特色社会主义思想为指导，全面贯彻落实党的十九届六中全会和中央经济工作会议精神，全面落实省委十一届二次全会暨省委经济工作会议、郑州市委十二届二次全会暨市委经济工作会议、新郑市委六届三次全会暨市委经济工作会议安排部署，主动服务和融入新发展格局，全面开展“工作有标杆、落实有标准、突破有标志”“三标”活动，深入实施“九项工程”，努力发挥好全省县域经济发展“领头羊”作用。新一届市人大常委会的总体要求是：以习近平新时代中国特色社会主义思想为指导，深入贯彻党的十九大和十九届历次全会精神、中央人大工作会议精神，全面开展“三标”活动，深入推进“十大战略”行动，大力实施“九项工程”，全面践行“脚步丈量”工作法，主动融入大局、自觉服务大局，积极助推市委各项决策部署落地落实，大力支持保障“一府一委两院”工作有效推进，全力推进人大工作高质量发展，为新郑市建设现代化全国一流中等城市贡献人大智慧和力量。大会书面审查了市政府2022年民生实事候选项目形成情况的报告、新郑市2021年国民经济和社会发展计划执行情况与2022年计划（草案）报告、新郑市2021年财政预算执行情况和2022年财政预算（草案）报告；审查了关于市五届人大六次会议代表建议办理情况的报告。表决通过了大会选举办法、设立市六届人大有关专门委员会的决定、市六届人大有关专门委员会主任委员、副主任委员、委员人选表决办法、新郑市2022年民生实事项目投票表决办法。

【省政协领导调研新郑市重点提案督办工作】 7月13日，省政协副主席周春艳带队到新郑市围绕“进一步推动县域经济高质量发展”开展重点提案督办调研。周春艳一行到新郑市电子信息产业园、河南尊绅光电技术有限公司、好想你健康食品股份有限公司、黄帝故里园区，听取产业发展、“三个一批”项目、“万人助万企”等工作推进情况汇报，详细了解新郑市域经济发展的创新举措和经验做法。座谈会上，与会人员围绕进一步推动县域经济高质量发展进行深入交流。郑州市政协主席杜新军及新郑市领导马志峰、黄卫东、李峰、赵恒康等分别陪同调研。

【省工信厅领导调研新郑市工业运行情况】 7月22日，省工信厅副厅长田海涛带领调研组到新郑城市展览馆、电子信息产业园、华思光电、雪麦龙项目、尊绅光电、好想你健康食品股份有限公司等地调研。调研组对新郑工业经济发展取得的成绩给予肯定并提出希望。市领导马志峰、赵恒康等陪同调研。

【安伟调研新郑市党建引领网格化基层治理工作】 8月7日，省委常委、郑州市委书记安伟到新郑市龙湖镇丰泽新苑小区，郑老庄社区、崔垌社区党群服务中心等地，调研党建引领网格化基层治理工作。安伟强调，要坚持加快推进政务网物联网视联网“三网融合”，在人口规模较大社区探索建立管理平台，不断提升基层治理效能。要突出数字赋能，强化AI技术应用，围绕流动人口管理、高频事项处理，把各类问题解决在早、化解在小，切实维护社会大局和谐稳定。郑州市领导吕挺琳、牛卫国、虎强、王万鹏，新郑市领导马志峰、马宏伟参加调研。

【省人大常委会调研组调研新郑市旅游新业态发展助推乡村振兴工作】 8月25日，省人大常委会调研组一行到新郑教育园区（龙湖镇）泰山村千稼集景区等地察看，并听取新郑市旅游新业态发展情况汇报。调研组充分肯定新郑市在旅游新业态方面取得的成绩，并指出要找准旅游与各类资源的结合点，大力培育旅游新业态、开发旅游新产品，推动多产业相互融合，不断提高文化旅游产业的附加值和竞争力。市领导马志峰、王俊杰、周建超等分别陪同调研。

【安伟调研新郑市黄帝故里园区规划建设等情况】 8月28日，省委常委、郑州市委书记安伟调研黄帝故里园区规划建设情况并召开会议。会议听取了新郑市黄帝故里园区规划建设进展情况、黄帝文化纪念馆和中华姓氏文化馆展陈策划方案、连廊浮雕设计方案汇报。中国社会科学院学部委员、郑州大学历史学院院长刘庆柱，中国社会科学院历史学部主任、中国社会科学院学部委员、中国考古学会理事长王巍，河南博物院研究员李宏，以及郑州市有关专家分别就各方案进行深入探讨，提出真知灼见。郑州市领导杜新军、牛卫国、陈明、王万鹏及新郑市领导马志峰、璩鹏辉等出席会议。

【新郑市10个重大项目集中开工】 12月1日，新郑市10个重大项目集中开工，总投资28.8亿元。2023年，新郑市共谋划重大项目198个，总投资1422.5亿元，年度计划投资260亿元。其中总投资30亿元以上项目4个，主要包括：华思光电、黄帝故里核心景区、华南城二期、郑许高速新郑段等。参加本次集中开工重大项目10个，总投资28.8亿元，年度计划投资4.7亿元。市领导马志峰、马宏伟、张慧娴、李峰、崔淑娴、赵恒康等参加开工仪式。

【省政协领导到新郑市黄帝故里园区调研】 12月5日，省政协办公厅一级巡视员曹金强带领调研组到新郑市黄帝故里园区调研。座谈会上，新郑市各相关部门就黄帝故里园区规划建设二期进展情况及下步打算、新郑市对癸卯年拜祖大典的设想和建议、黄帝故里园区创建国家A级旅游景区工作情况及建议进行了工作汇报；新郑市黄帝文化研究专家分别就黄帝文化资源整合、提升黄帝故里拜祖大典影响进行发言。曹金强对新郑市积极克服多方困难取得的建设成果给予肯定。曹金强要求，要多措并举整合黄帝文化资源，持续扩大黄帝文化的影响力，以黄帝文化旅游品牌塑造为重点，以精品景区为载体，不断增强海内外炎黄子孙民族认同感、增进华夏儿女的凝聚力、向心力，为中原更加出彩提供重要支撑和内生动力。市领导马志峰、李峰、璩鹏辉等分别陪同调研。

【新郑市第六届人民代表大会第二次会议召开】 12月20—22日，新郑市第六届人民代表大会第二次会议召开。会议表决通过大会选举办法（草案）。大会宣读选举公告，乔建伟当选新郑市人大常委会副主任；新郑市37名同志、航空港区30名同志当选出席郑州市第十六届人民代表大会。市领导马志峰、马宏伟、张慧娴、胡坤、左建新、张顺安参加会议。

【新郑市第六届委员会第五次全体会议暨市委经济工作会议召开】 12月28—29日，新郑市委六届五次全体会议暨市委经济工作会议召开。会议深入学习贯彻党的二十大精神及习近平总书记系列重要讲话精神、省委十一届四次全会和郑州市委十二届三次全会精神，认真贯彻落实中央、省委和郑州市委经济工作会议精神，听取和讨论市委常委会工作报告，讨论市委常委会2022年抓党建工作情况专题报告，表决通过《中国共产党新郑市第六届委员会第五次全体会议决议》，审议通过《中共新郑市委关于深入学习宣传贯彻党的二十大精神 落实省委十一届四次全会和郑州市委十二届三次全会部署 全面加快全国一流中等城市现代化建设的实施意见》。会议由市委常委会主持。市委书记马志峰受市委常委会委托作工作报告并分析当前经济社会发展形势，部署2023年全市经济工作。市委副书记、市长马宏伟作工作部署。市委常委张慧娴、胡坤、姚志刚、李峰、马宏、璩鹏辉、赵恒康等出席会议。

（撰稿：刘宏亮　审阅：安广涛）

市委办公室工作

【概况】 2022年，市委办公室始终坚持以习近平新时代中国特色社会主义思想和党的二十大精神为指引，紧紧围绕新郑建设现代化全国一流中等城市目标，加强理论学习，搞好自身建设，强化协调服务，以“三办、三服务”高质量推动新郑经济社会发展高质量，各项工作都取得了新突破、新提升。

【政治建设为统领，加强党的全面领导】 全面贯彻习近平新时代中国特色社会主义思想，深刻领悟“两个确立”的决定性意义，增强“四个意识”、坚定“四个自信”、做到“两个维护”，团结带领办公室党员干部以奋发有为的精神贯彻落实党的二十大作出的重大决策部署，不断提高政治判断力、政治领悟力、政治执行力，始终把坚持旗帜鲜明讲政治作为根本要求摆在首位，自觉接受党对办公室工作的绝对领导，坚定不移贯彻落实党的各项决策部署，确保办公室各项工作始终沿着正确的政治方向坚定前行。始终坚持正确的政治站位，把工作置于全市工作大局中谋划推进，在党委领导下，找准定位基点，忠诚履职尽责，在服务经济社会发展中彰显自身价值。

【严格执行省委、郑州市委和市委决策部署】 先后召开多次专题会议，深入学习党的二十大精神及习近平总书记视察河南重要讲话指示精神，围绕促进中部地区崛起、黄河流域生态保护和高质量发展战略，认真研究省委、郑州市委关于县域经济高质量发展相关精神，自觉把学习贯彻党的二十大精神与习近平总书记视察河南重要讲话重要指示以及党中央决策部署结合起来，与贯彻落实省委十一届四次全会、郑州市委十二届三次全会、新郑市委六届五次全会精神结合起来，立足新郑市当前发展实际，着眼长远发展需求，深刻分析面临形势机遇，以着力推进深化实施“九项工程”、促进建强“三主三新”产业体系的实际行动践行初心使命，牢记嘱托、感恩奋进，扎实抓好中央、省委和郑州市委各项决策部署落地落实，努力实现更大作为、取得更大收获，在新的征程上奋力谱写新郑发展新篇章。

【坚决扛稳全面从严治党主体责任】 坚持以作风建设为支撑，做到守土有责、守土担责、守土尽责，推动全面从严治党主体责任向纵深发展。坚持重实干、重实绩、重基层的鲜明导向，在干部队伍中树立“干部是干出来的，不是熬出来的”理念，让务实重干、担当有为在全办公室蔚然成风。严格履行全面从严治党监督责任，把严的标准、严的措施贯穿到管党治党全过程和全方面，同一切可能动摇党的根基、阻碍党的事业发展的现象作斗争，把全面从严治党主体责任落到实处。

【充分发扬民主集中制】 严格执行领导干部个人有关事项报告、述职述廉、廉政谈话等制度，凡涉及“三重一大”事项，都提交主任办公会集体讨论决定，做到公平、公正、公开。班子成员均能积极参加党史学习教育专题民主生活会及“7·20”特大暴雨灾害追责问责案件以案促改专题民主生活会，主动报告个人重大事项，虚心接受各方意见和批评，自觉接受组织监督、群众监督和制度监督，认真检查执行党的政治纪律、工作纪律、经济纪律和群众纪律。在招待来客上，坚持简化礼仪而不失热情周到、完成接待而不超规定标准，杜绝大吃大喝、超标接待。在举办活动、督查调研上，本着一切从简的原则，不搞铺张浪费，真正做到轻车简从。

【扛稳意识形态工作责任】 坚持做到思想建党，在按时参加中心组理论学习的基础上，无论时间多紧迫、工作多烦琐，都做到新闻必看、政策法规必学、最新上级精神必悟，坚持集体学与自己学相结合，定期学与平时学相结合，开讨论会与班子成员授课相结合，不断提高自身的政治自觉、思想自觉和行动自觉，服务发展的能力和水平不断提升。加强学习型机关建设，全年共组织办公室党员干部学习党的二十大精神教育培训2次，每人干部网络学院学习不少于150课时、撰写心得体会不少于3篇，开展“中心组理论学习”10次，集中视频学习“先锋讲坛”14期、论坛讲座3场，通过系统的理论学习和业务培训，不断提高办公室工作人员的思想政治素质、业务能力和服务水平。

【全面完成重点目标任务】 按照建设市委“坚强前哨”“巩固后院”的理念，围绕市委中心工作和上级总体部署，立足办公室工作职责，进一步提升“三服务”的质量和水平，各项工作取得了实效，服务基层、服务领导、服务发展的能力和水平进一步提升。以文辅政出精品，2022年，围绕全市中心工作先后起草各类讲话、材料300余篇，共计350余万字，记录重要会议60余次，整理录音稿90余篇，审核新闻稿260余篇，编发《新郑工作》《新郑信息》等200余期，向省委、郑州市委办公厅上报信息500余条，省委办公厅采用信息20篇，其中《我省高校疫情防控工作存在三方面的风险》获得省领导批示；郑州市委办公厅采用单条103篇、专期4篇，《郑州工作》杂志采用经验材料3篇，获“全省党委信息工作成绩突出单位”“郑州市信息工作成绩优异单位”称号，党委信息工作排名位居郑州六县（市）第一、全省第一方阵。会务组织细致入微，严格遵守中央八项规定和实施细则精神，对各类会议、活动、调研、视察、考察等制定方案，研究具体安排，圆满完成了上三级领导调研视察活动、壬寅年黄帝故里拜祖大典、两会、市委六届五次全体会议暨市委经济工作会议等重要会议活动的筹办。2022年，先后筹备组织各类会议活动420余次，其中筹备上级领导调研、书记调研走访等活动180余次，接待部级以上干部调研督导10余次，尤其是在疫情防控最吃紧最严峻的关头，调研、暗访次数之多、时间之紧、路线之复杂，创历年来调研难度之最，办公室所有党员干部攻坚克难，用实际行动扛稳了政治责任、捍卫了职责使命。三是机要通信安全保密无疏漏，全年共处理市本级文件233份，办理明传电报500份，传送机要件及上三级公文4250份，未发生一起错办、漏办、延误事件。扎实开展“我为二十大做贡献”主题教育实践活动、“密码通信双提升”活动，全力做好市委全会、两会、拜祖大典、中招、高考等保密服务工作，动态排查化解涉及重点领域国家安全风险隐患21次，累计排查风险隐患6个方面12个问题。改革财经外事工作深入推进，创办《新郑改革》《各单位重大财经事项请示报告》《新郑财经》，目前分别已刊发8期、2期、3期，向郑州市委改革办和省委改革办报送本市重要改革信息20余篇，其中，在郑州市能力作风建设年活动办简报、《河南工作》《郑州工作》分别刊发优秀文章。公共资源交易改革经验荣登省委改革办2022年第二季度改革典型案例红榜。扎实开展涉外标识标牌规范工作，规范完善新郑市因公出国（境）管理，对因公出国（境）审批程序进一步细化、量化，2022年因受疫情影响，新郑市没有因公出国（境）人员。人事管理工作稳慎进行，办公室全年办理人事手续13人，其中调入手续4人，定向引进优秀高校硕士毕业生3人，机要系统招录1人，并面向全市选用事业单位优秀工作人员5名，进一步壮大办公室干部人才队伍。采取公开公平竞争上岗的方式，一次性调整中层干部21人，其中提拔任用17人，轮岗4人。

【履行巡视整改“一岗双责”情况】自觉把巡视整改作为重要政治任务来抓，以习近平新时代中国特色社会主义思想为指导，牢固树立“四个意识”，坚决做到“两个维护”，切实履行全面从严治党主体责任。对照省委第一巡视组专项巡视郑州市特大暴雨洪涝灾害灾后恢复重建和以案促改反馈的4类32项问题，反复自查、通盘谋划，成立强化市委领导作用专项小组，坚持每周上报整改工作进度及最新台账，强化对各单位各部门的督导检查，严格按照整改时限完成任务，扎实做好巡视“后半篇文章”，用实际行动巩固和扩大整改成果。省委巡视反馈涉及市委办公室的问题和建议，已全部整改到位。

【履行安全生产工作责任情况】始终坚持“人民至上、生命至上”原则，深入贯彻总体国家安全观，坚持用如履薄冰的态度防范化解各类风险隐患，切实维护社会大局和谐稳定。积极协调推动各单位健全完善防汛救灾应急体系，严格落实疫情防控和复工复产方案，最大限度保障人民群众生命财产安全。认真做好日常值班值守工作，发现问题立刻组织督促各相关单位做好风险化解和对上信息报送，有力保障全市安全稳定。

【基层党建】深入贯彻落实新时代党的建设总要求和党的组织路线，坚持大抓基层、大抓基础的鲜明导向，积极参与组织全市“亮赛比”活动，有力督促各单位更好落实“三级抓村”机制和基层党建述职述评制度，以高质量党建赋能高质量发展，打通基层党组织“毛细血管”、激活基层治理“神经末梢”，推动基层党组织全面进步，着力将基层组织打造成为党员群众的“主心骨”“定盘星”。

【党风廉政建设】坚持把党风廉政建设作为办公室提供优质服务、塑造崭新形象的关键，高标准、高质量推动党风廉政建设各项工作扎实深入开展，为服务全市经济社会提供坚强保障。严格按照党章和党规党纪要求，坚决纠正不守政治纪律和政治规矩的问题，做到绝对讲忠诚、绝对讲团结、绝对讲服从，始终与中央保持高度一致，认真贯彻廉政准则，严格遵守中央八项规定、省委若干意见、郑州市委二十条规定和新郑市机关作风“十不准”，在公务接待、因公差旅、公车管理等方面没有出现违规情况。

【推动解决经济社会发展中的突出矛盾和问题】在抓好日常工作、学习的同时，带领办公室成员围绕现代产业体系构建、开放创新、生态建设、实施乡村振兴战略等全市中心工作，深入基层调研、倾听群众心声、帮助解决问题，以办公室工作人员推动科学发展能力、综合协调能力、参谋服务能力的不断提高来推进市委办公室更加积极地发挥沟通协调作用，推动全市经济社会发展中的突出矛盾得到更有力、更快速地化解。

【综合工作】2022年，市委综合工作坚持以习近平新时代中国特色社会主义思想为指导，围绕中心、服务大局，履职尽责、锐意进取，以“五个坚持”为遵循，着力在搞好服务上下功夫，圆满完成了各项工作任务。沟通协调持续加强，始终坚持原则性与灵活性相结合。坚持与市人大办、市政府办、市政协办及常委部门勤交流，统筹协调县处级领导各项活动。主动加强与各市直部门、乡镇（街道、管委会）之间的联系，及时就市委的重大决策部署和需要协调的问题进行沟通。会务活动精细规范。始终坚持会务工作“四个原则”，认真做到“三个到位”，扎实做好各类会议的服务保障工作，全年共组织筹备各类会议420余次。调研活动始终坚持“规范严谨”的原则，不断在工作中总结经验、提高水平，全年承办上级领导调研、书记调研走访等活动180余次。综合保障全面优化。全年共整理各类会议、调研方案580余次，整理党政领导工作日报232次，整理四大班子领导工作预排38次，各类文件、方案均已整理汇总完毕，为市委工作提供了坚实的文件史料支撑。值班工作高效负责。全年编写值班报告30余期，报备领导干部外出事宜60余次，充分当好市委机关的坚强前哨、高效中枢和巩固后院。

【文秘工作】2022年，市委文秘工作坚持按照“贴近工作大局、贴近领导思路、贴近群众意愿”的要求，加强学习打基础、创新措施搞服务、强化管理筑保障，圆满完成了各项工作任务。围绕多出精品，搞好文字服务。在深入开展调查研究的基础上，对文稿反复推敲、精益求精，力求准确把握意图、严谨谋篇布局、透彻分析问题、精练遣词造句，文字材料的质量不断提高。2022年全年共起草党的二十大精神宣讲报告会、市委全会及经济工作会议、经济运行调度会、疫情防控调度会等重要会议领导讲话文稿300余篇，共计350余万字，较好贯彻了市委的决策思想。围绕争创一流，搞好会务服务。先后完成新郑市委六届二次、三次、四次全会、市委常委会等会议的服务工作，参与壬寅年黄帝故里拜祖大典、上级领导调研等活动服务工作，组织参与、跟踪服务市委领导调研乡村振兴、疫情防控、防汛救灾等工作200余次。

【文电工作】 2022年，市委文电工作紧紧围绕市委中心工作，认真执行《党政机关公文处理工作条例》，在准确、及时、安全、保密的基础上，不断强化精品意识、完善规章制度、规范运转程序、严格质量标准，扎实做好公文处理、明传电报办理、机要件及印鉴管理等工作，文电办理工作规范化水平得到全面提升。2022年共处理市本级文件233份，办理明传电报500份，传送机要（绝密、机密、秘密）公文4250份。坚持公文处理严把关口、精益求精。严格实行岗位责任制、差错追究制、退文重办制，严把发文、内容、格式、审签等四道关口，确保公文处理科学化、精品化。坚持明传电报随到随办、快捷高效。坚决实行二十四小时待办制，时刻根据不同来文内容提出拟办意见，严格按照领导批示转交相关单位办理，确保电报办理及时准确。坚持机要来件及时传送、安全保密。对上三级的来文来件，严格按照范围和要求，及时发送、及时传阅、及时回收，做到不传丢一份文件。对各类需归档的文件资料认真及时整理、归档、立卷，保证不失、不损、及时进馆入库。坚持印鉴管理专人专管、领导授权。严格落实专人专管和领导签字制度，保证印章安全，维护印章使用的严肃性。因工作成绩突出，连续被省委办公厅评为河南省党内规范性文件备案工作先进单位、河南省《中办通讯》《秘书工作》学用工作先进单位，被郑州市委办公厅评为郑州市党委系统公文处理机要文件管理工作先进单位、郑州市《秘书工作》《中共中央办公厅通讯》工作先进单位。

【信息调研工作】 2022年，党委信息调研工作以“第一手情况”“第一道研判”“第一时间报送”为目标，以“打造信息精品，提高辅政水平”为抓手，围绕中心工作，强化职能定位、载体内容、队伍建设、工作机制等，为市委统筹推进改革、发展、稳定各项工作提供高质量信息保障。强化信息收集报送，创新工作思路，完善信息网络，建立快速反应机制，积极开展信息业务学习，增强信息人员信息敏感度，提高信息报送速度、分析深度。提高信息调研质量，定期开展对先进理论、时政热点、领导讲话、市委文件等重要材料精神的精读细读，把握政策方向，主动围绕省委、郑州市委和新郑市委重点工作开展高质量、深层次的调研活动，保障提供有深度、有内涵的问题建议类信息和调研成果。加强基层信息调研队伍建设，严格推行信息采用情况通报制、积分制、重大信息上报责任追究制等制度，有计划、分系统地召开信息员例会、座谈会，对基层信息员分批次进行业务技能培训和政策理论培训，有效提高基层信息员业务素质和工作技能。全年累计编发《新郑工作》《领导参阅》等200余期，向省委、郑州市委办公厅上报信息500余条，省委办公厅采用信息20篇，郑州市委办公厅采用单条103篇、专期4篇，收集处理紧急突发类信息30余条。获“全省党委信息工作成绩突出单位”“郑州市信息工作成绩优异单位”称号，党委信息工作排名位居郑州六县（市）第一、全省第一方阵。

【机要工作】 2022年，机要工作按照习近平总书记重要指示批示精神，结合上级机要工作安排，紧紧围绕全市中心工作和重大决策部署，认真履行保密通信“生命线、保障线、指挥线”职责，确保中央、省、市指示、政令畅通。认真抓好以紧急重要电报为重点的各类电报办理工作，全年没有发生一起错办、误办、漏办事件。加大应急移动通信系统建设，不断提升随行服务能力，确保上级指示、政令在任何时间、任何地点、任何情况下畅通。认真做好电子政务内网管理工作，加强对全市电子政务内网终端单位检查指导，确保全市电子政务内网安全、畅通。严格密码管理，按照“四查”工作制要求，确保密码绝对安全。

【保密工作】 2022年，认真落实中央领导同志关于加强新形势下保密工作的重要指示精神，在上级党委的正确领导下，按照省、郑州市的安排部署，以发扬党的优良传统为总揽，以党的执政能力建设为主线，以维护国家安全和利益为根本，以促进和保障经济社会发展为己任，按照科学化、制度化、规范化、长效化的“四化要求”，着力抓好宣传教育、制度完善、督促检查、科技创新、队伍建设、责任落实“六项重点”，圆满完成了保密工作各项任务，全市保密事业得到进一步发展。把宣传教育贯穿始终，营造知法守法的浓厚氛围。充分发挥党校、学校宣传主阵地作用，广播、电视等媒体导向作用，开展多种形式的保密专题宣传、培训和警示教育等活动，大力宣传保密法律法规，形成了“知法、守法”的良好氛围。把制度建设贯穿始终，建立了较为规范的管理体系。对密级文件管理、涉密计算机和涉密移动存储介质及涉密网络保密管理、非涉密计算机和非涉密储存介质保密管理、互联网发布信息保密审查、定密工作、涉密载体销毁工作等做出明确规定。把督促检查贯穿始终，监督管理严格规范，促进保密工作科学化、规范化、常态化。从法定假日到传统节日、从高考中招到学业水平测试、从重要接待到大型会务活动再到壬寅年黄帝故里拜祖大典活动，一直把督促检查贯穿于保密工作始终。把转发文件、短信提醒、单位自查、定期检查作为保住秘密的常规武器；把严格检查标准、强化检查效能作为落实工作的杀手锏；集中开展了非涉密网络检查，涉密敏感部门部位专项检查，中招、高考期间专项检查活动。开展全市保密工作大检查活动，全年共检查单位57家。

【人事工作】 2022年，在办公室领导的正确带领下，编制人事科全体人员认真履职尽责，扎实推进工资、公务员管理、事业单位岗位设置、党员管理、职工养老、个人所得税、出入境管理等10余个系统的规范使用，实现人员基本信息、工资福利保险等各项数据电子化的管理，使各类人事信息做到归属清晰、内容完整、查阅迅速、便捷高效。持续加强人才队伍建设，定向引进优秀高校硕士毕业生3名，面向全市选用事业单位优秀工作人员5名，进一步壮大办公室干部人才队伍，提升了干部队伍整体素质。不断优化干部结构，调整中层干部21人，其中提拔任用17人，轮岗4人，有效改善干部队伍建设中常遇到的“断层”问题，实现了新老干部交替发展、厚植了活水源头。全年积极开展各类新时代文明实践活动20余次，围绕疫情防控、党员“双报到”、省级文明单位、全国文明城市建设等活动中累计出动党员700余人次，进一步增强了志愿者的责任意识和服务意识，让志愿服务精神更加深入人心。加强学习型机关建设，全年共组织党员干部学习党的二十大精神教育培训2次，每人干部网络学院学习不少于150课时、撰写心得体会不少于3篇，开展中心组理论学习10次，集中视频学习“先锋讲坛”14期、谈心谈话20余次，论坛讲座3场。高质量召开领导班子2022年度党史学习教育专题民主生活会，开展批评与自我批评。

【政研工作】 2022年，市委、市政府政策研究中心以党的二十大精神为指引，深入贯彻省委、郑州市委相关会议精神，以加快建设全国一流现代化临空名市为目标，围绕市委中心工作开展专题调研，全力配合省委政研室、郑州市委政研室等上级部门的重大调研活动，实现上情下达、下情上报渠道畅通。全年共起草领导讲话、政策文件、情况汇报等材料100余篇，开展“穿透式”深度调研，完成调研报告10余篇，其中《实施文化特色彰显工程 打造黄帝文化历史名城》《实施人才强市战略“引育用留”储备青年人才》《努力建设成为宜居宜业生态城市》等多篇文章被《河南工作》《郑州工作》等刊物刊发。2022年被评为2021—2022年度郑州市调查研究先进单位。市委改革办围绕各类改革事项建立任务清单、逐项对照落实，协调推进县域经济三项改革、紧密型县域医共体改革等重点改革事项。筛选出跨省域远程异地评标常态化改革、“家门口的户籍室”试点建设改革作为新郑市2022年度自主改革创新事项，并按照时间节点圆满完成，其中公共资源交易改革荣登省委改革办2022年第二季度改革典型案例红榜。创刊《新郑改革》，主动挖掘典型案例，定期收集改革素材，撰写先进经验材料，提炼成可思考、可借鉴、可复制的特色经验进行宣传推广，共青团基层组织国家试点改革在全国县域共青团基层组织改革试点工作中获评优秀。获2021—2022年度郑州市全面深化改革工作先进集体称号。市委财经办围绕全市经济、社会、文化和生态文明建设等领域重大战略和规划、重大政策、重大建设项目等重大事项进行研究安排，推动上级党委关于经济社会发展各方面工作的重大决策及市委各项决策部署落地见效。2022年共筹办市委财经委会议2次，对11大项、32小项工作任务进行研究部署，建立《中共新郑市委财经委会议研究议题进展情况》台账，将进展情况进行督导汇总。创刊《各单位重大财经事项请示报告》《新郑财经》，主动开展经济领域调研，为新郑市经济发展出谋划策。

【市委外办工作】 2022年，新郑市委外办深入学习贯彻习近平外交思想，主动融入郑州市对外工作大局，积极配合上级重要涉外活动的精细实施，着力加强涉外意识形态防范化解和涉外安全管理精细化，进一步提升“大外事”工作格局。推动外事工作纳入市委重要议事日程，规范完善新郑市因公出国（境）管理，对因公出国（境）审批程序进一步细化、量化，2022年因受疫情影响，新郑市没有因公出国（境）人员。在全市范围内开展领事保护工作宣传、涉外标识标牌核查等活动，确保标识符合规范。认真收集市内境外人员信息，积极做好数据完善、政策解读、人文关怀等工作，为在新郑的外籍人士提供必要帮助。

【市委国安办工作】 2022年，新郑市委国安办在新郑市委国安委的正确领导下，坚持以习近平新时代中国特色社会主义思想为指导，全面践行总体国家安全观，以政治安全工作为主线，夯基固本，完善机制，强化宣传，狠抓落实，坚决维护国家安全和社会稳定。围绕政治安全、经济安全等，对全市各重点领域重大风险点进行梳理研判和风险评估，提前预警，确保重大风险隐患及时化解。围绕重大节日，适时召开联络员会，开展风险会商研判，防范化解各类风险隐患，建立台账，督导反馈，确保了国安工作机制运行顺畅高效。积极开展“4·15”全民国家安全宣传教育活动，增强全市广大干部群众国家安全意识。

【法规工作】 2022年，市委法规科严格按照习近平总书记提出的坚持依法治国和制度治党、依规治党统筹推进、一体建设的总体要求，紧紧围绕健全党内法规制度体系建设这一目标，狠抓党内法规制度执行，以严格规范上级党委配套文件为抓手，科学制定党内规范性文件，着力提高党内法规和规范性文件制定质量，统筹推进立改废释工作，切实推进各项制度落地落实，有力保障党内法规制度的统一性和严肃性。较好地完成市委文件审核，市委规范性文件起草、审核、备案，实施市委规范性文件制定的规划、计划和市委法律顾问等编制工作。共审核市委文件51件，备案规范性文件14件。

【档案工作】 2022年，档案工作按照习近平总书记关于档案工作的重要批示精神，认真完成档案工作各项任务，全市档案事业稳步有序发展。强化党管档案，切实增强做好档案工作的使命与担当，忠诚履行为党管档、为国守史、为民服务的职责使命。加大档案宣传，“6·9”国际档案日新郑市围绕“喜迎二十大 档案颂辉煌”主题，组织全市档案工作者开展系列宣传活动，组织学习习近平总书记关于档案工作的重要讲话，普及档案法律知识，通过一系列宣传活动进一步增强广大公民的档案意识和社会影响力。加强档案管理，2022年下发《关于进一步加强档案工作的通知》等一系列文件，召开2022年全市档案工作会，在档案安全、档案归档整理、档案数字化、档案资料征集等方面提出了明确要求。联合市档案馆对各单位档案工作进行检查，对个别存在问题的单位下发工作提醒或整改通知，并开展工作“回头看”，有力提高全市档案管理水平。提升业务能力，组织全市档案工作者开展线上线下集中培训，有针对性地对有关单位档案工作开展业务指导，有力促进全市档案人员业务能力的提升。

（撰稿：刘宏亮　审阅：安广涛）

组织工作

【概况】 中共新郑市委组织部位于新郑市人民路186号，是隶属于新郑市委的工作部门，主要负责全市基层党组织建设、党员干部队伍建设、人才队伍建设等工作。2022年，市委组织部以习近平新时代中国特色社会主义思想为指导，深入贯彻党的二十大精神和上三级组织工作会议精神以及新郑市委六届三次全会精神，以能力作风建设年活动为抓手，以换届后领导班子建设、激发干部生机活力、落实基层党建质量提升三年行动计划、青年创新创业行动等为重点，拉高标杆、狠抓落实，全面提升党建工作能力和水平，为加快建设现代化全国一流中等城市提供坚强组织保证。

聚焦提升能力、锻造作风、实干立身、争先出彩主题，及时制定出台活动实施方案，搭建“五大一创”活动载体，成立六大专项工作组，统筹推动各项工作落实。以“13710”工作制度为主要内容，建立健全工作制度，每周研判、定期总结、全局推进，确保活动高效运转。召开市级会议14次、编发活动简报41期、印发活动办周工作要点22期，郑州市活动办刊发相关简报8篇。坚持台账化推进工作，聚焦全市重大项目、重点问题建立台账，对工作推进缓慢的责令加压推进，存在问题的限期整改。在9月28日郑州市总结会上，郑州市对新郑市重点任务推进落实重点问题攻坚化解中的两项工作（深化研发全覆盖专项工作、营商环境评价）及新郑市营商环境经验做法给予通报肯定。

【党建工作】 全面发挥党建引领，统筹推进基层党建质量提升三年行动计划，配套制定《新郑市基层党建质

2022年3月4日，新郑市举行“提能力 锻作风 争出彩”宣讲活动启动仪式
（组织部/供图）

量提升三年行动计划》以及考核办法（试行）等文件，梳理任务清单及目标，推动各项任务落地落实。扎实开展“三起来”活动，组织全市5092名机关党员通过网格化管理平台线上报到，在疫情防控一线建立党组织1582个。联合社治委成立十个专项督导组，累计现场交办问题287个。稳步推进基层党建“书记项目”，探索建立线上线下“党员驿站”，实施“红色直通车”助推乡村振兴高质量发展项目，推动党建统领全市各行业、各领域精品站点联动的文旅创新运行机制。深入开展“一把手”民情体验活动，发现“一次全告知”落实不到位等问题18个，制定整改措施21条，优化办事程序11项。抓实抓严党员教育管理，全市开展“党员活动日”志愿服务8470次，参加党员达到6.2万余人次，走访慰问生活困难党员、老党员等1478人次，颁发“光荣在党50年”纪念章299枚。在疫情防控工作中，共116名党员和91个基层党组织获得新郑市或郑州市通报表扬。组织开展喜迎党的二十大摄影展，两幅作品获得郑州市一等奖。

全面夯实基层基础，纵深推进“五星”支部创建，市委组织部牵头总抓，各责任单位制定每颗星考核评价细则，开展多轮“五星”支部创建应知应会测试，推动基层干部以考促学、以学促干。2022年创成“五星”支部5个，创建综合得分2.94分，居郑州市六县（市）第一。扎实推进党建引领推进网格化基层治理，构建市镇村三级组织架构和网格运行体系，成立新郑市新型智慧城市运行管理中心，建成疫情防控等13类智慧化应用场景，全域实质性进行3.8万余件事项流转。建立“1335N”联动指挥体系，统筹政法、社治、公安、城管等18个高频事项职能局委系统接入平台并进驻座席，率先完成实体化运行。扎实开展软弱涣散村党组织整顿工作，用好“五抓”措施，对标郑州市十个方面内容，扎实开展“回头看”，精准补齐短板，着力抓实整改。创新开展“一村一社区一明白人”评选，打造一支“遇事能干、提笔能写、开口能讲”的村（社区）头雁队伍，在首批153名明白人中，49人获得“优秀”等次，90人获得“良好”等次，14人获得“一般”等次。抓细抓实村集体经济发展，制订新郑市“三年强村计划”，成立工作专班，“一村一策”制定方案。探索出多元化集体经济发展模式，龙湖镇泰山村、辛店镇北靳楼村集体经济发展典型案例被列入省级集体经济发展教材，并在全省推广。持续深化驻村工作，择优选派114名第一书记和工作队员，联合郑州市下派36名第一书记和工作队员，全覆盖帮扶50个村。全年提拔重用驻村第一书记5人，公务员、事业晋升16人，辛店镇史庄村第一书记王春伟获评2022年河南省优秀驻村第一书记。持续推进“亮赛比”活动，辛店镇北靳楼村党组织书记高金亭夺得2022年郑州市第二届“十佳”党组织书记，新郑市连续两届入选郑州市“十佳”党组织书记。高效开展“两新”组织工作，深入实施小微园区党建“星火”计划，积极打造中德产业园等五家小微企业园区。高标准举办全市50余名“两新”组织党组织负责同志重点培训班。严格规范远程教育管理，切实加强远教站点内部管理和自身建设，全市263个远教站点全面畅通、全面开机。泰山村美丽乡村特色旅游党员教育学用示范基地成功创建为2022年郑州市党员教育“十佳”学用示范基地。在郑州市2022年度党员教育电视片观摩交流活动中，新郑市获得一等奖1个、二等奖4个、三等奖3个、优秀奖4个和“党员教育电视片制播先进单位”称号，获奖总数位居郑州市区县（市）第一。电教片《党课开讲啦（乔宗旺）》《若不是这场疫情，你不会注意我的眼睛》入选中组部党员教育中心资源库。电教片《同心同行 聚才共赢》在“学习强国”学习平台播出，《初心践行》等4部电教片在郑州电视台《共产党人》栏目播出。

圆满完成换届推选，认真做好市人大、市政府、市政协换届人员配备提名和考察工作，从严从实做好代表名额分配、代表资格联审，成功选举产生乡级人大代表810名，市级人大代表353名，推荐政协委员推荐人选280人，圆满完成市人大、政府、政协换届选举任务。扎实做好全国、省人大代表推荐提名工作，对符合条件

中共新郑市委组织部2022年度工作总结会议（组织部/供图）

的代表委员人选广泛调研摸底，研究上报全国、河南省人大代表推荐人选8名。扎实做好郑州市十六届人大代表、十五届郑州市政协委员（党内）推荐提名工作，研究上报郑州市十六届人大代表初步推荐人选44名、十五届郑州市政协委员推荐人选（党内）6名。

【干部队伍建设】优化干部队伍结构，完善选拔任用机制。围绕乡镇党委换届、墩苗育苗工程、乡镇机构改革等，积极开展干部调整7批，涉及228人，提拔重用101人。围绕疫情防控、大气污染防治、新郑市“7·20”特大暴雨灾害问题整改等市委、市政府中心工作，抽调干部25人。选派2名县处级干部、3名科级干部参加省委组织部举办的“墩苗育苗”干部培训班。持续优化公务员管理服务，全面梳理全市公务员及参公单位人员登记情况，分类汇总业务类型，办理公务员登记业务149人次，晋升5批351人次。全面完成事业单位职员等级首次晋升工作，晋升660人。

强化干部监督管理，选任干部坚持“凡提四必”，结合提拔调整、职级晋升等先后征求执纪执法部门意见25批1422人次，终止选用程序6人、暂缓晋升12人、不予晋升3人。组织市乡两级集中学习观看换届纪律警示教育片2.7万余人次，开展专题谈心谈话1000余人次，发放“十严禁”换届纪律提醒卡、一封信等2.1万余件。开展换届风险隐患排查63次，常态化做好“12380”举报平台受理办理，有序做好因私出国（境）排查整治。扎实做好涉组涉干信访举报，先后受理15件，已全部办结。委托审计部门对12名党政正职开展经济责任审计。用好干部监督联席会议制度，2022年共收集监督信息67条。

加大干部教培力度，依托河南干部网络学院和城市发展“网络课堂”，组织全市进行19个网络专题学习和4期专题讲座，累计培训3.2万人次。围绕乡村振兴和党建引领基层治理重点工作，组织50名相关部门主要负责同志，在浙江大学举办新郑市乡村振兴暨党建引领基层治理培训班。调训各级干部170人次。举办春季学期主体班，培训乡科级干部和中青年干部近90名。指导市委政法委、市公安局等单位举办线下业务培训，培训干部1559名。设立“中原大讲堂”分会场，组织县处级干部和各单位主要负责人开展7次专题学习，培训干部455人次。结合新郑市实际，开展“六进”宣讲活动，培训300人次。

【人才工作】党管人才工作机制创新完善。持续实施“五彩人才计划”，出台《关于深化校地合作 助推新郑经济社会高质量发展的十条意见》。完善考核体系，将青年创新创业行动、校地合作等纳入全市高质量发展“擂台赛”，每季度评比打分。健全校地联席会议制度，调整市委人才工作领导小组，市委常委会专题研究2022年选派驻地高校优秀人才挂职历练等人才工作，不断完善人才工作机制，实现全市上下“一盘棋”。

人才资源集聚能力显著增强。落实郑州市认定高层次人才申报及补贴政策，完成申报852人，落实青年人才首次购房补贴126人，补贴金额686万元。推进“人人持证、技能河南”建设，累计完成3.239万人次。依托企业和培训机构，培训大学生110人，落实培训补贴17.6万元。在驻地高校推广“学历证书+若干职业技能等级证书”的技能提升模式，年培训大学生1.5万人。高规格举办壬寅年黄帝故里拜祖大典，开展新郑市就业促进月活动启动仪式暨直播带岗网络招聘会，辖区100余家企业和高校参与，提供岗位3200余个。指导中原工学院等驻地高校开展网络双选会等活动300余场次，联系市内外提供就业岗位28万余个，参与毕业生7万余人。

创新资源内生动力有效激活。加强平台载体建设，建有创新创业综合体、众创空间、科技企业孵化器和星创天地35个，入驻企业项目680个、团队350个，近5万人围绕科技创新进行创业。探索校地合作新模式，驻地高校参与企业技术创新、课题研究、产学研项目209项，提升企业产值超两亿元。培育壮大雪花啤酒、白象食品、好想你、遂成药业、润弘制药等一批骨干企业，产学研用更有活力。不断加大高新技术企业和科技型企业梯次培育力度，有效建立人才项目对接工作机制，督促相关部门提升人才项目落户效率和产出效应。全市有高新技术企业95家，科技型企业268家，项目延揽更富成效。

人才生态环境全面优化，积极落实智慧城市大脑项目，引进智能政务工作台，推动政务服务“一网通办、一次办成”。在中心城区高标准打造故里英才公寓303套，建筑面积约21521平方米，已经交付228套，第二批符合条件的97名故里英才和6名高校挂职人才已“拎包入住”公寓，切实为3名故里英才解决子女入学问题。

【重点工作】高频次开展一线调研。部务会成员以实际行动践行“用脚步丈量工作法”，带头深入基层、深入群众开展调查研究。广大组工干部积极投身基层一线，有力推动各项工作开展，在全市创文创卫、疫情防控等多项大事要事中得到充分体现。高质量推进机关学习，采取专题读书班、党员大会等形式，及时组织学习习近平总书记重要讲话，开展“三会一课”专题学习13次。坚持开展“练方正字，做正派人”活动，督促机关全体干部每日练字、每周上交。集中观看党的二十大开幕会，开展党的二十大专题学习，组织应急管理能力测试、保密在线培训等，组工干部理论水平和工作能力进一步提升。高标准做好发文办会，及时受理各级来文来电，做好登记管理，确保上传下达渠道畅通。认真筹备组织各类会议，做好部务会议的议题收集、内容记录、材料收集及全体会的各项会务工作。累计组织部务会议24次，全体人员会议3次，组织开展机关干部考察5次，完成全市各部门意见征求及反馈34批次，为部机关高效运转提供了有力服务保障。高质量完成信息报送，全年报送影响力文章80篇，重点影响力文章76篇，新媒体视频37个，党的二十大专题网评文章9篇。累计向上三级组织系统报送参阅类信息24篇，采用9篇，投稿量和采用量均位居郑州市第一。其中，《党建引领促发展，脚步丈量砺初心》一文被《河南日报》《河南组工信息》专版报道，被人民网、大河网先后转载。《新郑市创新开展“一村一社区一明白人”评选》《新郑市“四抓四强化”开展软弱涣散党组织整顿工作》被《河南组工通讯》刊发。《新郑市“三个坚持”推动“五星”支部创建走深走实》经验信息，被《河南组工信息》专期刊发。高效率完成档案管理，圆满完成12411卷档案的初审、复审及组织认定工作，对重新认定干部档案信息407名，补充档案缺失材料7426份，制定完善档案管理制度12项。严格落实干部任前档案审核制度，对涉及518名干部档案进行审核，实现档案审核管理零差错。坚持从严管档，对档案资料查、借、转、收进行痕迹化管理。

【老干部工作】 高标准完成老干部服务，经常性组织老干部开展政治理论学习，组织全市离退休干部通过手机、电脑等形式，视频收看5场全国离退休干部网上专题报告。全面提升离退休干部党建工作水平，建立新郑“绿城银锋”人才库。入库各类老干部160余人。组建“银发”宣讲队、黄帝文化传承队等7支队伍，先后深入学校、乡村、社区开展主题宣讲12场，送科技下乡活动3场、红色文艺展演32场，发放实用科学技术书籍、创建文明城市倡议书等宣传资料1700余份。

（撰稿：李彦增　张雅霖
审阅：赵东伟）

宣传工作

【理论武装】 服务保障好市委理论学习中心组。把深入学习贯彻习近平总书记系列重要讲话作为学习的重中之重，以市委常委会“第一议题”和市委理论学习中心组集中研讨学习等形式对习近平总书记最新论述和重要讲话精神第一时间进行学习。通过发送“学习主题提示”“学习方案安排”等形式，确保市委理论学习中心组会议实现“三个充分”，即会前充分准备、会中充分研讨、会后充分运用。市委理论学习中心组先后围绕党的二十大精神、习近平总书记防范风险挑战的重要论述和郑州“7·20”特大暴雨灾害以案促改整改资料等内容开展集中学习8次，其中研讨交流学习6次，收听收看讲座报告2场次，党员领导干部的理想信念更加坚定，理论修养显著提升。指导督促好乡科级党委（党组）理论中心组学习。印发《全市各级党委（党组）理论学习中心组分专题集体学习安排意见的通知》，对全年学习重点和主要内容进行明确安排，要求全市各单位统筹运用“五种学习方式”，及时跟进学习习近平总书记重要讲话文章和重要指示批示精神。全市各单位围绕党的二十大精神和党史学习教育等内容开展各类学习培训500余场。与市委意识形态专题督查相结合，部机关成立8个督查组，分赴全市80余家单位开展中心组理论学习巡听旁听督导，不断推动理论学习由“软任务”变成“硬约束”。深入基层开展理论宣讲。2022年是党的二十大的召开之年，根据全市“党的创新理论宣讲”主题宣传教育实践活动工作方案安排，组织召开新郑市“党的创新理论宣讲”主题宣传教育实践活动动员会议，对全市党的创新理论宣讲工作进行动员部署。组织开展“党的创新理论宣讲”主题宣传教育实践活动短视频征集展播活动和理论宣讲大赛，累计收集宣讲短视频25部，并在市融

8月25日，在辛店镇欧阳文忠公园开展文明创建活动（宣传部/供图）

媒体中心平台进行网上展播。推荐文艺类参赛作品2件、故事类参赛选手1名参加郑州市比赛，均获得奖项。联合市教育局组织开展全市思政课教师“两说一讲”素养大赛，校级初赛全市中小学教师思政专兼职教师1925人（含代课购岗）全员参与，共有46名教师晋级市级决赛，以奖促赛、以赛促学，在比赛交流中提升全市思政课教师专业水平和素养。以“能力作风建设年活动”为载体，组织部机关全体同志深入机关、农村（社区）等开展践行“四力”宣讲20余场，赢得一致好评。此外，按照郑州市委宣传部有关要求，组织动员各类宣讲团优秀讲师20余人，围绕党的二十大精神精心备课，在全市范围内开展巡回宣讲。

【意识形态工作】 市委坚决落实意识形态工作全面领导责任，全年市委常委会专题研究意识形态工作2次，召开市委意识形态联席（扩大）会议、校地联席会议5次。市委书记带头研究制定《新郑市意识形态领域责任追究实施办法》，全市各级党组织先后开展专题学习、研讨交流70余场，切实做到省委有部署、新郑见行动。工作效能不断提升，逐一明确责任单位、责任领导，着力做到风险排查精准有效、防范化解对症下药。认真贯彻落实列单、派单、交单、清单“四单”交办机制，先后下发市级意识形态领域问题清单12次，汇总各类风险隐患6类57条，下发预警提示清单、问题督办清单6个。

【新闻宣传】 着力做大做强主流宣传舆论工作新格局。完善工作机制，建立新闻线索征集工作机制，把新闻线索搜集整理工作放在平时，针对阶段性重点工作超前谋划，向有关单位开展线索征集，并及时通报融媒体中心和上级媒体，同时，将线索采纳情况和稿件发表情况纳入各项重点工作考核之中，全年开展新闻线索征集23次，征集线索264条，向上级推送线索89条，采纳并跟踪采访15条。坚持新闻宣传报道重点及策划工作机制，积极对接郑州市委宣传部，掌握并了解上级近期宣传工作重点和新闻策划，结合新郑市阶段性重点工作，编发《新闻宣传报道重点及策划》27期，及时通报市融媒体中心开展新闻采访报道工作。完善新闻通气会工作机制，针对阶段性工作重点，及时通联上级媒体和新郑市融媒体中心召开新闻通气会8次，通报新闻宣传报道重点，集思广益，形成新闻策划并高效付诸实施。系列工作机制的建立和完善，进一步加强了新闻宣传的策划引导能力，极大地调动了基层单位和通讯员工作的积极性，为全年新闻宣传工作奠定了良好的基础。精心策划选题，通联上级媒体，制定宣传方案，特别是围绕新郑市的粮食丰收、营商环境、产业优势、文旅融合等进行了多角度的充分报道，既有大篇幅的图文，又有直观的视频，既有专题又有综述。在网上网下产生了一定的影响，收到了良好的宣传效果。在郑州市委宣传部统计的主要央媒重点栏目正面报道情况排名中，新郑市以29篇高质量报道稳居各县区第一。其中，央视《新闻联播》《新闻直播间》等核心栏目持续关注“三夏”“秋收”等工作5次，新华社、新华网先后刊发《8000年前的裴李岗人已用红曲霉酿酒》《新郑市举行金融服务下乡入企文旅专场对接会》等文章8篇，《人民日报》、人民网先后刊发《环保文保相结合 自然人文互交融》《河南后端湾铸铁遗址首次发现脱碳窑》等文章7篇，经济网、光明网等其他央媒发表不同类型文章9篇。同时，省主要媒体栏目也给予新郑市多次关注，《河南日报》先后两次头版刊发新郑市《乡村振兴新闻发布会》和《麦香越千年——新郑市裴李岗麦收见闻》，《新郑：培土增氧 赋能发展》更是作为头版头条刊发。《河南新闻联播·走进县城看发展》及《麦收系列》等专栏多次关注新郑市相关工作，《奋战三季度，跑出加速度》栏目开篇头条长篇播出新郑市以“三个一批”活动为抓手，发力电子信息等新兴产业，推动经济高质量发展的具体实践。主要核心媒体的系列宣传，极大提升了新郑市的知名度、影响力。2022是二十大召开的政治之年，年初围绕“奋进新征程 建功新时代”重大主题宣传工作主线，制定了以“能力作风建设年”工作为抓手，以“三标”活动为目标的工作思路，印发了《新郑市“奋进新征程 建功新时代”重大主题宣传工作实施方案》，对全市全年的新闻宣传工作进行了统筹安排，先后围绕“温暖的回响”、“开展‘三标’活动、深入推进‘十大战略’行动、大力实施‘九项工程’”、“奋进新征程 豫见新气象集中采访”、全国两会和市两会、“非凡十年·出彩新郑”、“我们的新时代”、“党的二十大精神”等主题开设栏目16个，发表稿件500余篇。围绕黄帝故里拜祖大典、纪念白居易诞辰等重大活动，统筹中央和省、郑州市、新郑市媒体一体联动、传统媒体与新媒体同心发力，“黄帝故里拜祖大典”前期，积极对接郑州市委宣传部成功推荐“学习强国”黄帝文化专项答题，并且在大典当日“学习强国”全国总平台对大典进行了全程直播。高度重视上级媒体来新郑调研工作，2022年，新华社驻河南分社先后两次到新郑市调研营商环境、产业发展的服务工作，《河南日报》《走进县城看发展》专栏智库团队为期3天调研新郑市经济、文化等工作，成功在新华网发表《新郑市推进公共资源交易智慧化助企降本增效》，《河南日报》理论版刊发市委书记马志峰署名文章《着力建设现代化全国一流中等城市》。主动作为发力“学习强国”学习平台供稿，优化

“学习强国”学习平台供稿链路，除新闻科负责上传上三级媒体记者报道新郑的稿件和市委有关部门的宣传稿件不变之外，在融媒体中心采编一线增加了8个供稿员，明确分工、齐头并进，营造了比学赶超的浓厚氛围。2022年新郑市在全国平台、省平台、郑州市平台稿件采用情况均位居郑州市第一。同时，在郑州市率先开通“学习强国”学习平台新郑融媒号，积极让“学习强国”学习平台真正成为广大党员干部和群众的“指尖学习加油站”。在常规业务之外，同时也承担了“能力作风建设年”“7·20防灾减灾”“疫情防控”“万人助万企”“优化营商环境”“人大换届”等六个重点工作专班的新闻宣传任务，为高效统筹做好专班工作，积极协调融媒体中心和上级媒体，通过《新闻宣传报道重点及策划》和新闻通气会等方式将新郑市工作的重点和先进典型宣传出去，推广出去，先后整理上报工作总结80余篇，制作工作汇编12本，统筹指导融媒体开设相关专题21个，发表稿件2000余篇，为全市各项专班工作提供了有力的配合和浓厚的舆论支持。

深入开展“行走郑州 读懂最早中国”主题外宣，擦亮新郑文化品牌。落实郑州市外宣办要求，围绕“行走郑州 读懂最早中国”主题，重点对新郑市文化资源进行总结，以“行走新郑 追溯文明起源”为主题，以系列短视频为形式，以推介新郑特有的人文资源为内容，深入挖掘新郑历史文化遗产蕴含的哲学思想、人文精神、价值观念、道德理念。打造叫得响、传得开、有影响的文化新品牌，以一城为切口塑造“可信可爱可敬”的中国形象。2022年度制作推出系列短视频48期，在抖音、微信视频号、顶端新闻平台投放，并在“学习强国”学习平台同步更新，全网累计播放量超190万次。系列短视频作为新郑市宣传本土文化的一次崭新尝试，迅速在网络引发强烈反响，得到广大观众的讨论与认可与省委宣传部主要领导肯定与批示，要求持续加大宣传及推广力度。积极探索利用多种渠道，鲜活新郑城市形象。创新表达形式，探索传播渠道，以文物传“城”为主题，以新郑出土文物为内容，精心筛选莲鹤方壶、青铜编钟等12件出土于新郑的代表性文物制成台历，作为外宣品向外推介新郑文化，打造新郑文物名片，丰富公众对“故里新郑”的认知，通过外宣台历让更多人直观了解新郑市的人文象征和综合内涵。结合传统节日、活动季等重要时间节点，策划开展“外国人在新郑”主题活动，组织在新郑的外国人体验中国节日风俗、参与主题文化活动等，让其成为展示新郑历史文化和对外形象的“宣传使者”。以新郑市城市宣传语及城市标识（LOGO）征集活动为载体，面向全社会发出征集邀约，宣传推广展示新郑城市形象、历史文脉。累计接收来自全国宣传语2000余条，LOGO作品130余幅。以《This is 新郑》为题，精心拍摄制作推广城市宣传片，聚焦人文历史、城市精神、自然风貌和城市发展等角度，利用各新媒体平台推送，电视地铁频道及全市大屏轮播，向外界诠释了一个文化底蕴与发展气息完美交融的新郑城市形象。健全机制扎实做好新闻发布，积极服务中心工作。进一步健全完善新闻发布制度，强化新闻发言人队伍建设动态管理，更新完善全市各乡镇（街道）、市直各单位新闻发言人及联络人名单，并根据郑州新闻发布办要求，按程序请示在规定时间内完成党委政府新闻发言人信息报送工作。召开境外媒体到新郑采访管理服务工作协调会，成立境外媒体到新郑采访管理服务领导小组，提升新闻发言人队伍的政治素质和业务水平。聚焦动态发展一线发布，围绕乡村振兴，把新闻发布会开到“田间地头”，打破场地界限，以农村人居环境改善和乡村旅游为切入点，向上级媒体和社会各界积极推介新郑市美丽乡村建设成就。

【文化事业】 公共服务效能和品质明显提升，丰富群众文化活动。推出“喜迎二十大 欢乐进万家”系列群众文化活动，线上线下结合，在全市开展了内容丰富、形式多样，涵盖艺术广场舞、群众合唱大赛、乡村文化合作社才艺大赛、民间艺术大赛、艺术摄影展、美术书法作品展、少儿才艺大赛、音乐舞蹈戏曲曲艺群众艺术创作等20余项群众性文化活动，惠及群众近万人，为迎接党的二十大顺利召开营造浓厚的氛围。提升基层文化服务中心服务效能。开展“最美文化志愿者”及“郑”美文化空间评比，进一步挖掘基层文化服务中心的服务效能，释放服务活力，其中，最美文化志愿者评选活动经各乡镇、办事处、管委会自评推荐和“郑韩文旅云”线上投票，最终评选出“最美文化志愿者”“优秀文化志愿者”“受欢迎文化志愿者”各10名。同时，通过强化政治、业务培训和日常管理，加强300名基层文化管理员的素能建设，提升服务水平。强化文艺培训。各类文艺培训以线上为主，线下为辅，线上活动依托新郑文旅云平台等媒体平台大力发展云阅读、云课堂、云展播，推出瑜伽、非遗、化妆、舞蹈、“品书香·沐春风”好书推荐等培训60余场，培训文化志愿者2000余人次。线下活动主要依托传统节日开展香包、灯笼制作等培训活动，传承传统节日文化，丰富群众文化生活。强化文艺创作。围绕迎接党的二十大等重大主题，组织创作音乐舞蹈MV《请党放心 强国有我》，音乐宣传片《新郑，我爱你》等作品，在各大媒体微信视频号等平台进行展播。开展“疫路有你”书法绘画作品征集、“我眼中的文化新郑”绘画作品征集、“我家的人世间故事”征文、

“喜迎二十大 奋进新征程”摄影作品展等活动，引导广大文艺爱好者以文艺创作的形式践行社会主义核心价值观，传播向上向善正能量，共征集到各类书画、征文作品500余件，累计参与近800人次，城市知名度和影响力持续扩大。面向社会公开征集新郑城市主题原创歌曲，活动期间共收到来自省内外音乐作品60余首，最终选出两首银奖、三首铜奖及优秀奖歌曲，推动了新郑文化文艺发展繁荣，凝聚起共建新郑的强大合力，共同谱写新郑发展的新篇章。线上线下发力开展节庆活动，结合疫情形势，以线上为主、线下补充的方式，举办“山河无恙 家国传承”壬寅年清明节欧阳修经典诵读、“5·19”中国旅游日宣传等特色活动。如，以“‘5·19’中国旅游日·邀您云上游新郑”为主题的中国旅游日宣传活动，各景区讲解员线上为游客介绍了南街古巷、考院博物馆、新郑市博物馆、郑国车马坑遗址博物馆等景区点，用镜头、视频向广大市民展示新郑优质的文化和旅游资源，使更多网友直观地感受新郑魅力，直播期间观看人数达5.45万人次。

加强文物活化利用工作。推出“山河无恙 家国传承”——壬寅年清明节欧阳修经典诵读活动等，弘扬新郑优秀历史文化文物资源，不断推动文化遗产融入百姓日常生活。开展国际博物馆日、文化和自然遗产日非遗宣传展示等活动，进一步宣传了新郑悠久的历史文化资源，营造全社会共同参与文化遗产保护的良好氛围。坚持赛事牵引，强化全民健身工作。线上线下结合，举办 “行走是吾乡”郑州市自行车公开赛（新郑站）等活动。特别是5月全民健身月期间，结合疫情形势，采用线上“云展播”的方式开展了为期一个月的“全民动起来 体育助防控”主题活动，展播内容包括广场舞、武术、舞龙、健身气功、空竹、轮滑、自行车等全民健身项目；还推出优秀社体指导员在线指导的健身课堂，教学内容包括骏马快走、八段锦、跆拳道入门等，健身视频的发布，广泛宣传普及了健身运动，提升了市民群众居家科学健身意识。

【出版和电影工作】依法做好传媒监管和电影工作。2022年共审批办理出版物零单位设立、变更许可17家；完成出版物出租备案业务6家；制定《2022年新郑市印刷发行企业年审工作排查台账（分乡镇）》，顺利完成2022年度51家印刷企业和13家电影院年度审验工作，依法注销11家出版物经营许可证，13家印刷企业被列入重点监管对象企业名单。为10家影院发放新建县城影院、国产优秀影片奖励等上级补贴资金75.63万元。全程做到“一窗受理、集成服务、一次办结”，使办事群众和企业“最多跑一次”，收到办事群众4面锦旗。克服新冠疫情影响，共放映红色电影320场、农村公益电影2562场，观众达13.9万余人次，得到群众一致好评。制订印发《新郑市2022年正版化软件工作计划》，推进全市机关单位使用国产正版化软件。联合市区影院开展版权（著作权）登记免费观影活动，深入开展版权登记工作，已完成80件优秀作品版权登记工作，占全年任务的100%。开展“3·15”消费者权益日版权保护和“扫黄打非”知识宣传活动。成功举办新郑市2022年“书香新郑 全民阅读”“绿书签行动”暨“知识产权宣传周”版权集中宣传活动启动仪式和2022年新郑市软件正版化工作培训会。新郑市委宣传部等单位获国家版权局2021年度全国查处重大侵权盗版案件有功单位第一批（一等奖）称号。广泛开展全民阅读活动，推进书香新郑建设。以“喜迎二十大 书香润万家”为主题，结合“喜迎二十大 欢乐进万家”群众文化艺术节活动，积极开展“典籍里的中国”新郑市2022年中华经典诵读大赛活动和“豫”见最美读书人书香新郑 全民阅读活动系列赛事活动，成功举办华夏“郑”月明——新郑2022年中秋音乐诗会，通过组织开展丰富多彩的全民阅读活动，传播阅读理念，激发阅读热情，全面推进书香新郑建设，努力提升市民文明素质和城市文明程度。征集“典籍里的中国”新郑市2022年中华经典诵读大赛作品388个，评选出优秀作品28个。其中，《读书“shi”刻》作品被省委宣传部评为“豫”见最美读书人优秀短视频大赛一等奖。观音寺镇唐户村农家书屋被评为省级示范农家书屋。深入开展“扫黄打非”，先后召开案件推进会、站点专干培训会等4次，把“扫黄打非”工作与新时代文明实践、文明创建、平安建设等工作相结合，压实各级各单位属地、行业监管责任及企业“扫黄打非”工作主体责任，完善长效工作机制。组织文化执法、公安、市场监管、交通、教育等部门围绕“净网”“护苗”“秋风”“打假治敲”等开展专项行动5次，乡镇（街道、管委会）同期开展，检查印刷、仓储、物流、书店等场所800多家次，取缔游商地摊18个，收缴涉嫌非法出版物6000多册，有效净化了全市文化市场环境。坚持把查办案件作为有力抓手，克服疫情影响，共核处上级交办线索1条，线索转化案件1起，主动查处刑事案件2起、行政案件3起，共查扣非法出版物28万余册。办结刑事案件2起，刑事处罚13人。以能力作风建设年为契机，深入基层站点调研检查4次，破解案件高发难题。开展“扫黄打非”进基层宣讲4场，提升基层工作能力。充分发挥全市345个基层站点和行业部门工作效能，扎实推行“一二三”工作法，制定《“扫黄打非”网格化责任清单》，打造市、乡、村三级网格化管理体系。落实举报奖励制度，推动全民参与热情，今年以来，70%的案件由基层站点举报而查办的，全市“扫黄打非”案件高发态势明显下降。在市融媒体平台开辟“扫黄打非”专题，在公共场所设置宣传栏、文化墙等，宣传“扫黄打非”知识、公布举报方式、经验做法和取得的战果成效，播（刊）发公益广告片200多次、信息120多条。发放“绿书签”10000张、张贴宣传海报1000张、发放“扫黄打非”宣传册2000余份。各辖区执法队员利用沿街巡逻时间，到门店发放宣传资料共计1200余份，营造了风清气正的文化环境和社会氛围。积极参加沿黄九省（区）“扫黄打非·护苗”诗歌大赛作品征集活动，新郑市报送的作品《倒春寒帖》《不负青春好时光》分别获成人组、青少年组铜奖。

【互联网宣传管理】 强化网络意识形态目标管理，实现网络意识形态工作制度化，进一步扛稳抓牢了网络意识形态安全和责任意识，强化了守土有责守土尽责的责任意识，切实加固了网络意识形态安全防火墙。高标准完成了网络应急指挥中心建设，根据郑州市委宣传部、郑州市委网信办提出的“2022年全面推进‘三中心’一体化建设项目”的总体安排，经过调研、选址、规划、装修等过程，网络应急指挥中心建设自4月启动，8月建成，9月正式投入使用，全面加强网信工作的阵地和技术保障。强化网络理论宣传，推动网络内宣外宣同频共振。紧紧围绕宣传贯彻党的十九届六中全会精神、市委市政府中心工作、疫情防控等，以“新郑发布”等官媒网宣平台为主导，引导组织“爱新郑”“新郑网”等自媒体共采编发信息300余篇。在人民网、新华网、中原网、映象网、今日头条等主流网媒平台推发《用脚步丈量民情，以实事温暖民心》《什么是新郑底色》《发布会开在乡野间》等稿件76篇，构建了墙内开花墙外香的大外宣格局，展示了新郑作为，发出了新郑最强音。拜祖大典和黄帝文化论坛举办期间，人民网、新华网等直播、报道、转载了活动盛况。组织开展了“行走郑州 读懂最早中国”网络主题活动，在“新郑发布”“新郑融媒”“云上新郑”等官方政务平台编写转发宣传稿件500余篇，为网络正能量内容建设鼓与呼。扎实开展习近平新时代网信工作精神进基层线下宣讲活动，到新烟办等乡镇办基层社区共开展宣讲2场，为基层网信战线从业人员现场解疑释惑，受众达200余人。积极开展了“喜迎二十大 奋进新征程 建功新时代”网络正能量精品征集和“好评中国”网络评论大赛活动。从基层征集到相关作品150余篇（个），其中《平凡勇士张新昊：我志愿加入抗疫工作》喜获郑州市“优秀网络正能量文字作品奖”。强化属地网络管理，巩固筑牢网络平台安全屏障。坚持正能量是总要求，管得住是硬道理，用得好是真本事的工作方针，紧紧围绕宣传贯彻党的二十大精神这条主线，制定印发了《新郑市迎接服务保障党的二十大网络安全工作方案》，举办了新郑市网安周宣传活动，举行了网络安全进乡村进社区活动，召开了新郑市自媒体和网络大V座谈会，重点对旧闻翻炒、网络谣言、淫秽色情、赌博诈骗、侵害未成年人权益等各类有害信息进行集中整治，对新郑网、西亚斯等16款App运营商下发了整改通知并处以行政警告，清理“僵尸”网站58个。联合公安网监部门加大了对网络谣言、有害信息、虚假信息的打击治理力度，形成全市网络安全“一张网”的网安局面。深入开展重要网络资产统计工作，摸清了7家单位的16项重要网络资产的运营现状，并将资产情况造册登记，进一步规范了管理，做到了重要资产明，运营状况清，安全责任到位。共发布漏洞预警12批次，下发网安通报7期，及时处置安全漏洞9起。办理“心通桥”问政平台网民诉求256件，回复率和办结率均达到100%。

（撰稿：吴逸飞　审阅：刘学敏）

统战工作

【概况】 中共新郑市委统战部位于新郑市人民路186号，是隶属于新郑市委的工作部门，挂中共新郑市委台湾工作办公室、新郑市民族宗教事务局、新郑市人民政府侨务办公室、新郑市人民政府台湾事务办公室牌子，下属3个事业单位：新郑市台胞台属联谊会（正科级）、新郑市海外联谊会（正科级）、民族宗教事务服务中心（股级）。归口管理群团直属事业单位新郑市归国华侨联合会（参公）。内设办公室、政策理论研究室、党外干部人士科、民族科、宗教科、非公有制经济工作科、新的社会阶层人士科、港澳台侨联络科8个科室。主要职责：贯彻落实党对统一战线工作集中统一领导的要求，发挥市委在统一战线工作方面的参谋机构、组织协调机构、具体执行机构、督促检查机构作用。贯彻执行党中央、省委、郑州市委、新郑市委关于统一战线工作的决策部署，了解情况、掌握政策、协调关系、安排人事、增进共识、加强团结，协调统一战线各方面关系，巩固和发展最广泛的爱国统一战线。

2022年，全市统一战线紧紧围绕迎接党的二十大召开和学习宣传贯彻党的二十大精神这条主线，深入贯彻落实习近平总书记关于做好新时代党的统一战线工作的重要思想，全面贯彻落实中央、省委统战工作和民族工作会议精神，全国、全省、郑州市宗教工作会议和统战工作会议精神，坚持守正创新，积极作为，务实重干，出新出彩，统一战线事业不断创造新业绩，取得新突破，为经济发展和社会稳定凝聚人心、汇聚力量。撰写的《网络人士思想政治工作对策建议》，荣获2022年度全国统战理论政策研究创新成果一等奖，被中央统战部通报表扬。撰写的《新的社会阶层人士联谊组织运转起来的有效途径研究》，获2022年度全省统战理论政策研究创新成果奖。获2022年度郑州市统战工作成绩突出单位第一名，同时，获得了郑州市统战理论政策研究创新成果、实践创新成果和统战信息工作、宣传工作等所有奖项，均取得了第一名的好成绩。

【党的领导】 全市各级党委始终把统战工作摆在重要位置，持续加强党对统一战线工作的全面领导。党委重视，扎实履行主体责任。2022年，市委常委会6次研究解决统战工作中的重大问题、部署重要工作，充分发挥市委统一战线工作领导小组、市民族宗教工作领导小组、市民营经济工作联席会议等议事协调机构作用，不断筑牢统战工作根基。市委领导班子认真做好“三个带头”，带头学习贯彻习近平总书记关于做好新时代党的统一战线工作的重要思想、《中国共产党统一战线工作条例》和中央、省委统战工作会议精神；市委主要领导带头参加民族宗教工作、民营经济统战工作、新的社会阶层人士统战工作等调研活动；市党政领导带头联系非公有制经济人士和新的社会阶层代表人士，以实际行动带动各级领导干部重视、关心、支持统战工作。市委统战工作领导小组印发《关于贯彻〈中国共产党统一战线工作条例〉的实施方案》；将统战工作纳入全市年度综合考评，纳入市委巡察和监督执纪问责范围。通过压紧压实基层统战工作主体责任，不断巩固横向到边、纵向到底、全市一盘棋的大统战工作格局。

持续全面加强能力作风建设。聚焦“提升能力、锻造作风、实干立身、争先出彩”主题，在全市统战系统深入开展“能力作风建设年”活动，强化“三标”意识，在获得2021年度河南省基层统战工作综合先进县市第一名的基础上，向更高目标看齐，向全国先进学习，狠抓能力作风建设，认真做好打基础、利长远、管根本的工作，不断提高统战工作科学化规范化制度化水平。统战领域想干事、能干事、干成事，统一战线出人才、出成绩、出干部，已经形成鲜明的工作导向。在疫情防控期间，按照市新冠疫情应急处置指挥部要求，抽调机关党员干部到市疫情防控指挥部参加流调排查专班工作，切实维护人民群众身体健康和生命安全，为全市经济社会发展保驾护航。

加强政治引领，凝聚共识、凝聚力量。精心组织全市统一战线迎接党的二十大宣传报道，在《郑州日报》黄帝故里版开辟“喜迎党的二十大·统战成员谈变化”专栏，编发统战成员文章12篇，展现了统一战线广大成员与中国共产党风雨同舟、肝胆相照的光辉历程，反映了统一战线围绕中心、服务大局、促进发展、服务民生的伟大变化和显著成就，凝聚了人心、汇聚了力量。把学习党的二十大精神作为统战系统各类培训班、座谈会的重要内容。深入开展“凝聚新力量·筑梦新时代”主题教育，组织开展“凝聚新力量·筑梦新时代”平安新郑文艺晚会、新郑市首届“开学第一课”开笔礼、拜祖大典防疫消杀、疫情防控志愿服务、爱心助农、爱心助学等活动30余次，引领新的社会阶层人士围绕中心，服务大局，发挥作用。通过一系列活动的开展，确保学习宣传党的二十大精神入心、入脑，贯彻落实、落地、落细。

【新的社会阶层人士统战工作】 创新工作载体，扎实推进全省新的社会阶层人士统战工作示范区建设，按照“三个先行”“四个示范”的原则培育示范点。建立了1个党建引领示范点（新华路街道新的社会阶层人士联谊中心）、1个规范运行示范点（龙湖镇新的社会阶层人士联谊中心）、1个理论创新示范点（郑州升达经贸管理学院）和6个效能发挥示范点（蓝天救援队、仁爱助学协会、神鹰救援队、威远慈善协会、维也纳之声、市新联会志愿者服务队），以点带面，扎实推进示范区建设，各示范点在理论创新和实践引领中发挥了积极作用。

创新工作模式，在全省试点开展新的社会阶层代表人士综合评价工作，围绕“评价谁、谁来评、评什么、怎么评、如何用”等问题，坚持评之有道、评之有方、评之有效，通过组织专题座谈，对1287名新的社会阶层人士线上调查问卷，征集992条意见建议，结合实际对综合评价指标体系和信息登记作了修改完善，使评价指标更科学、信息统计更便捷，对新的社会阶层代表人士“画像”更准确，不断完善评价指标和评价各个环节，推动以评促提升，以评促使用，为省、郑州市开展新的社会阶层代表人士综合评价工作提供了有益参考。

创新工作思路，加强对新的社会阶层人士联谊组织的引导，延伸工作手臂，扩大工作半径，将符合条件的社会组织纳入统战社团，并探索建立专业服务团队，充分发挥新的社会阶层人士的人才、智力和资源优势，在急难险重、疫情灾情面前走在前、做表率，展现出强烈的社会担当，授予6个社会组织负责人“公益领航人”称号，产生良好的社会效应。

【民族宗教工作】 强化学习宣传，不断提升工作能力水平。加强政治理论学习，市委常委会（扩大）会议学习传达中央民族工作会议、全国宗教工作会议精神，组织统战干部深入学习习近平总书记重要讲话以及上三级关于民族宗教工作重要文件精神。加强政策法规宣传，开展集中宣传，联合政法、公安等十余部门开展民族宗教政策法规集中宣传月活动，同时，各乡镇、街道、管委会在各自辖区同步开展民族宗教政策法规集中宣传活动。运用微信公众号推送民族宗教政策法规、开设民族宗教知识宣传版块、电视飞播滚动播放宣传标语。依托黄帝故里拜祖大典，加强民族团结进步宣传教育，在交通要道悬挂道旗、公交站牌设置展板、公交车体印制宣传标语等方式在全市广泛宣传。共制作宣传展板80余块、宣传条幅60余条，发放宣传资料2万余份，现场接受群众咨询300余人次，实现宣传全方位、领域全覆盖。加强干部教育培训。以会代训开展民族宗教政策法律法规培训，使统战干部进一步掌握党和国家宗教工作的基本方针、政策法规以及处理新形势下农村宗教问题的方法、措施。在市委党校开展中央民族工作会议精神解读、铸牢中华民族共同体意识教育培训。

强化民族服务，扎实开展民族团结进步。持续推进民族团结进步创建，深入开展河南省民族团结进步示范市创建工作，建设中华民族共同体主题公园。黄帝故里景区被河南省民族宗教事务委员会命名为“河南省铸牢中华民族共同体意识教育实践暨第三批民族团结进步教育基地”。规范清真食品市场秩序，开展清真食品生产经营、重大节假日期间市场检查，确保群众吃上放心清真食品。做好全市清真食品管理台账完善工作，加强对清真牌证管理。配合市食安办开展食品安全宣传周活动，发放宣传资料2000余份。

【民营经济统战工作】 以优质服务促进“两个健康”，充分发挥民营经济联席会议牵头作用，54个涉企部门、6000余家企业入驻民营经济诉求响应智慧平台。设立民营企业代办服务中心，提供全程帮代办服务，给企业提供优质、高效、标准的个性化服务，2022年以来，共为各类民营企业帮代办140件。

以纾困解难促进“两个健康”，坚持把统战工作融入“营商环境优化工程”，深入践行“用脚步丈量工作法”，大力开展民营经济“两个健康”百县提升暨“一联三帮”保企稳业专项行动、“万人助万企”活动和新时代民营经济“两个健康”实践创新示范市创建，在全省“万人助万企”活动推进会议上受到通报表扬。在全省营商环境综合评价中，连续两年客观指标在103个县（市）中排名第1位。全市各级干部累计包联944家重点企业和项目，点对点帮助企业解决生产经营中遇到的困难，累计走访企业2212家次，摸排问题751个，解决销号750个，办结率达99.9%。

以鼓励支持促进“两个健康”，通过推荐表彰优秀民营企业、优秀民营企业家，激励民营企业做大做强、做优做久。白象食品股份有限公司、郑州恒天铜业有限公司被评为河南省优秀民营企业；好想你健康食品股份有限公司党委书记、董事长石聚彬、遂成药业股份有限公司党委书记、董事长周红建被评为河南省优秀民营企业家；河南莱茵汽车制造有限公司、郑州达利食品有限公司被评为郑州市优秀民营企业；郑州市人人利食品有限公司董事长叶跃辉、河南福华钢铁集团有限公司总经理张宏茂被评为郑州市优秀民营企业家。

【民主党派工作】 充实完善党外干部和党外代表人士人物库，高质量做好河南省、郑州市、新郑市政协委员党外人选和郑州市党外知识分子联谊会人选推荐工作，圆满完成政协换届各项工作。开展无党派人士身份认定工作，新增认定无党派人士21人。组织召开党外人士座谈会，传达上级会议精神，通报有关情况，征求意见建议。组织民主党派、无党派、工商联界人士开展喜迎中共二十大召开、学习中共二十大精神活动。新郑市民主党派成员在郑州市委统战部组织的“深化政治交接·锤炼能力作风·争先出彩二十大”系列主题活动中，获得演讲比赛二等奖和征文比赛优秀奖。

【侨务工作】 发挥侨胞之家、留学生联谊会阵地组织作用，在全市高校深入开展“喜迎二十大·共画同心圆”主题交流活动，2000多名师生和归国留学人员踊跃参与，有声有色、有力有效喜迎党的二十大胜利召开。结合宪法宣传日、集中宣传月等，采用大型版面宣传、设立咨询台、发放宣传册（页）等方式，有效提高了侨胞政策社会覆盖面和知晓率，有力维护了侨胞人士的合法权益。持续擦亮黄帝故里景区“中国侨联爱国主义教育基地”招牌加深了海内外华人对中华民族的认同感和归属感。

【港澳台事务】 持续擦亮“海峡两岸交流基地”招牌，协助上级做好台湾青年团“品读郑州”、在郑州港澳同胞“情系中原·寻根谒祖”等参观交流活动。认真做好中国港澳同胞、涉台婚姻、台资企业登记工作。

【统战信息宣传工作】 统战宣传工作有新亮点，与中国新闻社河南分社联合，以“新新心印·枣结对子”为主题，对新郑市产业援疆，用红枣串起“民族团结一家亲”的做法进行宣传报道。2022年，在《人民政协报》《中国新闻》《郑州日报》《河南统战工作》等主流新闻媒体刊稿91篇，全年宣传（网站）综合得分位居郑州市第1名。

信息调研工作有新成效，调研成果《网络人士思想政治工作对策建议》被中央统战部《调研参考》专刊刊发；《新郑市开展有关人员星级评定》经验做法被省委统战部《河南统战信息》专刊采用；推动宗教中国化理论文章在《河南宗教》刊发；《新郑市发挥统一战线重要法宝作用全方位护航民营经济》被郑州市委统战部《郑州统战信息》专刊采用，全年信息调研采用综合得分99分，位居郑州市第1名。

（撰稿：张　强　审稿：赵　磊）

精神文明建设

【概况】 2022年，新郑市精神文明建设工作深入贯彻落实党的十九大和十九届历次全会精神，紧紧围绕举旗帜、聚民心、育新人、兴文化、展形象使命任务，着力用党的创新理论武装全党、教育人民，着力用社会主义核心价值观凝魂聚气、成风化人，着力深化拓展新时代文明实践中心建设，着力深化精神文明创建工程，着力满足人民精神文化生活新期待，人民思想觉悟、道德水准、文明素养和社会文明程度不断提升。

【思想道德建设】 常态做好“身边好人”、文明市民等先进典型选树工作，评选表彰新郑市级文明市民120名，获得郑州市文明市民称号10人；启动第三届“道德模范”评选表彰活动，共收到材料133份，计划组织开展发布表彰仪式；“乡村光荣榜”评选已覆盖至所有乡镇，“星级文明户”认领制工作已实现乡镇100%开展、行政村100%启动，村民参与率80%以上。全面贯彻落实《河南省文明行为促进条例》，持续推进条例、公共文明常识进机关、企业、工地、学校、社区、农村、景区、网络等，印制条例、公共文明常识2万份在全市范围内进行宣传，有效地促进了条例在全市范围内贯彻落实。持续开展“三公一租做示范　斑马线前显文明”活动，进一步加强公职人员交通违法行为处罚力度，全年下发交通违法通知书105份，处罚工作人员223名，约谈连续违法单位3家。持续深化未成年人思想道德建设，坚持以“三建六育一评”工程为抓手，深入开展“童心向党”主题宣传教育实践活动，先后开展“我向党旗敬个礼”“铭记红色历史　赓续精神血脉”在线直播访谈等活动，8幅书法、16幅绘画作品被郑州市青少年宫选中，乡村复兴少年宫推荐的三个节目被选中参加6月底举办的2022年郑州市“童心向党”展演活动；做好“新时代好少年”的评选和推荐工作，与教育局、妇联等部门联合评选100名“新郑好少年”，其中三名获得郑州市“新时代好少年”称号。

【文明城市创建】 完善创建工作体制机制，修订完善创建工作考核奖惩制度、材料上报考核办法、市长签批制度、点位明白人制度等，健全联动机制，形成工作合力。全面加强点位明白人队伍建设，共培育点位明白人525名，实现了所有点位明白人全覆盖。全面补齐创建短板，针对往年失分较多的老旧小区、背街小巷、市场、城乡接合部等重点部位，实施了城区环境卫生、交通秩序、市场商超、社区及六小行业、环境保护及工地、公共场所、乡镇及城乡接合部、铁路公路河渠沿线等专项治理提升工程，坚持工程性措施和管理性措施相结合，紧扣测评体系，逐条逐项找差距，盯准细节补短板，科学统筹、精准调度，优化提升，全面达标。严格督导考核，坚持严督实导，奖罚分明，对所有上报点位进行不间断、多轮次评比考核。在郑州市组织的暗访中再次取得第一名的成绩，在河南省举行的全国文明城市创建工作推进会上，新郑市作为唯一的全国文明城市提名城市做了典型发言，在郑州市举行的文明办主任会议上，新郑市以《精心培育明白人　精致创建文明城》为题再次作典型发言。

【新时代文明实践工作】 按照中央、省、郑州市关于深化拓展新时代文明实践中心建设的要求，做好阵地打造、队伍建设、项目孵化等各项工作。提升新时代文明实践所、站覆盖率，严格按照省、郑州市工作要求，加快新时代文明实践所、站覆盖速度，已完成所有城市社区建设任务。全市具备精神文明建设条件的168个村已全部建成文明实践站；建强文明实践志愿服务队伍，全市共有志愿服务队868支，“志愿郑州”平台注册志愿者19.72万人，有积分的志愿者比例达到72.75%，文明实践大格局基本形成。大力挖掘大学生志愿服务力量，先后共有近千名大学生志愿者参与疫情防控，1人获得省文明委表彰，2人获得郑州市文明委表彰。神鹰救援队、蓝天救援队两支民间志愿服务组织分别获得中国志愿服务基金会奖励，3名优秀志愿者、2个志愿服务组织、1名志愿服务工作者获得省文明委关于防汛救灾工作表彰；加快与融媒体中心互融互享，在“云上新郑”App开设文明实践志愿服务活动专栏，设置“微心愿”功能窗口，融媒体中心全员注册为志愿者，并指定专人负责文明实践志愿服务活动的宣传报道。加强文明实践项目孵化和品牌打造，坚持每月至少举办一期“文明郑韩云讲堂”，持续录播“公益零距离”近30期，全面打造覆盖城乡的学习教育文明实践阵地。成立新郑市新时代文明实践基金，与新郑市慈善总会、新郑市志愿者协会协商，成立新郑市新时代文明实践基金，用于全市范围内文明实践志愿服务活动、志愿服务培训、志愿服务项目孵化、评选表彰宣传各级各类志愿服务先进典型、“安老、抚孤、助残、济困、助医、助学”、应急救助等其他各类文明实践志愿服务活动。

【精神文明创建】 加强文明单位日常管理，充分发挥文明单位示范带动作用，主动履行社会责任，组织全市各级文明单位开展“四送一助力”结对帮创活动，以送政策、送文化、送健康、送温暖为主要内容，持续助力乡村振兴，共结成对子103对，开展政策宣讲、文化下乡、义诊等活动186次，慰问困难党员、贫困户263户，累计组织2100多名志愿者开展清洁家园、疫情防控等志愿服务活动125次，全市“四送一助力”活动累计投入资金110万元；为持续深化党史学习教育，巩固“我为群众办实事”活动成果，在全市范围内广泛开展“赶考路上有我”主题系列活动，活动采用征文、书画摄影、歌咏、演讲等方式进行，共收集各类作品247个，获得郑州市歌咏类一等奖2个、二等奖1个，升达大学推荐的《最亲的人》获得河南省歌咏类三等奖；深化“文明服务我出彩、群众满意在窗口”活动，强化文明单位服务意识，组织开展文明窗口、文明服务岗等评选活动，评选表彰文明窗口223个。加强文明单位业务指导，指导28家省级文明单位（标兵）顺利通过复查验收，新创建12家郑州市级文明单位、16家新郑市级文明单位。做好各级文明村镇的申报复审工作，观音寺镇、薛店镇、辛店镇史庄村、梨河镇前吕村申报省级文明村镇；梨河镇梨河村、观音寺镇十里铺村、郭店镇双岭村成功申报2021年度郑州市级文明村。全市共创成全国文明村镇3个、省级文明村镇7个、郑州市级文明村镇15个。郑州市级以上文明镇占比100%，新郑市级以上文明村提前完成郑州市制定的“县级以上文明村达到70%”的工作目标，所有乡镇政府坐地村都已创成县级文明村。做好河南省级、郑州市级和新郑市级“文明校园”推荐评选工作，三所学校申报2022年度河南省文明校园，4所学校获得郑州市级“文明校园”称号，11所学校获得2021年度新郑市“文明校园”称号，全市创建各级文明校园工作积极性大幅度提升。

（撰稿：张延超　审核：梁丽英）

融媒体中心

【概况】 新郑市融媒体中心，挂新郑市广播电视台牌子，为新郑市委直属正科级事业单位。新郑市融媒体中心现有领导班子成员4名（挂职1名），在职干部职工225人，全中心设办公室、人事科、党办、财务科、总编室、采访部、编发部、栏目部、文艺部、设计制作部、技术部、播控部、广告部、媒体发展部、影像视觉部、媒体监督部、5G事业部等17个部室，新郑市融媒体服务中心和新郑市广播电视网络服务中心两个二级机构。新郑市融媒体中心坚持贯彻落实党中央关于媒体融合发展工作的方针政策和决策部署，在履行职责的过程中坚持和加强对媒体融合工作的集中统一领导。主要职责是：贯彻党的新闻舆论工作路线、方针、政策，传播政经资讯，办好电视、报纸等传统媒体，推动与“两微一端”等新兴媒体融合发展，促进地方社会经济文化发展。

2022年是党的二十大召开之年，是奋进“十四五”、全面建设社会主义现代化国家的关键之年。新郑市融媒体中心紧紧围绕习近平总书记关于融媒体建设工作重要论述和重要指示批示精神，全面落实各级党委、政府决策部署，守正创新，踔厉奋发，以全新态势起航，开启传统媒体和新兴媒体融合的精彩变革，各项工作高质量推进，取得了明显的成效，为新郑加快建设现代化全国一流中等城市提供了强有力的精神动力和舆论支持。

【党建引领】 坚持以党建工作为引领，贯彻落实新时代党建工作新要求，制定《新郑市融媒体中心2022年党建工作要点》《新郑市融媒体中心2022年度理论学习中心组学习计划》，开展集中学习36次、自主学习30次，组织主题党日活动12次，撰写心得体会466篇，上报工作简报60余期。围绕党的二十大召开，开展党组织书记讲党课、参观新郑县抗日民主政府旧址、重温入党誓词等一系列党建活动，进一步增强广大党员的党性

5月30日，新郑市融媒体中心举办2022年我们的节日·端午节书法交流活动
（融媒体中心/供图）

意识。组织中心4个党支部开展“三亮一争”活动，树立“先进党支部示范岗”2个、“党员示范岗”5个。以“能力作风建设年”活动为契机，结合支部联建、基层党组织“三起来”“红色微光”志愿服务、文明城市创建等具体工作，深入践行“用脚步丈量工作法”，提升了120余名党员干部的精气神，实现了能力作风建设年活动与加强融媒体工作双促进双提升。

【新闻宣传】 新郑市融媒体中心充分发挥主流媒体作用，讲好新郑故事，树好新郑形象，传播好新郑声音。聚焦全市中心工作，先后策划《聚焦新郑两会》《非凡十年·出彩新郑》《党旗飘起来 党徽亮起来 党员动起来》等系列栏目。《奋进新征程·遇见新气象》《一村一社区一明白人》《我们的新时代》等系列报道，全面、动态把握新郑热点，感知新郑发展的精彩律动，精心打磨农民作品，不断提升新郑知名度。《市委书记带你逛新郑》获第四届中国融媒创新发展年会“2022年优秀区域融媒创新发展最具品牌影响力短视频TOP10”奖项。《千城十年记·新郑之新》《我是黄帝故里 我在河南新郑》等作品登上新华社、人民日报客户端，成为爆款产品，在全国引发了热烈反响，极大地刷新了新郑的知名度和美誉度。央视《新闻直播间》《朝闻天下》等栏目多次聚焦新郑丰收图景，点赞农民增收渠道。组建《徐光春书记与新郑》采访组，再现他与新郑有关的点点滴滴，记录黄帝故里人民对河南老书记的无限追思，文章一经推出便引发广泛热议，网友盛赞“新郑领导 新郑人民有情义”“新郑人厚道”。《致敬经典系列》《龙湖 静待美好》《主播说防疫》发挥了主流媒体的引导作用。《遇见新郑》《秋分之下 丰收之时》《总编话“三夏”》展现了新郑城乡发展的巨变。《公益助农》《万人助万企》《新郑融媒企业行》为农发声、为企纾困，帮助政府分担解决疫情期间群众和企业的“急难愁盼”。新郑融媒人还创新报道方式，用一篇篇超10万次阅读量的微信推文，一篇篇掷地有声的《新郑观》评论，一张张精美的海报图片，为新郑经济社会发展鼓与呼，创新策划《早安新郑》《新闻周例会》等栏目，确保新闻宣传分层次、分众化、分时段传播。

【媒体融合】 2022年5月，新郑市融媒体中心对采编业务部室组织重构，对新闻生产流程优化重塑，实现新闻采编流程再造。形成“一次采集、多元生成、多端发布、立体传播”的新闻生产新流程和新格局，构建起新郑广播电视台、《郑州日报·新郑新闻》、“云上新郑”客户端、新郑发布，新郑融媒、新郑广播电视台微信公众号和视频号、新郑融媒抖音号、头条号、微博号、小红书、爱奇艺等14个传统媒体与新媒体融合发力的传播矩阵。2022年10月13日，“学习强国”学习平台新郑融媒号正式上线，成为郑州首家上线的县级融媒号，全年发稿量951篇，遥遥领先郑州各区（县）市，持续位居郑州市首位，全方位展示新郑在政治、经济、文化、社会和生态文明等方面的工作成就。为探索造血新模式，融媒体中心还紧随潮流，把编辑间变成直播间，引导广告等部门探索抖音直播、主播带货、饮食探店等新型业态方式，投身提振经济主战场，实现媒体与商户间的相互赋能。2022年，融媒体中心各平台累计发稿13550条，发布短视频1280个，各平台粉丝总量超75万。精心打造“云上新郑”客户端、“网络问政”专栏，使其成为沟通民意、疏解难题的重要渠道。2022年共收到问政信息564条，回复564条，民意民生实现有效传递，搭起政府和民众之间的连心桥。

【安全播出】 加强关键岗位值班力量，全面排查各类安全隐患，开展安全保障应急演练，进一步提升紧急状况的应急处置能力，全面保障安全播出。2022年，圆满完成人大、政协两会以及壬寅年黄帝故里拜祖大典现场直播、2022年白居易诗词文化季、华夏“郑”月明——新郑2022中秋音乐诗会、新郑市庆祝第七个“中华慈善日”暨“新郑慈善助乡村振兴”公益慈善活动、2022年新郑市乡村振兴新闻发布会等重要直播活动，以及全国两会、党的二十大等重要时段的安全转播任务，实现了广播电视安全播出零事故的目标任务。

【制度建设】 在做好新闻宣传报道工作，积极推进融媒事业发展的同时，不断加强新闻工作队伍建设和管理制度建设。密织“制度网”，规范流程。对新闻采编流程进行调整，制定《新郑市融媒体中心编委会工作制度》《新郑市融媒体中心“三审三校”管理制度》《新郑市融媒体中心视频发布流程及流程》等，进一步规范流程，减少差错，实现电视新闻的提速、提质。整理“错题本”，强化学习。收集电视值审、微信、云上新郑、报纸、电视新闻、“学习强国”学习平台等编审过程中出现的错误，整理出《每周差错汇总》，发给各部室领学，增强业务知识的学习。打造“排位赛”，点燃热情。启动业务素能“金秋排位赛”，根据采编人员新闻作品的数量、质量、传播量等进行考核排名。设置全能之星、辅助之星、勤奋之星、强国之星、人气之星和创意之星等奖项，结果统一进行公示，对成绩优异者进行表彰奖励，大大激发了大家比学赶超的热情，增强了中心采编人员个人综合业务能力。

【广播电视网络服务】 秉承“快速、高效、优质、满意”的服务宗旨，始终坚持“用户满意是我们永远的追求”的工作目标，实行“分片包干，责任到人”的工作方法，严格做到当天报修，当天维修到位。全年共受理用户电话8000多个，入户维修5800多次，维修调试机顶盒3100台。办理有线机顶盒369台，无线机顶盒1054台，新安装用户320户。维护抢修线路问题130多次，更换城市窨井盖20多处，配合新华办、新烟办、新建办等老旧小区改造10余处、楼房23栋，完成线缆改造3000多米，确保了电视信号传输、安全播出无事故。为实现融媒事业多元化发展，深度参与媒体融合项目和市场拓展，2022年9月29日，新郑市融媒体中心经市委、市政府批准，成立新郑市新传融媒有限公司，加快推进广电通信、光纤网络建设及广电192号段的5G业务覆盖，负责“新闻+政务服务商务”媒体深度融合业务体系和发展广电5G网络通信及192号段推广业务。

（撰稿：任文举　审阅：刘象乾）

党校工作

【概况】 中共新郑市委党校现有干部职工27人，全部为本科以上学历，其中，硕士研究生学历12人，高级职称9人，中级职称4人。设有办公室、培训科、党的建设科、后勤科、市情研究室、宣讲中心6个科室。2022年，中共新郑市委党校全面贯彻习近平新时代中国特色社会主义思想和党的二十大精神，严格落实《中国共产党党校（行政学院）工作条例》，坚持党校姓党，忠诚于党，团结敬业，求实创新，踔厉奋发，勇创一流，按时高质量完成了各项工作任务，取得了突出的成绩。

【年度获得荣誉】 被郑州市委党校、郑州市人力资源和社会保障局命名为2017—2021年度郑州市委党校系统先进分校；获全国党校系统第四届临空经济发展论坛优秀组织奖；被中国疾控中心命名为2022年全国优秀健走组织单位；被新郑市委、市政府命名为2021年度新郑市综合工作先进单位和2021年度新郑市创建国家园林城市先进单位；被新郑市委宣传部、新郑市人社局命名为2021年度新郑市宣传思想文化工作先进集体；被新郑市委统战部、新郑市人社局命名为2021年度民族宗教工作先进集体；被新郑市爱委会命名为2021年度支持国家卫生城市复审先进单位；被新郑市节能办命名为2021年度节能工作先进单位；被新郑市委宣传部评为2021年度全市“学习强国”先进单位。

【干部教育培训和理论宣讲】 紧紧围绕市委、市政府中心工作，充分发挥党员干部教育培训主阵地主渠道作用，通过“线上+线下”相结合的培训模式，推进党员干部教育培训工作科学化规范化制度化。2022年，党校共举办各类培训班12期，培训人数达3000余人。主要包括：新郑市乡科级领导干部培训班、新郑市中青年干部培训班、新郑市党员发展对象培训班、市党员骨干示范培训班和市基层党支部书记培训班等。同时，与新郑市应急管理局等部门联合举办新郑市应急管理领导干部业务能力提升培训班等相关专题培训班。组织骨干教师深入全市农村、企业、机关、学校、社区等进行党的创新理论和党的二十大精神宣讲共120余场，受教育人次达1.8万人次。以实际行动促进党的创新理论和党的二十大精神在全市落地生根，开花结果。

在干部教育培训工作中，积极探索干部培训线上教学新路子，2022年下半年，受疫情影响，线下培训班无法集中举办，创新采用“线上直播”教学方式，举办2022年新郑市党员发展对象培训班、市党员骨干示范培训班、市基层党支部书记培训班等班次，既解决了疫情期间无法正常开展现场培训的难题，又满足了党员干部的培训需求。构建干部培训教学课程创新体系，把学习习近平新时代中国特色社会主义思想作为中心内容和首要任务，构建涵盖党的二十大精神、党章党纪、“四史”、省市党代会精神、党的建设、国内外形势教育、乡村振兴、领导科学、依法行政、生态文明建设等30个专题的课程体系。建设高规格多层次的培训师资库，线下教学中，邀请新郑市委书记马志峰每年为培训班学员讲授第一课，所有市

6月21日，中共新郑市委党校2022年春季学期主体班开班（中共新郑市委党校/供图）

委常委先后到党校为学员授课，同时，邀请中央省市党校及高校知名专家教授以及新郑市部分局委领导作为师资库成员为学员授课。线上教学中，不仅安排党校教师现场直播授课，还通过中央党校网上党校播放资深专家教授的授课视频，让学员共享学习盛宴。打造一批主题鲜明的现场教学精品线路，联合好想你健康食品股份有限公司、龙湖镇泰山村千稼集新建党性教育基地2个，开辟以传承红色基因、建设现代农业暨乡村振兴、弘扬黄帝文化和构建现代化产业体系等为主题的4条教学线路，为教育培训提供丰富的现场教学资源。6月30日，省委组织部调研组到党校调研检查全省党员教育示范性县级党校工作，对党校党员干部教育工作给予高度评价。

【理论建设和科研咨政】 举办全国党校系统第四届临空经济发展论坛，经新郑市委同意，2022年12月，学校成功举办了线上全国党校系统第四届临空经济发展论坛。历时8个多月，先后收到北京、重庆、四川、云南、湖北、陕西和河南7个省直辖市的13家地方党校提交的论文31篇，评选颁发一、二、三等奖和优秀奖，编辑出版了《第四届临空经济发展论坛论文集》，为地方发展临空经济建言献策，受到了一致好评，引起强烈反响。编印中共新郑市委党校2021年鉴《奋进岁月 未了记忆》一书，该书是继本校前三部校史之后的第4部专著，全面记载了党校2021年各项事业高质量发展成果。新开发教学专题10个，主要包括《全面建设社会主义现代化国家的政治宣言和行动纲领——学习贯彻党的二十大精神》《当前国际形势讲座》《认真学习新党章，做知行合一党员》《旗帜鲜明做好新时代意识形态工作》和《牢牢把握以中国式现代化推进中华民族伟大复兴的使命任务》等教学专题。撰写发表一批调研课题、理论文章和信息，成功结项郑州市委党校调研课题10项，在全国CN刊物公开发表理论文章5篇，论文获各类征文活动奖项13篇，2篇讲稿被收录进郑州市委党校编辑的教材和论文集中。同时，在上三级发表信息100余篇，其中多篇信息被人民日报社主办的《人民资讯》、省委党校网站、《郑州晚报》、郑州市委党校网站和云上新郑等平台转载刊登。

【自身建设】 不断加强人才队伍建设，连续第二年引进硕士研究生2名。选派5名教师先后参加省委党校和郑州市委党校组织的素能提升培训班学习，不断提升教职工队伍整体素质。大力推进开门办学，2022年，在原有党性教育基地的基础上，在好想你健康食品有限公司和泰山村千稼集新建立了2个现场教学党性教育基地，与新郑市供电公司开展党建联谊活动。与郑州西亚斯学院马克思主义学院签订结对共建协议，联合开展马克思主义中国化时代化课题研究，在教育培训、政策宣讲和科研攻关等领域，实现资源共享，优势互补，合作共赢。打造一流校园网站，新郑市委党校网站自2012年开通后一直健康运营，当前，是全省唯一一家拥有自己独立门户的县级党校网站，被评为优秀网站。2022年，对网站内容板块及时更新完善，内容涵盖党校概况、院校动态、干部培训、精神文明建设、理论建设、信息化建设等，全面充分展示了新郑市委党校向全国一流县级党校迈进的奋进历程。

【党建工作】 严格落实党委中心组理论学习制度、民主生活会制度、重大事项请示报告制度等，坚持重大事项必经集体讨论研究决定，全年共专题研究全面从严治党工作4次，召开校务委员会2次、“三重一大”工作会议3次，校领导带头讲党课4场，培养入党积极分子1名。与市供电公司共同开展丰富多彩的“红五月”党建联谊活动，实现校企共建、资源共享、合作共赢。

【意识形态工作】 将把意识形态工作纳入党校党建工作中，全年召开意识形态工作安排会和意识形态领域风险研判分析会议2次，意识形态联席会议4次。严把外聘师资政治关和教师宣讲、讲稿文章审核关，进一步加强意识形态工作的管理，弘扬主旋律，传播正能量，筑牢主阵地。

【党风廉政建设】 把党风廉政教育纳入党委中心组、民主生活会和党支部“三会一课”学习内容，上好廉政党课，建设校园廉洁文化长廊，利用电子显示屏、宣传标语、廉洁电脑桌面等载体，加强“清廉机关”建设。将廉洁文化教育纳入党校主体班培训课程，及时学习典型案例，以案释纪，以案促教，确保全年没有任何不良问题发生。

【争先创优工作】 圆满完成全国县级党校办学质量评估验收工作。2022年是全国县级党校办学质量评估验收之年，学校对照评估标准细则，科学组织，精心安排，高标准做好评估验收各项工作。经郑州市委组织部和郑州市委党校综合评定，学校获郑州市县级党校（行政学校）办学质量评估“优秀”等次。高标准创建省级文明标兵单位，将创建活动融入日常，全员参与、全员创建，积极开展“我们的节日”、文明风尚、诚信守法、学雷锋志愿者服务和慈善捐款活动。投资新建了新时代文明实践站，打造校园文化长廊，新安装超大电子彩屏，流动播放上三级文明办相关精神文明建设视频和公益广告。三是高标准创建省级健康单位，以保障教职工健康为根本出发点，聘请新建路社区卫生院副院长担任学校健康顾问，每年组织教职工进行健康体检，定期召开健康知识讲座，新建健康小屋、心理调适实训室，购置安装室内外健身器材，建设校园健康步道，开展职工工间操活动，加强校园健康文化建设。同时，组织教职工开展“万步有约”健走活动。

【基础设施建设】完成综合楼装修配套工程，楼内全部进行粉刷装饰和线路改造，建设具有党校特色的校史馆、新时代文明实践站、新闻发布实训室、心理调适实训室，更新了办学办公桌椅书柜等。推进智慧党校一体化平台建设，综合楼一楼已安装投用虚拟迎宾、自助报到机、智能引导机，大报告厅安装有高清录播系统、各楼层的电子班牌安装到位投用。各个会议室、教室和学员讨论室全部配齐了投影仪、彩色显示屏、音响等设备，全面提升了党校办学信息化数字化程度。为党校西门安装智能门禁和车辆出入识别系统，新建校园供配电房，新购置30台电脑学习一体桌、图书1200余册，安装图书智能管理系统和图书防盗系统等。2022年，学校强力推进学员服务中心建设暨校园升级改造工程建设进度和质量，召开工程建设推进会10余次，校党委书记、常务副校长、三级调研员王向阳带领有关人员每日到工地督查工程建设进度并现场办公解决问题。各施工单位克难攻坚，安全生产，质量第一，强力推进，顺利完成了年度预期目标，全面改善了办学条件。建筑面积由7000平方米提升到2.5万平方米，建有能容纳500人的大型报告厅1个、300人中大型报告厅1个、200人中型报告厅1个、100人小报告厅3个、多功能教室和讨论室26个，全部配齐彩屏或投影。同时建有图书馆、电子阅览室、文体中心、中央党校远程教育B级站、录播厅、新闻发布实训室、心理调适实训室以及智慧党校一体化平台等教学设施。一所环境优美，设施完善，功能齐全，能够同时容纳320人学习、食宿、健身需求的现代化精品党校正全面投用，为创建全国一流县级党校奠定了坚实基础。

（撰稿：韦丽林　审阅：王向阳）

信访工作

【概况】新郑市信访局在市委机关大院。在职干部职工37人，下设新郑市人民来访接待中心（正科级），内设办公室（调研科）、督查科（复查办）、接访科（联席办）、网信科、手机信访科、群众工作科。2022年，全市上下深入学习贯彻习近平总书记关于加强和改进人民信访工作的重要思想，全面健全夯实各项信访工作机制基础，努力把信访制度优势转化为解决信访问题、化解突出矛盾的社会治理效能。市信访局获评新郑市2022年度综合工作先进单位，获平安建设奖优秀单位称号；获评新郑市2022年度宣传思想文化工作先进集体、新郑市三八红旗集体。

【群众信访】2022年，新郑市信访工作围绕《信访工作条例》贯彻落实主线，围绕“基础、攻坚、保障”三个方面，健全“四项机制”，创新“三级”模式。通过手机信访、网上信访、电话信访等非走访方式反映问题更加便捷，群众非走访量是走访量的4倍，成为新郑市多数群众信访投诉的首选方式。

【条例贯彻】2022年1月24日，习近平总书记主持召开中央政治局会议，审议批准《信访工作条例》，2月25日，中共中央、国务院发布《信访工作条例》，5月1日起，《信访工作条例》施行。5月，全市上下开展以“贯彻信访工作新条例，坚持人民信访为人民”为主题的集中宣传月活动，通过周密部署，各级党政领导干部带头学，基层干部深入学，采取“线上+线下”宣传模式，提高宣传覆盖率、群众知晓率，在全市营造办事依法、遇事找法、解决问题用法、化解矛盾靠法的良好环境。

【源头预防】2022年，全市上下坚持落实定期集中排查、“清单化+警示函”交办、“13710”机制落实、日提醒日调度周研判月讲评、督查督办等五项风险排查交办工作机制，及时排查发现处置各类矛盾风险，坚持落实“三交办”（交办属地及分包联系县处级领导、交办行业单位及分管行业领导、交办8个工作专班），实施“三提醒”（提醒当前辖区信访形势，提醒突出信访问题，提醒工作改进建议），整合基层网格力量，形成排查、交办、落实、反馈、督导闭环管理体系，推动矛盾风险及时就地化解。

【畅通渠道】2022年，全市大力推动“用脚步丈量”工作法，建立“三级”书记带头抓，分管领导全力抓，上下联动、齐抓共管的工作格局。带头落实责任，建立书记市长直接抓研判落实，乡镇主要领导侧重抓排查化解，村级“两委”负责人重点抓基层治理的第一责任人责任体系。市委书记马志峰带头每周定期组织召开全市社会安全专题会议，研判突出问题，部署信访工作，市委常委会会议、市政府常务会坚持每月定期研究信访工作，专题推进。书记市长共组织召开各类信访工作专题会议18次，对信访工作做出指示批示36次。市乡两级接待场所24小时敞开大门全天候接访，2022年，全市四大班子领导共接待处理信访案件274批661人，各单位共接待713批1026人，其中书记市长共18次接访，接待群众34批187人。带头下沉约访，开展“领导干部下沉基层活动”，县处级领导干部带头，每周

3月18日，群众对信访局处理的信访结果满意，送锦旗表示感谢（信访局/供图）

五会同市、乡、村三级干部，深入乡镇接访约访处访。2022年，市长马宏伟分别到观音寺镇、教育园区（龙湖镇）等辖区6次实地调研约访，推动问题化解。带头包案推动，县处级包案领导带头落实领导包案责任，每周带案下访，与责任单位共同推动案件化解。

【创新机制】 2022年，市信访工作不断探索建立工作机制，充分发挥市乡两级信访联席会议和调度研判会议作用，创新实施新郑市“信访八条”，形成“党政同责、一岗双责，属地管理、分级负责，谁主管、谁负责”的信访工作责任体系，为强力推动信访问题解决提供有效途径。

【专项活动】 2022年，全市聚焦源头预防，开展“大起底、大化解”专项活动，聚焦问题化解，开展重复信访积案专项治理活动，组建“1+4+N”疑难信访案件分析研判工作专班（“1”为政法委牵头，“4”为市公安局、市检察院、市法院、市司法局分管领导和业务骨干，“N”为信访局、涉事单位、属地相关人员），对重大疑难信访案件定期研判会商，全力推动疑难复杂问题化解，维护群众合法权益。

【工作会议】 4月1日，市委副书记石玉组织召开新郑市重复信访积案集中专项治理工作动员部署会，市领导秦洪源、朱海新、范超杰，各市直单位主要负责人，各乡镇（街道、管委会）分管负责人参加了会议。会议通报了“脚步丈量解民难 增强能力化积案”专项攻坚活动开展情况，对下步工作进行了安排部署。

4月20日，市委副书记石玉组织召开新郑市重复信访积案集中专项治理工作推进会，市领导秦洪源、朱海新、吴小锋，三个专项行动组牵头单位、各乡镇（街道、管委会）主要负责人及相关市直单位一把手参加了会议。会议通报了全市重复信访积案集中专项治理工作开展情况，三个专项行动组通报了各组工作开展情况，工作任务重的单位进行了表态发言，对下步工作进行了安排部署。

7月11日，市委书记马志峰组织召开信访案件化解工作汇报会，市领导黄卫东、刘文胜、吴小锋、王国豪、徐平福，市委办、市纪委监委、市委政法委、市督查局、市公安局、市信访局主要负责人，涉及案件的乡镇（街道、管委会）党政正职和市直单位主要负责人参加。会议专题研究了3起疑难信访案件，市委书记马志峰会同责任单位逐一研判，深入分析问题症结，分类研究政策，推动问题化解。

8月5日，市委书记马志峰组织召开全市信访工作会，逐一听取16起重复信访治理未化解案件情况汇报，与县处级包案领导、责任单位主要负责人和法律顾问，从情、法、理等多方面分析研判，制定化解方案，推动疑难案件化解。市领导黄卫东、李峰、刘文胜、吴小锋、王国豪、徐平福，市委办、市纪委监委、市委政法委、市信访局、市督查局、市公安局主要负责人参加会议。

10月7日，市政协主席黄卫东组织召开全市信访工作加压促阵会，会议由市政府四级调研员黎同炎主持，市法院党组书记、院长吴小锋参会，市委政法委、市信访局主要负责人，各乡镇（街道、管委会）党政主要负责人，市直相关单位主要负责人参加了会议。会议通报了近期全市信访工作情况，传达了10月2日郑州市信访联席会议全体成员会议精神，宣读了《关于加强信访工作管理的相关规定》。

（撰稿：李　亚　审阅：丁　毅）

机构编制

【概况】 中共新郑市委机构编制委员会办公室，位于人民路西段277号，是中共新郑市委机构编制委员会的办事机构，作为市委工作机关，归口市委组织部管理，为正科级，挂新郑市事业单位登记管理局牌子，负责全市行政管理体制改革和机构改革、机构编制管理、事业单位登记管理。内设综合科、机构编制管理科、机构编制监督检查科、编制审核科、登记管理科。实有人员26人，领导一正三副。下属事业单位新郑市事业单位登记中心（正科级）一正一副、机构编制信息中心（副科级）一正。2021年新郑市机构编制工作获评“新郑市绩效考核优秀单位”，2021年先后获评“河南省节能型机关”“郑州市文明单位”“新郑市综合工作政务服务质量奖”“新郑市创建全国文明城市提名城市工作先进单位”“新郑市先进基层党组织”等。

【体制改革】经市委常委会研究印发了《新郑市深化乡镇管理体制机制改革实施方案》，将龙湖镇、薛店镇、孟庄镇、郭店镇、辛店镇、新村镇、和庄镇划分为规模较大乡镇，综合设置12个机构，将城关乡、梨河镇、观音寺镇划分为中等规模乡镇，综合设置11个机构。财政、自然资源、市场监管部门设在乡镇的机构一律下放，实行属地管理，业务接受上级部门指导。经市委编委会研究，10个乡镇的“三定”规定已全部印发，《新郑市乡镇职责清单》《新郑市“属地管理”事项主体责任和配合责任清单（试行）》已经印发，《新郑市交由乡镇人民政府集中行使的行政处罚职权目录（试行）》也已研究并上报郑州市委编办。10个乡镇的内设机构、事业单位全部挂牌到位。逐步完善综合行政执法规范化建设。各乡镇在原便民服务中心的基础上，按照行政审批服务标准化建设要求，初步建立运行机制。制定了乡镇综合行政执法大队、平安建设办公室建设验收标准，对各乡镇的创建验收评估工作正在积极推进。

【机构改革】持续跟踪了解市直部门“三定”规定执行情况以及改革后部门间职责划分、权责界定等情况，及时梳理研究解决相关问题，推动部门依法高效履职。根据经济社会发展和形势任务变化，适时调整优化市直部门内设机构设置，指导市直部门理顺内部职责交叉，优化内部工作流程，推进职能、业务、人员全面深度融合，提高效率效能。具体工作中，为进一步加强应急管理体系建设，系统查找应急管理领域机构设置、部门职责界定等方面存在的短板弱项，有针对性地优化了应急管理局职责配置、调整了其内设机构设置；为确保高质量推进紧密型县域医共体建设工作，取消新郑市公立人民医院、新郑市辛店中心卫生院等15个公立医疗机构股级规格，并核定了新郑市公立人民医院总员额750名；为进一步加强社区卫生服务体系建设，成立新郑市龙湖镇祥和路社区卫生服务中心等3家社区卫生服务中心；为加强全市新型智慧城市运行管理工作，将新郑市投资项目审批代办服务中心更名为新郑市新型智慧城市运行管理中心；加强房屋征收工作，调整增加新郑市房屋征收事务中心职能职责；加强全市建设安全监管工作，成立新郑市建设安全监督站；根据单位职责任务变化，调整优化市住房和城乡建设局、市退役军人事务局、市人社局等部门的内设科室设置及职责配置。

【放权赋能】省、郑州市赋予的255项经济社会管理权限下放后，新郑市主动谋划、多措并举，全面承接落实。建立配套措施，印发了《中共新郑市委机构编制委员会关于印发〈承接255项郑州市经济社会管理权限工作实施方案〉的通知》《新郑市深化“放管服”改革推进审批服务便民化领导小组关于调整新郑市发改委等21个部门部分行政权责事项的通知》；建立工作联系群，制作了《放权赋能改革工作联络表》；建立工作推进台账，细化13项统计指标；建立工作督导机制，将放权赋能改革情况纳入《新郑改革》专刊。受疫情影响，2022年全年累计办理业务28666件。

【开发区机构编制管理】按照中央、省、郑州市关于规范开发区机构编制管理的要求，积极推进规范开发区机构编制管理工作。在前期对开发区进行调研摸底的基础上，根据上级关于推进开发区整合提升的要求，印发了新郑经济技术开发区管委会“三定”规定。

【事业单位重塑性改革】摸底调研，全面澄清数据底数。按照部署安排，依托实名制管理系统，及时对全市各层级各领域各类事业单位机构编制和运行情况进行全面调查摸底，深入了解各事业单位人员编制、职能配置等基本情况，梳理上报事业单位机构编制等基本数据，为推进事业单位重塑性改革提供翔实可靠数据信息。梳理问题，分类查清堵点难点。在机构编制日常管理和各类改革工作中，注重收集总结该市事业单位在实际运行过程中存在的问题困难，及时向上级部门反映有关问题。拟订改革方案。按照郑州实施意见文件要求和政策解释口径，郑州市要求新郑市涉改事业单位机构数量总体精减40%以上，涉改事业编制总体精减20%以上，其中事业全供编制精简比例不低于10%。同时，规定了新郑市涉改事业单位改革后机构限额141个。事业单位改革实行精简比例、机构限额“双控”。根据上级工作部署，拟订了新郑市事业单位重塑性改革方案草稿，多次就改革具体事项同涉改部门进行充分沟通，对部门事业单位如何改取得共识、达成一致。

【人才工作机构编制】专编专用、完善管理，优化人才编制使用，保障引进高层次人才用编需求。认真落实关于高层次人才引进工作部署，将人才需求与用人单位空编情况相结合，统筹编制分配利用，完成年度引进的高层次人才编制手续办理工作。控制总量、盘活存量，优化编制资源配置，保障专业技术人才用编需求。把有限的编制资源向民生等重点领域和基层倾斜，优先保障应急领域、疾控领域、“三支一扶”、军转干部退役士兵等基层一线和重点行业进人用编，招聘引进相关行业领域急需的高素质专业技术人才，为人才队伍梯次培养提供编制保障。

【机构编制管理】 通过深化改革、内部挖潜、动态调整等方式，既管住总量，又盘活存量，不断优化机构编制资源配置，为推动经济社会高质量发展提供科学的机构编制保障。为进一步加强疾控机构队伍建设，为市疾控中心增加42名事业全供编制，充分落实编制保障，缓解疾病预防控制领域编制资源不足问题。为进一步加强房屋征收工作，为市房屋征收事务中心增加事业全供编制10名，加强全市房屋征收编制人员力量。

【机构编制审核】 按照编办“三定”规定关于机关事业单位进人职责分工和上级相关文件要求，再次明确人事、财政等相关部门各自职责，进一步规范了新郑市的机关事业单位进人程序。全市所有行政事业单位招录、涉密岗位、政策性安置进人，必须履行机构编制审核程序。凡是未经编制部门同意设置的机构或未列入编制管理范围的，人事部门一律不予办理相关人事手续，财政部门一律不核拨经费。根据省、郑州市行政事业单位招录工作有关要求，进一步规范招录用编申报程序，严格机构编制审核，加强同组织、人社部门的沟通，把好招录申报工作编制关，及时上报招录用编计划。

【机构编制监督检查】 以宣传贯彻《中国共产党机构编制工作条例》精神为抓手，创新工作思路，严把机构编制事前、事中、事后各环节监督，提升机构编制监督检查工作水平，为打造机构编制管理规范化、科学化、法治化提供重要保证。

【事业单位登记管理】 共完成事业单位法人设立登记12个，变更147个，证书补领1个，规定时间内完成事业单位年度报告487个，年检率为100%；同时，在“信用新郑”网站上传528个事业单位基本信息，为社会公众提供便捷的查询和监督渠道。

（撰稿：高　培　审阅：陈军辉）

档案馆工作

【概况】 新郑市档案馆作为市委直属事业单位，机构规格相当于正科级。现有干部职工26人，班子成员一正三副，在职党员21人。基本任务是：贯彻执行中央、省、市有关档案管理的法律法规规章和方针政策；负责接收、征集、整理、保管新郑市重要档案、资料；负责向群众和机关企事业单位提供档案利用工作。

【党建工作】 始终把加强理论学习和强化队伍建设摆在首要位置，严格落实党建重点工作，认真落实“三会一课”制度，组织学习省委第十二次党代会、新郑市第七次党代会和党的十九届六中全会精神，鼓励党员干部利用干部网络学院、“学习强国”平台等进行学习，不断提高机关党员干部政治觉悟和政治能力。把学习贯彻好相关精神作为档案馆全体党员干部当前和今后一个时期的首要政治任务，并转化为做好各项工作的实际成效和强大动力。扎实开展党员理论学习。切实贯彻落实党中央、省、市关于开展政治理论学习的决策部署要求，不断丰富理论学习载体，组织专题学习，开展专题研讨，推动理论学习务求实效、走在前列。为全体党员订阅规定读本26套，组织集中专题学习会10次，专题党日活动12次，参加党的十九届六中全会精神专题宣讲1次，上专题党课4次。

【业务工作】 加强推进档案资源建设，根据工作需要，为丰富馆藏内容，克服目前库房容量不足的实际问题，适时调整档案征集办法，修订档案接收计划，有序开展档案征集接收活动。共征集接收资料59册。拜祖大典活动文件55件，合订本2本，《郑风》2本，疫情防控期间征集到书法家于疫情期间创作的抗疫书法相关图片10张和郑州市非遗项目传承人陈向阳的抗疫剪纸画一幅及《爱，感动每一个瞬间》《面对疫情，我泪目的瞬间》《白衣天使，2020年最美的雪花》《是你们温暖着这个春天》等抗疫作品。据不完全统计，截至2022年底，共接待查档群众5262人次，共提供档案资料17448卷（册）。严格落实常态化疫情防控措施。按照疫情防控总体要求，严格执行防疫制度，每天对提供利用窗口进行消毒，并对外来人员登记测温。通过优化档案利用流程、改善档案查阅条件和拓展电话查档、信函查档等多种方式，提升查档效率，全方位满足利用者查档需求。严抓库房日常安全管理。定期对库房通风、档案库房防潮防虫、档案密集架、电路、消防器材等相关设施设备进行检查，建立问题台账，及时排除隐患，确保馆藏档案安全。

（撰稿：税豫川　审阅：王志英）

接待工作

【概况】 新郑市委市政府接待办公室在市委机关大院。现有干部职工10人，主任1人，副主任2人。下设综合科、接待科和对外宣传科。2022年，我办坚持以习近平新时代中国特色社会主义思想、党的二十大精神为指导，紧紧围绕市委、市政府的中心工作，按照“接待也是生产力”的思路，以提高接待服务水平为目标、自觉增强责任意识，充分发挥接待“载体”功能，有效地推进了自身工作登台阶、上水平，圆满完成了壬寅年现场拜祖、农业农村部督导“三夏”生产工作组、省人大孔昌生一行开展安全生产“一法一条例”、香港河南联谊总会主席杨志红一行、中国联通集团董事长、党组书记刘烈宏一行等各种会议接待任务，较好地履行了接待部门的职能作用，为领导机关顺利开展工作、扩大对外交流、推动新郑市经济社会快速发展作出了积极贡献。

【接待工作】 认真学习《党政机关厉行节约反对浪费条例》《党政机关国内公务接待管理规定》《河南省党政机关国内公务接待管理办法》《郑州市党政机关国内公务接待实施细则》。作为切入点，完善工作制度，规范接待流程，加强内部管理，提升人员素质，强化队伍建设，做到简化礼仪而不失热情周到，完成接待任务而不超规定标准，减少陪同人员而不失工作高效，轻车简从而不失服务质量。

【接待程序】 结合新郑市接待工作实际情况，规范公务接待活动流程。精心制定接待方案。在接待活动中，根据市委、市政府的总体要求和部署，提前进行调查研究，科学制定接待方案，坚持实地踩点，从接待地点、宴会菜单、宴会布置到服务人员安排等方面逐一落实，征求意见，确保万无一失。明确责任。在接待任务中，按照统一指挥，分工负责，责任到人的工作原则，将任务、目标、措施、责任落实到具体责任人，各司其职，各负其责。细致服务。在菜肴选择上，宴会中上菜的时间节奏以及客房的取电卡是否插好、空调温度是否合适、卫生间洁具消毒是否合格等都一丝不苟，细心安排。审核总结。在接待活动结束后，加强公务活动财务审核，账单审批人和经办人手续完备，账单与报销票据对应相符，严格支出管理。同时，公务活动结束后，一事一记录，汇总信息，收集资料建立重要来宾接待档案，及时总结经验查找不足，进一步提升公务接待工作品质和层次。

【规章制度】 规范接待工作管理规定。结合新郑市实际，进一步建立健全接待工作规范，制定了《新郑市党政机关国内公务接待管理办法》，明确了接待范围、接待标准和操作流程，使工作能够坚持原则、有章可依，为做好接待工作奠定了坚实基础。理顺审批流程，严格控制浪费。加强同市委办、市政府办接待任务审批制度，由市委办主任、政府办主任签审接待单，公开接待任务、车辆使用等信息，杜绝随意开单，厉行节约。健全接待工作机制。从接待范围、工作程序、接待标准等方面，制定相应标准，并形成文件，使日常的接待工作逐步实现了程序化、规范化管理，使每一个从事接待工作的人员有章可循，有据可依，有序推动了工作的开展。制定接待工作制度。制定了“岗位职责、接待工作制度、学习制度、财经管理制度、文件管理制度、信息管理制度”等10项工作管理制度。

【队伍建设】 为更好地提升新郑市的接待水平和服务质量，市委市政府接待办建立健全学习制度，强化公务接待业务知识学习。结合《政务接待礼仪》《接待与交际》等相关书籍和杂志，加大人员对公务接待礼仪知识的学习，不断提高接待人员的政治素质，业务素质、文化素质。

（撰稿：李欢欢　审阅：李巧玲）

新郑市人民代表大会及其常务委员会

XINZHENG MUNICIPAL PEOPLE'S CONGRESS AND ITS STANDING COMMITTEE

·新郑市人民代表大会及其常务委员会 >>>

XINZHENG MUNICIPAL PEOPLE'S CONGRESS AND ITS STANDING COMMITTEE

综　述

【概况】 2022年市人大常委会坚持以习近平新时代中国特色社会主义思想为指导，深入贯彻落实党的十九大和十九届历次全会精神，认真学习贯彻党的二十大精神，在市委的坚强领导下，紧紧围绕全市经济社会发展大局，切实履职尽责，主动担当作为，圆满完成了市六届人大一次会议确定的各项工作任务，实现了新一届人大常委会工作的良好开局，为推动新郑经济高质量发展、加快建设现代化全国一流中等城市作出了积极贡献。一年来，共召开常委会会议6次、主任会议1次，听取审议“一府一委两院”专项工作报告28个，作出决议决定7项，组织视察调研、执法检查活动16次。坚持党管干部原则与人大依法任免相统一，任免地方国家机关工作人员75人次，为经济社会发展提供了人才支持和组织保证。

【坚持党的领导】 市人大常委会旗帜鲜明讲政治，坚定政治立场，把牢政治方向，始终把党的领导贯穿于人大工作全过程、各方面。

市人大常委会把学习宣传贯彻习近平新时代中国特色社会主义思想和党的二十大精神作为首要政治任务，分别召开党组会议、主任会议、常委会会议，学原文、悟原理，推动习近平新时代中国特色社会主义思想和党的二十大精神入脑入心、走深走实。严格落实“第一议题”制度，召开党组会议16次、理论学习研讨会议12次，深入学习习近平总书记重要论述、重要讲话精神，切实增强“四个意识”、坚定“四个自信”、捍卫“两个确立”、做到“两个维护”。全面落实中央、省委和郑州市委人大工作会议精神，研究贯彻意见，细化任务分工，确保各项要求落到实处。

市人大常委会始终坚持市委统一领导，及时向市委请示报告重大事项、重要问题18项，确保人大工作正确政治方向。主动对标市委中心工作，做到思路谋划围绕中心、工作部署突出中心、监督重点紧扣中心，勇于担当、积极作为，依法行使监督权、决定权和人事任免权。

积极作为抓实重点工作。按照市委统一安排，市人大常委会各位主任牵头或参与了“九项工程”建设指挥部的工作，积极投身全国文明城市创建和拜祖大典环境综合整治、华南城建设、经开区建设等重点工作，坚持靠前指挥、现场办公、身体力行，全力全速抓推进、抓落实，圆满完成了人大承担的任务。深入开展“万人助万企”活动，精准对接分包联系企业，送政策上门、解发展难题，支持企业做大做强。参与做好问题楼盘、信访积案化解等关键节点工作，带头进村调研、入户走访，察民情、解民忧，为维护全市大局和谐稳定贡献力量。

深入一线做好疫情防控，积极应对新冠疫情。向人大代表发出倡议，动员各级人大代表在各个领域、各自岗位发挥作用。全市各级人大代表、人大系统干部立足本职岗位，冲锋在前，责任上肩，捐款捐物，展现了强烈的政治担当和良好的精神风貌。

【依法履职尽责】 市人大常委会深入践行新发展理念，紧扣中心工作，依法履职尽责，实行正确监督、有效监督、依法监督，全力推动新郑经济高质量发展。

围绕提升经济运行质量，加强财

政预决算审查监督，先后听取审议了市政府关于2022年上半年国民经济和社会发展计划执行情况的报告、2022年上半年财政预算执行情况的报告以及财政收支审计工作情况的报告，审查批准了2021年财政决算和2022年地方政府债券分配使用意见及预算调整方案，并作出相关决议，为经济社会持续健康发展提供坚实财力保障。围绕加强国有资产监管，提高国有资产管理水平，审议了市政府关于2021年度全市国有资产管理情况的综合报告，提出要强化制度落实成效，优化经营业绩考核体系，健全金融机构激励约束机制，推进资产管理与预算、财务管理相结合，实现国有资产保值增值、国有资源可持续发展。

助力经济健康发展，牢固树立"项目为王"意识。聚焦"三主三新"产业发展，持续对"九项工程"、工业经济运行、"三个一批"项目建设和招商引资开展视察、调研，把脉问诊，解决难题，提出开展全民招商、强化项目储备、注重科技创新、发展新兴产业等建议，推动了项目建设量质并举。紧盯营商环境优化，在人大代表中聘任营商环境监督员，连续两年开展营商环境执法检查，一对一访谈企业、解决问题，优化了营商环境，提升了新郑形象。坚定不移实施乡村振兴战略，针对农村产业投入资金不足、基础配套不完善等问题，先后视察调研了农村人居环境整治、农村集体经济发展等工作，支持政府优先将政策、资金等资源向农村倾斜，深化城乡融合、做强现代农业，建设宜居宜业和美乡村。

促进生态环境保护，践行绿水青山就是金山银山的理念。持续开展生态环境保护专项监督，跟踪《固体废物污染环境防治法》和《郑州市城市生活垃圾分类管理办法》执法检查反馈问题整改，推动固体废物规范化治理和生活垃圾资源化处理。听取审议市政府生态水系建设和年度环境保护工作报告，实地察看水利工程建设、节水型城市创建、城区游园和古枣林公园建设等工作，将收集到的问题反馈到相关部门，要求加强综合治理、提高监管能力、持续整改问题，促进生态环境质量持续改善，让人民群众共享蓝天碧水。

推动民生福祉改善，紧盯教育就业、医疗卫生、社会保障等群众急难愁盼问题，用足用活听、审、问、评等监督方式，加快补齐民生短板，持续增进民生福祉。围绕幼有所育、学有所教，深入一线调研，优化学校布局、整合教育资源，督促有关部门新建、改扩建中小学、幼儿园21所，新增学位5210个；新建普惠托育中心12个，提升了3岁以下婴幼儿普惠托育服务能力；专题调研艺术体育类校外培训机构监管情况，进一步规范培训机构经营管理和资金监管，多措并举推进一体化管理服务，有效释放文化艺术和体育类社会资源，保护家长、学生合法权益，人民群众满意度明显提升。围绕老有所养，专题视察养老服务体系建设，督促政府建成3个街道养老服务中心、67个社区日间照料中心，提升了养老服务水平。围绕行有所安，对代表履职过程中发现部分学校周边交通安全问题，提出建设过街天桥建议，经多方调研论证，市政府在子产路、少典路新建了两座过街天桥，确保了学生出行安全。围绕病有所医，对公共卫生服务体系建设进行视察调研，建议政府加大医疗卫生事业投入，新建、改造医养中心5个，对87个村卫生室医疗设备进行升级改造，提升了医疗服务品质。围绕医有所保，专题对医保资金使用情况进行审议监督，跟踪问效，督促医保部门加大医保基金监管力度，切实管好用好人民群众的"救命钱"。围绕残有所扶，专题听取残疾人社会保障体系建设情况汇报，全力保障残疾人合法权益，督促有关部门对361名符合条件的残疾儿童进行康复救助，2913名残疾人领到了通信补贴。

【依法治市】 市人大常委会深入贯彻习近平法治思想，着力加强法律监督，切实维护宪法和法律权威，持续推动法治新郑、法治政府、法治社会一体建设。

弘扬法治精神，切实加大普法教育力度。认真做好宪法、民法典等法律法规的宣传教育，共举办"送法进单位"、宪法宣传日等活动10余场次，营造学习、尊崇、维护宪法的浓厚氛围。不断改进人事任免工作，完善干部任前法律知识考试、任职发言、颁发任命书、宪法宣誓等工作程序，组织宪法宣誓55人次，有效增强了被任命干部的法治意识。严格执行新修正的地方组织法，听取规范性文件备案审查工作情况报告，将监委、法院、检察院的规范性文件同步纳入备案审查，切实维护法治统一。

推动法律实施，牢牢把握执法检查前宣传发动、检查中上下联动、检查后督促整改三个环节，专题听取《中华人民共和国消防法》《宗教事务条例》贯彻落实情况汇报，深入开展《物业管理条例》《中华人民共和国安全生产法》等法律法规执法检查，查找问题不足，提出改进意见，推动执法"短板"及难点问题有效解决。配合省、郑州市人大完成了《河南省人力资源市场条例》《郑州市家庭教育促进条例》等立法调研和征求意见工作，为有关法规的制定和修改提供了参考和依据。

强化司法监督，首次听取市监察委专项工作报告，建议大力提升监察工作规范化法治化正规化水平，以更严的要求、更高的标准强化正风肃纪反腐工作，实现了人大监督领域新突破。着眼推动公正司法，对市法院刑事审判工作进行调研，专题听取工作报告，要求更新司法理念、提升审判质效、加大打击力度，营造良好法治环境。监督推进市检察院未成年人检察工作，推动健全“审查逮捕、审查起诉、法律监督、犯罪预防、教育挽救”一体化工作模式，为未成年人健康成长提供有力司法保障。认真落实信访工作制度，专题听取农民工欠薪信访问题情况报告，共依法处理群众来信来访18件、23人次。

【依法履职工作】 市人大常委会坚持代表主体地位，依靠代表，服务代表，激发代表履职热情，发挥代表作用。

着力加强代表履职能力建设，组织举办新一届人大代表履职培训班，邀请专家就如何履行代表职责、如何增强活动实效、如何提出高质量的议案建议等内容进行授课，提高了代表的履职能力和水平。各乡镇、街道也组织代表分片学习、线上自学、集中培训，为提升代表履职能力奠定良好基础。建立健全考评管理机制，对代表履职活动进行量化考核，增强代表履职责任感。认真落实“三联系”和人大常委会主任接待代表日制度，持续完善代表列席人大常委会会议、参加人大常委会活动制度，累计邀请96名代表列席常委会会议、参加视察调研活动，拓宽代表知情知政议政渠道。

着力搭建代表履职活动平台，以建设全过程人民民主基层示范点为抓手，推进全市44个代表联络站规范化建设，重点打造1个省级全过程人民民主基层示范点和5个新郑市级示范点，创设代表工作岗，组织五级人大代表深入践行“用脚步丈量工作法”，常态化开展访民情、解民忧、惠民生活动，切实做到履职为民。坚持线上线下联动，拓宽为民履职渠道。线下，依托代表联络站，通过设置“民事议事厅”、开展定期民意接访、召开民情沟通会，邀请国家机关工作人员进站开展“站点问政”等活动，推动热点难点问题解决。线上，运用代表码、网上代表联络站，收集民情民意，实现代表履职“全天候”、联系群众“零距离”。通过线上线下联动，共收集民情民意1000多件，解决问题139个。

着力提高代表建议督办力度，建立健全人大、政府领导班子成员领衔重点督办、专门委员会归口督办、督查部门协同督办、代表工作部门常态督办、人大代表参与督办、承办单位内部督办的“大督办”工作模式，扭住不放，一抓到底，提升议案建议答复率、办结率和满意率。市六届人大一次会议以来提交的424件建议，均得到较好办理、答复，一批代表反映集中的问题得到解决。对代表票决确定的民生实事项目，列入年度重点监督议题，采取分组调研、集中视察、听取报告等方式，跟踪推进、狠抓落实，改善农村出行条件、推进安全饮水工程等实事圆满完成，群众满意度不断提高。

【自身建设】 市人大常委会着重在打基础、利长远上下功夫，完善工作制度，加强规范管理，努力做到政治过硬、能力过硬、业务过硬、作风过硬。

党建引领，作风更加扎实。严格落实全面从严治党主体责任，研究制订党组、机关党支部年度工作计划，明确全面从严治党责任和分工。丰富主题党日活动，举办党的二十大精神专题讲座，组织机关党员干部接受红色教育、廉政教育，持续增强党性修养。深入开展“三标”活动和“能力作风建设年”活动，推动机关工作人员在岗在位在状态，增强了党组织的凝聚力和战斗力。严格执行党风廉政建设责任制，坚决贯彻中央八项规定及其实施细则精神，全力支持派驻人大纪检监察组开展工作，营造风清气正机关氛围。

建章立制，管理更加规范。修订人大常委会议事规则、工作守则等制度，做到用制度管权、按制度办事、靠制度管人。严格落实定期学习制度，认真组织学习人大制度、法律法规，提高政治理论素养和依法办事能力。发挥专门委员会优势，支持专门委员会依法开展工作。推进“智慧人大”建设，以数字赋能引领人大工作高效能、高水平。加强宣传和意识形态工作，全方位、多角度讲好新郑人大故事、发出新郑人大声音。在《人民代表报》《人大建设》《郑州人大工作》等媒体刊发理论文章12篇、新闻稿件36篇，新郑人大工作的影响力进一步提升。

加强指导，联动更加高效。认真落实中央、省委和郑州市委人大工作会议精神，注重加强政策法规、工作程序、制度建设、履行职责等方面的指导，持续推进乡镇（街道）人大规范化建设，帮助提升工作水平。坚持邀请乡镇（街道）人大负责人列席常委会会议，开阔视野，增强本领。召开全市乡镇（街道）人大工作座谈会，总结工作，交流经验，密切工作协同，凝聚上下合力，推动全市人大工作创新发展。

【人事任免】 市人大常委会严格按照法律赋予的职权，依法行使任免权。2022年，按照省、郑州市人大常委会的有关要求，结合新郑市实际和外地经验，对人事任免程序进行了全面的规范和完善，严格落实任免提请、考察、法律知识考试、任前表态、颁发任命书、就职宣誓、公开任职承诺等每一个环节。一年来，共任免国家机关工作人员75人。

人大会议

【新郑市第六届人民代表大会第一次会议】 6月28日－30日，新郑市第六届人民代表大会第一次会议在市炎黄文化中心召开。市六届人大一次会议实有代表354人，实际出席会议的代表345人。会议听取和审议了市人民政府市长马宏伟所作的《政府工作报告》、市人大常委会主任王俊杰所做的《市人大常委会工作报告》、市人民法院代院长吴小锋所作的《市人民法院工作报告》、市人民检察院代检察长刘文胜所作的《市人民检察院工作报告》；市政府、市发改委、市财政局分别向大会书面报告了《新郑市2022年民生实事候选项目形成情况的报告》《新郑市2021年国民经济和社会发展计划执行情况与2022年计划（草案）的报告》《新郑市2021年财政预算执行情况和2022年财政预算（草案）的报告》。会议通过了《新郑市人民政府工作报告》《新郑市人大常委会工作报告》《新郑市人民法院工作报告》《新郑市人民检察院工作报告》新郑市2021年国民经济和社会发展计划执行情况与2022年计划、新郑市2021年财政预算执行情况和2022年财政预算等六个决议；会议表决选出了市人民政府2022年民生实事项目。会议选举王俊杰为新郑市第六届人大常委会主任，选举左建新、张顺安、冯煜为新郑市第六届人大常委会副主任，选举马伟强、王玉军、王彦堂、孔会成、石聚领、田延辉、白晓莉、朱光远、朱秋国、乔芳、乔宗旺、刘笛、刘丙炎、刘占有、刘志强、刘彤标、刘宏志、闫一凡、孙兴、孙丽、李丽、李明、李炎宏、李淑红、杨流、肖廉洁、别三江 、张宏亮、周广亮、周红建、周忠民、郑彩霞、郑慧阁、荆新琦、校志峰、高增禄、常文杰、曾海林为新郑市第六届人大常委会委员；会议选举马宏伟为新郑市人民政府市长，选举张慧娴、赵恒康、李利娜、赵红林、王淑慧、范超杰为新郑市人民政府副市长；选举姚志刚为新郑市监察委员会主任；选举吴小锋为新郑市人民法院院长，选举刘文胜为新郑市人民检察院检察长。设立了新郑市六届人大法制专门委员会、财政经济预算专门委员会，选举郑彩霞为法制委员会主任委员，白晓莉为法制委员会副主任委员，冯军辉、白育锋、侯少利、赵舒琪、秦永为法制委员会委员；选举李炎宏为财政经济预算委员会主任委员，孙兴为财政经济预算委员会副主任委员，王玉军、李基伟、周红建、周忠民、荆新奇为财政经济预算委员会委员。市五届人大六次会议代表建议、批评、意见办理情况的报告，也提交大会审议。

会议共收到代表建议、批评、意见192件，圆满完成了各项议程。

6月，新郑市第六届人民代表大会第一次会议召开（人大/供图）

【新郑市第六届人民代表大会第二次会议】 12月17—19日，新郑市第六届人民代表大会第二次会议召开，鉴于新冠疫情防控要求，会议以视频形式召开，在市委市政府六楼会议室设主会场，在各人大主席团所在乡镇办设分会场。市六届人大二次会议实有代表354人，实际出席会议的代表295人。此次会议没有特邀列席人员。会议选举产生了出席郑州市第十六届人大代表新郑市代表37名，选举产生了出席郑州市第十六届人民代表大会航空港区代表30名，选举乔建伟为新郑市六届人大常委会副主任。

【主任会议】 第一次主任会议：9月1日，市六届人大常委会召开第一次主任会议，市人大常委会主任王俊杰及各位副主任出席会议，市政府副市长王淑慧，政府办、市林业局、市住建局负责同志，以及常委会机关各委科室主任、副主任、科长、副科长列席会议，王俊杰主任主持会议。会议首先传达学习了习近平总书记近期重要讲话精神。会议听取了新郑古枣林公园建设项目推进情况汇报、物业管理工作情况汇报。

【常委会会议】 五届人大常委会第四十二次会议：3月23日召开新郑市五届人大常委会第四十二次会议。市人大常委会组成人员出席会议；市政府常务副市长张慧娴，市政府办公室、市财政局负责人，各乡（镇）人大主席，街道人大工委主任列席会议；市人大常委会主任王俊杰主持会议。会议传达学习了习近平总书记近期重要讲话精神。会议听取了新郑市财政局关于调整新郑市暖泉河生态水系建设项目专项债券资金的报告。会议决定接受徐卫东、黄卫东、周伟杰辞去郑州市第十五届人民代表大会代表职务，并报郑州市人大常委会备案。会议决定同意罢免吴福民郑州市第十五届人民代表大会代表职务，并报郑州市人大常委会备案。会议选举了高义、姚志刚、胡坤、季玉成四位同志为新郑选区出席郑州市第十五届人民代表大会代表，选举结果将上报郑州市人大常委会，并报新郑市第五届人民代表大会备案。

五届人大常委会第四十三次会议：5月31日召开新郑市五届人大常委会第四十三次会议。市政府常务副市长张慧娴，市法院党组书记吴小锋，市检察院党组书记刘文胜，市监察委副主任戴茂松，市政府办公室负责同志，各乡（镇）人大主席，街道人大工委主任列席会议。市人大常委会主任王俊杰主持会议。

传达学习习近平总书记近期重要讲话精神。会议决定接受魏磊辞去新郑市人民法院院长、审判委员会委员、审判员职务，李广建辞去新郑市人民检察院检察长、检察委员会委员、检察员职务。会议免去：周宏伟的新郑市人大常委会法制工作委员会主任职务、赵松彦的新郑市人大常委会社会建设工作委员会副主任职务、薛新伟的新郑市人民法院副院长职务、杜保周的新郑市人民检察院副检察长职务、高晓铭的新郑市人民检察院检察委员会委员职务。会议决定免去：左莉敏的新郑市科学技术和工业信息化局局长职务、尚忠的新郑市民政局局长职务、李炎宏的新郑市财政局局长职务、徐平福的新郑市退役军人事务局局长职务、刘德智的新郑市统计局局长职务、马伟强的新郑市农业农村工作委员会主任职务、郑彩霞的新郑市林业局局长职务。

会议任命：吴小锋为新郑市人民法院审判员、审判委员会委员、副院长、代理新郑市人民法院院长，刘文胜为新郑市人民检察院检察员、检察委员会委员、副检察长、代理新郑市人民检察院检察长，李炎宏为新郑市人大常委会财政经济工作委员会主任、郑彩霞为新郑市人大常委会法制工作委员会主任、李明为新郑市人大常委会社会建设工作委员会主任、张宏亮为新郑市人大常委会信访室主任、李淑红为新郑市人大常委会社会建设工作委员会副主任、高东亮为新郑市人大常委会老干部科副科长。会议决定任命：田平安为新郑市人民政府办公室主任、孙现峰为新郑市科学技术和工业信息化局局长、左莉敏为新郑市民政局局长、苗锐为新郑市退役军人事务局局长、司中强为新郑市统计局局长、赵东辉为新郑市财政局局长、王燕为新郑市人力资源和社会保障局局长、王鹏为新郑市农业农村工作委员会主任、李炎武为新郑市信访局局长、张留涛为新郑市监察委员会委员。决定许可对侯建芳采取强制措施，暂停执行代表职务。

五届人大常委会第四十四次会议：6月26日召开市五届人大常委会第四十四次会议。市人大常委会组成人员出席会议；市政府常务副市长张慧娴，市政府办公室负责同志及各乡（镇）人大主席、街道人大工委主任列席会议；市人大常委会主任王俊杰主持会议。

会议首先传达学习了习近平总书记近期重要讲话精神。会议听取了市六届人大一次会议筹备工作情况汇报。听取和审议了市五届人大常委会代表资格审查委员会关于市六届人民代表大会代表资格的审查报告、市政府2021年民生实事落实情况的报告，2022年民生实事候选项目形成情况的报告。审议了市人大常委会关于召开新郑市第六届人民代表大会第一次会议决定（草案）、市六届人大一次会议议程（草案）、市六届人大一次会议主席团和秘书长名单（草案）、市六届人大一次会议计划、财政预算审查委员会名单（草案）、市六届人大一次会议议案审查委员会名单（草案）、市六届人大一次会议列席人员名单（草案）、关于设立市六届人大有关专门委员会的决定（草案）、市六届人大有关专门委员会主任委员、副主任委员、委员人选表决办法（草案）、市六届人大法制委员会主任委员、副主任委员、委员人选名单（草案）、市六届人大财政经济预算委员会主任委员、副主任委员、委员人选名单（草案）、新郑市人民代表大会常务委员会工作报告（草案）。会议还对2021年民生实事满意度情况进行了测评。

六届人大常委会第一次会议：7月28日召开市六届人大常委会第一次会议。市人大常委会组成人员出席会议；市政府常务副市长张慧娴，市法院院长吴小锋，市检察院检察长刘文胜，市监察委副主任戴茂松，政府办、财政局、发改委、教育局和水利局的负责同志，以及各乡（镇）人大主席、街道人大工委主任列席会议；市人大常委会主任王俊杰主持会议。

会议传达学习了习近平总书记近期重要讲话精神。会议任命：张晓艳为新郑市人民法院审判员、林林为新郑市人民法院审判员、刘燕为新郑市人民法院审判员、赵晓维为新郑市人民法院审判员、郭会军为新郑市人民检察院检察委员会委员、陈金荣为新郑市人民检察院检察委员会委员、刘晓圃为新郑市人民检察院检察委员会委员、杨丽为新郑市人民检察院检察委员会委员、兑小伟为新郑市人民检察院检察委员会委员。会议决定任命：田平安为新郑市人民政府办公室主任、张勇为新郑市发展和改革委员会主任、刘学敏为新郑市教育局局长、孙现峰为新郑市科学技术和工业信息化局局长、朱海新为新郑市公安局局长、左莉敏为新郑市民政局局长、陈政玮为新郑市司法局局长、赵东辉为新郑市财政局局长、王燕为新郑市人力资源和社会保障局局长、赵淑梅为新郑市自然资源和规划局局长、李宗元为新郑市住房和城乡建设局局长、朱郁琦为新郑市交通运输局局长、张宏政为新郑市城市管理局局长、王鹏为新郑市农业农村工作委员会主任、岳明旺为新郑市水利局局长、裴蕊寒为新郑市商务局局长、赵舒琪为新郑市文化广电旅游体育局局长、冯军辉为新郑市卫生健康委员会主任、苗锐为新郑市退役军人事务局局长、孙现民为新郑市应急管理局局长、孙国军为新郑市审计局局长、宋雪峰为新郑市市场监督管理局局长、司中强为新郑市统计局局长、赵建军为新郑市医疗保障局局长、李炎武为新郑市信访局局长、马纯杰为新郑市政务服务和大数据管理局局长。

会议免去：郭建军新郑市人民法院审判委员会委员职务、王留成新郑市人民法院审判委员会委员职务、张建伟新郑市人民法院审判委员会委员职务、陈卫东新郑市人民法院审判员及审判委员会委员职务、秦剑英新郑市人民法院人民审判员职务、毛瑞新郑市人民法院人民审判员职务、荆玉东新郑市人民法院人民陪审员职务、杜保周新郑市人民检察院检察委员会委员职务、史宏民新郑市人民检察院检察委员会委员职务、范保山新郑市人民检察院检察委员会委员职务、高建宏新郑市人民检察院检察委员会委员职务。

会议审议了关于设立新郑市六届人大常委会代表资格审查委员会的决定（草案）、《市人大常委会2022年工作要点（草案）》、市人大常委会主任会议关于接受马文明辞去郑州市第十五届人民代表大会代表职务的提请。听取和审议了2022年上半年国民经济和社会发展计划执行情况的报告、2022年上半年财政预算执行情况的报告、市“双减”政策落实情况的报告、全市生态水系建设情况的报告。

六届人大常委会第二次会议：9月19日召开市六届人大常委会第二次会议。市人大常委会组成人员出席会议，市政府常务副市长张慧娴，市法院院长吴小锋，市检察院检察长刘文胜，市监察委委员陈志安，政府办、财政局、审计局、民政局的负责同志，以及各乡（镇）人大主席、街道人大工委主任列席会议。市人大常委会主任王俊杰主持会议。会议传达学习了习近平总书记近期重要讲话精神。会议审议和批准了新郑市人民政府关于提请审议《龙湖镇撤镇设立街道的议案》，审查和批准了2021年市本级财政决算、关于新郑市2022年新增政府债券安排使用预算调整方案的报告，听取和审议了关于新郑市2021年度国有资产管理情况的报告、2021年本级财政预算执行及其他财政收支审计工作情况报告。

六届人大常委会第三次会议：12月16日召开市六届人大常委会第三次会议。市人大常委会组成人员出席会议；市委常委、副市长赵恒康，市监察委主任姚志刚，市法院院长吴小锋，市检察院检察长刘文胜，政府办负责同志，以及各乡（镇）人大主席、街道人大工委主任列席本次会议。市人大常委会主任王俊杰主持会议。

会议传达学习了习近平总书记近期重要讲话精神，会议决定免去：朱海新的新郑市公安局局长职务、朱郁琦的新郑市交通运输局局长职务、赵淑梅的新郑市自然资源和规划局局长职务、李宏伟的新郑市新建路街道人大工委主任职务。会议决定任命：高燕为新郑市人民政府副市长、赵金聚为新郑市交通运输局局长、王芳芳为新郑市林业局局长、苏永民为新建路街道人大工委主任。

会议听取了市六届人大二次会议筹备工作情况汇报、规范性文件备案审查工作情况报告。审议了市人大常委会关于召开新郑市第六届人民代表大会第二次会议决定（草案）、市六届人大二次会议议程（草案）、市六届人大二次会议主席团和秘书长名单（草案）。听取和审议了市六届人大常委会代表资格审查委员会关于市六届人民代表大会代表资格的审查报告、市监察委员会依法正确行使职权推进监察工作规范化法治化正规化建设情况的专项工作报告、关于新郑市2022年预算调整方案（草案）的报告。还书面听取了其他相关工作报告。

监督工作

【专项视察】 7月15日，新郑市人大常委会主任王俊杰，副主任张顺安、冯煜带领人大常委会机关各委室负责人、部分人大代表视察防汛工作，并听取相关部门工作汇报。副市长赵红林陪同视察。视察组先后到玉前路黄水河桥西岸应急排水作业观摩点、市防汛物资储备仓库、城市管理监督指挥中心、老观寨水库等地，冒着大雨实地查看城市排水防涝应急处置能力提升工作、防汛物资装备储备情况、防汛工作开展情况、河湖水利防汛工作开展情况，并认真听取市防汛办、应急管理局、水利局、城市管理局主要负责人关于防汛抢险准备工作情况的汇报。人大代表高增禄、王伟作了发言。副市长赵红林就今年防汛工作开展情况作了部署。

8月24日，新郑市人大常委会主任王俊杰，副主任左建新、张顺安、冯煜带领人大常委会机关各委（科）室负责人，部分企业界人大代表对全市工业经济发展情况进行视察。视察组先后深入到雪麦龙食品香料有限公司、华思光电技术有限公司、恒天铜业有限公司、遂成药业股份有限公司等地，实地察看企业建设及生产经营情况。市委常委、副市长赵恒康陪同视察。在随后召开的座谈会上，与会人员认真听取了市科工信局主要负责人对新郑市工业经济发展情况汇报。

9月27日上午，新郑市人大常委会主任王俊杰，副主任左建新、张顺安、冯煜带领人大常委会机关各

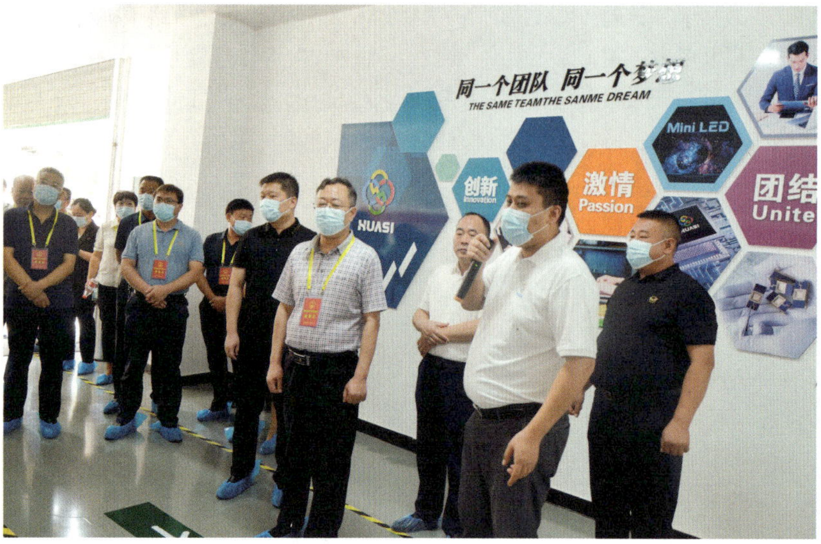

8月，新郑市人大视察全市工业经济发展情况（人大/供图）

委（科）室负责人，部分人大代表视察全市农村人居环境整治工作开展情况。视察组先后到城关乡敬楼村，观音寺镇十里铺村、田庄村、溱水村、唐户村，梨河镇周庄村，和庄镇歹庄村等7个村实地察看农村人居环境整治情况，并听取了有关乡镇和村庄关于人居环境整治情况的工作汇报。市政府副市长赵红林陪同视察。

【专题调研】8月2日，市人大常委会副主任冯煜带队，市人大常委会代表工委、农工委组成调查组，对新郑市城市管理工作进行调研。调研组一行先后到苇河湿地公园景观工程、郑韩故城遗址生态保护项目、郑新路滨河公园生态修复工程等地，通过实地查看、座谈会等形式对项目建设情况进行深入了解。

8月25日，市人大常委会副主任张顺安带队组成市人大调研组对新郑市医疗保障工作情况进行专题调研，市政府副市长王淑慧参加调研活动。

9月8日，市人大常委会副主任左建新带队，市人大常委会老干部科组成调查组，对新郑市招商引资工作情况，通过实地查看、企业讲解、现场询问、座谈等形式进行了深入细致的调查。

9月23日上午，新郑市人大常委会执法检查组一行10人对新郑市贯彻落实“郑州市物业管理条例”工作进行执法检查。检查组一行先后到市粮食局小区、庆都首府、碧桂园及天鹅湖畔、梨河镇华夏城等小区进行了实地查看，根据对各小区物业管理工作检查情况及存在问题，召开了执法检查座谈会。

【市六届人大代表履职培训】9月14日至15日，新郑市人大常委会开展第六届人大代表集中履职学习培训。目的是进一步强化提升各位代表的综合素质和履职能力，为全面推动全市经济高质量发展奠定坚实基础。本次研讨培训内容包括努力实现代表议案建议提出办理两个高质量、当前国际国内形势分析、人大代表如何履职行权、新时代人大代表更好依法履职。培训会上，左建新副主任指出，人大代表要坚持理论联系实际，结合工作中遇到的困难和问题，结合人大工作面临的新形势、新任务、新需要，深入思考，举一反三，努力增强学习的针对性和实效性。要结合本职工作实际，厘清自己身为代表肩负的责任，要积极探索代表履职的新方法、新途径，切实把所学的知识和经验，转化为当好代表、做好工作的动力和能力。

【郑州市人大常委会视察新郑市农村集体经济发展工作】9月7日，郑州市人大常委会党组成员、一级巡视员袁三军带领部分常委会委员和人大代表视察新郑市农村集体经济发展工作，市领导王俊杰、冯煜、赵红林陪同。

袁三军一行先后到龙湖镇泰山村、辛店镇北靳楼村等地，详细了解农村集体经济发展情况及发展过程中存在的问题和困难。通过实地查看及听取相关情况介绍，袁三军对新郑市在发展村级集体经济方面所做的探索和取得的实效给予充分肯定。

9月，新郑市人大视察全市农村人居环境整治情况（人大/供图）

【郑州市人大常委会视察新郑侨务工作】 9月22日下午，郑州市人大常委会副主任宋书杰带领视察组到新郑就围绕“发挥海外侨胞作用，助推‘一带一路’建设”工作进行视察。市委书记马志峰、市人大常委会主任王俊杰、市人大常委会副主任张顺安等领导陪同视察。

视察组先后到郑州峰泰纳米科技有限公司、郑州升达经贸管理学院进行实地察看，倾听了海外侨胞代表移民海外、异域求学、回报家乡的奋斗历程，详细了解了海外侨胞在共建“一带一路”中发挥民间外交优势、与各国人民友好交往和共同发展的情况，以及有关部门在共建“一带一路”中存在的问题及对策。

【郑州市人大调研新郑市律师参与公共服务和矛盾预防化解工作】 9月30日上午，郑州市人大常委会副主任宋书杰带领调研组到新郑就对律师参与公共服务和矛盾预防化解工作进行专题调研。市人大常委会主任王俊杰、副主任张顺安等领导陪同调研。

调研组一行先后到河南言明律师事务所、梨河镇七里堂社区进行了实地察看。在座谈会上，调研组听取了市司法局相关领导关于律师参与公共服务和矛盾预防化解工作的情况报告，律师代表提出了律师在参与公共服务和矛盾预防化解工作时遇到的问题和建议。

【新郑市第六届人民代表大会第一次会议代表名单】（共354人）

新建路代表团：（19人，其中女5人）

召集人：崔淑娴

代　表：王　伟　刘广勇　刘彤标　刘文胜　孙卫民（回）　孙　丽（女）　李宏伟　张　浩　张　磊　林　洁　姚建军　高文超　唐巧环（女）　高淑萍（女）　高增禄　黄卫东　游学立　曹秋莉（女）　崔淑娴（女）

新华路代表团：（28人，其中女6人）

召集人：岳颖磊

代　表：王广军　王俊杰　王俊杰（支部书记）　王淑英（女）　牛铁治　冯　魁　冯红超　刘慧军（女）　汤　浦（女）　孙泽华（女）　谷艳霞（女）　沈新治　郑启　吴小锋　郑记州　孟　凯　岳颖磊　赵玉涛　赵丽红（女）　荆新琦　袁红伟　校志峰　高根峰　高遂太　郭保民　常文杰　曾海林　樊伟松

新烟街代表团：（20人，其中女6人）

召集人：马慧萍

代　表：于丽娟（女）　马　征　马慧萍（女）　王　辉　冯　煜　刘笛（女）　刘　辉　刘会勇　刘运朝　刘宏志　芦伟娟（女）　李　爽（女、回）　李广辉　李宝中　李建培　张　宇　周新伟　常法亮　常晓莹（女）　靳英杰

城关乡代表团：（19人，其中女6人）

召集人：李利娜

代　表：王石柱　冯军辉　朱燕青（女）　刘学敏　刘新甫　李　丽（女）　李光辉　李利娜（女）　李晓东　李彭召　杨会霞（女）　张谦　赵永建　赵春江　赵培培（女）　赵舒琪（女）　秦根卫　唐　飞　薛畅勇

辛店镇代表团：（32人，其中女11人）

召集人：王　燕

代　表：刁亚静（女、回）　王宪敏　王慧玲（女）　王瑞杰　王燕（女）　石　玉（女）　史润昌　白明超　白春雨　乔小伟　刘遂兴　许建勋　孙　兴　孙聪惠（女）　李文彬　李俊平　李　燕（女）　肖廉洁　谷亚龙　张会敏（女）　陈晓鹏（女）　金刘锋　周青云（女）　赵海军　赵超洋　秦海龙　贾兴杰　高春燕（女）　郭五召　郭红岭　潘奕辰（女）　薛智强

观音寺镇代表团：（21人，其中女7人）

召集人：马聪锋

代　表：马宏伟　马聪锋　王存银（女）　王留彬　白晓莉（女）　刘金雪（女）　孙国臣　李晓静（女）杨勇锋　吴育红（女）　宋伟霞（女）　张　勇　周广亮　郑二和　赵东民　赵宏超　赵金聚　秦飞飞（女）　唐占伟　唐旭龙　薛彦增

梨河镇代表团：（19人，其中女5人）

召集人：高智军

代　表：王志敏　刘成罡　许保珍（女）　闫一凡（女）　张宏亮　李丽娟（女）　李　明　李俊峰　李景灿　郑慧阁（女）　郜俊民　耿海枝（女）　郭伟酬　高水林　高伟民　高俊强　高智军　曹玲珑　谢鹏威

和庄镇代表团：（32人，其中女8人）

召集人：唐永刚

代　表：于兆堂　马伟强　马银磊　王昌涛　王春玲（女）　王　俊王　洋　王惠芳（女）　朱秋国　刘文杰　刘志强　刘彩莲（女）　李华杰　张松涛　张松海　张新良　陈灿鹏　陈胜利　陈　静（女）　罗　杰（女）　周叶飞　周红建　孟　茜（女）　赵东辉　柳　威　侯晓丹（女）　秦　永　高世超　唐永刚　曹俊霞（女）　常国建　穆俊伟

薛店镇代表团：（25人，其中女6人）

召集人：郑国安

代　表：马军亮　马军鹏　马瑞娜（女）　王西铎　王新山　方家恩　刘占铭　刘国超　许银川　李炎宏　李建文　李基伟　杨　薇（女）　肖军义　张江伟　张海青（女）　张慧娴（女）　陆　奇　陈玉萍（女）　周智伟　郑国安　袁艳红（女）　贾

中原　敬喜军　楚五金

孟庄镇代表团：（24人，其中女7人）

召集人：刘志刚

代　表：丁雪静（女）　马文仓　王鸿昌　孔会成　石聚领　刘发友　刘志刚　刘瑞林（女）　芦　娟（女）　杨海洋（女、回）　杨　流　张陆悦（女）　张建国　张　娟（女）　张　磊　陈春林　陈保强　孟中伟　孟　蕊（女）　赵春阳　姚志刚　唐书岭　常申杰　常智勇

龙湖镇代表团：（41人，其中女13人）

召集人：周建超

代　表：丁春英（女）　马志峰　马绍敏　马彦锋　王彦堂　左建新　卢凯伟　冯举涛　吕旭卿　乔宗旺　刘占有　刘萍萍（女）　阴留宪　李伟丽（女）　李　华　李　明　李建勋　李冠一　李淑红（女）　李颖（女）　肖时校　时园芳（女）　别三江　张其武　张建华　张黎燕（女）　陈玲枝（女）　陈胜利　周忠民　周建超　庞　凯　郑　磊　单保明　赵尧敏（女）　荆瑞民　胡智伟　郜文菊（女）　侯玲梅（女）　侯　涛　贾晓平（女）　谭　赟（女）

郭店镇代表团：（26人，其中女9人）

召集人：马举增

代　表：马举增　王玉军（女、满）王保良　田松梅（女）　代　超　冯永超　司瑞涛　邢卫波　任卫锋　刘改玲（女）　刘鹏涛　李　杨　李玉宝　李喜玲（女）　杨瑞强　宋　茜（女）　宋璐璐（女）　张玉华（女）　张顺安　范增强　郑彩霞（女）　胡　坤　胡敬敬（女）　侯少利　高小四　敬广伟

新村镇代表团：（24人，其中女6人）

召集人：白育峰

代　表：凡天配　马定邦　王龙　王东伟　王红范（女）　王晓龙　王新建　王德仁　田延辉　白育峰　刘丙炎　朱光远　乔　芳（女）　张宏茂　李　青（女）　李雨洁（女）　张　彦　张冠洲　时晓亮　肖睿敏　赵永平　郝建慧（女）　常建锋　裴艳艳（女）

航空港实验区代表团：（24人，其中女6人）

召集人：余剑锋

代　表：于　彤（女）　王文昌　王俊卫　王振魁　王　晓　吕红俊　刘建伟　刘铁妮（女）　苏营周　李丙离　李铁成　杨中亮　杨振国　余剑锋　张全亮　张春云（女）　陈展　周玉民　郑艳霞（女）　胡倩倩（女）　辛鹏涛　隋　丽（女）　路智永　魏彦林

【新郑市第六届人民代表大会常务委员会组成人员名单】（共42人）

主　任：王俊杰

副主任：左建新　张顺安　冯　煜

委　员：（共38人）

马伟强　王玉军（女、满）　王彦堂　孔会成　石聚领　田延辉　白晓莉（女）　朱光远　朱秋国　乔芳（女）　乔宗旺　刘　笛（女）　刘丙炎　刘占有　刘志强　刘彤标　刘宏志　闫一凡（女）　孙　兴　孙丽（女）　李　丽（女）　李　明　李炎宏　李淑红（女）　杨　流　肖廉洁　别三江　张宏亮　周广亮　周红建　周忠民　郑彩霞（女）　郑慧阁（女）　荆新琦　校志峰　高增禄　常文杰　曾海林

（撰稿：刘宏志　审阅：左建新）

新郑市人民政府

XINZHENG MUNICIPAL PEOPLE'S GOVERNMENT

·新郑市人民政府 >>>

XINZHENG MUNICIPAL PEOPLE'S GOVERNMENT

综　述

【概况】 2022年，全年完成地区生产总值819.8亿元，同比增长2.1%；其中，第一产业增加值29亿元、同比增长4.2%，第二产业增加值348.5亿元、同比增长4.6%，第三产业增加值442.3亿元、同比增长0.1%。规模以上工业增加值同比增长2.2%。固定资产投资同比增长10.7%。社会消费品零售总额315.2亿元。地方一般公共预算收入71亿元。粮食总产量23.3万吨。城镇居民人均可支配收入40080元，同比增长2.9%；农村居民人均可支配收入28519元，同比增长6.1%。全国中小城市综合实力百强县（市）排名第37位，全国县域经济基本竞争力百强县（市）排名第27位，县域经济发展质量总体评价连年位居全省县（市）首位。

【产业转型】 制造业稳步转型，新培育国家级专精特新“小巨人”企业4家、省级“专精特新”企业11家、高新技术企业50家，入库国家科技型企业165家、郑州科技型企业41家；工业投资增长41.3%，占固定资产投资19.7%；工业技改投资增长344%，占工业投资34.9%；医药制造业、食品制造业增加值分别增长16.6%、16.8%。现代服务业提质发展，推出8条精品旅游线路，创成省级特色生态旅游示范镇1个、乡村旅游特色村1个，通过省级全域旅游示范区验收；金融机构存贷款余额分别达790.6亿元、666.2亿元，继续保持全省县（市）首位。现代农业基础更牢，新培育省级农业产业化龙头企业1家、农民合作社2家、家庭农场3家，观音寺镇创成省级农业产业强镇。

【城乡建设】 城市功能日益完善，新建改造城乡道路20条，打通子产路、郑韩路东延、嫘祖路3条断头路，建设过街天桥2座，新增公共停车泊位1437个，群众出行更加安全便捷；建成投运6项电网工程，新建改造供水管网124公里、燃气管网53公里，新增供热面积30万平方米，村级寄递物流综合服务站覆盖率达60%。安全基础更加牢固，新建应急避难场所8个、防汛紧急避险点399个，建成投勤乡镇专职消防救援站6个，完成33个老旧小区消防设施改造提升，113个灾后重建和能力提升项目全部开工、竣工109个。人居环境不断优化，改造老旧小区3个，为5万户居民家庭加装燃气安全装置；新建安置房93万平方米，1.4万名群众入住新居；建成公园游园11个，新增城市绿地49.8万平方米，创成郑州市级园林单位（小区）8个；创建“美丽庭院”4363户，138个规划保留村污水处理设施实现全覆盖，裴李岗等一批美丽乡村加紧建设。城市管理更加精细，探索推行网格化社会治理模式，成立新型智慧城市运行中心，建成13大类可推广应用场景；深入实施城乡环卫一体化，严格落实“路长制”“街长制”，城市主次干道机械化清扫率、垃圾清运率、无害化焚烧处理率均达100%，创成国家卫生镇5个、省级卫生镇5个，荣获2022年度郑州市环卫优胜杯；文明城市创建年度测评连续三年名列全省第一。

【开放创新】 以“三个一批”活动为抓手，强力推动项目招引建设，新签约高质量产业项目27个，总投资347.4亿元；雪麦龙食品等95个项目开工建设，宅乐送等33个项目竣工投产；市场主体总量达13万家、居全省县（市）首位。强化科技创新，新增郑州市级以上研发平台18家，技术合同成交额14.6亿元、增长45.2%，全省唯一通过首批国家创新型县（市）验收。深化“放管服效”改革，2044项政务服务事项全部进驻政务服务大厅，政务服务自助终端实现乡镇和社区全覆盖，“不见面开标+AI智慧辅助评标”入选省优化营商环境优秀案例，营商环境总体评价客观指标连续两年排名全省县（市）首位，评为全省营商环境建设先进县（市）。深入开展“万人助万企”活动，落实落细稳经济一揽子政策和接续措施，在全省县（市）率先出台稳经济助企纾困30条硬举措；落实“双线嵌合”机制，实现应急状态下重点企业不停产、重大项目不停工。创新开展跨省域远程异地评标，“新潢合作”成为国内全流程、全环节跨行政区域异地交易首创，公共资源交易改革经验荣登省委改革办典型案例红榜并全省推广。新郑经济技术开发区挂牌成立，整合面积30.25平方公里，“三化三制”改革基本完成。

【生态改善】 常态推进大气污染防治，空气质量优良天数达228天；严格落实“河长制”，完成妨碍河道行洪突出问题排查整治，深入开展饮用水水源地问题整改“回头看”，国控、省控断面水质稳定达标，集中式饮用水水源地水质达标率100%；重点行业重金属污染物排放量零增长，建设用地及农用地安全利用率均达100%。坚持植绿护绿并重，全面压实“林长”责任，新造林1400亩、森林抚育5500亩，创成森林特色小镇1个、森林乡村15个；老观寨水库区域生态修复项目完工蓄水，新区污水处理厂一期基本建成，南水北调中线观音寺调蓄工程、水系连通工程、龙湖西部污水处理厂建设稳步推进，黑臭水体实现全域动态清零。加快能源结构调整，实施光伏发电项目17个，新增并网容量1.5万千瓦；建成充电站10个、直流充电桩300个，更换新能源公交车292台，全市公交线路实现新能源车辆全覆盖。

【社会事业】 社会保障扩面提质，新增城镇就业再就业9593人、农村劳动力转移就业6133人，发放创业担保贷款7616万元；城乡居民最低保障标准和特困人员供养标准分别提高至每人每月750元、1125元，贫困人口稳定脱贫、持续增收。教育事业欣欣向荣，新建改扩建中小学、幼儿园21所，普惠性民办幼儿园覆盖率96.1%，高考综合评价连续31年保持郑州县（市）领先位次，被评为郑州市义务教育阶段课后服务示范市、郑州市“提升中小学作业设计质量的实践研究”推广应用示范区。文体事业蓬勃发展，成功举办壬寅年黄帝故里拜祖大典，以第一名成绩荣获全省现代化公共文化服务体系建设绩效考核优秀县（市）称号；新建健身路径35条、智能健身驿站4个、多功能运动场1个，人均体育场地面积达2.3平方米。健康新郑深入推进，完成87个村卫生室医疗设备升级改造，基层卫生院（社区卫生服务中心）服务能力全部达到国家标准；建成1家托育指导中心、12家普惠托育中心。高度关注老龄事业，建成3个街道养老服务中心、67个社区日间照料中心，完成100户家庭适老化改造，创成国家级老年友好型社区1个。深化双拥共建，再获全省双拥模范城荣誉称号，实现“八连冠”。建强普法阵地，创成郑州市级民主法治乡镇4个。被评为全省红十字系统“99公益日”互联网筹资先进县。

重要会议

【政府常务会议】 2022年1月19日下午，常务副市长张慧娴在联席会议室主持召开市政府常务会议。会议对国有建设用地使用权挂牌出让、土地出让指导价调整、第四代住宅相关政策等问题进行研究，并提出明确要求。

2022年1月29日上午，市长马宏伟在联席会议室主持召开市政府常务会议，会议学习贯彻上级重要会议和工作精神，对2022年春节期间相关工作、十届省委巡视整改专项“回头看”反馈问题整改、市公立中医院项目建设等问题进行研究，并提出明确要求。

2022年2月25日下午，市长马宏伟在联席会议室主持召开市政府常务会议，会议学习贯彻习近平总书记近期重要讲话精神及上级重要会议、政策文件精神，对重大专项工作综合督查评比、加强应急管理体系和能力建设意见及安全生产职责清单起草、近期信访稳定工作、火灾事故调查处理、河南影视少儿演艺中心等项目招引、南水北调调蓄库安置区建设等问题进行研究，并提出明确要求。

2022年4月3日下午，市长马宏伟在联席会议室主持召开市政府常务会议，会议学习贯彻习近平总书记近期重要讲话精神及上级重要会议、政策文件精神，对国有建设用地使用权挂牌出让、重大专项工作月度综合评比、特大暴雨灾害灾后恢复重建总体实施方案起草、加强防洪防涝系统规划编制工作实施方案起草、妨碍河道行洪突出问题排查整治、相关招商引资项目、全民科学素质行动规划纲要实施方案起草、“十四五”质量强市建设规划起草、2021年度国家卫生城市复审工作表彰和县级公立医院员额制管理实施方案起草、规范民办义务教育发展实施方案起草等问题进行研究，并提出明确要求。

2022年5月12日上午，市长马宏伟在联席会议室主持召开市政府常务会议，会议学习贯彻习近平总书记近期重要讲话精神及上级重要会议、政策文件精神，对国有建设用地使用权挂牌出让、《2022年政府工作报告》起草、2022年民生实事谋划、2021年财政预算执行情况和2022年财政预算（草案）报告起草、2021年国民经济和社会发展计划执行情况与2022年国民经济和社会发展计划（草案）报告起草、粮食储备管理运营机制改革、防汛应急预案和防汛紧急避险安置预案起草、贯彻落实国务院安委会全面加强安全生产"十五条硬措施"实施意见起草、城镇燃气用户加装安全装置、城镇燃气老旧管网改造提升、加强瓶装液化石油气安全管理、健全生活垃圾分类长效管理机制、房屋建筑安全隐患排查整治、疫情防控、紧密型县域医共体建设、促进文化旅游产业恢复发展若干措施起草等问题进行研究，并提出明确要求。

2022年6月5日上午，市长马宏伟在联席会议室主持召开市政府常务会议，会议对国有建设用地使用权挂牌出让、城关乡西城花园北苑和泰成溪水湾安置社区矿产资源压覆手续办理等问题进行研究，并提出明确要求。

2022年6月7日下午，市长马宏伟在联席会议室主持召开市政府常务会议，会议学习贯彻习近平总书记近期重要讲话精神及上级重要会议、政策文件精神，对高效统筹疫情防控和经济社会发展工作方案起草、2022年优化营商环境工作要点起草、优化营商环境嘉奖和表彰、重大专项工作综合评比、迎接国家园林城市复查工作实施方案起草、房屋建筑安全隐患排查整治、安置房建设及网签、深化食品安全放心工程建设攻坚行动实施方案起草、"三区三线"划定、高质量推进"人人持证、技能河南"建设、2022年教师招聘等问题进行研究，并提出明确要求。

2022年7月28日下午，市长马宏伟在联席会议室主持召开市政府常务会议，会议学习贯彻习近平总书记近期重要讲话精神及上级重要会议、政策文件精神，对国有建设用地使用权挂牌出让、2022年污染防治攻坚战实施方案起草、2022年省郑州市重点民生实事办理、房屋建筑安全隐患排查整治、违法建设专项治理、国家统计局统计督察"回头看"、统计造假不收手不收敛问题专项纠治、耕地流出问题排查整改、加强职业病防治工作意见起草、新郑考院博物馆门票价格制定、公办幼儿园收费标准调整等问题进行研究，并提出明确要求。

2022年8月12日下午，市长马宏伟在联席会议室主持召开市政府常务会议，对新区高处坠落事故调查处理等问题进行研究，并提出明确要求。

2022年9月8日下午，市长马宏伟在联席会议室主持召开市政府常务会议，会议学习贯彻习近平生态文明思想，对2022年教师节庆祝表彰大会暨颁奖典礼筹备、风后产业园合作运营等问题进行研究，并提出明确要求。

2022年9月13日下午，市长马宏伟在市委市政府六楼会议室主持召开市政府常务会议，会议学习贯彻习近平总书记近期重要讲话精神及上级重要政策文件精神，对耕地保护、十大战略行动计划方案起草、龙湖镇撤镇设街道行政区划变更、突发环境应急预案和辐射事故应急预案起草、促进房地产业良性循环和健康发展政策制定、问题楼盘攻坚化解、新传融媒有限公司成立、疫苗安全事件应急预案起草等问题进行研究，并提出明确要求。

2022年10月28日下午，市长马宏伟在联席会议室主持召开市政府常务会议，会议对国有建设用地使用权挂牌出让等问题进行研究，并提出明确要求。

2022年11月9日下午，市长马宏伟在市应急指挥中心主持召开市政府常务会议，会议学习贯彻习近平总书记近期重要讲话精神及上级重要会议精神，对全市疫情防控、违法建设整治、城镇小区配套幼儿园和无证幼儿园专项治理、已投入使用城镇小区配套幼儿园举办成普惠性民办幼儿园年限认定、法治政府建设实施方案起草、行政规范性文件清理、加强统计基层基础建设、培育发展社区社会组织三年行动方案起草、"十四五"生态环境保护规划和"十四五"水生态环境保护规划编制、贯彻落实省委生态环境保护督察报告反馈问题整改方案起草、普惠型养老体系建设、社会信用体系建设"十四五"规划编制、突发公共卫生事件应急预案和突发公共事件医疗卫生救援应急预案起草、龙湖镇村民违规自建房屋排查整治、具茨山景区委托经营等问题进行研究，并提出明确要求。

2022年12月20日下午，市长马宏伟在联席会议室主持召开市政府常务会议，会议对国有建设用地使用权挂牌出让、2022年度审计整改等问题进行研究，并提出明确要求。

（撰稿：朱小盼　审阅：何朝阳）

市政府办公室工作

【概况】 新郑市人民政府办公室位于市委市政府机关大院内，内设科室有秘书一科、秘书二科、秘书三科、秘书四科、综合科（值班室）、编制人事科、文电科、信息科、调研科、信息公开科、政策法规科、行政复议应诉科、行政审批科、指挥通信科、工程建设管理与军事设施保护科、发展规划与行政执法科、国防动员保障科、潜力资源科。共设置3个事业单位：新郑市人防工程服务中心、新郑市金融工作服务中心、新郑市新型城镇化建设服务中心。2022年，市政府办公室深入学习贯彻习近平新时代中国特色社会主义思想和党的二十大精神，紧紧围绕全市改革发展大局，严格按照市委、市政府决策部署和相关工作要求，坚持“从严、举细、有序、务实、求效”十字方针，突出重点、攻克难点，全力提升参政谋政辅政水平，高标准、严要求、高效率完成各项工作任务，保障了市政府工作高效运转。

【综合协调】 办会水平逐步提高。按照“主动超前、优质高效、规范有序”的要求，以高标准、严要求、出特色、创一流为原则，力争使不同内容、不同规格的会议在遵循常规的前提下，突出会议特点，给领导和同志们以新的面貌、新的感受；全年累计筹备各类大小会议253次，每次会议均尽全力做到会前准备充分、会中服务规范、会后落实有力，会议质量得到不断提升。电话值班一丝不苟。遵循“快速、准确、礼貌、有始有终”的服务准则，做到“三声”内接到电话，电话记录详细准确，电话办理快速灵活，电话反馈准确无误；全年共接转电话1.5万余次，没有出现任何失误。财务管理严格高效。财务工作严格按照财务制度和《中华人民共和国会计法》有关规定，加强管理、堵塞漏洞，努力增加透明度，确保办公经费按时供给，保证办公室各项工作顺利进行。

【文秘工作】 坚持以文立室、以文辅政，把精品意识、工匠精神贯穿于文稿起草始终，进一步增强文稿的指导性和针对性，全年高质量完成领导讲话、专题汇报等各类文稿400余篇，编发《政府常务会议纪要》24期。按照“主动超前、优质高效、规范有序”的要求，不断强化“会前准备充分，会中服务规范，会议秩序井然，会后落实有力”的活动要求，承办市政府常务会、市政府领导碰头会等会议60余场次，均没有出现纰漏或失误，得到了领导的充分肯定。

【公文处理】 充分发挥牵头揽总、承上启下作用，严把行文、运转、审批关，审核公文240余份，处理上三级电报1200余件、机要件110余份、文件320余份、各部门请示报告100余件，归整市政府档案528件，政府办档案155件，均做到了“规范、及时、安全、准确”。同时，认真落实基层减负有关要求，圆满完成2022年精简文件年度目标。

【调查调研】 创新机制方法，转变工作作风，紧扣中心工作、深入基层一线，努力当好政府的“千里眼”“顺风耳”。紧紧围绕“参政议政、决策参考”工作核心，认真践行“深、实、细、准、效”五字方针，共参与协助郑州市政府研究室开展“着力打造国际消费中心城市若干问题”等课题研究5次，参与完成民生实事征集等重点工作12项，联合相关职能部门、乡镇（街道、管委会）开展专题调研14次，高质量完成调研报告14篇，其中《关于城市基础设施建设管理工作的研究报告》获评郑州市政府决策研究优秀成果，圆满完成年度目标任务。

【信息采编】 2022年，紧紧围绕全市中心工作大局，牢牢把握政务信息为经济建设和社会发展服务、为各级领导科学决策服务的宗旨，强化服务意识，创新工作机制，深化信息挖掘，为各级领导科学决策提供了及时、准确和全面的参考，较好地发挥了以文辅政和参谋助手作用。全年累计编发本级《政府工作快报》20期、《领导参阅资料汇编》4期、《政府办公室学习例会简报》30期，整理上报新郑工作成效、经验交流专报18篇，完成上级约稿28篇，上报省、郑州市办公厅政务信息540余条，被省、郑州市《政府工作快报》《政务要闻》《专报信息》等刊物采用120余条，其中，被郑州市采用工作专报和经验专期11篇次，被郑州市和新郑市领导批示9次，获评2022年度省、郑州市政务信息先进单位。

【组织人事】 加强政治建设。紧跟全市中心组理论学习步伐，在做好规定学习篇目的基础上，组织筹备集中学习会议27次，邀请行业内知名老师及相关局委业务行家讲授专业知识课程12次，拓宽机关干部视野；规范党总支委员会组织框架，完成党总支和6个党支部换届选举，新选出总支及

7月，新郑市委副书记、市长马宏伟一行到正商老幼同盟中心调研（政府办/供图）

各支部委员会，建立党组织的战斗碉堡；按要求开展党务活动，以党组织带动能力作风建设年、“7·20”郑州特大暴雨以案促改等活动开展，每月1日定时开展“党员日”活动，上报“三会一课”相关材料120余个，足额收缴党费，顺利完成与新华路小高庄、府西路社区居委会对接“双报到”工作，党总支全年接收转入党员7名，确定发展对象3名，预备党员按期转正2名；定期组织全员干部参加“学习强国”平台学习和河南网络干部学院系列课程学习。强化组织管理。将“重品行、重实干”导向旗帜鲜明地贯穿于干部选任全过程，顺利完成政府办中层干部调整、县处级干部职级晋升、政府办事业单位职员制首次职级晋升工作，其中，包含7名事业岗九级进八级、3名事业岗八级进七级、3名公务员晋级四级主任科员；制定《新郑市人民政府办公室2022年人事管理制度》，通过钉钉考勤、督查考核、阳光公示、奖勤罚劣等措施，促进干部纪律作风大转变，营造良好工作氛围。开展文明单位创建。做好郑州市级精神文明单位复检迎检准备工作，有序开展省级文明单位创建工作，累计完成9大体系34个门类72个创建项目所有材料编写工作，顺利完成省文明办现场考核；开展社区党员“双报到”“赶考路上有我”“节能减排”三大主题文明创建，组织开展志愿服务活动，精心安排分包的地铁家属院和交通文明岗活动，为全市创建全国文明城市贡献力量；稳步推进结对帮扶，与城关乡敬楼村顺利结对，有序开展“四送一助力”等帮扶活动。

【政务公开】 围绕提升市域治理能力、优化营商环境、乡村振兴、疫情防控、重大民生项目建设等重点工作，共计主动公开信息5441条，公开疫情防控信息及健康科普等信息138条。通过政务公开平台“六稳”“六保”专栏，集中公开国家、省、市、县4级政策汇编，发布相关政策、解读、工作动态等信息共计36条。共办理政府信息依申请公开案件63件，同比增加25件，同比增长65.8%，其中，予以公开35件、部分公开12件、不予公开0件、无法提供15件、不予处理1件、作其他处理（含申请人主动撤回申请）22件。发布多样性解读24期，其中政策图解11期、音频解读7期、访谈解读4期、其他类型解读2期。收、转办政务公开平台不规范信息3000余篇次，整改平台错误信息500余处；整理月评估反馈表12次，整改问题台账600余项，获评郑州市年度政务公开先进单位。

【金融服务】 本着“服务全局、严格监管、预防风险、净化环境”的原则，较好完成了2022年各项工作。稳增长，撑实体，金融机构各项存贷款稳步增长，全年存贷款余额分别达790.64亿元和666.22亿元，存贷款余额、存贷比等指标在郑州六县市中均排名靠前。稳脱贫、再精准，巩固拓展脱贫攻坚成果，截至2022年12月底，全市省级脱贫户（包含监测户）数1251户、户贷率27.34%，累计发放脱贫人口小额贷款701户1846笔，金额8610.83万元，发放金额位居全省前列。多渠道、全覆盖，持续优化金融服务升级，通过线上线下分行业、分领域召开银企对接会，认真落实上级稳经济金融助企优惠政策，进一步提升企业融资的可得性和便利性。防风险，保稳定，督促引导相关办事处做好博辉、鑫磊非法集资案件登记核实工作，加快推进存量案件和风险公司有序化解。稳融资，保偿债，新郑市平台公司通过PPN（非公开定向债务融资工具）、公司债、短融、银行贷款、理财直融、债权融资计划等方式完成融资100.05亿元，平稳化解平台公司到期债务，有力保障重点项目建设。

【法治工作】 2022年，共办理各类行政案件85件（包括行政诉讼案件、行政执行案件、上级行政复议案件、检察院法律监督案件、行政处理案件等）。其中收到三级法院以新郑市政府为被告的相关应诉文书65件，案件的类型主要涉及征地拆迁、行政补偿、政府信息公开、要求履行行政职责等方面。在已结案的案件中，维持政府具体行政行为的26件、驳回起诉的15件、原告撤诉的8件、撤销或责令政府重新作出具体行政行为的3件。共收到行政复议案件128件。对于发生的行政案件，全部都得到及时有效办理，对于法院的生效法律文书都得到及时履行。在优化保障上，市政府办公室共出具290条关于合同、纪要等的法律意见，审核以市政府、市政府办公室名义发布的红头文件258件均得到市领导认可支持和业务承办部门理解。2022年共收到各乡镇（街道、管委会）、市直部门备案的合同180余个，出具备案审查意见102份，提出修改建议160余条，出具备案通知125份。通过备案审查，确保乡镇（街道、管委会）、市直部门签订的合同合法合规，也贯彻了市政府常务会议关于付款方式的要求。

【新型城镇化建设工作】 围绕新型城镇化建设重点工作任务，多措并举、力求实效、全力推动，突出抓好安置房建设、群众回迁和安置房网签工作。2022年，建成安置房7868套93.09万平方米，网签安置房12715套1242144.77平方米，14238名群众入住新居。充分把握好省、郑州市提供的有利条件，通过棚改专项债、农发行等政策性金融机构贷款等途径，多渠道多来源争取资金。攻坚克难，全力以赴完成6个安置房项目申报国家棚改计划。

（撰稿：朱小盼　审阅：何朝阳）

机关后勤事务

【概况】2022年，新郑市机关事务局坚持以习近平新时代中国特色社会主义思想为引领，秉承“精细、精准、温馨、温暖”的服务理念，深入推进机关事务标准化建设，不断提升机关后勤精细化管理水平，以高标准服务保障助推高质量发展。

【办公用房管理】进一步深化办公用房管理及办公用房管理工作，向全市各单位印发了《新郑市党政机关办公用房管理工作领导小组办公室关于报送党政机关办公用房房屋建筑安全隐患排查整治统计信息的通知》（新公房办〔2022〕1号），排查发现19家单位存在房屋建筑安全隐患41处，鉴定17处，加固维修24处，有力地确保了全市办公用房建筑使用安全。对全市86家行政事业单位的办公用房进行了巡检，下发整改通知书20余份，有效杜绝了办公用房超标现象。对市场监管局、科工信局、融媒体中心办公用房进行了重新调配，充分整合利用市场监管局办公用房资源，腾退原工商局院由科工信局使用，科学合理解决了新成立的新郑市融媒体中心办公用房问题，实现了办公用房资源合理配置和节约集约使用。

【公务用车管理】稳步推进公务用车管理规范运行，严控新增车辆管理，2022年全年共为各单位审批购置公务用车4辆，全部为新能源车辆。同时，对全市党政机关事业单位的公车管理工作进行巡检。重点检查了派车单、车辆标识、定位系统异常，公示等工作。规范全市公务租赁社会车辆管理工作，对部分乡镇租用班车情况进行规范，全部改为公交线路车提供通勤服务。整改后由原来每年180余万元下调到80余万元，每年为财政节约资金100余万元。积极协调郑州国家电网公司为机关院区无偿建设一座新能源电动自行车车棚。

【公共机构节能监督管理】扎实推进公共机构节能及垃圾分类工作。认真组织完成2021年全市公共机构能耗数据统计工作，继续推动新郑市2021—2022年节水型公共机构创建工作。开展2022年世界水日、中国水周宣传活动，组织开展2022年节能宣传周工作，动员各单位通过多种形式开展宣传周活动。督促指导各单位做好垃圾分类工作，每季度组织开展对各单位垃圾分类工作巡查督导工作。

【综合服务工作】精心组织会务服务、公务接待、车辆保障等后勤工作。全年共承接了2742场会议，累计参会人次53762人次。调度保障集体调研车，无交通违章行驶记录，未发生责任事故；圆满顺利完成市重大会议的用车保障任务。多措并举提升膳食服务水平，精进厨师技艺。采用“老带新、新促老、结对子、共成长”的理念，通过比学赶超行动，持续提升烹饪水准，不断创新、丰富菜品种类，实现了菜库进行动态更新。加强双向沟通互动，通过厨现场服务员主动询问、收集意见建议表等各种手段，掌握干部职工的需求，参与膳食互动积极性稳步上升。注重健康饮食，积极与市公立医院进行沟通对接，针对院区干部职工高血压、高血糖、高血脂、高尿酸“四高”问题比较突出，在营养专家的指导下，选取新鲜应季食材，广泛采用快炒、清蒸的烹饪方式，尽量少油少盐，重视营养搭配均衡，先后推出了低卡菜品和杂粮饭、粗粮馒头等多种主食，受到普遍欢迎。精心做好机关院区的日常管理和维修工作，对电梯、高低压配电等设备系统进行定期检修，对故障隐患及时排除。对2台电梯做到每日巡查1次；对高低压配电房及机关院区各处线路进行了安全检查，日常维修处理3670余起。定期维护给排水设施，排查市委大楼外墙及窗户漏水情况，处理大楼给排水故障150余起，抢修因排水管漏水紧急事故34起，解决大楼日常给排水问题860余个。对大楼内及地面进行全面修缮排查工作，发现并修缮720余处。

（撰稿：赵超逸　审阅：赵进锋）

人事和社会保障工作

【概况】新郑市人力资源和社会保障局为市政府工作部门。内设办公室、就业促进科、行政审批科、事业单位人事管理科、工资福利科、社会保险科、社会保险基金监督科、调解仲裁管理科、职称管理科、职业能力建设科、劳动保障监察科、劳动保障监察大队、新郑市就业创业服务中心、新郑市社会保险中心等科室及二级机构，办公地点位于新郑市人民西路中段277号。2022年，全市人力资源和社会保障工作牢牢抓住“民生为本、人才优先”工作主线，以民生建设为着力点全面推进各项工作，在人事人才、就业促进、社会保障、构建和谐劳动关系以及自身建设等方面都取得了良好成绩，为新郑市经济社会健康快速发展提供了强有力的人力资源社会保障支撑。先后荣获“河南省文明单位”、2022年度全省人力资源社会保障系统先进单位、2022年省重点民生实事开展职业技能培训和评价取证工作先进集体、2022年度郑州市人力资源社会保障工作先进单位、2022年度郑州市高质量推进“人人持证、技能河南”建设先进单位、2021—2022年度全市人力资源和社会保障系统信访工作先进集体、郑州市优秀驻村干部和驻村工作队选派工作先进集体、失业保险工作先进集体等各级各类荣誉10余项，树立了人社部门的良好形象。

【就业创业】 截至12月底，共为各类中小微企业、实现就业或创业人员落实用人单位一次性吸纳就业补贴、社会保险补贴、见习补贴，再就业人员社保补贴、岗位补贴、创业补贴等就业补助资金2603.93万元。新认定就业见习单位15家，见习岗位1287个，组织见习203人，发放见习补贴26400元。大力开发公益性岗位，新安置就业困难人员（脱贫人员）430人，帮助2235名脱贫劳动力实现就业。依托“人人持证、技能河南”建设，开展农村劳动力技能培训8665人。成功申报评选出省级农民工返乡之星3人。组织参加“豫创天下”“凤归中原”创业大赛，3个项目参赛，2个项目获奖。发放创业担保贷款7616万元，带动就业1265人。组织直播带岗活动4场，开展网络招聘7场，服务企业690余家，提供就业岗位21440余个。最大限度征集事业单位空编，为应届毕业生提供岗位近千个；不间断举办招聘活动，促进供需匹配，共发布690家企业提供的就业岗位信息21440条，2022年已有8567名高校毕业生到新郑就业，圆满完成了郑州市下达8100人的年度目标任务。

全市城镇新增就业6607人，新增农村劳动力转移就业6136人，分别完成郑州市下达目标的110.12%和111.6%；全市期末城镇登记失业率2.65%，城镇“零就业家庭”动态保持为零。全市共完成各类职业技能培训44713人次，新增技能人才62559人，新增高技能人才41594人，分别完成郑州市下达目标的110.4%、160.8%和271.9%。2022年，省级推送新郑市离校未就业高校毕业生1943人，加上主动办理实名登记的318人，未就业人数累计达到2261人。已经全部完成跟踪联系，通过帮扶实现就业2035人，就业率超90%。

【社会保障】 2022年底，全市新增参保企业1069家，累计参保4431家，累计参保人数达到65.59万人。其中，企业在职职工养老保险参保人数12.17万人，完成郑州市目标任务11.69万人的104.1%；机关事业单位养老保险参保职工达到2.67万人；城乡居民养老保险参保人数达到32.3万人，参保率保持99%以上，完成郑州市目标任务32.12万人的100.6%；失业保险正常参保人数达到7.76万人，完成郑州市目标任务7.23万人的107.3%；工伤保险正常参保人数达到10.69万人，完成郑州市目标任务10.45万人的102.3%。共发放各项社会保险待遇11.25亿元，其中，为10414名企业离退休人员及遗属发放养老金（遗属补助）34644万元；为8036名机关事业单位退休人员发放养老金46204万元；为8.9万名60周岁以上城乡居民发放养老待遇26921万元；为3417名原民办教师发放养老补贴378万元;为306名享受工伤保险待遇人员发放工伤保险待遇1597万元；为享受失业保险待遇人员发放失业保险待遇2773万元。及时落实待遇调整政策，为17554名退休人员（其中企业退休职工9810人、机关事业单位退休职工7744人）调整养老金，企业离退休职工养老金实现“十八连调”，人均月增资112.87元，调整后月人均养老金达到2713.31元；机关事业单位养老金实现“七连调”，人均月增资148.02元；城乡居民月人均基础养老金由200元提高至205元；将失业保险金由1520元/月提高到1600元/月。对省人力资源和社会保障厅下发的49家养老保险欠费单位和193家职业年金单位逐一核查欠费明细。发放被征地农民社会保障待遇，纳入市被征地农民保障范围累计698人，发放待遇补贴862.6401万元。减收全市参保单位失业保险费2066.64万元、工伤保险费1168.18万元。通过线上、线下多种途径共受理通过33家企业缓缴申请，涉及参保人员10311人，缓缴三项社会保险费合计1797.2万元，其中养老保险1700.51万元，工伤保险19.53万元，失业保险77.17万元，切实缓解受灾企业短期负担。全年享受稳岗补贴企业已公示审批通过共1875家，共计补贴金额1676.35万元；为36名职工发放技能提升补贴6.1万元，为1243人次发放失业补助金39.1万元。

【人事人才】 为新郑市疾病预防控制中心公开招聘公共卫生专业人才5名；落实新郑市“7·20”特大暴雨灾害问题整改工作要求，为新郑市应急管理局招聘应急管理专业人才14名；为进一步优化市委办公室干部队伍结构，选聘6名事业单位工作人员，现已招聘到位到岗工作。为新郑市教育局招聘教师，校招和面向高校735人；已办理完成2020年定向引进93名优秀高校毕业生、公开招聘乡镇事业单位工作人员49人、2021年公开招聘教师247人的转正定级手续和2021年定向引进98名优秀高校毕业生的人事编制手续。积极推进事业单位人事制度改革、事业单位岗位设置管理工作。2022年，共487家事业单位完成了岗位设置，涉及人员16389人，其中试用期人员571人。共办理3339人的岗位设置手续，转岗手续42人。完成乡镇机构改革后事业单位岗位设置及转隶人员调动等相关人事手续。规范管理全市编外用工，对全市88家机关事业单位和70家编外用工单位摸底排查造册，共登记造册编外人员17040人。在分类规范的基础上，按照坚持压缩开支、内挖潜力，必要配备、保障运转的原则，在单位自行清理的基础上，初步核定47家单位聘用编外辅助性工作人员1105人。事业单位管理岗位职员等级晋升工作已全部完成，首批次共计晋升660人。全市共办理调入、调出、退休、死亡、辞职等人员手续894人次，市内其他机关参照及事业单位调动536人次，各类职务岗位晋升663人次，事业单位转岗聘用工作人员132人次，办理新入职人员手续526人次，事业单位职员等级晋升660人次；完成全市300余家机关事业单位及二级机构8000余人的应休未休人员工资报酬及409家事业单位1.5万余人，绩效总量、薪级调整等审核工作；完成2022年度工资年报工作。

持续落实“郑州人才计划”。全年坚持高标准落实“郑州人才计划”优惠政策，青年人才生活补贴受理申报1104人，其中本科904人，硕士182人，博士18人。开展新郑市急需紧缺人才认定申报工作，受理申报企业2家10人次，最终7人审核已通过。积极开展郑州市名医名师名家选拔培养，根据郑州市统一安排，新郑市人社局联合新郑市委宣传部、新郑市卫健委、新郑市教育局分别开展郑州市文化名家、名医、名师支持专项的申报工作。推荐名医候选人1人、名师候选人14人、名家候选人3人。广聚天下英才，助力中原出彩。组织50家企业参加河南省招才引智创新发展大会.人才（项目）线上洽谈会。为郑州工业技师学院、郑州市郑银村镇银行股份有限公司办理档案集体委托代理共计300余人。

【劳动关系】 深入广泛开展相关法治宣传活动。共悬挂宣传条幅320余条，发放各类宣传手册5000余册，张贴宣传版画120块。累计到案件多发的乡镇督导50余次，约谈欠薪企业40余家。共受理市长电话3270案，信访887案，举报投诉972案，国家监管平台4177案，省监管平台519案，累计化解郑州市信访局重复信访积案108案，郑州市人社局重复信访积案107案，河南省、郑州市督办案件90案，网络舆情等其他各类案件40余案。通过“双随机、一公开”模式组织各类专项大检查4次，检查涉及用工企业1600余家、建筑工地80余个，涉及劳动者1.9万余人，依法维护了劳动者合法权益。全年累计发放《中华人民共和国劳动合同法》《郑州市劳动用工条例》《保障农民工工资支付条例》农民工维权明白卡等宣传资料5540余份，为5063余名农民工追讨工资报酬6760万元。共处理劳动人事争议案件876件，结案812件，法定时限内结案率100%，涉案金额813.25万元，其中调解结案503件，调解率达到62%；建立基层劳动争议调解中心15个，实现新郑市乡镇（办）全覆盖。建立好想你健康食品股份有限公司劳动争议调解中心、白象食品股份有限公司劳动争议调解中心等非公企业调解组织示范点2个。深入好想你、加加味业、白象食品等企业宣讲劳动法律法规3次。发展专（兼）职劳动争议调解员31名，全部能够通过网络调解案件；在上级媒体发布信息报道3篇；免费发放《中华人民共和国调解仲裁法》《中华人民共和国劳动合同法》等宣传材料300余份；审批不定时和综合计算工时工作制企业15家；参与处理各类信访案件20余人次；接受来人来电咨询280余人次。

（撰稿：祁　晗　审阅：尹伟炜）

督查考核工作

【概况】 新郑市督查局为正科级规格，归市委办公室管理，内设6个科室，分别为办公室、督查一科、督查二科、督查三科、绩效考核科、政务服务热线办公室；下设1个二级机构为机关效能投诉中心。专设机关党支部，成立了机关工会、团委和妇委会等党群团组织。2022年，新郑市督查工作围绕市委、市政府决策部署、中心工作和重要任务，充分发扬“钉钉子”精神，兜底线、拉高线、盯重点、督难点，完成市委、市政府交办各项任务，获评郑州市综合考评优秀单位，被人民日报社评为人民网网上群众工作民心汇聚单位，被郑州市人民政府办公厅评为重点民生实事办理先进单位。

【服务大局】 在配合上级督查方面。牵头筹备了国务院“大督查”和“两稳一保”督查调研、省委“四个底线”督导、省政府“稳经济大盘”督导、郑州市委“四项工作”督导等任务，高标准起草筹备方案、高标准设计调研路线、高标准印制接待手册，获得各级领导“安排最完美、环节最衔接”的肯定和赞扬。

【督促检查】 紧抓决策督查任务，围绕上级和市委、市政府的决策部署、重要会议议定事项、政府工作报告、重点民生实事、“十大战略”行动、“九项工程”建设、“二十大”精神宣讲、安全生产责任落实等内容，建立专项工作台账，不折不扣、常抓不懈开展督查，定期向上级部门和市委、市政府汇报工作进度，督促各责任单位扎实开展工作，编发工作专报48期，协调解决问题160余项，确保市委、市政府的决策部署落地见效。紧盯领导批示工作。按照“批必办、办必果、果必复”的要求，坚持“台账式管理、分类别督办、按时限反馈”，细化任务，倒排工期，对重要或紧急的交办件，随收随办、随收随转；对需延期的交办件，及时报告原因和进展情况，避免久拖不决。同时，积极探索规律性问题，归纳汇总，见微知著。共办理领导批示件106件，做到“件件有回音、事事有着落”。紧扣专项督查事项。围绕全市重要目标、重点工作、重大事项开展专项督查，坚持“四不两直”和一线工作法，不间断协调督办拜祖大典任务、郑新路二期绿化、城墙内外环路及遗址公园建设、经济运行、安置房建设、消防队站建设、专项债券支出、自建房安全隐患排查、助企纾困等事项。定期督查基层减负和中央八项规定精神贯彻落实情况，做到工作无空档、无缝隙、无遗漏。共督办专项督查事项400余项，一线督查2500余人次，解决问题400余个，编发日报266期、周报98期、通报50期，为经济社会高质量发展提供有力保障。紧跟建议提案办理，2022年，新郑市共收到上三级建议提案4件（其中全国人大建议1件，郑州市建议提案3件）；新郑市级建议提案共629件（其中人大建议424件，政协提案235件）。建立建议提案办理工作台账，组织召开交办会，及时向责任单位进行交办。并联合市人大代表工委、市政协提案委，进行实地调研、督查10余次，组织建议提案数目较多的市交通局、市城管局、市住建局、市人社局、市公安局、市教体局等单位进行现场督办或召开座谈会等形式，协调解决问题7次，通过电话督办等形式解决疑难问题70余个。紧贴督查调研报告，围绕领导交办的疑难问题，在现场踏勘、会议协调的基础上，细致开展调研督查，摸清实情，如实报告，为领导提供参谋决策。起草了《关于黑加油站点（流动加油车）整治工作调研报告》《华夏幸福产业新城建设相关问题汇报》等督查调研报告，推动破解疑难问题，得到市主要领导的高度认可。

【绩效考核】 精心组织综合考评，年初，根据《新郑市综合工作考评实施方案（试行）》，印发了《关于开展全市2021年度综合考评工作的通知》（新考评〔2022〕1号），组织全市开展了综合考评工作，对全市各乡镇（街道、管委会）、市直各部门和重点工作协调推进机构年度工作推进情况进行了考核、排名，公平公正地体现各单位的工作业绩。精心组织季度“擂台赛”，结合工作实际，精心科学调整擂台赛规则，对乡镇、街道、管委会考核中综合城市管理类和生态建设类排名第一位、综合发展类排名前两位的，给予通报表扬和财政资金奖补；对一、二季度考核总体排名城市管理类和生态建设类第一位、综合发展类前两位的，授予“半年红”发展贡献奖；对“四挂钩”考核综合排名本组末位单位的主要领导和单项指标排名本组末位单位的分管领导给予批评教育；对连续两季度综合排名本组末位单位的主要领导和连续两季度单项指标排名本组末位单位的分管领导给予责令检查，提高了各单位工作的积极性，形成“比学赶超”的良好氛围。高标筹备2021年第四季度和2022年季度高质量发展“擂台赛”，周密制定观摩点评活动方案，做到环节不丢不漏、步骤不折不扣，为全市各单位提供“亮晒比拼”的展示舞台。精心完善考评体系。根据郑州市综合考评方案，结合本市实际，先后印发了《2022年度新郑市综合考评工作方案》《新郑市高质量发展综合绩效考核与评价办法（试行）》《新郑市经济社会发展“四挂钩”考核办法（试行）的通知》，每季度末发布本季度的《高质量发展“擂台赛”通知》，季初汇总公布“擂台赛”考评成绩，建立了完善系统的考评体系，既实现年终对账，又体现过程管理，全面督促全市各项指标按照时间节点完成。

【效能建设】 认真开展值班督查。对全市各单位领导带班和值班在岗情况进行督查，实地督查150余家次，电话抽查180余家次，确保全市政令畅通、平安稳定；在疫情常态化后，对各乡镇（街道、管委会）和经济局委研究分析经济运行情况进行全面实地督查，助推全市经济社会发展稳中向好。务实开展效能督查，以服务质量、机关作风、办事效率等为重点，定期对各单位工作任务落实情况、人员履职情况、机关作风、办事效率、工作纪律等方面进行效能督查，进一步提高服务水平和执行能力，优化全市营商环境。据实实施约谈问责，针对督办事项，建立工作台账，通过效能约谈、实地督办、下发督办通知等形式跟踪督查，解决突出问题。全年实施督查约谈5起7人次（责任单位5个，副科级干部3人，股级干部3人，华信民生医院2人），着力解决干部“慵懒散”问题。

【政务热线】 及时打通热线平台，借助自主研发的“新正督”平台与郑州市“12345”热线平台进行联通，将网络办理平台延伸至各乡镇（街道、管委会）和市直各单位，打通处理民生诉求的“最后一公里”。悉心解决群众问题，截至12月底，共受理郑州市“12345”热线、市长信箱、人民网网民留言等各类问题30253件。内容涉及疫情防控、城市管理、供水供电供暖、劳资纠纷、环境保护、违法建筑、物业管理、拆迁补偿等工作，整体办结率达98%，群众满意率98%以上。收到群众感谢信20件，感谢锦旗5面。健全完善工作机制，坚持把完善机制、落实责任作为民生诉求办理工作的重点，进一步健全工作机制，提升服务质效。持续探索高质量办件的新模式，根据各承办单位办理情况，评选月度“十优三差”案件，并将通报内容纳入当季绩效考核成绩，努力打造新郑市“12345”热线的城市名片。同时，每周向市委、市政府报送群众诉求办理情况和群众诉求涉及领域，定期挑选有代表性的群众诉求和热难点问题呈市政府主要领导审签、批示，共报送呈批呈阅件69期。为市委、市政府及时准确了解群众需求、了解社情民意、科学决策部署提供依据。

（撰稿：乔燚龙　审阅：刘宗伟）

政协新郑市委员会

XINZHENG MUNICIPAL COMMITTEE OF THE CPPCC

·政协新郑市委员会 ›››

XINZHENG MUNICIPAL COMMITTEE OF THE CPPCC

综 述

【概况】 2022年是六届市政协开局起步之年，紧紧依靠和团结带领广大政协委员，围绕中心、服务大局，汇智聚力、履职尽责，展现了换届之后政协委员新形象，干出了新一届政协新样子，为推动新郑市建设现代化全国一流中等城市做出了积极贡献。

【政治协商】 市政协常委会将政治建设摆在首位，始终坚持政治机关、政治组织性质定位，坚持把党的领导作为政协事业发展的根本保证，确保人民政协事业始终沿着正确政治方向前进。一年来，全年共开展中心组学习12次，常委会会议2次、主席会议专题学习54次，专委会和界别学习61次，共整理提案调研选题、调研报告、社情民意信息等118、6、74件，协商议政成效明显。加强政协协商与党政工作的有效衔接，健全以全体会议协商为龙头，常委会会议专题协商为重点，提案办理协商、对口协商和界别协商为常态的协商议政体系，灵活运用调研、视察、民主监督、现场协商等多种形式，实现面对面沟通，形成有事好商量、众人的事情由众人商量的秩序和氛围。延伸履职触角，畅通信息反映渠道。聚焦助推企业发展、优化营商环境，深入5所高校和10家企业考察调研，提出50余条意见建议，形成了《关于深化校地企融合发展，促进新郑经济社会高质量发展》《建议持续培育新郑市高质量小微企业》等6份高质量的调研报告；在文明城市创建、疫情防控、行风评议、就学就业等工作中发挥积极作用。

【民主监督】 市政协常委会坚持以人民为中心的理念，深接地气做实事，努力做到"民有所呼、我有所应，民有所求、我有所为"。注重搜集具有全局性、倾向性的建议，形成社情民意信息74篇，《建议搭建多层次养老服务平台》《规范小区物业服务，提升业主满意度》《建议大力加强职业教育》等30篇被郑州市政协采纳；关注"一老一小"，召开医养结合双月协商会议，委员提出的融合养老服务和医疗服务等建议，得到政府领导充分肯定；持续跟进农村人居环境整治、农村污水管网建设，协调有关部门推进工程进度，推动乡村振兴政策有效落实。

全市广大政协委员、政协各参加单位和政协各专门委员会共提交提案254件，经审查，立案235件，立案率92.52%。其中，经济建设方面42件，占17.87%；文化建设方面80件，占34.04%；社会建设方面88件，占37.45%；生态文明建设方面9件，占3.83%；乡村振兴方面16件，占6.81%。提案办复率100%，问题已解决或基本解决的228件，占97%；正在解决或列入计划逐步解决的7件，占3%。委员对答复满意或基本满意率99%以上，较好地实现了提案工作提质增效的总体目标。遴选出《关于进一步优化我市高校与产业融合发展的提案》等16件重点提案，提请市委、市政府和市政协领导督办。市政协常委会将提案工作列入重要议事日程，主席办公会议定期研究提案工作，班子成员带头督办，各承办单位积极承办，重点提案重点办理，为新郑市经济社会高质量发展贡献了政协力量。

树立履职质量导向，推动协商议政由注重"做了什么、做了多少"，向更加注重"做出了什么效果"转变。加大对装备制造业企业支持力度、持续培育高质量小微企业园、发展“网络直播”新经济模式、推动食品生物医药产业实现高质量发展等建议，契合市委、市政府构建现代产业体系、坚持发展实体经济等战略部署，许多建议在《新郑市稳经济助企纾困政策三十条》等文件措施中得以体现。关于进一步优化新郑市高校与产业融合发展的提案，通过市委书记领办，加快促进了新郑市委人才工作领导小组《关于深化校地合作助推新郑经济社会高质量发展的十条意见》的出台，推动了党管人才机制创新突破，形成了校地企人才共用、平台共建、资源共享的政策支持体系，《人民政协报》进行了宣传报道。聚焦黄帝文化历史名城，为提升城市文化软实力。委员们围绕黄帝文化、黄河文化和根亲文化融合发展、文物保护、文化产业等方面提出提案，为坚定文化自信作出了积极贡献。关于加大黄帝文化宣传、提升环境文化视觉等提案，为讲好“黄帝文化故事”，打造IP开发文创产品，助力申报中国黄帝文化之乡和黄帝文化研究提供了新思路。关于深度挖掘文史资源讲好新郑故事的提案，推动《新郑市文物保护利用总体规划》编制出台，裴李岗村、南街古巷、平汉铁路炮楼、新密禹抗日民主政府旧址的修缮保护和开发利用，使新郑优秀历史文化文物资源不断融入寻常百姓家。关于文旅融合发展，促进经济发展新业态的提案，积极推动出台了《新郑市文旅文创融合方案》《新郑市乡村旅游发展规划》等文件，为下一步培育全链条文创产业，实施“追溯文明起源”品牌建设，推动文化和旅游融合助力乡村振兴，让越来越多的历史文化资源在新郑“活”起来，提升城市文化品质发挥了积极作用。参与黄帝故里园区实质性建设，有效地助推黄帝文化历史名城建设、黄帝故里拜祖大典等重点项目建设顺利进行。围绕高品质城市建设，为增进人民群众幸福感，委员们就教育改革、城市管理、社会保障等方面提出提案。针对加强中小学生体能素质教育、强化师资力量、建立健全中小学课后延时服务制度等建议，积极推进2022年度招聘在编教师计划，缓解师资力量紧缺问题；印发《新郑市中小学课后服务工作指南》，推行课后服务“5+2”模式，切实解决社会需求。

【参政议政】 紧扣新郑市“打好三大攻坚战”“夺取疫情防控和经济社会发展双胜利”“社会治理”等重要议题，开展协商议政，积极建言献策。面对多轮新冠疫情，市政协领导班子闻令而动、向险而行；广大政协委员挺身而出、捐款捐物150余万元。提出关于增强基层医疗中心和社区卫生服务中心能力的提案，推动完善了县、乡、村三级医疗卫生服务体系，为基层医疗机构配备螺旋磁体CT、磁共振等医疗设备，建成全市基层医疗卫生信息监管平台，新建和改造7家基层医疗卫生机构医养中心。关于进一步优化营商环境的提案，持续深化“放管服效”改革，创新开展跨省远程异地评标，投入使用首个县级市“一平台一库”数据共享平台，政务服务自助终端实现乡镇和社区全覆盖，优化政务服务流程，实现更多政务服务事项统一入口，跨部门事项“一次办”，“万人助万企”活动常态化开展，以简审批优服务推动行政管理和服务提质增效。关于进一步降低企业生产成本的提案，全市开展涉企收费专项整治活动，确保国家优惠红利落实到基层，激发了市场主体活力。针对整合资源壮大农村集体经济、加强农民职业技能培训、推动电商平台和新农村经济融合发展等建议，持续开展农村流转耕地“非农化”“非粮化”“规范化”整治，推进农村耕地集约化、高效化利用，实施互联网+工程，推动智慧农业蓬勃发展。关注道路拥堵、停车难等问题，多位委员提出增建公共停车场和夜间标准停车位、交通路网建设、优化主城区红绿灯设置等建议，通过持续跟踪督办，2022年新增公共停车位1437个，莲花路下穿京广铁路工程建成通车，中华路与子产路立交桥投入使用，仓城路实现雨污分流，打通子产路等3条断头路，道路交通环境进一步优化，群众的幸福感和满意度不断提高。

致力共建宜居宜业生态城市，委员们围绕生态环境保护、农村环境整治、绿色产业发展等方面提出提案，为推动绿色低碳高质量发展贡献政协智慧。关于加大建设农村生活污

省政协文史委主任李宏伟到黄帝故里调研（政协/供图）

水处理能力和增加污水管网建设等提案，调研深入、分析精准，助力新郑市实施乡村振兴基础设施（污水处理）续建提升工程快速推进，农村水生态环境进一步改善。针对持续改善空气质量、提升城市建成区和乡村绿化质量、推动绿色产业发展、完善循环经济的提案，承办单位高度重视，常态化推进大气污染防治，建成直流充电桩300个，更换新能源公交车292台，实现所有公交线路新能源车辆全覆盖。加强循环经济领域科技创新工作，引导龙头企业带动中小企业加快绿色转型，推动全市生态文明建设的重点工作、重大事项落地见效。

【和谐政协】 注重双向发力，在凝聚共识上作出新贡献。扎实推进“书香政协”。印发《政协委员读书活动计划》，结合主题党日活动、文明单位创建等，教育引导委员干部多读书、读好书，常态化开展“读书分享会”、政协业务知识学习等活动，委员干部能力水平不断提高。探索线上线下学习交流形式，利用“智慧政协”平台系统开展委员读书活动，分享交流心得体会，“书香政协”建设等工作多次得到郑州市领导表扬。《让黄帝文化“飞入寻常百姓家”》等2篇文章在《人民政协报》刊发，《高擎黄帝文化大旗，努力把郑州打造成全球华人寻根地朝圣地》在郑州市十五届政协一次会议上交流，路军军、马瑞平、杨宜锦等委员在郑州市政协委员读书征文活动中获一、二、三等奖；刘伟鹏委员制作的《行走新郑·追溯文明起源》52集小视频阅读量过千万人次；李玲委员谱曲演唱的《轩辕，我的好家园》响彻神州大地。加强团结联系联谊，进一步加强同各民主党派、工商联、无党派人士和各人民团体的联系与合作，专门召开座谈会，主动征求对政协工作的意见建议。把各民主党派、工商联和有关人民团体提出的集体提案，作为重点督办提案，推动所提建议得到落实。积极搭建平台、创新形式、丰富内容，广交朋友，深交朋友，增进与各界委员的团结联谊。通过开展“委员工作站”活动，上门走访基层委员，调研委员企业，慰问民族宗教界委员，看望港澳委员，在加强沟通、密切联系、听取意见、了解呼声的过程中不断增进共识。主动向党派团体和界别通报政协工作情况，支持党派团体联合开展协商，在政协发表主张，提出意见。一年来先后接待全国政协、省内外政协调研考察组20余批次。积极争取上级政协的指导，加强与兄弟县市政协的友好往来、联系协作，为新郑对外形象的树立和黄帝文化的传播做出了积极贡献。

（撰稿：沈爱敏　审阅：仪　刚）

重要会议

【政协全会】 2022年6月26—29日，中国人民政治协商会议第六届新郑市委员会第一次会议在市炎黄文化中心召开。27日开幕式上市政协领导李志强、黄卫东、李峰、赵东伟、王艳红、仪刚、李中俊、李建国、杨春峰、马书强在主席台前排就座。市领导马志峰、马宏伟、王俊杰等到会祝贺，并在主席台就座。会议应出席委员280人，实到265人，符合规定人数。新郑市政协党组书记黄卫东主持会议。新郑市政协主席李志强代表政协新郑市第五届委员会常务委员会作工作报告。新郑市政协副主席王艳红代表政协新郑市第五届委员会常务委员会作提案工作报告。大会还表彰奖励了2021年度先进单位和先进个人。委员王燕、张豪乐、赵锡铭作大会发言。委员们列席新郑市第六届人民代表大会第一次会议，听取并讨论马宏伟市长所作政府工作报告，表示赞同并提出意见建议。会议审议通过李志强代表政协第五届常务委员会所作工作报告，审议通过王艳红所作提案工作情况报告，审议通过政协新郑市第六届委员会第一次会议提案审查情况的报告。会议选举产生了政协新郑市第六届委员会主席、副主席、常务委员。全体政协委员以高度的责任感和使命感，围绕新郑市经济社会发展，通过分组讨论和提交提案、社情民意信息等形式，积极建言献策，提出了许多有价值的意见建议，会议圆满完成了各项议程。

【主席会议】 2022年，市政协共召开主席办公会议21次，主要内容有：研究确定六届一次政协全会时间，研究部署常委会、全会材料及会务筹备情况；调整主席、党组书记、副主席工作分工；制定2022年度学习方案和计划，完善学习交流制度；扎实推进党建“微课堂”“党史学习教育”“第一议题”“7·20特大暴雨以案促改”和开展党员网上“学习强国”学习活动；研究《新郑歌谣谚语》文史资料征稿工作；安排新冠疫情防控工作；安排抗汛救灾、指导灾后重建企业复工复产工作；安排创建文明城市和河南省省级文明单位工作；安排部署“意识形态”等宣传工作；安排部署“个人重大事项报告”工作；通报市委党政联席会议和政府常务会议精神，部署调研和视察活动；安排进一步完善乡镇（街道）管委会15个“委员乡镇工作站”、双融入五联系、委员读书活动、“社情民意信息收集点”等队伍建设工作；安排部署“市委书记双月接待政协委员”活动；安排重点提案办理会的召开；安排组织政协常委、委员、各专委会负责人集中培训工作；抓好课题调研工作撰写调研报告；部署“十件实事”视察活动；学习贯彻上三级党委、政协会议精神；部署帮扶工作，走访慰问老干部、筹备慈善救助活动。

【常委会会议】 2022年，市政协召开常委会会议2次。

2022年6月24日政协新郑市第五届委员会第二十二次会议召开。市政协领导李志强、黄卫东、李中俊、王海民、李建国、赵东伟、王艳红、仪刚、杨春峰、马书强参加，副市长王淑慧应邀参加会议。会议审议通过政协新郑市第六届委员会委员名单。审议通过政协新郑市第六届委员会第一次会议议程。审议通过政协新郑市第六届委员会第一次会议日程。审议通过政协新郑市第五届委员会常务委员会工作报告。审议通过政协新郑市第五届委员会常务委员会提案工作情况的报告。审议通过政协新郑市第五届委员会常务委员会关于推举常委会工作报告报告人的决定。审议通过政协新郑市第五届委员会常务委员会关于推举提案工作报告报告人的决定。审议通过政协新郑市第六届委员会第一次会议有关人员名单：（1）秘书长、副秘书长名单；（2）秘书处工作机构、职责范围及负责人名单；（3）特邀、列席人员名单。审议通过政协新郑市委员会关于表彰2021年度先进单位和先进个人的决定。审议《政府工作报告（草案）》《新郑市2022年国民经济和社会发展计划执行情况与2022年计划的报告（草案）》《新郑市2022年财政预算执行情况和2022年财政预算的报告（草案）》《新郑市人民法院工作报告（草案）》《新郑市人民检察院工作报告（草案）》。审议通过政协新郑市第五届委员会常务委员会关于召开政协新郑市第六届委员会第一次会议的决定。

2022年8月23日政协新郑市第六届委员会第一次会议召开。市政协领导黄卫东、赵东伟、王艳红、仪刚、杨春峰、马书强参加，市委常委、常务副市长张慧娴应邀出席会议。会议审议通过政协第六届一次常委会会议议程；传达学习《中国共产党政治协商工作条例》、省政协十二届常委会第二十六次会议、郑州市政协十四届二十三次常委会会议精神、市政协主席黄卫东在市政协机关全体干部会议上的讲话；审议通过政协新郑市第六届委员会专门委员会设置，专门委员会主任、副主任任职名单，专门委员会兼职副主任委员、兼职委员名单；审议通过《政协新郑市委员会提案工作办法》；审议通过《新郑市政协委员履职服务管理办法》；听取新郑市2022年上半年财政预算、国民经济和社会发展计划执行情况，听取市发改委关于新郑市2022年国民经济和社会发展计划上半年执行情况报告；听取市财政局关于新郑市2022年上半年财政预算执行情况报告。政协常委发言（围绕委员履职、上半年国民经济和社会发展计划、财政预算执行情况进行发言）。市政府副市长讲话。市政协主席黄卫东要求，要主动履职，彰显新担当，抓好“双覆盖、双融入”及“两个平台建设”，抓好社情民意信息及文化建设，切实增强做好新一届政协工作的责任感和紧迫感，努力开创政协工作的新局面，为二十大胜利召开贡献力量。

【政协新郑市第六届委员会委员名单（共280人）】

李志强、黄卫东、李峰、赵东伟、仪刚、李中俊、杨春峰、马书强、陈新红（女）、白宵债（女）、高烨、范振涛、李连忠、陈志安、王伟、王燕（女）、陈艳玲（女）、宋铭、贺立军、李炎武、孙现民、孟晓微（女）、姚华伟、许红霞（女）、王芳芳（女）、李向华（女）、包焕（女）、边防（女）、王瑞芳（女）、许超颖（女）、刘奕然、孙文杰、李静（女）、马瑞萍（女）、刘静（女）、薛帅、常珂、李洋洋、张嘉豪、柴富、李丹丹（女）、冯泽宇、乔志恒、郑爽（女）、张玉洁、姚小让（女）、丁聪、杜鹃（女）、高超、王磊、张亿帆、司天明、陈勇刚、李阳、王青（女）、高留伟、李彪、张志强、张占森、李玲云（女）、沈伟举、孟慧娟（女）、张豪乐、张慧清（女）、叶文雄、赵保社、宋松义、刘涛、高雷、李广、胡志强、郑清河、孟冉、常留军、张彦杰、刘浩杰、李俊霞（女）、苏红涛、李付彬、刘红卫、侯运锋、张宁宁、李志明、刘曜、闫小飞、芦芳（女）、石超、王永超、李建国、史新军、李建岭、张海江、陈智红（女）、姜伟萍（女）、张天兴、周兴朋、冯伟强、赵有军、杨通、乔丽芳（女）、李红玲（女）、杜峥、杨茂林、孙志扬、董国帅、桑峰、穆会利（女）、高颜青、沈光辉、靳炜炜、肖雨（女）、李帅帅、王丁丁、张笑雨、赵飞、钟南、郭政浩、王艳红（女）、沈爱敏（女）、刘如江、岳建华（女）、杨宜锦（女）、刘伟鹏、王凯、李磊、高晓燕（女）、赵锡铭、路军军、韩洁（女）、李玲（女）、张洁琼、卢承华、王雪菲（女）、张玉香（女）、范梦强、赵静（女）、王兰芳（女）、吴运田、杨东霞（女）、张宪军、邢艳红（女）、袁燕（女）、郭书广、段丰乐、司艳艳（女）、高晨阳、王雪丽（女）、郑会利、刘淑玲（女）、王丙辛、赵银萍（女）、师丽（女）、王留堂、吴娟娟（女）、张跃进、毛望军、史杰（女）、李傲伦、高志超、曹喆（女）、仝雷、郭豫（女）、齐立芬（女）、李占林、徐冰冰、王艳红（女）、乔丽霞（女）、俞荫洲、孟维彦（女）、韩华民、靳伟杰、陈玉红（女）、宋丽娟（女）、路志丙、吴东阳、郭二卫、秦金生、李佳艺（女）、焦长娟（女）、邓丽霞（女）、李志刚、张小强、寇文（女）、田立明、薛冬（女）、白鹏阁、张旺、王建民、袁沛、郭武、马慧芳（女）、杨红卫、周明、徐柯、杨海、陈红战、毛恩亮、许玲玲（女）、邢亚璞（女）、徐飞、田蕾（女）、张洁（女）、高柯（女）、王进良、王晓琰（女）、戴创、杨来付、赵华峰、赵明旭、李胜利、陈弘毅、王晓燕（女）、赵丽红（女）、牛玉杰、樊伯巍、崔敏（女）、孙东亮、刘广军、刘松林、苏孟韩、白如冰、赵绘红（女）、白怀平、郑建州、孟国花（女）、王建军、林晓光、杨素香（女）、王建伟、秦军峰、马俊峰、李瑞锋、赵松彦、张冠伟、丁国卿、高杰、沈国彬、陈庆超、李浩、可静（女）、黄小洲、陈龙涛、卓靳露（女）、李文坡、段忠领、吕纪超、孙一心、姚宗旺、王广洲、杨卫娜（女）、穆静芳（女）、王宁祥、肖作斌、王红利（女）、苏娟（女）、刘慧莉（女）、安策、郭静（女）、胡向阳、敬志君（女）、姜伟琴（女）、毛宁、张宇（女）、穆志强、沈萍（女）、杨仲秋（女）、刘俊兰（女）、安瑞敏（女）、沈爽爽（女）、范毅、刘方方（女）、白杨（女）、张艳芳（女）、赵昊（女）、秦晔、白盈伟、姚丰产、任亚辉、高杰（女）、李平（女）

【政协新郑市第六届委员会常务委员名单】

主　席：黄卫东

副 主 席：赵东伟　王艳红（女）仪刚

常务委员：（共52名，按姓氏笔画排序）

丁国卿（回族）、马书强、王伟、王建伟、王建军、王雪菲（女）、王燕（女）、可静（女，蒙古族）、卢承华、叶文雄、田蕾（女）、史杰（女）、史新军、白宵僡（女）、冯泽宇、刘静（女）、刘慧莉（女）、孙志扬、李文坡、李占林、李佳艺（女）、李建岭、李洋洋、杨宜锦（女）、杨春峰、杨海、肖雨（女）、吴娟娟（女）、沈国彬、沈爱敏（女）、沈萍（女）、张洁琼、张宪军、张冠伟、陈新红（女）、卓靳露（女，黎族）周明、赵飞、赵松彦、赵明旭、姚丰产、贺立军、秦军峰、袁燕（女）、高烨、高杰（女）、郭二卫、常珂、焦长娟（女）、路志丙、薛冬（女）、穆志强

（撰稿：沈爱敏　审阅：仪　刚）

纪检 监察

DISCIPLINE INSPECTION
AND SUPERVISION

·纪检 监察 >>>

DISCIPLINE INSPECTION AND SUPERVISION

综 述

【概况】 中共新郑市纪律检查委员会、新郑市监察委员会位于新郑市中兴路财富广场东配楼，实行一套工作机构、两个机关名称，合署办公的体制，履行党的纪律检查和国家监察两项职能。机关内设办公室、组织部、宣传部、调研法规室、机关党委、干部监督室、党风政风监督室、信访室、案件监督管理室、第一至十纪检监察室、案件审理室共20个内设机构，下属2个事业单位新郑市纪检监察信息技术保障中心和纪检监察综合事务中心。

2022年是党的二十大胜利召开之年，是新郑市“十四五”承上启下发力提速的一年，也是六届市纪委工作的开局之年。面对艰巨繁重的改革发展稳定任务和多轮疫情叠加等重大考验，全市纪检监察系统坚决贯彻落实习近平总书记重要讲话和重要指示批示精神，始终把高质量发展作为目标导向和工作标准，忠实履行党章和宪法赋予的职责，强化监督检查，优化办案流程，深化制度创新，充分发挥监督保障执行、促进完善发展作用，推动纪检监察工作取得新成效。获评2022年度省直机关廉洁文化教育基地，获2022年度郑州市廉洁文化短视频作品征集活动优秀组织奖，2022年度国家机关事务管理局颁发的节约型机关、2022年度郑州市纪检监察信息工作优秀单位、新郑市2021年度国家卫生城市复审工作红旗单位。

【政治监督】 纪检监察机关作为政治机关要旗帜鲜明讲政治，始终把学懂弄通做实习近平新时代中国特色社会主义思想作为首要政治任务。汲取新理论新思想凝心聚魂，市纪委常委会坚持第一议题制度学习习近平总书记的重要讲话和重要指示批示精神，专题学习研讨党的二十大精神，坚决捍卫“两个确立”，坚定做到“两个维护”，进一步统一思想认识，理清工作思路，明确前进方向。全市纪检监察干部积极参加所在党支部学习研讨活动，贯通学习《习近平谈治国理政》第一至四卷，组织召开专题组织生活会，推动党的二十大精神学习常态化长效化，用党的最新理论武装头脑，不断增强政治自觉、思想自觉、行动自觉。紧盯“7·20”以案促改顺利推进，印发了《新郑市关于郑州“7·20”特大暴雨灾害追责问责案件以案促改工作方案》，重点盯紧主体责任清单、能力作风建设、问题整改实效、灾后恢复重建，涉及56个单位720条问题整改措施全部完成。创新实行“7·20”以案促改“4+6+1”双层全覆盖监督模式，发挥“纪检+专家”优势，郑州市以案促改领导小组办公室简报专题介绍新郑市六个依托扎实开展以案促改工作的经验做法，对新郑市以案促改工作充分肯定。

【纠风治乱】 坚持以人民为中心的发展思想，始终站稳人民立场，做到执纪执法为民，让群众在全面从严治党中感受到公平正义。锲而不舍纠治“四风”增强群众获得感，认真落实“能力作风建设年”活动要求，持续开展落实中央八项规定精神监督检查，依托协作区开展办公用房、公务用车、工作纪律等常态化监督检查；盯紧关键节点，采取明察暗访、突击检查、推磨式互查等方式，对全市各单位落实中央八项规定精神进行监督检查476次，查处违反中央八项规定精神问题线索16件，处理35人，其中党纪政务处分28人，组织处理7人。强力推进专项整治增强群众幸福感，聚焦群众身边热点难点问题，深入开展“两违规”、“一老一小一青壮”民生领域、停车收费管理领域、粮食购销领域、高质量就业领域、问题楼盘攻坚化解、违规占用土地耕地、政务服务等27项涉及民生领域问题专项整治，查处群众身边腐败和作风问题16个，党纪政务处分20人，组织处理12人。用心做好信访工作增强群众安全感，制定《新郑市纪检监察干部接访下访工作办法（试行）》，组织班子成员到分包协作区乡镇办和市直单位开展接访活动145次，纪检监察干部全年在信访接待中心驻点接访，印制信访举报便民服务卡，持续畅通举报渠道，让群众感受到执纪为民时刻就在身边。全市纪检监察系统2022年收到群众信访举报同比下降49.9%，保持了良好的社会局面。持续优化营商环境提升群众满意度，市纪委监委成立专项督导组，向社会公布监督举报电话，实地走访中小企业，开辟民营企业信访举报“绿色通道”，对损害营商环境的违纪违法问题快查办、严问责，有力助推全市营商环境客观指标连续两年排名全省县（市）第一位，全国营商环境百强县市排名第78位。省纪委官方微信公众号“清风中原”，发布了新郑市优化营商环境纪实宣传片《溱洧清流润百业》，是全省唯一发布的县（市），成为新郑市加快发展一张亮丽的宣传名片。

【标本兼治】始终保持反腐败斗争高压态势，紧盯关键少数和重点领域、重点问题，准确把握“惩、治、防”辩证关系，不断探索“三不腐”协同联动的新途径。保持“不敢腐”的强大震慑。积极开展“积案清零”攻坚行动，多次召开全系统案件加压促阵推进会，约谈提醒超期未结办案人员，印发情况通报11期，下发案件提醒函53份，约谈提醒21人，案件办理效率显著提高，该项工作得到郑州市纪委监委的充分肯定。2022年7月新郑市在郑州市纪检监察工作会议上做审查调查工作典型发言，《郑州市纪检监察信息》和郑州市委主办的《郑州工作》做了专题推介。全年共处置问题线索403件，立案134件181人，党纪政务处分147人（其中科级干部20人），组织处理196人，留置5人，移送检察机关6人，挽回经济损失709.92万元，新郑市“6·21”事件追责案件获得郑州市纪检监察优质案件。织密“不能腐”的制度围栏。协助市委起草了《关于加强对“一把手”和领导班子监督的实施办法》和《关于推进清廉新郑建设的工作方案》。高质量完成制度建设“精装修”工作，对1950年以来市纪委（监察局）出台的98份规范性文件予以废止失效49份、修改5份、继续有效44份，制定现行有效制度汇编，《河南法制报》予以宣传报道。制定了《新郑市纪检监察规范性文件审核备案办法》，全年向上级纪检监察机关备案12份规范性文件。2022年9月新郑市被中央纪委国家监委选定为全国纪检监察法规工作县级联系点，是全省唯一县级联系点，并根据中央纪委要求开展了相关法规调研工作。扎实开展以案促改工作，全年共召开警示教育会59场，参与5843人次，下发以案促改通知书7份、提醒书25份，下发纪律检查建议和监察建议43份，督促案发单位健全完善有关制度25项。提升“不想腐”的思想自觉。大力推进“清廉新郑”建设，市廉政教育中心获得省直工委颁发的“省直机关廉洁文化教育基地”荣誉称号，市公共资源交易中心和好想你食品有限公司分别荣获“清廉郑州”建设优秀示范点。举办“清廉新郑”之诗词文化笔会活动、向全市党员干部赠送“送清风”廉政文化折扇，录制系列微视频《清廉新郑主播说》等丰富多彩的“清廉新郑”之系列创建活动。特别是成功举办“喜迎二十大、诗声颂祖国”“清廉新郑”之白居易廉政诗词诵读比赛展演和网络媒体系列展播，获得省、郑州市纪委的充分肯定，《河南日报》、河南省纪委监委网站等平台予以宣传报道，在社会上引起广泛反响，取得了良好的效果。全市纪检监察系统在国家级宣传媒体发稿8篇，省级宣传媒体发稿42篇，郑州市级宣传媒体发稿31篇，“清风新郑”微信公众号发布249篇。开展“清风随行·廉润新郑”主题活动，54个单位6000余名党员干部分批次到市廉政教育中心参观学习，推动“清廉新郑”入脑入心，在全市营造出“不想腐”浓厚氛围。

【机制创新】推进纪检监察工作规范化法治化正规化建设是实现高质量发展的必由之路，市纪委坚持问题导向，不断探索符合新郑实际的新路径。市监委以依法正确行使职权推进监察工作“三化”建设情况为主题，首次向市人大常委会报告专项工作。线索分级分色办理使办案更加规范有序，制定《新郑市纪检监察机关问题线索分色分级处置暂行办法》，运用分级分色办法全年处置问题线索403件，案件办结率提升至92%，省纪委监委网站、河南电视台对此做法进行了报道。案件主办人提出整改建议使以案促改更加精准，创新制定了《新郑市以案促改建议书暂行办法》，实行以案促改建议书制度，让熟悉案情的人把脉问诊提出建议。自2022年8月实施以来，共发出以案促改建议书15份，进一步推动以案促改走深走实，取得了明显的整改效果。全流程监督处分决定宣布执行增强纪律严肃性，为增强案件警示教育效果，创新实行纪检监察人员分层级列席处分决定书宣布会议，对处分送达执行情况进行全流程监督，共列席35家单位99个处分决定的宣布执行，抽查30个单位54人处分决定执行情况，确保执行内容无遗漏、执行标准无偏差。

开展基层“三化”建设试点夯实基层基础，制定了《中共新郑市纪委关于加强乡镇（街道、管委会）纪检监察规范化法治化正规化建设试点工作方案》，细化76项操作性措施，围绕基层存在的“人员少、不专责、能力弱、作用小”等突出问题，推出包括工作分工请示审批、双向挂职锻炼等9项创新性措施和27项规范性措施，在薛店镇和孟庄镇开展试点工作，着力打造有特色、可复制的乡镇纪检监察工作样板。

【巡察监督】 巡察是发现问题的利剑，全面贯彻“发现问题、形成震慑、推动改革、促进发展”的工作方针，推动巡察工作高质量发展。加强规范化建设，压实政治责任。共召开市委书记专题会3次、市委常委会2次、巡察工作领导小组会6次，科学制定《六届新郑市委巡察工作规划》，对原有的《巡察实务手册》和问题清单进行重新梳理和完善，细化政治清单内容，压实政治责任，及时传导压力，为各巡察组开展工作提供支撑。聚焦工作重点，提升巡察质效。六届市委以来，共开展3轮常规巡察和涉粮问题、“7·20”特大暴雨灾害问题整改情况、安置房建设和问题楼盘攻坚化解等专项巡察。巡察各类党组织49个，进行谈话1266人次，查阅资料8773份，接受群众信访举报62起，下发立行立改通知书51份，发现问题461个，向市纪委监委移交问题线索10件，以精准有力的巡察监督确保上级各项决策部署落到实处。深化巡察整改，确保清零见底。完善巡察机构与纪检监察、组织、审计等部门有关事项协作配合机制。落实“双反馈”机制，抓牢被巡察党组织整改责任；实行“双通报”制度，强化纪检监察和组织部门对巡察整改环节监督，有效推动反馈问题落地见效。

【自身建设】 市纪委常委会切实增强人才培养的紧迫感，着力培养一支“政治坚定、业务娴熟、作风优良、善于斗争”的纪检监察干部队伍。强化专业能力培训，提升执纪执法水平，结合全省“能力作风建设年”活动，开展集中学习16次。建立“清廉新郑·智学课堂”线上学习平台，组织线上线下集中考试18次。制定了《关于进一步规范健全审查调查安全责任体系的通知》，明确办案安全责任；实行谈话场所监管分离，加强办案安全能力培训与演练，全系统安全文明办案得到有力保障。严格机关管理，积极创建省级文明单位，以机关党建带动干部作风素质和机关面貌整体提升。开展“我与法治同行”征文比赛、跟班学习、交叉审理、上挂锻炼等活动，加强对干部的思想淬炼、政治历练、实践锻炼和专业训练，锻造一支能战能胜的纪检铁军。完善考核评价体系，激发创先争优活力。制定《新郑市纪检监察系统综合考核办法（试行）》和考核细则，对乡镇纪委和派驻组设置了33项扣分项目和13项加分项目，印发8期考核通报，给基层树立了明确的工作标杆。组织乡镇办纪委书记和派驻组长半年工作述职，举办中层副职亮精神风采、晒工作业绩、比履职担当“亮晒比”活动，连续两次对空缺的中层岗位实行全员竞争上岗，激发了干部干事创业的活力，比学赶超创先争优氛围更加浓厚。强化自我革命机制，淬炼忠诚干净本色。聘请10名第二届特约监察员对全市纪检监察干部实施监督，全年共办理纪检监察干部问题线索7件。拍摄警示教育片《迷失的纪检“标兵”》在全系统播放，用身边事教育身边人，教育引导全市纪检监察干部知敬畏、存戒惧、守底线。

（撰稿：田小芳　审阅：岳　萌）

重要会议

【市纪委六届二次全会】 2022年2月24日上午，中共新郑市第六届纪律检查委员会第二次全体会议召开，市委书记马志峰出席会议并讲话。全市副县级以上领导干部出席会议。市纪委监委班子成员、六届市纪委委员，各乡镇（街道）管委会党政正职，市委各部委、市直各单位主要负责人，各乡镇（街道）管委会纪（工）委书记，市纪委监委各派驻纪检监察组负责同志、机关各部门负责人，市委巡察办主任、副主任，各巡察专员等参加会议。市委常委、市纪委书记、市监委代主任姚志刚主持会议并代表市纪委常委会作题为《坚守自我革命根本政治方向 坚持不懈把全面从严治党向纵深推进 为建设现代化全国一流中等城市提供坚强保障》的工作报告，对全市纪检监察工作进行系统总结和具体部署。

（撰稿：田小芳　审阅：岳　萌）

民主党派

DEMOCRATIC PARTIES

·民主党派>>>

DEMOCRATIC PARTIES

综　述

【概况】新郑市现在民革成员3人，民盟成员77人，农工党成员14人，致公党9人，九三学社成员8人，民进成员1人。

【中国国民党革命委员会成员代表】

申丽君

【中国民主同盟成员代表】

冯　煜　陈　明　陈弘毅　袁　燕　赵青建

【中国民主促进会成员】

吴志强

【中国农工民主党成员代表】

李伟红　孙　阔　王广军　任新民

【中国致公党成员代表】

石华峰　史　杰

【九三学社成员】

李　云　冯泽宇

（撰稿：许　颖　审稿：赵　磊）

民盟新郑市总支部委员会

【概况】民盟新郑基层组织成立于1987年5月，经过民盟新郑县小组、民盟新郑市支部、民盟新郑市总支三个阶段。民盟新郑县小组于1987年5月，由原新郑县政协副主席张豪为组长，2年发展4人。1998年，民盟新郑市支部成立，张豪担任主委，1999年，由新郑市人大委员会原主任侯松平任主委，在任期间发展科教界为主的盟员34人左右；2006年换届，民盟新郑市总支部委员会成立，由新郑市政协原副主席苏铁林担任主委，主要发展以科教文卫界的盟员为主，在任期间发展盟员70多人。

2016年8月，民盟新郑总支部委员会换届，主委由新郑市教育局副局长冯煜担任，副主委由陈明、陈弘毅、袁燕担任，民盟新郑总支现有领导班子9人，平均年龄50.2岁；发展盟员82人，2020年转调郑州4人（其中男盟员2人，女盟员2人），现有盟员78人，分为科教和文卫两个支部共四个小组，科教支部39人，文卫支部40人。其中女盟员34人、男盟员44人；研究生学历11人，双学士学历1人，本科学历29人，大专学历36人，副高级以上职称27人，中级职称48人，科级以上干部9人，其他高层次人才13人。盟员中郑州市人大代表1位、新郑市人大常委会原副主任1位、新郑市人大常委会常委1位、新郑市人大常委会副主任1位，郑州市政协委员1位、新郑市政协原副主席2位、新郑市政协常委1位、新郑市政协委员17位，占总支盟员的30%，新郑市委统战部特邀“四大员”7位、人民陪审员6位、现职科级干部9位、教师进修学校校长1位。推荐后备干部4人，获得郑州市统战工作先进个人2人。

2022年是二十大召开之年，是“十四五”规划推进的关键一年，是踏向中国特色社会主义现代化新征程的一年，是能力作风建设年，民盟新郑总支在民盟河南省委、民盟郑州市委会的正确领导下，在中共郑州市委统战部、新郑市委统战部的指导帮助下，认真学习中国共产党十九届六中全会精神、中共二十大的重要精神、习近平总书记重要讲话精神和民盟十二届四中全会等有关会议精神，认真学习党史、盟史、盟章及统战政策，认真研读《习近平谈治国理政》

6月，民盟郑州市委烛光行动——爱心捐赠活动举行（民盟/供图）

第一至四卷，高举习近平新时代中国特色社会主义思想伟大旗帜，围绕市委、市政府的中心工作，深入开展“深化政治交接，锤炼能力作风，争先出彩二十大”主题教育和“能力作风建设年”活动，不断增强“政治三力”，重点落在“深化政治交接”和“锤炼能力作风”上，着力在加强自身建设、积极参政议政、真诚服务社会等方面作出不懈努力，为夺取疫情防控和经济社会发展“双胜利”、为建设社会主义现代化强国做出新贡献，在全体盟员的共同努力下取得了可喜的成绩。2022年，被盟省委授予“河南民盟组织成立75周年五星支部”荣誉称号，被盟市委授予2021年度盟务工作先进集体。

【组织建设】 打铁还需自身硬，盟员素质是关键。在自身建设上注重突出两个重点，一是加强组织建设，提高班子素质，增强队伍活力。民盟新郑总支现有领导班子成员9人，民盟新郑总支注重班子团结，队伍凝聚力不断增强，在两个一百年的历史交汇点，民盟新郑总支主委冯煜带领班子成员，深入开展“战‘疫’给我们的启示”“能力作风年建设学习”讨论活动和“四新三好”对标提升活动，扎实开展习近平新时代中国特色社会主义思想、中共二十大精神、十九届六中全会精神的学习活动，认真落实盟中央认真“学习中共党史，不忘合作初心、开创事业新局”主题教育，并不断把学到的东西应用于实践，将理论学习转变为解决实际工作的行动指南。按照《民盟新郑总支领导班子政治学习制度》，按照民盟新郑总支的参政议政工作制度、学习培训制度、组织发展工作制度、社会服务工作制度、基层组织工作条例等制度，不断提高班子管理水平。并严格按照上级的部署和要求，狠抓班子勤政廉政建设，围绕民主党派重点工作，抓好工作落实。严格执行党中央、国务院关于改进作风八项规定、关于厉行节约、制止奢侈浪费的有关规定；开展批评与自我批评，保持班子的清正廉洁，努力打造阳光和谐自律的新型领导班子。现任班子政治坚定、团结向上、热心盟务、乐于奉献，有较强的履职能力和合作意识，在主委冯煜的带领下，民盟新郑总支部队伍凝聚力持续得到增强。注重活动开展，组织活力不断激发，民盟新郑总支依托三项活动，不断激发组织活力。通过开展每月一次的学党史心得笔记、学习中共二十大精神、学习中共十九届六中全会精神、学习新统战条例等学习交流活动，为将活动持续开展下去，12月9日，民盟新郑总支向全体盟员发放学习大礼包，提升盟员凝聚力和社会影响力；通过开展第六期《绿叶滴翠》《群言平仄》等资料征集编写活动，引领盟员了解历史，增强自豪感；通过开展一年两次的老盟员慰问和全体盟员生日送鲜花活动，增强盟员的归属感；民盟新郑市总支部委员会还注重在不同时间节点开展重点活动；主委冯煜、副主委陈弘毅等8名盟员参加新郑市委和新郑市委统战部举办的党外人士座谈会并发言；4月11—15日，由盟员高淼霞撰写、袁燕代表郑州市委统战部参加郑州市直机关“我和国家安全比赛”主题演讲活动，荣获三等奖；盟员范梦强代表新郑市委统战部和民盟郑州市委《学习二十大奋进新征程》演讲展播活动，荣获二等奖；副主委袁燕荣获2021年度优秀政协委员称号；及2021年度统战工作先进个人、民盟郑州市委会抗疫防控先进个人称号；9月22日，民盟政协委员参加新郑市政协举办的新委员集中履职培训，极大提升了广大盟员的责任担当。二是加强思想建设，与时俱进，争创先进组织。民盟新郑市总支部委员会一贯注重盟员素质提升，并在盟员思想建设上突出抓好三个重点。深化政治交接锤炼能力作风。为落实《民盟郑州市委会开展的能力作风建设年活动实施方案》的精神，4月16日，民盟新郑总支召开盟务工作会议，集中学习了2022年全国两会重要讲话精神、十三届全国人大五次会议精神、全国政协十三届五次会议精神，传达了中共郑州市委统战部《支持市各民主党派开展“能力作风建设年”活动有关安排》，对民盟新郑总支开展“能力作风建设年”活动进行了部署和动员。9月，副主委袁燕代表民盟新郑总支参加民盟河南省委、民盟郑州市委开展的“深化政治交接，锤炼能力作风，争先出彩二十大”主题教育调研活动并发言；2022年民盟新郑总支把学思悟践中共二十大新精神、实干干实有作为作为思想建设的重点，购买了《习近平谈治国理政》（第四卷）《二十大报告辅导读本》、《二十大精神学习笔记本》学习读本，坚定盟员理想信念，改进工作作风，增强“四个意识”，并开展多层次、多渠道、多种形式的思想教育活动，通过一月读一本书、一季度一次座谈会、一年一次走访活动以及举办培训班等方式，将思想教育工作融于丰富多彩的活动中去；立足主责主业提升专业能力。立足主责主业，成为本专业优秀人才和骨干分子，是彰显盟员社会影响力的基础。盟员陈谟林获得“第八届河南省青年科技奖”，被评为“河南省优秀青年科技专家”；盟员高军彪被评为河南省航务海事系统先进个人；副主委袁燕被评为“河南省骨干教师”。

【服务社会】民盟新郑市总支部委员会全体盟员立足做好本职工作，时刻关注民生，积极奉献社会，为新郑市经济社会发展做出了积极贡献。打造“烛光”品牌，提升品牌内涵。2022年为助力乡村教育振兴，以实际行动贯彻落实盟省委“盟动中原——助力乡村振兴行动计划”，提升“烛光行动”品牌内涵，促进农村学校教育教学水平，2022年6月，全国人民政协报刊以“用心用情打造民盟乡村教育名片”为题刊登介绍了新郑市薛店镇民盟烛光小学。2022年2月23日下午，由民盟河南省委会主办，中共郑州市委统战部、民盟郑州市委会、郑州市教育局协办，中共新郑市委统战部、民盟新郑总支、新郑市教育局承办的“盟动中原—助力乡村教育振兴”公益活动及新郑市捐赠仪式在新郑市薛店镇民盟烛光小学启动。格乐国际公益基金向河南省捐赠的教育信息化设备及教学资源价值100万元，包含移动学习终端、心理测评系统、书法套装等教育用品；2022年8月19日下午，民盟郑州市委到新郑市薛店镇民盟烛光小学开展“烛光行动——爱心捐赠”活动。北京百奥森医药科技有限公司、新际遇（徐州）商贸有限公司向新郑市薛店镇民盟烛光小学捐赠了价值10000元的钢琴一架和价值70000元的护眼用品。活动中，新郑市薛店镇民盟烛光小学向北京百奥森医药科技有限公司、新际遇（徐州）商贸有限公司颁发了捐赠证书，并向其回赠了学生雕刻的获奖作品《黄帝书屋》。2022年12月16日，民盟郑州市委、民盟新郑总支走进新郑市辛店镇湛张小学捐赠防疫物资1000元、走进新郑市薛店镇民盟烛光小学捐赠防疫物资及图书6000元。助力乡村振兴，打造实践基地。为进一步落实盟中央和盟省委关于促进社会服务工作转型升级的会议精神，推动“深化政治交接，锤炼能力作风，争先出彩二十大”主题教育深入开展，2022年经过调研确定新郑市新村镇裴李岗村为乡村振兴实践基地、新郑市薛店镇常刘社区为社区服务的实践基地，开展了一系列的活动。2月23日下午，民盟河南省委秘书长姚中有、民盟郑州市委、民盟新郑总支走进新郑市新村镇裴李岗村，调研“盟动中原—助力乡村振兴”基地；2月28日，民盟郑州市委、民盟新郑总支走进新郑市裴李岗村，对“盟动中原——助力乡村振兴”基地进行调研；8月12日，民盟郑州市委、民盟新郑总支组织10余名知名书画家艺术家到新郑市新村镇裴李岗村开展“盟动中原——喜迎二十大送书画进乡村”活动，围绕乡村振兴、八千年裴李岗文化等主题，现场挥毫泼墨，共创作书画作品80余幅；2022年12月16日，民盟郑州市委、民盟新郑总支在助力乡村振兴实践基地裴李岗村举行“盟动中原——送温暖进乡村”活动。2022年8月19日，民盟郑州市委会、民盟新郑总支赴新郑市薛店镇常刘社区开展社区服务实践基地调研活动。2022年12月16日，民盟郑州市委、民盟新郑总支走进新郑市薛店镇常刘社区开展活动。民盟新郑总支组织盟员积极投身抗疫志愿服务中，全体盟员在行动，科教支部和文卫支部并肩同行。主委冯煜坚持在防疫第一线，分包观音寺镇疫情防控，科学研判，主动担当；副主委袁燕开通疫情微信心灵热线、抖音直播，为奋战在一线的公务人员、教职员工、家长、学生和确诊人员进行心理疏导和心理危机干预；盟员王银发在疫情期间帮助新村镇农民解决蔬菜滞销难

7月，民盟郑州市委社区服务实践基地调研活动举行（民盟/供图）

题，并多次为新村镇、辛店镇疫情防控工作人员捐赠防疫物资，累计价值达23000余元；盟员张留民、杨青波分别向梨河镇政府防疫捐款5000元、3000元。民盟新郑总支在助力乡村振兴消费扶贫中，36名盟员消费扶贫共计4169.91元。

2022年2月23日下午，民盟河南省委秘书长姚中有、民盟郑州市委会二级调研员张洛通、秘书长宋喜玲等一行走进新郑市新村镇裴李岗村，调研“盟动中原—助力乡村振兴”基地，新郑市委统战部副部长师俊杰，民盟新郑总支主委、新郑市教育局副局长冯煜，新村镇政府、新村镇中心校校长等相关领导陪同调研。

【参政议政】 在参政议政服务社会方面，发挥盟员中人大代表、政协委员优势，2022年，共提出人大代表建议和政协委员提案20多件，申报郑州市级课题4篇，其中民盟中央采用1篇、盟省委采用2篇、郑州市民主党派座谈会上采用1篇，25篇征文被盟省委采用，社情民意信息郑州市政协采用1篇，新郑市委统战部征文7篇，其中统战人员谈变化郑州日报刊登1篇，政协征文获奖1篇，在新郑市委统战部民主生活会提出了4条意见和建议，上报社情民意信息2篇，参与郑州市参政议政汇编的编辑工作1人，为经济社会发展建言立论，献计献策。6月28日，主委冯煜参加新郑市第六届人民代表大会第一次会议。6月26日，民盟新郑总支政协委员参加新郑市两会。8月23日，副主委袁燕在政协新郑市第六届一次常委会发言。8月25日，新郑市政协委员参加新郑市政协委员之家学习活动。9月9日，主委冯煜、副主委陈弘毅、袁燕参加党外人士座谈会；9月22日，民盟新郑总支政协委员参加新郑市政协举办新委员集中履职培训。9月28日，到新郑市城轨职业中专参加新郑市政协委员专题调研职业发展教育。9月29日，参加政协委员之家活动。

民盟新郑总支申报的市级课题《传承弘扬黄帝文化 培育黄帝文化产业的调查与建议》《活化利用考古成果，推动文旅融合发展》，经盟市委审核通过；在“乡村教育的思考与展望”征文中，民盟新郑总支25篇征文被盟省委采用；主委冯煜提出的《地市统筹高标规划 强力推动彰显成效 ——论以地市为单元推动区域义务教育优质均衡发展的力量支》被民盟中央采用，《地市统筹高标规划 强力推动彰显成效》《以城乡一体促进公平以融合发展提高质量》两篇文章被盟省委采用，《关于提高我市公办幼儿园收费标准的建议》《关于深化改革推动学前教育发展的建议》被盟市委采用，盟市委采用的还有副主委陈明、陈弘毅撰写的《关于用智慧科技解决集体食堂的食品安全和营养问题的提案》《关于丰富黄帝文化内涵 传承弘扬〈黄帝内经〉的提案》；副主委袁燕的参与民盟郑州市委会《关于进一步加强郑州市青少年心理健康工作的建议》的课题立项，在郑州市民主党派座谈会上被采用；副主委袁燕撰写的社情民意《关于孤独症儿童筛查干预服务规范的建议》被郑州市政协采用；盟员徐国平参与郑州市参政议政汇编的编辑工作；袁燕撰写的关于“喜迎党的二十大 统战成员谈变化”主题专栏约稿《旧貌换新颜 莺声话新风》统战人员谈变化作为收官之作在郑州日报刊登，范梦强撰写的《奋斗正青春》、刘淑玲撰写的《喜迎二十大统战谈变化》《多彩课后服务“双减”更上一层楼》、王雪丽撰写的《踏寻小城之足迹 触摸变化之中国》、高淼霞撰写的《政府配餐 家校同乐》、徐国平撰写的《我与民盟》征文，被新郑市委统战部采用；刘淑玲撰写的政协委员读书征文《淡墨花开梁家河》荣获新郑市政协委员读书征文二等奖；王兰芳荣获民盟郑州市委会2021年度参政议政先进个人。

【主题教育】 2022年4月16日上午，民盟新郑总支召开盟务工作会议，总支主委、新郑市教育局副局长冯煜主持会议并讲话，副主委陈明、陈弘毅、袁燕，全体总支委员参加了会议。会上集中学习了习近平总书记在2022年全国两会期间重要讲话精神、十三届全国人大五次会议精神、全国政协十三届五次会议精神，传达了中共郑州市委统战部《支持市各民主党派开展“能力作风建设年”活动有关安排》，对民盟新郑总支开展“能力作风建设年”活动进行了部署和动员。盟总支委员代表陈弘毅、赵青建、张留民、樊伯巍、赵丽红发言，结合自身实际工作交流学习感想，畅谈心得体会。9月，副主委袁燕代表民盟新郑总支参加民盟河南省委、民盟郑州市委会开展的“深化政治交接，锤炼能力作风，争先出彩二十大”主题教育调研活动并发言。

【民盟新郑市总支部第二届委员会领导班子成员】

名誉主委 苏铁林
主　　委 冯　煜
副 主 委
陈　明（协助主委工作）
陈弘毅（分管组织工作）
袁　燕（分管宣传工作）
委　　员 赵青建
毛智毅（组织委员）
樊伯巍
赵丽红
张留民（宣传委员）

【民盟新郑市总支科教支部盟员名单】

支部主委 陈　明
副 主 委 袁　燕

组织委员　毛智毅
宣传委员　高春艳
盟　　员　苏铁林　冯　煜
陈　明　袁　燕　毛智毅　高春艳
徐国平　黄桂梅　徐　君　胡瑞霞
杨水红　高韶华　李宗区　张青显
幸建红　郭绍祎　李松山　张德旺
郭国正　陈谟林　刘春莉　王雪丽
杨青波　吴运田　周新华　白桂敏
杨献珍　高淼霞　刘淑玲　杨素香
燕新亮　樊群涛　刘绪河　许文增
王韶强　刘　凯　高宪君　王瑞芳

【民盟新郑市总支文卫支部盟员名单】

支部主委　陈弘毅
副 主 委　赵青建
组织委员　赵丽红
宣传委员　樊伯巍
盟　　员　张　豪　侯松平
陈弘毅　赵青建　赵丽红　樊伯巍
赵新甫　安书卷　杨雪峰　张留民
王　凯　张艳玲　边　莉　朱玉霞
刘松林　兑幸福　赵绘红　李彦宏
时慧莉　郭　静　张其亚　张玉香
王明俊　王银发　陈彦东　冯伟强
赵丙焕　刘占彪　高军彪　赵银宝
兑颂雅　乔林娜　师清杰　闫建萍
张　霞　刘东霞　李江华　王兰芳
乔　静　范梦强

（撰稿：袁　燕　审阅：冯　煜）

中国农工民主党郑州市直属第四支部委员会

【概况】 中国农工民主党郑州市直属第四支部委员会（简称农工党四支部）成立于2012年，共有党员15名，首届支部主委孙阔，新郑市人大常委会原副主任，农工党郑州市委人口与资源环境委员会副主任。现任支部主委李伟红，新郑市疾病预防控制中心主任，郑州市第十六届人大代表、农工党郑州市委妇女与老龄委员会委员。现任支部副主委郭文凯，新郑市人民法院刑庭庭长，农工党郑州市委社会与法制委员会委员。现任支部委员王广军，华信民生健康集团副总经理兼新郑华信民生医院人民路院区院长，农工党郑州市委卫生与健康委员会委员、新郑市第六届人大代表。

【履职参政】 支部共有2人担任新郑市人大第六届委员职务，1人担任新郑市政协第六届常委职务，2022年全年共提案6条，社情民意信息12篇，涉及医疗卫生、民生等群众急难愁盼的领域。积极填报《农工党市委民主生活会征求意见表》及《新郑市2022年民生实事项目意见征集表》，为城市发展贡献农工力量。积极响应全省“能力作风建设年”活动，开展“矢志不渝跟党走、携手奋进新时代”活动。组织观看二十大，并书写二十大精神学习报告。党员高杰参加新郑市“喜迎二十大”征文活动，撰写的《同心前行：我们一家人的“统一战线”》一文被人民政协网、最大同心圆公众号、新郑发布等媒体刊登转发。

【服务群众】 发挥多数党员来自医疗战线的界别优势，除坚守各自工作岗位外，联合疾控中心、红十字会等部门开展送医下乡、义诊等活动3场：中转站小区志愿者服务、观音寺溟水寨义诊、龙湖山后杜村义诊等，以实际行动践行了农工党员的担当和奉献。

【积极抗疫】 在新郑市抗击疫情指挥部领导下，联合新郑市疾病预防控制中心，结合各自工作岗位特点，有4名党员坚守在抗疫前线，为确保群众健康贡献农工力量。

【中国农工民主党郑州市直属第四支部党员名单】

主　委　李伟红
副主委　郭文凯
委　员　王广军
成　员　孙　阔　任新民
李玉岭　刘书君　张明鹤　曹少亭
肖成书　梁国建　孙丽蕊　王全意
高　杰　史国强

（撰稿：高　杰　审阅：李伟红）

人民团体

PEOPLE'S ORGANIZATIONS

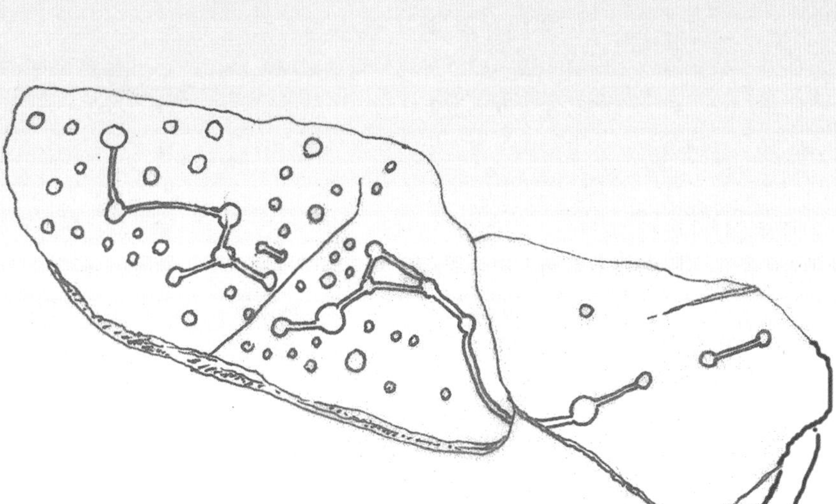

·人民团体 >>>

PEOPLE'S ORGANIZATIONS

工 会

【概况】 新郑市总工会设有工人俱乐部、困难职工帮扶中心2个二级机构；机关内部设办公室（编制人事科）、组织宣传网络工作部、社会保障民主管理部（女职工部）、劳动经济技术部、财务资产管理部（经审事业部）5个工作职能部门和经费审查委员会、女职工工作委员会2个法定专职委员会；在职职工26人，其中副主席1人，兼职副主席3人。新郑市总工会辖13个乡镇街道办事处工会联合会，2个管委会工会联合会，67个系统（委局）工会委员会，16个直属企业工会。截至2022年底，全市现有各级工会组织3006家，工会会员14万余人，企业建会率和职工入会率分别达到94%和95%。2022年，新郑市总工会被郑州市工会评为2021年职工普惠服务工作先进单位和郑州市劳动领域维护政治安全工作先进单位，被郑州市人民政府评为2021年度构建和谐劳动关系工作先进集体，被中国职工保险互助会评为2021年度优秀单位，被河南省总工会评为2021年度省工会财务会计工作先进集体。2021年、2022年，“新郑工会”微信公众号连续两年被全国总工会、中央网信办评为“互联网+工会普惠服务”县（区）级十佳平台。

2022年，新郑市总工会深入学习贯彻习近平总书记关于河南及郑州重要讲话指示精神，认真落实党中央、省委和郑州市委决策部署，以迎接宣传贯彻党的二十大精神为主线，以落实“五大行动”和办好“十件实事”为载体，扎实开展“三标”活动，全面融入“十大战略”行动，深入实施“九项工程”，助力灾后恢复重建、疫情防控、经济发展和安全稳定，充分发挥工人主力军作用，团结动员广大干部职工为加快新郑现代化全国一流中等城市建设贡献工会力量。

【二届九次全委会议】 2022年5月28日，新郑市总工会召开二届九次全委会议，会议传达学习了省委、省总、市委、市总相关会议精神，按照全总十七届五次执委会议、省总十五届六次全委会议、郑州市总十四届五次全委会议工作部署和要求，总结2021年工会工作，部署2022年工作任务，履行有关人事事项的民主程序。新郑市二级调研员、市总工会党组书记、主席刘彤标主持会议并讲话。市总工会党组副书记、常务副主席王芳芳作工作报告。最后会议书面听取了经审工作报告，通过了王芳芳代表市总常委会作的工作报告。

【全面从严治党】 切实抓好思想政治建设。市总工会党组坚决扛稳管党治党主体责任，坚持把团结凝聚职工、教育引领职工作为政治任务，坚持以习近平新时代中国特色社会主义思想为指导，深入学习贯彻党的十九大和二十大精神，及时跟进学习习近平总书记考察河南、郑州重要讲话精神、习近平总书记关于工人阶级和工会工作的重要论述，推动各级精神在工会工作中条条落实、件件落地、事事见效。落实党组会议“第一议题”制度，以“7·20”特大暴雨灾害以案促改为契机，推进全面从严治党向纵深发展。持续强化能力作风建设。以“转作风、树形象、促工作”为基调，把“工会进万家”“万人助万企”“我为群众办实事”“脚步丈量工作法”“优化营商环境”等主题实践活动有机融合，以办好服务职工群众十项实事为抓手，结合工会工作实际，深入开展脚步丈量大调研、对标找差大讨论、能力素质大练兵、作风问题大整治、队伍士气大提振等各项活动，持续优化机关工作作风，增强工会服务职工群众能力。深入推进党风廉政建设。严抓党风廉政建设和反腐败工作，锲而不舍落实中央八项规定精神，在工会系统形成风清气正的良好氛围，积极配合市纪委监委派驻纪检组工作，严格对照新郑市委巡察组、省委巡视组反馈问题查找不足。定期召开党风廉政警示教育会议，组织全体党员干部进行党风廉政专题学习教育，学习习近平总书记关于党风廉政建设和反腐败斗争的重要论述，观看专题教育片《作风建设永远在路上》。2022年7月1日，组织全体干部职工参观新郑市廉政教育中心，组织党员开展党建读书活动，传承红色基因，弘扬红色传统。扎实开展以案促改工作，认真做好问题查摆、剖析整改、总结提升等各项工作，明确责任分工、细化整改举措、抓牢整改落实，不断增强风险意识和底线思维，把以案促改成效体现在工作高质量上。

【思想文化建设】 深入学习宣传贯彻党的二十大精神，广泛开展“中国梦·劳动美——喜迎二十大 建功新时代”主题宣传教育，积极借助主流媒体，充分利用工会舆论阵地，同时把学习贯彻习近平总书记视察安阳重要讲话精神与学习宣传贯彻党的二十大精神紧密结合起来，在全面学习、全面把握、全面落实上下功夫，切实把思想统一到党的二十大精神上来，把力量凝聚到党的二十大确定的各项任务上来，努力推动党的二十大精神宣传全面覆盖、深入人心，市总机关党的建设各项工作再上台阶。积极参与郑州市“阅读新思想、喜迎二十大”短视频比赛活动，新郑市教育局《红色中原 信仰永恒》入选线下展演活动。积极参与郑州“最美职工”评选活动，新郑市蓝天救援队刘源被评为郑州市“最美职工”。统筹推进工会新闻宣传工作，掌握意识形态工作主动权，不断发出“好声音”。2022年通过新郑工会网站、微信公众号共推送信息36条，郑州市总工会微信公众号采用16条，郑州工运采用4条，工人日报App采用11条，《河南工人日报》采用3条，“学习强国”学习平台采用2条，中工网采用6条。扎实做好职工调研工作，按照上级工作安排，开展职工队伍文化精神生活、基层组织建设、新就业形态劳动者入会等调研活动，采取电子调查问卷和实地调研走访相结合的方式，下发电子调查问卷至各乡镇（街道、管委会）工会、直属企业工会，领导班子带队深入新业态群体集中的乡镇走访调研，共计收回问卷609份，意见建议20余条，上报单项调研报告4篇。举办多样性文化活动，持续开展送图书进基层、送文化进基层、劳模基层宣讲活动。2022年3月开展“玫瑰书香”新郑市女职工阅读活动，全市共有61家基层工会、5701名女职工参与。2022年8月举行了“情定黄帝故里·幸福相约新郑”单身职工相亲交友联谊会，来自全市各单位的108名单身职工参加了活动。

【工会组织】 高标准推动新就业形态劳动者建会入会工作，市总工会主动与市交运局、市市场监管局等行业主管部门沟通衔接，排查摸底全市网约车、外卖配送员的数量、分布和工作生活情况。召开工作推进会，专门成立推进新就业形态劳动者工会工作领导小组，从工作督导、政策支持、经费保障等方面加大工作力度。同时，抓好小微企业经费返还、非公人士评价和建会相结合，制定专属优惠政策。2022年6月15日，河南老兵快跑商务信息咨询信息公司（美团骑手）成立工会。2022年，全市新建工会56家，完成比例达186%；发展会员3507人，完成比例107%；新业态会员信息录入1870条。深入基层一线督导服务，市总领导班子带队走访调研河南省老兵快跑商务信息公司、郑州传化华商汇物流有限公司、新郑市顺联运输有限公司、龙澄环境科技有限公司、梨河镇郑州市新营物流有限公司、观音寺镇鑫鑫顺运输公司等新业态企业，与企业负责人座谈，了解企业运营情况和群体工作生活情况，指导建会入会及服务工作。挂牌成立新郑市新业态工会联合会。2022年6月21日，召开新郑市新业态工会联合会第一届委员会第一次全体会

7月，新郑市总工会“学党史 悟初心 担使命”党史教育主题活动举行
（工会/供图）

议，来自新郑市货运、物流、快递等行业推选的委员参会，会议选举产生了新郑市新业态工会联合会第一届委员会主席、副主席。积极申报郑州市建会建家等工作项目，根据上级工作安排，市总摸排调研，经郑州市总审核，共批复8个建会项目、1个职工之家项目、4个发展新就业形态群体发展会员项目。推荐上报1家基层工会争创河南省基层工会规范化建设示范点。举办基层工会干部素能提升培训班。2022年9月下旬，在河南省南水北调精神教育基地举办基层工会干部素能提升培训班。来自全市各乡镇（街道、管委会）、直属企业、新业态劳动者代表、部分委局（系统）工会干部、社工和市总工会机关干部职工118人参加，通过培训进一步提升了工会干部的政治理论素质和业务工作能力水平。为进一步加强对社会化工会工作者队伍的规范化管理，提升社工履职能力，2022年8月24日，新郑市总工会召开社会化工会工作者会议，各位社工分别汇报了今年以来工作的开展情况，剖析了工作中存在的问题，并结合各自工作实际，对今后如何更好地开展工会工作进行了交流。开展新郑市级示范点创建活动，在2022年底前选树一批新郑市级示范点，并推荐2023年省级示范点。

6月，新郑市新业态工会联合会成立（工会/供图）

【保障职工合法权益】 心理援助，纾解情绪，联合市心理咨询师协会开展“心理援助”紧急公益项目，面向全市招募爱心志愿者心理咨询师45名，采用“心理咨询师+志愿者”模式，组建疫情心理危机干预志愿服务队。开通每天8点至20点的心理援助公益热线，并建立抗疫心理关爱微信群，2022年底已惠及职工群众320人；在“新郑工会”微信公众号上开设线上服务窗口，提供24小时免费在线咨询服务，面向职工实施心理健康知识普及教育，开展职工个体心理关怀和疏导，加强重点人群心理服务，预防和减少职工群众心理危机事件的发生，截至2022年底，惠及职工群众300余人。法律指导，答疑解惑，购买“法律管家”服务，由专业法律团队全面介入，建立完善了劳动争议调解、劳动法律监督、劳动法治宣传和工会法律援助等各项机制，构建了系统全面的法律服务体系，提高了工会法律服务水平，不仅有效保障了职工利益，还推动企业沿着正确轨道发展。在“新郑工会”微信公众号上开设“法律管家”咨询服务窗口，提供24小时免费在线咨询服务，为职工提供工会劳动法律援助、劳资纠纷调处等专业帮助。同时实行每周二、周四坐班制度，2022年律师团累计接待来电来访70余人次，提供法律咨询100余人次，协调职工劳动争议11案次；组织全市干部职工参加网上法律法规知识竞赛活动，全面提高干部职工的法律意识，对进一步做好法治宣传起到支撑作用。搭建平台，促进就业，联合人社局、妇联等单位，采用“直播推介+线上互动”的方式于2022年2月和4月开展以“春风行动暨万人助万企”“工会送岗位 万人助万企”为主题的网络直播招聘会2场，共有340家企业提供就业岗位信息8765条，达成就业意向2059人，取得了良好的效果；自2022年5月起，通过“新郑工会”微信公众号每周发布企业招聘信息，动态化更新企业招聘信息，为广大求职者提供便捷高效的就业服务。截至2022年底已开展17期，由462家企业提供岗位1088个。集体协商，维护稳定，2022年2月，与人社局、企业家协会、工商联等部门联合开展2022年集体协商“集中要约”行动。全市签订集体合同695份，覆盖企业1307家，覆盖职工9万余人，其中区域性集体合同19份，行业性集体合同3份。继续聘任专职集体协商指导员对新郑市的集体协商工作进行指导和督查。做好安全生产工作，按照“查尽责、除隐患、保安全”活动要求，市总工会每周安排一定时间深入具茨山管委会，对辖区内的各类生产经营单位进行全面排查摸底。安全生产月期间开展“安全生产培训进企业”2期，培训职工185人。面向广大职工开展以“落实安全生产责任，推动安全发展”为主题的有奖竞答活动1期。开展小微企业工会经费返还工作，2022年共有1086家小微企业申报返还工会经费，经过审核，符合返还条件的1051家，共返还工会经费294.77万元。

【发挥主力军作用】开展节能减排工作。为更好地发挥全市广大职工在推进绿色发展、改善生态环境中的主力军作用，践行创新、协调、绿色、开放、共享发展理念，坚持节约资源和保护环境基本国策，大力推进绿色发展、循环发展、低碳发展，加快建设资源节约型、环境友好型社会，推动形成政府为主导、企业为主体、职工为主力、全社会共同参与的节能减排工作格局。增强企业节能环保意识，动员组织广大职工紧紧围绕改善生态环境、推进绿色发展、立足本职岗位，推动形成绿色生产生活方式，为实现高质量发展、建设美丽新郑建功立业。市总工会同市发展和改革委员会、郑州市环境保护局新郑分局联合发文，在全市各级各类企事业单位组织开展以“比管理水平、比技术创新、比岗位建功、降能耗、降排放”为主要内容的“三比两降”节能减排竞赛活动。组织开展“安康杯”竞赛活动，联合市应急局、市卫健委印发《关于开展2022—2023年度全市“安康杯”竞赛活动的通知》（新工字〔2022〕8号）文件，组织动员企事业单位参加“安康杯”竞赛活动，全市共有563家企业，90312名职工报名参加，通过竞赛活动，进一步增强参赛企业职工安全健康意识、提高班组安全管理水平、加强事故隐患排查治理能力，职工职业健康状况持续改善。做好先进模范推荐评选工作。全市有1个班组获河南省工人先锋号，1人获河南省五一劳动奖章。1家单位、5名个人分别获郑州市五一劳动奖，5个班组获郑州市工人先锋号。推荐3名个人参加郑州市“五小”创新成果活动评选，1人获得二等奖，2人获得三等奖，新郑市总工会获得优秀组织奖。做好劳模管理工作。2022年9月至10月上旬，对新郑市荣获郑州市级及以上劳动模范生活状况进行全面的摸底调查，摸清困难劳模数量和困难程度，按要求申报各级困难劳模。

【困难帮扶救助】把竭诚为职工群众服务作为工会一切工作的出发点和落脚点，面对面、心贴心、实打实做好服务工作，不断增强职工群众的获得感、幸福感、安全感，筹措资金52.6万余元，慰问新郑市雏鹰农牧困难企业、八大群体困难职工、公益性岗位困难职工、疫情防控等一线工作人员，共计3890人。为10名在档困难职工发放2022年度第一、二季度生活救助金共3.6万元。六一儿童节开展“点亮微心愿”活动，号召全市爱心人士认领10名在档困难职工家庭中处于义务教育阶段子女的微心愿，并在微信公众号平台派送100份价值49元的“爱心书包”，同时开展购书补贴活动，共有1297名职工参与，补贴金额共计76990.00元。

【职工普惠服务】不断健全完善“新郑工会”微信公众号平台服务功能，投入资金11.5万元升级改造“互联网+工会”线上职工服务平台，每周推送1～3期普惠活动，全年共开展工会会员绿色出行实名制普惠化补贴活动、“情系巾帼 关爱补贴”、环保知识有奖竞答活动、“普惠重疾”职工互助化保障活动、“会员专属生日礼”“消费惠农”“购书补贴”等各类普惠活动38次，惠及职工17万余人次，发放补贴214万元。

【职工互助保障】持续开展职工互助保障，截至2022年12月底共80个单位、1万余人次入保（续保）意外伤害、重大疾病、女职工特殊疾病等险种，受理赔付20人，理赔7万元。

【女职工维权行动】组织开展女职工线上法律知识竞赛、线上普法宣传直播、“喜迎二十大 情系女职工”有奖知识竞答等活动，2022年3月份开展“维权行动月·关爱女职工送健康”活动，为新郑市快递行业工会联合会的9家快递公司中157名女职工送去精心准备的“健康礼包”。

【助力疫情防控】新郑市总工会全面落实2022年市委、市政府关于疫情防控工作部署要求，动员引领广大职工群众积极投身疫情防控工作。市总工会第一时间号召全市各基层工会组织、广大工会干部、劳模工匠和职工群众全面行动起来，弘扬伟大抗疫精神，众志成城，携手战“疫”，强化责任、勇担使命，当好疫情防控的表率者。举全会之力战“疫”，汇聚资源力量助力疫情防控，开通24小时心理健康援助热线，切实做好当前形势下的心理援助和情绪疏导等工作，引导广大职工群众以积极健康的心态战胜疫情，2022年9月，新郑市总工会出台23条措施助力疫情防控与经济社会发展，全面汇聚工会资源力量，坚定职工信心信念，精准助力全市疫情防控和经济社会发展。

（撰稿：王伟伟　审阅：王松霞）

共青团

【概况】共青团新郑市委现有机关干部10人。内设办公室、学校部、青年发展部、社会联络部，下设一个二级机构，新郑市青少年活动中心，办公地点设在新郑市中兴路69号华夏国际商务中心11楼。2022年，共青团新郑市委始终深入学习贯彻习近平新时代中国特色社会主义思想，全面贯彻落实党的十九大和十九届历次全会精神，以习近平总书记关于群团改革和青年工作的重要思想为遵循，认真落实共青团十八届六中全会、共青团河南省委十五届二次全委会议、共青团郑州市十六届四次全会的精神和工作部署，顺利完成全国县域共青团基层组织改革试点工作，并在团中央年度评估中取得“优秀”等次。

【思想引领】深入学习，抓好政治引领。坚持“党建带团建”，提升团干部政治素养。全面贯彻落实全团“抓思想政治引领”要求，把青少年思想政治引领作为第一要务。通过学习宣传习近平新时代中国特色社会主义思想，深刻领会习近平总书记重要讲话精神和中央、省市重要会议精神，以科学理论武装青年，以主题教育凝聚青年，以党团要求规范青年。全面覆盖，抓好青年教育。运用青少年喜闻乐见的形式开展“我们的节日”“快乐星期天”等活动。通过在新媒体平台公布每周排名、制定绩效考核办法等方式，动员全市团员青年广泛参与“青年大学习”网上主题团课26期，累计学习达18万人次。2022年共开展“弘扬五四精神 争当出彩先锋”“我与祖国共成长”“请党放心 强国有我”“防溺水”等主题团日活动27次，开展“清明祭英烈”“悠悠端午情”“喜迎二十大 争做好队员”等主题活动35期。学深悟透，抓好主题教育。2022年1月12日，团市委组织召开“能力作风建设年”活动动员部署会，全面部署安排“能力作风建设年”相关工作。通过建立破难题抓落实工作推进机制，落实“周学习、月领学、季测评”“党员讲党课”“学习交流会”等学习制度，在各级团组织中深入开展主题活动，组织团干部个人自学100余次、团组织专题学习15次，以用心为民的脚步丈量为抓手，围绕“三个清单”，强化实践锻炼，将能力作风提升融入到日常工作之中。依托“红领巾爱学习”“党史天天学”等学习平台，累计覆盖青少年102万人次。开展“我为青年做实事”主题实践活动26场，“请党放心 强国有我”“红领巾寻访”等主题团队日活动53场次。为全市29名优秀学子发放助学金11万元，开展“因疫致困”帮扶助学活动，资助10名学生共计1万元，开展关爱留守儿童2次，累计捐赠文具等物资资金2万余元。开展安全自护和心理健康教育进校园活动10场。通过一系列教育实践活动，让全市广大青少年了解党的光辉历史，感悟党的初心使命、领会党的创新理论、体认党的精神谱系、传承党的红色基因。

【基层建设】丰富载体，改革组织设置和运行机制，组织运行更加规范有序。深化“一专一站两联”工作机制。建立15个乡镇（街道、管委会）团代表联络站，发挥联系团员青年作用，已联系团代表110余名。扩大组织覆盖。2022年新增社会领域团组织362个；按照“行业相近、业务相关、地域相邻”原则建立3个联合团支部，在青年集聚的行业成立教育、卫健、交通、建筑、快递物流行业团工委5个，有效推动相关行业共青团工作的科学发展。建立团属联盟。积极发挥青年在乡村振兴中的青春力量，在乡镇开创性建立“乡村振兴青年联盟”，已有10个乡镇成立，直接联系团员青年3200余名；成立新郑市大学生联盟，为在外新郑籍学子搭建资讯互通、情感互联、实习见习的多元化服务平台，增强青年大学生与团组织的密切联系。大学生联盟举行“座谈交流分享会”，开展学雷锋志愿服务活动，并参与全市表彰大会，发挥了纽带作用。

【队伍素质】多措并举，改革工作力量选用机制，队伍建设更加坚强有力。配优配强团市委领导班子。坚持不唯年龄、身份、级别选用挂职、兼职副书记4名，在全市范围内公开招录3名工作人员，2名乡镇团委书记通过全市范围内公选进入团的机关工作，确保团干部成长渠道畅通。团市委机关专、挂、兼职干部及其他工作力量总数达16人，较改革前增加9人，增长129%，团市委机关干部配备率达100%。配齐各级团组织班子队伍。按照每村（社区）1名团支部书记、2名团支部委员标准，推动中学团委书记兼任乡镇团委副书记，选出村（社区）团支部书记296名、委员594名，其中35岁以下285人、女性85人、在村“两委”班子兼职214人，有效激发基层活力。选派15名优秀大学生兼任乡镇（街道、管委会）团（工）委兼职副书记，为296个村（社区）团支部配备大学生兼职团干部，充实基层工作力量。改革后，乡镇（街道、管委会）经常性工作力量总数达到1322名，比改革前增加311名，增长31%。加强团干部管理。印发《新郑市团干部考核工作细则》，分领域分层次对团干部进行考核监督。全市直属团组织书记分领域签订目标责任书，对工作目标任务进行承诺。制定重大事项请示报告制度，对职务变更、外出培训等事项及时报备。落实基层团组织书记述职评议考核制度，通过年中、年终两次述职评议，将评议结果作为评优评先的重要依据，有效提升团组织书记的工作积极性。

【志愿服务】围绕市委、市政府中心工作，开展“志愿+”系列志愿服务活动，充分发挥基层团组织的战斗堡垒作用和团员青年的先锋模范作用。志愿+改进城市管理。围绕“三项工程、一项管理”，开展志愿服务23次，参与1800余人。志愿+改善农村人居环境。开展“改善农村人居环境·我们在行动”志愿服务活动32次，参加900余人。“志愿+创建全国文明城市”。联合市文明办，组织23批3000余人次参与文明城市创建工作。“志愿+防汛救灾”。全市各级团组织组织青年志愿者深入防汛救灾一线参与志愿服务，团市委组织300余名大学生志愿者到红十字会物资仓库参与物资搬运工作。“志愿+疫情防控”。先后组织4500余名青年志愿者深入村、社区、高速出口等开展疫情宣传等志愿服务。开展“绿城使者小红象·健康行”志愿服务活动，招募大学生志愿者252人。

【团员发展】分类施策，改革团员发展和教育管理机制，群众基础更加夯实牢固。实施“入口关”优选战略。推进分批入队、推优入团、积分入团制度，按照达标一批、吸收一批，最终完成“全童分批入队”，实现从全员入队到分批入队的转变。2022年共发展团员2290名，其中初中1400名、高中700名、中职120名、社会领域70名，新发展团员电子档案建档率100%，毕业学生团员组织关系“学社衔接率”达100%。抓实团员教育管理。县域内36所中学全部建立中学团校，覆盖率达100%，其中新郑市级示范性团校6个，郑州市级示范性团校1个。按照“一建两评三促”工作要求，印发方案，指导基层常态化开展思想政治教育、主题团日等活动。进一步规范“三会两制一课”制度，在全市共青团系统内印发《新郑市团干部工作手册》。2022年，各级团组织利用“青年之家”举办志愿服务、创业培训、义诊等活动182次，在“青年云平台”发布活动信息143次。

【青少年成长】开展“返家乡”社会实践活动。在返乡大学生寒假、暑假期间，组织1000余名大学生向村（社区）报到参加实践活动，并发放志愿服务证书。组织900余名青年志愿者助力农村人居环境改善专项行动，2022年累计开展志愿服务活动200余次。表彰“返家乡”社会实践先进个人135人，优秀大学生志愿者117人，进一步激发返乡大学生的责任心、进取心和荣誉感，推动志愿服务工作再上新台阶。落实脚步丈量工作法，贴近青年一线。结合市委“用脚步丈量工作法”，印发《关于在全市共青团系统广泛开展“用脚步丈量青情”工作的通知》，推动各级团干部、团代表用脚步丈量团情，以真心倾听青声，着力打造“青年身边的共青团”，打通服务团员青年“最后一公里”。2022年，各基层团干部开展“用脚步丈量青情”330余次，发现问题256个，现场解决151个，持续解决71个，搜集意见建议42条。打造“青春社区”亮点。高标准完成2个团中央指定试点青春社区的建设和运行，在社会领域形成富有新郑特色的共青团组织体系、工作方式和工作经验，在团中央评估2021年—2022年度社区青春行动中，新郑市新华路街道小高庄社区被评估为“优秀”等次。推出开展青少年心理健康服务进村（社区）活动。推进“12355”青少年服务中心宣传力度，加强青少年心理健康服务，建设2个以上新郑特色“青翼家园”阵地，全年安排41场青少年心理健康进村（社区）活动，实现心理辅导、问题咨询功能，有效防范青少年心理健康问题，助力青少年健康快乐成长。

【模范表彰】落实榜样机制，发挥模范作用。表彰2021年“五四红旗团委”等优秀团组织31个，优秀团干部20名，优秀团员85名。对在疫情防控、防汛救灾、环境整治、社区管理等志愿服务中表现突出的117名大学生授予“优秀大学生志愿者”称号，对新郑市消防救援大队等12个集体授予“2021年度新郑市青年文明号”称号，对高博等30人授予“2021年度新郑市青年岗位能手”称号。

（撰稿：范琳慧　审阅：包　焕）

妇　联

【概况】新郑市妇联现有机关干部8名，其中主席1人，副主席1人，四级主任科员1人，一般干部5人。机关内设办公室、妇女发展部和妇女权益部，下设一个事业单位新郑市妇女儿童权益服务中心。2022年，新郑市妇联围绕新郑“一三九”目标路径，全力实施“1136”工作思路：突出喜迎二十大“一条主线”，做好新周期妇女儿童发展规划“一项规划”，突出引领、服务、联系“三大职能”，聚焦思想引领、服务大局、服务家庭、权益保护、深化改革、党的建设“六项工作”，团结引领全市广大妇女为新郑建设现代化全国一流中等城市贡献巾帼力量。市妇联荣获新郑市2021

3月，新郑市妇联联合乐达社工走进新烟街道办事处烟厂社区，开展了《中华人民共和国家庭教育促进法》宣传暨庆祝“三八妇女节”主题活动（妇联/供图）

年综合考评先进单位、支持国家卫生城市复审工作先进单位、2021年度“扫黄打非”先进集体、“学习强国”推广应用先进单位等称号，荣获全国荣誉1人，省级荣誉15人、集体2个，郑州市级荣誉个人20个、集体2个。

【守好红色根脉强引领】 用主线宣讲厚植情怀，通过线上线下形式，积极开展学习贯彻党的二十大精神宣传活动，用党的二十大确定的宏伟蓝图凝聚妇女人心、汇聚奋斗力量，营造跟党奋进新征程的良好氛围。录制视频4个，发挥巾帼宣讲员作用，开展党的政策、家风家教等宣讲，坚定爱党爱国爱社会主义的信念信心。用有声有色的关爱活动吸引感召妇女，引导各级妇联开展表彰先进、普法宣传、关爱困难妇女等形式多样的活动50多场，切实把党的温暖送到妇女群众身边。发挥基层巾帼宣传队载体作用，采取妇女群众易于接受、喜闻乐见的方式，运用妇女群众听得懂、记得住的语言，推动市委、市政府决策部署在基层落实落细，不断巩固党执政的妇女群众基础。向郑州推荐基层巾帼宣传队作品创作专家库1人，推荐巾帼宣传队作品3个，“巾帼宣讲团”品牌经验材料1篇。推荐1名巾帼宣讲员入围新郑市“强国复兴有我”宣讲大赛决赛，录制视频被市委宣传部向郑州推荐。周宝霞获评省“十佳巾帼好网民故事”。用正面宣传激发力量，“三八”节期间，评选表彰新郑市三八红旗集体20个、优秀妇联组织名单20个、三八红旗手80名、优秀妇女工作者20名、“巾帼建功”标兵20名。向新郑市推荐网络正能量作品7个，“赶考路上有我”书法作品2幅、征文1篇、摄影作品1组。做好新闻宣传工作，加强与市级以上主流媒体和网络新媒体的沟通联系，积极向市电视台、市融媒体推荐宣传线索。累计发布信息近50篇。

【巾帼携手战疫显担当】 在疫情防控期间，全市300个村（社区）巾帼志愿者服务队积极投身一线，众志成城，共同抗“疫”，累计开展志愿服务1500多次。发布妇女工作信息21篇。联合郑州市家庭教育指导中心，邀请3名主讲专家分别为广大家庭带来线上主题讲座《疫情下老师、学生、家长心理调适及疏导策略》《家校携手 共促成长》《疫情下不良情绪导致的职业病预防策略及中医防疫方法》。同时发布“疫”过天晴（孕妈妈心理健康篇），帮助指导孕产妇要均衡饮食管理，保持规律生活作息；接纳自己的焦虑情绪，使用“音乐+呼吸”放松疗法，多读有趣的书籍，听音乐；居家隔离要注意做好自我健康监测等，调节好自身的心理状态。

【高质量做实“双创”服务】 扎实推进“人人持证、技能河南”行动，依托“巧媳妇”工程示范基地、各类培训机构，抓实妇女就业技能培训，完成培训妇女510人次，新增取证技能妇女170人，支持妇女在电商等领域自主创业、灵活就业。完成受灾地区妇女自救培训2期，培训妇女100人。15人荣获郑州市“乡村出彩巧媳妇”，推荐郑州市级优秀家政从业人员14名，新郑市匠心果蔬种植家庭农场苗晓敏获评省级“乡村出彩巧媳妇”，河南家可美家政服务有限公司被评为河南省巧媳妇创业就业工程示范基地，为其争取奖补资金1万元。积极开展“巾帼兴粮爱粮”宣传活动，动员广大妇女“知粮、种粮、节粮、爱粮”，为国家粮食安全作贡献。9名女性获评河南省“巾帼兴粮爱粮”先进个人。推荐11名女性参加河南省电商“巧媳妇”助力乡村振兴网上培训班。

【妇女岗位建功活动】 联合市人社局等部门开展2022年新郑市春风行动暨万人助万企网络招聘会，配合推动落实就业扶持政策，帮助更多女性创业就业；以家政服务业提质扩容为抓手，培树行业典型，家可美公司马欢欢在全国妇联妇女发展部联合新华网开展的“蓄力向上，致敬新时代最美家政人”故事征集中获评100名新时代最美家政人之一，深化开展女职工岗位成才、巾帼文明岗创建等活动，动员妇女积极参与岗位创优、技能比武，激励各行各业妇女立足本职岗位建功立业。郑国车马坑遗址博物馆被授予河南省巾帼文明岗。发动各级妇联做好女性专业技能人才、乡土人才

1月，新郑市妇联开展“巾帼有爱 冬日暖阳”活动（妇联/供图）

的挖掘推荐工作，为新郑社会经济建设提供“半边天”智力支持。

【美丽庭院创建工作】持续深化“美丽庭院”创建工作，依托云上新郑等媒体展示创建成果，交流特色经验，引领广大家庭学有方向，赶有目标，累计展示美丽庭院创建风采8期，被“学习强国”学习平台采用2篇。开展“建美丽庭院——多肉种植”妇联干部“送奖到家”“美丽庭院”创建村村互学互比提升行动等活动，积极参与郑州市“美丽庭院”擂台赛活动和21天打卡，累计参与300多人。4户家庭获省级美丽庭院示范户。“三八”节期间，评选表彰新郑市“美丽庭院”示范乡镇1个、示范村5个、创建标兵户20户。全年创建新郑市“美丽庭院”达标户4400户。

【民生实事宣传】为提高妇女儿童健康水平，持续抓好“两癌”“两筛”民生实事项目，采取线上线下相结合的方式，做好“两癌”“两筛”政策宣传，开展“市、乡、村”三级线上线下宣传活动335场，让党的惠民政策惠及更多妇女和家庭。

【巾帼维权行动】完善联动维权机制。与市委政法委、市公安局、市司法局、市法院、市检察院等建立多部门协调联动妇女儿童维权工作机制。维护涉及妇女儿童领域安全，开展“六防六促”专项行动，累计参与入户排查婚姻家庭矛盾纠纷232人，排查家庭997户，走访群众1527名，切实做到矛盾纠纷预防在先、发现在早、化解在小。保持“12338”热线24小时畅通，明确专人负责，规范流程，建立台账，针对春节期间“六防六促”专项中的重点问题矛盾提供法律咨询和心理咨询“双服务”，全年共受理信访求助事项90起，调处率86%。利用三八维权月等节点，开展普法宣传教育活动19场。

【开展“巾帼关爱行动”】发挥巾帼志愿者服务队作用，针对困境儿童、妇女和困难家庭，组织开展走访慰问、安全教育等各类关爱活动30余次，开展“把爱带回家——送法到家 让孩子健康成长”主题活动8场，累计慰问困境儿童40人，发放慰问金6000元。开展“巾帼有爱 冬日暖阳”活动，为梨河镇、龙湖镇60户因水灾房屋受损家庭发放暖心包，为5所学校争取5台自动体外除颤仪。为2名低收入妇女争取两癌救助专项资金2万元。“99公益日”动员各级妇联干部累计捐款4701.86元。认真落实郑州市妇联和新郑市委“关爱你我他（她）温暖千万家”关爱工作部署，积极购置20份米、面、油及20份防疫物资包等价值4246元的物品，发放到有需要的4个乡镇（街道、管委会）妇联，让妇联干部们及时发放到困境妇女儿童及“三留守”妇女儿童家中，切实解决农村特殊群体存在的现实困难和问题。龙湖镇妇联也积极行动，主动发力，组织人员来到龙湖镇文昌路卫生服务中心和龙湖镇祥和路卫生服务中心，对坚守在抗疫一线的医护工作人员进行了慰问，同时对村社区巾帼志愿者也进行了慰问，为她们送去苹果、梨等水果360箱，切实把党的关怀温暖送到一线、落到实处。

【妇联基层组织建设】着力拓展基层组织覆盖，继续在三新组织领域中建立妇女组织，全年完成35个。市直机关单位新建妇联组织3个，换届1个。持续推动“四组一队”创建工作，前吕村“四组一队”被认市定为省级示范“四组一队”，为其争取奖励金1万元。召开四届六次执委会议，推荐3名女性为第六届新郑市政协委员候选人。同时利用已建“儿童之家”“绿城妈妈”等阵地，广泛开展有益妇女儿童身心的活动。

【增强妇联组织号召力】以“巾帼心向党 喜迎二十大”群众性宣传教育活动为主线，精心组织系列主题活动，团结引领广大妇女坚定跟党走，让“强国复兴有我”的时代强音更加嘹亮。三八节期间，围绕“强国复兴有我”主题，联合市融媒体中心开展“发现她力量”“致敬她力量”“祝福她力量”三个系列报道，开展三八红旗手、十大女杰等20名各行业先进女性典型线上宣传，用好身边榜样故事，动员更多妇女积极投身巾帼建功系列活动。特别是十大女杰评选活动，累计点击流量近9万人次，收获社会各界一致好评。互联网变身为“妇联网”，增强了广大妇女对妇联组织的认同感、归属感，加强了组织形象辨识度，提高了妇女服务精准度，提升了妇女工作满意度。此外，重视向上级推荐先进典型，全年累计推荐各类典型200多名，所推荐的马欢欢在全国妇联妇女发展部联合新华网开展的“蓄力向上，致敬新时代最美家政人”故事征集中获评100名新时代最美家政人之一。

【增强妇联组织向心力】积极实施好“守护青春·爱她健康——女性健康宫颈关爱计划”公益项目，在调研摸底基础上，确定全市15个乡镇（街道、管委会）适龄女性2424人（9～14周岁272人2针，15～45周岁2152人3针，共7000支，受益对象为参加抗疫、救灾工作的医护人员、教师、警察等基层工作者本人或者其9～17周岁子女）免费接种。第一针、第二针已完成接种，准备接种第三针。

【增强妇联组织影响力】以“家家幸福安康工程”为抓手，以学习宣传《中华人民共和国家庭教育促进法》着力点，创新工作机制，链接优势资源，开展特色活动，引导广大家庭树立良好家风，以小家庭的和谐共建大社会的和谐。开展典型选树，让“身边榜样”带万家。深入贯彻落实习近平总书记“三个注重”重要指示精神，开展了各具特色的家庭创建活动，唱响家庭文明主旋律。全市共创建“书香”“绿色”“和睦”“平安”“最美”等各类具有时代特征、不同类型的家庭及家庭角色典型365户（人）。揭晓新郑市级平安家庭1200户。坚持以德树人，让“良好家教”进万家。认真落实“双减”政策精神，立足妇联在“双减”工作中的职责，充分发挥已建立的51个社区家长学校、61个“儿童之家”、家庭亲子阅读实践（体验）基地的阵地作用，面向村社区、面向不同层次的家长，开展形式多样线上线下的家庭教育活动和亲子活动100余场，大力宣传和普及家庭教育先进理念和科学方法，教育和引导家长更新家庭教育观念，切实提高家长家庭教育能力和水平，帮助孩子扣好人生的第一粒扣子。特色亮点纷呈，让“优良家风”传万家。利用春节寒假阖家团圆的美好时光，深入开展“把爱带回家”、亲子活动等；依托读书日、环保日等组织开展家庭阅读和环保宣传等活动；七一期间，开展“童心向党 喜迎七一”绘党史长卷和“喜迎二十大 阅读颂辉煌”家庭系列活动，发扬“红色精神”，让信仰之火熊熊不息，让红色基因代代相传。其间，累计开展活动45场，受益家长及儿童达2000人次。积极开展书香家庭共读共享云拜年活动，征集图片54张、视频3个。参与社会治理，让“幸福指数”暖万家。良好家教家风是提高基层社会治理能力的重要助力。积极引导广大妇女群众参与和谐社区、美丽乡村建设、深入挖掘家庭文化内涵，以外美内善的新风尚提升庭院品质，累计创建新郑市“美丽庭院”达标户4400户。2022年，新郑市家庭积极响应妇联组织号召，从坚守一线到义务理发、送爱心餐等，舍小家，顾大家，用真情和行动诠释着“最美家庭”的内涵。

【增强妇联组织战斗力】 以“能力作风建设年”活动为契机，在全体干部中开展“三强三比”（强学习比先进，夯实支部战斗力；强本领比作为，增强干部竞争力；强作风比奉献，提升部门服务力）特色主题活动，对标找差，找准在政治上、服务发展上、能力作风上的短板弱项，以更高的标准和要求推动工作、提升成效。加强学习，组织机关党员干部集中学习《习近平关于注重家庭家教家风建设论述摘编》《河南省基层妇联工作实用读本》，以及各类党的政策15次。转变作风，开展“脚步丈量城市”10次，累计慰问困境儿童40人，发放慰问金6000元。为梨河镇、龙湖镇60户因水灾房屋受损家庭发放暖心包，为5所学校争取5台自动体外除颤仪。为2名困难患两癌妇女争取救助金2万元。委托社工服务中心在2个儿童之家、2个绿城妈妈开展活动80多场。比奉献，全体干部先后到新建路建筑家属院社区、新建3号院报到，开展执勤站岗、宣传教育及关心关爱等服务，以实际行动协助社区构筑第一道安全屏障。全力做好全国文明城市创建3大项20多个方面指标任务。

（撰稿：高孝瑞　审阅：郑慧阁）

工商业联合会

【概况】 新郑市工商业联合会机关位于市委大院。有干部职工6人，设主席1人，副主席1人，秘书长1人，正科级干部1人，副科级干部1人。兼职企业家名誉主席1人，名誉会长3人，兼职企业家副主席10人，副会长19人，常委33人。2022年，新郑市工商联始终坚持以习近平新时代中国特色社会主义思想为指导，全面贯彻落实党的十九届历次全会和二十大精神，深学深悟习近平总书记在河南、郑州考察时的重要讲话精神，把牢根本任务，深耕主责主业，组织、凝聚、服务广大非公企业，紧紧围绕“两个健康”工作主题，努力构建“亲”“清”政商关系，发挥优势，履行职能，较好地完成了各项任务。

【组织建设】 强化政治引领，加强队伍建设。新郑市工商联第六次代表大会于2022年1月28日胜利闭幕，顺利完成换届。大会选举产生执委100名，其中常委33名，企业家副主席10名、副会长19名。此次换届经过2个月的准备，严把政策关、用人关、程序关，认真开展换届工作的调研，坚持先进性、代表性与广泛性相结合，把一批政治坚定、工作务实，思想解放、敢想敢干、热爱工商联工作的会员选举进入执委班子，使执委班子在年龄结构上更加合理，知识层次上得到提升，提高了班子的整体素质，进一步巩固和加强执委在工商联中的核心领导地位，培树一批非公经济人士先进典型。传递国家支持非公企业，特别是对小微企业融资、担保等一些扶持政策，进一步营造鼓励和支持非公经济发展的良好氛围，增强了非公经济人士做强做大企业、发展企业的信心和决心，增强了对党委、政府的信任，坚定了中国特色社会主义信念。本着成熟一个发展一个的原则，成立一家行业商会新郑市家居商会。

加强机关建设，锻造过硬队伍。进一步加强制度建设，用规章制度严格日常管理。开展“7·20”特大暴雨灾害追责问责案件以案促改专项整改。加强党风廉政建设，开展廉洁教育、警示教育，营造风清气正的良好环境。落实意识形态工作责任制，深入开展“能力作风建设年”活动，不断提升机关干部的政治素养、业务能力和服务水平。开展国家安全教育活动，夯实新时期机关保密工作基础。加强统战信息宣传调研和工商联信息直报工作，扎实推进精神文明建设向纵深发展，统筹推动各项工作落地落实，全面提高机关规范化建设水平。

【宣传教育】 宣传工作是工商联履行“桥梁、纽带”的重要形式，是扩大工商联影响力、提升工商联形象的重要载体。工商联采用活化载体的方式，及时将相关政策及各种产业信息传达给各会员企业，引导非公经济人士坚定理想信念，始终做到跟着党的旗帜走，坚定不移走中国特色社会主义道路，守法诚信经营企业，做构建亲清政商关系的典范。

典型引领示范带动，推荐好想你健康食品股份有限公司党委书记、董事长石聚彬、遂成药业股份有限公司党委书记、董事长周红建为河南省杰出（优秀）民营企业家；推荐郑州市人人利食品有限公司董事长叶跃辉、河南福华钢铁集团有限公司总经理张宏茂为郑州市优秀民营企业家；2022年推荐好想你健康食品股份有限公司、新郑市大汉窑文化旅游产业有限公司作为河南省“万企兴万村”行动实验项目先进典型。

【参政议政】 参政议政是工商联在新时期的一项重要工作职能，是为各级党委、政府科学决策建言献策的重要渠道。

新郑市工商联结合能力作风建设年活动，践行“用脚步丈量工作法”，分组到基层商会、协会、企业实地走访调研，详细了解商会和企业运营情况及在运行过程中遇到的难点问题。实现全流程、多角度查找解决企业和群众办事的堵点问题，梳理发现企业发展中的亮点、痛点、难点，打通服务企业“最后一公里”，进一步优化党建引领工作，推动新郑市营商环境再优化，为群众办实事工作落到实处。鼓励各商会会长开拓思路，站位全局，主动顺应时代变化，顺应新郑发展的要求，引导区域内企业抓

5月，庆祝第三十二次全国助残日系列活动开展（工商联/供图）

住机遇，创新发展。

积极参政议政，利用两会时机，为全市经济发展建言献策。工商联会员中的人大代表、政协委员针对本市经济社会发展中的热点、难点问题，提出了关于加大传统产业改造提升力度形成产业链条，推进政府“放管服”等许多好的提案、议案，切实履行了参政议政职责，向政府反映问题、提出意见与建议，助推新郑市非公企业健康、快速发展。

【服务会员】 搭建学习平台，促进服务全面提升。组织召开商会工作座谈会，向各商会通报新郑市工商联2021年工作情况及2022年工作要点，各商会负责人围绕学习贯彻十九届六中全会精神、商会运行状况及商会发展中遇到的困难等方面进行发言。引导商会把竭诚为会员服务作为工作的出发点和落脚点，把提升服务能力作为商会工作的第一要务，创造性地开展工作，切实帮助企业排忧解难，推动会员企业实现高质量发展。组织召开民营企业家座谈会，传达学习中共中央召开的分析研究当前经济形势和经济工作会议及国务院、河南省、郑州市有关稳经济促增长会议精神、新郑市企业家座谈会会议精神，解读了新郑市稳经济、助企纾困政策30条措施，鼓励民营企业家要认清形势，把握机遇，抢占发展赛道，主动融入全市发展大局。开展非公人士教育培训。认真组织机关全体人员、基层商会、行业协会、会员企业以不同方式收听收看二十大精神，并组织民营经济人士代表座谈会畅谈学习党的二十大精神感悟。多种形式开展宣传教育培训活动，建立培训体系，联合格局商学院以视频教学、现场参观形式培训民营企业家13场594人次。7月，组织工商联各基层商会会长、会员企业代表、机关人员、工商联党支部党员30余人到新密市中原豫西抗日纪念博物馆开展红色教育活动，现场接受党史学习教育、初心洗礼，追忆豫西抗战的峥嵘岁月，深切缅怀革命先辈的丰功伟绩。8月，在好想你健康食品有限公司组织召开“惠企纾困送政策”培训活动，邀请新郑市人社局为企业家进行惠企政策宣讲。会后又进行了“前所未有变局中的企业应对之道”为主题的学习培训会。9月，组织召开提升企业执行力专题培训，邀请郑州市委党校副教授李敬为工商联部分执委以上企业、工商联界别政协委员进行题目为《传统文化中执行力提升的智慧》的专题授课。

1月，新郑市工商业联合会（总商会）第六次代表大会召开（工商联/供图）

搭建交流平台，促进共同发展。积极利用商会民间性和经济性的独特优势，加强与友好商会、兄弟工商联和工商界人士的联系与交流。2月，龙湖镇商会到郭店镇商会进行观摩交流，发挥商会沟通平台作用，加强企业相互了解，优化资源整合，助力共同进步，为企业搭建交流学习平台，在全市各生产、消费领域支持企业发展，有效促进区域性经济内循环，实现共同向好发展，拉动全市经济平稳增长。7月，荥阳市工商联到新郑市进行友好交流并座谈，两地工商联将充分利用毗邻地理优势，搭建合作平台，畅通交流渠道，加强企业互动、信息互通、资源互助，促进非公企业高质量发展。

推动企业守法经营，助力营商环境优化。加大诉求响应智慧平台宣传推广力度，进一步提高市场主体在诉求响应智慧平台的注册率。平台注册企业6335家企业，引导更多民营企业通过平台客观反映困难问题。发挥商会协调平台作用，进一步拓宽矛盾纠纷化解渠道。联合新郑市检察院、司法局、财政局等八家单位，因地制宜开展工作，全力做好“六稳”工作，精准落实“六保”任务，厚植民营经济发展的“法治土壤”，推动涉案企业合规第三方监督评估机制成立，联合市委统战部，市委政法委建立民营经济领域执法司法突出问题协同解决工作机制，助力营造安全稳定、公平正义的法治营商环境，提升企业生产经营的安全感和满意度。

【光彩事业】 凝聚非公力量，践行使命担当。2022年以来，新郑市工商联积极鼓励、引导非公经济人士履行社会责任，投身光彩事业，弘扬光彩精神。全市13个基层商会组织辖区内会员企业助力疫情防控，据不完全统计，40家企业共捐款捐物价值280多万元。5月，新郑市工商联组织基层商会参加新郑市残联举办的第32个“全国助残日”活动，3家基层商会共5家企业向爱心助残活动捐赠了价值4.5万余元的物资。10月，新华路商会、新郑市家居协会等积极组织会员企业参与疫情防控志愿者服务。疫情当前，企业家们在努力经营好企业的同时，积极参与疫情防控、爱心助残等工作，传递了社会正能量，树立社会新风尚。

全面推进“万企兴万村”行动。引导民营企业积极参与乡村振兴工作，全面梳理全市民企参与乡村振兴的基本情况，建立村、企、商会共建台账，巩固拓展脱贫攻坚成果，全面推进乡村振兴，推动形成“商会+企业+镇村”共建共赢格局。

（撰稿：张慧清　审阅：李　静）

军事

MILITARY

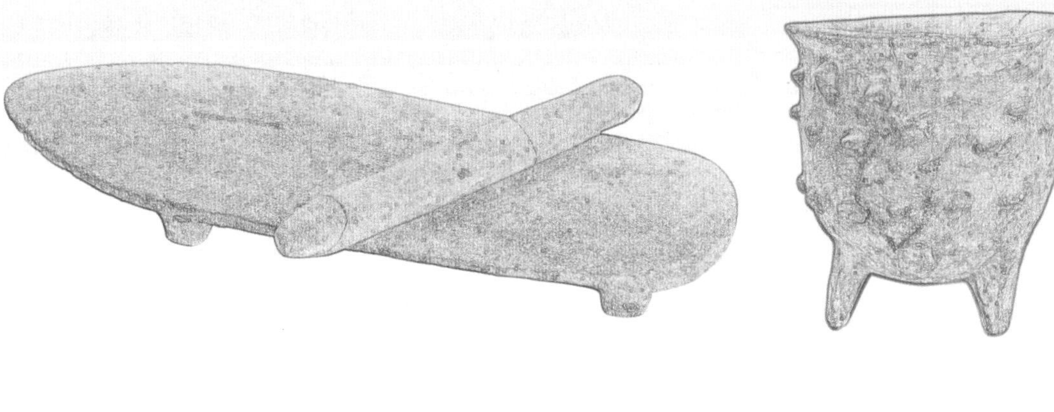

·军 事 >>>

MILITARY

中国人民解放军新郑市人民武装部

【综述】新郑市人民武装部位于新郑市区人民路中段，为独立营院，占地0.67公顷，有2栋独立建筑（一栋为办公楼，一栋为民兵训练基地楼）及2栋附属建筑（一栋为部餐厅楼，一栋为原民兵应急连餐厅）。1950年10月，新郑县成立人民武装部，1986年县人民武装部由中国人民解放军划归地方建制，1996年4月新郑市人民武装部收归军队建制。

2022年，新郑市人民武装部坚持以习近平新时代中国特色社会主义思想和习近平强军思想为指导，深入贯彻落实党的十九大和二十大精神，认真落实习近平总书记关于备战打仗的指示要求，全面落实省军区、警备区党委扩大会议精神，注重抓教育统思想、抓班子强队伍、抓主业创特色、抓基层打基础、抓规范正秩序、抓安全保稳定，以新姿态、新面貌、新标准实现了部党委确立的“外创先进部、内建和谐家”建设目标。

【政治建设】始终把政治建设摆在首位，把学习贯彻习近平新时代中国特色社会主义思想特别是习近平强军思想作为首要。贯彻改进学风要求，以党的二十大精神和习近平总书记系列重要讲话为重点，坚持落实“第一议题”常态跟进学，抓实集中学习研讨内化转化学。聚焦“忠诚维护核心、矢志奋斗强军”深化主题教育，巩固拓展党史学习教育成果，建立常态化、长效化制度机制。全面贯彻落实军委主席负责制，统筹推进迎接政治巡视准备和“四严四整”教育整训，严密组织在职人员政治考核，扎实开展维护政治安全“八个一”活动，持续深化微信泄密专项整治、保密工作专项整顿、“翻墙”问题整治等活动，靠前挺起政治安全“防护网”。年度要讯工作成绩突出，先后有6篇稿件被省军区采编上报国防动员部，持续走在警备区前列。

【研练备战】围绕急时应急、战时应战，自觉研战、谋战、练战，做到精力向练兵备战聚焦、能力向打赢制胜提升。严抓战备值班。以省军区战备值班整训为契机，健全完善指挥运行制度机制，提升应知应会、操作技能、突发情况指挥处置能力。全年，担负战备值班的新华、新建、新烟、城关等四个民兵应急排大局意识强、制度落实严、应急反应快、完成任务好。实抓研训演练。以郑州市“7·20”特大暴雨灾害问题整改工作为抓手，建立健全人武部突发事件应急处置管理体系，推动应急预案、指挥体系及综合保障配套完善。5月，组织新郑市2022年度防汛综合演练，坚持从难从严从实训练，提升民兵应急分队遂行任务能力。6月下旬，参加警备区防汛任务对接会后，预先通知基干民兵应急队伍、预备队做好防汛准备，做到遇有任务能够依案而动、高效处置。

【民兵整组】新郑民兵体量大、分队多、任务重，实现编实建强用好的目标，既是应急应战所需，也是用在关键所系。在摸准底数上下功夫。按照摸准底数、找准方向、搞准重点的编兵思路，年内先后召开潜力调查任务部署会、国有企业编兵协调会，区分应急分队、新质分队、支援分队、普通民兵四大类实施走访调研、协调对接，为精准编兵、科学编兵打下了坚实基础。在精准编建上下功夫。联合市政府印发《新郑市“十四五”民兵建设发展计划》，探索推开属地化编组、模块化组合、区域化配置、集成化运用的编建方法，高标准编建应急分队（含港区）和普通民兵，新域新质力量编兵比例近30%，形成了村有普通连、乡有应急排、市有新质分队的民兵力量体系，在科学整组上下功夫。突出人员出入队、体检政考、信息核查、拉动检查、督导整改等关键环节，确保民兵整组走深走实。7月初，接受警备区民兵整组实地拉动点验，全程组织严密、圆满顺利；10月中旬，部集中精干力量，成立工作专班，开展“解剖式”精准帮抓，统一规范党管武装、组织落实、政治落实、军事落实、保障落实五个方面21类软件资料，有力地推动了新郑市民兵工作向更高水平提升，得到警备区机关一致好评。在按月抓建上下功夫，按月抓建是省军区创新推动的一项经常性工作，从8月开始每月都专门召开民兵按月抓建讲评会，在全省形成了按纲抓建、按月抓建的鲜明导向和浓厚氛围。采取法规学习、观摩评比等方式对如何制定月表组织培训，对各单位月表区分好、一般、差三个层次进行评比，并将月表落实质量与各乡镇年底武装工作评先评优挂钩，切实以较真碰硬的态度推动工作落到实处。

【兵员强市】围绕打造“兵员强市”品牌目标，采取超常措施，紧盯关键环节，突出兵员质量，周密组织实施，全年共完成兵员征集任务，再创历史新高。军地强力推进，按照“党委统揽、政府主导、兵役机关主抓、职能部门联动、高校积极参与”工作机制，市委书记马志峰、市长马宏伟多次对征兵工作提出要求、作出指示，军地密切协同配合，确保征兵工作有力有序。市征办定期召开征兵领导小组会议、征兵工作部署会、高校征兵工作推进会，研究解决矛盾问题，提出明确具体要求，压紧压实工作责任，推动了征兵工作提质增效。突出征集重点，坚持把大学毕业生征集作为重中之重，注重研究探索，综合施策用力，努力提升征集质量。畅通大学毕业生入伍“绿色通道”，落实“优先审批定兵”政策，落实“优先分配去向”政策，逐人精准掌握大学毕业生入伍意愿，为完成年度任务奠定坚实基础。抓实关键环节，聚焦提升兵员质量发力，对网上报名、信息化体检、在线联审、系统定兵，对应征报名、体检政考、学历审查、役前教育、定兵起运等环节进行全面规范，最大限度减少人为干扰。全市民警采取网上核查、联网比对、走访调查相结合，准确掌握应征青年现实表现；卫健委制作病史调查流程图，利用医保数据平台核查应征青年既往病史，有力提高了兵员征集质量。新郑市被省军区推荐为全国征兵工作先进单位表彰对象。

【党管武装】新郑市委、市政府对党管武装工作始终高度重视，将武装工作、双拥共建纳入新郑市年度绩效考核、季度“擂台赛”内容，编发《新郑市武装工作要报》2期。任命基层武装部预建党支部第一书记，组织乡镇（街道）、行政村（社区）党委（支部）书记武装工作述职，打通武装工作末端链路。联合公安局推进“一村一警一连”建设，并在每个行政村（社区）建立“一村一警一连”工作站，压紧压实“一肩三挑”责任落实。召开高校武装部建设推进会，联合市委、市政府申报12所高校武装部，有力推动了高校武装工作落实。发挥协调军地作用，积极推进军地互提需求、互办实事“双清单”机制落实。八一期间，新郑市再次被命名为省级双拥模范城，蝉联省级“双拥模范城”八连冠，市级“双拥模范城”十连冠。

【自身建设】抓好内部运行，坚持依法抓建设、按级抓管理、全面抓落实，严格落实每周一总结讲评和每日晨会交班制度，让部机关全体人员在抓好总结中不断提高能力素质和机关办事质效。狠抓能力提升，利用专武干部例会、民兵执行任务等有利时机，通过授课辅导、军事训练、观看影片等形式，有力强化了干部职工和基层专武干部爱武兴武的能力。狠抓安全稳定，扎实开展“百日安全活动”，常态开展法纪教育和“四反”工作，突出抓好安全大检查、重大安全风险评估和安全隐患排查整治，规范办公秩序，安全“教育、训练、组织、制度、环境、设施、活动、责任”八个方面规范全部落实，全年安全稳定运行无事故案件。

【思想建设】坚持用习近平新时代中国特色社会主义思想和习近平强军思想凝心聚魂，围绕“国防动员聚焦备战打仗”组织集中学习研讨，推动学习常态化、制度化落实。围绕庆祝中国共产党成立101周年，统筹开展“传承红色基因、担当强军重任”主题教育和“传承文化基因、强化一流基因”专题系列教育；深化党史学习教育系列活动，深入学习习近平总书记七一重要讲话精神，抓好党委中心组理论学习，组织党员运用“批注式读书法”精读10本规定书目，扎实开展党史学习教育专题组织生活会，深入开展“我为群众办实事”实践活动，广泛开展向“七一勋章”获得者王占山同志学习活动。通过“学习国防”平台培育民兵尚武精神，宣传新郑市武装工作特色。在疫情防控和“7·20”郑州特大暴雨防汛救灾中，积极开展“党旗、民兵旗帜树起来，党徽、民兵标识戴起来，示范岗、先进民兵评选起来，好人好事、经验做法宣扬起来”活动，大大激发了一线民兵身份认同感，鼓舞提振了士气，得到了群众好评。着力打好意识形态领域主动仗，深入开展全面彻底肃清郭徐房张流毒影响清理清查活动，紧贴形势任务抓牢经常性思想工作和谈心交心活动，干部、文职人员和职工维护核心、看齐追随的思想根基进一步夯实。

【国防动员】 扎实开展国防动员潜力调查，协调市20多个相关职能部门和行业系统利用近2个月的时间，采集了“综合”“人民武装”“经济动员”“人民防空”“交通战备”“信息动员”“政治动员”“重点潜力”等8大类51项1200余条目的动员潜力数据，摸清了辖市各行业系统、行政机关、基层武装部等第一手数据，全市动员潜力调查工作质量显著提升。强力推进征兵工作，以大学生征集为重点、以“五率”量化考评为抓手、以狠抓廉洁征兵为底线，先后3次召开征兵专题部署会，督导推进大学生征兵工作落实；开展“征兵宣传进校园”“征兵宣传月”等活动，张贴兵役登记公告和征兵公告共3万余份，通过市电视台早中晚播放国动部下发的《逐梦青春》《参军报国不负韶华》征兵公益宣传片，利用广场和临街LED显示屏、公交橱窗栏等播放展览征兵宣传信息，联合纪委明察暗访各单位征兵工作，严防征兵问题发生。编实建强民兵队伍，做到班有党员、排有党小组、连有党支部，排以上干部全部为党员。充分发挥村（社区）党支部战斗堡垒作用，大力推动“一村一警一连”建设，注重发挥联动效应。充分发挥党支部书记“一肩三挑”作用，抓好考评机制探索，打好履行职责的基础。抓好民兵连思想政治教育和组织制度落实，探索“网络+”民兵动态管理办法，常态组织开展各类活动。坚持使命任务牵引，聚焦备战打仗，不断推动新郑市民兵建设由“实起来”向“好起来”“强起来”跃升。

【应急应战】 以“战备秩序全面规范、军事训练按纲施训、骨干队伍建强用好”为目标，每月召开党委议战议训会议，深入查找矛盾问题，集智攻关研究对策措施，切实提升民兵战备训练水平。强化机关训练，科学制订人武部首长机关训练计划，重点强化机关人员军事基础尤其是个人军事素质能力提升，突出指挥员应急应战训练和任务型装备器材操作使用训练；加强国防动员作战问题研究，深化使命课题演练，在应急应战能力生成上和完善组织指挥手段上下功夫，着力破解指挥员“五个不会”的问题，着力提升首长机关组织筹划和指挥能力，确保关键时刻拉得出、顶得上，不辱使命。建强“两支”骨干队伍，3月初，以增强 “四会”教学能力为重点，依据《民兵军事训练大纲》，安排应急、防空、工程、防化、通信、医疗6类通用专业科目，采取“集中辅导、示范观摩、分级组训、统一比武”的形式，组织教练员进行了11天专项集训，进一步锻炼了教练员队伍、规范了教学路子、提升了教学准备质量。6月初，结合基干民兵轮训备勤任务，以提高指战员军事指挥能力为中心，围绕共同基础、专业训练和任务行动演练任务，重点抓了专武干部培训和民兵排、班长骨干训练，有效提升了专武干部和民兵骨干的组织指挥能力。抓实基干民兵训练，5月下旬，在新郑市国防教育基地组织市民兵应急连和专武干部利用1天时间拉动集合点验，开展反恐维稳、森林灭火、防汛抗洪3大专业装备器材操作和民兵紧急拉动流程、方法等实案化操作。5月31日至6月9日，组织专武干部、民兵应急连、郑州市民兵伪装防护和医疗救护分队骨干，完成为期12天的集中轮训备勤任务，围绕军事理论、政治教育、队列训练、共同基础（单兵战术基础、手榴弹投掷、轻武器射击、医疗与救护、伪装与防护）、专业训练等方面展开训练，有效提升了民兵的应急应战能力。

【融合发展】 充分发挥本市优势，积极主动对接有关企业，在创新融合共建上下功夫。2022年，协调市科工信局相关科室和人员，多次深入辖市行业单位、科研院所、高新技术企业开展整组潜力调查，寻找军民融合的结合点、融合点，为军民融合发展谋篇布局。充分发挥军地职能优势，与宣传部、教育局协调全民国防教育联抓，与应急管理局协调重大演练联训，与信访局、法院、检察院、公安局、司法局协调涉军事件联处，创建军地职能部门联合对接的融合发展工作机制。

【拥军爱民】 持续开展“大走访、大慰问、大宣传”活动。春节期间走访慰问各类军属1140户，春节及八一期间走访慰问现役军人家庭及驻地部队，为优抚对象发放抚恤金和慰问品，安排现役军人子女入学入托，安置部队现役军人家属，大张旗鼓为新郑籍现役官兵送立功喜报，使军人军属感受到党和政府的关怀和优待，切实增强了军人军属的荣誉感，大力营造了尊崇优待军人的社会风气。充分发挥民兵主力军、突击队和排头兵作用，针对大事之年、政治之年，敏感时段多、重大活动多的实际，广大民兵在乡村振兴、生态环境保护、重大工程建设等方面当先锋、打头阵。在执行任务行动和在岗训练中，组织广大民兵争当促进企业生产经营的标兵、执行急难险重任务的尖兵、维护社会安全稳定的卫兵，坚持在用兵中练兵强兵。

（撰稿：王培森　审阅：杨兆鹏）

中国人民武装警察部队新郑中队

【概况】 新郑中队隶属于中国人民武装警察部队河南总队郑州支队。中队主要担负新郑市看守所外围武装警戒任务，处置新郑市暴恐事件和大规模群体性事件。中队装备精良，人员充足，训练扎实，是维护新郑市安全和社会稳定、保卫人民美好生活的中坚力量。

2022年，新郑中队坚持以习近平新时代中国特色社会主义思想为指导，深入学习贯彻习近平强军思想，以上级党委扩大会议精神为指导、坚决落实上级党委决策部署要求，突出练兵备战，紧紧围绕"听党指挥、能打胜仗、作风优良"的强军目标，中队始终牢牢把握安全发展主基调，坚持党建带全面建设和备战打仗这两个基本点，按照“建强支部抓合力，练兵备战保中心，夯实基础抓经常，精细管理抓正规，瞄准短板补弱项，突出亮点抓全面，转变作风正风气”的工作思路，狠抓经常性基础性工作落实，不断厚实部队建设底蕴内涵，推动中队各项建设稳步发展，确保部队内部安全稳定和各项任务圆满完成。

【党组织建设】 注重把班子建设摆在突出位置，坚持以提高能力素质为根本，狠抓制度落实，提高了班子建设质量。继续发扬班子团结、心齐、风正的好传统，坚持求真务实的工作作风。一班人带头讲奉献、讲原则、讲风格，做到“工作中补台不拆台，思想上互帮不迁就，生活中互助不虚假”，以真心换真诚，心往一处想，劲往一处使，围绕中心工作互相支持、相互配合，形成抓工作的强大合力，确保各项工作的圆满完成。本着相互学习，共同提高的原则，全面深入加强交流，党支部班子合力更加突出。认真学习习近平主席重要讲话精神内容，全面贯彻上级党委指示精神，认真分析中队存在的短板问题和薄弱环节，尤其是对特殊时期的部队形势和近期部分单位出现的问题进行研究分析，“横向比成绩，纵向比发展，硬件求突破，软件求亮点”。经常性基础性工作常抓不放，将风气建设摆在重要位置。中队整体发展形势稳中有进。

【队伍建设】 中队班子团结、心齐、气顺、一条心、一个音、一盘棋、一股劲思想树立牢固。成员班子之间，小到家庭琐事，大到支部建设，都能敞开胸怀，无话不谈，达到了思想合心、行动合拍。在工作中，大事讲原则，小事讲风格，生活上互相关心，互相帮助。为充分挖掘官兵身上的闪光点，激发大家的光荣感和自豪感，广泛进行大谈心活动，深入了解每位同志的思想动向，利用饭前"一分钟"、课间小讲评、每天小总结的方式，人人有责任观察，人人有义务思考，人人有机会讲话，激发大家相互学习、相互激励、共同提高的热情。通过活动的开展，中队好人好事好现象不断涌现，官兵的集体荣誉感进一步增强。

【思想工作】 围绕构建和谐军营，密切内部关系，在平时的工作中，结合中队官兵的思想，广泛开展小动员、小讨论、小辅导、小演讲、小测试活动，营造官兵时时处处受教育的浓厚氛围，深化了经常性教育效果。坚持每月进行思想分析、广泛开展谈心活动、建立帮教责任制，有效运用“三互”“双四一”等载体，采取谈心鼓励、发动群众做工作等方法，扎实做好了官兵的思想工作，开展战备教育、法纪教育、安全教育等，确保了官兵思想稳定。经常性育等；统筹开展龙虎榜比武竞赛、创破纪录活动，掀起练兵热潮，扎实开展执勤训练，提高了官兵的军事技能。在授课前对班长骨干进行培训，统一示范规范动作，统一教学思路方法，充分发挥小教员作用。在教育中组织官兵观看《长空之王》《一九四二》等红色影片；通过真实感人的故事和生动鲜活的画面，进一步帮助官兵树牢社会主义核心价值观。广泛开展大讨论、心得交流、演讲比赛等活动，提升主题教育的吸引力和感染力，进一步激发官兵以坚定的理想信念、顽强的战斗精神投入执勤工作中的责任感和使命感。重视团队文化建设。积极创建团队文化，培育团队精神，构建和谐军营。以事业共同体为牵引，不断强化官兵的集体荣誉感，以利益共同体为动力，不断强化官兵干工作的事业心和责任感，以命运共同体为核心，不断强化官兵争先创优意识。在重点抓好官兵考学学习，强化战士文化知识的基础上，认真抓好"三个半小时"载体的发挥。组织开展文化娱乐活动，丰富了官兵的业余文化生活，陶冶官兵情操。

【本职工作】 以提高战斗力为准绳，坚持任务牵引抓训练，不断加强执勤战备工作，中心任务完成圆满。坚持支部议中心，抓中心，紧紧盯住饭碗工程。年初为了高标准完成中心任务，支部提出：围绕建设“一流部队”总目标，大力学习贯彻《中国人民武装警察法》，结合武警法开展执勤训练，提高依法执勤、文明执勤的能力。大力推进新时代执勤安保建设，推进科技强勤工程，将技防与人防形成合力，共保安全。定期进行执勤形势分析研究，特别是对新形势下执勤工作的新特点、新问题的研究，社会治安形势紧张对本中队执勤工作的影响，准确掌握来自各方面信息和不安全因素，强化官兵的忧患意识和自警意识，提高防范能力，为执勤任务的圆满完成打下了良好基础。中队积极与看守所联系，密切双方关系，制定和完善了联席会议、联合演练、联合检查、相互监督、执勤设施管理、情况通报、联检联评等制度，规范了开展活动的时间、内容、程度、方法，做到“日有电话联系、日有狱情通报、月有分析讲评”。

【后勤工作】 中队始终坚持“后勤变前勤”理念，在后勤保障上花费了很多时间，下了很大功夫，成效明显。重点对后勤各项工作进行规整，合理调配，合理规划布局，达到了后勤正规化水平。加强物资维护管理能力，依托目标单位对中队水、电、气等设施进行检查维护，依据规划对浴室、警士公寓、给养库、食堂等进行改造。中队能够以营房安全为抓手，着力开展中队营区营房安全隐患大排查，并进行有效整治。中队炊事员业务技能全面、熟练，会7种以上面点制作技术、会炒特色菜、会配菜、会腌制20种以上小菜、会一般的蔬菜加工。后勤队伍素质的提高，既调剂和改善了伙食，又节约了伙食费，避免了浪费现象，赢得了官兵的好评。做好季节性防事故工作，中队根据季节变化，及时开展卫生防病教育，并结合驻地疫情防控要求严的特点，中队坚持定期打药消毒驱除蝇虫。同时，严把食物配送、留验、烹制和卫生关，坚决不买不合格食品，每天对日常餐具高温消毒，有效防范了疾病的发生。

【部队管理】 中队始终以条令、条例、安全工作“八个规范”为依据，通过开展个人自查、官兵互查、上级抽查等方法，及时消除安全隐患；加强学习促进养成，从抓实官兵穿衣戴帽、行为举止等细节，提升官兵的"精气神"；规范库室设置、制度落实、标牌张贴、资料装订，细化各类管理规定，提升精细建队标准；加大安全隐患排查力度，主要围绕查和改两个方面展开。查，找隐患。结合敏感时期进行安全大检查，采取逐个班排过、逐个部位看、逐条对照查，全面深入查找影响部队安全稳定的安全隐患。改，除隐患。本着发现一处、整治一处，整完一处、消除一处的原则，及时有效地把隐患整治完、消除掉，使隐患不过周甚至不过夜。

（撰稿：范永琪　审阅：姚正阳　王思丹）

人民防空

【概况】 2022年，新郑市人防办紧紧围绕全年工作目标，认真履行各项工作职责，强化服务意识、规范审批流程、加强监督管理，实现了时间与任务双同步的要求。

【人防工程审批】 人防工程审批瞄准改进服务细节，提升为民服务理念，进一步优化审批流程，压缩审批时限。推进数字化办公，健全完善各项制度，落实信息共享等电子化技术措施，让信息多跑路、让群众少跑路，切实方便群众办事。

【人防工程质监】 强化人防工程质量监督管理，保障人防工程质量。科学合理优化工作流程，结合工作实际减轻企业负担。同时，从质监资料申报、人防工程建设节点验收，到竣工备案，实行台账式管理。

【人防指挥通信】 建立健全人民防空警报管理制度，加强人民防空警报设施的维护管理，做到每月巡查一次，每季度维护一次。增强化解风险意识，提高应急处突能力。以“5·12”防灾减灾日为契机，会同相关部门组织进行实地应急演练，切实提升广大市民应急处置能力。建立人防工程固定宣传便民点，定期发放防灾减灾宣传手册，不断增强市民防护意识。着力推进“五进”宣传活动，实现宣传教育全覆盖。

【人防行政执法】 加强执法队伍建设，规范行政执法程序。强化责任落实，严格行政执法，不断完善制度。在执法过程中，严格按照相关规定，自觉接受服务对象监督，定期研究行政执法过程中发现的问题，并及时进行解决。

（撰稿：张　磊　审阅：李　杨）

法治

RULE OF LAW

·法 治 >>>

RULE OF LAW

政法和社会综治

【概况】中共新郑市委政法委员会是市委领导政法工作的职能部门，内设12个科室，分别是办公室、政治处、研究室、督查监督科、信息宣传科、维稳指导科、综治指导科、专项行动科、基层社会治理科、平安创建科、反邪教协调科、法治科。下属1个公益一类事业单位：新郑市平安建设促进中心，内设3个科室，分别是矛盾调处指导科、综治信息指导科、预警防范科。新郑市委政法委现有人员37人。2022年，新郑市委政法委紧紧围绕建设更高水平的平安新郑这一目标，以“三零”平安创建为标志，以“四治融合”为路径，以“能力作风建设年”“三标”活动为牵引，坚持稳字当头、稳中求进，从严从细从实抓好防风险、保安全、护稳定、促发展各项工作，圆满完成了党的二十大安保任务，全市没有发生造成重大影响的事故和案事件，有效维护了社会大局和谐稳定，为经济社会高质量发展提供了坚强保障。新郑市2022年被评为全省平安建设优秀县（市、区）、全省二十大安保工作表现突出的集体。

【“三零”平安创建】开展“脚步丈量创‘三零’、提升能力保平安”活动。实行月例会、月评比、红黑旗制度，对案件高发的4个地区开展重点问题和重点地区专项整治，2022年，全市“三零”达标村（社区）217个，达标率72.33%；“三零”达标企事业单位25089个，达标率96.22%。全市未发生有重大影响的案事件。织密社会防控网络，常态化开展扫黑除恶斗争，严厉打击违法犯罪活动，织密“打击防范网”；公安干警和治安巡防队伍开展24小时治安巡逻，2万余人的“新郑正义哥”平安志愿者队伍活跃城乡，织密“专群结合人防网”。规范提升市乡村三级综治中心，完善提升市综治中心“五室一厅一中心”（综合协调室、矛盾调处室、治安防控室、平安创建室、心理疏导室、群众接待厅和矛盾纠纷多元化解中心）功能，提高规范化、实战化水平；全面推进镇村两级综治中心、矛调中心规范化建设，实现职能整合到位、人员配备到位、作用发挥到位，打通服务群众“最后一公里”。强化宣传发动，坚持传统媒体与现代媒体结合、线上线下结合，设置户外宣传版面，开展集中宣传活动100余场次，发放宣传品40余万份，受教育群众达到30余万人，形成了平安创建人人有责、人人参与、人人共享的浓厚氛围。狠抓机制落实，建立健全平安创建工作机制。狠抓督查指导、问题解决、网格治理、考核奖惩、一线推进，做到以机制促落实，以机制促长效。

【矛盾纠纷多元化解】坚持四级矛盾排查化解制度，市级每月开展一次排查，乡镇（街道、管委会）每半月开展一次排查，村（社区）每周开展一次排查，村组（楼院）每天排查一次。对排查出的矛盾纠纷，按照事权，及时妥善解决；对超出事权范围的，严格按照“13710”工作机制要求及时化解，确保最大限度把矛盾纠纷化解在当地、消除在萌芽状态。大力推广应用“最多跑一地、一码解纠纷”智慧矛调系统，让“随时调、随地调、随手调”成为纠纷化解常态，共录入纠纷案件2289件，化解2240件，化解率97.8%。常态化开展矛盾纠纷“六防六促”工作，深入排查化解情感、家庭、邻里、债务、物业、疫情灾情六大领域矛盾纠纷，把工作着力点放在前置防线、前瞻治理、前端控制、前期处置，最大可能将风险隐患消除在萌芽状态，严防个人极端暴力案事件的发生。全市共排查出纠纷案件8010件，化解8004件，化解率99.9%。2022年，新郑市未发生“民转刑”“刑转命”案件。

【综治专项行动】 开展打击治理电信网络诈骗专项行动，始终保持对电信网络诈骗犯罪的严打高压态势，电信网络诈骗刑事案件同比下降16.92%，群众损失金额同比下降5.7%，电信网络诈骗犯罪高发势头得到有效遏制。开展打击整治养老诈骗专项行动，牵头成立全市打击整治养老诈骗专项行动办公室，共收到养老诈骗举报线索11条，已核查办结9条，正在核查办理2条。开展未成年人安全保护专项行动，坚持多方联动，认真排查，保障孤儿92人，发放儿童生活补助金121.4万元；为11名孤儿大学生发放助学金10.9万元；依法妥善处置1起未成年人聚众斗殴案事件。开展预防未成年人溺水专项治理工作，自2022年4月起，在全市组织开展预防未成年人溺水专项治理工作，共排查出水域213处，设置警示标牌1100余个，举办专题讲座334场次、发放宣传彩页2万余份。开展全市校园内部及周边安全防控工作，牵头组织公安、教育等部门对校园及周边和各类课外培训机构开展治安防控、交通安全防护、涉校涉生违法犯罪打击处理等方面的自查，排查整改问题641个。

【涉法涉诉工作】 全面推动涉法涉诉信访工作，充分利用涉法涉诉信访联合接待大厅平台，采取信访听证、教育疏导、司法导入、司法救助等多种方法，有效化解涉法涉诉信访问题。2022年受疫情影响，新郑市涉法涉诉信访接访工作以电话、信件接访为主，全年共接待涉法涉诉信访案件260起，向政法各单位下达信访案件交办函6次87件。牵头组织推动涉法涉诉领域重复信访积案集中治理工作，采取“1+6+1”一案一专班工作模式联动化解，上级共交办新郑市化解责任案件59件，已全部化解报结。开展司法救助工作，在依法依策开展工作的基础上，对群众诉求合理但无法得到补偿的“无主案”“钉子案”等疑难案件进行救助，2022年共申请司法救助案件27件，申请救助金额84.6万元。优化法治化营商环境。牵头成立专项行动领导小组，制定工作方案，统筹推进政法机关“万人助万企”活动和“影响法治化营商环境执法司法突出问题”专项整治活动，大力推行“阳光司法”，强化内外监督，不断优化法治化营商环境。

（撰稿：庞　笑　审阅：张新志）

8月，新郑市在好想你党建学院举办政法综治干部综合能力提升培训班
（政法委/供图）

公　安

【概况】 2022年，新郑市公安局以习近平新时代中国特色社会主义思想为指导，弘扬伟大建党精神，增强“四个意识”、坚定“四个自信”、做到“两个维护”，认真落实新郑市第六次党代会精神，勇毅扛起服务“三城”建设的使命担当，紧紧围绕“喜迎二十大、忠诚保平安”主线，以能力作风建设年和平安建设“两项活动”为牵引，以智慧公安、创新公安、法治公安“三项工程”为突破，着力抓好基层基础、公共安全、护航发展、队伍建设等“四项重点”工作，忠实履行好新时代“三安”使命任务（全力捍卫政治安全、维护社会安定、保障人民安宁），确保了新郑政治社会治安大局持续平稳，圆满完成了各项公安保卫任务。

【政治大局】 以维护国家政权安全为目标，坚持底线思维，强化情报信息收集研判，着力提升信息研判能力、发现能力和应急处置能力。加强情报信息收集研判，扩宽信息收集渠道，广泛搜集线索、严格分析研判，按照“信息精确、研判精准、交办精细、督导精微”的处置机制，搜线索、掌动态、防风险、清隐患。加强反恐怖工作，会商、点对点核查、回流考察、结对子等措施，梳理反恐重点目标底数，强化隐患滚动排查清零。

【维稳工作】 始终以防范化解重大风险为基点，坚持“以时积日、以日累月、以月保年、稳扎稳打”的工作理念，梯次推进“平安守护”“砺剑铸盾”“亮剑攻坚”“忠诚捍卫”等专项行动，狠抓防风险、保安全、护稳定、促发展等各项措施落实，按照“统一归口指挥、日研判会商、挂图作战、信息闭环处置”四项机制，推进工作落地见效。9月26日启动一级加强勤务模式，全警驻勤，紧盯五个重点，实现了“五个严防、三个确保”的既定任务目标。对民爆、易制爆、剧毒使用、放射源、加油站、物流园、寄递门店等的源头管控，切实加强涉枪、涉爆、涉毒、涉放射性以及易燃、易爆物品的排查收缴；交警全员上路、全时段巡控，对“两客一危一货”四类重点车辆一律逢车必查，严防发生重特大交通事故。

【严厉打击各类违法犯罪活动】 深入推进“雷霆”系列专项行动，按照“大合成研判+分类打击”模式，以“刑侦大队盯大案、派出所破现案、所队捆绑攻专案”的侦查办案机制，高效率打击各类违法犯罪。全年，立刑事案件，同比下降23.26%，其中立传统盗窃案件，同比下降19.69%。快侦快破大要案，坚持快速反应、多警联动，开展常态化“扫黑除恶”专项工作，快侦快破严重影响群众安全感的大要案件。全年，抓获刑事犯罪嫌疑人1239人，打掉郑州黑恶团伙2个，现行命案全破，并侦破1起命案积案。将盗抢骗销等多发性侵财犯罪作为主攻方向，紧盯高发警情、挂牌案件，采取打现行、挖团伙、破串案等措施，不断扩大打击战果，运用多手段合成、技术支撑的办法，进一步提升精准度。全年，抓获盗抢骗犯罪嫌疑人651人。持续打击“黄赌毒”丑恶现象，紧盯黄赌毒警情，采取区域整治、打防并举、控住重点、综合施治等举措，压发案、控总量。

【电信网络诈骗治理】 围绕《关于加强打击治理电信网络诈骗违法犯罪工作的意见》要求，采取“打宣劝治”同向发力，主动进攻、系统打击、合成攻坚。全年，电诈发案，同比下降39.81%。宣传上，压实社区民警反诈宣传责任，通过无人机广播、发放宣传单，开展不间断、高密度的“大水漫灌”式宣传；针对学生、财务等特定人群采取“精准滴灌”式反诈宣传；开展“零发案”班级、寝室创建，与辅导员绩效挂钩，利用高校学生封闭送餐，加送反诈防范“明白卡”，增强学生防骗意识；推出“早安新郑”系列图片，推广安装“国家反诈”App，扩大宣传覆盖面，最大限度减少电诈案件发生。截至12月底，全市已安装“国家反诈”App 66.74万人，注册率56.93%，实名用户52.38万人，实名率44.68%。劝阻上，探索“1+1+1”三级联动劝阻模式，采用“五步劝阻法”，实现“点对点”高效反制。全年，电话、见面劝阻20439人，避免群众财产损失3500余万元。治理上，对“两卡”人员采取“双传唤”、“三书”签订（传唤办卡人、经办人，本人、家属、村社区签订保障书）；源头遏制黑灰产业，多维度挤压犯罪空间。打击上，坚持以打开路、以打促防，以“云剑”“断卡”行动为着力点，加强反诈专业队伍建设，完善刑侦牵头、派出所协作的所队捆绑打击机制，突出破大案、抓金主、铲窝点、打平台、断资金的全链条打击。全年，抓获电诈嫌疑人394人，同比上升46.47%；破获电信网络诈骗案件140起，打掉电信网络诈骗及黑灰产业违法犯罪团伙37个，其中打掉20人以上犯罪团伙6个，冻结涉案银行卡3704个，冻结金额7705万元。

【公共安全管理】 聚焦源头管理，分类施治，坚决把各类隐患消除在萌芽状态，确保防出平安、管出成效。加强社会巡逻防控，严格落实巡逻防控四项机制和“1、3、5分钟”快速响应机制，重点对医院、学校、广场、公园、商场、夜市等人员密集场所开展常态化巡逻。以提升快速反应、应急处置能力为目标，坚持警力跟着警情走，针对夏季治安特点，按照“巡组、人员只增不减”的工作要求，强化闹市夜市、酒吧歌厅、大排档等重点部位，增加夜间巡逻密度频次。加强治安管理，对全市特业、重点单位开展滚动式检查，确保重点物品不炸响、重点部位不出事。全年，检查单位1557家次，发现隐患1173处，整改1139处，下发责令限期整改隐患通知书835份，查处消防违法案件81起；收缴易制爆危险化学品7.5吨、查扣油品42.02吨。加强交通管理，围绕“人、车、路、设施、企业”五要素，深入推进城区、龙湖道路交通综合治理“扫城行动”，精准解决道路交通堵点、乱点、隐患点等突出问题，同步开展各项突出交通违法专项整治集中统一行动，始终保持酒驾醉驾严管严查态势。全年，查处交通违法，同比上升14.6%，其中饮酒驾车、醉酒驾车，同比分别上升11.7%、9.6%；严查非机动车未佩戴安全头盔，电车驾乘人戴头盔率城区达80%，龙湖达50%以上；排查交通隐患28处，均已抄告相关单位，并发函督促整改。加强互联网监管，主动履行好打击网络犯罪、维护网络安全的重要职责，进一步营造安全、清朗的网络环境。全年，抓获各类网络违法犯罪嫌疑人76名，同比上升204%，安全检查互联网单位（场所）229家次，下发责令限期改正通知书55份。

【护航经济发展】 树牢大局意识、责任意识、担当意识，围绕市委、市政府中心工作，全力维护社会安全、服务社会民生、护航经济发展。不断优化营商环境，以“万警助万企”专项活动为抓手，以推动企业高质量发展为目标，全局135名民警坚持深入包联企业，解难题、通堵点、办实事，全力助企纾困、助推发展。全年，共走访企业932家次，帮助解决涉企问题624个，发现整改涉企隐患812处。全力服务保交楼，按照上级工作要求和新郑市问题楼盘攻坚实际，成立“保交楼百日攻坚”专项行动工作领导小组和实体化运转工作专班。经侦大队牵头，各派出所配合，积极对接市相关成员单位，对辖区烂尾楼盘底数、基本情况、涉及业主情况进行再梳理、再汇总，配合政府工作专班逐个攻坚。按照“一楼一策、一案一策”原则，实行专案专办，用足、用实公安措施，让问题楼盘客户看到希望、心里踏实、不串联滋事。其间，检查问题楼盘30家，刑事立案3起，采取强制措施1人、限制离境69人，约谈企业54家次，回笼资金13.93亿元。全力防范金融风险，积极与市烟草局、市税务局、郑州银行等部门对接实现数据共享、资源互换、合成打击，主动发现打击非法集资、涉税、洗钱、侵犯知识产权等违法犯罪活动，重点打击互联网金融、虚拟货币、养老、医保等领域涉众型经济犯罪活动，坚决维护经济金融安全和市场经济秩序。全年，破获食药环案件26起，抓获犯罪分子42人，挽回经济损失2000余万元。

【队伍建设】 坚持政治建警、素质强警、从严治警、从优待警，努力提高队伍凝聚力、向心力、战斗力，为确保各项公安工作顺利开展，提供强有力的思想和组织保证。政治建警，以深入开展“能力作风建设年”活动为抓手，对照增强“八种本领”、提高“七种能力”重要要求，坚持第一议题制度，将“能力作风建设年”专项学习内容、领导干部学法计划内容纳入中心组理论学习计划，常态化开展理论学习，组织开展主题征稿活动，深入开展“四问”大讨论活动，确保第一时间全面、广泛、深入学习上级最新理念精神和上级工作部署要求，切实提升理论水平、增强工作本领。素质强警，因地制宜开展全警实战大练兵，科学组织全警轮训、业务培训、随岗训练，深入开展实战技能、专业技能比武，在实战中磨砺队伍素质、锤炼过硬本领。着眼应对处置有组织破坏性规模聚集事件、暴力恐怖袭击和个人极端暴力案事件等重点难点，全面加强应急处突和实战协同训练，不断提高应对复杂情况、驾驭复杂局势的能力水平。每月组织全警参加线上“政治理论+法律知识”一张卷测试，每月围绕警情处置、基础体能等项目开展全警实战实训，全面提能力树新风。从严治警，始终保持“严”的主基调不变，持续开展违规吃喝违规收送礼品礼金问题专项整治，常态化开展执法司法顽瘴痼疾排查整治，深入开展贯彻落实习近平总书记重要指示批示精神和党中央决策部署不力问题专项治理、不担当不作为问题专项治理、困扰基层的形式主义、官僚主义问题专项治理、营商环境问题专项治理等，深挖彻查案件线索，动真碰硬整治顽疾，严查严办违纪案件，严格规范执法行为。开展督察428次，下发现场督察通报52期。从优待警，充分运用职务职级并行政策，在常态化职级晋升工作的基础上，通过择优晋升的方式，形成晋位争先、永争一流的工作氛围；开展心理健康测评，组织心理健康送教，深入开展谈心谈话，及时化解民警心理疾患；坚持将先进评选、立功创模指标向基层倾斜，用好用足战时记功、送奖上门、荣誉仪式等激励措施，增强公安队伍凝聚力和向心力。全年市局及局属二级单位获上三级荣誉23个，71名民警立功受奖。

（撰稿：张林洁　审阅：蔡　雷）

检　察

【概况】 新郑市人民检察院位于郑韩路西段，现有干部职工99人，下设政治部、办公室、综合业务部、第一检察部至第五检察部等8个部门。2022年，新郑市人民检察院坚持以习近平新时代中国特色社会主义思想为指导，全面学习贯彻党的二十大精神，落实“能力作风建设年”“质量建设年”的部署要求，围绕全市工作大局，依法履行法律监督职责，积极推动“四大检察”“十大业务”全面发展，各项工作取得新成效。

【平安新郑建设】 主动融入新郑社会治理大局，发挥检察职能，在惩治犯罪与诉源治理中贡献检察力量。应势而动维护社会大局稳定。依法打击各类刑事犯罪，审查逮捕248件387人，审查起诉784件1116人，助力平安新郑建设。从严惩治严重危害人民群众人身财产安全犯罪，起诉严重暴力犯罪31人，多发性侵财犯罪291人。持续开展常态化扫黑除恶斗争，始终保持高压态势，依法追诉跨区域危害新郑市安全稳定的恶势力成员7人，促进社会内部稳定。深入贯彻少捕慎诉慎押刑事司法政策，坚持宽严相济，对犯罪情节轻微的初犯、偶犯依法从宽处理，不批准逮捕202人，不起诉242人，认罪认罚从宽适用率94.3 %，一审服判率94.4%，最大限度减少社会矛盾、转化社会对立面，促进综合整治。扎实推进溯源式履职，以落实最高检“八号检察建议”为抓手，针对安全责任事故类案件暴露出安全生产意识不足、主体责任落实不力等问题，向市委报送“2019年以来办理的安全责任事故案分析报告”；以实质性化解行政争议为目标，针对“3·31”高空坠落事故案开展检察听证，邀请专家学者帮助相关部门厘清监管职责，在社会治理上形成合力。

【助力经济发展】全力防范化解金融风险，贯彻落实最高检“三号检察建议”，严厉打击人民群众反映强烈的非法集资、电信网络诈骗等犯罪138人，重点打击团伙型、跨区域性犯罪，办理帮助信息网络犯罪、掩饰隐瞒犯罪所得等犯罪27件94人，加大追赃挽损力度，为被害人追回财产900余万元，追赃挽损率达71.2%。全力营造法治化营商环境，扎实推进“六稳”“六保”，起诉破坏市场经济秩序犯罪64人，起诉侵害企业合法权益犯罪17人。能动司法履职，对犯罪情节较轻社会危害性不大的涉企案件，依法轻缓处理，不批捕29人、不起诉28人，提出适用缓刑建议26人。落实涉案企业合规司法制度，联合市工商联、司法、财政等10家单位，成立涉案企业合规第三方监督评估机制管理委员会，组建第三方机制专业人员库，规范企业合规审查。全力服务常态化疫情防控，坚决服从市委、市政府疫情防控统一调度安排，组织干警全力投身疫情防控工作；制定《关于依法保障和服务疫情防控常态化下经济社会发展的实施意见》，建立健全涉疫犯罪案件快速办理、常态化司法护企等七项机制，助力经济社会发展。充分利用“三远一网”，远程提审721人次。

【司法为民】聚焦群众急难愁盼问题，用心用情办好群众身边案，严格落实以“案件比”为核心的案件质量评价体系，压减办案环节，减少群众诉累，刑事“案件比”进一步下降。践行新时代“枫桥经验”，全面推行检察听证，在涉及妇女、儿童权益保护案件中专门邀请妇联、教育主管部门参与评议，先后开展检察听证92件次。悉心守护未成年人健康成长，保持对侵害未成年人犯罪“零容忍”态度，起诉性侵、故意伤害等侵害未成年人犯罪25人，注重教育感化涉罪未成年人，对31人作出情节轻微不起诉决定、对20人作出附条件不起诉决定，针对严重监护失职发出督促监护令25份；狠抓“一号检察建议”督促落实，与教育部门齐抓共治，联合市教育系统开展新进教职工入职查询776人次。加强特殊群体司法保护，落实党中央“保障农民工工资发放”部署要求，发挥民事支持起诉职能，帮助8名被欠薪农民工通过诉讼方式追索劳动报酬；持续加大弱势群体司法救助力度，与市慈善总会联合设立“刑事被害人救助基金”，拓宽救助渠道，共为40名被害人申请司法救助资金14.9万元，开展心理疏导27人次。深化群众信访“件件有回复”制度。受理群众控告申诉181件次，对群众来信全部做到7日内程序性回复，3个月内办理过程或结果答复；探索推出“零信访”刑事案件办理机制，构建“125”工作法，建立被害人权益保障代理人制度、赔偿保证金提存制度、多元化救助制度。

【法律监督】做优刑事检察，充分利用侦查监督与协作配合平台，共监督侦查机关立案12件、撤案4件，纠正漏捕漏诉63人，书面纠正侦查活动违法75件次；强化刑事执行监督，针对减刑、假释、暂予监外执行不当案件发出书面纠正意见43件，对财产刑执行不当案件提出书面纠正意见21件。扛牢反腐败斗争检察责任，完善监检衔接机制，发现和向纪委监委移交问题线索2件，受理监委移送涉嫌职务犯罪6人、提起公诉6人，直接查办司法工作人员职务犯罪1件1人。做实民事行政检察，准确把握民事行政裁判规则，精准开展民事、行政检察监督，办理审判监督案件13件，行政非诉执行监督16件，促成和解1件，依法不支持监督申请9件，同步做好释法说理、服判息诉工作。做好公益诉讼检察，重点关注生态环境、资源保护、食品药品安全、安全生产等领域，通过诉前程序办理公益诉讼案件46件，守护耕地红线，督促被占用耕地复耕8公顷；深化“河长+检察长”协作机制，与新郑市河长办开展联合巡河4次，受理移交河湖问题线索26件，制发检察建议12份，推进“四乱三污”问题解决。

【队伍建设】持续加强检察队伍素质能力建设，开设“建功新时代”检察大讲堂，增强责任担当意识；以业绩考核为导向，推进全体干警落实责任，提升司法办案质效。开展“实训小课堂”活动，提升干警履职能力，1名干警获评全省业务专家。持之以恒推进清廉机关建设，始终坚持严的总基调，巩固深化党史学习教育和政法队伍教育整顿成果，扛牢全面从严治党“两个责任”，扎实开展“以案促改”警示教育8次，严格落实防止干预司法“三个规定”，让“逢问必录”成为检察自觉。规范运行检察权，主动接受人大监督，认真贯彻落实市六届人大一次会议的决议，接受人大专项视察，向市人大常委会专题报告专项工作；主动接受社会监督，邀请代表、委员、人民监督员参与检察听证，通过新媒体平台、门户网站发布检察信息437条，让群众及时了解检察工作；强化内部履职监督，常态化开展案件质量评查，以反向审视促检察权规范运行。

（撰稿：李佩洋　审阅：郭会军）

法　院

【概况】2022年，新郑市法院深入学习习近平法治思想，忠诚捍卫“两个确立”，坚决做到“两个维护”，紧紧围绕“努力让人民群众在每一个司法案件中感受到公平正义”目标，忠实履行宪法和法律赋予的职责，司法质量、效率和公信力持续提升。全年受理各类案件29594件，审执结28476件，同比分别上升13.3%、12.9%。2022年新郑法院综合考核成绩在郑州基层法院中名列前茅，被最高法院评为“全国优秀法院”，被郑州中院记集体三等功，和庄人民法庭被省高院记集体二等功，20余人立功受奖。

【服务大局】 着力构建平安稳定社会环境，依法办结各类刑事案件578件792人。持续发力“打财断血”“黑财清底”，宣传贯彻实施《中华人民共和国反有组织犯罪法》，推动常态化扫黑除恶斗争走深走实。审结故意伤害、抢劫、强奸等暴力犯罪案件175件，维护人民群众人身安全。对危险驾驶重拳出击，审结此类案件103件，强化实刑适用，103名被告人无一缓免。严厉打击涉众型经济犯罪，审结电信诈骗关联犯罪案件76件122人，对非法吸收公众存款5927万元的师某某判处有期徒刑四年六个月，守护好老百姓的“钱袋子”。加大对危害食药安全犯罪惩治力度，审结该类案件17件，保障老百姓餐桌和用药安全。倾力保护“一老一小”，打击整治养老诈骗，通过“护苗”行动守护未成年人健康成长。不断强化人权司法保障，贯彻宽严相济刑事政策，坚持惩罚犯罪与保障人权并重，对618名真诚悔罪的被告人适用认罪认罚从宽制度，体现司法人文关怀。

助企纾困优化法治营商环境，开辟涉企绿色通道，完善快立快审快执机制，最大限度减轻企业诉累，审结涉企商事案件10685件。不断深化府院联动机制，办结破产案件15件，推动破产办理与信息化深度融合，积极运用线上评审模式选取破产管理人、召开债权人会议，成功促成“兄弟电梯”公司和解，推动“龙瑞新能源”市场出清。加强民商事案件诉讼全流程管理，压缩解纷时间，执行合同时长较同期相比缩短38.6天。加大中小投资者权益保护力度，同市场监管部门、公安机关建立保护中小投资者工作联动机制，依法处置侵害中小投资者权益的违法行为。扎实开展农信社不良贷款集中清收行动，办结涉农信社贷款案件915件，清收贷款8.9亿元，有效防范化解金融风险。积极推进法治政府建设，受理各类行政诉讼案件160件，审结139件，审查非诉行政执行案件140件。贯彻落实省委、省政府《进一步加强和支持行政审判工作的意见》，积极推进行政首长出庭应诉，让“民告官能见官”成为常态。与市政府建立行政争议协调解决机制，积极探索行政争议源头化解、多元化解及实质化解，24%的行政案件经协调达成和解或撤诉。

全力保障疫情防控和复工复产，全面落实“疫情要防住、经济要稳住、发展要安全”要求，面对2022年多轮疫情，抽调350余名干警下沉社区参与疫情防控工作，用责任与担当书写服务大局新篇章。精准服务“六稳”“六保”，对符合条件的企业适用“活封活扣”措施，为企业纾难解困、提振市场信心。

【兑现胜诉权益】 持续巩固基本解决执行难工作成果，全年受理执行案件10310件，执结9718件，执结率94.26%，执行到位金额22.3亿元。大力推进执行权运行机制改革，采用“大中心+小团队”的办案模式，对执行案件进行繁简分流，做到简案快执、难案攻坚，以“辅助事项集中办理最大化”为原则，减轻办案团队事务性工作压力，实现案件与人员的优化组合。逐步完善执行工作联动机制，与新郑市住房保障和房地产服务中心、不动产登记中心联合成立司法查控办公室，将司法查控业务办理时间压缩在10分钟内，极大提升办理效率。持续开展“夏日攻坚、提质增效”“冬季破冰”等集中执行专项行动，采用“凌晨出击”“假日围猎”等手段，集中执行6次，强制腾房107间，先后拘留23名失信被执行人，对37人进行罚款，在党某某承揽合同案中，执行法官凌晨拘留，被执行人在进拘留所前一刻筹齐欠款，强制执行成效显著。积极构建社会诚信体系，将5912人纳入“失信黑名单”，让老赖寸步难行，用执行力度提高社会诚信度。

【加强民生司法保障】 审结涉人民群众“衣食住行”等民事案件6961件，用司法服务群众生活的方方面面。弘扬中华民族传统美德，审结婚姻、赡养、继承等家事案件919件，法官自学手语，成功调解两名聋哑人之间的借贷纠纷，让特殊群体诉讼无障碍。开展涉民生案件执行专项行动，集中执行5次，执行到位标的额1932万元。审结劳动争议案件495件，最大程度保护劳动者合法权益。扎实开展根治欠薪专项行动，帮助农民工讨回“血汗钱”1686万元，在春节前夕集中发放农民工工资，让老百姓踏踏实实过年。严格落实省委“保民生、保交楼、保稳定”决策部署和市委工作要求，成立立案、审判、执行、破产四个工作专班，构建“一楼盘一法官”工作模式，为推动问题楼盘实质性复工贡献司法力量。

【构建联调共治解纷新格局】 践行新时代“枫桥经验”，争创“枫桥式人民法庭”。坚持矛盾源头预防和多元解纷，主动融入党委领导的基层社会治理格局，诉前调解12291件，调解成功7062件。印发《关于充分发挥审判职能服务保障基层治理和乡村振兴工作的十条意见》，获郑州市副市长、新郑市委书记马志峰批示肯定。推动“万人成讼率”纳入地方平安建设考核体系，向各乡镇和办事处通报万人成讼率，分析案件规律，服务政府社会治理。变单一的委派调解为联合调解，建立行业协会派驻联合调解室，推行示范调解模式，成功将620起商品房预售合同纠纷、3289起物业纠纷化解在诉前，行业化、专业化调解效能逐渐凸显。

【完善便民利民诉讼机制】把人民群众的意见作为优化诉讼服务的“风向标”，召开立案诉服工作座谈会和律师座谈会，打通立案诉服工作堵点。严格落实立案登记制，坚持有案必立，不造假、不搞数据美容，切实保护当事人诉权。大力推行律师服务平台、移动微法院等网上立案平台的应用，当事人足不出户就可完成立案，全年网上立案15339件。立案大厅配置诉讼服务自助终端，自助立案与窗口办理相结合，为当事人提供多样化服务。发挥“12368”联系法官主渠道作用，“12368”热线人工接听27061次。实行“好差评”工作机制，把考核“打分权”交给当事人，群众满意度达99%。

【回应群众信访诉求】坚持“信访是送上门的群众工作”理念，畅通群众诉求表达渠道，不断完善领导接访制，杜绝领导干部“替身接访”现象，将首问负责制落实到底，妥善办结213起信访案件，有效将矛盾化解在基层。深入开展重复访集中治理活动，坚持解决问题、实质化解目标不动摇，包案领导扛牢责任，负责人迅速处置，圆满化解上级交办的36起重复访案件，一批陈年老案得到有效解决。

【完善审判权力运行机制】调整案件分配制度，改变以往部分当事人跨区域开庭的状况，进一步减轻当事人诉累。建立道交案件、劳动争议案件、金融案件、建设工程案件专业化审判机制，通过专业化审判推动审判团队、审判理念、审判水平的现代化。健全专业法官会议和审判委员会会议制度，进一步明晰上会案件标准，压缩上会案件数量，切实发挥审委会宏观指导作用。提高院庭长办案比重，院庭长全年办案12546件，占比44%，充分发挥院庭长示范引领作用。

【健全司法制约监督机制】制定《“四类案件”监督管理实施细则》，使法官权力受到监督和约束。加强审判全流程管控，对审限临期、上诉移转、文书上网等重要节点提前预警，做好案件跟踪督办。坚持均衡结案计划，布置周办案比例，培养法官良好办案习惯。健全与分案机制相匹配的考核机制，综合考量各类案件难度系数，合理设置权重比例，全面客观公正考评工作量。构建新型案件评查模式，成立案件评查专班，抽查卷宗160件，评查发改案件191件，将评查工作作为提升案件质量的重要途径。服判息诉率同比上升0.28%，发改率同比下降0.24%，案件质量核心指标在郑州基层法院名列前茅。

【巩固智慧法院建设成果】研究制定《关于加强信息化应用的实施意见》，深化智慧审判系统、法信大数据平台、律师服务平台应用，推动信息化应用与审判执行工作深度融合。大力推行庭审数字化，开通智慧庭审自建平台8个，通过手机就能网上开庭，打破庭审地域限制，全年网上开庭4743件，网上调解12328件。与辖区3家律师事务所对接，建成3个5G便民诉讼服务站点，延伸服务触角，将站点建设成服务群众的桥梁和窗口。

【队伍建设】旗帜引领，凝聚前行之力。坚持把政治建设摆在首位，始终把法院工作置于党的绝对领导之下。深入学习贯彻党的二十大精神，将学习贯彻党的二十大精神作为当前和今后一个时期的首要政治任务。严格执行《中国共产党重大事项请示报告条例》《中国共产党政法工作条例》，就重大案件办理、人事调整、刑事审判、贯彻执行请示报告制度、政法工作条例落实、获得荣誉等情况向市委专题汇报。组织干警前往大别山干部管理学院进行政治轮训，在学习中淬炼思想根基。

严格管理，扎紧制度之笼。扎实开展“能力作风建设年”活动，建立人员退回政治部制度，出台《关于严肃审判委员会工作纪律的若干规定》，以严明的纪律推动干警作风大转变。建立双向问题清单制度，通过院党组和干警双向互动，解决深层次问题近百个。修订《办案标兵评选奖励办法》，将办案标兵数量由19名压缩为10名，增设调解标兵和调研标兵，与绩效考核挂钩，提高荣誉含金量，全年评选标兵300余人次，充分发挥了标兵制度的激励作用。锤炼本领，弘扬学术之风。紧紧围绕“以审判促调研、以调研精审判”的工作理念，成立调研案例小组，打造理论研究、实践交流的前沿阵地，深入推进“大学习大调研”活动和案例工作“一十百工程”，20余篇学术论文获省级以上奖项，4篇论文、案例获国家级荣誉，2人被省高院记个人三等功，市法院获第六届中原破产法高峰论坛优秀组织奖。

激浊扬清，绷紧纪律之弦。严格执行“三个规定”、新时代政法干警“十个严禁”等铁规禁令，切实防范人情案、关系案、金钱案。以零容忍态度惩治违规违纪行为，2名干警受到党纪政务处分。扎实开展司法作风突出问题集中整治、酒后禁驾、以案促改等专题教育，让干警受警醒、明底线，敬法畏纪、遵规守矩。

【阳光司法】强化接受监督意识，认真落实市人大及其常委会决议，向市人大常委会专题报告刑事审判工作。加强与代表、委员的联络沟通，邀请人大代表、政协委员和社会各界人士20余人参加旁听庭审、见证执行、信访听证等活动。高度重视建议、提案办理工作，高效办结人大代表建议4件、政协委员提案2件，办理结果得到代表、委员高度肯定。广泛接受社会监督，直播庭审1496场，通过微信、微博等平台发布信息638条，切实让司法公开看得见、受监督。

（撰稿：王　利　审阅：高　魁）

司法行政

【概况】 新郑市司法局位于新郑市新建北路612号。设办公室（编制人事科）、政治处、法制宣传教育科、基层工作指导科、社区矫正工作管理科、公共法律服务工作科、行政执法协调监督科、法制审查备案科、普法与依法治理科、律师与法律援助工作科。截至2022年12月底，新郑市共建立各级人民调解委员会296个，其中市级人民调解中心1个，乡镇（办）级人民调解委员会13个（每个乡镇配备专职调解员2名以上），村（社区）人民调解委员会282个，驻公安派出所、人民法院、法庭、交警大队调解室12个。2个事业单位（1个法律援助中心、1个公证处）和13个派出机构，8个律师事务所、10个基层法律服务所，2个司法鉴定所。

【疫情防控】 “疫情就是命令，防控就是责任”，市司法局全体领导干部克服困难，及时根据新郑市疫情防控工作指挥部要求，落实疫情防控政策。在局党组的精心组织、严密部署下，全局143名领导干部坚定信心，做到守土有责、守土负责、守土尽责，保障了人民群众生命健康，筑牢了全市疫情防控安全屏障。

【法治宣传】 司法局积极发挥普法宣传职能，始终坚持以法律“七进”为载体，大力宣传以宪法为核心的中国特色社会主义法律体系，深入开展“12·4”国家宪法日、“4·15”国家安全日、反诈骗、《中华人民共和国民法典》护航美好生活等主题法治宣传活动。全年共开展普法宣传活动110余场，其中法律进机关13场，进企业30余场，进乡村社区70余场，为党员干部及基层群众送去法律书籍13000余册、宣传彩页共计38000余份，并发放手提袋、雨伞、纸牌等普法宣传物品；扎实开展全市法律明白人建设工程，依托各乡镇办调解员、大学生村干部、法律工作者，在全市各村（社区）开展法律明白人培训，共培育法律明白人1500余人，在基层法律服务中起了重要的作用。2022年，新郑市观音寺镇十里铺村被评为河南省民主法治示范村，南大街社区、楼里等4个村（社区）被评为郑州市级民主法治示范村，进一步夯实了基层法治阵地。

【法律服务】 深入开展律师行业规范化和诚信建设提升年活动，严格落实国家新出台相关管理规定，目前，已建成以市公共法律服务中心为核心，乡镇（街道）公共法律服务工作站为载体，村（社区）公共法律服务工作室为基础的三级公共法律服务平台。全市现有市公共法律服务中心1个、乡镇（街道）公共法律服务工作站13个、村（社区）公共法律服务工作室300个，实现一村（居）一法律顾问全覆盖。全市现有律师事务所8个，执业律师94名，初步形成司法行政机关、法律援助机构、公证机构、司法鉴定机构、人民调解组织、律师事务所、基层法律服务所共同参与的“横向到边、纵向到底”公共法律服务体系。

指导各律师事务所建立信用体系配套制度，完善律师诚信档案，全面推行法律服务业公示制度，对各所执业人员、服务指南、收费标准、监督举报电话、个人信誉记录等内容的公示情况进行巡查抽查，定期通过网络平台对律师事务所诚信情况进行检查，努力推进律师管理精细化、信息化水平。

市公共法律服务中心办公地点设在司法局一楼，设有服务区、等待区、办公区三个功能区。接待大厅设置人民调解、法律咨询、法律援助3个接待窗口，采用“前台统一受理、后台分别办理、结果及时反馈”的模式，确保业务在中心内顺利流转，按时完结。对于符合援助条件的法律咨询，办理流程如下：受理→指派律师→办理援助事项→结案→归档。积极参与“12348”公共法律服务热线平台工作。因“12348”是河南省唯一对外服务的法律热线号码，并只在各

9月，郑州市人大常委会副主任宋书杰带领调研组对新郑市进行调研
（司法局/供图）

省辖市设置“12348”热线座席，县级市不设热线平台及座席，只负责上级交办案件的办理工作，对于上级交办的案件进行分类，转交至专业部分进行按程序按时办结。积极融入“河南省公共法律服务网络平台”。河南省公共法律服务网络平台由“12348河南法网”门户网站、移动客户端和“河南掌上12348”微信公众号组成，新郑市已于2018年12月底将人民调解、法律援助、公证、律师、司法鉴定等机构和人员信息采集并上报融入此平台，方便群众通过网络查询和法律咨询。

【公证处法律服务】 2022年2月16日、2022年6月16日新郑市公证处分别与新郑市不动产登记中心、航空港区不动产登记中签约“不动产登记+公证”业务联办服务，此项举措实现了数据多跑腿，群众少跑腿，压缩办理时限、延伸服务范围，为优化营商环境添砖加瓦。先后参与龙湖镇拆迁改造项目以及在各级政府“保交楼，稳民生”的方针引领下，为多家楼盘提供公证法律服务，并积极参与市信访局积案化解工作，为政府有效化解矛盾纠纷。

【法律援助】 2022年，共办理法律援助案件999件，其中民事案件183件，刑事案件317件，认罪认罚案件499件，接受咨询4025人次，结案685件，为困难群众挽回经济损失361万余元，为788名犯罪嫌疑人、被告人维护了合法权益，保障了司法公平公正，维护了社会公平正义。

全面贯彻落实《中华人民共和国法律援助法》，优化法律援助流程，针对老年人、残疾人、未成年人、低收入家庭等困难群体，持续扩大援助力度。同时，对农民工追索劳动报酬、工伤赔偿等免于经济状况审查，高度重视上级部门转办的“农民工欠薪求助绿色通道”网上平台求助案件，开辟“绿色通道”，切实维护困难群众的合法权益。密织规范法律援助服务网点，实现法律援助站点全覆盖。组织开展一系列《中华人民共和国法律援助法》的宣传活动，提高广大群众对《中华人民共和国法律援助法》的知晓率。加大培训力度，强化部门联动，确保刑事全覆盖工作顺利开展。

【社区矫正工作】 细化落实社区矫正对象管理教育。全面落实郑州市司法行政系统刑罚执行一体化，与郑州市社区矫正警察支队五大队进行工作联动，提高刑罚执行水平，推动本市社区矫正工作再上新台阶。按照《中华人民共和国社区矫正法》《中华人民共和国社区矫正法实施办法》《河南省社区矫正工作细则》的相关规定，严格规范社区矫正工作。2022年，累计接收社区矫正对象366人，累计解除323人。2022年在矫人员387人，其中缓刑人员378人，暂予监外执行人员9人。全年共联合检察院开展执法监督3次，联合矫正警察五大队开展集中点验、突击检查8次，开展集中点验30次。

【安置帮教】 以维护社会和谐稳定为宗旨，强化工作职责，大力推进人性化帮教。做好刑满释放人员必接必送工作，各基层司法所对刑满释放人员建立“一人一档”，定期调查走访、了解动态、宣传政策，加强教育帮扶，及时发现隐患和苗头性问题，积极妥善处置，最大限度地预防和减少重新违法犯罪。截至2022年12月31日，在册刑满释放人员帮教率100%，安置率100%。

【调解组织规范化建设】 进一步健全完善人民调解工作机制，紧紧围绕“三零”平安创建，结合矛盾纠纷“六防六促”专项行动，集中做好基层矛盾纠纷排查化解，有效防范“民转刑”案件发生。充分发挥基层司法所、人民调解委员会作用，进村入户、进社区进楼栋，及时梳理排查重大、敏感矛盾纠纷信息，做到矛盾纠纷预防在先、发现在早、处置在小，有效防范极端案事件。开展“法治宣传进乡村活动”。通过在村（社区）设置咨询台、发放宣传资料、摆放宣传展板等方式，向群众宣传法律法规及相关政策，引导群众正确掌握党的政策和国家的法律法规，依法依规解决矛盾纠纷，理性维护合法权益，营造基层平安建设浓厚法治氛围。2022年，全市人民调解组织共调解民间纠纷4184件，调解成功3372件，调成率80.6%，未发现有“民转刑”的矛盾纠纷。

【依法行政】 不断提升行政执法人员素养。全年先后多次对全市32个行政执法单位进行行政执法资格审定，组织开展专题培训、公共法律知识培训，有效提升了行政执法人员依法行政能力和水平。全面排查行政执法风险隐患。在全市明确风险防控责任，组织各单位对存在的违法风险点进行梳理排查，有针对性地制定21条措施，有效防范了执法风险。广泛开展行政执法行为备案工作。为加强对行政处罚行为的监督，在全市范围内收集、汇总具体行政行为备案目录表、行政执法情况和重大行政处罚备案表，共备案行政执法行为213235件，依法行政工作得到有效监督。

（撰稿：司瑞青　审阅：马伟杰）

城乡建设和环境保护

URBAN-RURAL CONSTRUCTION AND ENVIRONMENTAL PROTECTION

·城乡建设和环境保护 >>>

URBAN-RURAL CONSTRUCTION AND ENVIRONMENTAL PROTECTION

住房和城乡建设

【概况】新郑市住房和城乡建设局位于新华路中段218号，2019年3月，因机构改革，由新郑市住房和城乡规划建设局更名为新郑市住房和城乡建设局，是新郑市城乡建设、住房保障和房地产管理的行政主管部门。市住房和城乡建设局内设局办公室、编制人事科、财务计划科、法制信访科、住房保障和房地产管理办公室、行政审批科、建筑业监管科、市政工程建设科、勘察设计科、村镇建设科、装饰装修科、新型建筑材料科、工程质量安全监管科、建设工程消防验收科、党建办、纪检监察室16个科室；所属住房保障和房地产服务中心、房屋征收事务中心、建筑节能与装配式建筑发展中心、装饰装修服务中心、工程质量监督站、建设工程咨询服务中心、建设技术服务中心、市政设施建设中心、建设安全监督站、房地产市场和产权交易服务中心、房地产服务中心11个二级机构。有干部职工796人（含环保局退休），取得职称人员391人，其中副高级工程师22人，工程师98人、助理工程师43人；取得技师职称85人，高级工69人、中级工49人、初级工7人。

2022年，市住房和城乡建设局紧紧围绕加快新郑建设郑州南部重要对外开放高地的要求，强力推进重点工程建设、持续深化建筑市场管理、强化为民服务意识、提高城市综合承载能力，圆满完成了2022年目标任务，干成了一系列惠民生、利长远的实事、好事，全局工作再上新台阶。

【城区基础设施建设】实施市政道路、桥梁项目5个。竣工通车鼎坛南路，打通子产路连通、嫘祖路连通和郑韩路东延三条断头路，完成投资3406万元；持续推进西关桥新建、乌桕停车场和后屯大街停车场等工程建设，两个停车场项目总投资约612万元。

【能力提升工程科学谋划】谋划并实施灾后重建项目2个：双洎河综合治理示范段修复工程和梅山小学灾后重建项目；能力提升工程8个：新郑市梨河镇、辛店镇供水基础设施建设工程、G107截污干管下穿新密铁路k8+162.12防护涵工程、黄水路（新建路-双拥路）升级改造工程、郑韩路东延（文化路-中华路）工程、仓城路雨水管网改造工程、子产路连通工程、学院路污水工程、文明路污水工程。总投资2.52亿元，已完成投资1.6亿元。

【乡镇基础设施建设】开工建设项目10个，其中道路建设工程4项：汇通路（郑新路—中华路）建设工程、华瑞路（郑韩路—新密铁路桥）改造工程、溱水路人行道改造工程、园林大道建设工程，总里程约8200米，总投资约1.365亿元，全年已完成投资额9150万元。其中华瑞路（郑韩路—新密铁路桥）改造工程、溱水路人行道改造工程已完工；配套设施建设工程6项：梨河镇供水管道工程、辛店镇安全用水工程、S323供水管道工程、辛店镇铁炉等四个行政供水管道改建工程、文明路（祥云路—文化南路）污水管道工程、求实路污水管道工程，总长度约41800米，总投资约1.954亿元，截至12月底，已完成投资额1.329亿元，其中，辛店镇铁炉等四个行政村供水管道改建工程、S323供水管道工程、梨河镇供水管道工程二标段已完工。

【黄帝故里核心景区改扩建建设】 完成内场装饰装修、广场铺装、景区绿化工程，加快建设轩辕纪念馆、姓氏文化馆和游客服务中心建设，全年完成投资10亿元。

【深化“放管服”】 2022年共接受业务咨询210余人次，审批施工许可证52项，建筑面积约274.94万平方米，造价57.07亿元，办证准确率100%，按时办结率100%，2022年住房和城乡建设局窗口已收到企业赠送锦旗3面、感谢信11封。进一步精简办理建筑许可环节、压缩时限、降低成本、加强质量控制和信用监管，制定《新郑市2022年深化工程建设项目审批制度改革优化办理建筑许可营商环境的实施方案》。

【建筑市场管理】 认真贯彻落实《保障农民工工资支付条例》，以“一金三制”为重点，形成制度完备、监管有力的欠薪治理格局；贯彻《中华人民共和国招标投标法》《河南省住房和城乡建设厅关于全面开展建设单位工程款支付担保工作的通知》《房屋建筑和市政基础设施工程竣工验收备案管理办法》等政策法规，加强建筑市场秩序监管，强化建筑行为监督，保证全市建筑市场秩序稳定。2022年，完成产值的建筑施工企业共计70家。根据各企业上报统计数据，2022年，累计完成建筑业产值137.5亿元，同比增长46%。2022年建设单位缴纳工程款支付担保保函13笔，共计9854.22万元。共办理建设项目招投标24项，造价约13.5亿元；审批办理建设工程竣工验收备案46个项目，建筑面积379.212万平方米，造价58.6亿元。截至12月底按照建筑业企业三级资质权限要求规定已办件数量为68件。

【消防设计审查】 截至12月底共完成消防设计审查20个项目，严格控制审批时间，做到限时办结，按时办结率100%。完成消防设计行政处罚共2个项目，处罚金额共计6万元。积极推进数字化施工图“联合审查”。截至12月底，施工图审查完成项目43个，按时审查完成项目20个，未按时审查完成项目23个，首次审查完成后又进行设计变更项目24个，其中有3次以上变更的项目3个。

【消防验收】 2022年，共完成消防验收26项，消防验收备案31项，按时办结率达100%，共完成消防行政处罚1项，处罚金额14万元。

3月，信阳市政府副市长翟晓宾带队到新郑市进行实地考察学习装配式建筑，新郑市委书记马志峰、市长马宏伟、市住建局局长李宗元陪同（住建局/供图）

【房屋征收】 2022年，共完成了新郑北区郑新路东侧房屋征收、薛店草花路梨园路等六条道路建设项目房屋征收核算上报等22项房屋丈量、附着物清点、征收资金核算等工作，正在实施郑许高速38.33千米涉及6个乡镇600多户附着物清点工作等7项房屋征收工作。

【装饰装修管理】 在不断优化服务水平的基础上，进一步地提升审批效能，确保建筑装修装饰项目高效高质推进，对于工作中发现的违法建设及时移送执法部门，核发装饰装修许可证1件，移交违法装修装饰项目1项。

【惠企纾困】 根据《郑州市人民政府办公厅关于促进实现“开门红”进一步做好惠企纾困有关工作的通知》，积极对接上级主管部门将新郑市达到奖励条件建筑企业进行上报，为新郑市建筑企业快速发展提供支持。符合条件企业两家：中铁十五局四公司、河南拓野建筑工程有限公司已完成上报。2022年完成资质企业入库18家，排名位居六郊县第一。

【绿色建筑和墙材革新】 加强绿色建筑管理工作，强化绿色建筑施工图设计、施工监管、竣工验收管理，加强绿色建材技术产品推广、推进绿色施工、推动以太阳能建筑光热一体化、地热能等可再生能源利用为核心的绿色建筑推广工作，2022年新郑市绿色建筑竣工面积占全市总竣工面积的91.06%。强化新型墙材推广监督管理。认真做好墙体材料价格变化情况调查及墙体材料革新主要指标统计报送工作。完成流向信息统计项目23个，把产品流向信息统计工作纳入常态化工作中，更好地服务新材生产企业，促进新材企业健康发展。

【装配式建筑推进有力】 2022年，全市8个项目已完成装配式建筑设计图评审，实施装配式建筑项目面积27.83万平方米。2022年新郑市出让国有土地面积38.96万平方米，拟新建民用建筑总建筑面积为96.42万平方米，拟采用装配式技术建设的建筑面积为29.45万平方米，有效推动了装配式建筑的发展工作。积极争取装配式建筑上级财政支持。2022年河南省共有省级财政支持装配式建筑项目33个，新郑市成功申请上报12个项目，其装配式建筑面积总计32.168万平方米，为企业争取奖补资金总计672.16万元。

【安全生产监管】 监管施工项目159个，建筑面积总计约2025.2万平方米，总造价约345.7亿元。今年以来，下发建筑工程施工现场安全监督检查隐患整改通知共计265份，发现一般安全隐患累计1015处，督促施工企业及时整改安全隐患，隐患整改反馈率100%，重大危险源监控率100%，办理施工升降机、塔吊等建筑起重机械设备安装告知65台、拆卸告知142台，办理使用登记证62台，办理使用登记注销117建筑起重机械产权备案71台。在日常检查的基础上，累计开展“双随机、一公开”检查活动1次，安全生产专项治理活动3次，应急救援演练现场观摩会1次，确保了建设工程安全生产工作稳定开展。

【工程质量监督】 2022年，受监在建项目135项，总建筑面积1252.9万平方米；新办理监督登记手续45项，总建筑面积333.2万平方米；竣工验收39个项目，竣工总面积约326.5万平方米，出具41份监督报告，发出整改通知书288份。强化检测机构监管，对全市24家检测机构现场检测的130多个项目进行了220余次抽查、抽测，有效维护了检测市场稳定有序发展。强化预拌混凝土质量监管，对全市30家预拌混凝土企业进行逐个检查，下发整改通知书11份，督促企业及时整改到位。

【农村建筑安全宣传和培训】 为进一步提高村民建房质量安全意识，住建局2022年已印发1000份农村自建房安全常识“一张图”，指导乡镇针对农村自建房选址安全、结构安全、施工安全、使用安全等开展安全科普教育，加强规范农村房屋建筑活动，提升农村自建住房质量安全水平。同时，为加强新郑市农村建筑工匠队伍管理，市住建局同人社局共同开展新郑市农村建筑工匠培训工作。在各乡镇逐步开展，由工匠自愿报名，免费授课，并免费提供河南省农村建筑工匠们“量身定制”的培训教材，共实施工匠培训164人，有效提高房屋恢复重建的规划设计、质量监督、安全保障等工作水平。

【建设监理】 截至12月底，新签订监理合同36份，其中房建工程24份，市政工程12份，合同金额约1338万元，在监项目80余个，竣工项目22个。

【问题楼盘专项攻坚化解】 2022年全市列入省、市问题楼盘台账项目共28个，截至12月底，已认定化解25个，化解率89.3%；已完成组卷报结，待审核项目1个（龙熙湖畔）；未销号2个项目均拟定通过破产程序推动项目化解。全市保交楼台账复工项目36个，协调筹措资金13.72亿元，推动5个项目进入破产重整，同时为群众协调解决道路修缮、水电燃气等配套问题项目9个，解决群众办证8630余本，化解了一批疑难项目的问题解决，有序推动了全市停工项目实现全面可持续实质性复工目标任务。

【房地产运行情况】 商品房预销售情况。2022年1-12月新郑市商品房累计投放69.89万平方米，同比下降68.3%，其中商品住房投放面积为65.65万平方米，同比下降67.42%。新郑市商品房累计销售面积111.77万平方米（8780套），同比下降53.46%，其中商品住宅累计销售面积89.93万平方米（7774套）,同比下降58.51%；新郑市商品房累计销售均价为7302元/平方米，同比下降6.8%，新郑市商品住宅累计销售均价7434元/平方米，同比下降6.1%。安置房网签情况。2022年1-12月，新郑市安置房网签面积159.18万平方米（14535套），同比增长831.97%；安置房网签均价4030元/平方米，同比增长0.93%。二手房

5月，新郑市委副书记、市长马宏伟调研新郑市洧水公园受灾及灾后重建概况
（住建局/供图）

交易情况。2022年1-12月新郑市二手房累计交易面积37.68万平方米（3316套），同比下降10.08%，其中二手住宅累计交易面积36.85万平方米（3148套），同比下降10.75%，二手住宅交易均价6646元/平方米，同比下降6.94%。商品房库存情况。截至2022年12月底我市商品房累计可售面积240.7万平方米，其中，商品住房累计可售面积205.42万平方米。按前12个月商品住房月均消化面积8.21万平方米计算去化周期，新郑市待售商品住房消化周期为25.02个月。

【房地产开发企业资质管理和预售审批】 新郑市房地产开发企业共有137家。其中外来房地产开发企业5家；新郑房地产开发企业132家。在建房地产开发项目120个，其中2022年新开工项目 3个，新开工面积47.5万平方米；完成房地产开发投资25.5亿元；竣工面积115.6万平方米；审批预售面积251.66万平方米，其中商品房57.1万平方米，安置房194.56万平方米。审核、发放商品房预售许可证96本，审批预售面积251.66万平方米。

【商品房预售资金监管】 商品房预售款监管协议办理备案33件；审核商品房预售款用款计划核实231件，约40.76亿元；监管协议变更备案34件；监管账户注销81件；发放督办函318件、整改通知书172件、函件50件；协助各乡镇、街道办事处、市信访局等相关单位处理问题楼盘及上访案件共132个信访件。

【物业小区防火检查】 2022年全市物业小区共开展消防演练66次，张贴发放消防安全标语331份，先后出动93人次，分3组对全市187个物业企业进行巡回检查和重点抽查，先后下发了81份消防隐患整改通书，特别是对存在重大消防隐患的物业服务项目，进行挂牌督办，要求企业及时整改。

【老旧小区改造】 2022年新郑市共实施老旧小区改造项目3个（新华办人行家属院片区、印刷厂家属院片区和医药公司家属院），共有19栋、456户、5.65万平方米，评审总投资约4757万元，上级已拨付中央补贴资金257.4万元，其余资金通过发专项债筹集解决。截至12月底，已基本完成改造。3个老旧小区改造已实现“路灯廊灯明亮、楼宇标识清晰、车辆管理有序、线路管网规整、建筑外墙美观”等改造要求。

【既有住宅加电梯】 2022年全市加装电梯任务为10部，经过积极协调、共同推进，已完成12部，正在施工2部，完成率120%，加装电梯全部在金芒果花苑小区内。

【棚户区改造工程】 2022年，新郑市在建4个棚改项目2086套，其中新建路街道第七期旧城棚改项目于2022年4月620套已完工并交付使用，其余项目进展情况如下：和庄镇河赵四期棚改项目640套，主体施工已完成；新华路街道白庙范（沈庄）棚改项目372套，主体施工已完成；和庄镇河赵社区三期棚户区改造项目（莲河）454套，项目已封顶。

【隐患房屋整治】 全市累计排查城乡房屋建筑110201处；发现存在问题隐患房屋建筑2641处。排查城乡三类重点房屋建筑（经营性自建房、商住混用房和人员密集场所）16205处；发现存在问题隐患房屋建筑250处（涉及15个乡镇办或局委）。8月底之前，通过采取有效的工程措施和管控措施，全部房屋安全隐患整改完成，圆满完成阶段性工作任务。

【房屋租赁登记备案】 全市登记备案569件，管理面积62590.33平方米。档案管理规范，实现房屋租赁档案管理数字化，信息入库率达到100%，一户一档一册装订、管理。继续做好安置房转化工作，截至12月已进入系统备案房源252套，完成既定任务目标50%，另有房源正在录入中。

【房屋交易合同网签备案】 2022全年完成新建商品房买卖合网签备案确认9084套，面积94.64万平方米；存量房买卖合同网签备案3913套，面积45.65万平方米；在建工程抵押合同网签备案53宗，公司现房抵押备案974套。

【房地产交易与成交价格申报审核】 2022全年完成新建商品房交易与成交价格申报审核7910套，面积76.33万平方米，金额558164.5万元；存量房交易与成交价格申报审核3666套，面积42.67万平方米，金额250665.19万元。

【房屋产权交易管理】 2022全年完成房屋面积管理698栋，面积657.28平方米；房屋楼盘表管理393栋，347.65万平方米。

【个人房屋产权信息查询】 2022全年完成个人房屋产权信息查询21585户，其中房屋查询16077户、出具档案材料3706份、司法查询1802户。

【人大建议政协提案办理】 高度重视人大建议政协提案办理，在解决实际问题上狠下功夫，紧抓落实。2022年共办理人大建议45件、政协提案21件，共计66件。内容主要涉及市政基础设施建设、环境治理、物业管理、老旧小区改造等方面。

【事件处理】 健全网络发言人、信息员、网络平台管理员队伍机制，问政平台管理到位，按照“分类处置、全程掌控、注重实效、依法处舆”的原则，2022年共接收办结市长热线转办件1057件，接收处置心通桥投诉帖17件，接收回复舆情提示函17件，办结率100%。

【综治工作】 2022年共接待信访人员580余人次，受理各类信访案件310余件并按时办结，受理案件46件，协调解决案件264件。强化法治建设，调整“两库一单”数据，完善“双随机、一公开”检查机制，扎实推进抽查检查工作。2022年国家企业信用信息公示系统上确定全局随机抽查事项35类，检查对象库企业46家，执法人员67人。

【年度工作荣誉榜】 2022年1月，新郑市住房和城乡建设局获评省级节水型单位。2022年4月，新郑市住房和城乡建设局获评2021年度郑州市城乡建设工作先进集体。2022年8月，新郑市住房和城乡建设局牵头问题楼盘攻坚化解工作成果显著，郑州市委、市政府表彰新郑市人民政府为郑州市问题楼盘攻坚化解先进集体。2022年3月，新郑市住房和城乡建设局获评2021年度郑州市促进建筑业发展先进单位。2022年9月，新郑市住房和城乡建设局获评河南省2021年“99公益日”互联网筹资工作特别贡献奖。

（撰稿：高一涵　审阅：高豪杰）

城市管理行政执法工作

【概况】 根据中共新郑市委、新郑市人民政府印发《新郑市机构改革方案》的通知，将市住房和城乡规划建设局的市政公用、市容环卫、园林绿化、城市管理执法等城市管理相关职责，城乡建设领域法律法规规章规定的行政处罚权以及相关部门纳入城市综合执法范围的行政处罚权等整合，组建市城市管理局，作为市政府工作部门。市城市管理局挂市城市综合执法局牌子。根据市委办公室、市政府办公室印发《新郑市城市管理局职能配置、内设机构和人员编制规定》的通知（新办〔2019〕31号），新郑市城市管理局下设5个内设机构，分别是办公室（计划财务审计科）、编制人事科、政策法规科（行政审批科）、市政公用管理科（园林绿化管理科）和市容环卫管理科。全局共1045人，其中在编在岗人员828人。编制形式4种，行政2人，公务员7人，事业全供148人、事业差补266人、自收自支405人，城市管理协管员230人。

2022年，新郑市城市管理局获得郑州市级荣誉9项，分别是2021年度月季花杯竞赛活动银杯获得者、郑州市城市公共区域窨井盖治理优秀单位、公用事业服务保障先进单位、先进中队、占道经营整治先进单位、数字化城市管理先进单位、农村人居环境整治先进单位、郑州市无烟单位、2022年市级卫生先进单位。新郑市荣誉6项，分别是2021年度人大代表建议政协委员提案办理工作先进单位、新郑市2021年度综合考核先进单位、创建国家园林城市工作先进集体、第二轮中央生态环境保护督察协调保障工作先进单位、新郑市2021年度国家卫生城市复审工作红旗单位、2021年度公共机构节能工作及垃圾分类工作先进单位。

【城管队伍建设】 坚持党组的领导核心作用。严格落实“三会一课”制度，有效推动全面从严治党主体责任和工作任务落实；认真落实“一岗双责”责任制，确保管党治党各项决策部署落到实处；紧抓意识形态工作，全面提高意识形态工作责任制，占领意识形态领域主阵地。坚持加强党员干部廉政教育。强化纪律教育，围绕春节、中秋节等重要节点组织开展廉政谈话会，扎紧风险防控“篱笆”；强化警示教育，签订党风廉政建设责任制责任书，进一步增强全局干部职工底线思维；强化责任担当，成立党风廉政建设工作领导小组，研究部署2022年党风廉政建设工作。坚持开展执法队伍作风建设。按照“外树形象、内强素质”的要求，开展作风纪律教育整顿活动，着重整改“庸、懒、散、乱”现象，切实增强了执法队伍的凝聚力和执行力，先后有38人获得上级单位表彰，其中，郑威同志被评为全国行政执法先进个人。坚持优化营商环境。全局上下高度重视优化营商环境工作，在便民利企、提升市场服务便利化水平上着手，深入融合水气暖业务，开创用水用气报装“101”模式，提高了企业和群众的满意度、获得感，坚持党建引领，筑牢抗击疫情防线。组织党员干部下沉一线助力疫情防控，全力做好“勤务员、守门员、信息员、排查员”，为疫情防控和市民出行筑起了坚实防疫网。尤其是在柏树刘社区疫情防控工作中，城管人在苗市长的带领下冲锋在前、勇挑重担，打造了坚不可摧的城管防线，用最快速度打赢了疫情防控攻坚战，得到了市委马志峰书记的充分肯定。

【民生建设】 积极践行绿色发展理念，城市环境更加宜居。公园绿地建设全力推进，完成中华路公园、铁路公园等6个游园建设，新增公园绿地面积48.19万平方米；完成郑新路绿化景观提升（二期）、子产路西延等5条道路绿化建设，新增道路绿地面积1.2万平方米；污水处理能力稳步提高，共处理污水约9500万吨、污泥约6.3万吨，排水指标均达到环保在线指标要求，龙湖西部污水处理厂项目一期工程顺利推进，新郑新区污水处理厂项目一期基本建成。持续完善基础设施，城市品质稳步提高。公厕管养水平不断增强，投入20多万元，对保洁工具、公厕设施进行更新，确保公厕正常开放，高质量服务市民；出行环境不断畅通，对全市机动车停车位进行重新规划标线，在重点路段重要路口安装隔离桩、隔离栏，在洧水路、人民西路等路段安装非机动车停车泊位；窨井盖整治不断提升，按照河南省、郑州市城市公共区域窨井盖治理系列文件精神，完成改造2800座，获评2022年河南省窨井盖专项整治工作突出单位。坚持设施管护提质增效，城市运行安全有序。实施市政基础设施升级改造，完成人民路京广铁路桥防护升级改造和学院路、郑新路积水点改造及凤台路、解放路道口整修，加装防汛逃生梯31座，基本建成子产路、少典路过街天桥；加强市政路灯照明管理，对人民路东段、万庄路、S103（南关桥—观音寺）等道路路灯进行改造，确保城市道路路灯主干道亮灯率≥98%、设施完好率≥95%，次干道、支路背街亮灯率≥96%、设施完好率≥95%；公用事业服务保障能力不断强化，城市供水保障有力，新增用户3298户，完成供水4502万立方米，水质综合合格率达到100%。燃气供应稳步提升，全市燃气管网总长1400余千米，惠及35余万户民用户和2400余户工商业用户，年初至今供应燃气2.3亿立方米。集中供热逐渐扩面，积极推进裕中电厂引热入港区主管网引入新郑市政管网在新区区域的建设，新增供热面积30万平方米。

【城乡环境】 全面整治市容市貌，城市面貌持续转变。大力整治占道经营，出动执法队员2.4万余人次、车辆5690余台次，规范、引导流动摊贩1.8万余处，治理占道经营1.6万余处，暂扣违规物品1360余件，立案处置56起；严厉打击渣土违法运输，出动夜巡人员8690人次，开展联合执法115次，立案43起，罚款24.52万元；强化户外广告治理，拆除破损、违规广告360处，清理条幅740条，清理纸张广告74600余处；加强餐饮油烟治理，完成智能化油烟治理平台信息录入，共录入餐饮门店信息670家，检查发现油烟设施不使用、清理不干净等问题门店130家，下达责令整改通知书110份。坚持市容环卫精细管理，人居环境不断提升。深入开展城市清洁行动，运用“五步三过程”机械联合作业法，对中心城区主次干开展机械化清扫、洒水、吸尘作业，每天机械化清扫路面110多万平方米、冲洗人行道1万平方米、道牙约5000米；垃圾清运能力不断提高，累计清运市区生活垃圾8400余车、8万余吨，清运率和无害化处理率均达到100%；生活垃圾分类持续推进，更新完善四分类集中投放点300余个，两分类垃圾桶3400余组，完善宣传版面300余组，居民小区垃圾分类覆盖率攀升至98%；农村生活垃圾治理不断增强，累计出动人员13000余人次、保洁车辆2800余车次，清理垃圾15000余吨，农村生活垃圾治理成效明显，广大村民对农村生活垃圾治理满意度不断提高，获得感进一步增强，被郑州市城管局评为农村人居环境整治先进单位；农村生活污水处理稳步推进。成立专业运维队伍进行日常管理，聘请第三方单位定期进行考核，保证项目正常运行，在2022年郑州市环保局组织的首次郑州地区12个区县农污运维工作考核中获得了唯一一个优秀。利用专项债，积极谋划推进农村生活污水改造提升工程，解决部分村庄处理后的中水未能有效利用等问题，彻底实现新郑市农村污水治理全覆盖。坚持完善智慧平台，城市管理不断提质。开展专项采集，利用视频监控专项采集倾倒餐厨垃圾、乱搭乱建等违法行为及核心工地喷洒等城市建设重点问题，突出管理重点，提高案件处置效率，持续推进市容环境优化升级；明晰管理权责，更新“路长制”公示栏，完善“路长制”机制，组织全市市政道路管养确权，排查各类问题，统一交派整改，力促全面整治快速见效；健全工作机制，创新“数字化+路长制+精细化”三位一体管理模式，初步实现城市管理全域全覆盖、全时全域全行业感知、全链条精细化监管。

（撰稿：汪　君　审阅：王发民）

城市经营管理

【概况】 新郑市城市经营管理中心是新郑市政府直属事业单位，受新郑市人民政府直接领导。主要职责：落实市委、市政府城市经营的重大决策和部署，运用市场机制，对城市空间和作为城市功能载体的自然资本、人力作用资本及相关的延伸资本等进行重组和运营，获取经营收益，将收益投入城市建设，实现城市的自我滚动、自我积累、自我增值；通过市场化运作，引导城市开发，盘活城市有形资产，提升城市无形资产，发掘、利用城市的各种稀缺资源、战略资源，改善城市的硬、软环境，增强城市功能，提升城市整体竞争力；受市政府委托，以参股、控股的投资方式，对城市建设项目进行投资、建设、管理、经营，确保国有资产的保值、增值；向国有控股、参股企业派出或更换国有股董事、监事；管理国有股权，上交国有资产收益；会同相关职能部门落实水生态文明建设任务，负责对城市再生水利用的发展规划和经营管理工作。

【中心资源运作】 按照市委、市政府的要求，结合中心实际，联合政通投资控股有限公司、新区发展投资有限责任公司共同注册成立了新郑市泓泰城市建设投资有限公司（以下简称为泓泰城投公司）。主要职责是履行政府投资主体职能，依法对城市基础设施、旧城改造、新型社区、安置房及国有土地的综合整治开发等经行管部门批准的新型城镇化建设项目进行投资，经营政府授权的再生水的综合利用等。

【泓泰城投公司债权化解情况】2019年12月31日，在新郑市人民法院举行的新郑市热电股份有限公司债权人会议上达成债权和解方案。中心下属泓泰城投公司持有的新郑市热电股份有限公司债权得到确认。经多次就此债权与市科工信局、新郑市热电股份有限公司破产清算组协调，泓泰城投公司持有的债权，将按照债权人会议做出的和解方案进行化解。市科工信局、新郑市热电股份有限公司破产清算组正在按照市政府有关要求，已向市财政局完成移交手续。泓泰城投公司持有的韩春化工有限公司债权，按有关规定程序进行了债权申报，解决到位。

【着力解决康盛房产遗留问题】中心代管的新郑市城市开发经营总公司在康盛商贸城的部分房产，通过市委市政府领导协调（此房产已于2015年底，在地税和房管部门缴纳齐各种房屋税费、办证费用及房屋维修基金后，房管部门依据有关规定，将房屋产权办理到“新郑市城市开发经营总公司”名下。依据房管部门有关规定，房产从新郑市城市开发经营总公司过户到个人名下，涉及国有资产出让转让，必须有国资等部门出具证明手续），5月，就房产过户给购房者一事向市政府请示，经市政府领导组织召开各部门协调会，最后作出批示，要求市国资中心、房管中心和市税务局等部门按照有关政策尽快全面解决历史遗漏问题，此项工作正在推进中。

【疫情防控保障】为打赢疫情防控阻击战、加快推动复工复产各项工作，中心党组以思想教育为抓手，把牢政治方向、强化理论武装。在疫情防控工作中，以视频会议、“学习强国”等形式，组织全体干部职工及时学习党中央、省市关于疫情防控的工作要求。通过微信群等载体，下发了《致全体党员干部的倡议书》和《致职工及家属的一封信》，营造了坚决战胜疫情、捍卫职工生命健康安全的浓厚氛围。在复工复产的第一时间，组织7名党员开展“能力作风建设年”活动，以研讨会的形式组织党员干部谈认识体会、找差距不足、提改进措施，为复工复产工作的有力推进筑牢了思想基础。

【完成泓泰公司股权划转工作】中心下属新郑市泓泰城市建设投资有限公司，按照新郑市国有资产审计工作领导小组的统一安排，根据《新郑市国有资产清查工作方案》精神，按照市政府统一要求，于2022年4月底之前对泓泰公司资产进行全面清查和审计，完成了资产清查、审计和股权划转等各项工作。公司对外没有债权债务，风险可控。

（撰稿：马彦锋　审阅：吴　晨）

大气污染防治

【概况】新郑市委市政府大气污染防治督导组（以下简称“督导组”）成立于2016年7月22日，位于新郑市中兴路华夏国际商务中心18楼，内设党办（人事办）、战区办公室、督察室、文秘科、保障科、融媒体科和8个督查科室，现有人员58人。2016年9月2日成立督导组临时党支部，现有支部委员7名，党员22名。督导组人员依规从市直各单位抽调，定期进行人员轮换。按照退役军人历练机制，每年组织安置到全市行政事业单位的退役军人到督导组进行为期一年的历练。

2022年，督导组坚持以习近平生态文明思想为指导，紧紧围绕省、郑州市下达的目标任务，大力培植弘扬“咬住目标死不丢，不达目的不松口”的战狼精神，坚持问题导向，突出跟踪督办，强化问责力度，着力锻造一支特别能吃苦、特别能战斗、特别能奉献的环保督察铁军，有力地推动了全市空气环境质量改善提升。先后参与了中央环保督察、省委省政府环保督察、中央环保督察“回头看”、生态环境部强化督查等多次重大的“国考”、“省考”。被新郑市政府通令嘉奖、被郑州团市委表彰为“青年突击队”，相关工作经验做法先后被中央电视台新闻频道、人民日报网、“学习强国”等媒体进行宣传报道。市政府党组成员、市环境攻坚办常务副主任、督导组党支部书记苗瑞光被河南省生态环境厅评为“河南出彩环保人”杰出人物，郑州市委市政府记公务员二等功。

【2022年空气环境质量改善情况】1.年累计综合指数排名：2022年，新郑市累计综合指数为4.63，在郑州六县（市）中排名为第4名，在全省103个县（市、区）中排名为第73名。2.郑州年度目标完成情况：2022年，新郑市PM_{10}累计浓度为76微克/立方米（目标值79），排名第4，目标完成率排名第4，同比改善1.30%，改善率排名第3；$PM_{2.5}$累计浓度为45微克/立方米（目标值46），排名第4，目标完成率排名第3，同比持平，改善率排名并列第2；二氧化氮累计浓度为25微克/立方米（目标值26），排名并列第4，目标完成率排名第4，同比下降7.41%，改善率排名第3；优良天累计228天（目标值225天），排名第5，目标完成率排名第3，同比增加3天，改善率排名第1。

【督导督查情况】督导组按照督导职责开展督查工作。督政工作，负责督政各相关单位落实环境保护责任情况，重点督办市环境污染防治攻坚战领导小组和领导小组办公室安排部署的各项重点工作的落实情况，上三级交办问题和市本级督查交办问题、市

4月，市政府党组成员、市环境攻坚办常务副主任苗瑞光带队雨中夜查（大气污染防治督导组/供图）

领导批示问题的整改落实、处罚、责任追究等情况，以及媒体曝光及市民群众反映强烈的环境污染突出问题的整治情况。督企工作，对各类工业企业、建筑工地等企业主体开展督导工作，督导工业企业"环评"手续是否齐全、污染防治设施是否开启并正常使用、企业无组织排放是否按"环评"批复要求管理到位、是否执行"一厂一策"要求、是否落实停限产管控规定；督导建筑工地是否落实"八个百分百"要求、是否取得开复工验收手续、是否按照重污染天气管控要求进行施工。督导过程中发现问题并留下照片、视频资料，对于情节较重的问题现场开具问题交办单，移交属地政府和相关职能部门进行处理；对违反管控要求的，交办市控尘办依法依规立案处理；对涉嫌构成违法犯罪的，移交公安机关依法追究刑事责任。

2022年，督导组召开全体督查人员会议12次，组织召开新郑市大气污染防治攻坚战调度会14次，召开环境污染公开约谈会5次，对大气污染防治工作进行精准调度、科学调度、依法调度。全年，督导组出动督查人员31300余人次、督查车辆6200余台次，督查发现各类环境污染问题2612个、挂牌督办381个，并圆满完成郑州督导组交办案件378个。

【24小时快速反应机制】 督导组严格落实每天24小时应急值班机制，坚持开展"晨查""零点夜查"行动；建立及时研判、准确定位、快速出击、有效应对的快速反应处置机制，对造成空气质量监测站点数据异常的各类污染源，进行第一时间调度、第一时间处置、第一时间反馈；实行岗位轮换机制，定期对督查队伍和督查任务进行调整部署；建立工地指导员制度，推动督查方式向指导帮扶转变，努力做到工地不停工、数据又可控。2022年，督导组开展"晨查""零点夜查"行动730余次。

【党建引领】 为加强督导组建设工作，市政府研究制定下发了《新郑市人民政府关于进一步加强市委市政府大气污染防治督导组建设的指导意见》（新政文〔2021〕12号），督导组在党支部的带领下，认真学习贯彻习近平新时代中国特色社会主义思想，深入践行习近平生态文明思想，树牢"四个意识"、坚定"四个自信"、做到"两个维护"，以求真务实作风坚定不移把党中央决策部署落到实处，充分发挥"党旗插在前沿，党员冲在一线"引领作用，着力推进党建与督查融合发展，努力打造全市干部历练的平台、环境保护的铁军、攻坚行动的尖兵。严格按照抽调人员管理规定对督查人员定期轮换，严格支部委员实名推荐制进行选拔任用骨干，严格对抽调人员进行每月考评，严格对抽调人员历练进行鉴定，严格按照五个级别设置资历荣誉。积极开展以"比业务、比学习、比秩序、比士气、比作风"为主要内容的"五比五看"活动。2022年，督导组组织召开党支部会议22次，开展周卫生检查与着装评比53次、实施月度督导工作考评12次、组织季度专业理论考核4次。

【规范化管理】 督导组实行军事化、规范化管理，不断强化执行力、凝聚力和战斗力。规范着装配置，为督查人员统一配发了服装、督查证件、对讲机、执法记录仪；规范督导流程，严格落实《新郑市大气污染防治重大问题挂牌督办工作规范》，实施"挂牌督办单—立案查处单"两单制督导方式；规范联合执法，重大行动和晨查夜查由督导组牵头组织生态环境、交通、城管、公安、住建等部门联合开展；规范处罚流程，严格落实《新郑市渣土车违法行为处罚管理规范》，对违规渣土车进行联合执法、联合处罚；规范专责力量，严格落实《新郑市重点区域专责小组建设实施方案》，围绕两个省控基站压实辖区政府、职能部门职责。

【廉政建设】 针对环境污染防治督查每天与企业、工地打交道，督查人员来自全市各单位的实际情况，督导组坚持认真落实党风廉政建设主体责任和监督责任，严格执行支部委员汇报思想制度、三大纪律八项注意、廉政督查制度、日常考勤制度、请销假制度等管理制度，定期召开党内民主生活会，有效地确保了督导队伍的纯洁性和执行纪律的严肃性。

【环保战狼精神】督导组全面叫响"咬住目标死不丢，不达目的不松口"的战狼精神、"我活着就是为了让别人更好的活"的环保精神、"进了督导组的门，永远是督导组的人"的团队精神和"努力到无能为力，拼搏到感动自己"的拼搏精神，为圆满完成大气污染防治攻坚目标任务提供了坚强有力的精神支撑。

（撰稿：刘　源　审阅：刘春江）

环境保护

【概况】郑州市生态环境局新郑分局位于新郑市中兴路69号华夏国际商务中心，负责新郑区域内生态环境管理工作。内设机构有办公室、组织人事科、财务科、综合业务科、督察整改科、生态环评科、法制信访科、水生态环境科、大气环境科、应对气候变化科、土壤环境科、核与固废监管科、应急管理科、科技信息监测科、移动源管理科等15个科室，下属有郑州市生态环境局新郑综合行政执法大队、郑州市新郑生态环境监测站、郑州市新郑生态环境技术服务站三个二级机构。在职干部职工共174人，取得环保类专业技术任职资格共66人，其中副高级工程师3人，工程师42人，助理工程师21人；取得技师职称21人，高级工16人，中级工14人。于4月19日成立中共郑州市生态环境局新郑分局直属机关委员会，下设4个党支部，共有中共党员102名。

2022年，郑州市生态环境局新郑分局深入践行习近平生态文明思想，全面贯彻新发展理念，以宜居宜业生态城市建设为载体，深入践行"用脚步丈量工作法"，大力实施"九项工程"，统筹推进生态环境保护和经济社会发展，积极打造"天蓝、水清、地绿"的生产生活环境，以更加坚实的步伐谱写生态环境保护新篇章。

主要表现在：空气质量稳步提升，PM_{10}、$PM_{2.5}$、NO_2等大气主要污染因子全部超额完成年度指标，综合指数同比下降，优良天累计完成228天并圆满完成冬奥会等重大活动空气质量保障任务；河流水质逐步改善，双洎河黄甫寨断面水质年均值稳定达到地表水Ⅲ类，城区河流水质持续改善（达到Ⅳ类），南水北调总干渠水质稳定到Ⅱ类，全市集中式饮用水水源地水质达标率100%；土壤质量稳中向好，全市农用地和建设用地环境安全得到基本保障，土壤和地下水环境质量总体保持稳定，农村生态环境整治得到明显改善。

2022年，郑州市生态环境局新郑分局，不忘初心，勇争一流，荣誉墙再添新色彩：执法大练兵被生态环境部评为全国表现突出集体；省级生态示范县市成功命名；执法大练兵被郑州市委、市政府记集体二等功；4名执法人员被评定为"2022年执法大练兵优秀执法教员"；污染防治攻坚战被新郑市委市政府记集体三等功；行政审批窗口连续9个月被新郑市政务服务大数据局评为"红旗窗口"，9人次被评为红旗标兵；生物多样性（崖沙燕，国家二级保护动物）保护工作受到省厅表彰（郑州地区唯一一家）；33项工作、44名个人受到郑州市级及以上表彰，8项任务、16名个人受到新郑市级表彰。

【蓝天保卫战】精准发力，促空气常新，助力企业提质升级。2家烧结类砖瓦窑企业完成提标治理；4家企业完成清洁生产审核工作；8家企业完成"白名单"申报认定，314家企业享受差异化管控；11家企业完成绩效分级评定（6家A级，1家绩效引领性，4家B级），13家企业完成消耗臭氧层物质备案，96家企业实施夏季臭氧分级分类管理，100家低效挥发性有机物设施企业和2家低效除尘设施企业完成治理设施升级改造，795家企业纳入秋冬季重污染天气管控清单，动态更新850家大气源清单；完成噪声功能区划定阶段性工作。优化能源结构调整，督促重点耗能企业压减煤炭消耗量1.3万吨（年度控制目标为2万吨），顺利完成郑州市下达的煤炭控制目标；电网新增并网容量1.5万千瓦，累计并网容量达到7.3万千瓦，新建充电站7个，新增直流充电桩300余个，新增纯电动出租车16台，全市292台公交车更新为新能源车辆，实现所有公交线路全覆盖。严控车辆尾气减排，开展移动源专项执法行动。共路检路查车辆6224辆，对155辆尾气超标车辆实施"6063"代码处罚，开展重型柴油货车入户抽检1652辆，不合格7辆；共登记非道路移动机械5442台，较上年（2021年）增加426台；油品抽检500组，完成率100%；新安装门禁系统13家，门禁安装企业达到133家；对5批次不合格油品加油站进行立案处罚，实施罚款12.99万元。稳步推进双碳行动，扎实开展夏季臭氧管理、秋冬季重污染天气管控、绩效分级、清洁生产等工作，推进工业领域碳减排，促进减污降碳协同增效，助力企业"优胜劣汰"，指导2家水泥粉磨站、1家钢铁企业完成了超低排放评估检测。

【碧水保卫战】靶向施策，让绿水长流，推动黑臭水体动态清零。持续组织有关部门开展黑臭水体排查整治，保证水体水质达标、无黑臭反弹现象，实现河湖"长治久清"；扎实开展"清四乱"专项行动，县级河长巡河64次，乡级河长巡河669次，村级河长巡河6854次，完成问题整改64个。强化涉水企业环境监管，对27家重点涉水企业实施行业整治，确保设施稳定运行，保障出水水质达标排放，完成6处水质监测设施建设，提升水质预警监测能力。持续开展生态补水与修复，积极争取上级补水指标，对纳入国考的双洎河实施生态补水6249.1万吨，保障河流生态流量；完成了溴水河、黄水河、潮河三条河流综合整治工程及老观寨水库区域生态水系修复项目。四是大力推进污水设施建设。巩固10个入河排水口整治，完善了101个入河口定位和动态管理台账；完成新区污水处理厂主体工程建设，新增污水处理能力3万吨/天，全市污水处理能力达到35万吨/天；开展污水资源化利用工作，巩固完善了污水处理厂中水回用工程，全市再生水利用率达到42.99%。加强饮用水源地环境保护，完成望京楼饮用水水源地保护区"回头看"工作，对20个疑似风险源进行核查，发现整改问题4个；实施南水北调两侧保护区风险源排查，保障了"一渠清水永续北送"。

【净土保卫战】 聚焦重点，守一方净土。加强耕地土壤污染预警，坚持"监测—预判—处置"的总体思路，以污染高风险区域耕地土壤为监测重点，深入落实耕地土壤污染预警制度，巩固提升受污染耕地安全利用成效，全市受污染耕地安全利用率保持100%。严格建设用地准入管理，有效管控建设用地土壤污染风险，以用途变更为住宅、公共管理和公共服务用地的地块为重点，依法推动责任主体开展土壤污染状况调查，17个重点建设用地全部完成了土壤污染状况调查，7家土壤污染重点监管单位纳入排污许可管理。扎实推动农村污水治理，按照重点区域、分区分类推进治理的原则，完成了31个农村生活污水处理设施灾后重建项目、67个水毁设施项目建设工作，实现了乡镇生活污水处理全覆盖；10个行政村纳入郑州市农村环境整治考核，并完成综合整治。

【危险废物集中处置和辐射环境管理】 危废三年专项整治行动以来，建立了危废管理"四个清单"，共检查企业1700余家次，开展涉危废企业安全隐患排查499家，排查整治隐患61处，移交公安部门涉危废刑事案件9起，刑事拘留人数17人。危废收集试点工作不断深化。督促814家小微企业及时转移处置危险废物1.47万吨，实现了全收集、全处置目标要求。铅蓄电池收集试点成效突出，组织开展废铅蓄电池收集培训、推进会议19场，建立档案清单609家；督促完成备案579家，备案率达95%，处置合同签订569家，合同签订率达93.4%；整体工作受到市局通报表扬。辐射安全监管工作不断加强，开展辐射隐患排查专项行动，对全市6家放射源单位的30枚放射源、24家三类以上射线装置单位进行全面排查整治，实现了放射源安全处置率100%。制定两级辐射事故应急预案，开展应急演练，应急防范能力显著提升。

【环境监察】 紧扣责任目标，开展各项环境执法工作。围绕全市生态环境综合行政执法工作要点，按"一证式""一体化"执法监管模式开展日常双随机执法检查，完成执法任务475个，先后开展"砖瓦和碳素行业专项检查""全市涉水排污单位执法检查""涉挥发性有机物专项执法""南水北调中线工程总干渠（郑州段）巡查""臭氧管控""排污许可清单式执法""秋冬季监督帮扶工作""执法大练兵"等16个专项行动，发现各类环境问题280余个，全部按要求整改到位，共行政处罚案件15起，涉嫌犯罪移送2起，查封扣押3起。不断推进环境信访工作，切实维护人民群众的环境权益。坚持依法治访、以人为本的原则，树立"为群众解忧，为企业服务"的思想，始终将群众关心的问题列为信访工作的重中之重。充分发挥"12369"环保投诉热线作用，坚持投诉受理24小时值班，开展"12369"环保热线调查回复工作，受理625件，均已按时调查处理。聚焦业务培训，做好能力作风建设年活动。围绕"能力作风建设年"活动，聚焦知识弱项、能力短板、经验盲区，学理论、学业务、学常识。组织全体执法人员开展监控、污水处理、挥发性有机物、核辐射监督检查、智慧办案系统等业务理论培训7次，组织业务知识测试2次，组织执法人员现场学习4次，同时结合新郑实际，联合企业共建生态环境执法实训基地，完善企业、专家、执法人员三位一体的实训练兵理念，打造示范教学基地。提升执法水平，推进执法机构规范化建设。建设基层执法阵地，总结学习先进经验，结合实际，优化设计方案，规范队伍统一着装，打造了新郑特色的生态环境行政执法机构规范化基层执法阵地，同时以配发新式制式服装为契机，举行了生态环境综合行政执法制式服装展示仪式。

通过围绕环保重点工作，认真履行环境执法职能，整治环境违法行为，加强环境执法监督检查，同时提高企业指导帮扶力度，优化营商环境，切实维护广大群众的合法环境权益，确保了全市环境形势持续稳定好转。

【环境监测】 做好对全市地表水、地下水、饮用水源地、（国控、市控）断面的水质监测、城区环境空气质量、城市区域噪声、主干道交通噪声、重点污染源、土壤等各类监测工作。

按时对地表水双洎河责任断面、饮用水源地、重点河流流域等进行水质监测。每月初对双洎河（马鞍洞、黄甫寨断面）、黄水河（公园、双龙寨断面、茨山路桥）、莲河（陆庄桥断面）、十七里河、潮河等地表水进行常规性取样监测，编制地表水水质月报12期。完成对新郑市饮用水源地地下水井群监测工作，全年共取样监测12次，所测试项目均达到《地下水环境质量标准》三类水质，水质达标率100%。每月对全市各乡镇16个考核断面水质进行取样监测，并按郑州市生态环境局的任务要求，完成了4个季度的农村环境质量监测、农村饮用水源监测工作。此外，根据市疫情办工作安排，陆续开展全市10个关爱中心、5个收纳水体污水处理厂、1个定点医院、1个医疗废物处置中心进行外排废水余氯监测和粪大肠菌群监督性监测。

完成空气质量数据统计上报工作，为上级决策提供科学数据支撑，全年共编制空气质量日报365期，空气质量周报51期，空气质量月报12期，季度报4期；定时发送小时数据和其他重要数据，发布数据分析研判信息，为点位所在辖区和相关部门提供大气污染防治意见建议。配合市攻坚办、专家组利用雷达激光扫描车实时开展污染源排查，及时将扫描结果向责任单位和专家组反馈，为全市精准治理大气污染提供技术支撑。

完成空气质量数据质量控制工作，确保数据真实性、准确性。积极协调第三方公司对省控点位、重点区域加密点位和重点乡镇点位等14个空气自动监测点位开展管理维护工作，定期开展点位巡检。全年共开展空气监测站点周边环境巡查76次，排查出问题隐患10次，及时向辖区和相关部门进行反馈，并督促其整改到位。

完成全市城区133个区域噪声、10条主干道18个噪声点位的交通噪声现场监测和上报工作。

完成4个季度的农村环境质量、农村水源监测工作，及时上报监测数据；集中完成了48家农村生活污水处理设施废水监测工作；配合其他科室完成新郑市4家黑臭水体取样监测工作；完成关于韩春化工的年度监督性监测任务。配合市局完成新郑市96家统计单位的国家“三上三下”审核工作，县级环统已定库。

【优化营商环境】深化审批“放管服”改革，推进“一网通办”，落实“代办”业务，做到让群众“最多跑一次”，优化审批流程，压缩审批时间，全年共审批建设项目54个、备案项目144个，新增登记发证45家，实现全市固定污染源排污许可证全覆盖；通过树标杆、送样板等帮扶活动，组织分局党员干部以能力作风“五大一创”（对标找差大讨论、能力素质大练兵、作风问题大整治、队伍士气大提振、脚步丈量大调研，争先进位创一流活动）活动为载体，深入开展“我为群众办实事”，坚持“用脚步丈量工作法”“党员双报到”“支部联建”“环保管家”“企业服务官”“三送一强”（送政策、送服务、送要素，强信心）、“特邀监督员”等制度，深入推进“万人助万企”“企业服务日”活动，帮扶指导企业421家，召开座谈会39次，帮扶解决问题110件，得到企业认可，共收到企业表扬锦旗52面，表扬信69封；优先将治污水平高、环境管理好的53家企业纳入正面清单，做到无事不打扰、不现场执法；受理人大代表建议、政协委员提案3件，全部及时办结，满意率100%，有力助推经济高质量发展。

【法治信访】助推“三项制度”全面施行，做到执法行为信息全程记录，执法全过程可回溯管理。共对15家生态环境违法企业立案处罚，其中移交公安刑事处理2起。积极服务群众，认真解决生态环境类信访诉求。共受理各类生态环境信访举报79起，均已及时处理化解。为优化营商环境，已组织开展企业信用修复工作培训会3期，共培训企业140余家，企业信用修复100余家。

【科技治污】着力提高科技监管水平，充分利用视频监控、无人机巡航、用电监控和污染源在线监管平台等高科技综合手段对排污单位实施非接触式执法，共交办、整改各类问题271个；积极引入“科技+执法”模式，选派6人考取了无人机驾照，利用无人机巡查，查处环境违法行为18起；在“三网合一”的基础上，追加投资400余万元，用于完善智慧环保平台，为远程监管、无事不扰企业提供科技支撑。

【环境宣传教育】不断深化生态环境宣传教育，广泛凝聚社会共识，激发公众环保热情，营造全社会关心支持和参与环境保护的良好氛围。充分利用“6·5”世界环境日、世界地球日、国际生物多样性日、低碳节能宣传月等节日，面向乡镇、社区、学校、企业等不同群体，开展生态环境保护主题宣传活动，全年共计700余人次参加宣传，受众群体超过万人。成立生态环境志愿服务队，持续开展不同主题的环保志愿服务、美丽中国建设志愿服务和环保公益活动，累计组织志愿服务80余次，出动志愿服务人数达1500余人次。积极开展疫情防控、环境攻坚战、生态创建、污染防治、绿色创建等宣传活动，同时通过电视台、报纸、网站、App客户端、微信群等载体，积极在全市培育生态文化、生态道德，转变全社会价值观、生活观和消费观，引导民众树立绿色增长、共建共享的理念。

（撰稿：姚　佩　审阅：冯胜利）

商务 政务

COMMERCE & GOVERNMENT AFFAIRS

·商务 政务 >>>

COMMERCE & GOVERNMENT AFFAIRS

对外开放

【概况】 新郑市商务局位于新郑市中华北路中原华信大厦9楼，内设办公室、招商引资科、商贸管理科、外资和外经贸科、电子商务科，新郑市招商服务中心（二级机构），现有干部职工49人。主要职责：贯彻落实国家、省、郑州市有关商务工作的发展战略、政策，拟订全市相应的发展规划及措施；贯彻落实国家、省、郑州市有关内外贸易、国际经济合作的发展规划；拟订全市吸引外来投资的发展战略、中长期规划；推动全市外资、外贸、外经工作的协同发展；贯彻落实国家、省、郑州市对外开放招商引资发展战略和方针、政策，拟订全市对外开放和招商引资长远规划、政策措施；统筹全市对外开放和招商引资工作，负责全市对外开放的宏观指导和组织协调，组织开展全市招商和项目推进工作；督促检查对外开放和招商引资政策措施的落实情况，协调解决对外开放和招商引资工作中出现的重大问题；负责全市外商投资工作；负责对外商投资企业的协调服务、宏观管理和监督检查；负责外商投诉服务工作；推进全市科技兴贸战略，执行国家进出口商品管理办法、进出口商品目录和进出口商品配额政策；指导、协调加工贸易业务；负责服务贸易和承接服务外包产业转移的招商及项目促进工作；负责国内经济技术合作和区域性经贸交流活动，负责境内招商引资及统计工作；拟订并组织实施全市电子商务发展规划和政策措施，大力拓展和深化电子商务应用；负责电子商务行业管理，规范电子商务经营行为和流通秩序；推动跨境电子商务相关工作；监测分析市场运行、商品供求和流通运行情况；负责商业服务业的管理工作；负责组织整顿和规范市场经济秩序工作，依法对成品油、报废汽车回收拆解、二手车交易等特殊流通行业进行监督检查；负责进出口配额计划、进出口配额许可证的申报和实施；推进出口贸易标准化体系建设；依法监督技术引进、设备进口、国家限制出口的技术和引进技术的出口与再出口工作；负责对外经济合作工作；指导和监督对外承包工程、劳务合作、境外投资、

2022壬寅年黄帝故里拜祖大典网络实情推介暨项目签约仪式（商务局/供图）

设计咨询等业务工作；申报管理国（境）外经济组织驻新郑代表和办事机构；负责外经贸业务出国人员的申报工作；组织协调反倾销、反补贴、保障措施及其他与进出口公平贸易相关的工作；完成市委、市政府交办的其他事项。

2022年主要指标完成情况：全年全市共签订投资项目27个，投资总金额347.4亿元；新开工项目21个，投资额279.19亿元；外贸进出口额10.4亿元；社会销售品零售总额315.2亿元。

6月，组织开展全市电商及跨境电商交流培训（商务局/供图）

【招商引资】 招商引资工作成效明显，找准招商定位，大力实施“芯”“屏”双轮驱动，紧盯芯片产业，以新型显示、集成电路、智能终端为发展重点，以龙头企业和隐形冠军为抓手，优先突破技术壁垒较低、成本敏感的环节，借鉴合肥成功经验，创新重大项目引进模式，重点切入电子信息产业中游偏上业态，兼顾行业龙头和中小型隐形冠军，积极打造电子信息产业链条，发展智能手机电脑、智能网联终端等。加大招商力度，加强对行业领先、细分领域引领企业的业态发展、战略布局、投资意向等分析研判，强化与基金公司、供应链金融、电子信息行业协会等专业招商机构的合作，成立专业招商队伍，开展产业链招商；积极推进基金设立备案，用好股权招商等新模式，推进产业集群式引进，加强项目线索搜集，不断丰富项目储备。加强项目质量把控，从项目的前期搜集筛选、对接谈判到项目的最终签约落地，对每个项目的投资（方）企业现状、投资实力、投资意向等方面进行严格的全面考察，进一步掌握项目的翔实资料，为市领导决策项目能否顺利落户新郑提供可靠数据支撑。同时，从产业规划布局、项目用地选址、环境、投资强度、税收产出、综合效益、投资风险等方面进行评估，特别是对引入的新兴产业类项目，采取灵活多变方式，引入平台公司、基金公司对项目进行核算评估。在与企业沟通谈判过程中，将对投资企业的税收要求、投资强度、产出强度等情况反馈企业，最终在项目签约时，将双方约定的投资强度、税收要求等内容写在投资协议中。

【外贸、外经贸】 着力项目建设，优化经济发展新格局。大力推进全球招商，按照郑州市相关要求，建立中国港资、台资及日韩、世界500强四个专班，重点对外资项目协调推进，实行台账管理，确定专人负责项目日常推进，通过现场协调会等形式，统筹解决土地、环保等要素保障问题。着力外贸稳增，凝聚外向型经济发展新动能。开展“送政策进企业”活动，强化外贸进出口联络员制度，为企业提供便利化服务。紧盯新增出口企业，主动对接海关、检验检疫等部门，协调解决外贸企业通关、退税等相关问题，助力企业顺利开展进出口业务，开展出口信保、资金申报政策解读、加工贸易通关等外贸业务培训，免费为30余家中小企业办理出口信保。为美兰达、吉祥实业等4家企业兑付中小开资金，累计金额约20.5万元，缓解企业资金压力。积极推动服务贸易工作开展，认真宣传落实郑州服务外包产业优惠政策，积极组织企业申报注册服务贸易业务，全年新增有业绩服务贸易企业8家。加大监管力度，确保走出去人员安全。按照省、郑州市要求，成立新郑市对外投资合作领域违规非法外派人员专项治理小组，制定工作方案，联合公安等部门，累计出动人员36人次，走访企业8家，发放宣传彩页400余份，对发现的办理手续不规范企业，及时提出整改意见，立即整改，确保外出人员安全。

【电子商务】 电子商务加快提升，做好全市电子商务市场培育，指导促进电子商务行业发展。培育全市电子商务企业、基地及园区等示范创建，通过示范引领，引导整个行业健康转型发展；积极组织开展全市电商培训会、交流会及直播电商活动等，孵化培育更多传统企业向电商企业转型升级；在电商普及培训方面，创新学习方式，组织全市线上线下“抖音全课程”“实体店店播新玩法”“直播间流量运营”“传统电商和兴趣电商”等交流活动，并鼓励各大院校开设电商课程，营造全市浓厚的电商氛围。

【商贸管理】 商贸工作扎实推进，促进消费市场快速恢复发展。3月份组织10家家电销售企业参加郑州市家电促销、以旧换新活动。同时引导市内大型商场、超市开展“妇女”节、春季嘉年华、“玩转潮流·幸福一夏”“新壹城星光集市”“龙湖夜巷星光市集”“华启拾年 盛世来潮”等系列促消费活动。6月1日至8月31日，开展了“清爽一夏 惠聚新郑”系列促消费活动。明确安全生产主体责任，认真落实各项措施，定期召开商贸流通企业安全生产工作例会，督促企业切实落实安全生产主体责任，认真总结隐患排查、整改工作进展情况，注重查找问题，及时整改，确保安全生产工作责任落实到位。保供应、保民生。疫情期间，商务局作为新郑市民生物资保供牵头单位，守护好老百姓的“菜篮子”“米袋子”，迅速启动应急保供监督机制，保供专班集中力量打通堵点、攻坚难点，在货源组织筹措、物流平台对接、配送服务顺畅上下更大功夫，着力解决物流配送渠道畅通，确保市场物资供应充足。

（撰稿：周建玲　审稿：张金伟）

政务服务和大数据管理

【概况】 新郑市政务服务和大数据管理局于2019年1月30日挂牌成立，下设有新郑市政务服务中心和电子政务办两个事业单位。主要承担着新郑市行政审批与便民服务建设、电子政务、数据挖掘利用、推动大数据产业发展等相关职责。全市43家行政事业单位和社会化服务单位进驻办事大厅，设置窗口112个，进驻人员365人（含首席代表），全市1118项审批服务事项（除因场地或涉密等原因未能进驻的事项外）全部进驻大厅办理。2022年，新郑市政务服务中心紧扣“便民、高效、规范、廉洁”的服务宗旨，坚持以企业、群众实际需求

4月，政务服务大厅适老化专区“助老帮办员”为老年人服务
（政务服务和大数据管理局/供图）

为导向，创新工作思路、精简办事流程，助力市政务服务“一体化、标准化、规范化、智能化”建设。

【综合受理“一窗办”】 优化窗口布局，将功能集中、关联度较高的部门纳入同区域管理、分区办理，设置社会保障综合服务区，人社、社保、医保等关联度高的事项同区办理，最大限度合并同类项，实现压减窗口、综窗联办。通过优化窗口布局，方便企业和群众办事。实现高频事项“一件事”，套餐事项“打包办”。围绕民生关切、涉企服务、人才服务、创业创新等领域，推动更多跨部门业务转变为集成服务，推出“灵活就业”等多个跨部门联办“一件事”，分别设置涉企、个人“一件事”专区，群众不出专区即可一窗办理套餐事项。截至2022年12月底，新郑市跨部门联办“一件事”87项，共办理3万余件。提升工作人员综合业务能力，引导窗口推行部门内综合受理，工作人员“专科”变“全科”，有效减少等候时间长和窗口忙闲不均现象。完善“综窗受理、集成服务”工作机制，逐步从同部门同领域“无差别全科受理”升级到同部门跨领域和跨部门跨领域“无差别全科受理”，实现“一窗通办”的改革目标。建立督促评比机制推进政务服务“好差评”全覆盖，实现线下“一次一评”、线上“一事一评”，主动邀评率达到100%；建立评价通报、差评整改等工作机制，每天对窗口工作人员的主动评价率、好评率情况进行通报。

【优化配置“智慧办”】 全市政务大厅统一联动，建设全市大厅联动一体化智能应用管家及政务服务大数据驾驶舱，汇聚并分析大厅功能区域分布、窗口设置、入驻部门、人员信息等数据，在领导驾驶舱或电脑端、手机端进行集中操控，实现窗口资源的合理分配。建设咨询引导办事平台，在大厅设置一体化多端咨询引导办事平台和720度全景VR场景，为群众提供在线预约、办事导引、在线取号、预填预审等服务，实现县级大厅和15个乡镇（街道、管委会）便民服务中心的统一联动。以手机“无忧办”、电脑“快捷办”、大厅“舒适办”为核心，有机串联自助服务一体机，将线上服务和线下服务深度融合，人工服务与智慧服务有效组合，为企业和群众提供更贴心、更精准的政务服务。大厅内部建设智能管理系统，在入口、窗口工位安装高清全景摄像机，实时监测大厅办事群众、工作人员等对象，获取图像数据进行实时分

析、比对和处理，第一时间发现各办事窗口排队是否拥挤，疏导人流合理配置资源，同时对窗口工作人员工作纪律和服务效能进行监督，辅助管理者进行日常管理。通过智慧管理系统运用，实现对大厅运行情况、服务渠道、服务成效等方面的综合掌控，推动大厅管理向智能化转变。

【适老服务“贴心办”】 完善服务设施，在大厅设立老年人服务专区，设置残联、卫健委等12个窗口，满足老年人办事需求。设置无障碍通道、无障碍卫生间，开通老年人健康码专属通道；制作方便老年人识别和阅读的引导标识、大字版办事指南、资料清单等，打造“老年人舒适等待区”，让老年人办事更“舒适”。提升服务效能，制定135项“敬老服务清单”，梳理与老年人日常生活密切相关的缴费服务事项，要求相关单位支持现金、银行卡等多种支付方式，为老年人缴费提供便利，让老年人缴费更“放心”。同时，建立适老化服务机制，15个乡镇（街道、管委会）便民服务中心、300个村（社区）基层服务站，均开设“老年人服务专窗”，让老年人办事更“便捷”，便民站点就近可办事项数量共436项。成立助老队伍，“助老帮办员”为老年人提供现场咨询引导、协助填表、免费拍照、复印打印等全流程“陪伴式”帮办代办。开通“老年人服务专线”，对办事不便的老年人主动提供上门服务，同时提供授权代理、亲友代办等帮办代办服务，方便不会使用或不会操作智能手机的老年人，让老年人办事更“省心”。2022年，共引导老年人2200余人次，帮办710余人次，办理业务3万多件。

【自助服务“就近办”】 扩大政务服务自助终端机覆盖范围，为全市15个乡镇（街道、管委会）统筹布置130台自助终端机，完善村级电子政务网络铺设，基本实现乡镇（街道、管委会）和社区全覆盖。加快自助终端扩容调试，梳理与群众生产生活相关的高频事项优先上线，实现办事指南查询、身份注册认证、电子材料上传、办事评价等一体化功能集成式服务，方便群众就近办、自助办、随时查、不见面，打造15分钟政务服务便利圈。提升自助服务区智慧化水平，通过数据归集、接口对接等方式，进一步提升自助终端服务功能。开设“新郑政务服务分厅”，推动一般简易审批服务事项通过智能终端自助申报、自动核验、智能审核、快捷出证。目前，可实现公积金提取、青年人才补贴等476项事项的线上自助办理。

【企业服务】 为企业提供办不成事反映渠道，解决企业在办事过程中遇到的“疑难杂症”，兜住“最多跑一次”底线，将企业“办不成的事”转变为“办得成事”；为企业提供农业补助、减税降费、科技创新、就业创业、营商环境等多方面惠企政策咨询、申报的“一站式”服务，有效拓宽企业政策获取渠道，提升企业“获得感”；提供全程帮代办服务，实现与企业精准对接，准确了解企业诉求，帮助企业弄清审批需求、规范申报材料，给企业提供优质、高效、标准的个性化服务，2022年，共为各类民营企业帮代办140件，提前办结率100%。

【“免跑腿信封”助推容缺办理】 创新推出容缺办理升级服务——“免跑腿信封”，将“容缺”“免跑”合二为一，申请人办理相关事项缺少材料时，做出书面承诺后实行容缺受理，窗口工作人员会将一次性告知单、办事指南、参考模板、空白表格等资料装入“免跑腿信封”内，申请人补正材料后将材料寄回，补交材料不用另外跑一趟，寄送材料和证照的费用均由政务服务和大数据管理局承担。2022年免费为企业、群众提供58次“免跑腿信封”服务。

【“全省通办”帮代办】 为解决异地办事难题，设置“全省通办”窗口，落实推进“标准统一、异地受理、协同联动、远程办理”政务服务模式，充分利用“全省通办”+“全程免费帮代办”模式发挥职能优势，因地制宜做好企业服务，免费有效破解企业群众“多地跑”的困扰。2022年，累计提供“全省通办”帮代办服务136次，群众满意率高达100%。

6月，政务服务大厅咨询台人员为群众服务（政务服务和大数据管理局/供图）

新郑市政务服务中心企业帮办代办服务区（摄于6月，政务服务和大数据管理局/供图）

【改革创新】 市政务服务数据局以优化政务服务环境为目标，以提升大厅各进驻单位创新性为着力点，建立了科学有效的激励机制，持续增强进驻单位改革创新的责任感和原动力。印发了《新郑市政务服务办事大厅进驻单位绩效考核办法（试行）》，鼓励进驻单位争先创优，激励各单位主动优化办事流程、减少审批时限、精简申报材料，提高“即办件”比例，提升网上办、掌上办、自助办服务能力。创新激励机制，每月对大厅管理人员、进驻大厅部门窗口和工作人员实行月考评、月排名、月点评，并根据月考核情况评出“红旗窗口”“党员示范岗”“服务标兵”及“创新机制奖”等。2022年共评选出27名“党员示范岗”和90名“政务服务标兵”，形成了人人学习先进、争当先进、赶超先进、创先争优的良好氛围。建立创先争优机制，开展“党员亮身份，服务在心中”“文明服务我出彩，群众满意在窗口”等活动，激励党员干部立足岗位、勇当先锋，全方位营造积极向上的政务服务氛围。

2022年，各单位紧紧围绕便民利企，主动谋划，积极创新，推出多项创新工作举措，可谓“百花齐放、百鸟争鸣”。全年共有21个行政事业单位和社会化服务单位推出创新便民措施共94项（其中：进驻窗口单位创新81项，政务服务和大数据管理局创新13项）；迎接郑州市委组织部、郑州市政务办、郑州市大数据局、河南日报社等上级调研考察7次，召开郑州市级现场会1次，接待山东临清、商丘夏邑、南阳镇平、信阳潢川等地学习考察20余次。

【年度工作荣誉】 2022年，新郑市政务服务中心先后被河南省行政审批和政务信息管理局确定为省政务服务综合试点、被郑州市确定为终端效能提升及民生事项就近办试点；先后获得河南省2021年度营商环境建设先进县（市）、郑州市“放管服”改革工作先进集体、2022年度郑州市政务服务工作先进单位、郑州市涉企经营许可告知承诺制先进集体、郑州市“数字郑州”（政务服务能力提升、大数据工作）建设先进集体、郑州市青年文明号等荣誉。

（撰稿：闫晓兵　审阅：李水英）

园区建设

ZONE CONSTRUCTION

·园区建设 >>>

ZONE CONSTRUCTION

郑州新郑教育园区

【概况】郑州新郑教育园区（龙湖镇）位于新郑市最北部，与郑州市区接壤，毗邻郑州航空港经济综合试验区，是郑州国家中心城市规划的南部新城核心区、黄帝千古情核心板块所在地。2021年7月，新郑市委、市政府授权教育园区、龙湖镇启动套合改革，9月初，按照“宜统则统、宜分则分”的原则，实现所有行政事业机构统一领导和管理，两个单位所有内设机构、事业单位进行机构职能整合，合署办公，共同承担相应职责，由教育园区党工委统一领导。教育园区（龙湖镇）辖17个行政村、11个社区，区域面积96平方千米，耕地面积2840公顷，常住人口53.7万人，流动人口约20万人，实际管理服务人口73.7万人。

教育园区（龙湖镇）主要有三个特点：首先，是一个“桥头堡”。与省会郑州接壤，与航空港毗邻，是郑州市的“南大门”。4条主干道连通郑州主城，2条高速公路穿镇而过，地铁2号线贯通镇区东延至新郑机场，“九纵十横、内外通达”的路网体系基本形成，实现与郑州市区、航空港区的无缝对接，是新郑市实施“双融入、双承接”战略的桥头堡。其次，是一个“后花园”。梅、泰二山屹立境内，十七里河、十八里河蜿蜒流过，8座水库星罗棋布，1333.33公顷小杂果基地集中西部。全镇现有各类广场、游园14个，占地133.33公顷的十七里河省级湿地公园、占地66.67公顷的社会主义核心价值观公园建成开放，人均公共绿地面积11.5平方米，森林覆盖率56%，是郑州市区及周边市民休闲度假的好去处。然后，是一个大学城。拥有9所大学、8个省级以上培训中心，常年在校师生15万余人。“双创”综合体、“双创”学院、大学科技园5个。人才和智力资源十分丰富。

2022年，教育园区（龙湖镇）全面贯彻党的十九大、二十大精神，深入实施“十大战略”行动，全面开展“三标”活动，扎实推进“九项工程”，在非常之年敢担当、勇作为，全镇经济社会发展各项工作扎实推进、齐头并进。全镇完成地区生产总值228.7亿元，固定资产投资110.6亿元，规模以上工业增加值32.1亿元，社会消费品零售总额116亿元，全年新增市场主体1.5万余家、新增“四上”企业41家，以全国34名、河南省第一名的成绩再次荣登2022年度全国千强镇榜单。

【招商引资】坚持“项目为王”理念，围绕产业规划布局，大力推动以商招商、以企孵企、以业兴业，以高水平招商引资促进产业向高端转型发展。河南影视少儿演艺中心项目，土地已征收到位，节地评价、土地污染检测、文物勘探、土地清表等已完成，正在申报郑州市重点项目，预计明年1月份进场施工；积极与深圳金地集团对接，加快智慧能源加注研发基地项目建设，项目总投资超150亿元，预计带动就业人数1200人，投产后每年贡献税收超亿元；寒舍·轩辕夜游谷、同赢服装总部港、协飞大数据物联网产业园等项目正有序推进。营商环境持续优化，完善机制联企，强化常态化服务保障，扎实开展“万人助万企”活动，对镇域规模以上企业、重点培育扶持单位全部纳入包保联系范围，为每家企业配备1～6名驻企干部实行镇企结对，蹲点服务。搭建平台助企，破解企业发展难题，积极探索“企业家培养企业家”模式，依托龙湖镇民营企业联盟，镇新联会内已有80家企业建立长期协商合作关系。

【项目建设】 回应民生期盼，聚焦建设短板，用脚步丈量城乡，为群众提供更殷实的民生保障，让群众享受更多发展带来的红利。在项目谋划上抓住省政府专项债发行、应急工程扶持等机遇，积极争取、精准对接，围绕水利、交通、能源等关键领域，谋划储备一批打基础、管长远的重大基础设施项目。十七里河蟠龙路桥项目恢复通行，滨湖路内涝疏浚提升工程顺利竣工，启动西部5个村天然气安装工程，大学路污水管网项目争取省政府专项债券6000万元。

在要素制约上高度重视土地资源的开发利用和保护，大力开展违法占地专项清理行动，持续开展低效闲置用地摸底排查工作，着力破解土地要素制约问题，为项目落地保驾护航。2022年累计整改违法图斑65个，面积20.23公顷（含耕地面积11.5公顷），拆除违建面积2010余平方米；抢抓国土空间规划编制窗口期，认真梳理全镇现状建设用地、市政基础设施等，完成三区三线重点项目立项及边界优化调整、全域土地综合整治与生态修复试点申报等前期工作。

在人居环境改善上以民生工程为着力点，以民心工程为出发点，多方位、一体化提升辖区人居质量。开展自建房安全隐患专项整治行动，摸排自建房11895栋，排查隐患房屋178户，逐户落实管理修缮要求；西南五村安置房建设项目地形图测绘、岩土工程勘察、地质灾害评估三项技术工程已完成，规划设计方案快速推进，东苑社区、荆垌社区、魏庄社区安置房建设项目立项手续已完成。

在城乡管理上投入运行首家镇级数字化信息指挥中心，与网格化基层治理平台高效嵌合，以“智慧化”赋能“绣花功”，全领域、全时段监管分析城市活动，指派处理违规事件，累计清除违规广告4700余处，规范游商突店3.1万处，治理车辆乱象2.2万余起。

【环境优化】 大气污染稳定防控，严格落实建筑工地“三员管理”和“工地警长”责任制，对全镇建筑工地建立台账、动态监管，累计下发整改通知125份，确保“8个100%”、“两个严禁”执行到位。深入开展“散乱污”企业专项集中整治，关停取缔15家。大力整治餐厨油烟污染，督促35家餐饮服务单位安装使用油烟净化装置。实施全年全面禁烧，基本实现重点监控时段“零火点”目标。全面加强废铅蓄电池集中收集，与237家汽修企业签订危废回收合同。顺利完成中央及省市各级交办问题整改，全年完成各级交办案件126件。水体治理认真落实“河长制”工作要求，对辖区建成区违法违规排污问题开展专项排查整治，完成黑臭水体治理6处，封堵排污口5处，投资780余万元修建十八里河污水处理设备6套，十八里河出水断面成功达标；计划投资1500万元，建设西部村庄污水处理站点，实现全镇生活污水收集处理全覆盖；十七里河上游水质提升项目、十八里河湿地公园建设项目稳步推进，河道水质污染问题得到逐步缓解。

【综合治理】 切实防范化解风险，加强对辖区内各类市场、建筑工地、景区、物流仓储、“三合一”场所等重点行业企业、重点领域经营场所进行监管，开展专项检查1200余次，检查各种生产经营单位（场所）5000余家，发现隐患并督促及时整改，整改率100%。深入开展“百日行动”，优化特警、巡消防、平安志愿者队伍，全域全时段巡逻，加大治安巡查力度，做到群防群治。有效抓好疫情防控，坚持把疫情防控作为压倒一切的重大政治任务，全面落实党中央、国务院决策部署，坚持发挥党建引领作用，科学部署，切实开展“党旗飘起来、党徽亮起来、党员动起来”专项行动，全镇疫情防控工作取得阶段性成效。全面开展信访案件攻坚化解行动，认真落实科级干部接访、干部案件分包、信访联席会议等制度，充分发挥管区、村（社区）矛盾排查调处机制，排查调处各类矛盾纠纷1095件，办理信访案件1260起，结案1256起。成立问题楼盘处置工作领导小组，包案领导与分包县处级领导共同负责，共同召开研判会议，不断加快化解进度。持续加强社会保障，社会保障体系进一步健全，建成14个村级日间照料中心，积极促进就业创业，城镇新增就业577人，开展“人人持证 技能河南”专题培训，培训劳动力940余人、大中专学生3000余人。发放社会救助、高龄津贴、残疾人两项补贴等资金578万元，惠及各类人员2400余人。

【基层党建】 强化意识形态建设，严格履行意识形态工作“第一责任人”职责，把意识形态工作纳入机关和村（社区）综合目标考评，每季度定期召开意识形态会分析研判重大事件、重点情况、重要社情民意问题，对多起网络舆情进行剖析，对存在风险隐患进行研判，牢牢把握意识形态工作领导权、主动权。不断夯实基层基础，严格拧紧责任链条、坚持分类施策，分年度制定推进方案。用心落实各项推优表彰活动，顺利开展七一党员重温入党誓词仪式、“光荣在党50年”纪念章颁发等活动。坚持阵地建设和集体经济发展两手抓、两手硬，投资1000万元的泰山村文化服务游客接待中心和投资500余万元的梅山村民俗集体经济项目正在加快推进。严格党员发展程序，全年召开4次入党积极分子培训会和5次党务工作培训会，累计备案入党积极分子151名。落实“一村一社区一明白人”工作部署，开展村（社区）党组织书记“亮赛比”活动3次；依托“双带双争”行动，结成“老带新”帮带对子10对，形成比学赶超，共同进步的良好氛围。

【廉政建设】强化警示教育，充分发挥以案促改治本功能，制定“以案促改”工作制度及工作方案，建立长效工作机制，针对案发村开展“以案促改”警示教育。找问题、找差距，起到“查处一案、警示一批、教育一片”的效果。2022年，开展警示教育大会33次，接受警示教育3600余人次，促进全体党员干部知敬畏、守纪律，讲规矩、守底线，净化党内政治生态，坚持不懈推进全面从严治党向纵深发展。强化监督执纪，常态化开展办公用房、公务用车、公务接待的监督，坚持露头就打、寸步不让，持之以恒纠“四风”。全年共开展日常监督检查62次，编发督导通报14期；共受理各类案件线索28件。有力地转变了党员干部的工作作风，有力地推动了各项重点工作的开展。打造“清廉龙湖”，印发《2022年清廉龙湖建设工作要点》，指导“清廉龙湖”建设全面开展，以党的政治建设为统领，全面推进清明政治引领、清廉政府提质、清正干部塑。要确保实现基层治理由“管得住”向“管得好”转变，为保持辖区平稳健康的经济环境、国泰民安的社会环境、风清气正的政治环境，谱写现代化龙湖更加出彩的绚丽篇章提供坚强保障。

（撰稿：谭杰超　审阅：高　帅）

新郑经济技术开发区

【概况】为贯彻落实省委省政府、郑州市委市政府开发区整合的决策部署，在市委、市政府领导下，2022年上半年由新郑发改委牵头，通过对新郑新港产业集聚区、新郑市特色商业区、新郑市传化物流小镇等3个园区进行整合，并获得省发改委批复，名称为新郑经济技术开发区，规划面积30.25平方千米。2022年新郑经济技术开发区规模以上工业企业共57家，营业收入493亿元，工业产值212亿元，税收10.75亿元，高新技术企业33家，战兴企业数为21家，专精特新为11家（其中2022年新增4家），省级以上研发中心及技术中心23家，实际到位省外资金45亿元，新开工产业项目10个。

【规划编制】积极推进规划编制，根据省发改委批复整合方案，新郑经济技术开发区总体发展规划（注：原产业集聚区总体发展规划）由工信部赛迪研究院和同济大学联合编制，初步方案已经编制，下一步待全市国土空间规划和“三区三线”确定后进一步优化开发区边界范围、空间布局。积极开展空间优化提升规划编制工作。按照郑州市自然资源和规划局相关要求，以开发区现状研究分析、空间潜力挖掘、新增空间展望等方面为重点，开展开发区优化提升规划研究，目前初步方案已编制完成，已经初步征求相关部门意见；待我市国土空间规划及经济技术开发区总体发展规划确定后进一步完善方案的相关内容。

【招商引资】开发区始终把招商引资作为产业发展的头号工程，按照“项目为王”的工作导向，以“服务企业、服务项目、服务投资者”为核心，紧紧围绕电子信息、食品加工、生物医药、智能制造等主导产业，通过以商招商、基金公司招商、专业团队招商、带地招商、小微企业园招商等模式，推行产业链长制，精准服务，通过建账、理账、对账、交账、算账，着力解决项目推进难题，推进项目快签约快落地。今年已签约花花牛乳制品加工生产基地、龙芯中科等项目。

【重点项目建设】2022年产业项目24个，包含新建项目14个，续建项目10个，总投资186亿元。新建项目已开工10个，续建项目在有序推进。新建项目中森乐智能正在办理建规证；华润雪花啤酒车间改造分段、分区域、分步施工中；美盈森八号楼基础

经开区华润雪花啤酒（河南）有限公司（经开区/供图）

浇筑完成，基础柱头浇筑完成；宅乐送厂房基础装修均完毕，现有设备均已安装调试。续建项目中中储粮一期已完成竣工验收，正在进行工程结算工作，二期已完成10个浅圆仓主体及屋面施工工作，具备装粮条件。两个电子信息项目合丰泰显示模组所有厂房已经全部建成，项目公司正在调试设备；华思光电主体已经建设完毕，生产厂房洁净车间装修进行扫尾工作，全省首条MLED生产线已经投产。

【基础设施建设】 加快推进开发区北片区电子信息产业园整体建设运营。投资集团专门成立新郑启创产业园运营有限公司，积极推进电子信息产业园道路、管网、标准化厂房等项目建设，其中合丰泰和华思均使用“投资集团代建+后期项目公司回购”模式建设。通过B0T模式，投资约2.5亿元建设全省第一个专业电子信息产业污水处理厂。建成并投入试运营，其配套污水管网已经经过验收，解决了锐杰微等电子信息企业排水问题。为进一步解决发展电力瓶颈，协调推进投资3.16亿元220千伏枣园变电站、6378万元110千伏双沟变电站及5545万元110千伏草店变电站建设。积极谋划电子信息产业园配套公共服务综合体项目建设工作，打造以电子信息产业园员工及周边群众为消费群体，具备以基本公共服务为主，餐饮、购物、休闲、康乐、体育、居住等经营性功能为辅助的多功能综合服务体。

【企业服务】 深入践行“用脚步丈工作法”，常态化开展“脚步丈量大调研”，掌握企业发展状况、存在问题、服务需求。服务企业用工，组织辖区内宅乐送、达利、光明、好想你、新澳塑胶等企业参加新郑市“春风行动”暨万人助万企网络招聘会，为企业短时间内招聘到了约500名员工，快速实现复工满产。宣传、落实惠企政策，扎实落实省政府办公厅《关于进一步做好惠企纾困工作促进经济平稳健康发展的通知》，协助辖区内企业做好政策落实、补贴申报、资金解困等方面工作。已协助区内15家企业申报满荷增效奖励，为佳龙食品、百利祥罐业、恒天电缆等8家有资金需求企业对接中国银行、工商银行等金融机构了解“园区E贷”等惠企政策，帮助企业纾难解困。根据省市“标准地”出让制度相关实施意见及新郑市标准地工作领导小组要求，在经开区范围内协助市工信局、市自然资源局推行标准地挂牌出让工作，做到拿地即开工，切实减轻企业负担，提高办事服务效率，为企业创造一流营商环境。

（撰稿：张伟锋　审阅：朱黎娟）

新郑新区

【概况】 新郑新区是为适应新郑市经济社会高质量发展需要，以满足城市商业、行政、居住等需求为目标，按照“产业为基，产区互动，协调发展”的整体布局进行开发建设的新城区。新区位于新郑主城区北部，距省会郑州30千米，距新郑国际机场和郑州航空港区13千米，南依郑韩故城墙，西临郑新快速路，北至南水北调总干渠，东达京广铁路，总规划面积30.6平方千米，下辖能庄社区、苟郑社区、韩庄社区、高千庄社区、李唐庄社区、常庄社区、赵庄社区和王庄社区共8个社区居委会，截至2022年底，辖区总人口约7.94万人，其中户籍人口2.19万人。

2022年，新区管委会以“能力作风建设年”活动为指导，树牢“三标”意识，扎实推进“九项工程”，运用“脚步丈量”工作法，坚持党建引领，深化网格建设，强化责任担当，充分发挥基层党组织战斗堡垒作用和党员先锋模范作用，持续加强基层党建工作，全面落实“疫情要防住、经济要稳住、发展要安全”要求，努力打造好平稳健康的经济环境、营造好国泰民安的社会环境、树立好风清气正的政治环境，推动新区人民生活水平不断提高。2022年，新区地区生产总值累计完成41.29亿元，同比增长2.7%；地方财政一般公共预算收入完成34073万元；固定资产投资全年完成34.03亿元；社会消费品零售额全年完成7.9亿元。

【基础设施】 新区坚持项目为王，加强统筹协调，提升服务质效，安全高效推进重大项目建设，以高质量项目建设推动新区高质量发展。全力推动鸿福路中小学地下停车场项目、新区集中供热项目、中华路弘远路人行天桥项目建设；协调相关部门加快新区中心医院项目、新郑市职业高中项目和青苑路等11条道路手续办理；加快推进常青路大桥施工项目、常青路等三条道路施工项目、新区部分道路电力配管（第一标段）、文化路北段非机动车道及人行道施工项目审计。

【招商引资】 新区顺应高质量发展新要求，加大招商引资力度，加速新区人员再就业、税源再扩大，推动新区产城融合发展。围绕中铁十五局四公司总部、中交二公局总部、轩辕湖创投小镇总部及上下游企业积极搞好协调服务；全力做好迪爱思应急产业园项目总部落地新区协调服务，截至年底该项目已在新区完成5家企业注册。做好新壹城和新尚天地区域内新引进的新田360广场、永辉超市，维也纳酒店、苏宁易购等带动力强的商业项目开业运营相关协调服务，促进三产融合。做好碧桂园、金科、中骏等域外资金项目各项资金指标的汇总、上报工作，全年完成引进域外资金16.7亿元指标任务。

【生态建设】 2022年，新区切实做到环境保护和项目建设两手抓、两不误。高效推进市政设施维护，全面排查辖区沿线路灯，对损害路灯建立台账，及时整修；坚持每天对辖区人行步道、公园、游园进行巡查，对发现的破损塌陷路面立即整修，切实保障群众出行安全。修复破损、塌陷道路3000余平方米，补栽沿线绿篱20000余株，修复路灯200余盏。全面提升城市管理水平，以路长制、数字化管理“智信”平台为抓手，以治“脏、乱、差、污”为目标，不断完善“路长制”工作运行机制，深入开展精品街创建活动，助力全国文明城市创建工作。新区累计接收案件1076件，已处置1063件，结案率为98.79%；大力整治小摊小贩占道经营，采取不间断巡查方式，避免占道经营反弹。精心打造拜祖沿线形象，为营造黄帝故里拜祖浓厚氛围、美化新区环境，在拜祖线路沿线绿化带补栽失株共计6135棵（黄杨6000棵、海棠135棵），在新村大道和中华路口等重要路口摆放总计20万盆鲜花；对中华路廊道路口（金科工地出入口、正弘2号院工地出入口、鸿福路与中华路交叉口）进行绿化恢复，共计补栽绿植1500棵；全面提升拜祖氛围，在沿线围挡制作宣传喷绘3000平方米。

【社会治理】 新区以隐患排查和矛盾化解为抓手，以信访稳定、治安反诈、隐患排除和劳动监察为重点，加强禁毒、反邪教等宣传教育工作，多管齐下确保新区社会大局和谐稳定。在信访稳定方面，建立了三级矛盾化解中心，依托“郑好办”App，借力郑州市“智慧矛盾调解系统”，及时介入处理矛盾纠纷。接待来访群众21批167人次，办理信访案件56件，处理信访局交办的书记市长短信案件46件。在治安反诈方面，组建了治安巡逻队，开展平安建设宣传，发放宣传彩页，切实提高了居民群防反诈意识，有效降低了盗窃、抢劫、抢夺案件的发案率。在隐患排查方面，开展安全隐患排查整治活动，发现并排险1500处，到企业、社区开展宣传教育68次，排查高层建筑227栋、“九小场所”1900余家。在劳动监察方面，以工程建设领域为重点，对商铺、小微企业和项目工地实地巡察、现场处置，接待来访投诉案件25起，结案20起，涉及劳动者300多人，涉及金额400多万余元。实现了欠薪隐患早发现、问题早处置、案件早办结。

【征迁安置】 截至2022年底，新区已建成投用了新新家园、李唐庄安置区、府屋新城（二社区）、泥河新城等拆迁安置社区；建成商业小区17个，分别是阳光港湾、碧水蓝天、轩辕湖一号一期和二期、昌鼎润苑、湖心佳苑、天鹅湖畔一期和二期、剑桥郡、一江弘城一、二和三期、碧桂园1号院和2号院、招商轩辕华府，正弘新城1号院和2号院。积极督促常庄、高千庄、苟郑、赵庄社区加快推进商业租赁房网签，已网签16335.75平方米。

【社会保障】 2022年，新区秉持“以民为本，为民服务、为民解困”的理念，确保社会保障政策落实。强化落实“人人持证 技能河南”，积极帮扶群众再就业，新增城镇再就业100人，农村劳动力转移32人，农村劳动力返乡创业20人，居民技能培训112人，创业贷款完成8人，办理就业创业证10人，空港信息发布24条，核实省属国有企业退休人员信息114人，灵活就业社保补贴申领1人。全面完成社区养老服务中心建设，新区8个社区全部完成养老服务中心建设并投入使用。

（撰稿：李乔乔　审阅：唐君亚）

农业 农村

AGRICULTURE AND RURAL AREAS

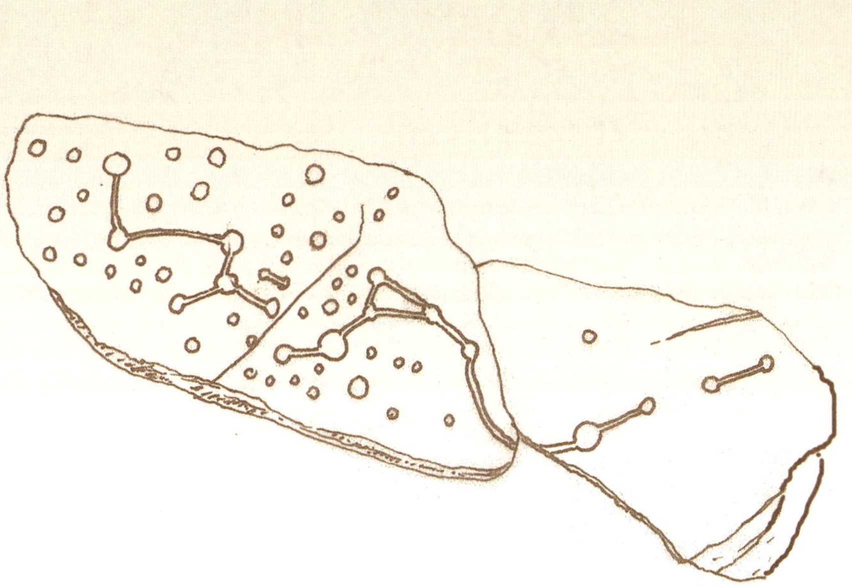

·农业 农村 >>>

AGRICULTURE AND RURAL AREAS

农业工作

【概况】市农业农村工作委员会位于人民路与中华路口中信银行三楼，为市政府工作部门（挂牌乡村振兴局），一级预算单位。内设科室15个（挂牌2个）：办公室（财审科）、编制人事科、法规信访科（行政审批科）、农村建设与社会事业科、农村改革与经济科、农村产业与发展规划科、农业生产科、农业机械科、项目计划与农田建设科、农产品质量监管科、农资与种业管理科、扶贫管理科、畜牧兽医科、畜禽屠宰管理科、科技教育与数据信息科。下属二级事业单位18个，其中全供事业9个，差补事业5个，自收自支事业1个，企业化管理事业3个（自筹），事业编制372名。2022年，新郑市农委以党的二十大、十九大、十九届历次全会精神为指引，全面落实中央、省和郑州市农业农村工作部署，持续巩固脱贫攻坚成果，坚决扛稳粮食安全重任，着力提升农业高质量发展水平，全面推进美丽乡村建设，乡村振兴工作取得阶段性进展。全年粮食播种面积4.14万公顷，实现总产23.74万吨。其中，夏粮面积2.08万公顷，总产12.58万吨；秋粮2.06万公顷，总产11.16万吨。蔬菜播种面积0.5万公顷，总产量22.5万吨，实现产值4.5亿元。瓜类总产量1.5万吨、水果总产量5.5万吨、肉类产量2.0万吨、禽蛋产量2.3万吨、奶产量0.35万吨，生猪存栏19万头。全年谋划争取了脱贫攻坚、美丽乡村精品村、畜禽标准化养殖、农机购置补贴、耕地地力补贴、村级集体经济等经济社会发展项目，累计争取上三级项目资金1.49亿元。

【脱贫攻坚】全面落实上三级关于巩固拓展脱贫攻坚成果同乡村振兴有效衔接的决策部署和要求，以不发生规模性返贫为底线目标，强化“四个不摘”工作要求，明确“1456”工作思路（1即以不发生规模性返贫为底线目标，4即落实四个不摘要求，5即坚持5个精准举措，6即深入实施6项行动），坚持有序平稳过渡，巩固拓展脱贫攻坚成果，各项工作取得明显成效。加强巩固拓展脱贫攻坚成果项目库建设工作，共完成批复新郑市2022年巩固拓展脱贫攻坚成果项目库入库项目77个。新郑市2022年扶贫（衔接）资金项目共批复基础设施、产业扶贫、教育扶贫、小额信贷等项目38个，总投资7441万元，其中中央财政资金963万元，省级资金738万元，郑州市级资金2013万元，新郑市本级资金3110万元。突出工作重点，兜牢“两不愁三保障”防线。共为23497名家庭经济困难学生发放资助资金约1655.84万元；为脱贫群众减免各项医疗费用196.55万元，开展义诊42次；实施两批农村饮水工程维修养护项目，涉及9个乡镇，61个行政村，受益人口12.07万人；为符合条件残疾人发放特殊生活补贴资金1467.88万元；对48户困难重度残疾人家庭无障碍改造；为全市11796名持证残疾人购买了综合保险。以就业产业为支撑，千方百计促进脱贫群众增收。举办线上招聘会4次，线下招聘会7次，共有639家企业提供就业岗位信息19295条，开展职业技能提升培训138期6816人，销售脱贫村脱贫户农畜产品238万元，发放小额贷款246户1171.3万元。易地扶贫搬迁群众有劳动能力搬迁户都已实现稳定就业，劳动力就业率达到100%，社会兜底保障率达到100%。

【乡村振兴】 按照“产业兴旺、生态宜居、乡风文明、治理有效、生活富裕”的总要求，切实做好了巩固脱贫攻坚成果同乡村振兴的有效衔接，紧紧围绕五大振兴，以优化农业产能和增加农民收入为目标，农业农村现代化步伐不断加快。实施提升“全域公交”工程，打造“美丽农村路”，新改建农村公路20千米。创建“美丽庭院”达标户4363户。不断提升全市农村净起来、绿起来、亮起来、美起来水平。新建森林特色小镇1个，创建森林乡村15个。建立健全城乡一体的就业创业、教育、医疗、养老、住房等政策体系。农村普惠性幼儿园覆盖率达80以上。残疾儿童义务教育入学率稳定在95%以上。遴选推荐1～2所乡镇成人学校创建省级示范性学校。新增公办学位2520个。开展公共文化高质量发展示范乡1个、示范村1个。组织乡镇开展“千村百镇”系列体育活动比例不低于90%。组织村（社区）开展“千村百镇”系列体育活动比例不低于80%。完成6家公有产权村卫生室建设，公有产权村卫生室比例达85%以上。创建省级卫生村5个。持续提升农村养老服务水平，推进市、乡、村三级农村养老服务网络建设，60%的村建成日间照料中心。加强儿童福利和未成年人保护工作，建成乡镇未成年人保护工作站50所。加大基层福利工作人员培训4场次500人次。开展农村劳动力转移就业5000人。新增农民工等返乡下乡创业人员700人。培育农村电商直播达人10名。建设农村社区生鲜便利店2家。实现农村旱厕、垃圾、黑臭水体治理“动态清零”。建设“美丽小镇”“四美乡村”“美丽庭院”，推动农村人居环境持续改善。实施水系连通及农村水系综合整治，强化河湖长制，扎实推进“河湖清四乱、三污一净”等专项整治工作。

【农村改革】 加强农村宅基地管理，严格落实“一户一宅”有关规定，促进乡村振兴，根据上级方针政策法律法规，结合本市实际情况，起草了《新郑市农村宅基地和村民自建房管理办法（试行）》。市农委印发了《新郑市农业农村工作委员会关于进一步加强农村宅基地管理工作的通知》（新农〔2022〕28号），就规范农村宅基地审批程序、严格执行农村宅基地审批、认真贯彻执行宅基地政策法规、稳步推进宅基地“三权分置”改革，有效开展闲置宅基地和闲置农房盘活利用等工作进行了明确和要求，使农村宅基地管理工作步入规范化轨道。通过创新农村土地流转方式及机制，强化对农村土地流转的指导服务，积极鼓励乡村发展农业适度规模经营，引导乡村、农户采取“土地托管”等方式流转农村土地，指导乡村规范完善签订农村土地经营权流转合同17份，规范乡村土地流转面积123.33公顷。培育发展新郑市级示范农民合作社3家，培育发展省级示范农民合作社2家。全市培育发展农民合作社自主管理规范、运行正常有序、经营效益良好、示范带动作用明显的农民合作社已达283家，社员总数达1.57万多个，带动一般农户2.98万多户，农业生产基地达5800公顷，养殖规模达564.8万头（只），年购销总额18.3亿元，转移安置农村富余劳动力就业达6500人，实现了“建一个组织，兴一项产业，活一地经济，富一方百姓”效果。培育发展新郑市级示范家庭农场6家，培育发展省级示范家庭农场3家。

【美丽乡村】 始终把美丽乡村建设作为乡村振兴的重要抓手和乡村建设行动的重要内容，2022年，续建2个精品村，按照“建设中国著名休闲旅游乡村”的目标，参照国家AAA级旅游景区建设标准，打造两个精品村（龙湖镇泰山村和新村镇裴李岗村）。持续推动“治理六乱，开展六清”，发动群众广泛参与，巩固整治成果。提高农村生活垃圾收运处置体系运行成效，深入推进农村生活垃圾分类工作。在推进美丽乡村建设时，高标准谋划产业项目，把产业项目与美丽乡村建设有机融为一体，科学植入，互为支撑，相得益彰，逐步扭转了以往有投入无产出，建得起用不起的弊端，村庄实现了由输血功能向造血功能的转变。

【农业新技术推广】 扎实推进试验示范，完成大田作物和蔬菜品种试验示范项目5个，引进农作物（蔬菜）新品种26个，推广玉米全程机械化粒收技术、谷子简化栽培技术、玉米大豆带状种植技术、小麦宽幅播种技术、小麦规范化播种技术、小麦种子包衣技术、氮肥后移技术、减灾防灾技术、高温闷棚防土传病害技术、葱蒜地化学除草技术等新技术13项。采集墒情土壤样品400个，处理样品数据400条，推广测土配方施肥技术4万公顷，应用配方肥面积1333.33公顷，推广施肥“三新”技术1000公顷，有机肥部分代替化肥1066.67公顷，处理数据860个，积极开展“万名科技人员包万村”活动，组织65名农技人员走进千家万户，把技术送到田间地头。在全市范围内选择小麦种植相对集中连片、产量水平高的小麦主产区集中开展统防统治15333.33余公顷。

【农业机械化】 加强管控，严谨操作，农机购置补贴工作稳步推进，2022年共计使用各级资金641.564万元，补贴各类农机具380（套）（含超录30台），受益农户275户，农业生产经营组织8家。深入推广农机先进机具及先进技术，首次推广应用4台套山药机械化种植机械、6台套农业用北斗导航终端设备、1台套花生玉米一体化播种机、2台茎穗兼收型玉米收获机等先进机械设备，优主项，强弱项，补短板，农机装备水平和服务能力进一步提升。小麦耕种收综合机械化率99.99%，玉米耕种收综合机械化率99.592%，主要农作物耕种收综合机械化水平达到88.84%。

【农业综合执法】 深化农业执法改革，积极开展春季农资市场检查和农资打假专项治理行动，共出动农业执法人员220余人次，检查农药生产企业、农资经营门店50次，立案3起，罚款14000余元。加大河道巡查力度，宣传渔业法律法规，严厉打击河道内网箱养殖行为。共出动执法人员32人次，执法车辆13车次，检查动物诊疗机构12家，共查处违法开展动物诊疗活动案件4起，结案4起，共处罚款43361元人民币。

【农畜产品质量安全】 在全市范围内全面开展农产品质量安全宣传活动，共计发放农产品质量安全宣传手册1500余份，张贴承诺农产品质量合格证制度宣传海报320多张。全面推行食用农产品合格证制度，积极推行食用农产品合格证，督导农业企业印制41520张农产品质量合格证。配合省监督抽检21个样品，郑州市抽检47个样品，合格率达100%；督导乡镇监管站开展本级定性抽检6378个样品，合格率达100%；本级例行风险监测79批次，合格率达100%；协助农业农村部、省累计取样畜产品30余批次，完成郑州市抽样计划兽药9批次，畜产品11批次，饲料产品8批次，尿液160批次。

【年度工作荣誉】 2022年，先后获得河南省和郑州市秸秆禁烧和综合利用工作突出单位称号；中央第七届“万步有约”健走全国优秀单位组织奖。

（撰稿：杨琦琦　审阅：秦水亮）

林　业

【概况】 新郑市林业局主要负责林业生态保护修复的监督管理；组织林业生态保护修复和造林绿化工作；负责森林、湿地资源的监督管理；负责陆生野生动植物资源监督管理；负责监督管理各类自然保护地；负责推进全市林业改革相关工作；指导林地基本建设和发展，承担经济林、花卉管理工作；负责落实综合防灾减灾规划相关要求，组织编制森林和草原火灾防治规划和防护标准并指导实施；组织指导全市林业科技推广、宣传、科学普及和教育工作；承担湿地、防治荒漠化、濒危野生动植物等国际公约履约工作。

新郑市林业局内设办公室、林业产业和政策法规科、生态建设修复科、森林资源管理科、自然保护地建设管理科5个行政科室，辖1个事业全供单位：新郑市森林公安局行政服务中心，4个事业差补单位：新郑市林业产业发展中心、新郑市森林病虫害防治检疫站、新郑市林业科学研究所、新郑市林政稽查中队。另外市退耕还林领导小组办公室（副科级）、市绿化委员会办公室、市生态廊道办公室、市林长制办公室也在林业局设立常驻机构。全局现有干部职工113人，行政开支13人，事业全供6人，事业差补94人。2022年，新郑市林业局先后获得综合工作先进单位、新郑市创建国家园林城市工作先进集体、第二批节能型机关、郑州市林业工作优秀单位等荣誉。

【林长制推进】 新郑市“市—乡—村”三级林长组织责任体系已构建完成，市、乡、村三级林长共501名（市级林长17名、乡级林长184名、村级林长300名）。按照责任在县、运行在乡、管理在村的要求，层层压实责任，实现山有人管、林有人护、责有人担。按照上级文件要求，落实“林长+”工作机制，新郑市林长办公室联合市公安局、市检察院下发《新郑市全面推行“林长+公安局长”工作方案》和《新郑全面推行“林长+检察长”制工作方案》，全面建立“林长+公安局长”“林长+检察长”工作机制，积极探索检察机关在林长制工作中的司法介入和助推机制，强化林业行政执法与刑事司法衔接，健全“联防联控机制、联合执法机制、案件移送机制、信息共享机制”，形成权责明确、保障有力、监管严格、运行高效、齐抓共管的工作

3月，新郑市商登高速路边举行义务植树活动（刘丰祥/摄）

合力。在林长制会议制度、督察督办制度、信息通报制度、巡林巡查综合管理制度、部门协作制度基础上，建立“三单一函”制度，不断完善制度体系。

【生态造林】 2022年，郑州市下达新郑市83.2公顷新造林任务和333.33公顷森林抚育任务。局领导高度重视，以创建国家级森林城市为目标，严格落实国家、省及郑州市“双非”工作要求，立足实际，科学谋划，积极探索创新国土绿化新空间，将国土绿化与乡村振兴、城市高品质建设相结合，重点加强乡村绿化美化、城区绿化提质及农田林网完善，完成新造林93.8公顷、森林抚育366.67公顷，超额完成工作目标任务。

完成春季三级联动全民义务植树活动。抓住植树节重要节点，大力开展义务植树宣传工作，培养广大市民“植绿、护绿、爱绿”的生态文明意识，引导市民积极参与全民义务植树活动。并应上级文件要求，抢抓春季植树造林大好时机，于2022年3月12日组织全市干部群众，与省、郑州市联动，同步开展了省、市、县三级联动全民义务植树活动，取得了良好的植树造林成绩。

【森林乡村、森林特色小镇】 按照上级下达的“沿黄流域建设任务”任务总量，认真落实工作要求，组织全市各乡镇对照标准，开展各级森林乡村、森林特色小镇及沿黄示范村的创建与上报。16个森林乡村已全部命名为县级森林乡村；5个沿黄示范村和新郑市观音寺临山沿黄干流特色产业小镇经过近一年的建设，已经达到了森林（示范）乡村、森林（示范）特色小镇建设验收标准，其他森林乡村建设任务也已顺利完成，等待省市林业局的指导验收。

【自然保护地】 根据职责，定期到始祖山森林公园、十七里河湿地公园及其他湿地进行巡查，对巡查中发现的问题及时报告、及时处理。针对调蓄工程占用森林公园前期手续较为烦琐问题，根据省市主要领导及专题会议安排，积极与市水利局、南水北调中线局、具茨山管委会及省局、市局对接相应手续的办理。对接省水利厅，协助具茨山管委会完成总规编制并通过省局评审。完成陉山二期、具茨山森林康养园、四季园工程审计工作。按计划，保质保量完成“7·20”具茨山康养园的灾后修复工程。定期到保护地进行安全生产监察工作，并将发现的问题及时报至管委会。在湿地保护日重要节点，积极开展湿地保护、湿地保护法宣传工作，提高湿地保护立法知晓率，增强湿地保护意识。

具茨山四季园（摄于5月）（郭云天/摄）

【林业产业】 2022年，全市林业产业总产值约17亿元，其中第一产业完成总产值12亿元；第二产业的发展主要以经济林产品加工和木材加工为主，产值完成4.6亿元；第三产业中，依托新郑市具茨山寻根拜祖游、龙湖镇樱桃节等活动，大力发展餐饮业及休闲旅游业，带动第三产业产值完成3900万元。

【林木管护】 根据河南省下达新郑市定额采伐要求，结合新郑市实际，合理分配采伐计划，2022年共发放林木采伐许可证30件，办理植物检疫证书3件，发放省重点保护陆生野生动物驯养繁殖许可证2件。做好2022年林草湿监测调查和森林督查前期准备工作。按照河南省林业局下发的《关于开展全省第二次森林资源普查和2022年度森林、草原、湿地调查监测工作的通知》（豫自然资发〔2022〕24号）、《关于开展2022年森林督查工作的通知》（豫林资〔2022〕65号）和郑州市林业局有关工作要求，积极组织，制定方案，筹措经费，成立专班，抽调人员，多次参加省、市视频会议和业务培训，为保质保量按时完成新郑市今年二类森清、林草湿调查和森林督查工作提供了有力保障。同时，按照上级技术规程和时间节点要求，完成新郑市林草湿图斑监测调查、森林样地调查和森林督查自查等工作，并将工作成果上报上级主管部门。二类森清正在进行招标工作。按照信用建设工作要求，及时将行政处罚案件录入平台，并报送信息和总结。按时报送县域治理“三起来”示范县（市）放权赋能工作月报，积极主动对接上级主管部门，参加业务学

新郑市孟庄镇京港澳高速廊道（摄于8月）（邱　枫/摄）

习培训，掌握科学有效的工作方式方法。通过市政府协调沟通，积极与投委会相关单位、涉及政府项目多数工程主动对接，提高效率，核实森林资源管理“一张图”数据库，将申请材料清单告知相关部门。全市办理使用林地手续15起。

【野保工作】 狠抓全市野生动物繁育场疫情防控和安全生产工作，组织安排林政、稽查中队开展巡查和督导工作。结合2022年爱鸟周宣传活动，组织干部职工80余人参加，制作宣传标语8条、宣传版面4个，发放宣传册500份、宣传纪念品200余份，通过融媒体、微信、现场解读等形式进行多方式宣传，提高市民救助和保护野生动物意识，市政府副市长范超杰参加活动。2022年，共救助候鸟等野生动物80余只。

【病虫害防治】 以乡（镇）办为基本点，开展林业有害生物越冬后虫情调查，全市共调查标准地16个。同时，严把防疫关，做好检疫工作，对携带有病虫害及无检疫要求证书的苗木做到“查到一起，处理一起”，全年共检疫苗木1.4万余株。组建专业防治队，防治草履蚧46.67余公顷。根据郑州市林业局统一部署，于5月22日和6月16日在新郑部分区域实施飞机施药防治美国白蛾及食叶害虫等防治工作，以廊道主干道两侧及高速两侧绿化带为重点飞防区域，共计飞防面积2666.67余公顷，高质量完成林业有害生物的检疫和防治工作。

【森林防火】 认真贯彻落实森林防火工作部署，严格落实责任，周密部署森林防火工作。以宣传教育为森林防火工作的第一道防线，共悬挂森林防火条幅、禁火旗200余条（面），发放印有森林防火围裙、手提袋6000个，发放《河南省防火条例》《防火手册》2000本，通过4个固定检查站发放防火码宣传资料5000页。同时抓好“5·12”防灾减灾周重要节点，大力宣传，努力营造“防灾减灾、人人有责”的良好氛围。做好火源管控，落实防火码的推广运用和“互联网+森林防灭火督导信息系统”建设工作。2022年，全市重点林区没有发生过一起重大火灾事故。

（撰稿：邱　枫　审阅：张建芬）

水利

WATER CONSERVANCY

·水利 >>>

WATER CONSERVANCY

水利工作

【概况】 新郑市水利局作为市政府职能部门，负责全市水资源管理，水生态建设，水利规划等职能。2022年，新郑市水利局认真落实省、市高质量发展决策部署，统筹水利发展和安全，以能力作风建设年活动为主线，以“7·20”特大暴雨灾害问题整改和以案促改为抓手，坚持问题导向，树牢底线思维，强化“三标”意识，采取“清单化管理、项目化推进”措施，强力推进灾后重建、防汛抗旱、项目建设、疫情防控等重点任务落实，各项工作均取得较大进展和成效。

【项目建设】 2022年，水利局共谋划实施水源调蓄、水系连通、生态修复、安全饮水、维修养护等重点项目12项。已建成项目6项，正在推进6项。其中，已完工的有：投资2976万元的18座水库和2条河流灾后恢复重建项目；投资4.5亿元的水系连通及农村水系综合整治试点县项目，溱水河、黄水河、潮河三条水系发挥了良好效益；投资1.45亿元的老观寨水库区域生态修复项目，多次完成蓄放水；总投资960万元的一般债项目，包含望京楼水库和杜楼水库除险加固工程、小型水库监测设施项目、雨水情（智慧水利）监测项目和杜楼水库溢洪道桥拆除、重建工程；争取上级财政补助资金4584万元实施的2022年度地下水超采综合治理项目；投资207万元的2022年度中央和省级农村饮水工程维修养护项目。正在推进的项目有：农村供水“四化”建设项目，已投资15389万元，完成铺设主管网152.5千米，进村入户管网162.3千米等配套设施，饮用水地表化工程覆盖率达81%，受益人口82.2万人，其中农村覆盖率达60%，受益人口29.58万人，达到饮用水地表化试点县建设目标；估算总投资238.6亿元的南水北调中线观音寺调蓄工程，正在持续推进设计方案、土地预审、群众安置等前期工作；计划总投资5亿元的中小型水库综合整治专项债项目，建议书已经市发改委批复。正在谋划实施的项目有：赵家寨煤矿排水综合整治、中小型水库综合整治、2023年地下水压采项目等。

【河长制】 严格落实河南省第4号总河长令，以推动“妨碍河道行洪突出问题整治”专项行动为抓手，持续开展河湖“清四乱”“三污一净”行动，推动河湖长制工作向“有力、有为”发展，促进河湖水生态面貌持续改善。及时更新调整各级河长15人，体系人员无缝衔接，保障巡河工作稳步有序开展。截至年底，全市县级河长8人，乡级河长51人，村级河长143人，巡护员143人。第一总河长、总河长带头践行“脚步丈量工作法”，县、乡、村三级河长不断强化履职意识。2022年，县级河长巡河125次，乡级河长巡河997次，村级河长巡河11156次，巡河员巡河34037次；共印发总河长令1份，河长令1份，河长交办单16份，河湖问题督办单24份，河长办交办单50份，确保小问题早发现早解决，大问题挂台账不积压。先后清理围占养殖14处，违建房屋19处，大棚问题8处，高标准推动水利部碍洪图斑台账问题整治工作。落实“2432”工作法，将“两函三单两报告”流程运用到县、乡两级河长制工作中，以解决河湖问题为目标，进一步规范各级河湖长、河长办、对口协助单位、相关责任部门协同运行，实

6月，市水利局组织龙湖镇梅山小学师生开展山洪灾害演练（水利局/供图）

现各级河湖长履职规范化、制度化，推进河湖问题高效整治。落地“河长+”工作机制，充分发挥“河长+检察长”公益诉讼领域制度优势，推动“河长+警长”依法打击涉水违法犯罪行为。2022年以来，共印发检查建议10份，告知函1份，有效深化落实巡察员、民间河长、网格长、互联网等“河长+”制度落实，在全社会形成共抓共治、协同保护的良好氛围。建立跨界河湖联动机制，通过联席会议、问题抄告、信息共享、联动执法等形式，推进河湖问题清理整治。深入开展妨碍河道行洪问题排查整治，于5月31日前圆满完成列入郑州市台账的16项问题的销号整改任务。持续推动河湖“清四乱”，按照“查、认、改、罚”四个步骤，全面抓好“四乱”问题整治。共整治乱堆问题7项，乱建问题1项，乱占问题3项，污水溢流问题20项。严厉打击河湖非法采砂，加强双洎河、溱水河、暖泉河等重点河段、敏感水域监管力度，防止“蚂蚁搬家”式零星采砂现象发生，持续保持非法采砂高压严打态势。推动水污染防治攻坚，全市国控、市控断面水质达标，水环境质量持续改善。

【水资源管理】 以最严格水资源管理制度落实为抓手，深入实施水资源消耗总量和强度“双控”行动，严格计划用水、取水许可、定额管理、水资源论证等制度落实。2022年，共179家自备井单位申报年度取水计划3125.5146万吨，核准用水计划1672.175万吨，核减用水量1445.3396万吨；自来水申报年度用水计划2193.0974万吨，核准用水计划1835.06万吨，核减用水量358.0374万吨，共计核减用水量1811.377万吨。积极协助税务部门做好水资源税征缴，共征缴水资源税8883.69万元，新纳入管理19个单位20眼井共办理各项许可业务308件。其中，新办取水许可333件（含农田灌溉用水专项整治）；延续取水许可16件，取水许可变更6件；洪水影响评价类审批11件；水土保持区域评估1件；建设项目水土保持方案报告书（表）审批39件，收缴水土保持补偿费455.07万元。编制完成《新郑市2022年度地下水超采综合治理财政补助项目实施方案》，共争取财政补助资金4584万元，其中，中央水利发展资金3472万元，省级水利发展资金1112万元。已完工。持续压采地下水，共封停自备井单位7户7眼井，压采地下水43.8万立方米。共安装取水口监测单位23个，取水口监测计量23个。制定《新郑市水利局2022年度行政执法人员法律知识培训工作方案》《新郑市水利局关于开展基层水行政执法人员能力提升专项活动的通知》，采取自主学习和集中学习相结合、线上学习和线下学习相结合、理论学习和实务操作相结合的方式，着力提升水行政执法人员文明执法意识、规范执法能力和良好执法形象。共立案查处水事违法案件9起。开展防汛保安专项执法行动，共出动执法队员240余人次，巡查车辆80余次，巡查河道210余千米。加强饮用水源地保护，加强日常巡查，及时修复损坏防护网，集中驱赶钓鱼人员1000多人次。共向一、二水厂供水3104.65万立方米，向望京楼水库补水211.34万立方米，向老观寨水库补水100.03万立方米；双洎河生态补水9477.12万立方米，沂水河生态补水268.14万立方米（全部为汛期退水），累计供水13161.28万立方米。编制《新郑市城市节水中长期总体规划》，完成10家节水载体创建单位水平衡测试验收工作。利用“世界水日”“中国水周”，通过组织专题学习、悬挂宣传条幅、播放宣传口号、发放宣传资料、参加网络答题等措施，广泛开展系列宣传活动。

【防汛抗旱工作】 深刻汲取“7·20”特大暴雨灾害教训，认真贯彻省、郑州市及新郑市“7·20”问题整改、围绕“水情旱情监测预警、水工程调度、应急抢险技术支撑”三大职责和“河道防汛、水库防汛、南水北调工程防汛、山洪灾害防御”四项任务，按照“早部署、早安排、早检查、早整改、早落实”的“五早”要求，紧扣防汛工作金标准，以“宁防十次空、不放一次松”的坚决态度，抓紧补短板、堵漏洞、强弱项，坚持从最坏处着想，做最充足准备，向最好处努力，有力有序有效做好迎战极端灾害天气准备。围绕水库、河道、南水北调、山洪灾害、农村供水、防溺亡、在建水利工程等度汛重点，结合全市重点领域安全生产风险隐患大排查、大起底、大化解、专项行动工作部署，认真践行“用脚步丈量”工作法，班子带头、中层负责，全方位、立体式持续深入开展动态化安全隐患大排查、大整治活动，采取“一库一河一单”方式，建立台账，销号整改。累计排查各类隐患67处，已整改销号67处。同时，先后迎接水利部、省委、省政府、省水利厅等各类督导检查16次。汛前对水库、河道、在建水利工程、南水北调干渠、山洪灾害防御等重点领域、重点工程、重点部位进行了全面巡检维护，及时编制完成《新郑市水旱灾害防御应急预案》《新郑市山洪灾害防御预案》《双洎河超标准洪水应对方案》等13类127个方案、预案、计划，认真组织开展水上救援、管涌抢险、转移群众等科目专项演练。始终坚持人民至上、生命至上，突出抓好山洪灾害防御，按照“责任清、对象明、预警准、措施实、问责严”的要求，针对山洪灾害防御重点区域具茨山管委会、龙湖镇2个乡镇的4个行政村7个自然村35户119人、1个小学508人，及时编制完成县、乡、村三级山洪灾害防御预案，逐一落实山洪灾害防御县、乡、村、组、户五级责任人，逐村张贴标识标牌、转移路线、宣传材料等，提前发放预警、报警等设备。同时，先后在具茨山管委会李庄、龙湖镇梅山完全小学举行山洪灾害防御应急演练，提升了周边群众避险意识和能力。加快推进灾后恢复重建和除险加固工程建设，按时完成18座水库和2条河流灾后恢复重建，以及望京楼水库和杜楼水库除险加固工程建设任务，及时实施了小型水库安全监测、雨水情观测（智慧水利）项目，抓紧建立健全雨水情监测快速预警机制。逐一落实20座中小水库“三个责任人”61人，双洎河、南水北调、在建水利工程等防汛责任人 65人，龙湖、具茨山管委会山洪灾害防御五级责任人 72 人，并组织完成线上培训。健全完善防汛领导小组，设立指挥调度、专家技术、应急抢险、后勤保障、宣传督导等5个专班，组建由29名中高级工程师组成的防汛会商专家组和以50名党员干部、复转军人为主的防汛应急抢险队伍，并备齐备足块石、砂石料、救生衣、铁锨、土工布、编织袋等20多类应急物资，为汛期防汛抢险提供坚强有力的技术、队伍和物资保障。高度重视抗旱应急，及时向群众发放69台水泵、1720米地埋线、3443米电缆线、3924米井管、9300米浇地软管及配件等抗旱物资，为群众抗旱浇地提供服务，保障人畜饮水和农业生产。

新郑市水系连通唐寨水库观景点（水利局/摄）

【年度工作荣誉榜】 先后获省水利厅“红旗渠精神杯竞赛活动先进集体”“2021—2022年度全省水政监察工作先进集体”，新郑市水系连通及农村水系综合整治试点县项目被评为河南省2021年度水利建设工程文明工地，获评郑州市水利局“2019—2021年度郑州市节约用水先进集体”“2022年度全市水利系统扫黑除恶斗争先进集体”“2021年度郑州市移民系统先进单位”“2021年度郑州市南水北调系统先进单位”“郑州市无烟单位无烟党政机关”，新郑市“2021年度综合工作优秀单位”“创建国家园林城市工作先进集体”“‘我为群众办实事’先进服务单位”“2021年度宣传思想文化工作先进集体”“第二轮中央生态环境保护督察协调保障工作先进单位”“2021年度国家卫生城市复审工作先进集体”“2021年度法治政府建设工作先进单位”等。

（撰稿：赵　源　审阅：王银超）

工业

INDUSTRY

·工 业 >>>

INDUSTRY

科学技术和工业信息化

【概况】按照市委、市政府机构改革要求，2019年3月，原市科技局和市工信委合并为市科学技术和工业信息化局，共设置15个科室、4个二级机构，分别为办公室、编制人事科、综合计划科、高新技术科、农村和社会发展科、成果管理科、院校合作科、创新创业科、工业经济运行科、投资管理科、产业指导科、企业服务科、能源综合利用科、信息化推进科、煤炭行业管理科。下辖中小企业服务中心、节能服务中心、煤炭服务中心、企业家服务中心4个事业单位。

【科技创新】加快创新主体培育，培育新增高新技术企业50家、郑州市科技型企业41家、国家科技型中小企业入库165家。培育“专精特新”后备企业130家，累计培育省级“专精特新”企业22家，恒天铜业等4家企业成功申报国家级专精特新“小巨人”企业。引导鼓励企业研发平台建设。鼓励引导工业企业建设工程技术研究中心，指导高校申报重点实验室。推荐联和聚邦、卓峰制药、格德格瑞等8家企业参评郑州市级平台。培育亿万中元、意利宝家居、建华建材、胖哥食品等10家企业建设省级研发平台。加大全社会研发投入力度，全年全市开展研发投入业务宣讲会8场，对研发投入为0的企业逐一摸排、逐个指导，做到全社会研发投入应统尽统。全社会研发强度达到1.81%，规上工业企业研发投入覆盖率达到68%。技术合同成交额完成14.6亿元。

【产业转型】推进三大改造，施三大改造项目81个（技术改造项目71个，智能化改造项目7个，绿色化改造2个），光明乳业莫斯利生产线技术改造项目3月份完成全部改造并实现达产，实现产值2.32亿元；华润雪花、中煤河南的智能化改造等63个项目竣工投产。正佳能源获得省级绿色工厂认定。加快培育软件和信息技术服务业，河南锦之锐信息技术有限公司于5月25日在薛店镇完成注册并开展业务，7月份主营业务收入突破2200万元，通过国家、省、郑州市统计局审

1月，新郑市科技类培训机构转型工作推进会召开（科工信局/供图）

批后已于8月22日成为新郑市首个规模以上软件和信息技术服务业企业，实现了新郑市规模以上软件和信息技术服务业企业“零”的突破。推进工业企业数字化转型，推荐省级智能化改造项目10个，对38家企业开展智能制造能力成熟度线上对标诊断。推荐瑞泰科技申报国家级服务型制造示范，推荐瑞腾塑胶、运达造纸申报省级服务型制造企业，推荐正佳能源、金芒果实业、意利宝家具、联合聚邦等企业申报省级智能车间，实施国防科技工业“卡脖子”关键技术攻关项目1个。加快淘汰落后产能，利用“亩均论英雄”大数据平台对1149家工业企业开展综合评价工作，对亩均税收、亩均利润、研发投入强度、能耗等进行评价，倒逼企业加快转型升级。中小企业加快发展，规划建设以制造业为主的小微企业园12个，其中新建园区7个、在建园区2个、投入运营园区3个，小微企业园共集聚入园企业548家。

6月，新郑市科技活动周期间在航美智慧产业园宣讲政策（科工信局/供图）

【项目建设】 推进项目招商，围绕新郑市主导产业，突出抓好电子信息、战略性新兴产业招商，完善基础设施配套，力争招引更多优质项目。签约大应急产业示范应用、花花牛加工项目、年产30万立方米宇航级密胺泡沫等15个项目，总投资额80.8亿元。推进项目建设，以“三个一批”为抓手，建立重大工业项目调度机制，全年统筹推进87个工业项目，1—12月累计完成投资57亿元 ，工业投资同比增长41.3%， 高出目标任务29.3个百分点；工业技改投资同比增长344%，高出目标任务314个百分点，位列六县市第一位，郑州市第一位。光明乳业1.2亿元莫斯利安生产线技术改造项目、刘华食品1.1亿元年产4000吨膨化食品等29个续建项目稳步推进；雪麦龙年产3000吨天然香料香精建设项目、瑞腾塑胶年产20万套海绵城市模块配套管道及厕所升级迭代配套产品等58个新建项目如期开工；闽盛食品年产6000吨面包、3000吨包馅糕点、3000吨蛋糕二期项目、宅乐送年产2000吨方便米饭、4000吨方便菜肴生产加工等54个项目竣工投产。推进工业“标准地”，贯彻落实《新郑市关于优化产业用地管理促进产业高质量发展的实施意见》（新办〔2020〕25号）、《新郑市人民政府办公室关于试行工业“标准地”出让制度的实施意见》（新政办〔2020〕17号）文件精神，事前制定发布标准，提高产业准入门槛，进一步促进土地资源要素向高端产业和优质企业集聚，推动产业结构转型升级。2022年编制10个地块的产业项目实施方案，切实解决了人人利食品、佳龙食品、长润开阔、新启点电力等企业项目土地问题。

【经济运行】 抓好运行监测，建立先行指标监测机制。充分发挥用电量等先行指标预警作用，对接供电公司，收集亿元以上企业用电量情况，对用电量同比、环比下降10%以上的企业实施预警，对预警企业通过电话调研、实地走访等方式，分析用电量下降原因，研判行业存在的共性问题，将生产经营各类问题纳入“万人助万企”问题台账，限期办理销号。重点关注“30强30优”、新增入库企业、规上后备企业、有退库风险企业、战略性新兴企业，着力稳定产业链、供应链，强化资金、用地、煤、电、油、气、运等要素保障。建立月分析季通报年终点评工作机制，每月组织召开经济运行分析会，研判分析，精准施策，确保经济平稳运行。抓好企业服务，把“万人助万企”活动作为长久之策，常态化推进、纵深化实施，按照省、郑州市要求，新增包联企业245家，全市各级包联干部累计走访企业2382家次，摸排问题494个，累计解决销号问题494条，办结率100%，省、郑州市交办新郑市企业问题14条，已全部办结，办结率100%。抓好企业培育，建立完善小升规、高新技术企业、科技型企业、“专精特新”等四类企业培育库，对成长性好的企业进行重点服务，重点监管，加强企业“入规”、产能提升等申报辅导工作。

【企业服务】 积极帮助工业企业争取上级资金。拨付企业研发经费投入、技术转移补助、双创大赛奖励等科技创新资金1099万元，新建项目、技术改造项目资金2422万元，信息化奖补资金835万元，绿色化改造285万元，战新企业奖励、开拓

9月，新郑市科工信局—安全生产（行业安全）专题培训讲座举行（科工信局/供图）

市场补贴、食品质量安全奖励、生物医药研发等奖补资金1345万元。推荐27家企业申请满负荷生产奖励资金、增产增效、扩产奖励财政奖励资金1334万元，推荐申报省、郑州市制造业高质量发展项目85个，预计申请资金7483万元，提振企业发展信心。银企对接化解企业融资难题，联合中原银行、郑州银行等举办银企对接活动，梳理汇总锐杰微、吉建建材等8家企业贷款需求，化解企业贷款难题。联合金融服务中心协调解决润弘制药、恒天铜业、锐杰微、百利祥罐业贷款程序问题。精准施策保障企业运行，累计举办“专精特新”专场政策宣讲会3场，研发投入政策宣讲会4场。召开企业座谈会，现场解答遂成药业、雪花啤酒等10家企业提出的问题，及时解决中储粮、达利食品、润弘制药等重点企业限气停气问题。开展省市县白名单企业申报工作，省级白名单企业11家，郑州市级白名单62家，县级白名单155家，起草白名单企业保障办法发布县级白名单，严格落实保生产经营、保物流畅通、保政策助力、保防疫安全“四保”措施。

（撰稿：李　博　审阅：赵　钊）

轻工业发展和管理

【概况】 新郑市轻工业总公司是由新郑市轻工业局1996年2月改制而成的事业单位，是新郑市集体所有制企业的主管部门，总公司位于新郑市新华路中段183号。主要职能是为轻工系统的企业提供政策指导、协调、服务。总公司现有工作人员5人，下设一室四科（办公室、信访稳定科、安全生产监督管理科、财务审计科、人事劳动科）。

总公司协调企业5家：河南庆安化工高科技股份有限公司、新郑市建安工程有限公司、新郑市日出泡沫建材有限公司、新郑市工业物资有限公司、新郑市新美镀膜制镜有限公司。5家企业占地面积共计16公顷多，建筑面积6.2万平方米，固定资产3.5亿元，共有职工385人，其中各类专业技术人员200人。2022年，轻工业总公司全面贯彻党的二十大精神，始终以习近平新时代中国特色社会主义思想为指导，立足实际，转变思路，强化意识，为企业提供政策指导、协调、服务。

【党建工作】 总公司党委扎实开展能力作风建设年活动与党员“活动日”活动及三会一课相结合，积极拓展培训渠道，充分利用“学习强国”学习平台，教育引导党员干部认真履行“一岗双责”，严格执行各项规章制度及“三会一课”制度，加强了机关党风廉政建设工作，规范了党内政治生活。

【安全生产】 总公司认真落实上级安全生产的指示精神，抓好和落实安全生产大检查（化学危险品、劳动防护用品等），积极参加上级部门组织的安全生产工作培训及职工安全技能知识培训，坚持每月召开安全生产例会及安全生产大检查工作，对排查出的安全隐患及时下发整改通知书，要求企业限期整改，并跟踪督查，杜绝了重大事故的发生。全年总公司安监科安全生产大检查出动车辆8台次，安全检查人员24人次，查出一般性安全隐患35处，整改35处，整改率100%。

【信访工作】 因系统破产企业多，改制后遗留问题多，为了维护大局，时刻绷紧信访这根弦，坚持群众利益无小事，脚踏实地解民忧的原则。坚持做好领导接访、下访接待日活动，千方百计做好每一个信访案件，积极协调市职能部门处理好企业职工补交养老保险、医保和完善职工退休手续，深入细致做好思想工作。

【服务企业】 总公司始终把环境建设作为发展服务的生命线，常常深入企业进行指导、督促、协调、服务，切实帮助企业解决了实际困难和问题。

【社会保障】 认真做好离退休老干部工作，每年两次探望离退休老干部，与他们座谈汇报单位工作情况，并与其家属交谈了解他们生活和身体情况，组织离退休老干部参加体检，为他们订阅党报党刊，让他们了解国家大事，不定时组织各种活动，丰富他们的晚年生活。由于轻工系统停产企业多失业人员多，职工生计问题日益突出，在市工会的领导下，开展了一系列扶贫送温暖活动。对困难劳模所能及地为他们解决实际问题，让他们感受到政府的温暖和关怀。

（撰稿：肖利娟　审稿：马书涛）

电力供应

【概况】 国网河南省电力公司新郑市供电公司属国家中二型企业。担负着新郑市全市的供电任务。截至2022年底，公司现有主业在岗职工554人。所属变电站22座，主变37台，变电总容量达到1585.5兆伏安；110千伏线路40条345.086千米，35千伏线路7条78.059千米，10千伏线路197条2352.1284千米；配电变压器3835台，容量1533.675兆伏安。

【各项经济技术指标完成情况】 2022年，全年完成售电量37.9亿千瓦时，同比增长4.93%；电费回收率100%；综合线损率4.7%。综合电压合格率99.929%，综合供电可靠率99.9104%。

【安全生产】 压实安全责任，完成领导班子成员“两个清单”和各部门184类岗位安全责任清单修编，安全生产专项整治三年行动圆满收官。开展安全“五个一”“三再一固”等专项安全活动。实施作业风险前置15项“三级审核”，发挥安全督查中心质效，有效管控作业风险。设备运维更加精益，首次在110千伏双湖变配电装置改造工作中，采用“移动变+带电作业+负荷并倒”的方式，实现停电检修用户“零感知”。完成首座变电站“一键顺控”功能应用。主业和产业单位协同完成110千伏GIS安装调试工作，实现了110千伏核心业务的自主开展。推动构建“政府主导、属地协调、警方配合、群防群治”电力设施保护工作新格局。应急能力持续提升，全面应用新一代应急指挥系统，组建应急指挥中心值班队伍，完成应急安全督察班组建，配备应急值班人员，实行24小时常态化值班。成立20人公司应急基干队伍，组织开展培训，提升应急实战能力。提前完成易涝输变电设备和26个地下开关站、23座低洼环网柜等封闭设备隐患治理。高标准开展夏季大面积停电、防汛等14个科目的综合应急演练。全年发布应急响应命令28项。

【电网建设】 规划前期扎实开展，滚动修编《新郑市“十四五”配电网规划》，并将规划成果纳入新郑市国土空间规划，完成“三区三线”电力重点项目台账入库，有效减少规划审批时限。完成1座变电站不动产权证办理、取得1座变电站消防备案、完成5座变电站前期土地手续组卷上报，首例取得开闭所土地手续组卷上报。主网项目推进有序，配合完成郑州东南部电网加强220千伏线路工程送电。投运送电220千伏梨花变110千伏送出工程和110千伏花园（故里）变2项主网工程，消除了围绕城区的110千伏电网长串级结构性风险。开工建设枣园变、新港变110千伏送出工程。持续推进110千伏中纬、小乔输变电工程和正兴环保能源垃圾发电110千伏送出工程。配网建设成绩显著，共计完成配网建设任务104项，新建（改造）10千伏线路122.36千米、400伏架空线路31.3千米；新建智能柱上断路器138台；改造10千伏环网柜35座、配电台区38台，下户线41.69千米、表箱2276个。建成投运2.2平方千米的配电自动化自愈示范区。“10千伏I暖泉花庄线电缆分接箱改造工程”和“辛店镇北靳楼行政村台区新建工程”分别被国网公司和省公司评为“百佳工程”。

【经营管理】 深化依法合规管理，规范调整各类委员会和领导小组，修（制）订完成“三重一大”决策管理制度和“三重一大”事项决策权责清单，完善公司治理体系。依法依规完成21个房屋土地权证办理。推进产业单位创新创效，稳步提升市场化用户工程占有率，首次开展充电桩合作经营模式。指导祥和新郑分公司打造核心班组建设，提高作业能力，实现了110千伏项目自主作业的新突破。建立贡献与收入相

220千伏悬吊式管母（供电公司/供图）

10月，郑州新郑花园（故里）110千伏输变电工程顺利投产

（供电公司/供图）

匹配的绩效体系，调动作业班组的积极性及工作效率。

【供电服务】 不断夯实服务基础。开展供电服务“大起底、大整治、大提升”行动，持续优化“三级网格”，打通服务客户最后“一百米”。树牢“不停电就是最好的服务”理念，持续优化“三级网格”，采取带电作业、移动变电站转接、“零点工程”等措施，有效减少停电时长。持续优化电力营商环境，严格执行延伸电网投资界面政策，实施“三零”“三省”服务，提高办电效率。落实“万人助万企”措施，实现小微企业零证办电，严格执行惠企纾困政策，为190户困难企业减免电费94.02万元。全力服务政府工作大局，成功应对90.92万千瓦度夏历史最高负荷挑战，圆满完成党的二十大、国务院“两稳一保”督查等73项重要活动保电任务，确保了和谐稳定局面。助力乡村振兴，高质量建成乡村电气化项目1个。争取政府资金801.74万元，改造农田机井352眼。配合政府重点项目，开展“南关桥新建工程电力迁改”等迁建项目23项。积极服务市防疫工作，迅速落实防疫举措，配合防疫卡点联防值班，完成各项紧急供电任务，获得新郑市人民政府书面表扬。

（撰稿：王亚苹　审阅：田立明）

交通 通信

TRANSPORTATION & COMMUNICATION

·交通 通信 >>>

TRANSPORTATION & COMMUNICATION

公路交通运输

【概况】 新郑市交通运输局位于新建路繁荣街108号。内设11个科（室），分别是办公室、行政审批科、人事科、工程科、财务科、路政法制科、质量监督科、安全科、运输管理科、规划发展科、公路管理科;下辖11个二级机构，分别是：公路管理局、交通运输综合行政执法大队、农村公路管理所、道路运输服务中心、海事中心、公路派出所、汽车站、运输公司、祥通客运公司、汽车综合性能检测站、怡和运输公司。系统现有职工981人，其中事业人员565人、企业人员416人。

【道路建设工作】 共推进交通道路建设项目12个，147.5千米。其中：完工项目2个，23.4千米。2021农村公路省、郑州市专项养护工程，2021年农村公路灾后重建工程。续建项目4个，9.2千米，分别是茨山路南移建设工程、莲花路下穿京广铁路建设工程、北环路东延建设工程、双湖大道东延建设工程。前期项目3个，46公里。分别是：国道343郑州境航空港区八千乡至新郑市辛店镇段改建工程（新郑境）、S103新郑境（小刘桥至黄水河桥）大修工程、龙湖镇泰山路西延（龙湖大道至泰安路）建设工程龙湖大道至大学路段。省市重点项目（协调）3个，68.9千米，分别是G310西南段建设工程（续建）、S317密港大道新郑境建设工程、郑州至南阳高速公路郑州至许昌段（新郑境）新建工程。

【安全生产工作】 一是检查货运企业860余家次，整改201家次；检查客运企业29家次，整改5家次；检查出租车企业14家次，开展随机抽查275余人次；检查驾校110余家次，整改65家次；检查维修企业800余家次，下达检查整改通知书90余份。二是对全市国省干线公路、桥梁、交通设施、标志标牌等进行全面排查，共监督检查20余次，排查道路762.5千米、桥涵43座、整改隐患12处，确保公路全面安全。三是检测车辆410697余台次，查处371台次；处罚车辆291台，罚款262.22万元；非现场处理1340台次，罚款213.27万元。

【公路管养工作】 一抓路巡路查。制止查处各种违章、侵占、污染损坏和破坏路产行为等；二抓预防养护。全面提高公路的防灾抗灾能力，促进公路可持续发展；三抓恶劣天气应对。结合天气信息，根据公路特点提前制定应急预案，及时研究部署。四抓分工协作。加强部门衔接，建立信息互通、案件会商、多措研究并举的运行办法，最大限度地预防和减少侵害公路权益以及安全事故的发生。2022年，共出动公路保洁人员33622人次；洗扫车2265台次，累计清扫道路72959千米；洒水车5599台次，累计洒水29299千米；清运车3826台次，累计清运垃圾25675立方米；清洗波形护栏691089米，整修路肩边坡9972平方米；疏通边沟1524千米。

【运输管理服务工作】 扎实做好安全生产监管。深入开展开展各类道路运输安全专项治理活动，检查货运企业760余家次，客运企业24家次，出租车企业11家次，驾校110余家次，维修企业800多家次，下达检查整改通知书90余份。四是深化服务做好助企纾困。组织申报白名单企业109家（省级8家、市级21家、县级80

家），车辆4006台；汇总优惠政策4大类29项；为企业“量身打造”交通专项再贷款方案，为31家运输企业申报贷款意向1.58亿元。

【综合执法工作】 坚持“严格执法、违法必究”治超方针，利用我市11处非现场执法+流动治超+林庄、郭店2个固定治超站点，“白+黑”24小时运行的治超模式。2022年，共处罚超限超载违法车辆144台，其中百吨王112台，卸货3909.56吨，交警记分511分。开展客运市场整治活动。出动执法人员110余人次，检查客车310余台，批评教育违规营运车主30人次，处罚非法营运车辆14台；开展路域环境专项整治。联合交警部门，对国省干线非公路标志、违法建筑、加水点等进行集中整治，清理违章占道、非公路标志标牌、马路市场占道经营、公路沿线非法加水点92处。

【营商环境工作】 深入推进“万人助万企”活动，组建14个专班包联运输企业，局领导班子带队深入28家运输企业，开展大走访、大调研，为企业纾困解难，从政策落实、转型升级、市场开拓、证照办理等方面，实打实解决问题，帮助企业解忧难、提运力、增运量、提效益。深化“放管服”改革，做好“一件事、一次办，有诉即办”；高效运行省厅下放的54项事权，激发交通运输发展新活力。2022年，共收集问题56个，解决问题56个，企业问题解决满意率达到100%。

【党建引领工作】 围绕党的十九届六中全会精神、省十一次党代会精神、市十二次党代会精神、河南郑州“7·20”特大暴雨灾害事故警示教育等内容，召开专题民主生活会1次，组织生活会12次。线下组织观影教育20余次，开展知识测试10场，理论宣讲17余场，覆盖380余人次。聚焦“提升能力、锻造作风、实干立身、争先出彩”主题，对标找差大讨论，全面查找能力作风方面存在的短板弱项，编发简报110余期，“云上新郑”上传工作信息120余篇，新郑发布、融媒体中心、《郑州日报》、《郑州晚报》采用32篇。

（撰稿：李　欣　审阅：杨伟增）

铁路运输

【概况】 2022年，新郑车站，以“标准化规范化建设”工作为主线，坚持“一个核心、两个关键、四大风险”工作思路，突出春运、“集中修”、防洪防汛、防暑降温、防寒过冬等工作重点，从管理制度、现场作业、关键卡控等方面加强管控，确保了车站的安全稳定有序可控、经营收入持续发，顺利实现安全生产12301天。

【标准规范建设】 坚持抓好“标准化规范化”建设，严抓日常标准落实，认真落实“职场管理”要求，从外部整治、岗位整理、标准升级、创新完善等方面逐项进行落实，对相关台账资料对标自查，不定期组织岗位卫生检查，切实做到定置管理、卫生整治常态化、日常化。重点抓好班组长队伍建设，充分挖潜、发挥班组长管理和带动作用，车站、班组、岗位层层推进落实，进一步推动标准化规范化建设工作。

【履职管理】 在管理标准的落实过程中，坚持全面控制与重点盯控相结合，做到一个强化、两个卡控、一个提升，即强化作业标准落实 的“过程”控制。牢记“问题在现场”的要求，充分利用日常检查、记录仪检索、添乘检查、现场盯控等方式，实现接发列车、调车作业、天窗维修、集中修施工的过程控制。加强对关键人员、岗位、时间段进行重点检查，对职工作业标准、工作状态、卫生定置等不定期抽查，转变工作作风，提高管理人员的工作质量；通过宣传教育和严格检查，转变观念，提高职工遵章守纪的自觉性。对检查发现的问题、重点问题等以最快时间掌握，段每日视频交班会结束后，车站值班干部、管理人员加强问题处理情况的汇报、反馈，确保问题得到有效整改。每周二上午车站召开安全分析会，传达学习文件、要求，对前一阶段工作情况进行总结，对典型问题、惯性违标等重点剖析，对涉及安全的每一方面、每一环节进行再检查、再补强，确保安全生产主线不能位移。

卡控阶段性重点工作，抓牢安全重点。狠抓“353”号电报落实，加强施工维修作业关键卡控，对春运、防洪防汛、防暑降温、“集中修”施工、除雪打冰等阶段性重点工作，强化季节性安全风险研判和控制。深度查找车站在天窗修施工管理、冬春季人身安全、道路交通安全和防火防暴、反恐等方面存在的安全风险，及时制定安全措施及应急预案，加强站区协调和业务学习、实作演练，坚决不放过任何一个漏洞，不丢掉任何一个盲点，不放过任何一个隐患，提高防范和处置各类突发事件的能力。卡控日常作业关键，实行现场作业“双盯控”。主班值班干部重点在信号楼盯控关键作业，副班值班干部带队加强现场作业抽查，重点抓好车辆复检、铁鞋管理等工作。

提升应急处置能力，提高团体作战能力。结合车站实际对各项应急预案进行修订完善，注重日常的学习演练，使各岗位人员对自己在应急处置过程中的角色、标准做到心中有数，实现了在施工及各项应急处置过程中安全有序。

【制度建设】 结合季节特点、车站实际作业情况，按时召开“双重预防机制研判专题会议”，用好“一岗一月一表”，抓好风险预警、日常检查、检索和效果评价，风险薄弱环节责任到人，明确整改机制、整改期限、整改效果，使双重预防机制落地生根真正发挥作用，为现场作业奠定坚实基础。

【队伍建设】利用好“星级职工”评定这一平台，规范职工业务学习、日常演练，以业务技能、实作技能、安全警示、“三新”人员培训等，加强考核、公示，不断提升职工业务水平和整体素质。

【管理运输】克服疫情等因素带来的影响和困难，车站想方设法、主动出击，紧盯煤炭运输不放松，准确了解煤炭运输需求，及时配送空车，保证煤炭运输效率和质量。积极拓展白货货源，抓好啤酒、集装箱、钢材等白货运输。完成运输收入约2.49亿元，装37132车，卸14601车，发送货物239万吨。

（撰稿：张文慧　毛文娟　审阅：宋　毅）

邮政通信

【概况】中国邮政集团有限公司河南省新郑市分公司位于新郑市区中华路南段341号，分公司设7个部门，分别是综合办公室、市场营销部、金融业务部、渠道平台部、集邮与文化传媒部、寄递业务部、运营监控部；下设8个邮政支局、12个邮政所，其中：邮政营业网点20处，邮政储蓄联网网点8处，信箱信筒20个，ATM、ITM等自助设备32台；汽车邮路531千米；投递段道127条。在岗职工140人。2022年，新郑邮政认真贯彻落实省、市分公司党委和新郑市委、市政府决策部署，推动新郑邮政改革发展再上新台阶。面对疫情对生产经营产生的重大影响，全体干部职工坚定信念，迎难而上，紧盯目标，分秒必争，在抓好疫情防控、安全生产的同时，继续保持业务较快发展，全年收入完成1.02亿元，增长17.3%。

【普遍服务】坚持普服为“根”、客户为“本”，不断强化“人民邮政为人民”的宗旨意识。建制村持续通邮率、乡镇邮政局所覆盖率、四项普服业务开办率均达到100%。强化普通邮件质量管控，扎实开展投诉治理、平信和普邮邮件丢损率压降专项活动，实现了全年无重大有责投诉、平信和普邮丢损率全年达标。县、乡、镇党政机关党报党刊全部实现当日见报，机要通信保持质量全红。

【助力乡村振兴】坚持以三级物流体系建设为切入点，以惠农合作项目为抓手，助力乡村振兴战略实施，全市邮政城乡基本公共服务均等化、三级物流体系建设、农村电商发展等三大类10项服务乡村振兴考核指标，均圆满完成年度目标。在节点建设上完成“两中心一站点”建设目标，在县级中心达标的基础上完成新址的考察选定；8个乡镇中心建设达到50平方以上，综合便民服务站建制村覆盖率100%。在服务能力建设上邮快合作快递进村业务量93.54件，代投社会快递3.28万件；交邮合作开通1条交邮合作线路，覆盖梨河镇、观音寺镇、千户寨区域。新增农村投递汽车48台，农村汽车化率提升至80%。

【疫情防控】践行“四不中断、四免费办”的服务承诺，确保邮政普遍服务渠道畅通；投递人员坚守岗位，全力确保党报党刊、机要邮件的及时妥投，保证传递党的声音不中断，机要邮件传递及时安全。另外，分公司各单位党员干部主动深入投递一线帮扶作业，做到“人民有呼唤，服务不间断；国家有要求，邮政挑重担”，充分彰显中国邮政关键时刻听指挥、拉得出，危急关头冲得上、打得赢的“国家队”的责任和担当。

（撰稿：贯韫豪　审阅：刘文亮）

联通通信

【概况】中国联合网络通信有限公司新郑市分公司（以下简称“新郑联通”）位于新郑市人民路118号，2022年有在职职工223人，其中正式员工88人，委派用工135人。在岗职工大专以上学历131人，高中（含中专）学历92人。党员31人。公司设有综合部、公众客户营销中心、政企客户营销中心、网络中心一部三中心，下辖5个生产班组以及13个城乡营业部。市区设置自有营业网点5个，乡镇以营业部为中心共分布自有营业网点10个 专营店52个，代理点9个，共同组建了新郑联通公司完善的通信服务网络。

【网络建设】固网建设：截至2022年，固网建设驻地网工程 67个，大客户下线56条；固网建设累计投资158.58万元，新建FTTH端口10481个；有力地支持了公司前端各部门的业务发展。移网建设：新建5G室分10个物业点，新建5G基站201个，新建L900基站70个。

【设备维护】固网：支撑了黄帝故里拜祖、U20重保，完成了重保包括卫生系统、政府系统电视电话会80余次，保障了电视电话会议、视频会议的正常运行；新开通OLT11台，FTTH光缆质量压降到0.2%以下。完成10个支局标准机房整改，完成了报废资产核查，10GPON 整合板卡25块,1G OLT下电11框。移网：应急通信保障9次（黄帝故里拜祖、西亚斯学院2次、安全学校2次、好想你集团、辛店大汉窑、电子产业园、新区元宵节）；高校室分整改2处（安全

9月，河南联通党委书记、总经理与新郑市委书记马志峰为中国联通数字乡村示范县揭牌（联通公司/供图）

学院、西亚斯）；优化网络弱覆盖区域，进行现网资源腾挪自建室分2处（乔氏台球厅、宾悦龙城小区地库）；基站搬迁重建共计实施9处；完成8个机房（共计227个4/5G-BBU合并），完成12个机房900M复用合并46个；IPARAN设备退网下电12个；机房封堵完成8个；机房整合改造完成4个支局；转供电电价压降改造11处；转供电改造1处；4GRRU在服率完成99%以5GRRU在服常完成99%以上。

【资源管理】 新建FTTH小区169个，新建一级分光器371个，二级分光器902个；宽带总端口200868个占用109465个，利用率54.59%。

【线路维护】 共处置各类固网、移网光缆障碍、抢修共1300余次。大型线路迁改、道路落地3起。配合政府、文明城创建捆扎线路、改造等78处，美丽乡村线路整治、捆扎18村庄，老旧小区整治2个，布放5G建设、4G优化、基站搬迁，光缆55段，合计650皮长千米。

【抗疫保障】 疫情无情，联通有爱。2022年全市疫情散点多发，疫情就是命令，防控就是责任。新郑联通全力应对各种涉疫应急通信保障，坚持用行动践行初心使命，用担当彰显联通温度，全力以赴持续保障通信网络畅通、保障信息服务畅通、保障客户和员工安全。在天佑医院隔离点，从接到命令到资源摸排，到设备安装，到调试运行，到最终交付使用，联通公司总经理王旭带领员工不眠不休36个小时，顺利完成各项保障任务，保证了天佑医院隔离病区的交付运行。在郑州四十四中新建校区，无任何一家运营商网络覆盖，接防控办紧急通知需要对宿舍楼和办公楼进行4/5G网络应急保障，在当时疫情封控施工单位无法进场、材料无法采购的艰难处境下，总经理王旭临阵决定拆现网基站联通员工自己干，从方案制定到设备拆除、从光缆布放到设备安装、从调试运行直到凌晨4点多交付完成，连续工作22个小时，保证了郑州四十四中方舱医院的正常运行。在辛店国防教育基地，从接到防控办紧急通知，暂定为疫情管控集中隔离点，联通公司领导班子成立应急通信保障小组，当天就完成了防控会议视频汇聚系统移机调试，紧急调用各方资源，在三天内完成了两个5G基站的建设和开通，确保了隔离点的如期交付使用，又一次完美地诠释了“联通速度”和“联通担当”。

【数字经济】 数字乡村方面：与新郑市人民政府签署全面加快数字基础设施建设暨河南省首个“数字乡村”示范县建设合作协议，进一步整合优势资源，在智慧农业、智慧乡村、数字经济、数字文化、数字治理等方面，以酒孙村为标杆，继续打造更多的精品工程，为加快推进乡村全面振兴作出新的更大贡献。智慧城市方面：完成智慧党建、智慧司法等项目的交付运营，完成政务服务指挥中心及龙湖分中心指挥系统上线运营，承载网格化管理及5G视频调度系统运行保障，为疫情指挥调度做出了巨大贡献。企业上云方面：和乡镇政府联合召开推介会大力推进“企业上云”活动，为电商、软件公司、物联网科技公司、生产制造等企业提供云计算服务，降低企业信息化投资，增加数据安全性，打造了人人利、金芒果等一批上云标杆企业。智慧助老方面：在自有营业厅开设老年服务窗口，人民路联通旗舰厅每月开展一场“智慧助老沃在行动”公益大讲堂，讲解智能手机使用技巧和防诈常识，不断探索智慧助老产品，升级助老服务能力，全方位地助力银发族畅享数智生活。

（撰稿：李玉兰　审阅：王　旭）

移动通信

【概况】 中国移动通信集团河南有限公司郑州市新郑分公司（以下简称“新郑移动”），于1999年10月18日正式挂牌成立，隶属中国移动通信集团河南有限公司郑州分公司管理，属国有内资上市企业。2022年，新郑移动共有员工170人，经理1人，副经理2人。机构设置有4个部室，12个区域营销中心，500余个移动代办点。2022年，新郑移动坚持以客户为中心，坚持稳中求进总基调，以推进数智化转型、实现高质量发展为主线，统筹推进CHBN全向发力、融合发展，各项工作取得了新进展。截至2022年12月底，新郑移动客户达82.35万户，现网运行基站3437座，实现了新郑境内无缝隙覆盖，先后被授予“全国总工会模范职工小家”“集团公司先进基层党支部”“省五一劳动奖状”“省级青年文明号”“省公司先进部门工会”“省模范职工小小家”等省级以上称号6项。

【业务管理】严格业务操作规范，不断强化服务意识，提升服务技能，认真倾听客户意见和建议，及时处理客户关注的热点难点问题。严格客户办理业务实名制，强化用户实名登记关键环节管理，对个人客户一个证件登记5个以上手机号严禁办理入网手续，对实名登记信息未经后台集中审核严禁开通通信服务。防范打击通信信息诈骗，持续净化网络空间。利用分公司微信群、楼道电视墙及多种会务场合，组织学习与企业经营发展密切相关的电信条例等行业监管法规，组织学习与企业经营管理密切相关的竞争法、广告法、垄断法、消费者权益保护法、电子商务法等方面的法律法规，适时提醒和引导全体员工在生产经营中应树立诚信守法、爱岗敬业的价值理念，提高依法经营、依法办事的法治能力，恪守遵循秩序、崇尚规则的合规态度。

【客户服务】紧紧围绕公司高质量发展服务理念，增强品质建设，规范营销，持续推进责任主体覆盖各业务领域，强化全员服务意识，赢取人心红利。不断做优做大无线，家宽网络建设，为客户提供坚实的网络环境。从客户需求出发，用暖心，贴心，舒心的服务及业务精准营销，高质量发展赢取客户人心。不断加强营业厅现场服务督导、开展服务礼仪培训、月度服务质量分析等，提升并掌握服务技能，查找服务短板，提升服务质量，努力塑造“真诚、温馨、亲情、微笑”的窗口服务形象。公开服务事项和服务流程，公示服务标准，接受群众监督，开展文明服务、诚信服务、优质服务竞赛以及岗位明星、服务标兵评比。加强业务知识和岗位技能学习，增强服务意识，提高工作效率和服务能力，争创群众满意窗口、优质服务品牌、优秀服务标兵，实现全心全意为您服务目标，打造客户十分满意品牌服务。持续开展总经理接访，站店听音等服务活动，即管理人员走进一线营业厅，把管理视角转变为服务视角，全流程追踪服务各环节，直接听取客户意见，及时了解客户诉求，推动问题解决，以表率作用带动公司上下更加重视服务工作，提升客户满意度。创新服务渠道，业务办理更便捷。为让客户办理业务更便捷，分公司与时俱进推出大量面向未来的新型服务，包含互联网在线客服、音视频智能客服等，通过官方微博、微信等新媒体客服渠道，实现了业务、套餐、宽带、终端、号卡及自助充值等业务的在线查询订购以及在线咨询服务的全面承载，以聊天互动的方式与客户交流，了解客户需求，快速解决客户疑难问题，“7×24”小时为客户提供智能、透明、自助、安全的服务。

【工程建设】2022年新建基站552座，4G站点73座，5G站点479座，现网运行基站总数达到3437座。完成5G新建479座，其中完成宏基站238座，室分基站241座。新建管道8.25管程千米，新建33管孔千米；自购三方管道24.3管程千米，自购48.6管孔千米。架空线路189千米，管道铺设光缆326千米；新增集团专线559条。

【网络维护】以客户感知为标准，以提高通信质量和覆盖效果为重点，持续开展网络优化活动，努力打造城镇精品网络和乡村精品网络，强化在重点区域、重要地段和人口密集区的网络领先优势，确保客户随时随地通信畅通。2022年完成基站应急扩容125站次，新增载波78个；天线优化调整36站次；基站累计应急发电9278多小时；处理设备告警及其他各种故障1236次，先后为壬寅年黄帝故里拜祖大典、黄帝千古情汇演、高校秋季迎新、疫情封控区信号保障等大型活动的成功举办及新郑市跨越式发展提供了强有力通信保障。

（撰稿：宋智谋　审阅：付　东）

商业贸易

COMMERCIAL TRADE

·商业贸易 >>>

COMMERCIAL TRADE

商贸服务

【概况】 新郑市商业贸易总公司位于中华南路326号，主要职责是为商贸系统的企业和职工提供管理和服务，总公司现有干部职工6人，公司内设一室二科：综合办公室；人事、财审科；信访稳定、安全生产监督管理科。下属企业有新郑市食品公司。2022年，新郑市商业贸易总公司认真贯彻落实市委整体工作部署，紧紧围绕责任目标，狠抓工作落实，圆满完成了各项工作任务。

【信访工作】 信访是商贸总公司的重要工作。年初，公司与二级机构签订了目标责任书。2022年，面对严峻的信访形势和思想工作，商贸总公司进一步贯彻落实了《信访工作条例》，强化领导责任，落实工作任务，提高了干部、职工的信访工作意识，确保了大局平稳。继续实行领导干部分包企业责任制和信访接待日制度。商贸总公司副科级领导干部坚持定期深入基层，帮助企业理清工作思路，及时调查职工反映的热点、难点问题，切实解决疑难问题。对系统不稳定因素进行了认真细致的排查，对不稳定隐患及时进行解决，确保了全系统不发生不稳定事件。针对商贸系统历史包袱沉重、下岗职工多等问题，积极为下岗职工创造良好的就业环境。积极做好郑韩饭店国有“僵尸企业”处置工作、职工安置及思想稳定工作。积极为离退休人员、提供周到的服务和提供相关的材料，认真做好离退休人员思想工作，严格按照政策，积极为他们搞好服务，解决他们生活中的实际问题。建立了信访隐患定期上报制度，总公司对交办的4起信访案件，积极主动，深入调查，了解情况，帮助解决，结案率100%，为全系统各项工作的顺利开展创造了良好的发展环境。

（撰稿：郭明灿 审阅：李 鸣）

供销合作

【概况】 新郑市供销合作社联合社（以下简称新郑市供销社），市政府直属正科级事业单位。主要职能是宣传和贯彻落实党和政府有关农村经济发展的方针、政策，参与研究和制定全市农村商品流通政策和规定，制定全市供销合作社的发展战略和发展规划，指导全市供销合作社的改革与发展，建立和完善农业社会化服务的体系，强化为农服务功能。 新郑供销社成立于1950年，在计划经济时代逐渐发展壮大，在调配农村物资供应中发挥了巨大作用。在市场经济条件下，供销社积极转换机制，狠抓体制创新和网络建设，积极服务社会主义新农村建设，发挥着农村合作经济组织的指导、协调、监督、服务功能。新郑市供销社市社机关现有在职人员17人，设有五科一室，分别是业务科、组织人事科、财务审计科、资产管理科、安全生产科、办公室。下设二级机构25个，其中基层供销社12个，直属公司13个。为健全农村市场体系，发展适应现代农业要求的流通产业，国务院决定实施“新农村现代流通服务网络工程”（简称“新网工程”）。“新网工程”旨在大力发展农业生产资料现代经营服务网络、农副产品市场购销网络、日用消费品现代经营网络和再生资源回收利用网络。全系统按照国家和省、市政府要求，结合新郑市供销社的实际情况，狠抓项目建设、龙头企业培育和乡镇级超市、村级综合服务社建设工作，以现代流通方式改造传统的经营体制，使供销合作社的网络得到升级和完善，也使供销社在统筹城乡经济协调发展的进程中焕发出生机与活力，为推动新郑市经济发展做出了积极的贡献。

【目标任务完成情况】 全系统共完成商品销售总额136452万元，其中电子商务销售额991万元，连锁经营销售额22132万元，化肥销售23364吨，土地托管面积839.33公顷，圆满完成了上级社和市委、市政府年初制定的目标任务。

【“互联网+农产品营销”】 积极培育“互联网+农产品营销”经营主体。引导农产品批发市场、农民专业合作社、家庭农场等经营主体，依托优势特色产业发展农产品电子商务，打造一批农产品网上销售品牌店。组织农产品电子商务产销对接。引导好邻居公司、众城农业种植、为民农资等8家企业及农民专业合作社与郑州供销“农产品”网站进行网购市场对接，拓展农产品电子商务销售渠道。立足郑州市供销网络销售平台，制订“互联网+农产品营销”行动计划，全力推进上级社“一村一品一店”的建设规划，实现“农产品进城”和“工业品下乡”双向流通。

【为农服务社】 截至2022年12月，共建设村级综合服务社17个，专业合作社2个，专业合作社联合社1个。达标镇级日用品超市9个、农资超市11个、新型农村社区超市7个、规范提高龙头企业和配送中心各2个。围绕新郑市农业产业特色，推进农民经纪人队伍建设。组建农民经纪人协会，组织2名农民经纪人参加省级高级农民经纪人培训，组织市级培训30余人次。同时直接参股扶办农民专业合作社和联合社。在辛店、观音寺镇玉米种植面积较大的地区为农户免费提供知识培训，结合专业合作社、农户，凸显“合作社+农户”共同发展的模式，大力推广种肥同播等方式开辟服务新路径。积极创建为农服务社。继续把为农服务社创建工作摆在突出位置，明确目标，分解任务，扎实推进，确保四星级为农服务社任务完成。

【传统业务】 供销社担负着农村商品流通主渠道重任。好邻居日品配送中心多方组织货源2000多种商品，合理优化直营店、镇级超市和村级综合服务社网点配置，加大调拨力度，保障市场供应，稳定物价，稳定民心。配合相关部门整顿和规范烟花爆竹市场，保障群众节庆和红白喜事需要，安全消费。积极寻找新的发展方向，开展农产品购销，帮助农民增收致富。

（撰稿：石　林　审阅：杨宪林）

物资贸易

【概况】 新郑市物资总公司位于新郑市新华路183号，机关在职干部职工6人，物资总公司主要工作职责：负责解决物资系统历史遗留问题、帮助下岗失业职工就业再就业工作、负责物资系统信访安全生产工作、承办市委市政府交办的其他事项等工作。机关内设党政办公室、安全稳定科、人事科。下属企业有物资租赁公司、燃料公司、特种油品公司等10余家企业，下岗失业职工400余人。2022年，物资总公司认真贯彻学习党的二十大精神及习近平新时代中国特色社会主义思想，团结带领全体干部职工解放思想，开拓进取，扎实工作，各项工作取得了新的成绩，圆满完成了市委、市政府下达的各项目标任务。

【党建活动】 2022年，总公司党委以聚焦“提升能力、锻造作风、实干立身、争先出彩”为主题开展教育活动。通过学习总公司党委从思想上、组织上和制度上全面推行党的建设。加强支部班子建设，使基层组织建设阵地完善，组织健全。通过测评、考核等形式，对党员教育工作进行了积极的探索，开展的能力作风建设年活动与党员“活动日”活动及“三会一课”相结合，积极拓宽培训渠道，利用各种培训资源，采取灵活多样的培训方式认真学习及网络课堂学习提升党员素质，在实践中解决了部分党员混同于老百姓，先锋模范作用不大的问题，使党建工作始终围绕经济、服务基层，成为企业管理、发展的推动力和思想源泉。通过制度化、规范化管理，使基层组织建设在加强中得到改进，在继承中得到创新，进一步提升了企业党建工作水平。

【信访和安全生产】 面对严峻的信访形势，进一步深化对信访工作重要性的认识，把信访工作列入党政议事日程，作为一项重要的内容抓紧抓好，研究信访工作，针对本系统停破产企业多、失业下岗职工多、流动性大、难以管理的特点，制定出台了物资总公司《关于建立信访稳定工作新机制新体制的意见》，对全系统的信访工作进行排查摸底，登记造册。对信访群众反映的问题进行分类，明确工作重点，深入基层走访座谈困难职工，及时了解企业下岗职工的生活，想方设法帮助解决困难，化解矛盾，消除不安定因素。做好职工的思想转化和教育疏导工作。特别是在解决停、破产企业下岗失业职工统筹、医保问题上，及时走访停、破产企业下岗失业职工，了解情况妥善解决，保持安定团结的大好局面。

2022年，总公司切实加强安全生

产工作，定期开展安全生产大检查，重点查看安全生产规章制度的完善和落实情况、职工安全教育学习情况，集中排查并及时消除安全隐患情况，有效预防各类安全事故的发生。全年未发生安全生产责任事故。

（撰稿：赵永浩　审阅：黄现生）

食盐专营与管理

【概况】 新郑市盐业公司位于新建路536号，负责新郑市盐业市场各类盐产品（食盐、精制工业盐、工业原盐、保健用盐、洗化盐、盐工艺品等）批发供应。内设综合部、财务部、营销部等三个科室。2022年，盐业公司共销售各类盐产品9967吨，其中入口小包装食盐1537吨，保证了全市合格食盐有效供应。

【企业经营管理】 全力做好大中型超市及农贸市场、社区商店的货源补充，确保全市食盐市场足额供应，维护疫情期间市民正常生活秩序。全面复工复产后，采取多种措施保经营促发展。通过加入郑盐联盟积极探索组团发展新路子，努力提高企业抗风险能力和市场核心竞争力；努力提高公司干部职工的大局意识和团队精神。坚持诚信为本、服务至上的经营理念，公司通过召开总结分享会等形式，不断带动一线业务人员转变思想观念，提高服务意识，以优质的服务赢得了客户的认可。全力扩大产品宣传效果，积极响应政府发展“地摊经济”的号召，推出了“健康惠民社区行”活动，盐业公司每周开展了不少于2次的夜间地摊推广销售活动，将公司产品进行组合销售，取得积极的成效。组织全体干部职工开展商超推广活动，将干部职工分为6个组，每周五下午下班后到万佳超市市区各门店开展盐产品推广销售活动，进一步加大了宣传力度，提高了公司及“雪天”系列产品在新郑市的知名度。

（撰稿：李伟亭　审阅：时永杰）

烟草专卖

【概况】 新郑市烟草专卖局（分公司）位于人民路490号，现有在职在岗干部职工129人，正式党员74人，预备党员1人，设综合管理办公室、党建人事科、专卖监督管理科、卷烟客户服务部共4个科室，下设四个卷烟市场部、四个市场监管稽查队、一个内部监管稽查队、一个打私打假稽查队。2022年销售收入19.27亿元，同比增长11.75%。

【卷烟经营】 持续坚持优化服务，提振经营信心，提升市场状态。全年共销售卷烟45070.73箱，同比增长4.10%；单箱销售收入达到42750.73元，同比增加2926.12元，增长7.35%。终端建设稳步提升，2022年累计建成现代终端652户、示范街7条、示范店35个、打造加盟终端33户。提质增效促提升，共建有诚信互助小组197个，100%覆盖持证客户，累计开展诚信小组活动845次。终端引领功能提升，使用云POS扫码客户数量265户，终端扫码达标率达到100%。扎实开展“我与客户共成长”主题营销活动，客户经理累计培训100余场次，客户经理累计参与1500人次；客户培训累计100余场次，客户累计参与19650人次。深入开展卷烟营销“主战场”主题教育，开展1次主题知识竞赛、15次主题活动，营销人员累计参与人次达到400人次，零售客户累计参与达到13000人次，全面筑牢营销工作基础，夯实了市场、客户和品牌基础。

【专卖管理】 持续筑牢市场基础，规范市场秩序。2022年，新郑市烟草专卖局有计划地组织“元春百日市场整治”行动、“猎狐2022”、“围歼4号”、物流寄递、校园周边、电子烟规范等专项整治行动，加强与市监部门多方协同，有效维护市场秩序，筑牢基础防线。共查获各类涉烟案件286起，查处卷烟898.588万支，同比增长54.70%，烟丝1800公斤、卷烟纸7455公斤、滤嘴棒518.5万支、烟用丝束4350公斤、仿YJ14卷烟机1台、仿YJ23接嘴机1台；YL11型开松上胶机1台、YL21型滤棒成型机1台，总案值911.77万元，同比增长62.26%。其中万元以上案件134起，同比增长74.03%，5万元以上案件28起，同比增长21.74%。假烟案件23起，假冒卷烟352.108万支，同比增长80.11%，案值146.63万元，同比增长44.39%;真烟案件263起，真品卷烟546.48万支，同比增长41.84%，案值765.14万元，同比增长66.52%。捣毁制假窝点1个，查处走私烟案件2起，烟叶烟丝案件1起。全年共刑拘9人，批捕7人，判刑15人。重点环节重点监控，以物流寄递业为监管重点，建立案件通报、信息共享、公安提前介入等工作机制，共查处物流寄递环节案件88起，其中五万元10起，查获卷烟281.72万支，总案值245.82万元。

（撰稿：司庆伟　审阅：戴　冉）

金融

BANKING

·金 融 >>>

BANKING

中国人民银行新郑市支行

【概况】 中国人民银行新郑市支行现位于新郑市中华路南段408号，于1986年人、工两行分设，现内设三科一室（办公室、货币信贷调统科、金融稳定科、金融服务管理科）。在编人员32人，其中行级领导4人，中层干部12人，中级专业技术职称24人、初级专业技术职称5人。2022年，人民银行新郑市支行坚持以习近平新时代中国特色社会主义思想为指导，深入学习贯彻落实党的二十大精神和总行、郑州中心支行工作会议精神，坚决落实加强党对金融工作领导有关要求，自觉站位新阶段，坚决贯彻新理念，主动融入新格局，牢记初心、真抓实干，各项工作取得良好成效。

【助力地方经济】 充分运用货币政策工具，落实好金融服务实体经济各项政策，努力保持信贷总量增长的稳定性。把握稳字当头原则，确保按照计划精准投放。发挥好货币政策工具的总量和结构双重功能，引导优化信贷结构。用好再贷款、普惠小微贷款支持工具等政策，引导金融机构加大对实体经济尤其是制造业、小微企业、科技创新、绿色发展的支持。加强MPA评估利用效能，引导辖区2家地方法人金融机构合理制定全年信贷投放目标，利用MPA评估结果较好地调控信贷投放节奏。用活用好结构性再贷款货币政策工具，督促引导农商行适时增加支小再贷款额度，加大对受疫情影响较大行业的支持力度，2022年，新郑农商行累计使用支小再贷款900万元。打好助企组合拳，全力以赴护航地方经济。持续为小微企业融资扩量提质，加大对受疫情影响行业纾困解难力度。统筹推进金融支持市场主体行动，取得良好成效。紧紧围绕“服务市场主体、助力实体经济”主题，统筹谋划、一体推进金融支持市场主体特别帮扶行动、万人助万企活动等，取得良好效果。对“万人助万企”活动分包企业好想你公司采取“每月对接、每两个月现场走访”的形式开展金融服务。推进设备更新改造贷款等三项重点工作，组织召开全市三项重点领域信贷工作推进会，听取相关金融机构汇报三项重点工作进度和难点，并向金融机构提出具体工作要求。按周监测三项重点工作信贷投放进度，同时加大与市金融服务中心、市发改委、市房管局和中支信贷处的沟通，确保相关数据的准确性。2022年，共有制造业中长期贷款项目28个，已完成授信项目2个、授信金额6.03亿元，完成合同签订项目1个、金额0.03亿元；共有“保交楼”专项借款支持项目6个，涉及专项借款7.33亿元，0.78亿元配套融资授信已获批。

深化金融支持巩固脱贫攻坚同乡村振兴有效衔接，统筹谋划巩固脱贫攻坚成果、过渡期脱贫户小额信贷、大力发展普惠金融等工作，积极建立完善特惠金融、普惠金融、商业金融有序衔接、相互贯通的乡村振兴服务体系。2022年，累计发放脱贫人口小额信贷421户、金额2151万元，存量贷款409户、余额1875万元，均为生产经营性用途。

【金融安全】 高度关注地方法人金融机构风险情况，加强事前监测预警。对监测到的风险点，及时向上级行报送备案并向地方法人金融机构发出风险提示书，约谈其相关负责人责令限时整改。密切关注金融机构突发事件。时刻保持对金融风险的敏感性，捕捉风险苗头线索，尽力做到早发现、早防范。严格执行重大事项报告制度，定期开展金融突发事件应急演练。对地方法人金融机构开展信贷资产质量真实性核查，综合分析研判地方法人金融机构资产的真实风险状况和分类准确性。

【金融统计】持续做好金融统计常规报表报送工作，不断加强统计业务基础，实现金融统计“零差错”。做好地方金融组织统计制度落实和数据的试报送，确保辖内6家地方金融组织数据准确无误上报，为数据正式报送开好头。做好金融基础数据报送工作，为金融业综合统计贡献力量。做好小微企业融资调查、景气企业调查、企业用工状况调查、涉外企业调查等常规调查和企业生产经营与接单情况调查、汛情及新冠疫情对企业生产经营影响等临时性调查，为上级决策提供支撑。

【金融服务】大力开展宣传活动，优化辖区金融生态环境。常态化开展防范电信网络诈骗、金融消费者权益保护、减费让利、反洗钱、反假币以及国债知识等金融知识宣传，引导辖区金融机构结合实际情况开展金融知识进校园系列活动。发挥辖区农村支付服务点地理优势，下沉宣传重心，打通金融知识宣传“最后一公里”，提高农村群体的金融获得感、安全感、幸福感。聚焦服务提升，着力优化账户服务。建立常态化监督机制，开展银行网点常态化明察暗访及交叉互访，结合事后核查、问卷调查等非现场方式，动态跟踪、全面掌握银行账户服务情况。开展8轮共35次明察暗访及3轮银行机构交叉暗访工作，督查范围覆盖率100%。督促辖内银行机构推行简易开户服务，提供更加便捷的异地银行账户服务，不得“一刀切”对账户进行管控。畅通自上而下的三级支付服务监督电话，要求辖内银行机构119家网点全部公示三级投诉电话，设立专人答复处理，对社会投诉咨询有求必应、有问必答。提升银行网点适老化服务水平，共对辖内银行机构开展2次适老化服务问卷调研活动，活动结束后认真分析问卷，督促银行机构及时整改相关问题。持续提升支付服务便民水平，深入推进农村支付服务环境建设。加强农村支付服务点监管，2022年现场督查农村支付服务点6次，现场督查15家，非现场督查259家。大力推广“乡村振兴主题卡”等特色金融IC卡。大力推广“云闪付”App，2022年，新郑市“云闪付”App2022年新增下载量与绑卡量均居河南省县域第一。大力推广应用“福农通”业务，推动辖内2家商户申请完毕并正式使用福农通业务，助力夏粮收购顺利开展。围绕群众需求，提高征信查询便利度。经郑州中心支行批准，2022年在新郑农商银行港区支行布放一台征信自助机器，为周边群众带来了极大便利。加强人民币流通管理，营造和谐健康的人民币流通环境。查处金融机构网点残损币兑换推诿3次，受理群众举报2起，处理收缴假币争议3次，为群众鉴定特殊残损币7笔金额21619元，共收缴假人民币159631元。发挥金融机构网格化管理工作机制，建立辖内网格化责任区21个，处理拒收人民币投诉7次。加强对金融机构小面额人民币投放工作的监督。

（撰稿：李　婷　审阅：闫中坤）

中国工商银行股份有限公司新郑支行

【概况】中国工商银行股份有限公司新郑支行是中国工商银行设在新郑市的分支机构，隶属中国工商银行股份有限公司郑州分行。位于新郑市中华路与新华路交叉口东北角238号，现有在职职工131人，领导班子成员5人，郑州分行营业部派驻纪检员1人。内设机构：综合管理部、对公业务部、个人金融业务部、个人资产团队和机构结现团队。辖属中国工商银行股份有限公司新郑支行营业大厅和六个二级支行：中国工商银行股份有限公司新郑北关支行；中国工商银行股份有限公司新郑中兴路支行；中国工商银行股份有限公司新郑龙湖支行；中国工商银行股份有限公司新郑车站支行；中国工商银行股份有限公司新郑双湖大道支行；中国工商银行股份有限公司新郑中兴路支行。2022年，新郑支行严格贯彻落实总行党委“四十八字”工作思路、“三比三看三提高”工作方法，注重市场占比、善于研究同业，强力突破，高效率、快节奏推动各项重点工作，全面提升支行市场竞争力和可持续盈利能力。

【工作成效】公司存款7.17亿元，较年初增加1.54亿元，机构存款12.94亿元，较年初增加0.35亿元。支行各项存款、对公存款、储蓄存款、公司贷款、拨备前利润等主要业务指标同业市场占比超过25%；其中各项存款增量、对公存款余额和增量、储蓄存款增量、公司贷款余额和拨备前利润市场占比超过30%，各项存款、储蓄存款增量占比高于余额占比8.29、5.13个百分点。与系统郊县兄弟行相比，对公存款余额七家郊县行排名第一，各项贷款余额七家郊县行排名第二；各项存款余额和增量七家郊县行排名第二；储蓄存款余额和增量七家郊县行排名第二；中间业务收入七家郊县行排名第一。

【个人客户】个人客户得到较好的提升，截至12月末，个人全量客户达到479701户，较年初净增17223户，郊县行排名第一；个人有效客户达到314335户，较年初净增16190户，郊县行排名第一；全年手机银行客户净增26281户，郊县行排名第二，客户倍增全年任务完成比146.01%；月均动户数84236户，当年月均动户完成率109.54%；第三方支付绑卡新增40428张，郊县行排名第一；个人养老金账户营销，我行累计开户数3640户，任务完成比52.62%，分行排名第五。

【对公客户】结现专业新开结算账户948户，全年目标完成率106%；日均资产1万元客户新增273户，全年任务完成比163.4%；新开有效户690户，新开有效率72.8%；到账伴侣771户，全年任务完成率81.3%；结算套餐（惠享服务方案）销售884户，覆盖率为93.3%；新开机构账户43户。

【关爱员工】定期开展夏季送清凉和冬季网点慰问工作，传达支行党总支对员工的关心关爱；积极开展支行侧楼整修，扩建职工食堂，增设员工宿舍，开建退休老干部活动中心，配置相关书籍和休闲器具，丰富退休干部的文化娱乐活动，增加了员工的集体荣誉感和归属感；坚持每年通过专业公司进行空调清洗，从细节改善员工生活环境和工作环境，让员工工作放心和舒心；持续积极宣导分行薪酬发放政策导向，灌输“收入靠贡献，绩效靠挣取”的经营理念，充分激发青年员工干事创业的激情。

【个贷结构】截至12月末，个人贷款余额34.7亿元，较年初增加1.06亿元，余额实现同业进位，增量位于同业第二。全年个人贷款累计投放44112万元，其中住房贷款投放32973万元，占比74.75%，非住房投放11139万元，占比25.25%，占比较2022年提升18.75%，个贷市场竞争力逐步增强。

（撰稿：王培杰　审阅：陈　强）

中国农业银行股份有限公司新郑市支行

【概况】中国农业银行股份有限公司新郑市支行位于人民路西段290号，在职员工128人，领导班子成员5人，支行机关内设综合管理部、运营财会部、公司业务部、零售业务部、个贷部、乡村振兴服务中心、普惠金融服务中心、现金调运中心等8个部门，下设支行营业室、轩辕湖分理处、车站分理处、辛店分理处、郭店支行、薛店支行、龙湖支行、双湖大道支行、华南城支行等9个营业网点。2022年，新郑支行认真贯彻落实上级行党委各项决策部署和发展战略，坚持以党建工作为统领，加强作风建设，狠抓执行落实，以市场为导向，以客户为中心，全行上下凝心聚力，支行经营管理各项工作实现了稳步发展。

【经营业绩】截至2022年底，新郑支行各项存款余额61.79亿元，市场份额“四大行”排名第三，其中对公存款11.11亿元、个人存款50.69亿元；各项存款较年初增加8.26亿元，市场份额“四大行”排名第三，其中对公存款较年初增加8，286万元、个人存款较年初增加7.43亿元；各项贷款余额67.5亿元，市场份额“四大行”排名第一，其中法人贷款18亿元、个人贷款49.5亿元；较年初增加15.03亿元，市场份额“四大行”排名第一，其中法人贷款较年初增加13.77亿元、个人贷款较年初增加1.26亿元；中间业务收入2331万元，完成市行年度计划的64%，其中，对公中收440万元，完成市行年度计划的45%，零售中收1891万元，完成市行年度计划的70%；实现利润7177万元。

【存款业务】支行提出了存量流量并重、重日均轻时点、对公储蓄兼顾、大小客户统揽，把存款工作抓到每一天、落实到每个网点、每个部门、每名员工，人人有压力、人人有动力。支行在重点抓好个人存款的同时，逐渐改善对公存款结构，对辖内对公客户做好分层管户维护，定目标、促进度、看成效，实行目标责任制，奖优罚劣。

【资产业务】支行班子主动和政府职能部门、主要领导对接，围绕新郑特色产业、重点客户、重点项目摸排调查，全力营销大客户、大项目，助力新郑市乡村振兴建设，优化我行信贷资产结构。2022年，支行大力支持个贷业务的发展，在做好个人住房贷款的同时，强力持续推动网捷贷、烟商贷、药商贷、惠农E贷等线上信贷业务的发展。法人信贷业务方面，常态化推进普惠金融类贷款，加大纳税e贷、抵押e贷款等线上信贷产品的营销推广，持续做好对小微企业支持。

【渠道建设】2022年，新郑支行班子行加大渠道建设，对辛店分理处实施原址装修改造，该网点已于2022年1月开门营业。网点布局持续优化、网点服务能力持续提升；大力拓展电子网络，积极开展互联网金融服务升级，布局线上业务，把智能POS、农银E管家市场专业版、掌上银行、缴费商户、市场通、超级柜台等新型结算方式作为交易渠道的延伸，融合线上线下渠道，突破物理网点、人员的限制，扩宽服务渠道，提升服务质量。在支行党委的强力推动下，从优化流程、规范职责、优化考核机制三个方面全力推动网点转型，积极实施网点的硬转和软转，压缩后台人员，充实营销队伍，提高全行的市场营销外拓和服务能力。

【内控管理】支行积极完善制度，强化管理，构建合规经营长效机制，有效防范了风险，确保了安全经营。坚守底线，严控风险，筑牢管理基础。强化合规理念的传导，开展合规理念宣讲，认真组织全行干部员工参加郑州分行组织的合规教育和案件警示教育，加强员工的合规培训，规范员工行为和操作，时刻提醒员工牢记合规要求，增强全员遵章守纪及主动合规意识，扎实开展“三化三铁”和“平安农行”创建。强化信贷资金风险的管控，对全行信贷资产进行全面梳理，对有风险的信贷资产进行认真的贷后管理，对形成不良的信贷资产，包括信用卡不良，与上级行积极沟通，组织人力开展清收和核销，积极压降不良信贷资产占比，全面提升信贷资产质量。扎实开展员工行为排查，通过“三线一网格”、企查查、工商局注册登记等渠道对员工行为进行大排查，对上级行提取的可疑员工行为进行认真排查核实，整肃干部员工队伍，营造风清气正氛围，确保了全年安全经营无事故，为实现“平安农行”奠定了坚实的基础。

（撰稿：陈永强　审阅：孙　磊）

中国银行股份有限公司新郑支行

【概况】中国银行股份有限公司新郑支行位于新郑市新华路与中华路交叉口东南角。下辖郑支行营业部、新郑人民路支行、新郑龙湖支行、新郑新区支行4个网点。2022年，新郑支行认真贯彻总行、省市行的战略目标和工作部署，坚持业务发展、疫情防控、风险化解、经营管理多线作战，沉着应对，负重前行，确保各项业务持续稳定发展。

【主要经营指标】截至2022年12月末各项存款余额647788万元，较年初增加 90544万元。其中公司存款余额152486万元，较年初减少13998万元；储蓄存款余额495302万元，较年初增加104541万元。各项贷款 418208万元，较年初减少35313万元。其中公司贷款75781万元，较年初下降11931万元；个人消费贷款342427万元，较年初减少23383万元。实现净利润9023万元。

【主要措施】持续落实中央“脱虚向实”要求，对企业供氧输血。通过精准有效的金融服务持续加大对实体经济支持力度，减负纾困，帮扶解难。扶小助优，培大育强，助力乡村振兴战略，促进实体经济健康发展，保持人民币贷款投放力度稳步增长。结合县域实际情况和金融特点，发挥多渠道融资优势，全方位挖掘和满足市场主体需求，以市域为中心，向周边辐射，向乡镇渗透，多点位覆盖客户。强化对中小微企业、先进制造业等市场主体支持力度；完善激励机制建设，强化对中小微企业、先进制造业等市场主体支持力度，深入推进对公、对私普惠一体化经营、支持中小企业融资增量扩面、提质降价，加快普惠金融线上化业务转型，持续完善产品功能和风控，大幅提升线上业务占比。同时积极培育扶持“专精特新”企业，助力科技型企业做大做强。

围绕高质量发展主线，强化内控及风险管理。支行坚持培育合规文化及员工合规理念，每个网点建立自己合规文化墙，支行定期组织合规宣讲活动，每个员工谈感想，谈心得。支行班子成员每月至少参加一次网点例会，宣讲内控要点，开展警示教育，随机双十禁检查。网点负责人严格落实“六必做”，坚持谈心家访活动，关注员工思想行为动态，做到关口前移，及时发现员工异常行为，将问题消除在萌芽状态。支行行长每季度召开风险内控会议，结合季度通报问题，举一反三，分析症因，及时查缺补漏。综合开展岗位练兵、技能比武、专项培训、实践学习等主题活动，完善考核机制，多层面强化内控，防范风险发生。

持续落实市政府“三送一强”活动，大力发展普惠金融。积极响应政府号召，全面落实“三送一强”活动，解决企业生产经营资金需求，充分利用支行授信政策，产业和行业导向以及对中小企业支持产品特点，积极参加政府部门组织银企对接洽谈会，建立各乡镇对接联络站，选择意向客户，大力拓展“普惠贷”，为企业正常生产经营提供强有力的支持。增加惠民支持力度，积极利用本行线上、线下全类普惠金融产品大力拓展普惠贷款，为中小企业和个体工商户以及个人提供资金支持，全年共投放普惠贷款1.2亿元，有力地服务了地方经济发展，体现了社会责任担当。

【疫情防控】支行研判疫情动态，做好人员管理、网点运营、应急值守、食堂防疫、环境消杀、物资储备等进行全面部署，抓好常态化疫情监测防控，坚持工作常态、随机管控，灵活调配、监督常管，持续防控合理应对运营与防控。加强员工及三方人员管理，加强重点场所管控，做好营业网点、离行自助、办公大楼、职工食堂等防疫管理。

（撰稿：史广鑫　审阅：桑　峰）

中国建设银行股份有限公司新郑支行

【概况】中国建设银行股份有限公司新郑支行位于新郑市中华路373号，在职员工68人，领导班子成员5人，支行本部内设办公室、综合业务部、个贷部3个部门，下设新郑支行营业部、新郑人民路支行、新郑郑新路支行、新郑龙湖支行、郑州华南城支行5个支行级网点和3处离行自助。2022年，建行新郑支行践行“普惠、科技、共享、绿色”的新金融理念，走新金融履行责任、服务社会的道路。服务乡村振兴，助力共同富裕，打造线上线下一体的乡村振兴综合服务体系，“裕农快贷”咫尺可及，“裕农朋友圈”持续扩容，“裕农通”新场景不断叠加，引流金融活水浇灌广袤乡村田野。贯彻落实河南省分行党委“四最一流”发展战略，努力打造成为区域内标杆银行。积极融入地方经济发展，围绕新郑市委、市政府工作要求，持续积极支持地方经济发展，坚持合规经营，各项业务得到健康发展。2022年6月建行郑州地区机构调整，新郑支行划归郑州郑港支行管理。

【内部管理】牢固树立“以党建促发展，以发展强党建”的理念，以高质量党建引领高质量发展。深入学习贯彻党的二十大精神，抓实抓好学习贯彻习近平新时代中国特色社会主义思想主题教育，坚定不移推动全面从严治党、从严治行，为加快“四最一流”银行建设、实现高质量发展提供坚实保障。自觉履行“一岗双责”，切实扛稳管党治党的政治责任。以上级党委全员从严治党从严治行警示教育为契机，持续优化从严治党从严治行生态建设。持续加强纪律建设，教育引导全体党员知敬畏、守底线，坚决防范风险和案件，构筑廉洁自律、拒腐防变的思想防线。做好青年人才的锻炼和储备，组织青年员工参加“大别山精神”培训班和“红旗渠精神”培训班，使青年员工进一步坚定理想信念、胸怀全局、踏实肯干、勇于担当，以良好的精神状态，务实的工作作风积极投身到日常工作中。

做好员工关爱，凝聚人心士气。支行班子成员坚持深入一线，将党的关怀和组织的温暖送到每一位员工的心中。走访慰问困难员工、开展员工生日送祝福、组织班子成员开展员工谈心活动，关注员工工作和生活的痛点和难点。定期慰问退休员工，关心退休员工的生活，帮助解决一些实际困难。通过人文关怀，增强了员工的荣誉感和归属感，进一步提升了党组织的凝聚力、号召力和向心力，有力激发、调动了员工的工作积极性。

内控合规：组织开展全方位、多层级的合规专题培训，将合规理念融入业务发展和经营管理的全流程，切实提升员工合规意识与履职能力。定期开展员工行为排查，消除各类隐患。教育员工坚持职业操守，坚守道德底线，严防触犯党纪法律红线。

安全生产：提高政治站位，充分认识做好安全生产工作的重要性。全行认真学习习近平总书记的重要指示精神，以“时时放心不下”的责任感、如履薄冰的危机感、坐不住的紧迫感，认真做好安全生产各项工作，坚决防范各类事故发生。严格落实各级机构主体责任、“一把手”第一责任、部门管理责任、员工岗位责任。

【业务经营】截至2022年底，新郑支行一般性存款余额56.95亿元，其中：公司类12.83亿元，个人类44.12亿元。贷款余额60.38亿元，其中：公司类贷款7.01亿元，个人类贷款余额53.38亿元。贷款不良率1.96%，实现利润1.85亿元。

【获得荣誉】新郑支行2022年获河南省分行“十佳特色县支行”称号。

（撰稿：王海军　审阅：孙　孟）

中国农业发展银行新郑支行

【概况】中国农业发展银行新郑市支行位于新郑市中华南路498号，在职职工22人，班子成员3人，支行内设综合部和客户部两个部门。2022年，新郑支行在上级行党委和地方政府的坚强领导下，坚持以习近平新时代中国特色社会主义思想为指导，以学习宣传贯彻党的二十大精神为主线，认真落实“疫情要防住、经济要稳住、发展要安全”的总体要求，担当实干、合规经营、团结拼搏，服务稳住经济大盘，防控化解信贷风险，有力有效统筹推进各项工作，全行业务持续健康快速发展。

【经营指标】截至2022年12月31日，各项贷款余额25.40亿元，较年初增加2.41亿元，全年累收9.69亿元，累放12.11亿元，日均存款7903万元，贷款利息收入9097.41万元，实现FTP利润1108.37万元。

【履职发展】一是全力服务国家粮食安全，全年累计投放中央储备粮油贷款3.26亿元，支持收购央储小麦近1万吨、央储大豆7.37万吨、央储油脂1.38万吨；累计投放地方储备和调控贷款1.05亿元，支持收购地方储备小麦0.45万吨、调控小麦3.08万吨；高效优质完成了支持夏收任务，持续擦亮“粮食银行”金字招牌。二是全力保障疫情防控金融服务。在疫情防控期间，面对疫情防控资金需求，上下三级行密切配合，72小时内完成3亿元应急贷款投放，驰援郑州疫情防控一线，保证了郑州居民“菜篮子”产品充足供应和价格稳定，彰显了政策性银行“支农为国，立行为民”的使命担当。三是全力支持小微企业纾困发展。实施“大走访、大调研、大营销”融资对接活动，积极帮助民营企业纾困解难，为3家维护类客户的16笔贷款累计办理续贷3.99亿元，有效地保证了企业的流动性资金需求；与此同时，营销并以优惠利率向3家小微企业发放贷款3000万元，支持企业经营维护农贸市场，有效增强了当地农贸市场流通活力，在普惠金融领域也画上了浓墨重彩的一笔。四是全面落实减费让利政策。从服务实体经济的大局出发，积极推行并落实上级行制定的首年利率优惠定价方案，对新发放的小微贷款实行大幅让利，有效减轻小微企业的利息负担，同时积极落实减免手续费等减免政策，真正让小微企业享受到政策红利。

（撰稿：岳晓洁　审阅：张　鸣）

河南新郑农村商业银行股份有限公司

【概况】河南新郑农村商业银行股份有限公司（简称：新郑农商银行），下设1个营业部，18家支行，共58个营业网点，129家普惠金融服务站和1家乡村振兴服务示范点。2022年，面对多重压力和多种风险交织的困难和挑战，新郑农商银行坚持业务发展和经营管理双轮驱动，扎根当地、精耕细作，各项工作扎实有效推进。2022年，新郑农商银行营业部被共青团新郑市委授予"青年文明号"荣誉称号。

【业务经营】2022年，新郑农商银行资产总额355.09亿元，其中贷款余额165.33亿元；负债总额337.22亿元，其中存款余额285.91亿元，存款、贷款市场份额继续保持辖内金融机构首位。

【普惠金融】作为地方金融机构，新郑农商银行牢牢扛稳脱贫攻坚的政治责任，全面践行普惠金融，以金融精准扶贫为抓手，在践行普惠金融中彰显"领头羊"作用。2022年累计发放小额贷款19598户、金额30.22亿元；发放乡村振兴贷款3449笔、金额6.9亿元，其中：专业合作社贷款8384万元，农业产业化龙头企业贷款1445万元；发放各类扶贫贷款197笔、金额914.8万元。

【纾困解难】作为支持地方经济发展主力军，新郑农商银行始终坚持"金融为民"初心，以"转变作风、宣讲政策、惠企纾困、服务实体"为主题，开展企业大调研、大走访活动，用实际行动与企业共克时艰、共同成长，2022年，累计对辖内3000余户民营小微企业及个体工商户进行实地走访，发放金融明白卡30000余份，投放信贷资金52.99亿元；推出"惠钢贷""金燕e贷-质押贷""金燕复工贷"等贷款产品，发放"金燕e贷-质押贷"1077万元，发放金燕复工贷1256万元，最大限度满足企业诉求，助力地方经济持续稳定发展。

5月，新郑农商银行开展存款保险宣传活动（农商银行/供图）

【服务质效】新郑农商银行充分发挥网点遍布城乡、深入社区的优势，积极开展"金融知识进万家""防范非法集资"等宣传活动，为营造诚信社会环境贡献金融力量；累计发放社保卡45万张，建立社保服务网点28个，普惠金融服务站乡镇覆盖率达到100%，让群众在家门口即可办理社保卡相关业务，惠及群众14万户。

【社会责任】2022年，面对多轮疫情冲击以及疫情过后亟待恢复的社会经济形势，新郑农商银行勇担社会责任，践行社会公益，积极向辖内政府、社区及抗疫一线工作人员捐献口罩、酒精、消毒液、方便面等各类物资共计6万余元；在日常工作期间，针对年龄大、重病、残疾的特殊群体，主动携带移动设备上门服务，2022年度累计提供上门服务6000余次，为5000多户居民解决难题，确保金融服务不断档。

（撰稿：孙芳芳　审阅：田　晓）

中国邮政储蓄银行股份有限公司新郑市支行

【概况】中国邮政储蓄银行股份有限公司新郑市支行成立于2007年12月29日，自成立以来全力支持国家中心城市高质量建设，积极服务地方经济发展大局。新郑市支行共有从业人员68人，内设综合管理部、风险合规部、零售金融部和公司金融部四个部门，下辖玉前路支行、辛店镇支行、龙湖镇支行3个二级支行。

2022年，邮储银行新郑市支行始终坚持服务"三农"、服务乡村振兴，积极履行国企责任，不断提升金融服务水平。面对严峻复杂的外部环境和持续影响的新冠疫情，邮储银行深入贯彻新发展理念，积极践行普惠金融，紧密围绕新郑市委、市政府工作部署，全体干部职工坚守岗位，攻坚克难，精心谋划，积极应对，为新郑辖内居民提供优质、便捷、高效的综合化金融服务。较好地完成了各项工作任务，为新郑市社会经济发展作出了应有的贡献。截至2022年底，邮储银行新郑市支行存款规模56.18亿元。其中公司负债余额12.03亿元，居民储蓄余额44.14亿元。整体贷款规模49.31亿元。其中个贷整体结余43.66亿元，公司贷款结余2.36亿元，小企业贷款结余3.29亿元。

【理论学习】 持续抓好党员教育，支部党员集中学习时间不少于32学时，支委成员不少于56学时，推动习近平新时代中国特色社会主义思想入脑入心；第一时间组织党员干部观看中国共产党第二十次全国代表大会，并召开专题研讨，结合实际抓好贯彻落实；持续做好党的二十大精神的学习贯彻落实，按照市分行方案开展学习，党员干部谈体会，确保学习成效。积极参与市分行党委“喜迎二十大奋进新征程”党建主题系列活动，以实际行动和优异成绩献礼党的二十大。

【责任担当】 积极践行国有大行责任担当，深入贯彻新发展理念，积极践行普惠金融，坚持把服务三农、发展农村经济作为重点工作，不断加大对农户的直接融资支持，持续开展“村村贷”走访活动，建设信用村，评定信用户，增强涉农服务能力，助力乡村振兴。积极服务区域协调发展战略，面对持续的新冠疫情，全体干部职工坚守岗位，攻坚克难，积极应对，主动承担社会责任，为新郑稳经济、助企纾困、支持专精特新企业、“保交楼”专项等工作开展提供高效的邮储金融支持。疫情期间积极帮扶小微企业客户，提供灵活快捷的信贷支持方案，保障企业复工复产，取得了良好的社会效益。小微企业客户的数量显著增加，贷款规模比例不断增大，2022年支持小企业累计投放贷款3.57亿元，结余3.29亿元。

【党建引领】 开展“三亮三比三评”活动，通过党员大会、民主评议党员，扎实开展“比”和“评”，将党员的活动表现和评价情况纳入评优评先，党员更加明确自身的职责和使命，自觉主动发挥模范带头作用。持续落实“合规—共产党员在行动”活动，带头学习员工违规行为处理办法，组织党员观看《迟来的忏悔》等警示教育片，开展“我要合规”专题研讨，开展“党风廉政教育月”活动，讲“创建清廉金融文化”专题党课。深化党群共建，加强对年轻干部的教育培养，组织支行青年员工观看学习中国共产主义青年团成立100周年大会、党的二十大精神宣讲会等内容，引导年轻干部和优秀青年员工积极向党组织靠拢。

【文明创建】 认真落实上级党委关于落实意识形态工作责任制的有关要求，强化理论学习，坚定思想信念。年末对照《意识形态工作自查清单》开展自查工作，提升和完善工作质量。积极培育和践行社会主义核心价值观，深入开展文明创建活动，作为窗口单位积极参与新郑市全国文明城市创建活动，组织开展金融服务进社区、“文明使者进社区”、文明交通等志愿服务活动。

【疫情防控】 统筹做好疫情防控各项工作，抓好重点环节的精准防控，全力维护员工、客户人身健康。同时配合政府做好地方企业商户的金融支持，确保金融服务不断档，疫情期间积极帮扶小微企业客户，提供灵活快捷的信贷支持方案，保障企业复工复产，取得了良好的社会效益。

（撰稿：郑新蕾　审阅：贯海霞）

郑州银行股份有限公司新郑支行

【概况】 郑州银行新郑支行成立于2009年7月22日，内设三部一室：运营管理部、市场部、零售业务部、综合办公室，开立营业网点4个：新郑支行、新郑龙湖镇支行、新郑解放路支行、新郑新华路支行。现有员工共64人，其中党员14人。2022年，各项存款余额51亿元，各项贷款余额59亿元。2019年9月19日，本行 A 股上市仪式在深圳证券交易所举行，成为国内首家 A + H 股上市城商行。在英国《银行家》杂志最新公布的全球银行1000强榜单中，郑州银行位列第184位，市场竞争力居全国城商行第一梯队。

郑州银行秉持“合规鼎峙、革故鼎新、一言九鼎”的核心价值观，致力于打造追求卓越、攻坚克难的“特色郑银”企业文化。郑州银行新郑支行坚持“专注主业，服务实体”的经营理念，紧跟总行战略部署和优质产品，擦亮科创金融品牌，做深普惠金融，多措并举持续提升金融服务实体经济质效。另一方面，聚焦新市民、乡村和中高端目标客群金融需求，以数字金融创新为引领，为新市民提供特色化、差异化金融服务，并加强优质场景搭建，持续深化客群建设和经营，用心打造“新郑精品市民银行”的行业名片。

【对公业务】 信贷业务投放模式不断优化，特别是疫情以来，主动参加市政府组织的“三送一强”“银企面对面”“万人助万企”以及“行长进万企”等活动，针对企业在复工过程中的不同需求，推出多项举措同时发力，全面支持企业生产自救、复工复产，与企业共渡难关。新郑支行已累计投放各类信贷资金680余亿元，积极支持了新郑市的文化旅游、房地产、医药卫生、农林牧渔、信息科技等民生工程和市重点项目。特别是2021年以来，政府平台公司业务受限，为解决政府实际问题，支行通过投转贷的方式累计给平台公司投放资产12亿元，为新郑实体经济高质量发展做出积极贡献。

【零售业务】 2022年，新郑支行储蓄存款呈现持续增长态势，余额达到21亿元；信用卡新增发卡860张，实现连续4年发卡量稳定增长；个人消费贷款新增3276万元，余额达到7423万元。2022年深耕细作代发客群，取得了一定效果，代发工资客户存款及AUM有了明显增长，同时代发客群的保险与贵金属业务也较往年有大幅提升。工会卡客群也是本行重要客群之一，推出工会卡客户专项理财，服务工会卡客户，并精准定位教师客群，开展了教师节理财特别营销活动，为客户提供全方位金融服务的同时收获了良好的口碑。

为响应国家振兴乡村金融的号召，成立惠农业务团队，深耕乡村市场，共成立惠农站点46家，全年累计惠农助农相关宣传142场，获得农民群众广泛认可。推出了乡村振兴卡和一系列针对村民的优惠活动，打破银行和农民之间的壁垒，构建泛农村金融服务生态圈，有力助推脱贫攻坚成果巩固和乡村金融振兴。

支行经营方面聚焦精细化管理，注重客户体验。储蓄存款管理：储蓄存款为立行之本，发展之机，稳做客群，均衡发展，保持平均每年2亿元的储蓄存款新增，存款结构也在逐步调整，提升服务大众的综合能力。客户AUM金融资产管理：理财产品是县域支行本地立足的拳头产品也是服务客户的重要渠道，支行充分发掘客户需求，为客户提供更合理的财富规划，保值增值。在日益复杂的外部环境下，金融安全更是关系到每位客户，新郑支行积极践行服务地方的社会责任，常态化通过金融知识普及、反诈等进行宣传，提高大众金融安全意识，促进社会金融稳定。

【内控合规建设】郑州银行新郑支行将合规文化建设工作作为经营管理目标的重要内容，创建具有郑州银行特色的内控合规文化，强化全员合规经营意识，充分发挥合规文化的引领作用，有效贯彻落实监管意见，推进内控合规文化建设进程，根据监管部门的相关要求，结合合规文化建设实际，制定《郑州银行内控合规文化建设方案》。

支行形成合规文化建设长效机制，进一步改进完善学习、教育、培训和宣传机制，深度根植合规文化理念。持续推进制度动态调整和机制不断优化完善，将关键岗位制度要求嵌入固化到业务操作和管理系统中，实现有规可依、有规必依。整合完善检查监督奖惩机制，着力提升制度的约束力和执行力。根据相关要求不断健全和改进完善考核评价体系和激励机制，充分发挥合规文化的正向激励作用。将合规文化建设融入经营管理的各项工作、各个岗位、各个环节之中。

初“心”如磐向未来，依“约”而行助发展。郑州银行新郑支行，将坚决扛起稳经济促发展的金融担当，持续加强服务实体经济的力度和广度，在服务实体经济中主动作为、提升能力，让“心金融”赋能地方经济高质量发展。

（撰稿：苗　龙　审阅：孙志扬）

中国人寿保险股份有限公司新郑支公司

【概况】中国人寿始终秉持“用心经营、诚信服务”的理念，以市场为导向、以创新为动力，经营效益 稳步增长。中国人寿保险股份有限公司新郑支公司，具有经营历史长、专业人才多、机构网络全、市场占有率高、运作经验丰富、偿付能力强，服务质量好等优势。公司设有综合部、个险销售部、教育培训部、团险销售部、银行保险部、健康险部、客户服务中心等。下设14个营销服务部，实现区域、乡镇全覆盖。主要经营有人寿保险、健康保险、意外险等100多个险种，保障全面、内容丰富可以满足人们的健康、教育、理财、婚嫁、计生、旅游等多方面健康保险保障服务。

【经营发展】2022年，公司紧紧围绕“稳字当头 稳中求进 以高质量发展”为主线，抢抓机遇，奋力进取。坚持高质量发展，实现保费规模有所突破。

【党风廉政建设】按照上级公司党委总体要求，全面落实从严治党。强化政治理论武装思想头脑，坚持把学习贯彻习近平新时代中国特色社会主义思想作为首要政治任务，严格落实“三会一课”，把学习贯彻党的十九届六中全会精神、党的二十大精神、习近平总书记重要指示精神作为重大的政治任务和长期的工作任务。通过不断的政治理论学习，增加了“四个意识”，坚定了“四个自信”，自觉做到了“两个维护”，贯彻落实总省市公司的决策部署，推动新郑公司各项发展再上新台阶。通过开展专题学习、唱红歌、写心得、慰问等一系列主题党日活动，传承红色精神，营造积极向上的政治生态，坚定了全体党员的政治立场，激发了全员努力拼搏，持续引领的内在动力。

【诚信建设】中国人寿新郑支公司始终把“诚信为本，稳健经营”贯穿到工作的全过程，通过扎实推进诚信建设，引导营销员做诚信销售者，引导干部职工做诚信维护者，引导客户做诚信消费者，真正发挥了促进改革、服务经济、稳定社会、造福人民的保障作用。坚持率先垂范，做诚信建设的宣传者。组织员工积极参加“3·15”国际消费者权益保护日宣传咨询活动，全面开展保险知识“进社区、进学校、进企业”宣传活动，全面普及了保险知识。

【助力乡村振兴】 城乡小额人身保险是党中央、国务院巩固脱贫攻坚成果同乡村振兴有效衔接战略实施、统筹城乡经济社会发展的一项重要措施，是医疗保障体系的重要组成部分、城乡居民基本医保的有效补充和延伸，也是金融扶贫助力乡村振兴的重要内容。发挥好城乡小额人身保险的重要保障作用，提升巩固脱贫成果，助力乡村振兴。2022年，新郑政府对新郑公司小额保险业务的高度支持，采取政企合作模式，政府下文、召开专项推动会等多种形式支持小额保险发展，有效填补基本医疗保险空白，满足广大人民群众日益增长的保险需求，建立并完善多层次的社会保障体系。

【扩大保险保障覆盖面】 中国人寿多年来一直关注着学生成长和进步，先后推出一系列“国寿学生儿童”保险，旨在加强学生安全防范、规避学生安全风险，给保障学生的人身安全创造了平台，保障涵盖意外伤害、意外伤残和各种医疗费用，为孩子、为家庭撑起了一把“保护伞”，让他们在阳光下更健康快乐、安全的成长。公司秉承“保险让生活更美好”的企业责任心和使命感，每年积极主动地开展学平险业务，为更多的未成年人提供意外、疾病医疗等保障。此外，新郑公司还开办建筑工人人身意外险，建筑工程保险、驾乘保、旅游险、女性安康系列保险、病员安康系列保险等，为整个行业从业人员提供了贴身的保障。

【防范金融风险】 2022年，新郑公司围绕省公司“以防为先，以查为要，以治为本”风控管理总体要求，按照市公司提出的“统一方案、轨迹可查、责任到人”原则，新郑公司通过归纳总结的“五个一”管理方法：一周一排查、一事一研判、一季一督查、一格一宣传、一员一承诺，系统地建立了公司及职场联系人网格治理方案，全面完整做好了风险管理工作保证保险业更好发挥自身优势、助力保险业高质量发展。

【履行行业职责】 公司坚持始终服务国家发展大局，守护人民美好生活，与新郑市残疾人联合会进行合作，为新郑市残疾人提供保险保障，积极承办特殊人群保险业务，增强特殊人员保障力度和抵御风险能力。2022年，公司承保新郑市残疾人6000余人，成立了残疾人绿色理赔通道，快递理赔，减少时效性，得到了政府、参保群众的认同和好评。

【客户服务至上】 新郑公司坚持为客户提供优质的保险服务，不断提高工作效率和服务质量，深化服务融合，为客户提供一站式、综合化金融服务。新郑公司为行动不便客户上门办理业务，始终践行“以客户为中心”的服务理念，想客户之所想，切实解决客户实际困难，优化理赔服务，全面简化流程，缩短办案时效，理赔服务高效便捷，得到老百姓高度认可。

中国人寿新郑支公司将继续秉持“成己为人、成人达己”的文化核心理念和“诚信、创新、人本、价值”的经营理念，加快运营服务高质量发展，以更加便捷、品质、温暖的服务守护人民美好生活。新郑公司打造出一支政治素质高、合规观念强、业务水平精的营销及保险服务队伍，充分展现了国有寿险公司的雄厚实力，形成一支能够熟练处理城乡人身保险业务、复杂技术难题的专业骨干队伍，利用机构遍布新郑市区及各乡镇的优势，充分服务于全市人民群众。

（撰稿：郭　蓓　审阅：贾　琦）

财政 税务

FINANCE & TAX AFFAIRS

·财政 税务 >>>

FINANCE & TAX AFFAIRS

财 政

【概况】新郑市财政局是市政府主管全市财政收支预算、贯彻国家财税政策、监督财会制度执行、参与对国民经济进行宏观调控的经济职能部门，内设16个科室，下属9个二级机构，14个乡镇（办事处）财政所。全系统共有干部职工384人，其中，中共党员241人，研究生学历3人，本科学历194人，大专学历133人，中专及以下54人。局领导班子成员6人。2022年，市财政局学习贯彻习近平总书记“疫情要防住、经济要稳住、发展要安全”重要指示精神，坚持稳中求进工作总基调，坚持积极的财政政策提升效能，更加注重精准、可持续，统筹疫情防控和经济社会发展，为加快建设全国一流中等城市提供坚强财政支撑。

【财政收支】财政收入完成情况：2022年全市地方一般公共预算收入完成70.96亿元，占调整预算的102.2%，同口径下降2.9%。其中：税收收入完成34.19亿元，同口径下降16.7%；非税收入完成36.77亿元，增长16.2%。财政支出完成情况：2022年全市地方一般公共预算支出完成93.43亿元，占调整预算的97.2%，下降7.6%。

【政策落实】稳经济助企纾困。兑现各类惠企政策，全年兑现惠企资金8230万元，其中拨付资金5274万元，支持招商优惠政策兑现；投入资金2956万元，用于工业企业技改创新及研发费用补助，专精特新企业奖励，推动企业转型升级。持续优化营商环境，持续简化优化政府采购审批程序，实现预算管理、政府采购、国库集中支付无缝对接，积极推进“最多跑一次”改革，提高服务质量和效率。扩大有效投资，树立“项目为王”理念，用好用活债券资金、上级资金，实现借力发展，统筹中央和省预算内资金，支持灾后重建和基础设施建设。激活消费，进一步提振消费，发放汽车消费券600万元、发放家电消费券240万元、发放百货消费券100万元、发放美食消费券60万元，促进消费增长。扶持产业发展，市财政对国有平台公司注资12.9

3月，新郑市财政局组织召开2022年度预算绩效管理工作培训会（财政局/供图）

亿元，做大投资基金规模，支持电子信息产业建链、补链、强链文章，打造30亿级电子信息产业集群。落实减税降费政策，全面贯彻落实国家减税降费政策，全年支持增值税留抵退税12.6亿元，切实减轻企业负担，激发市场主体活力。

全面实施国有房屋免租政策，高效统筹疫情防控和经济社会发展，维护全市经济社会发展大局，认真组织开展房租减免工作，全市共有14户行政事业单位进行了房租减免，共减免企业房租569.27万元，有84家租户享受到房租减免政策。

专项债券使用精准有力，按照“资金跟着项目走”的原则，合理加快债券资金使用进度，重点支持在建项目后续融资，确保尽快形成实物工作量。积极向上争取新增政府债券16.3亿元，其中，一般债券7.03亿元，专项债券9.27亿元，保障全市医疗、保障房、大数据信息、产业园区基础设施等重点建设项目资金需求。

科学统筹财政存量资金，有效盘活财政存量资金，建立“定期清理、限期使用、超期收回”长效机制，全年共盘活财政存量资金2.5亿元，清理回收资金统筹用于民生、重点项目建设，有效弥补本级财力不足缺口。

严格落实过紧日子要求，坚持政府要过紧日子要求，压减一般性支出。先后转发国务院、省财政厅及郑州市财政局关于严格落实过紧日子的通知，制定《新郑市财政局关于进一步勤俭节约坚持过紧日子的通知》，严格控制“三公”经费支出，减少低效和不必要的支出项目。

【财政服务】全力以赴支持灾后重建，加大救灾资金统筹安排力度，从资金接收、登记到支出，实行专人管理和周报制。全市统筹救灾资金9.47亿元，有力保障了全市受灾群众安置和灾后重建工作的顺利开展。兜牢兜实“三保”底线，通过足额安排

7月，新郑市财政局组织工作人员到新郑市农商银行股份有限公司开展诚信宣传活动（财政局/供图）

“三保”支出预算、设立工资发放专用账户、建立库款保障水平动态监管机制、优先拨付“三保”支出等有效措施，兜牢“三保”底线。全年“三保”支出42.8亿元，国家、省、市民生政策有效落实。扎实推进乡村振兴战略，拨付资金1.3亿元，实施美丽乡村、精品村建设、街头游园景观提升、电力线路迁移、雨污管网建设，支持农村人居环境提档升级，激发乡村活力和内生动力。保障卫生事业发展，全市卫生与健康支出5.3亿元，支持公立人民医院及乡镇卫生院综合改革，保障居民享受更好的基本公共卫生服务。

提升社会保障水平，全年社会保障和就业支出6亿元，企业和机关事业单位离退休人员基本养老金标准、城乡低保财政补助标准进一步提高，退役军人安置保障和优抚优待政策、高龄津贴制度有效落实，困难群众及特殊群体基本生活得到有效保障。完善教育事业发展，全年教育支出15.3亿元，新增学位6930个，“入学难”“入园难”问题有效缓解，义务教育城乡办学差距逐步缩小，普通高中办学条件较好改善。推动住房保障建设，拨付新型社区建设资金6.2亿元，支持薛店镇解放北路、郭店镇华阳寨等7个社区建设，基本建成6585套，确保人民群众住有所居。推动政府投资项目评审，全年完成工程评审和征迁补偿款审核项目共计198个，送审金额28.93亿元，审定金额24.87亿元，累计为市财政节约资金4.06亿元，平均审减率14.03%。提升政府采购工作质效，进一步树立依法采购观念，提高财政资金的使用效益。2022年政府采购预算金额69331万元，实际采购金额63897万元，节约资金5434万元，节约率7.8%。

【财政改革】深化财政体制改革，促进县域经济发展。省直管县财政改革后，县级可直接向省直有关部门报送项目申请，省直有关部门直接审核、批复县级项目计划，取消了市级环节，加快了项目申报、审批、实施速度。

推进财政法治建设，建立执法人员库和监管对象库，新增3人报名参加行政执法证考试，确保行政人员持证上岗，依法行政；认真开展行政许可和行政处罚等信用信息公示工作，对财政做出的许可和处罚事项，均在做出决定7日内，在政府网站进行公示，并将具体事项录入全省企业信用系统，按照规定发放许可证7份。

稳步推进预算管理一体化进程，加快推进“业务+技术”双轮驱动的新的预算管理一体化系统建设，促进财政监督、绩效管理与预算编制、执行全面深度融合。

加快推进“一卡通”管理工作，全力推进惠民惠农财政补贴“一卡通”管理工作，切实解决群众申领补贴资金过程中遇到的难题，全年通过一卡通发放惠民惠农补贴2.67亿元，涉及63万人次。

推进国企改革三年行动走深做实，全面贯彻落实国家、省和郑州市国企改革三年行动计划，制定出台《新郑市国企改革三年行动实施方案》《新郑市国有企业开展“学先进、抓落实、促改革”专项工作方案》，把“学抓促”专项行动与国企改革三年行动紧密结合，有序推动全市国有企业改革工作。

全面推进预算绩效管理，建立预算绩效管理工作考核机制，规范事前绩效评估、事中绩效监控、事后绩效评价、评价结果运用全流程绩效管理，有效提升预算绩效管理水平。2022年共审核部门整体绩效目标93个，审核预算项目绩效目标2126个，审核预算金额62.17亿元。

充分发挥临时公物仓运行效能，规范全市行政事业单位国有资产管理，推动国有资产共享、共用和集约化管理，提高资产使用效益。本年初建立临时公物仓，对闲置、超标准购置的资产及时收储，进行统一管理、统一调配、调剂使用。

加强财政监督检查，结合财经秩序专项整治，紧盯隐形变异、改头换面的“两违规”问题，严格“三公”经费管理监督，补齐公款报销、公务接待等制度短板，严肃纠治违反财经纪律的现象，持续释放全面从严、严字当头、一严到底的强烈信号，进一步加固落实中央八项规定精神堤坝。2022年全市公务接待费用138.32万元，同比下降8.49%；因公出国（境）费用0元；公务用车购置费用45.22万元，同比下降54.28%；公务用车运行维护费用441.78万元，同比增长5.4%；会议费用196万元，同比下降34.88%；培训费用2057万元，同比增长1787.16%。

（撰稿：翟宇龙　审稿：刘国强）

公共资源交易

【概况】 新郑市公共资源交易中心（以下简称交易中心）是经新郑市委、市政府批准设立的机构，为全额拨款事业单位，成立于2009年10月，是新郑市进行建设工程招投标、国有土地（矿产）公开出让、国有产权交易和政府采购等交易活动集中统一的有形市场，是公共资源交易公开、公平、公正和诚实信用服务的“阳光平台”。

交易中心内设综合、网络信息、建设工程、政府采购、土地及产权交易、开标评标6个科室，主要分为业务受理大厅、办公区、开标区、独立评标区，以及电子评标室、监控室、专家抽取室、专家休息室等，配备有先进的电脑、投影仪等电子设备和电子屏蔽、现场监控等系统，建立了全封闭的评标区，实现了对开、评标全过程的电子监控，基本满足日常开评标需要。

【工作成效】 2022年，新郑市公共资源交易中心共办结项目263宗，总成交金额54.86亿元，为政府节支1.15亿元，为政府增加财政收入12.5亿元。在2021年全省优化营商环境评价中，新郑市招标投标指标得分为92.4分，在纳入评价的103个县（市）中排名第1位。2022年7月，十二届郑州市委深改委第三次会议要求全市各地要学习新郑经验做法，强化创新意识，扩大改革成效，以改革促发展、促提升。2022年8月，新郑市公共资源交易智慧化改革荣登省委改革办《2022年第二季度改革典型案例红榜通报》，新郑经验在全省进行宣传推广。2022年9月，“新潢合作”正式开启，属国内公共资源交易项目全流程、全环节跨区域异地交易的首例。新郑市开通“不见面开标+AI智慧辅助评标”，被选入省优化营商环境优秀案例。

【“互联网+公共资源交易”】 确立全流程电子化主线，提升便民利企水平。新郑市手机版“莲鹤”不见面交易实现全覆盖。“开标不见面、交易看得见”，真正做到了降成本、提效率、激活力、辅监管。2022年通过“不见面”系统开标209宗，成交金额42.36亿元，系统上线以来累计为企业节约成本约7700万元，取得了良好经济效益和社会效益，全年域内企业投标478次、域外4057次，域外企业投标率高达89%，新郑公共资源交易市场公正度、透明度、公信力持续提升，新郑的“朋友圈”进一步扩大。打造新郑市“莲鹤”AI智能辅助评标系统。引入AI核心技术融入“莲鹤”评标系统，通过智能辅助精准评标、智能智略助手“小鹤”交互服务、专家大数据分析追溯等三大智慧化功能，最大程度降低评标专家主观判断风险，提升评审效率和公正度。通过出具智能评审专项报告，分析专家评审行为，为省级相关部门监管评标专家提供数据支撑，提升招投标公信力。已开展货物、服务类招投标项目174宗，涉及金额约28.1126亿元，分析并记录专家评审内容及行为约20880条。常态化开展跨省域远程异地评标工作，2022年新郑市公共资源交易在跨省域远程异地评标领域持续深耕，自3月份开始所有项目均采取远程异地评标方式进行。全年共开展跨域远程异地评标项目193宗，金额40.88亿元，其中：跨省域远程异地评标项目119宗，金额26.43亿元；省内远程异地评标项目74宗，金额14.45亿元。全国合作城市共计102个，其中省会城市6个，地级市59个，县级市37个，其中：长三角城市22个。“新潢合作”正式开启，首创全国跨行政区域交易新模式。2022年9月21日，新郑市公共资源电子交易平台“潢川专区”正式启用，集项目网上备案、进场登记、招标公告发布、投标、开标、评标、中标结果公示、签订合同等全环节于一体，开创了潢川县政府采购和建设工程招投标项目“审批在潢川、交易在新郑、监督在线上”的“新潢合作”模式，标志着公共资源交易领域远程交易方式的又一创新突破，属国内公共资源交易项目全流程、全环节跨区域异地交易的首例。

【精准化服务】 围绕全市重大项目和民生工程，搞好全程服务。“四大工作机制”服务新郑市重大项目建设，以认真践行“用脚步丈量工作法”为有力抓手，不断深化“四大工作机制”举措，为项目建设抢时间、抓进度，确保重大项目顺利完成招投标，确保新郑市重大专项活动得到有效落实。2022年，共办结专项债项目13宗，成交金额6.75亿元；办结乡村振兴类项目11宗，成交金额0.52亿元；办结灾后重建类项目16宗，成交金额2.19亿元；办结民生实事项目8宗，成交金额0.35亿元；做好土地及产权交易，为财政创收助力。针对全市的重大重点项目的用地工作，提前介入、提前对接，加强与国土局、各乡镇的紧密对接，及时了解用地审批情况、土地状态，做到进场即办理，高效、高质量服务好重大项目落地。2022年，共办结土地及产权交易类项54宗，成交金额12.5亿元。

【便民惠企服务】 用脚步实地丈量，推动便民惠企更加精准贴心。打造“莲鹤”金融超市，持续深化公共资源交易领域供给侧金融服务，实现电子保函、中标贷的申请、开具、传输、管理、运用全线上服务，精准“输血”中小微企业，有效缓解企业“融资难、融资慢、融资贵”等问题，减轻企业负担，激发竞争活力，优化营商环境。2022年在招投标项目中，保证金缴纳662笔，占比73.39%，电子保函开具240笔，占比26.61%，共释放保证金金额约5343万元；持续深化保证金本息“秒退”系统，缩减保证金占压时间至零，系统自动识别中标单位和未中标单位，“一秒”退还符合条件保证金本息至企业基本账户，企业足不出户“闪速”即可退返保证金，大大提升企业获得感；制定“十大”稳经济创新举措，包括保函（保险）替代现金缴纳投标保证金、根据中标企业信用等级确定履约保证金缴纳比例、免除工业用地挂牌出让中竞得企业公证费、出台交易主体“负面清单”、对保障城市运行必需、企业生产经营急需项目开辟绿色通道等，为企业送出助企纾困“大礼包”；实现信安CA、华测CA、北京CA、深圳CA四家数字证书、签章在新郑市公共资源交易平台正常使用，交易各方主体在任意一家办理过CA，均可以在新郑市公共资源交易平台使用，不受企业、平台、区域限制，实现“一锁通用”；开展大数据分析运用，精准助力提升服务。通过高效采集、精准分析，让数据“活”起来，自动生成智慧化分析报告，精准分析交易情况，分析研判交易趋势，综合反映市场供求关系，发布营商环境评价指标，以数据慧交易、数据慧监管、数据慧经济、数据慧民生，智慧化服务经济社会高质量发展。

（撰稿：李丙战　审阅：郑建和）

4月，市委常委、纪委书记、监委代主任姚志刚带领市第二届特约监察员等一行到公共资源交易中心开展综合调研（交易中心/供图）

税　务

【概况】 市税务局现有干部职工313人，其中：在职干部职工214人、退休干部99人，在职干部职工大专以上文化程度209人，其中研究生学历30人、注册税务师9人、律师5人、中级经济师16人、工程师1人；在职党员156人；局班子成员9人。全局共有党委办公室、法制股、税政一股、税政二股、社保和非税股、收入核算股、征收管理股、税源管理股、税收风险管理股、财务管理股、人事教育股、机关党委、党委纪检组等13个行政机构及信息中心、票证服务中心2个事业单位。下设第一税务分局、第二税务分局、新建路税务分局、新华路税务分局、龙湖税务分局、和庄税务分局、新村税务分局、辛店税务分局、薛店税务所等9个派出机构。

【经济税源】截至2022年底，市税务局共管理正常户纳税人7.1万户，税源主要集中在房地产业，煤炭开采和洗选业，酒、饮料和精制茶制造业，建筑业。

【税收收入】2022年，全体税务干部职工提振精神，务实重干，摸清税源变化趋势，强化组织收入措施，全年累计组织税费收入100.19亿元，其中税收收入46.18亿元。严格落实依法组织税费收入原则，通过运用风险管理、汇算清缴、评估核查、欠税清理等手段，抓好抓牢抓实组织收入工作。全面落实新的组合式税费支持政策，实现一系列退、减、免、缓税费政策落实落地，减负纾困的政策红利有效释放。

【税务监管】持续在法治建设、税源管理、风险管理上下功夫，不断提升征管效能。法治建设有序推进，持续优化税收执法方式，挂牌成立郑州县市首家公职律师涉税争议调解中心。积极落实“首违不罚”制度，对85户次符合“首违不罚”事项清单的纳税人作出不予处罚决定。全面推行行政执法公示、执法全过程记录、重大执法决定法制审核等“三项制度”。深化税务行政审批制度改革，实现行政审批“零超时”。数据分析更加有力，组建数据分析团队，采取内部数据挖掘与外部数据比对并重的方式进行二次分析，有效提高了应对效率及质量。主动对接房管、土地等相关部门，采集相关涉税信息，加强部门联动，深度开展数据分析，推动综合治税。

【营商环境】坚持把营商环境优化、纳税人满意度提升作为贯穿全年的重点工作来抓。服务宣传不断深化，深入开展“便民办税春风行动”“春雨润苗”行动、“税收进校园”活动；拍摄“我把税法说明白”短视频，将组合式税费支持政策宣传与税收宣传月系列活动相结合，通过“线上+线下”两条宣传渠道，使政策直达快享，及时惠及市场主体。稳妥做好涉税违法举报，投诉案件办结率、满意率得到提升。服务机制持续完善，落实“税务体验师”制度。开展“一把手走流程”活动，通过“亲身体验、陪同办理、现场问效”等方式，不断改进优化办税服务方式。服务方式深度拓展，大力推广“网上全程办”，助力全电发票惠企便民。通过“豫税通”开展直播培训9场，联播33个税企群，惠及万余户企业。

【党的建设】以习近平新时代中国特色社会主义思想为指导，切实提升管党治党成效。“税务+企业”让组织和组织合作，让人员和人员联动，以“传承焦裕禄精神”为主题推出10项主题特色项目，走出去开展活动27次，与15家党建结盟企业签订《联合开展“传承焦裕禄精神 兴企兴税共强国”项目协议书》；邀请退休老党员，围绕焦裕禄精神谈“五心五做”，开辟焦裕禄精神文化墙，对活动信息集中宣传，零成本制作出《跨越时空的对话 传承焦裕禄精神》宣传片；打造了“桐心先锋”党管青年工作品牌，“桐心”亦是“同心”，寄托“共建党建朋友圈、共绘发展同心圆”的美好愿景，号召青年在焦裕禄精神“沃土”中育苗成才。

【年度工作荣誉榜】2022年，新郑市税务局被河南省人民政府授予“河南省依法行政示范单位”称号；被国家税务总局郑州市税务局授予“2021年度基层局绩效管理优秀单位”称号；文明单位创建工作被郑州市精神文明建设指导委员会办公室通报表扬；龙湖税务分局党支部被中共国家税务总局河南省税务局委员会授予河南省税务系统第二届“百佳党支部”称号。

（撰稿：颜云鹏　审阅：袁　浩）

经济管理与监督

ECONOMIC ADMINISTRATION AND SUPERVISION

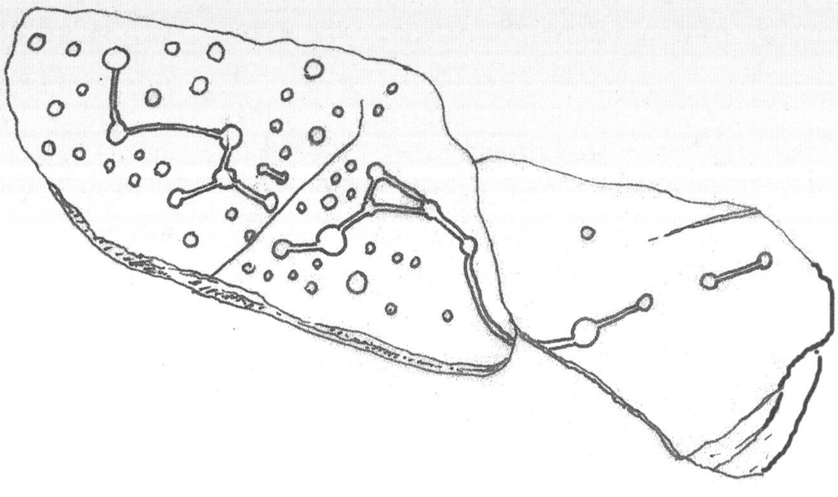

·经济管理与监督>>>

ECONOMIC ADMINISTRATION AND SUPERVISION

发展和改革

【概况】2022年，新郑市发展和改革委员会（粮食和物资储备局）以习近平新时代中国特色社会主义思想为指导，认真贯彻党的二十大、省委十一届二次全会、郑州市委十二届二次全会和市委六届三次全会精神，围绕加快建设现代化全国一流中等城市目标，稳中求进，难中求成，统筹疫情防控和经济社会发展，运用疫情防控与生产经营双线嵌合机制，在稳增长、促改革、调结构、惠民生、防风险、保稳定等各项工作中，较好地完成了各项工作任务展。

【保障经济运行】加强经济运行的监测，紧扣市委、市政府工作思路，扎实做好"六稳""六保"工作任务，提出具有针对性和可操作性的政策建议，引导经济运行健康快速发展，及时掌握经济运行动态，认真收集经济社会发展中各项翔实数据，积极做好经济运行情况的调查研究。每月月初和月末进行新郑市经济运行日调度会，已累计召开40次，编写并及时向市领导汇报全市经济运行情况40余份。落实"四挂钩"考核打分制度，每季度对各乡镇（街道、管委会）累计GDP进行打分评比，提高监督实效。科学制定疫情防控方案，保障企业正常运转。保障新郑市"四保"白名单企业在疫情防控状态下正常运转。制定《新郑市高效统筹疫情防控和经济社会发展工作方案的通知》（新政办〔2022〕6号），健全新郑市常态化疫情防控下经济运行调度机制，下发《新郑市经济运行常态化疫情防控指南》《新郑市工业行业疫情防控工作指南和白名单企业保障办法》等5工作指南和保障办法，帮助企业协调解决困难，并及时向郑州市常态化疫情防控下经济运行调度机制指挥部汇报运行情况，已累计上报疫情防控与生产经营双线嵌合日报、周台账共计27份。强化政府投资和专项债谋划，全年固定资产投资完成50539亿元，同比增长12.7%。积极谋划专项债券申报项目，做到申报一批、发行一批、储备一批、谋划一批的专项债券发行工作机制。发行2022年共谋划专项债券项目79个，总投资172.3亿元。申报2022年中央预算内投资项目2个，总投资7777万元，申请中央资金3568万元，全部下达。项目全部开工，累计完成投资5300万元，中央资金到位3568万元。成功举办"新郑市2022年基础设施项目集中开工活动"，参加活动项目共35个，计划总投资33.9亿元，2022年计划投资17.9亿元。推进政策性开发性金融工具投放项目、中长期贷款项目，全市先后开展了四个批次政策性金融工具备选项目申报工作，共计2个项目通过国家发改委审核，总投资15.57亿元，申请贷款1.56亿元。根据上级后续政策精神，本市继续申报四个批次中长期贷款项目84个，总投资202亿元，贷款总需求102.7亿元，其中，通过国家审核项目28个，总投资58.4亿元，贷款总需求31.6亿元；三个批次设备购置与更新改造贴息贷款项目43个，总投资43.5亿元，贷款总需求18.9亿元。与邮储银行新郑支行进行战略合作，全力支持国家战略黄河流域高质量发展重大项目、省市重点项目、"两新一重"项目和基础设施建设。

【推进产业发展】大力发展电子信息产业，坚持把电子信息产业作为全市战略支撑产业优先发展，围绕"龙头带动、芯屏联动、集群配套、链式延伸”的思路，着力发展新型显示及终端、集成电路、智能硬件三大核心产业及5G通信、工业电子两大支撑产业，打造“3+2”的电子信息产业体系和“芯”“屏”“网”完整联动的产业链。配套建成淮河以北唯一一家可实现重金属零排放的专业污水处理厂，设立2期共30亿元战略新兴信息产业基金，为市电子信息产业保驾护航。已招引落地尊绅光电等项目15个，总投资177亿元。打造健康食品产业，重点实施“三品”（增品种、提品质、创品牌）战略，依托好想你健康食品、达利食品、光明乳业、华润雪花啤酒等食品龙头企业带动作用，巩固食品加工传统产业优势，加快发展健康食品、功能休闲食品、航空食品等新兴行业，推进产业链向食品冷链物流、食品旅游观光等领域延展，提升食品加工产业现代化、智能化水平，加快食品工业向安全、绿色、高端和品牌化转变，促进全产业融合发展。提升生物医药产业，坚持创新驱动发展，全面塑造发展新优势。依托润弘制药、遂成药业等企业，重点发展具有传统优势的化学药注射剂、片剂，加大化学创新药物、专利到期药新品种研发力度，大力发展新型化学药制剂，积极发展现代中药、先进医疗器械等。已培育遂成药业等生物医药生产企业6家，宏源生物等配套企业3家，年产水针剂40亿支，是全国最大的医用水针剂生产基地。提升商贸物流业，推动互联网、大数据、人工智能等数字技术与现代服务业，推动商贸物流业向“数字化”转型。依托华南城等大型商贸专业市场，以“数字化”加快提升现代商贸业能级，推动数字物流效率提升。加快推进多式联运信息公共信息服务平台建设，实现跨部门信息互通共享，大力推动传化物流小镇建设，打造集多式联运中心、城市配送中心、信息数据中心和配套服务中心为一体的综合物流园区。

【灾后重建】 印发《新郑市灾后恢复重建总体规划（2021–2024年）》《新郑市特大暴雨灾害灾后恢复重建总体方案》，列入省市调度的灾后恢复重建和能力提升项目113个，总投资5.31亿元。

【重点项目建设】 全力配合郑州枢纽小李庄站和铁路物流基地建设，经新郑市人民政府研究通过了《中铁工程设计咨询集团有限公司新的设计方案》，协调新郑市自然资源和规划局出台了《关于郑州枢纽小李庄站及陇海外绕线工程项目用地预审与选址初审意见的报告》和项目建设承诺书。铁路物流基地施工单位已进场，场站32公顷土地已基本完成交付；薛店镇政府正在加快土地征收补偿安置和地面附属物清表工作；计划12月17日前完成勘界及附属物清点工作，12月30日前资金补偿到位，2023年1月10日前完成清表工作。省、郑州市重点项目进展情况：新郑市列入省、郑州市重点45个（新开工20个、续建13个、竣工11个、前期1个），总投资1131.8亿元，年度计划投资237.9亿元。1至12月份，省、郑州市重点累计完成投资281.6亿元，占年度计划投资的118.4%。20个新开工项目全部开工建设，开工率100%。新开工项目涉及的120项手续，6月份已全部完成，办结率100%。市本级重点项目进展情况：2022年实施市本级重点建设项目239个（104个新开，29个续建，64个竣工，42个前期），涵盖产业发展、基础设施、新型城镇化、生态建设、社会事业等5大领域，总投资1490.6亿元，年度计划投资287亿元。全年，全市累计完成投资298.8亿元，占年度计划投资的104.1%。瑞腾塑胶、宏美彩印、双洎河综合治理示范段、公立人民医院传染病区综合楼等98个新开工项目开工建设，开工率94.2%。航美国际智慧城标准化厂房、中储粮物流仓储、市政供水管网延伸、莲花路下穿京广铁路、苇河城市湿地公园等续建项目快速推进。“三个一批”进展情况。全省“三个一批”活动开展以来，新郑市共列入前六期“三个一批”项目57个，总投资409.9亿元。经动态转化后，新郑市现有“三个一批”项目18个，“签约一批”项目已开工建设，签约转开工率100%；9个“开工一批”项目，开工率100%；8个“投产一批”项目，投产转达效率100%。列入第七期“三个一批”项目11个，总投资49亿元。

【发展民生事业】 积极推进社会事业类政府投资项目审批，全年共审批社会事业类政府投资项目41个，投资近38亿元（其中可研已批复的约12.7亿元），涉及粮储、卫生健康、教育、文化旅游、养老服务等领域。推进能源结构调整优化。加快推进光伏发电项目建设，新增并网容量1.5092万千瓦，预计2022年全市并网装机容量2万千瓦。全力推进各规划区域充电桩设施高标准建设。新建设完成5个充电站，新增直流充电桩170个。排查治理隐患保安全，按照市安委会《关于印发〈全市重点领域安全生产风险隐患“大排查、大起底、大化解”专项行动工作方案〉的通知》要求，督促管道企业每周上报汛前隐患排查情况。同时采取督查暗访形式，对管道企业管道保护工作进行督导检查，对检查出的问题实时跟进整改情况，确保整改到位。累计检查管道企业24次，发现一般隐患31处，均已整改完毕。围绕农村农业经济，做好乡村振兴相关工作。按照“产业兴旺、生态宜居、乡风文明、治理有效、生活富裕”的总要求，加快推进乡村治理体系和治理能力现代化，聚焦农业强、农村美、农民富，深化农业农村综合改革，加快推动乡村产业振兴、人才振兴、生态振兴、文化振兴、组织振兴，积极做好乡村振兴项目审批指导工作。已批复新郑市双洎河西关闸改建工程、新郑市中小型水库综合整治工程、对新郑市集中式农村生活污水处理设施灾后重建项目、龙湖镇泰山村精品村建设项目等13个，总投资225356.4万元。

【优化营商环境】 严格规范行政审批流程，提升审批效率。严格责任分工、压缩办理时限、规范网上审批系统使用、审批时效考核、即时网上咨询处理、提升服务水平，通过在线实时进行告知性备案，备案机关通过在线平台完成受理、办理和监管等，实现企业项目备案“零跑路”。科学绩效考核。牵头研究制定2022年工作要点94条，依据完成率和贡献度，制定科学绩效考核方案。开展专项整改提升，针对电子化数字化应用不足、监管制度不完善、部分指标成本高等问题，制定营商环境整改提升方案45条，坚持挂图作战、销号管理，切实实现以评促改、以改促优。深化“放管服效”改革。1997项审批事项全部进驻政务服务大厅，实现“一网通办”、全程网办、掌上可办，开办企业实现零跑腿、零费用、半日办结，投用首个县级市“一平台一库”数据共享平台和“莲鹤”AI智慧辅助不见面开标评标系统，推行“双承诺”制度，实现“承诺即开工”。在全省营商环境综合评价中，新郑市连续两年客观指标在全省县（市）中排名第1位，新郑市被河南省委、省政府评为2021年度营商环境建设先进单位。全面提升市场服务便利化水平和法治服务保障水平，落实开展“欠费不停供”及特困行业电费优惠工作。按照市政府要求，组织协调市供水、供电、供气企业出台措施，从6月份开始对全市受疫情影响小微企业及工商户实行“欠费不停供”政策，助力企业共渡难关。燃气欠费缓缴1006户，缓交金额6.68万元。完善新型信用监管机制，全面推广事前承诺制度，鼓励市场主体主动做出信用承诺并公示；实行事中监管，推动信用分级；加强事后监管，组织修复培训，保护信用主体权益，严格落实守信联合激励和失信联合惩戒合作备忘录，明确联合奖惩的具体措施。信用平台联合奖惩系统已全流程嵌入市网上政务服务、公共资源交易平台。推进信用信息建设，积极开展诚信宣传活动，累计开展52次诚信宣传教育活动和8次信用体系专题培训活动。做好信用信息归集，实行信用分级监管，开展8次信用修复培训会，为23家企业完成线上信用修复。

【价格稳控服务】 加强价格监测调控，严格按照时间节点、监测品种、数量向省市监测部门报送主要农副产品价格和农业生产资料价格，共上报农副产品及农业生产资料价格156期156份；为新郑市政府和新郑市融媒体“云上新郑”提供农副产品及农业生产资料价格102期204份，进行市场价格分析24期，为领导提供了第一手“面袋子”“菜篮子”的市场价格资料。加强成本核算服务，全年共开展了2项定调价成本监审和3个调查报告，为价格部门制定价格和收费标准作好定、调价前的成本监审工作，为价格部门提供准确的定、调价依据。依法依规做好收费审批工作，为依法加强对民办学校的管理与指导，按照河南省发展和改革委员会、省教育厅、省劳动和社会保障厅关于印发《河南省民办学校收费管理暂行办法》的通知（豫发改收费〔2005〕1055号）文件精神，针对校舍环境、办学设备设施的投入情况、上年度收费标准执行情况进行认真核查，杜绝了标准虚高现象。依法合规开展价格认证，共为司法机关办理价格认定业务93件，认定金额达1339万元，为稳定社会秩序、改善投资环境做出了积极贡献。

【粮食和物资储备】 稳步推进粮食企业改革，积极推进市属国有粮食企业改革工作，完成新郑市郑兴粮食储备有限公司组建工作；按照相关文件及精神要求，积极推进新郑国家粮食储备库新烟库区、新郑〇一二三河南省粮食储备库北关库区、新郑〇一五一河南省粮食储备库东库区、新郑〇一五二河南省粮食储备库观音寺库区4个库区的资产评估、手续办理等工作，并圆满完成4个库区粮库协议转让工作；稳步推进新郑0一五一河南省粮食储备库改扩建工程，项目专项债资金已到位，正在有序建设。新郑〇一五二河南省粮食储备库观音寺库区改扩建工程各项手续正在推进，已完成项目立项、文探等工作，专项债材料已报财政局。严格地方储备粮购销管理，在全市统筹设立市场化粮食收购网点18个，督促国有粮食收储企业共准备完好仓容8.6万吨，筹措收购资金1.3亿元，2022年全市共收购市场粮小麦、玉米32万吨，现存有地方储备粮4.5万吨。开展各项粮食流通监督检查30多次，出动人员140多人次，检查涉粮（油）单位近70次，有效地维护了粮食市场流通秩序。健全粮食应急保障体系建设，加强粮食监测预警，全市共落实原粮市场价格监测点6个，定期了解市场价格和动态，加强粮食市场监测、分析和信息发布；加强粮食安全应急网点的管理，制定了《新郑市粮食安全应急供应网点考核办法》，每季度组织人员按照现场查验的方式，对全市粮食应急供应网点的建设运营情况进行考核打分，进一步健全了新郑市粮食安全应急保障体系。加强应急物资储备，规范应急物资储备管理和调配使用，制定了《应急物资储备管理制度》和《应急物资紧急调运预案》，加强物资储备管理，保证在库物资账实相符，质量完好，全年共配合应急局完成应急物资入库、调拨使用10余次，真正做到关键时刻应急物资“调得出、用得上”；认真做好救灾物资采购工作，按照新郑市2022年备灾物资购置计划和采购程序，储备物资已入库，为本市汛期期间应对突发情况提供了充足的物资保障。

【推进改革创新】深化供给侧结构性改革，建立淘汰落后产能工作责任制，强化工作措施，进一步化解过剩产能。推进省直事业单位重塑性改革、党政机关和事业单位经营性国有资产集中统一监管两项重大改革。印发了工作方案，明确了牵头部门，建立了工作机制。全面深化医药卫生体制改革，加快推进紧密型县域医疗卫生共同体建设力度，推进全市卫生健康事业高质量发展。健全社会信用体系，印发了《新郑市社会信用体系建设2022年工作要点》，开展政务诚信建设。严格落实《信用信息管理暂行办法》，新郑市信用信息归集已覆盖了工商基础信息、法人、自然人行政许可和处罚信息、分级分类监管、履约践诺信息、社会经济类合同等47个目录项，目前共归集信用信息4750071条。目前共归集信用信息4800214条。2022年1月至10月共归集信用信息67755条，其中“双公示”信息归集数量达到17239条。深化行政审批制度改革，以改革创新为动力，以“两集中、两到位”为主题，构建“审管分离、权责挂钩”和“审批一条龙、服务一站式”的行政审批工作新机制。全年共办理企业投资项目备案243件，总投资10688675.17万元；核准项目2个，总投资2696.2万元；政府投资项目审批140件，总投资6174559.66万元；石油天然气管道保护范围内特定施工作业许可项目0个；非营利性民办学校学历教育收费标准审批4个；粮食收购企业备案27个，办结率100%。

（撰稿人：杜方方 审阅：白龙杰）

市场监督管理

【概况】根据《新郑市机构改革方案》文件要求，新郑市市场监督管理局于2019年1月31日挂牌成立，整合了原市工商管理和质量技术监督局、原市食品药品监督管理局职责，以及市发展和改革委员会的价格监督检查职责，市科技局的知识产权相关职责等。2019年12月17日，根据《中共新郑市委机构编制委员会办公室关于调整新郑市市场监督管理局事业机构的通知》，新郑市市场发展中心整合进入新郑市市场监管局。现内设办公室、编制人事科、计划财务科、法规科、执法督查科等19个科室，下属经济检查大队、315投诉中心、稽查大队、检测中心、培训中心等5个直属行政机构，15个乡镇（街道）派出机构。现共有在编人数378人（男职工226人，女职工152人），其中行政人员192人（含公务员182人，行政人员10人），事业人员186人。离休人员3人，退休人员140人。

2022年，新郑市市场监督管理局紧扣“两个确保”“十大战略”，全面落实“疫情要防住、经济要稳住、发展要安全”的要求，躬身入局、担当尽责、主动作为，深化改革优环境、强化监管稳秩序、夯基垒台提质量、严守底线保安全，全力服务和保障好稳增长稳就业保民生等中心工作，各项工作取得新成效。

【营商环境】积极完善企业开办一件事线下服务专区建设，大力推行“首问负责制、告知承诺制、容缺受理制”等服务制度，持续提升服务质量，对企业开办时间进行再压缩，实现了企业开办1个工作日内完成；全面落实“非禁即入”要求，对无法律法规及规范性文件禁止或限制准入的行业即来即办，不增设任何门槛。全面推行企业开办一件事网上办理，推进多个事项联办。进一步放宽小微企业、个体工商户登记经营场所限制，全面实行住所（经营场所）自主申报承诺制（含农民专业合作社），在之前企业实施该制度的基础上，将应用范围扩大到个体工商户、农民专业合作社等所有市场主体。进一步拓宽了简易注销的适用范围，并将简易注销的公示时间由45天压缩为20天，实行容错机制，让简易注销程序更加便捷。通过注销专区免费发布注销公告，实现了企业注销零成本、即来即办。持续实施新开办企业首套印章免费刻制服务和新开办个体工商户税务发票专用章免费刻制服务，降低市场主体开办成本，目前已为6000余家企业和个体工商户提供了印章免费刻制服务。做好保市场主体增长和个转企工作，并于2022年6月底，提前完成了年初预定的保市场主体工作目标，截至11月底，个转企工作已完成100%。截至2022年10月底，全市共登记各类市场主体131006家（存续），其中，企业37028家、个体93277家、农民专业合作社701家。2022年1—10月，新增各类市场主体27625家，其中新增企业3460家、新增个体工商户24165家。在疫情背景下，市场主体仍保持持续增长态势。

【知识产权保护】围绕创建知识产权强国建设试点市这一中心工作，开展“知识产权服务万里行”活动。

深入开展知识产权质押融资“入园惠企”行动，已入库企业50多家，意向融资需求项目金额达3.5亿元。7月29日，举办了新郑市知识产权质押融资银企对接会，现场达成融资协议1亿元。完成质押融资有关手续2085万元。

深入开展地理标志助力乡村振兴行动，聚焦助力乡村振兴，促进新郑市地理标志运用项目，大力培育地理标志优势产业，着力打造区域商标品牌。已拥有新郑大枣、新郑小枣、鸡心枣、新郑灰枣4个地理标志商标，正在努力推进“龙湖樱桃”地理标志申报工作。

深入开展专利导航产业发展行动。积极宣传推广《专利导航指南》系列国家标准，完善专利导航服务创新主体的对接机制，结合本市“三主三新”产业体系，积极谋划推动产业发展，助力破解“卡脖子”问题。组织豫乾、隆盛等知识产权服务机构面向电子信息、生物医药等特色产业、龙头企业提供便利化、高质量的指导和服务，以高水平知识产权服务支撑企业创新全链条，新港产业集聚区申报郑州市专利导航产业发展试验区。

深入开展知识产权政策支持服务行动，不断深入开展“万人助万企”活动，新郑市市场监督管理局领导以上率下，躬身入局，选派16名服务管家，聚焦企业知识产权工作的重点、难点、堵点、痛点问题，为企业开展全方位、多层次服务，做到了“墙外的事情管家办、墙内的事情企业干”，让广大企业家真切感受到新郑市关心支持企业知识产权工作的实际行动。为打通知识产权服务的“最后一公里”，在全市15个市场监管所设立了知识产权综合咨询服务窗口，在新郑市中德产业园设立了知识产权维权援助工作站，在“好想你”公司设立商标品牌指导站，力争实现知识产权咨询服务“零距离”、知识产权维权保障“零障碍”、品牌创建服务“零遗漏”。

全市商标申请数量4576件，注册数量3402件，有效注册量26579件；有效发明专利1618件。共办理各类商标侵权案件7起，罚没款19.404万元。

【市场经营秩序】为加强事中事后监管、强化企业信用惩戒，充分发挥新郑市企业信用信息归集共享工作联席会议作用，强力推进涉企信息归集工作，全市共归集各类涉企信息335954条，其中行政许可239127条，抽查信息5641条，行政确认88556条，行政处罚2630条。29310户企业提交了2021年报，占应公示户数的93.74%；65675户个体工商户提交了2021年报，占应公示户数的93.81%；622户农民专业合作社提交了2021年报，占应公示户数的91.20%。

制定和发布了《2022年新郑市市场监管领域部门联合“双随机、一公开”抽查计划》《抽查事项清单》《新郑市市场监管领域部门联合“双随机、一公开”监管工作考核细则》。联席会议成员单位顺利完成了各自部门“一单两库”建立和完善，一单两库完成率100%。2022年度“双随机、一公开”不定向抽查共抽查各类市场主体3727户。

共有7343户市场主体被列入经营异常名录，已修复经营异常名录2970户；754户被列入严重违法失信名单，对521户被列入严重违法失信名单的企业进行了信用修复。

在政府采购、工程招投标、国有土地出让、授予荣誉称号等工作中，将企业信息作为重要考量因素，对被列入经营异常名录或者严重违法企业名单的企业依法予以限制或者禁入。联合惩戒初步显现，实现“一处违法，处处受限”。

联合市文明办，动员全市市场主体广泛深入开展了“文明诚信市场、文明诚信企业、文明诚信商户”创评活动，对在2022年文明经营活动中成绩突出的经营者进行公示表彰，其中表彰省级1个市场、4个商户；郑州市级1个市场、3个商户；新郑市级10个市场、50家企业、46个商户。

【放心消费】2022年，新郑市“12315”投诉举报平台共计受理投诉举报案件6480件，同比降低43.68%，其中投诉4670件，挽回经济损失16.11万元，举报1801件，立案169件。受理信件投诉举报协查共计686件，其中投诉举报件354件，均实现按时转办，做到件件有出处，件件有回复。

为贯彻以人民为中心的发展理念，优化改善消费环境，更好地维护消费者合法权益，在全市范围内进一步深入开展线下无理由退货承诺单位发展工作，新增线下实体店无理由退货10家。共计申报并验收通过放心消费主体40余家。

【市场安全】加强节假日食品安全监管，根据节日期间食品消费特点和本地区食品经营安全风险排查情况，以学校校园及周边、农村、城乡接合部、旅游景区、高速公路服务区、火车站及长途汽车客运站、医院及周边等为重点区域，以集中交易市场开办者、贮存服务提供者、批发企业、大中型商超食品经营者等为重点监管相对人，集中开展食品经营安全监督检查。

加强学校校园及周边食品安全治理，深入开展校园守护行动、春季学校及周边食品安全、高考中招期间食品安全、校园周边食品安全专项整治、秋季学校食堂专项检查等一系列食品安全专项行动，全面排查全市各类学校食品安全风险隐患，全面清理中小学校校园及周边危害青少年儿童身体健康的违法行为。

加强食品安全专项治理工作，开展餐饮质量安全提升、医疗机构养老机构食堂和早餐店食品安全专项整治及网络餐饮服务食品安全专项整治活动。成立了食品安全“守查保”专项行动领导小组，全面深入排查食品安全风险隐患，解决突出问题，深化餐饮质量安全提升。在全市农村地区开展食品安全专项治理行动，开展现制现售奶茶果蔬汁等饮品店排查整治、生产、销售含金银箔粉食品违法行为专项整治、医疗机构养老机构食堂和早餐店食品安全专项整治和网络餐饮服务食品安全专项整治，开展“3·15”晚会曝光的问题酸菜产品、桶装饮用水生产经营，糕点行业，保健食品行业，“三粉”（粉条、粉丝、粉皮）及月饼生产企业专项监督检查等一系列行动。

推进“溯本通”民生实事和冷链食品智慧化监管及食品安全主体责任工作落实。新郑市“溯本通”食安学堂应参加培训人数4590人，已参与培训人员7562人次，考试合格人数4826人次，顺利完成民生实事工作。2022年冷链智慧化监管工作任务为25家流通经营企业，9月底，已全部完成上级交办任务。督促辖区内餐饮服务经营主体严格落实食品安全主体责任，实施食品安全责任人负责制，督促经营者建立健全食品安全管理制度，及时发现和解决用餐过程中存在的问题，确保各项食品安全管理制度落实到位。加强学校、集体用餐配送单位等集体用餐的食品安全突发事件处置工作，强化食品安全应急体系建设，完善突发事件应急方案，不断提升食品安全应急处置能力。

全力配合郑州市创建国家食品安全示范城市评价工作。组织全市规模以上食品生产企业9家，加工小作坊29家，36家食品相关产品获证企业先后召开动员会、座谈会并组织现场观摩学习，对11家参加明察的企业进行了重点部署和认真检查，确保在创建郑州市食品安全示范城市工作中不扣分。

【医疗器械安全】2022年元旦、春节期间先后组织开展了药品医疗器械质量安全和疫情防控工作、疫苗流通使用环节、药品流通环节安全、药品安全、中药、医疗机构医用氧、新冠病毒检测试剂质量、医疗器械质量安全风险隐患排查、无菌和植入性医疗器械、疫情防控用医疗器械、严防严重精神障碍患者肇事肇祸、化妆品“线上净网线下净源”、美发机构、“四所、四店”化妆品经营单位规范化建设试点等专项整治工作，在工作中做到有部署、有安排，有效地规范了药品医疗器械化妆品市场秩序。

“3·15”期间，新郑市市场监督管理局在全市创新性地开展了家庭过期药品定点回收工作，确定新郑健康人大药房连锁有限公司为新郑市首家过期药品定点回收企业。出台了《新郑市家庭过期药品回收销售指导意见》，积极探索建立常态化、制度化、规范化的长效机制。共回收家庭过期药品800余盒。这项公益活动，既有助于引导公众合理储备、贮藏药品，定期清理家庭药箱，防止误服过期、变质药品，也能减少随意丢弃过期药品可能造成的环境污染等潜在危险。

共检查药品零售企业551家次、医疗机构78家次、疾控机构及疫苗接种单位25家次、医疗器械经营企业和使用单位1046家次、化妆品经营单位68家次，集中约谈零售药店34家次，向市疾控中心移交通报函1次，移交药械化案件线索11起，药械化立案14起，结案12起，联合公安部门取缔无证生产医用口罩黑窝点一个，有效地震慑和规范了药品医疗器械化妆品市场秩序。

积极开展药品经营使用企业重点品种信息化追溯系统建设工作，督促辖区药品经营使用单位及时验证上游企业出库单，全市共入驻“码上放心平台”药品经营企业484家、医疗机构5家，零售门店上游企业出库单验证率达97.56%。

共上报药品不良反应（ADR）778例、医疗器械不良事件（MDR）340例、化妆品不良反应（CDR）161例。同时对各个监测站、点的信息上报情况进行认真审核，做到准确、科学、及时，不断提高监测报告的质量和水平。

以“从根本上消除隐患，从根本上解决问题”为抓手，制定了特种设备安全现场监督检查清单、隐患排查问题清单及整改清单，将监督检查内容标准化，隐患排查问题精准化，督促整改落实精细化，进一步扛牢特种设备监管责任。

开展了春节、两会、五一、十一等重点时段安全检查，组织开展了电梯鼓式制动器、大型游乐设施、快开门式压力容器、电站锅炉范围内管道、起重机械、电梯等专项整治。加强民生领域安全监管，持续组织开展涉燃气特种设备安全隐患专项排查整治，共检查涉燃气特种设备使用单位200余家次，发现并落实整改问题隐患50余处；扎实开展铁拳行动，严厉打击翻新“黑气瓶”的违法行为，强化调度，保障专项整治成效。

开展电梯维保质量提升行动，强化电梯维保单位质量意识，开展了司炉工人员、特种设备管理人员素质提升活动，进一步落实安全责任，提升服务质量，保障电梯等特种设备安全运行，受培训人员达1000余人次。

提升智慧监管水平，根据郑州市局工作安排，2022年至2024年共计三年时间内建设电梯物联网智能化监管项目，全市共实现11440电梯的智能化监管。新郑市市场监督管理局专门召开相关会议，督促电梯使用单位及维保公司在工作中积极配合中标公司，保障该项工作的顺利开展。推动气瓶质量安全追溯管理，2家民用液化石油气瓶、4家车用气瓶、5家移动式压力容器充装单位基本完成了信息化平台建设。

强化应急处置，落实了省、郑州市、新郑市突发事件总体应急要求，编制了新郑市特种设备专项应急预案。组织开展了电梯、大型游乐设施、气瓶充装等应急演练，强化应急技术培训，完善特种设备应急管理体系建设。

【工业产品质量监管】开展重点工业产品质量安全排查治理专项行动，重点对危化品及危化品包装容器、水泥、电线等企业和商户进行了检查。中考、高考前夕，以考点及其周边各类商店、超市及零售店为重点对象，以考生必用的2B铅笔、橡皮、小刀、钢笔等文具为重点，进行全方位巡查。开展危险化学品及其包装物质量安全隐患排查，窨井盖、彩钢夹芯板产品质量专项整治，涉挥发性有机物产品质量监管及农资专项治理工作。

【市场安全监管】 对“铁拳”行动涉及的十二个领域案件查办重点进行监督检查，围绕关系群众生命健康安全的重点商品，贴近群众生活的重点服务行业，以及农村与城乡接合部市场、制售假冒伪劣产品多发的重点区域，重拳出击，依法严厉查处。共查办民生类案件83起，涉案金额56.3万元，有力打击了民生领域违法犯罪嚣张气焰，为统筹推进经济社会发展营造良好市场环境。

积极开展商品过度包装、“天价”月饼、蟹卡蟹券等问题专项整治行动，以大型商超、大型餐饮单位、农贸市场、品牌专营直营店及网络交易平台等为重点，查看是否存在商品过度包装、价格欺诈、未明码标价、伪造产地、假冒注册商标、缺斤短两等违法行为及是否存在夸大或虚假宣传行为，是否有宣扬“送礼”、违背公序良俗的广告内容。

持续开展打击整治非法制售口罩等防护产品专项行动，以辖区药店、超市等为重点，查看进货、销售台账、索证索票是否规范，是否存在销售“三无”产品；并对辖区口罩生产企业进行检查，检查医用口罩是否严格按标准生产、出口产品是否取得CE认证。

指导和督促辖区内电子商务经营者开展网上亮照工作，检查网站网店4349个，协助各办案机构进行固定电子证据67个。全局网络案件共办理92起。

开展野生动物监管和长江禁捕专项行动。共检查各类经营场所860个次，其中检查农贸市场533个次，检查大型商超327个次；检查各类经营户4209户次，其中检查餐饮店1324户次。

2022年，“全国互联网广告监测平台”“移动互联网广告监测平台”“总局网络交易监测信息分发系统”“河南省广告监测平台”“郑州户外广告监测平台”五个平台对新郑市各类违法广告进行监测。共监测到新郑全国互联网App违法广告线索140条次，已处置135条次。

整治涉老“食品”“保健品”等领域涉诈问题隐患，依法查处虚假宣传等违规经营行为，持续开展了6个月的整治养老诈骗专项行动。出动执法人员360余人次，共排查各类保健品店270户次，检查各类广告宣传350余次。在云上新郑发表宣传报道14篇，工作简报26期，张贴宣传画2000余张、横幅20条，覆盖到的人群数量5.5万人次。处置交办线索4条次，其中中央政法委线索3条、新郑政法委线索1条，查处案件2件。

【质量强市】 认真做好质量精神口号和质量标志的收集整理工作。从1052件参评作品中通过了“黄帝故里，品质新郑”作为新郑市质量精神口号；收集、分类并整理成员单位提交的创建省质量强市示范市的文件材料。

组织全市认证认可相关的47家获证企业召开认证认可工作会议，要求各获证企业认真按照产品执行标准生产、检验，不得超范围生产、检验检测，提高认证认可获证企业的产品、服务质量和管理水平。为规范检验检测行为，建立检验检测机构行业自律机制，对获得资质认定的机动车检验检测机构召开约谈会，并签订了新郑市机动车检验检测机构承诺书。

开展专用汽车认证监管电动自行车质量安全监督检查工作，并办理了4起车辆加装未认证案件。对16家专用汽车销售单位进行了检查，暂未发现认证违法等行为。

持续推动好想你健康食品股份有限公司、郑州华南城园区以及健康人大药房这三个省级标准化示范项目的建设工作；做好鑫港万豪酒店、好想你、乾龙物流这三个省级标准化示范项目的完善工作。为推动新郑市工业领域运用标准化方式组织生产、经营、管理和服务，持续指导运达造纸设备、龙翔电气这两个工业领域省级标准化示范项目建设，加快创建进程。

开展加油机、眼镜制配场所计量器具监督检查，共检查加油站41家，眼镜制配场所37家。开展粮食收购在用计量器具监督检查，进一步巩固粮食市场秩序专项整治成果，严厉打击利用计量器具作弊等违法行为，尤其是加大对“流动磅”“地头磅”的监管，切实保障广大农民的合法权益，维护粮食收购市场的计量秩序。

及时开展重点用能单位能源资源计量审查和能源计量技术服务，协助检测中心完成审查工作。

（撰稿：王伟峰　审阅：马治军）

自然资源和规划

【概况】 2019年1月30日新郑市自然资源和规划局挂牌成立。新郑市自然资源和规划局位于新郑市中兴路与中华路交叉口96号，是主管全民自然资源规划、管理、保护与合理利用的市政府工作部门。

2022年，新郑市自然资源和规划局在省自然资源和规划厅、郑州市自然资源和规划局和市委市政府的正确领导下，坚持以习近平新时代中国特色社会主义思想为指导，认真学习贯彻党的二十大精神，全面落实省委、郑州市委、新郑市委各项工作部署，坚持稳字当头、稳中求进、以进促稳，全力以赴抓好“三区三线”划定、自然资源要素保障、生态环境治理、耕地保护与资源监管等重点工作，着力强化顶层设计、严格用途管制、简化审批流程，持续优化自然资源领域营商环境，全力保投资、保项目、保发展，推动新郑经济社会高质量发展。获河南省自然资源厅文明服务示范窗口单位、郑州市人民政府地质灾害防治工作先进集体、郑州市自然资源和规划局地质灾害防治工作先进集体、新郑市优化营商环境先进集体、新郑市创建国家园林城市先进集体、新郑市综合工作优秀单位、新郑市平安建设奖优秀单位等多项称号。

【机构设置】局内设办公室、自然资源调查监测科、所有者权益科、确权登记科、开发利用科、国土空间规划科、乡村规划科、国土空间用途管制科、耕地保护科、生态修复科、详细规划管理科、矿产资源管理科、建设工程管理科、市政交通科、行政审批科、建设项目监管科、法制监察科、编制人事财务科18个科室；下设土地储备中心、自然资源和规划发展服务中心、不动产登记中心、国土资源执法大队、地产交易中心、自然资源和规划直属所、龙湖所、辛店所、和庄所、新村所、薛店所、中心城区所、土地整理中心、不动产登记服务中心、自然资源开发投资中心、规划编制服务中心16个二级机构。

【资源概况】土地资源：新郑市土地总面积70174公顷，其中耕地23575公顷，园地8538公顷，林地11888公顷，草地472公顷，城镇村及工矿用地20419公顷，交通运输用地2833公顷，水工建筑用地37公顷，水域1591公顷，其他821公顷。矿产资源：新郑市矿产资源较为丰富，发现各类矿种有12种。区内固定矿产以沉积矿产为主，包括煤、铁、黏土矿、石灰岩矿、白云岩、石英岩等，还赋存着丰富的地热、矿泉水资源。新郑市资源格局以煤为主。

【规划编制】完成编制《新郑市国土空间总体规划（2021—2035年）》上报成果、“三区三线”划定、重点项目举证等工作，“三区三线”划定成果已获批。《新郑中心城区及镇区蓝线规划》已经市政府批复，《新郑市城市电力专项规划》规划成果已通过专家评审，正按程序报批。启动乡镇国土空间规划工作，对全市9个镇1个乡划分为临郑片区、临港片区和西南片区三个组团片区，已完成规划编制单位招标，正在按照程序逐步开展规划编制。南街古巷历史文化街区于5月24日通过了第三批省级历史文化街区专家评审。

【耕地保护】坚持最严格耕地保护制度，形成“部门协调、公众参与、上下联动”的耕地保护共同责任机制。全年共上报4个农转用批次、1个城市批次、2个乡（镇）批次、郑州地铁7号线一期、郑州至南阳高速郑州至许昌段（新郑市）、四港联动大道互通式立交选址项目，共计补充耕地235.94公顷，实现了耕地总量动态平衡。全年完成6个批次的征收预公告及6个批次的补偿安置方案，征收土地88.97公顷。本着尽可能不占或少占耕地的原则，严格控制各类非农建设项目占用耕地数量，严格执行“先补后占、占一补一、占优补优、占水田补水田”的制度，实现耕地总量动态平衡，确保新郑市耕地保有量和基本农田面积的稳定。

【开发利用】全年计划供应国有建设用地334.87公顷，其中商服用地面积8.4公顷、工矿仓储用地面积109.33公顷、住宅用地面积113.93公顷、公共服务管理与公共服务用地面积103.2公顷。严格土地招拍挂制度，提高土地经营收益，强化项目用地管理，优化土地供应结构，保障重点项目的土地供应。全年共挂牌出让土地23宗，成交面积93.73公顷，成交价款16.7591亿元。继续在新港产业集聚区实行标准地出让制度，提前公示地块准入指标值，根据市场形势和当地实际，政府按标出让，企业对标拿地，有效减少企业“圈而不用”、土地“供而未建”现象，使得政策更加透明，企业预期明显增强，进一步巩固“清”“亲”政商关系。

【调查监测】新郑市2021年度国土变更调查数据已上报省自然资源厅核查并报国家审查。《新郑市“十四五”基础测绘规划》已通过专家组评审。制订2022年度“双随机、一公开”抽查检查计划并及时录入系统。规范和监管卫星导航定位基准站的日常维护，自基准站网信息登记以来，一直保证运营处于正常工作状态。

【确权登记】全力推进农村房屋不动产登记发证工作，全市农村房屋不动产登记发证共涉及9个乡（镇）89个行政村47898宗，其中宅基地47683宗，集体建设用地215宗。乡（镇）村两级审核后审批发证底数37663宗。按照省厅、郑州市“房地一体”宅基地使用权登记专项工作最新部署，已发证36085宗，完成95.81%，针对存在问题未能发证的，严格按省厅、市局要求分类处理，确保百分百完成农村房屋不动产登记证的发放工作。积极做好确权登记争议调处工作，2022年，共完成不动产权籍调查9宗（资料齐全，符合确权条件的3宗）；完成对城关乡申请的8宗集体建设用地使用权和9宗国有建设用地使用权实地调查；协调完成土地使用权争议调处2宗。稳步推进集体土地所有权确权登记成果更新汇交工作，制定了《新郑市集体土地所有权确权登记成果更新汇交工作方案》，内外业核查已基本完成。

【用地保障】 全年共组卷上报建设用地11个批次，面积86.36公顷。经河南省人民政府批准建设用地共计7个批次，面积132.25公顷，保障了新建薛店铁路物流基地、人人利食品、郑州理工新校区、昂特瑞、联东U谷、公立医院传染病综合楼项目、心脑血管病医院、郑州航美科技、郑州第四十四中、城墙内外环等一大批省市重点项目及民生项目用地需求。经郑州市人民政府批准集体农用地转为集体建设用地4个批次，面积62.22公顷，保障了新郑市基础设施道路29条、观音湖安置区、梅山小学等城市基础设施及重点项目用地需求。上报增减挂钩1个批次，面积5.18公顷；上报增减挂和征收1个批次，面积2.362公顷，解决了茨山路南移的用地问题。2022年组卷单独选址项目1个，面积310.11公顷，保障郑许高速等省重点基础交通设施项目用地。全年受理办结用地预审与选址业务共计23宗，其中学校教育类8宗、交通类5宗、生态治理类项目2宗、军事设施1宗、医疗卫生类项目2宗、棚户区改造项目1宗、民生项目4宗，共计预审选址面积209.76公顷，确保了市基础设施、重点项目先期准备工作。

【生态修复】 进一步加强矿山生态修复综合治理工作，历史遗留矿山图斑共37个，应治理总面积为15.98公顷，已全部修复治理完毕，并于2022年1月10日通过专家组验收。郑州市矿山综合整治存量违法图斑涉及新郑市2个，其中一个图斑现场已自然恢复，另一个已确定责任主体及覆土复绿。位于辛店镇王行庄、赵家寨两家生产型矿山，环境恢复治理方案已编制完成，王行庄有两个村庄已完成土地复垦。2022年已完成矿山修复面积214.14公顷，投入资金355.14万元。2022年省委第一生态环境保护督察组交办群众举报，涉及新郑17件，现17个案件全部办结，结案率100%。下发的新郑市需核查图斑235个，新增图斑15个，其中新增图斑中有两个图斑已完成转交上报工作，所有图斑已完成现场拍照核查、分类认定、系统资料上传核查工作。

【执法监察】 严格按照国土资源违法案件查处程序和时限，及时对相关案件进行调查处理，全年共计立案69宗，已结案40宗，涉及土地总面积169.73公顷（其中，耕地71.33公顷），打击处理违法人员39人，涉及企业12家，罚款2244万元。2022年省级共下发疑似新增点位共226个，完成整改150个，其余76个正在摸排中。进一步推进“一网两长”制管理工作，加强三级、四级网格人员巡查力度，全年累计日常巡查76293次，巡查里程2302千米，巡查时长共计397小时，将违法行为消除在萌芽状态，减少违法案件发生。巩固“大棚房”“违建别墅”整治成果，建立新增违法行为摸排巡查机制，截至2022年底，未发现新增“大棚房”“违建别墅”违法问题。加大宣传力度，遏制农村乱占耕地建房问题，开展形式多样的宣传活动，积极组织各分所耕地保护车辆在全市内进行农耕房政策宣传，持续营造新增违法严抓严管、坚决遏制的良好氛围。

【矿政管理】 圆满完成新郑市2022年度矿产资源储量统计工作，并按时对相关数据进行审查、录入、汇总分析和上报。认真做好全市“三级十同”涉矿行政审批事项的录入工作。按时完成2022年度矿产资源开发统计年报工作；按时回复上级国土部门探矿权注销征询意见函，回复率100%。统筹矿产资源勘查、开发利用和保护活动，推动矿业绿色发展，确保资源开发合理配置，推进《新郑市矿产资源规划（2021—2025年）》编制工作，资料已齐全，待下一步评审通过后提请市政府发布。

【地质灾害防治】 全面做好汛期地质灾害防治工作，全年巡查、排查、核实隐患点共16处，组建应急救援队伍12支，设立防汛物资储备库，调整充实群测群防员，发放“两卡一表”共59户。开展形式多样的宣传、培训、进社区、进企业活动，制定《新郑市突发地质灾害应急指挥部内部工作制度》和《新郑市地质灾害气象风险预警发布制度》，修订新郑市地质灾害防御应急预案，发布实施《新郑市地质灾害防治“十四五”规划》。集中开展隐患点应急演练，全面推进地质灾害隐患综合治理，切实保障人民群众的生命财产安全，全年无发生地质灾害险情。

【信访工作】 全年共受理信访案件99宗，共接访13批次，接访人数达50余人，案件到期结案率达到98%。制定颜色等级区分台账，成立重复访积案专班，新郑涉及自然资源领域积案2件、“脚步丈量化积案”5件、重复访集中专项治理1件，已全部按照节点超前完成化解销号。组织召开两会信访部署暨“脚步丈量解民难，增强能力化积案”攻坚推进会，连续召开信访专题部署会，营造安全的社会环境。

（撰稿：陈梦冉　审阅：陶彦民）

应急管理

【概况】 应急管理作为国家治理体系和治理能力的重要组成部分，承担防范化解重大安全风险、及时应对处置各类灾害事故的重要职责，担负保护人民群众生命财产安全和社会稳定的重要使命。新郑市应急管理局自2019年1月挂牌成立，工作职能在原安全生产监督管理的基础上，新增应急管理、防汛抗旱、防震减灾、森林防火、地质灾害、民政救灾、应急预案演练等，承办着新郑市级防汛抗旱指挥部、减灾委员会、抗震救灾指挥部、森林防灭火指挥部、雨雪冰冻灾害指挥部办公室的日常工作，为新郑市经济建设健康快速发展保驾护航。新郑市应急管理局现有在职人员113人，其中，行政人员16人，事业全供人员87人，事业差补人员7人，事业自筹人员3人。内设16个科室，即办公室、应急指挥中心、政治处、安全生产综合协调科、规划财务科、编制人事科、政策法规科、风险监测和综合减灾科、救援协调和预案管理科、火灾防治指导科、防汛抗旱科（地震和地质灾害救援）、危险化学品安全监督管理科、安全生产基础科、救灾和物资保障科、调查评估和统计科、行政审批科；事业单位5个，即新郑市安全生产执法监察大队、新郑市安全技术教育培训中心、新郑市防震减灾中心、新郑市应急救援保障中心、新郑市林业水利灾害防治中心。

2022年，市应急管理局以习近平总书记关于应急管理、安全生产、防灾减灾救灾工作的重要指示批示精神为根本遵循，全面落实上三级决策部署，牢固树立“以人民为中心”的安全发展观，不断改革完善应急管理体系，严格落实安全生产责任制，深入贯彻能力作风建设年及应急能力提升各项决策部署，扎实推进“7·20”特大暴雨灾害问题整改及以案促改，坚决打好安全生产专项整治三年行动收官战，大力实施安全生产宣教培训，不断提升城乡防灾减灾能力水平，有效预防和控制各类事故的发生。

全市安全生产形势持续稳定，各类事故起数、死亡人数均在郑州市下达的控制指标之内，圆满完成了上级下达的各项目标任务。新郑市应急局获得郑州市人民政府颁发的郑州市2021年度森林防灭火工作先进集体、郑州市安委会颁发的2021年度安全生产先进单位、新郑市支持国家卫生城市复审工作先进单位称号，获得先进市直单位、公共机构节能工作及垃圾分类工作“先进单位”等多项称号。

【安全生产责任体系建设】 市应急管理局站位全市，始终牢固树立“人民至上、生命至上”理念，坚持底线思维、极限思维，扎实开展应急管理、安全生产、防灾减灾救灾各项工作。严格落实安全生产责任制。进一步调整市安全生产委员会成员和成立14个安全生产专业委员会，进一步明确各级各部门安全生产工作职责，全面推进“党政同责、一岗双责、齐抓共管、失职追责”“三管三必须”责任体系横向到边、纵向到底。不断压实企业安全生产主体责任，通过启动企业安全生产履职尽责承诺制度，组织日常监管的生产经营单位主要负责人或法人签订安全生产履职尽责承诺书，坚守安全红线、筑牢安全底线，坚决做到“不安全不生产、隐患不除不生产、措施不实不生产”，努力减少一般事故，有效遏制较大事故，坚决杜绝重特大事故。

【应急管理指挥体系建设】 吸取郑州“7·20”特大暴雨灾害经验教训，进一步增强风险意识和底线思维，针对应对过程中的问题，多措并举，不断完善应急指挥体系。细化突发事件上报与处置流程，健全完善突发事件信息报送流程，先后制定突发事件信息报送、突发事件预警信息发布运行管理、值班值守和自然灾害类、事故灾难类突发事件信息报告等各类工作规范，对上报的时限、责任部门分工等进行了明确，畅通突发事件信息报送渠道，确保了第一时间科学正确处置。2022年6月底建成新郑市应急指挥中心于并投入使用，立足全市应急指挥中枢职能定位，依托新郑市智慧城市运行管理平台，构架了新郑市应急指挥平台，实现了与省市上下贯通，与市公安、消防、水利、城管、市场监管、卫生等信息系统左右联通，打通了和乡镇、村（社区）等基层一线应急管理的“最后一公里”，提升了事发现场远程指挥决策能力，形成了统一指挥、反应灵敏、上下联动、权威高效的全市“一张网”应急指挥体系，为人民群众生命财产安全提供了坚强保障。切实做好重点时段应急保障，高度重视重要节点、关键时段应急管理工作，提前部署安排端午、中秋、二十大等重点时期应急值班值守工作，确保上下畅通。党的二十大召开前后，市政府主要领导每天组织调度会商，及时研判全市重点工作，为保障党的二十大召开，筑牢安全生产根基，守住信访底线，全力保障全市人民群众生命安全，全面掌握企业运行情况提供了技术保障。

【应急管理干部队伍建设】 报请市委、市政府批准，应急管理局以优化人才队伍为抓手、以提升专业能力为靶向，以健全体制机制为保障，深入推进应急管理人才队伍建设，持续推进应急管理干部队伍年轻化、知识化、专业化。广泛吸纳应急管理专业人才。2022年以来，应急管理局面向社会一次性公开招聘事业全供应急管理专业人才12名，涵盖地质、水利、安全科学与工程等多项与当前应急管理工作实际紧密贴合的专业，为新郑市应急管理工作注入新鲜血液。同时，市委、市政府优先将转业军人充实到应急管理部门，进一步充实应急管理干部队伍力量，为解决应急管理队伍人才短缺问题出实招、下实功、见实效。参照郑州市做法，建成新郑市第一届应急管理专家库，93名专家入库，涉及防汛抗旱、地震地质、非煤矿山、化工、工贸、综合交通、建设工程、城镇燃气、电力、特种设备、消防、医疗、应急救援、信息化等15个专业组，面向社会予以公布。同时，配套制定专家库管理办法、经费使用办法等规章制度，进一步完善专家库使用管理，为抢险救灾、安全生产等工作提供了技术支撑。做好应急救援队伍预置建设，动员引导企业力量、社会力量参与应急救援。依托市消防救援大队、基干民兵、社会公益救援队和危化、煤矿等企业救护队成立13个专业应急救援队；依托行业部门成立44个行业应急救援队，依托乡镇（街道、管委会）成立15个综合应急救援队，依托辖区内现有警务、巡防、医务、民兵、森林消防、消防站、物业管理、企事业单位及志愿者等人员，分别组建了一支不少于30人的应急救援队伍；依托行政村（社区）300个，组织村（居）民小组长、基干民兵、卫生所（室）、学校、青壮劳力等人员，分别组建了一支不少于10人的应急救援力量，负责灾害事故先期处置、受困群众救援、受威胁群众转移撤离等工作，确保一旦发生紧急事件，能第一时间联得通、拉得出、冲得上、打得赢。据统计，各乡镇（街道、管委会）应急救援队伍共有512人，村级应急救援队伍共有3483人。

【安全生产监管】 按照省、郑州市统一安排，2022年，全市各乡镇（街道、管委会）、各有关部门以专项整治三年行动为抓手，检查各类生产经营单位4984家，成立检查组895个，督导检查2568次，督导问题4966个，排查一般安全生产隐患17610处，已整改17610处。行政处罚417985次，责令停产整顿56家，关闭取缔1家，移送司法机关111人，约谈警示342家。同时，对省、郑州市督导检查反馈的问题隐患，市安委办逐项梳理建立台账、逐条交办、逐个督促整改落实，并按时向郑州市报送整改报告。突出预防为主、做好超前防范，引导市安委会成员逐步建立安全生产隐患定期排查机制，对各类安全隐患做好分级分类、动态分析。4月底至5月中旬，组织开展全市安全生产大检查暨15个乡镇交叉互查、“回头看”活动。5月中旬，印发《关于开展全市安全生产大检查工作的通知》《全市重点领域安全生产风险隐患“大排查、大起底、大化解”专项行动工作方案》，组织全市各乡镇（街道、管委会）、市安委会各成员单位检查生产经营单位9523家次，排查一般问题隐患10448处，行政处罚35次，责令停产整顿23家，下达整改指令书1239份，打击非法违法19次。市政府15个安全生产综合督导组、市安委办7个巡查组全年开展不间断巡查督导。突出重点时期安全保障，市安委办先后组织开展春节、拜祖大典、清明、五一、中秋、国庆、党的二十大会议等重点时段和岁末年初、复工复产、疫情防控等关键时期安全生产排查整治活动，及时消除各类安全生产隐患。特别是党的二十大期间，按照市委、市政府主要领导要求，新郑市于9月26日启动安全生产工作“日排查、日督查、日报告”工作机制，共调度煤矿、危化、建筑施工、道路交通、商场市场、校园等领域安全生产30次；市安委办每日对全市工作开展情况进行通报。“日排查、日督导、日报告、日调度”工作开展以来，全市各乡镇（街道、管委会）、各行业主管部门共检查生产经营单位3898家次，排查整改问题隐患3210处。市政府15个安全生产综合督导组共督导检查企业560家，排查隐患714处，现场整改544处，交办170处，保障了全市关键时期安全生产形势总体稳定。

【防灾减灾救灾】 市应急管理局认真贯彻落实省、郑州市及新郑市委、市政府关于防汛工作的各项安排部署，立足于“防大汛、抗大旱、抢大险、救大灾”，坚持防汛抗旱两手抓，深入开展“7·20”特大暴雨灾害问题整改、以案促改各项工作，不断提升城市防灾减灾救灾能力。主动承担防汛抗旱工作牵头任务，组织成立市政府问题整改工作专班，统筹指导全市各级各部门整改问题隐患，制定720条具体整改措施，并如期整改到位，进一步健全完善防汛应急指挥体系及防汛综合管理水平。成立了以书记、市长为双指挥长的市防汛抗旱指挥部，下设市防办，设在市应急管理局，负责市防指日常工作。市防指成立6个防汛应急前方指导组，在应急响应时由分管副市长带领前方指导组到现场指导抢险救援；同时，落实扁平化指挥机制，市防指设置16个工作专班，在统一领导下开展工作，防汛抗旱指挥体系已初步形成。健全完善市、乡、村三级防汛抗旱物资储备体系，按照“备得足、调得动、运得出、用得上”的原则，建立政府实物储备、企业（商业）储备、产能储备机制，完善物资应急调用机制，形成市级和地方储备相互补充、政府和商业储备相互结合、实物和产能储备相互衔接的防汛抗旱物资储备体系。2021年以来，新郑市先后投入3000余万元，用于购置泵车、无人机、发电机等防汛物资装备，应急指挥车1辆、应急通信保障车1辆、移动智能照明平台6台、无人机10架、水陆两栖排涝车2台、便携式潜水泵24台、大功率潜水泵30台、橡皮舟12只、玻璃钢船体冲锋舟3艘，汽油柴油等发电机18台、应急排水单元14台、卫星电话11部、对讲机155部等防汛物资装备，确保关键时刻调得出、用得上、打得赢。按照“一县（市、区）一案、一乡镇（街道）一案、一村（社区）一案、一单位一案”的工作要求，对《新郑市防汛应急预案》《新郑市紧急避险应急预案》两个总体预案历经多次修订，组织专家评审及广泛征求意见，经新郑市委常委会、市政府常务会审议通过，并正式印发。全市15个乡镇（街道、管委会）及300个行政村（社区）防汛预案修订已全部完成。住建、交通、南水北调、水利、自然资源规划、城管、电力、消防救援、移动、联通、电信等32个防指成员单位均已完成防汛预案修订；学校、医疗机构、景区、重点商超等领域也已完成行业内重点部位应急预案编制，并在汛期发挥了应有的作用。

【安全生产执法】以推动企业安全生产主体责任落实为总抓手，持续加强“两重点一重大”安全监管，认真开展专项整治与打非治违，提升危化企业本质安全，进一步夯实企业安全生产基础，确保重点领域安全生产形势持续稳定。2022年以来，市应急结合实际安全生产工作实际，全面摸排企业底数，制订年度应急系统安全生产执法监察工作计划，以打击安全生产非法违法行为为重点，持续加大安全生产执法监察力度。全年共检查各类企业268家，排查隐患1331处，立案查处违法案件57起。突出重点行业领域，对重大危险源、冶金行业、涉氨制冷企业、建材行业、危险化学品行业、“黑加油站（点）”等领域安全生产隐患排查治理，共检查各类企业75家，排查隐患440处，已整改440处，行业整改率100%。真正做到隐患整改不流形式、不留后患。认真开展新郑市安全生产领域“危险化学品专项整治”行动、粉尘涉爆专项整治行动、金属冶炼专项整治行动，累计检查各类企业单位30家，发现隐患116处，现场整改隐患56处，限期整改隐患60处。继续按郑州市应急管理局和市委、市政府要求做好“双随机、一公开”监管工作，持续开展“一单两库”动态调整，抽查事项清单共3项，全市对象库303个，全市执法库人员36人。同时，将“双随机”作为日常监管主要方式，常态化开展各条线业务监管。

【全民应急素能】紧密结合能力作风建设年活动，抓住领导干部这个“关键少数”，将“应急处突能力提升大培训”专题的各类培训班次列入全市2022年干部教育培训必修计划。3月16日，邀请省应急管理厅总工程师马天希，为市、乡、村三级领导干部进行应急能力提升专题讲座培训；4月13日，结合疫情防控政策，组织全市各单位在城市发展“网络课堂”举行应急管理能力提升专题讲座，邀请中央党校（国家行政学院）应急管理培训中心教授曹海峰以《强化应急准备 提升应对重大危机风险能力》为题在线做辅导报告。依托河南干部网络学院平台，组织全市近4000名党员干部参加应急管理网络专题学习和应知应会测试，专题学习和测试通过率达到100%，受到郑州市委组织部通报表扬。通过系列培训，使全市各级各部门干部对应急管理有了更加深刻的认识，提高了全市干部防范风险挑战、应对突发事件的能力，为新郑市高质量发展提供安全保障。认真开展“5·12”全国防灾减灾日、安全生产月、“10·13”国际减灾日、消防宣传月等宣传活动，开展“线上+线下”宣讲，拓展宣传的新媒体途径，主要负责人带头宣讲，深入宣传习近平总书记关于应急管理的重要论述精神。组织开展应急救护技能培训和逃生避险演练，联合市教育局开展防灾减灾宣传进校园，包含课堂宣讲、逃生演练、防灾减灾绘画展等活动；联合市气象局开展世界气象日宣传，包含电视飞播、融媒体视频、各窗口、商超LED屏等途径；通过新郑融媒发布17期防灾减灾科普知识，全年各单位共计300余个LED点位进行视频宣传，新媒体发布、转发知识1万余次，线下活动（广场、社区宣传）45次；累计印制宣传海报10000余份、宣传标语20000余条，利用户外大屏、LED显示屏播放宣传视频、宣传标语20000余次，发放应急知识手册、防灾减灾知识手册、宣传彩页、宣传扑克牌、小型灭火器、灭火毯等各类宣传资料30000余份。组织各乡镇（办事处）、管委会、各有关部门单位开展线上、线下专题培训70余场，全市累计组织各类咨询活动400余场，受教育群众1.5万余人次。

（撰稿：秦巍然　审阅：陈　洁）

审　计

【概况】新郑市审计局是市政府的重要经济监督部门，依法独立检查被审计单位的会计凭证、会计账簿、财务会计报告以及其他与财政收支、财务收支有关的资料和资产，监督财政收支、财务收支真实、合法和效益的行为。1984年成立以来，忠实履行着《中华人民共和国审计法》赋予的职责，充分发挥了维护我市经济秩序，保护国有资产完整和有效使用的积极作用。中共新郑市委审计委员会办公室设在新郑市审计局，接受中共新郑市委审计委员会的直接领导，承担委员会的具体工作，研究提出在审计领域坚持党的领导、加强党的建设的政策建议，组织研究审计工作规划、重大政策和改革方案，协调督促落实中共新郑市委审计委员会决策部署，研究提出年度审计项目计划等有关事项。审计局现有干部职工91人，其中，局班子成员4人，经济责任审计中心主任1人，退出领导岗位12人，高级职称2人，中级职称29人，初级职称17人，大专以上学历86人，在职中共党员54人。局内设科室11个，即办公室、编制人事科、法规科、财政金融审计科、行政事业审计科、农业与资源环保审计科、社会保障审计科、基本建设审计监督科、政策跟踪审计科、企业审计科、大数据审计分析科；事业单位两个，即经济责任审计中心、政府投资项目审计中心。2022年以来，新郑市审计局在市委、市政府的正确领导和上级审计机关的关心指导下，坚持以习近平新时代中国特色社会主义思想为指导，深入学习贯彻党的二十大和党的十九大及十九届历次全会精神，以习近平总书记视察河南重要讲话精神为统揽，围绕全市重点工作任务，不断提升审计机关的凝聚力和审计人员业务水平，强化审计监督和服务职责，充分发挥审计免疫系统功能，助推新郑打造现代化全国一流中等城市。全年共完成审计项目148个（其中：完成政府投资审计项目105个），共查出管理不规范金额51260万元，发现非金额计量问题149个。提出审计意见和建议213条。审计整改金额482万元。通过审计为国家增收节支1.36亿元。向被审计单位或有关单位提出审计建议213条，其中被采纳213条。2022年先后获得“河南省审计机关精神文明建设工作先进单位”“新郑市2022年度综合工作优秀单位”“新郑市宣传思想文化工作先进集体”“新郑市优秀妇联组织”等荣誉称号。

【财政审计】 围绕财政政策提质增效，聚焦集中财力办大事、政府过紧日子等要求，组织实施2021年度本级财政预算执行审计和市公安局等16个部门预算执行审计，重点关注预算收支、决算草案编制的真实性和完整性、落实过“紧日子”要求、财政支出结构优化、预算绩效管理、重点转移支付资金管理使用、重点项目推进、中央八项规定精神及其实施细则贯彻落实、“三公”经费和会议费管理使用、重点专项资金管理使用情况等。通过审计，共计查出违规金额4.43万元，管理不规范金额24890.71万元，发现非金额计量问题38个。提出审计意见和建议49条。审计整改金额3.07万元。

【政府投资项目审计】 加强政府投资项目预算执行、竣工决算、专项审计调查及跟踪审计，通过政府投资审计工作，进一步规范建设市场和项目管理，节约财政资金，严把政府投资工程质量关，提高政府投资绩效，确保政府投资项目资金用到实处，推动提高财政资金的配置效率。2022年以来共完成审计项目105个，报审金额10.56亿元，审定金额9.20亿元，审减金额1.36亿元,审减率12.88%。

【经济责任审计】 2022年以来，聚焦权力运行和责任落实，共对孟庄镇、观音寺镇、新华路街道办事处、科学技术和工业信息化局等14个领导干部经济责任审计。审计发现负领导责任的违规金额3.414万元；负领导责任的管理不规范金额10320.58万元。发现非金额计量问题74个。提出审计意见和建议51条。审计整改金额5.608万元。

【民生项目审计】 深入贯彻以人民为中心的发展思想，围绕市委、市政府有关民生重大决策和年度民生实事，坚持以人民为中心的审计思想，认真组织开展新郑市热力有限公司资产负债损益情况、新郑市卫生健康系统重大政策落实和重点专项资金收支情况等审计和审计调查项目，持续加大教育、医疗、社会保障等重点领域民生资金和项目审计力度，促使惠民政策真正落地见效，惠民资金高效使用，不断增强人民群众安全感和幸福感。

【重大政策审计】 持续推动重大政策措施落实，围绕“7·20”灾后恢复重建工作，坚持“揭示问题、边审边改、服务重建”的原则，开展跟踪项目审计，重点对资金分配使用、市政基础设施重建、居民住房恢复重建、文化、旅游和文物保护重建等内容进行审计。共发现问题8个，提出审计建议8条，撰写《审计反映》1篇。

【企业审计】 2022年共对10个单位的投融资平台公司财务收支、市属国有粮食企业资产负债和经营情况等进行专项审计。重点摸清企业运行规模、结构和变化趋势，分析评价企业资金投向、资产质量、债务管理、盈利能力、偿债能力等，排查债务违约、资金资产安全、项目质量效益等风险隐患。通过审计，查出管理不规范金额1865.17万元，发现非金额计量问题24个。提出审计意见和建议22条。审计整改金额350.61万元。为市委、市政府国资国企改革和防范化解重大风险等决策部署提供依据，促进企业推进市场化转型、优化融资管理机制、剥离政府融资平台功能、有效盘活存量资产、防范化解债务风险。

（撰稿：马东旭　审阅：王灵超）

统　计

【概况】 新郑市统计局是主管新郑市统计和国民经济核算工作、反映国民经济和社会发展状况的政府职能部门。现有干部职工63人，全部为大专以上文化程度。内设办公室、编制人事科、政策法规科、综合核算科、工业能源科、投资科、三产科、人口科技科、调查队、普查中心、计算中心共11个科室。主要职责是：组织领导和协调全市统计工作，制订统计建设规划和统计调查，组织实施重大的国情国力调查；组织、协调各乡镇（街道办、管委会）、各部门的统计和国民经济核算工作，监督检查统计法律、法规的实施；收集、整理、提供全市性的基本统计资料，对国民经济、社会发展和科技进步进行统计分析、预测和监督，建立日趋完善的宏观经济预警监测系统，为党政领导宏观决策提供优质服务。

2022年，新郑市统计局落实全面从严治党，严抓干部队伍建设，强化重点工作落实，以“两个工作规范”和“两化三达标”为重点助推“双基”建设再上新台阶，为全市经济社会平稳发展提供了有力的统计保障，各项工作成效显著。获得河南省农业调查工作优秀单位、郑州市畜牧业统计调查先进集体、郑州市统计系统依法行政考核优秀单位、2019—2022年度郑州市统计工作先进集体等称号。

【经济运行监测预警分析】 2022年，积极应对疫情有关工作部署和工作要求，认真落实责任，及时统筹工作安排，主动了解企业复工复产情况和需求，研判经济发展态势，服务经济社会发展大局。全年牵头开展经济运行日调度工作200余次；牵头撰写经济运行分析报告40余篇；高质量完成2022年月（季）度经济社会发展“四挂钩”考核指标体系的监测、预警、分析、数据提供等各项工作；认真做好2022年全国县域经济与县域基本竞争力百强县（市）和中小城市综合实力百强县（市）评价体系指标的监测、收集、上报工作。

【编辑出版系列统计产品】 为使新时期统计工作更好地服务全市经济社会发展大局，全面、系统、翔实地反映全市国民经济和社会发展状况，为各级党政领导和广大人民群众认识市情、了解新郑提供方便，市统计局发行了系列统计产品，包括月度《新郑经济动态》、年度《新郑统计年鉴》《新郑市国民经济和社会发展统计公报》《新郑统计概要》等，供各级领导和社会各界参阅使用。

【基层基础建设】 围绕《2022年郑州市统计局开展统计基层基础建设提升年活动实施方案》要求，按照“设管引领工作全局、专业负责企业建设”工作模式，紧扣“全面反映乡镇统计工作全流程”“全面反映企业统计数据生产全过程”两条主线，明确工作目标，采取得力举措，按照时序进度圆满完成了“两个工作规范”三年行动计划目标任务。截至2022年底，全市乡级政府统计和企业统计的基础规范化建设达标率均为100%，实现了基层统计工作的规范化、制度化、现代化，以基层统计工作的高质量保障统计数据的高质量，以统计数据的高质量反映经济社会发展的高质量。

【统计法治建设】 积极营造良好法治氛围，加大统计执法检查和统计普法宣传力度，充分发挥统计法治在改善统计工作环境、维护统计工作秩序、保障统计数据质量等方面的重要作用，使全市统计法治建设再上新台阶。2018年，新郑市统计局被确定为河南省服务型行政执法培育点。2022年执法“双随机”抽查共47家并开展入库退库检查393个单位。从根本上保证统计数据的真实、准确，深层净化基层源头数据质量。

2月，新郑市委常委、常务副市长张慧娴到新郑市统计局调研统计工作
（统计局/供图）

【农业农村统计调查】 组织实施村社会经济基本情况调查、乡（镇）社会经济调查和县（市）社会经济基本情况统计调查、住户调查、劳动力调查、农业经济作物调查、粮食产量调查、畜牧业全面生产和抽样调查、农林牧渔业产值核算、农村基本情况、农业生产条件统计调查、信息化与电子商务应用情况调查、非公有制企业（单位）人才资源状况调查、互联网经济统计调查等。根据《国家统计局河南调查总队关于开展农作物对地抽样调查样本轮换工作的通知》要求，完成2022年农作物对地调查样本轮换工作。根据《郑州市人民政府办公厅关于进一步加强2022年住户调查大样本轮换工作的通知》文件要求，周密部署，圆满完成样本框核实、小区图绘制、住宅名录表编制、摸底调查、抽取住户、落实调查户、开户调查、试记账、正式记账等各项业务工作。

【工业企业统计调查】 组织实施工业领域生产、财务、能源、景气状况、工业品价格等统计调查，综合整理和提供工业领域生产运行、经济效益等统计数据；持续强化工业领域统计业务培训、统计基础规范化、统计法治建设，不断提升工业统计数据质量。统计业务培训质量再提高，从企业填报报表实操、统计执法检查、统计数据证据链完整三个视角精心准备课件，分批次对各乡镇办、工业调查单位进行了详细培训，为工业领域各项统计调查工作开展奠定扎实基础。统计数据生产流程再优化，积极适应上级抽查企业频率高、抽查企业多、抽查方式灵活的新形势，及时完整提供了各类抽查所需相关证据资料。统计服务水平再提升，进一步完善了开网前工业发展态势把握对、报表中统计数据准、报表后工业经济分析深的全流程服务体系。

【第三产业统计调查】 组织实施贸易业、服务业、交通运输业、金融业等统计调查，综合整理、分析和提供第三产业领域统计数据。持续强化第三产业领域统计基层基础规范化建设、统计法治建设工作，不断提升数据质量。统计业务培训质量进一步提升，从统计制度内容、统计基础规范化建设、上报流程实操等多方面准备课件，对三产全部联网直报企业进行培训，为三产领域各项统计工作开展奠定坚实基础。统计数据质量进一步夯实，积极开展数据质量核查、统计行政指导、执法检查等工作，及时发现问题并督促尽快整改到位。统计分析能力进一步提高，对统计报表数据进行全面汇总分析整理，及时提供第三产业领域统计信息服务。

【固定资产投资统计调查】 组织实施固定资产投资、房地产开发投资、建筑业经营情况、500万元以上固定资产投资项目入库等统计调查。2022年，全市固定资产投资结构不断优化，三次产业投资结构“两降一升”，第二产业投资占比提高。基础设施和制造业投资较快增长，对房地产投资下行形成有效对冲。工业投资增速持续高于全部投资，新动能投资快速增长。高技术产业投资继续引领投资增长，民生补短板领域投资保持较快增长。

【人口与社会科技统计调查】 组织实施全市人口抽样变动调查。调查结果显示：2022年，新郑市常住人口为120.37万人；城镇化率为69%。做好从业人员及劳动工资统计，如实反映各行业工资水平变化，扎实开展从业人员及劳动工资企业基础规范化工作，提升源头数据质量。做好企业科技研发、创新调查、重点单位R&D投入调查、文化产业调查报表的收集、整理工作，并对有关统计数据质量进行检查评估，开展统计调查分析，掌握全市科技创新工作发展情况。

【统计信息工程】 2022年，市统计局强化落实信息化工作责任制，加强信息化工作力量，完善基础设施建设，建立健全管理制度，加快推进统计信息化建设，进一步提高信息化对统计工作的服务水平，形成了上联国家、省、市统计部门，下联各乡镇、街道办事处、管委会及各统计调查对象的统计网络格局。

【普查和基本单位名录库维护】 2022年，根据国家、省、郑州市安排部署，主要做好基本单位名录库动态维护、一套表调查单位入退库、经济开发区名录库管理、全国第五次经济普查筹备等工作，严格依据上级统计年报管理制度，对各单位提供申请入库的规模以上单位，会同各专业进行申报资料审核和现场核查，及时做好入退库单位的资料搜集、审核、整理和完善，确保各项申报材料规范齐全，符合要求，从源头上严把入退库单位质量关。将名录库动态维护全部延伸覆盖至全市15个乡（镇）、街道办事处，管委会，指导各基层单位有序、有效开展名录库日常维护，着力建设一支能力强、效率高的基本单位名录库维护队伍，着力建设干净、科学、高质量的统计专业名录库。

（撰稿：马丁丁　审阅：时文魁）

7月，郑州市统计局副局长花磊调研新郑市统计基层基础规范化建设工作
（统计局/供图）

新郑市消防救援大队

【概况】 新郑市消防救援大队现有各类人员408名，其中干部9名，消防救援人员23名，消防文员16名，政府专职队员205名，乡镇专职队员155名；共有48辆执勤消防车，下辖16个消防救援站，其中普通站5个，小型站4个，乡镇专职队7个，全部纳入大队统一调派指挥，列管消防安全重点单位164家；2022年共接警出动1068起，其中，处置火灾事故547起，处置各类险情521起，疏散被困人员47人，火灾总量同比减少44起，下降7.4%，保护财产价值1747.78万元，同比增加7.3%，火灾事故“零伤亡”。2022年各乡镇、街道办、管委会火灾起数大部分呈下降趋势，火灾

防控成效明显。

2022年，新郑市消防救援大队党委坚持以习近平新时代中国特色社会主义思想为指导，全面贯彻党的二十大精神，忠实践行习近平总书记重要训词精神，紧扣“固本拓新年”总体思路，瞄准短板一锤接着一锤敲，锚定目标一环紧着一环拧，经受住了重大安保、疫情防控、整合改革、维护稳定重重压力挑战和现实考验，班子队伍坚强有力、火灾防控精准高效、实战能力显著提升、基层基础不断夯实、纪律作风持续向好，交出了党委政府满意、人民群众认可的合格答卷。

【队伍建设】大队党委瞄准“两严两准”要求，坚持队伍战斗力标准，关键时刻冲在一线，实现了队伍建设在稳定基础上全面发展、整体推进。在学习正规化现场会经验成果的基础上，立足队伍实情，以条令纲要学习月为契机，从内务卫生、办公秩序、仪容仪表、作风养成等方面开展全员作风纪律整顿活动。以队列会操、条令纲要竞赛、内务评比、工作秩序讲评等形式，开展作风纪律评比，将评比结果运用到干部、消防员、文员考核当中，以评比促规范，全体人员纪律意识不断增强，工作作风进一步规范。全年共下发督察通报12期，开展疫情防控专项监督8轮次，重点时段消防安保专项监督12轮次，作战训练安全、防汛救灾专项整治监督3轮次，围绕纪律作风教育整顿、条令纲要学习月2张清单，开展十项方面活动。对重要时间节点开展节前廉政提醒8次，并严格管酒治酒，强化饮酒报备刚性约束，2022年累计开展线上线下饮酒抽查21730余人次，建立管酒治酒常态机制。严查涉赌涉贷，组织填报相关报告表和承诺书1400余份，对认识不高，推动不力的坚决进行问责。党委班子采取“四不两直”的方式对消防站督导检查45次，随机拉动21次。组织下辖7个消防救援站开展安全工作“三色”评估，经评估安全风险等级均为低等级。

【火灾防控综合治理】以“二十大安保”为主线，推动市政府召开常委会3次、常务会9次研究消防工作，市委、市政府主要领导调研消防工作19次，分管领导带队先后 7次深入各类场所，面对面指导帮扶，破解消防难题。先后组织开展生产经营性村民自建房等十余项专项整治行动，4名防火干部分包指导15个乡镇、街道办，14名消防文员每周下社区指导工作，7个队站坚持每周3次深入居民小区、沿街门店摸排火灾隐患，筑牢火灾防控基础。紧盯火灾防控薄弱区域及重点领域，督促指导各行业部门和乡镇召开专项行动部署会、培训会、警示会、分析会等167场次，主要领导带队开展消防检查240余次。开展集中培训81场次，大型灭火演练75场次，发现消防隐患25346处，整改24975处，拆除易燃可燃彩钢板680平方米，拆除防盗网、铁栅栏89处，清理违规电动车1353辆，查封21家，三停45家，罚款153.21万元，拘留8人。全市消防安全工作正在由守势变攻势、化被动为主动，消防安全环境明显改善。持续深化“六个一律”规定，坚持“有火灾就通报，有问题就督导，有失职就问责”，消防安全责任制进一步夯实。2022年先后对教育园区（龙湖镇）“1·6”小乔村民自建房火灾等10起火灾事故向市政府提出处理意见，相关乡镇向市政府做出检讨，并批评教育约谈相关人员，在全市形成了“党政同责、一岗双责、齐抓共管、失责追责”的良好氛围。在大队的积极推动下，市各部门多次会商研判，特事特办，在“零基础上”高质高效完成了6个乡镇专职消防队同步投勤、18台消防车辆交付使用、3200余件套各类执勤装备器材同步配发、120名专职队员顺利上岗。推动市委编办下发文件，高标准配备乡镇消防安全服务中心在编人员。消防安全服务中心实体化运行以来，消防大队坚持面对面培训10场，常态化帮扶指导50余次，提高了各乡镇业务素质和工作能力。2022年消防安全服务中心共开展防火巡查17820余次，宣传培训3980场次，指导行政村970余次，基层消防隐患治理能力、火灾防控能力进一步提升。

【应急救援】聚焦全员岗位大练兵总要求，制订涵盖各级各类人员的练兵方案，召开岗位练兵动员会，每月考核、每周测验，成立特长专班，树目标，提要求，振士气，增信心。干部跟班训练，做好训前细致讲解、训中跟踪纠正、训后总结讲评，实施老帮新、手拉手、点对点帮训，实现训练不走样，合要领，比学赶帮超。开设3期游泳技能培训班，对7组防汛抢险突击队开展实战演练，时刻做好抗大旱、防大汛、抢大险、救大灾的各项准备工作。对辖区重点单位开展实地演练600余次，更新完善数字化预案200余家，坚持“一战一评”制度，大战大评、小战小评、即战即评，切实发挥实效。结合体能达标清零活动，建立了跟踪督导、总结讲评和练兵奖惩3个机制，引导消防员向技巧化训练、精细化训练、实战化训练发力。大队指挥中心已全面完成升级改造，率先完成4个接警席位建设，火警现场图像实时传输、道路监控实时观察、重点单位一键报警、联通各消防站一键开会、蓝天卫士随时勘测等功能完备，实现了“两个提高”（提高接警出动速度，提高火灾处置效率）。将辖区企业队、乡镇政府专职队和微型消防站统一纳入消防大队指挥平台，每日进行随机点验和拉动演练。每季度召开乡镇、企业专职消防队联席会议，对队伍组训、接警出动等进行讲评，推动社会应急处置能力大提升。督促好想你枣业有限公司等

7月，新郑市消防救援大队组织开展抗战胜利日重温入党誓词主题党日活动
（消防队/供图）

20家重点企业购置消防车辆，实现了“有场地、有装备、有器材”并严格按照标准进行训练、管理、执勤的消防救援队伍，逐步提升火灾自防自救能力。

【消防宣传】 2022年，先后策划开展了春节、端午、五一、防灾减灾周、科普教育基地、冬季居民家庭消防安全宣传直播，安全生产月、火灾警示月、119消防宣传月等多形式消防宣传活动，受教育群众70万人次。创作“蓝朋友俯卧撑挑战”点击量约1800万次，获赞约120万个；联合新郑市文明办、郑州电视台、郑州广播FM912、商都频道、郑州消防微博、抖音等多家媒体平台开展防灾减灾日线上直播活动，累计观看约20万人次。联合新郑市融媒体中心，在新郑电视台开设《消防宣传》专栏分系列开展消防宣传提示；巧借9000多户宾馆、企业、医院等单位有线数字电视开机画面播放消防公益宣传提示600余万条。在《中国应急管理报》上稿1篇，省级媒体上稿66篇，市级媒体上稿13篇。开展党政机关集中培训35场次，华南城、华商汇万千商户系列专题大培训16场，“五进”宣传268场、有火必训45场，大型灭火演练75场，消防文员下社区指导412人次，全面提升群众火灾防范意识和自防自救能力。联合卫健委、商务局、住建局、教育局、文广旅体局、城管局等多部门分系统、分类别召开火灾隐患现场交办会2次、火灾现场警示会3次、综合治理推进会3次、专题培训会18场次等。积极推动地方乡镇（街道办）划拨专项资金，已完成“迷你港湾”社区示范点、“小连楼村”农村示范点、新区财富广场消防主题公园、宽广建材批发市场示范点打造。在双湖大道、和谐街打造消防示范街。在新区财富广场消防主题公园打造消防主题公园。联合社会摩托骑行爱好者和邮政、快递、外卖等服务行业，成立“消防志愿骑行宣传队”，组建18支消防志愿服务队，开展“流动式”消防宣传213次；依托236个行政村大喇叭开展“村村响”广播工程48000余次。

（撰稿：靳梦露　审阅：黄亚哲）

科学技术

SCIENCE AND TECHNOLOGY

·科学技术>>>

SCIENCE AND TECHNOLOGY

科普工作

【概况】 新郑市科学技术协会是市委领导下的人民团体，其主要职责是充分发挥党和政府联系科技人员的桥梁和纽带作用，团结带领广大科技工作者积极投身经济建设，认真组织开展科学技术普及工作，引导建立农村专业技术协会，为促进经济社会发展提供科技支撑。科协机关设办公室、普及部、学会部、反邪教协会秘书处等部室。现有干部职工23人，均具有高中以上文化程度。

【全民科学素质工作】 2022年3月，市科协根据国务院、省、市人民政府办公厅《关于印发〈全民科学素质行动规划纲要实施方案（2021—2025年）〉的通知》，结合新郑市实际，起草印发《新郑市全民科学素质行动规划纲要实施方案（2021—2025年）》，明确提出新郑市在“十四五”期间全民科学素质工作的方针、目标和重点任务。全民科学素质领导小组各成员单位按照各自职能分工对标对表、有的放矢地针对五大重点人群，广泛开展各类科技科普活动。广泛宣传，全体动员，积极参与河南省全民科学知识竞赛。6月，新郑市科协精准施策，分步实施，层层推进，广泛宣传，全体动员，积极参与河南省全民科学素质网络知识竞赛活动，在各乡镇（街道）、管委会的通力配合下，此次竞赛活动参与人数、活跃度均处于郑州市各县区领先名次，为全市科学素质提升注入动力。

【科普工作】 新郑市科协深入践行市委“能力作风年”建设精神，强化科普服务意识，积极组织申报郑州市“科普惠农兴村计划”项目工作。在各乡镇推荐，市科协实地查看筛选的基础上，新郑市星源林果种植科普示范基地入选，争取上级奖补资金10万元。围绕科普项目，科协工作人员积极上门送政策、送服务，做好项目实施及奖补资金正确使用。科普教育基地队伍壮大，先后成立气象科普教育基地、孟庄镇民俗文化馆科普教育基地。新郑市黄帝故里已经通过郑州市科普教育基地申报工作，由此开启了新郑市科普教育基地建设的新模式、新篇章。建立长效科普职能，服务活动走深走实：深入扎实开展防灾减灾科普服务活动，重点围绕气象宣传日、汛期防灾减灾、科学抗疫等主题，利用大篷车展教功能，深入各个核酸检测点、学校家长等待区等人员密度大、流动性强的地方，广泛开展科普宣传活动，进一步提高居民识灾、防灾、避灾意识。组织实施“送教下基层”长效科普活动，市科协整合资源，充分利用科技工作者志愿服务队的组织优势，统筹安排全年科普活动计划，倾力打造“送科普走基层”服务品牌。在健康养生、医疗保健、农业种植和反对邪教等领开展各项科普服务活动50余次，受益群众达1.5万人次。联合教育局常态化开展“科普大篷车校园行”活动，重点覆盖偏远地区学校，让乡村孩子体验科技的神奇和科学的奥秘，足迹覆盖全市各个乡镇。全国科普日期间，新郑市科协积极响应省科协“喜迎二十大科普渠首行”科普志愿服务活动，科普大篷车奔赴淅川县、西峡县、内乡县10余所学校，为山区的孩子们送去一场场科技的盛宴，近3万名学生从中受益。开展“科技工作者”志愿服务活动。2022年，市科协共开展“科技工作者”志愿服务活动30余次。其中健康知识讲座5次；“防范电信诈骗”“智能手机扫码做核酸”智慧助老志愿服务活动3次；为村民义诊3次，受益群众共计800余人次。志愿服务活动发扬了科技工作者无私奉献的服务精神，既向公众传播了科普知识，又为促进精神文明和科学普及的融合发展作出了贡献。发挥职能，多措并举，全国科普日成绩显著：2022年的全国科普日处于疫情防控之时，新郑市科协审时度势，采取“全国科普日”云启动的线上方式，以“喜迎二十大 科普向未来”为主题，各成员单位、各乡镇街道积极参与。科普活动围绕低碳节能、垃圾分类、气象科普、防灾减灾、科学防疫、食品安全、技术培训、消防演练、科技体验等内容开展。在全市各成员单位通力合作下，新郑市全国科普日活动上报达500余次。市科协分别获中国科协、省市科协全国科普日优秀组织单位称号。其中有12个成员单位评优秀组织单位，13项优秀活动入选。全国科普日已作为品牌科普活动深植人心，活动的广泛开展为全市科学素质的提升注入不竭的活力。

【组织建设】 开展2022年全国科技工作者日活动，通过线上平台转发致新郑市科技工作者的一封信。以此信向辛勤工作在全市各条战线的广大科技工作者致以亲切的节日问候。推广“2022全国科技工作者日主题宣传片”，通过线上平台转发和推广，营造节日热烈氛围，谨以此片向所有科技工作者致敬。宣传科学家事迹、弘扬科学家精神，在新郑市电视台轮播《我是科学家》栏目，弘扬科学家精神，在全社会形成尊重知识、崇尚创新、尊重人才、热爱科学、献身科学的浓厚氛围。积极举荐优秀科技工作者，接到推选政协委员候选人通知后，市科协从企业、高校、医院、畜牧等领域认真筛选，最后三名科技工作者选为政协委员，为新郑社会经济发展建言献策。积极举荐优秀科技工作者，在郑州市第九届“青年科技奖”评选活动中，由新郑市科协推荐的新郑市农业技术服务中心的吴玲玲受到嘉奖。市科协团结引导广大科技工作者积极投身教育、弘扬科学家精神、坚守责任担当，为新郑经济社会发展做出应有贡献。顺利完成本年度各协会、研究所的年审工作；指导督促协会自主开展各项科技推广、科普培训活动，各项活动达20余次，服务群众达1000余人次。组织青少年科技活动，营造热爱科学氛围。新郑市科协积极组织全市青少年参加第27届郑州市青少年科技创新大赛并取得优异成绩，其中郑州市一等奖13件，二等奖15件，三等奖29件；优秀科技辅导员15名；新郑市科学技术协会、新郑市教育局基础教研室和共青团新郑市委获得优秀组织奖。

【反邪教协会】 打造反邪教科普教育常态化活动品牌“新郑无邪”移动科普讲堂。针对未成年、中老年等不同群体，花心思、下功夫选取宣传素材，以生动丰富的内容、多样有趣的形式，深入市区20余个社区（村），行程100余千米，最大限度扩大反邪教宣传覆盖面，提升宣传实效性。开展“科学反邪教 无邪夕阳红”反邪教科普教育活动。针对老年人邪教易感群体，从多个层面深刻剖析老年人受到邪教组织“青睐”的原因，介绍防范邪教的方法，筑牢老年人群体防范邪教的思想壁垒。开展“坚持正信正行、防范抵制邪教”宣传活动。为增强广大宗教界人士和信教群众识邪防邪反邪的意识和能力，有效遏制邪教发展蔓延，为宗教界人士、信教群众宣传邪教与宗教的区别、国家处理邪教问题的相关法律法规及如何防范和抵御邪教侵害等知识，营造和谐稳定的社会环境。全年共开展活动20余场，发放宣传彩页3000余份，书籍1000余本，围裙、笔记本、伞、扑克牌、帆布袋等宣传品1000余份，展出展板50块次，播放优秀反邪教宣传视频、音频900多分钟，提供现场咨询服务100余人次。抢占网络阵地，利用新媒体广泛宣传。利用短视频形式新颖、易于传播的特点，拍摄《揭批邪教本质 幸福和谐生活千万家》《反邪教我们在行动》等短视频，有效提高反邪教宣传知晓率。反邪教宣传动态信息被“中国反邪教网”“薄荷茶社”“凯风网”等上三级媒体采用，实现新突破。完成“新郑无邪”反邪教政务微博的更新等日常维护工作100余条。

（撰稿：牛美玲　审阅：邢艳红）

农业科研

【概况】 新郑市农业科学研究所位于新村镇双猫广场西南，为市政府直属公益一类正科级事业单位，下设办公室、编制人事科、农业科研管理科、农业科技推广科。主要职能是：承担上级科研部门下达的农业科研项目；引进最新农业科技成果、新技术，搞好示范推广；开展农作物新品种选育，筛选高产、优质新品种；参与农业科技开发项目实施，组织开展科技培训；完成市委、市政府交办的其他任务。全所现有干部职工18人，其中正科级干部1人，副科级干部1人，具有副高级职称4人，中级技术职称5人，初级技术职称2人，工人5人；退休人员18人。

【农业科学研究】 小麦育种：利用驯化、改良环境条件差异显著和带有野生遗传基因的基础亲本材料16个，拥有自主知识产权的骨干亲本材料12个，具有特殊优良性状生产栽培材料9个，新做杂交组合339个，选出优良的变异单穗4360个，从F3代穗行中选出优良的变异单穗3580穗，从F4代穗行中选出优良的穗系58个，从株行中选出优良株系69个，从各株行、穗行、变异品系中选出优秀单株385株，通过对比、观察、记载、筛选，选出可以进入对比鉴定试验的新品系96个，进入鉴定试验的穗系32个，通过各试验点对比、观察、筛选，可以参加国家或省新品种对比试验的优秀品系3个，具有自主知识产权的骨干亲本材料9个。玉米育种：完成玉米育种南繁加代工作。在海南三亚试验点种植玉米育种试验田0.29公顷，人工授粉自交2000多穗、杂交3000多穗，繁殖玉米新品种参试种子20公斤，复配杂交组合46个，组配新组合600多个。完成2022年夏季玉米新品种试验播种工作，承担河南省种子站玉米新品种试验2组，占地0.24公顷，参试玉米新品种26个。播种玉米育种材料1600份，占地0.48公顷；播种初级鉴定组合980个，占地0.45公顷；播种品种比较试验组合72个，占地0.21公顷。花生育种：花生育种项目共安排三个试验点：所内试验点、小马庄试验点、敬楼试验点。选育圃有6个组合800多个单株，78个株行；鉴定圃有11个品系，1个对照共12个小区试验，不设重复；品比试验有6个品种，三次重复。敬楼点安排1个新品种高产对比示范田，1组黏土地品比试验，6个品种三次重复。主持河南省花生联合体试验，十个品种，三次重复。选育出1个品种已参加河南省花生联合体试验。

2022年3月，农科所技术人员在育种试验田里调查新品系对比鉴定试验冬前群体（市农科所/供图）

【安全生产】 提高应急能力，认真组织学习“7·20”以案促改，防患于未然，扎实有效地做好安全生产工作。 安全无小事，市农科所高度重视、精心组织，始终把安全生产工作摆上重要议事日程，多次集中学习“7·20”以案促改和习近平总书记重要讲话精神，宣传贯彻落实安全生产方针政策和安全生产法等相关法律法规，制定安全生产制度及应急预案，定期不定期开展安全生产检查和隐患排查，主要领导亲自抓、负总责，强化监督检查与防范，及时对生产安全事故隐患的排查整改及调查处理、宣传教育，提高应急能力，加强防范意识，督促各科室搞好自查自纠，及时消除了安全隐患，确保了不发生安全事故，保障干部职工生命财产安全。

（撰稿：崔路雨　审阅：张申峰）

枣树科研

【概况】 新郑市红枣科学研究院位于新村镇裴李岗西路，是市政府直属的集科研、推广、服务于一体的科研事业单位，是全国唯一县级在编的专业从事红枣科研的事业单位，下设办公室(编制人事科)、枣种质资源科、研发推广科，现有干部职工22人，其中副院长1人，副科级协理员2人，高级工程师7人、中级技术职称4人。主要职责是：开展枣树科学技术研究、枣树栽培新技术研究与推广；负责枣种质资源收集、评价与利用；负责枣树植保技术研究与推广、枣树专业技术培训与学术交流；负责新郑红枣品牌的保护与利用；完成市委、市政府交办的其他任务。

【科研攻关】 2022年，全院始终坚持以科研项目建设为中心，以红枣试验基地为载体，大力开展红枣新品种选育、栽培、良种繁育、技术推广等，不断提高技术创新能力。加快郑州市科技局科技惠民项目——鲜食新品种“新郑红9号”推广；2022年3月采集新品种“新郑”接穗约10000个，进行封蜡、冷藏保存，5—6月组织业务人员到八千、城关、孟庄等地为枣农嫁接改良新品种，并对枣农现场培训新品种管理技术100余人次，发放枣树管理技术资料200余份；推进河南省林业局科技兴林项目“枣疯病防控技术引进与推广”。2022年5—6月，选取孟庄镇孟庄村、三旺马村和中华古枣园3个试验点继续开展枣疯病防治试验，该项目通过对灰枣疯树树干滴注“祛风1号”并配合物理、农业等综合防控措施，已在3个试验点取得明显成效。

【协会管理】 充分发挥红枣管理协会技术、人才资源优势，进一步提升服务枣业发展水平。外派4名红枣技术骨干力量，服务于新疆若羌、温宿、阿拉尔等灰枣主产区，重点开展枣树栽培、病虫害防治等技术管理和新品种、新技术推广工作。全年，共培训枣农达1000余人次，发放宣传资料2000余份，举办各类技术培训班（讲座）3场。以建设高水平、高标准红枣试验基地为目标，高标准做好红枣示范园管理。从3月开始，在枣树管理关键和重要时期，组织技术人员积极开展修剪、抹芽摘心、病虫害防治等工作，并对收集保存的200余个枣品种逐步进行挂牌、调查分析、标本制作，为下一步筛选出更多优良种质资源打下基础。

【文明创建】 2022年，是新郑创建全国文明城市三年行动计划关键之年。院党组高度重视，建立健全完善“党建+文明创建”机制，进一步整合创建志愿服务队伍，不断推进志愿服务制度化、常态化。活动中，坚持领导干部身先士卒，党员充分发挥模范带头作用，全体干部职工积极参与到文明交通、分包路段、分包社区和无主管楼院志愿服务活动，重点开展环境卫生整治、入户问卷调查和《郑州市文明行为促进条例》宣传活动，真正形成“人人创建文明、人人传递文明、人人共享文明”的浓厚氛围，为全市创建全国文明城市做出了应有贡献。

（撰稿：范永涛　审阅：毛宏耀）

气象服务

【概况】 新郑市气象局下设国家气象观测站。区站号57086，观测场海拔高度为116.6米，占地面积2公顷，位于新郑市区茨山路西段。现新郑市气象局共有职工16人（编内7人，聘任9人），其中本科学历10人，硕士研究生1人，大专5人；党员7人，高级工程师1人，工程师5人，助理工程师7人，技术员3名。内设管理机构2个：综合管理科（办公室）、防灾减灾科（业务科），级别为股级。下设直属事业单位3个：气象台（气象站）、气象服务中心、防雷中心。气象台（气象站）级别为副科级，气象服务中心、防雷中心级别为股级。基本业务有：测报、预报、农气服务、人工影响天气、气象执法等；开展的服务项目有：天气预报电视栏目公众气象服务、微信、短信、纸质材料等决策气象服务、面前企业和局委的大气污染防治、地质灾害、农业和林业干旱病虫害、安全生产等专业气象服务、防雷气象服务等。气象测报、天气预报工作每天至少2人值班，按照国家规定的时效进行气象观测和天气预报制作，并及时将观测资料和预报意见通过微机上传省气象中心。

【基本业务】 加强国家自动站、区域自动站、土壤水分站、农田小气候站等30套设备的运行监控和保障维护工作，提高监测数据质量和传输及时率。国家自动站传输及时率999.5‰，准确率1000.0‰，综合质量999.9‰；区域自动站传输及时率999.0‰；土壤水分站传输及时率987.0‰，小气候站传输及时率989.0‰，监测业务质量全部达标。实时历史地面气象资料一体化业务国家级自动站、区域自动站按时反馈，反馈率达到100%；区域自动气象站、自动土壤水分站业务可用性达到100%；按指令要求进行加密观测，正确及时上传数据，综合气象观测业务稳定可靠运行。

【拜祖大典气象服务】 重点做好了壬寅年黄帝故里拜祖大典气象服务工作，从2月24日起，提前一个月开始服务，每天制作“壬寅年拜祖大典专题气象服务”，共计向市委、市政府及黄帝故里拜祖大典办报送书面专题服务材料38期，周到、细致的服务得到了组委会领导的一致好评。

【人工增雨气象服务】 针对2022年新郑市干旱和大气污染防治工作的严峻形势，在郑州市人影办和新郑市委、市政府的正确领导下，新郑市人影办坚持不放过每次有利增雨作业时机积极实施人工增雨作业，全年组织开展人影作业4次、作业准备5次，累计点燃增雨烟弹43枚，多次作业效果显著，切实做好新郑市抗旱、大气污染防治、林区防扑火等保障工作。

8月1日，新郑市科学技术协会授予气象局“新郑市科普教育基地”称号

（市气象局/供图）

【专业气象服务】 主动融合新郑经济社会发展的气象需求，与大气办、应急管理局、自然资源规划局、林业局、农委等部门进行了需求合作座谈，并签订合作协议；制定服务方案，业务人员主动与服务企业联系，调查企业需求，2022年与赵家寨煤矿通过手机短信平台、电话、传真、邮箱等方式向企业开展了雷电、大风、暴雨、高温等专业气象服务。

【气象重点业务】 发挥气象防灾减灾第一道防线职责，积极应对暴雪、大风等灾害天气，全年共发布暴雨、暴雪、大风、高温等预警信号109期，其中暴雨预警信号6期，雷电预警信号2期，暴雪预警信号5期、大风预警信号29期、道路结冰预警信号14期、大雾预警信号17期、高温预警信号27期、寒潮预警信号2期、雷暴大风预警信号7期；制作发布重要天气预警报告15期；重要天气报告8期、天气快报9期、天气报告19期、气象信息快报133期、短临天气快报16期；积极为市委、市政府和防汛抗旱指挥部提供好防汛决策依据。做好环境专题保障服务，服务生态文明建设。围绕新郑生态文明建设，开展大气污染防治气象保障服务，加强了与大气办沟通。作为大气污染防治专家组成员，每天为其制作并提供了空气污染气象条件等级预报，全年共制作发布大气污染等级专题预报365期，为政府开展大气污染防治提供科学的决策调度依据，多次获得主管领导好评。高质量开展微博气象服务，扩大公共气象服务影响力。通过做好重要天气过程、节假日和“二十四节气”的微博等专题服务，进一步丰富微博服务产品内容，提高微博专题质量，多次被新郑网、新郑新闻等媒体转载，微博用户1076人，微博最大阅读量1.02万人次，进一步扩大了公众气象服务影响力。完成了新郑市政府交办的疫情防控办帮扶工作及期间的气象服务工作。

【秸秆禁烧服务】 麦收麦种期间，及时编写秸秆禁烧监测及污染预报服务材料，每天及时送到市政府及环保局有关领导手中。气象局作为秸秆禁烧督查组一员，抽调专人较好完成了龙湖镇、新村镇、郭店镇、中心城区夏秋季的秸秆禁烧督查任务。

【三农气象服务】 做好农气常规服务工作，2022年制作《新郑市粮食安全气象领域评估报告》20期、《新郑市春耕春播专题气象服务专报》18期；三夏期间制作《新郑市农业气象遥感信息》20期、《新郑市农业气象周报》20期、《新郑市夏收夏种气象服务专报》22期。土壤水分站设备校准及十里铺土壤水分站墒情对比观测工作，2月中旬完成王刘庄土壤水分站校准并投入运行；新郑市观音寺十里铺小气候站自2021年10月至2022年5月开展横跨干湿两季土壤墒情对比观测工作，5月下旬完成土壤墒情对比观测数据录入与上报工作，6月中旬通过省气象局验收，9月通过国家局验收批复，10月1日正式投入运行。认真开展了气象灾害、农作物生长调查。3月中旬受寒潮天气影响，开展冬小麦晚霜冻影响工作；3月份下旬完成新郑市冬小麦遥感样本调查工作；5月中旬按完成新郑市冬小麦生长状况随机调查工作。

（撰稿：靳潘婷　审阅：闫伟杰）

教育

EDUCATION

·教 育>>>

EDUCATION

基础教育

【概况】 新郑市教育局位于中兴路69号新郑市华夏国际商务中心，是主管全市教育工作的市政府组成部门。内设办公室、学校基层党组织建设办公室、编制人事科、基础教育科、成人教育职业教育科、党风行风建设工作办公室、行政审批科、计财科、教育督导室办公室、体育卫生艺术教育科、安全管理科、基建科、科学技术与信息化科、校外培训机构监管科等14个职能科室。局属单位66个：新郑一中、新郑二中、新郑三中、新郑高中、实验高中、新郑中专、苑陵中学、实验中学、市直中学、崇文中学、轩辕中学、新烟中学、正商外国语中学、和庄中学、鸿福学校、实验小学、新华路小学、黄水路小学、外国语小学、市直小学、郑韩路小学、轩辕小学、新烟小学、第二实验小学、仓城小学、正商外国语小学、华南城第一小学、锦艺实验小学、龙湖国瑞小学、子产小学、溱美小学、桃园小学、实验幼儿园、市直幼儿园、人民路幼儿园、弘远路幼儿园、轩辕幼儿园、政通路幼儿园、畅馨幼儿园、阳光港湾幼儿园、泥河新城幼儿园、新烟办事处中心幼儿园、风苑路幼儿园、陶文路幼儿园、正弘新城二号院幼儿园、新烟办事处第二幼儿园、教师进修学校、特殊教育学校，各乡镇中心学校，招生考试服务中心、学生资助服务中心、基础教育教学教研室、职业教育与成人教育教研室、教育科学研究室、幼儿教育发展中心、校外活动中心、教学仪器厂。

2022—2023学年，全市共有各级各类中初等教育学校360所，其中：中等职业学校9所，普通高(完)中7所，普通初中（九年一贯制）32所，小学110所，特殊教育学校1所，幼儿园201所。在校学生262610人，其中：中等职业学校30516人，普通高(完)中20860人，普通初中（九年一贯制）47630人，小学113985人，特殊教育学校157人，幼儿园49462人。教职工共有20379人，专任教师16102人。其中：中等职业学校教职工1294人，专任教师662人；普通高（完）中教职工1972人，专任教师1801人；普通初中（九年一贯制）教职工4249人，专任教师3955人；小学教职工6329人，专任教师6200人；幼儿园教职工6504人，专任教师3455人；特殊教育学校教职工31人，专任教师29人。

2022年，市教育局紧盯“人民满意”目标，锚定“立德树人”根本任务，持续深化教育改革，努力提升办学水平。先后获得省义务教育基本均衡发展工作先进单位、省教育宣传先进县市、郑州市师德管理先进集体、郑州市教学创新先进单位、郑州市教育科研先进单位、郑州市学校体育工作先进集体、郑州市职业教育先进单位、郑州市平安校园建设先进单位、新郑市综合工作优秀单位等称号。教育教学质量再创新高，一本上线人数达1610人，一本上线率提高到35.07%，较“十二五”末提高14个百分点，进入985、211院校的学生占比达3.62%和9%，分别比全省高出2.19、4.83个百分点，质量“高原”不断做大、名优生“高峰”不断拔高，高考综合评价连续31年保持郑州县（市）领先位次。

【学前教育】 2022年，注册的209所幼儿园中，公办幼儿园45所、普惠性民办幼儿园156所、非普惠性民办幼儿园8所；在园幼儿49462人中，公办幼儿园就读17346人、注册普惠性民办幼儿园就读30379人，学前教育普惠率达96.49%。共有省级示范幼儿园4所，郑州市级示范幼儿园16所，新郑市示范园及一级园110所，上等级幼儿园占比65%。

2022年，学前教育继续围绕“抓安全、促规范、提质量，保幸福”的工作思路，坚持常态化管理，全力做好疫情防控，强化“全家安全、幼儿安全”理念，强化幼儿园、属地政府、行业部门、个人各负其责、各司其职、联防联控的疫情防控机制。深入推进“一项大赛三大工程”，以18个学科基地为依托，以园内常态化培训为主、专家线上引领指导为辅，开展了一系列培训和交流活动，累计开展专家线上引领活动26场次，基地内交流活动48场次，各幼儿园举办不同形式的基本功大赛99次，推动教师教学素养显著提升。在郑州市幼儿园教师“三项活动”比赛中，获一等奖8人、二等奖14人、三等奖17人；在郑州市中小学幼儿园优秀自制教（玩）具比赛中，获一等奖17人、二等奖15人、三等奖6人；在郑州市幼儿园环境创设比赛中，获一等奖10人、二等奖17人、三等奖15人；在河南省学前融合教育优秀教育活动案例比赛中，辛店镇第三幼儿园刘会平、雷梦、李亚平三位教师分别获二等奖和三等奖。加强常态督查检查，通过强化“园长日巡查、中心学校周检查、教育局月督查”机制，对幼儿园的班额、师资、常规、安全、食堂食品安全和卫生防疫等工作每月进行检查，规范保教行为；开展幼儿园名称规范专项清理行动和绘本图书等读物审查清理专项行动，组织全市幼儿园全面进行自查，对冠以“中国”“中华”“全国”“国际”“世界”“全球”等字样，包含外语词、外国国名、地名，使用“双语”“艺术”“国学”“私塾”等片面强调课程特色以及带有宗教色彩的名称进行梳理，共排查出名称不适合幼儿园39个，建立工作台账督促进行整改；开展绘本图书等读物审查清理专项行动，按照自查、登记、清理流程，组织幼儿园对入园的图书、绘本等读物适合情况进行专项清理，累计排查整理图书344661册，清理不适宜读物3249本。

【义务教育】 义务教育向优质均衡迈进。启动新郑市第二批义务教育标准化管理合格校、特色校、示范校创建活动，市直中学成功创建为省级标准化管理特色校，义务教育发展更加均衡。大力推进“1+1+x”优质共同体建设，制定《新郑市深化义务教育阶段集团化办学强化义务教育阶段“1+1+X”优质教育发展共同体建设实施方案》，市直初级中学“1+1+X”优质教育共同体和外国语小学“1+1+X”优质教育发展共同体被评选为“郑州市首批公办中小学优质教育集团”。持续推进“新优质初中”学校建设，轩辕中学、崇文中学被认定为郑州市第二批“新优质初中”学校，实验中学、龙湖镇第三初级中学和新村镇第二初级中学被认定为郑州市第二批“新优质初中”创建学校；深入开展郑州市第三批“新优质初中”创建工作，正商外国语中学被认定为郑州市第三批“新优质初中”创建学校，和庄镇初级中学和鸿福学校被认定为郑州市第三批“新优质初中”培育学校，全市初中段的发展活力不断增强。持续做好控辍保学，将控辍保学工作上升到市级层面，坚持顶层设计，市委教育工作领导小组印发《新郑市进一步加强控辍保学工作健全义务教育有保障长效机制的实施方案》文件，成立市级控辍保学工作领导小组，各部门各司其职、各负其责。新郑市教育局印发《新郑市教育局关于做好2022年春季开学控辍保学工作的通知》《新郑市教育局关于落实义务教育有保障开展控辍保学“回头看”的通知》等文件，持续推动常态化清零。全市初中小学校坚持周排查、月报告，确保学生顺利完成九年义务教育，实现义务教育零辍学、零失学目标。精心做好义务教育阶段学校招生工作，按照“就近划片、真实居住；严把条件、手续合法；梯次招生、应入尽入”等原则实行线上报名，各学校对各自校报名学生信息进行审核。2022年，公办初中七年级共招生15628人，公办小学一年级共招生18619人；公办

5月8日，轩辕小学开展春蚕育人课程活动（市教育局/供图）

义务教育阶段共有外来人员随迁子女68059人，占公办中小学学生总数的43.76%。超大班额相比较2021年，减少22个，仅剩10个；大班额减少86个，仅剩224个。

【普通高中教育】 普通高招综合评价连续31年位于郑州县市领先位次。2022年，参加高考应届毕业生4591人，一本上线1610人，上线率35.07%。2022年高考，全省理科前1000名13人，文科前1000名5人，理科前10000名154人，文科前5000名34人，新郑理科第一名新郑高中的许兆京689分被清华大学录取。普通高中招生计划持续增加。普通高中招生计划155班、7750人，比2021年增加5班、250人。继续坚持“均分生源”的机制，生源数量和生源质量全面均衡配置。深入探索名校联盟发展项目。积极实施“三联三建三名一优”工程，创全省知名的新郑教育品牌。持续推动多样化高中建设。新郑三中、实验高中被评为郑州市第三批多样化高中建设试点校。普通高中以学科建设为重点，不断提高学科教学质量，积极申报郑州市学科基地建设，5所公办普通高中共向郑州市申报10个学科基地。积极组织新高考培训。积极研究实践新高考改革，新郑一中被评为普通高中新课程新教材实施省级示范校创建单位。多次组织高中校长、中层行政人员、年级主任、班主任、学科教师参加全省高考综合改革政策解读培训会、河南省高考综合改革校长培训会、新课改背景下的高考报告研讨会、新课程培训等，对各学科的新课程改革、新课标变化、新教材理念与课程内容结构高考命题趋势与方向、课题研究基本方法等进行深入学习。组织普通高中教育教学管理人员和全体学科教师持续参加省、郑州市组织的“三新”学习，不断提高新高考的理念和素养。加强“强基计划”招生的研究和探索，共有31名学生通过强基计划初审，最终有4名学生通过强基计划被西安交大、同济大学等“双一流”高校录取。不断加大“单招”引导力度，引导学习有困难学生积极参加高校单招，向家长和学生讲解单招政策、优势、方式，对参加单招的学生进行有针对性的辅导，提高单招的人数，为学习有困难学生找到适合的道路。

【职业教育】 全市共有中等职业学校7所，其中公办1所、民办6所，教职工1332人，在校生23065人。开设有现代农艺、汽车运用与服务、轨道交通、健康食品、智能制造装备、电子信息、商贸物流、文旅餐饮、艺术与体育、航空服务等14大类40个专业。各学校围绕新郑市“三主三新”产业发展和乡村振兴战略实施，探索引企入校、工学交替、订单培养等职业技能人才共育模式，与61家省内外企业持续合作，其中新郑市39家企业成为学生实习、就业优先之所。各职业学校积极实施标准化建设工程，全力改善办学条件、全面提升办学能力，郑州城轨交通中等专业学校于12月通过省教育厅标准化建设工程验收；新郑市中等专业学校等3所学校向省教育厅申报拟于2023年参加标准化建设工程验收。各学校扛牢主体责任，建立月报制度，开展各类技能培训18691人次，圆满完成郑州市教育局和新郑市政府下达的2022年教育系统“人人持证、技能河南”建设工作任务。2022年参加对口升学6896人，本科上线6人、专科上线6273人，上线率达91.1%。参加郑州市第28届学生技能大赛获得7项团体奖、56个单项奖。1月7日，新郑市职业教育产教融合机制改革的做法，以《校地共建开新局，产教融合促发展——新郑市产教融合服务地方经济发展的机制改革项目》作为重大改革案例上报郑州市委深改委，并作为特色创新项目逐级上报至国务院督查部门。3月，郑州市委组织部、新郑市委组织部到好想你乡村振兴学院、好想你中专调研产教融合。7月，省人大常委会副主任徐济超等一行近20人到新郑市中等专业学校、好想你健康食品股份有限公司调研新郑市职业教育发展和产教融合工作。7月，新郑市人民政府下发《关于同意设立新郑航空科技中等专业学校的批复》。

【成人教育和社区教育】 市社区学院和11所乡镇成人（社区）学校始终秉承“成人教育，成人之美”的价值追求，瞄准“全民好学，美好新郑”的发展目标，紧紧围绕“多部门联合、人文产调研、家校社共育、医养教融合”工作思路，强化领导、落实责任，促进社区教育新发展；厚植优势、打造特色，激发社区教育新活力；丰富活动、创新载体，提升社区教育新实效，全年共组织社区教育培训活动1582期，受益居民82960人次，其中职业技能培训3252人，完成“人人持证、技能河南”任务的147.8%。

6月，新郑市中等专业学校（社区学院）参加家庭教育促进法知识竞赛，获得先进单位称号。8月，郑州市教育局推荐辛店镇成人（社区）学校创建省级示范性乡镇社区学校。9月，各乡镇政府召开学习型乡镇建设推进会，组织全民终身学习活动周，服务居民终身学习。11月，郑州市社区教育指导服务中心、郑州社区大学表彰辛店镇蓝天新城“巾帼妈妈”社区教育志愿服务队和梨河镇、观音寺镇、新华办的3名优秀志愿者为郑州市第七届社区教育优秀志愿服务团队、优秀志愿者。新郑市先后组织成人（社区）学校教师69人次参加国家开放大学家庭教育指导师培训、省开放大学老年教育培训、郑州市继续教育工作者科研能力提升培训。新郑市代表受邀参加河南省学习型社会建设研究中心成立大会、全省学习型社会建设研讨会等社区教育发展重要会议并交流发言。

【特殊教育】 认真落实《“十四五”特殊教育发展提升行动计划》要求，加大对未入学残疾儿童少年教育安置力度，不断提高残疾儿童义务教育普及水平；扎实开展送教上门工作；积极开展融合教育，2022年6月组织教师参与融合教育线上专项培训；特殊教育持续向“两头延伸”。截至2022年9月底，新郑市共有新郑籍适龄残疾儿童少年485人，其中普校送教112人、普校随班239人、特校送教44人、特校随班72人、学前阶段11人、康复机构7人，安置率100%。

【民办教育】 2022年，郑州仲景国医中等专业学校办学地址迁移至新密市；新郑兴龙外国语小学办学地址由龙湖镇迁移至郭店镇；位于孟庄镇的学之尔教育培训中心申请注销。截至年底，全市有民办中等专业学校6所，在校生20167人；民办普通高中2所，在校生3904人；民办义务教育学校9所，在校生6079人；民办幼儿园156所，在园幼儿32116人，其中普惠性幼儿园达到150所，覆盖率达到96.11%；学科类校外培训机构10家。

5月10日，政府办印发《新郑市规范民办义务教育发展实施方案》（新政办〔2022〕4号），提出新郑市民办义务教育在校生规模控制在5%以内、防止反弹的工作目标。市教育局通过制定民办义务教育学校资金监管办法、严格执行“公民同招”政策和招生计划、加强决策机构成员备案管理、指导学校修订章程等措施，圆满完成了郑州市政府规范民办义务教育专项行动提出的工作目标任务。8月22日，市教育局党组向民办学校和校外教育培训机构选派党组织书记17名、党建指导员169名，强化民办学校党组织建设，推动新郑市教育系统党的组织和党的工作从有形覆盖向有效覆盖转变。

【德育教育】 各学校进一步完善、细化各类德育课程目标，创新德育课程实施途径和评价方式，构建方向明确、内容完善、校情贴近、学段目标科学、活动载体丰富的德育课程体系，积极开展以社会主义核心价值观、理想信念、中华优秀传统文化、生态文明等为内容的主题教育，努力培养德智体美劳全面发展的社会主义建设者和接班人。2022年，2位老师被评为河南省优秀班主任；39位班主任被评选为郑州市优秀班主任；15所学校被评为郑州市普通中小学德育创新先进集体；30名教师被评为郑州市普通中小学德育创新先进个人；1名老师在第三届郑州市中小学班主任基本功展示活动中获奖；39位班主任被认定为新郑市2022年度名班主任；2021—2022学年，全市共评选出郑州市级三好学生868名、优秀学生干部218名，新郑市级三好学生1296名、优秀学生干部239名；在2022年郑州市“两争两创”新郑市“三争三创”评选工作中，共评选出郑州市文明班级22个、文明宿舍12个、文明教师39名、文明学生50名、新郑市文明班级674个、文明教师1169名、文明学生543名、文明宿舍90个、文明家庭992个、文明家长989名。

【体育艺术教育】 做好学校体育常规管理。按照“教会、勤练、常赛”基本要求，督促学校开足开齐体育课程，落实两个大课间活动，积极开展阳光大课间评选活动，保障中小学生每天一小时校园体育活动。全面落实中招体育改革，印发《新郑市2024届初中毕业生七年级过程性评价实施方案》，通过国家体质健康测试、体育出勤率、体育课考试等三项内容，对1.6万名七年级学生进行了过程性评价测试，测试成绩计入九年级中招考试总成绩。建立健全周末和寒暑假体育作业制度，设置体育作业建议项目及运动强度，进一步督促学校加强体育锻炼。积极开展国防教育，8月份组织全市23000多名高中和初中新生进行了不少于7天的军事训练，严格按照军事训练教学大纲施教、施训，规范教学内容。积极开展国防教育日活动，利用各类电子屏展播国防教育主题标语，组织师生通过“河南国防教育网”“学习国防”App国防教育融媒体平台学习国防知识。切实强化艺术课程开设。坚持育人为本、面向全体，指导学校挖掘校内校外资源，克服各种困难，统筹学校美育发展。

2022年教师节文艺演出（市教育局/供图）

加强美育综合改革，促进德智体美有机融合。组织开展“放飞梦想 舞动校园”中小学生舞蹈展演活动，共评选舞蹈视频作品27个。组织2022年中小学生美育作品评选活动，评选出艺术作品类优秀作品121件；评选出艺术表演类优秀作品101件。组织中小学音乐美术教师基本功比赛，12名教师被推荐参加郑州市中小学音乐美术教师基本功比赛，分获郑州市一、二、三等奖，其中第二实验小学的卜凡爽获音乐教师一等奖，黄水路小学的冯文举、鸿福学校的王玉妖获美术教师一等奖。组织参加由教育部和郑州市人民政府共同主办的全国第七届中小学生艺术展演活动，新郑市实验小学、新华路小学、外国语小学、市直小学等4所学校入选参加开幕式展演。组织举办“行印·情怀”第38个教师节颁奖典礼活动，参演师生用精彩的表演为广大教育工作者献上一份特殊的节日礼物。深入推进学校“一校一品”特色建设。围绕版画、剪纸、泥塑、戏曲、合唱、舞蹈、器乐、啦啦操、艺术体操等特色项目，按照“1+X”优质教育发展共同体建设结对情况，将“一校一品”美育特色发展纳入帮扶工作内容，将13所领军学校美育“一校一品”发展的好思路、好做法引入共同体结对学校，明确目标，制定措施，完善考核，强化督导，推进共同体学校“一校一品”快速发展。探索开发以裴李岗文化、黄帝文化、白居易诗词文化等历史文化和历史名人为主题的校本课程，科学选择美育项目，制定不同年级的培养计划，城关乡、新村镇结合地域特色的白居易文化和裴李岗文化，将学校文化与地域文化有机结合，建立中华优秀传统文化传承基地和传承校，形成学校文化品牌。截至2022年，共培育美育示范校、戏曲特色校等美育特色学校48所，黄水路小学传统文化花灯课程荣获全国校本课程评比一等奖，外国语小学《少儿版画》在第四届全国教博会交流展示。

【劳动教育】 依据中共中央、国务院、教育部颁布的《关于全面加强新时代大中小学劳动教育的意见》《大中小学劳动教育指导纲要（试行）》文件精神，持续深入推进中小学劳动教育，探索创新劳动教育模式。2022年5月，进行了劳动教育周典型案例评选，在68个作品中选出15个典型案例参加了郑州市典型案例评选。10月，开展郑州市中小学劳动教育特色学校创建，督促指导黄水路小学、仓城小学、轩辕中学、实验小学、轩辕小学、新村镇水泉小学、梨河初级中学、龙湖国瑞小学共8所学校申报了郑州市劳动教育特色校，其中黄水路小学荣获郑州市劳动教育特色校。积极开展中小学社会实践活动，丰富劳动教育内涵。10月，郑州市教育局对新郑市中小学社会实践活动开展情况进行了考核，新郑市第二实验小学、正商外国语小学、新郑市锦艺实验小学、新郑市苑陵中学、新郑市孟庄城后马完小、新郑市观音寺中心学校、新郑市市直小学等7所学校参评了郑州市社会实践先进单位，32名教师参评了郑州市社会实践优秀辅导教师，50名学员参评了郑州市社会实践优秀学员。

【法治教育】 积极开展法治教育常规课程教学落实。积极推进学校法治课程教学。开展未成年人保护法学习和劳动保护等相关法律知识的传播普及。落实教育部第七届“学宪法讲宪法”活动，参与人数162222人，注册率和参与度位居郑州市前列。在郑州市第七届“学宪法讲宪法”法治知识竞赛中，新郑市第一中学的柴源同学获郑州市特等奖第一名，被郑州市教育局推荐参加第七届全省法治知识竞赛，获得高中组二等奖，新郑市第一中学的冯桢老师获得优秀辅导教师二等奖，新郑市教育局获郑州市第七届学宪法讲宪法主题活动优秀组织奖。不断丰富普法宣传教育活动载体，增强教育活动的实效性。采取脚步丈量工作法对梨河镇、辛店镇、龙湖镇、新郑市实验小学、新郑市崇文中学、新郑一中等学校的法治进校园工作进行考察。积极开展学校线上线下法治教育，在认真落实上级日常法治教育工作的同时，确保新郑市各学校每季度有一个法治教育主题，督促学校利用课堂教学、飞播、班会、国旗下演讲等形式，将师德师风建设、未成年思想道德建设、防性侵、未成年人保护等法律法规贯穿在学校的日常普法教育中，努力提升常规工作的科学化、专业化水平，为孩子们健康成长夯实基础。根据《中华人民共和国未成年人保护法》、河南省人民检察院、河南省教育厅《关于印发〈加强校园法治宣传教育工作实施办法（试行）的通知〉》等法律及规范性文件精神，新郑市人民检察院、新郑市教育局联合向全市中小学选派28名法治副校长。

【心理健康教育】 全年开展青少年个体心理咨询28次，受益人数39人次，开展团体培训活动3次、受益人数达200余人次。针对新郑一中高三年级30名学生进行考前减压心理拓展活动，舒缓学生压力。积极响应党中央新冠疫情防控工作指示精神，充分发挥心理热线功能，开展电话心理咨询，共服务群众32人次。针对冬奥、开学收心、疫情反扑后学生心理健康问题，指导各学校开展心理健康教育网络授课及家庭心理健康教育指导知识普及，增强学生及家长特殊时期心理自我调适能力，开展心理直播课1300余课时，受益学生及家长5.8万余人。组织中小学教师网络心理培训5次，调节不良情绪，缓解压力，提高教师心理危机干预专业知识，提高教育质量和效果。

【评价建设】加强对学校的质量监控评价。深入学习《深化新时代教育评价改革总体方案》和《义务教育质量评价指南》，修订完善新郑市初中段、小学段的《教育教学质量监控评价方案》，探索实践中学段教育六年一体化、中小学教育十二年一体化，促进学生的全面发展、个性发展，提升新郑市教育教学质量。

【语言文字工作】贯彻落实《中华人民共和国国家通用语言文字法》等文件，规范使用国家通用语言文字，加强普通话和语言文字规范化的宣传，巩固新郑市三类城市语言文字达标成果。加强语言文字规范化示范校建设工作，努力提升师生使用规范语言文字的水平。以“推广普通话，喜迎二十大”为主题，开展第25届全国推广普通话宣传周活动。第二实验小学、龙湖国瑞小学、仓城小学、鸿福学校被评选为郑州市第七批语言文字规范化示范校；新村镇新村小学、新烟中学、龙湖镇第一初级中学、崇文中学、正商外国语小学被评选为新郑市2022年中小学语言文字规范化示范校。积极参加2022年河南省诗词大赛，初赛中新郑市共有41646人参加海选，其中，27700人晋级初赛。各中小学校积极组织学生背诵诗词、熟悉诗词，广大中小学生踊跃参加郑州赛区初赛，6311人晋级复赛，占郑州赛区进入复赛人数的67.2%，在郑州赛区以绝对优势处于第一梯队。进入决赛9人，比2021年多6人，占全省1.64%，决赛中新郑市赵涂同学获得河南省诗词大赛小学组二等奖，宋姝凝等8名学生获得河南省诗词大赛小学组三等奖。

【科学技术与信息化工作】2022年，教育城域网保持平稳运行，没有发生任何网络安全事件。开展杀毒和正版办公软件等工作，对班班通线路进行调整。疫情防控期间，印发《新郑市2022年线上教学方案》《关于做好因疫情健康排查暂缓返校的零星学生开展线上教学工作的意见》等文件，保证了线上教学工作正常开展。印发《关于加强线上教学管理及线上教学安全管理的通知》文件，在线上教学技术层面，从课前准备、课中管理、漏洞处理、突发事件应对措施等方面，对线上教学安全管理问题提出要求，保障线上教学有序开展。开展基于国家中小学智慧教育平台的培训、学习、推广和应用，组织师生数字素养与技能提升活动月“数字教育大讲堂”活动。开展“三个课堂”的建设与应用、“创建课堂新形态　促进教学高质量”——人人讲优课、信息技术与课程融合优质课评选等活动。组织师生博客大赛、中小学生信息素养提升实践、小学生口算天天练、初中生单词天天记等活动。开展多轮次教师信息素养提升、网络安全、线上教学应用等专题培训。正商外国语中学和华南城第一小学被确定为河南省中小学数字校园标杆校；新郑市教育局、龙湖国瑞小学、畅馨幼儿园、市直幼儿园被评为第十六届郑州教育博客大赛优秀组织单位；新郑市教育局被评为2022年度全省教育信息化工作先进集体。

【校内减负工作】强化机制建设，推进校内减负。建立党政统筹、协同发力机制，注重家校协同。建立督导委员会三级督导机制，即视导员日督导、督学半月督导和督导室定期督导。分级监测机制，即班级抓日常监测、学校抓敏感节点监测、市级定期监控监测。落实“双减半月报”制度，学校每半个月自查上报一次；教育局实施通报制度，印发“双减”工作简报29期。规范作业建设。构建“1234”工作机制。“1”，即围绕一个工作思路：提质减负。“2”，发挥两个阵地作用：发挥32个学科建设基地和19所作业改革示范校引领作用。“3”，突出三个重点环节：合理设计、规范实施、加强管理，实现校内监督“链条化”、校外监督“公开化”、三级约谈“制度化”（主管科室、分管副局长和教育局党组分别对校长进行约谈）、开展督查“常态化”、作业“熔断”“自觉化”。“4”，落实四个提质方略：课前研究、集体备课、推广优秀成果、强化教师内功。优化课后服务。新郑市被评为郑州市义务教育阶段课后服务示范区，义务教育阶段学校课后服务100%全覆盖，课后服务家长满意度95.78%，课后服务劳务补助共发放743.392万元。9月，印发《新郑市教育局关于推进义务教育阶段课后服务示范区建设持续提升课后服务水平的通知》，推进课后服务迭代升级，更高质量地满足学生对课后服务的多样化需求。

【校外减负工作】强化校外培训机构治理，推进校外减负。原有学科类校外培训机构11家，3月，学之尔教育培训中心注销，学科类校外培训机构减为10家，分布在市区、龙湖镇、辛店镇、梨河镇等四个辖区，共有教职工53人，参培学生231人。市教育局围绕规范办学行为、强化政策宣传、整治违规培训、防范化解风险、筑牢安全防线、开展督导检查等方面，深入推进校外培训机构治理工作，完成了“校外培训负担、家庭教育支出和家长相应精力负担1年内有效减轻”的治理目标，实现了100%“营转非”、100%党建覆盖、100%交纳风险储备金、100%“一课一消”全流程资金监管，校外违规培训广告大幅清除，违规培训机构实现“动态清零”，风险隐患点及时妥善处置，“暴雷”“冒烟”零发生，学科类校外培训行业逐步规范，家长学生校外培训费用支出显著降低，人民群众满意度明显提升。

【招生考试】 圆满完成全市普通高招、学业水平测试、中招、中专、成人高考、自学考试及上级招考中心安排的各类国家教育考试的组织实施以及高等教育院校的协调与管理服务工作。普通高校招生考试。2022年，普通高招报考6742人，对口类考生9540人，专升本20524人，总计36806人。设置7个普通高考考点，4个对口升学考点，2个备用考点，11个专升本考点。普通类考场共设222个，对口考场168个，备用考场74个，专升本考场713个。其中普招考点分别为：新郑一中35个、新郑二中34个、新郑三中36个、新郑高中35个、新郑实验高中33个、新郑市崇文中学35个、新郑市实验中学14个；对口考点分别为：新郑中专48个、新郑市市直初级中学31个、新郑市轩辕中学37个、新郑市鸿福学校52个；备用考点分别为：新郑市和庄镇初级中学24个、新郑市双语高级中学50个；专升本考点分别为：郑州西亚斯学院57个、郑州升达经贸管理学院48个、郑州工业应用技术学院103个、河南工程学院101个、河南机电职业学院64个、河南医专103个、河南检察职业学院57个、河南工贸职业学院89个、郑州理工职业学院51个、郑州工业安全职业学院20个、郑州经贸20个。成人高校招生考试。2022年，共报名7099人。其中专升本3490人，高起本127人，高起专3481人，专升本免试生331人，高起专免试生3人。高等教育自学考试。2022年，上半年共报考741人，其中新生264人，共办理毕业证28人。下半年共报考343人，其中新生259人，办理毕业证29人。普通中招考试。2022年，共有25083名（其中八年级考生15176名，九年级考生9907名）考生报名参加中招考试。教师资格证考试（笔试）。2022年上半年，新郑市全国教师资格证考试，共设置考点10个，考场273个。普通高中学生学业水平考试。2021级学业水平考试全市共报名7411人，报考71619科次，共设置考点7个，考场242个，比2020级增加了25个考场。

【资助工作】 继续坚持“帮困难家庭解忧，助贫困学子成才”工作理念，建立健全学生资助工作体系，全面落实上三级学生资助政策，坚持程序公开，做到了应助尽助、好事办好，确保每一位学生不因家庭贫困而失学。2022年，共计发放资助52841人次、发放资金4860.7625万元，其中学前教育资助发放1289人次、发放资金64.45万元；中央奖补资金幼儿资助发放2118人次、发放资金105.9万元；义务教育家庭经济困难学生生活补助发放13059人次、发放资金556.5375万元；营养改善计划发放4523人次，发放资金180.92万元；新郑市仁爱助学协会2022年资助家庭经济困难学生发放909人次、发放资金99.19万元；普通高中国家助学金发放7331人次、发放资金733.1万元；中职国家助学金发放3466人次、发放资金346.6万元；中职国家免学费发放18858人次、发放资金1711.045万元；中职奖学金发放13人、发放资金7.8万元；新郑市慈善总会2022年“爱心成就梦想”资助发放46人、发放资金13.8万元；2022年彩票公益金“滋蕙计划”发放318人、发放资金20.9万元；2022年彩票公益金“励耕计划”发放61人，发放资金61万元；生源地信用助学贷款发放850人，发放资金959.52万元。

【食品安全】 平稳推进午餐供应。坚持“学生自愿、费用自理”原则，坚持食堂供餐与集中配送相结合，平稳推进学校午餐供应工作。认真落实食品安全校长负责制、校长陪餐制和食品留样等管理制度，不断强化接餐、分餐、就餐、留样等食品安全过程管理和营养健康管理。全市共有公办义务教育阶段学校130所，供餐学校100所，供餐学生覆盖率达97.18%。加强学校食堂管理。以郑州市创建国家食品安全示范城市和新郑市开展省级食品安全示范城市复审为抓手，切实加强食品安全管理，严格按照《食品安全法》和学校食堂管理“十关”要求，制定食品安全事件应急预案和责任追究制度，切实履行学校食品安全管理主体责任。切实强化食品安全宣传教育。指导学校将食品安全教育贯穿在日常教育之中，积极开展“光盘行动”“反对餐饮浪费”“禁塑限塑”等宣传教育活动，确保学生每年4个学时的食品安全教育课时，食品

9月28日，新郑市2022–2023学年学生资助工作经验交流会议召开
（市教育局/供图）

从业人员每年不少于40个学时的学习培训时间，增强师生食品安全意识。组织中小学幼儿园食堂食品安全评价工作。按照《河南省中小学与托幼机构食堂食品安全评价细则》要求，全面启动学校食堂食品安全评价工作。

【卫生防疫】组织开展健康卫生宣传教育工作。认真落实《中小学健康教育指导纲要》，上好健康教育课。利用第23个全国“爱耳日”、第27个“世界防治结核病日”、全国第29个“碘缺乏病日”、第35个世界无烟日、第27个全国“爱眼日”等主题日，开展卫生知识宣传、无烟宣传、眼睛保护、结核病防控，以及预防地方病、流行病、艾滋病等常见病健康教育宣传活动。强化学校卫生日常管理。通过线下线上培训等多种方式，指导学校做好传染病防治等卫生防疫工作，认真做好流行病及传染病防控、入托入学儿童预防接种查验等工作，有效落实晨检上报、定期消毒、因病追踪等管理制度。积极开展卫生创建工作。新郑高中、苑陵中学等28所中小学幼儿园参加了郑州市无烟单位复审工作，轩辕中学通过“河南省卫生单位”省级复审，城关周庄小学等7所市级卫生单位成功创建省级卫生单位。做好教育系统垃圾分类工作。充分利用宣传栏、电子屏、微信公众号等形式宣传生活垃圾分类知识，定期组织广大师生、干部职工开展垃圾分类知识培训、主题活动与参观体验活动，科普生活垃圾分类处理知识，做到垃圾分类设施设备标志清晰、设置合理、配置齐全。加强中小学生近视防控工作。利用近视防控宣传教育月，对学生进行近视防控教育，进一步营造近视防控宣传教育氛围，同时加大投入力度，进一步改善中小学教室采光与照明、课桌椅配置、黑板等教学条件，为学生建立良好的视觉环境。做好学生每年健康体检与视力监测工作。选择17家资质齐全的公立医疗机构承担2022年度学生健康体检与视力监测工作，共体检学生18万余人。

【疫情防控】始终坚持把疫情防控作为最大政治任务，始终坚持“师生生命安全至上”的理念，始终坚持守土有责、守土负责、守土尽责，全力守护56万余名师生员工的生命健康安全。完善工作机制，立足于常态防控与应急处置相结合，科学设置7个工作组，构建全方位、一体化、无死角的工作体系，坚持平战结合、常急兼备，秉承“关口前移、不等不靠、精准管控、闭环销号”理念，坚持“日例会、日研判、日督查、日报告”工作机制，以“快、准、严、细、实”为工作标准，夯牢夯实教育部门监管责任，压紧压实学校主体责任，抓细抓实师生及家长个人防护责任。累计召开教育系统疫情防控工作会议112次，印发通知等文件43份，下发工作要点31期、工作简报28期、督导简报53期，高质量办结市疫情防控指挥部交办事项118件。科学谋划工作，立足于谋早、谋细、谋实，坚持“一地一策、一校一案”精准管理，科学周密安排部署工作，及时有效、科学精准处置“3·31”等多轮突发疫情，有力控制了疫情传播蔓延。科学果断启动线上教学工作，确保线上教学科学有序、协调推进、高效开展，确保“停课不停学、在线不减质、居家不降效”。充分发挥联防联控机制作用，扎实推进河南省教师资格证笔试考试平稳有序开展，中高考工作圆满实现了疫情零发生、事故零发生、舆情零发生的“三零”目标。务实推进工作。立足于防控措施落实落细落地，建立“日督查、日通报、日总结”督查机制，组建设立21个督导组，切实履行包保责任制，按照“分片包干”形式，践行“脚步丈量工作法”，采取“四不两直”方式，对全市各级各类学校及学科类校外培训机构开展暗访督导。累计督查学校7986所次，督查发现问题8303项，为驻地大中专（技工）院校下发疫情防控风险提示函113份，约谈高校负责人28人次，查处违规培训行为34起，全力维护了广大师生生命健康和教学系统安全稳定。

【安全工作】组织学校、幼儿园开展安全教育和应急疏散演练，利用郑州市学校安全教育平台丰富的课程资源，组织开展安全教育，全市339所学校幼儿园全部导入系统信息，开通班级5510个，开通学生账号223455人次。利用学校版进行安全知识讲解，家长和学生利用家庭版观看相关视频，共同学习安全知识，共有效开展安全教育7.34万课时，受训学生296万人次，开展各类应急疏散演练1357场次，进一步增强了师生的安全防范意识和逃生自救能力。不断加强“三防”建设，采取政府购买服务形式，投入资金1800多万元，为公办学校配备专职保安，由新郑市保安服务公司实行统一管理，集中培训，持证上岗。各学校“三防”工作基本达到“五个百分之百”，一是专兼职保安配齐率达100%；二是校门口防冲撞设施安装率达100%；三是校门口设置视频采集装置校园达100%；四是学生上课期间封闭管理率达100%；五是安装一键报警设施并与110联网率达100%。强化隐患排查、安全检查督查、专项治理，全面提升校园安全管理水平。共组织开展4次安全大检查工作，全市各学校大范围的排查做到一月一次，小范围的排查做到一周一次。重点排查宿舍、教学楼、食堂、实验室、车棚、围墙、线路、消防疏散通道、安全出口等部位，对于排查出的隐患进行整改，消除校园安全隐患。协调新郑市“预防未成年人溺亡工作”领导小组成员单位，共悬挂条幅数369条、播放大屏幕数389次、LED显示屏数1089次、专题讲座数334

场次、专题演练数178场，发放彩页2万份。加强防灾减灾队伍建设和物资储备，共储备铁锹882把、沙袋6835个、丝绳4407公斤、应急灯655个、雨衣820件、胶靴659双、救生衣617套、急救箱203个、抽水泵28台，确保遇有强降雨及持续降雨时，能够积极应对处置。联合公安、交运部门检查校车使用单位67所，排查校车121辆，排查整改隐患95处。加强消防安全专项检查，对全市寄宿制学校消防安全隐患进行夜间集中突击检查排查，确保全市教体系统火灾形势持续稳定。

【行政审批】 行政审批始终坚持以“便民、高效、廉洁、规范”工作理念，严格按照有关职责和审批制度，依法审批，按时办结；科学部署，全面推进“政务公开”“双随机、一公开”“数字郑州”“证照分离”“双公示”“信用体系”“互联网+监管”“电子证照系统”等工作。综合考核成绩处于稳步上升趋势，教育局被评为“红旗窗口单位”。2022年，共计受理办结政务服务事项370件，受理办结民办学校（幼儿园）行政许可事项137件，其中设立21件、变更33件、终止30件、换证47件、分立 2件、合并4 件；幼儿园年度检查将结果录入120件，普惠性民办幼儿园认定113 件；办结率均为100%。

【经费投入】 2022年，全市教育经费总投入为225078.18万元，其中：国家财政性教育经费176762.97万元（一般公共教育经费148749.01万元、政府性基金预算安排的教育经费377.19万元）、事业收入48192.96万元（其中教育部门办事业收入4077.11万元）、其他教育经费24.6万元。2022年，全市一般公共预算教育经费比上年增长-20.0%，经常性财政收入比上年增长-20.19%，一般公共预算教育经费增长高于财政经常性收入增长0.19个百分点。2022年，全市一般公共教育经费支出占全市一般公共预算支出的15.92%，比2021年的18.42%降低2.50个百分点。2022年，全市发放学生资助资金4860.66万元。其中：学前教育资助170.35万元，义务教育家庭经济困难学生生活补助556.54万元，营养改善计划180.92万元，普通高中国家助学金733.10万元，中职国家助学金346.60万元，中职国家免学费1700.05万元。

【学校建设】 2022年，在建农村中小学校舍安全保障长效机制项目25个，计划建设面积30813平方米，总投资金额4416.2万元，其中中央资金2531.5万元，省级专项资金506.3万元，农村税费改革转移支付4%资金75万元，县级专项配套资金1106.4万元，其他资金197万元。截至2022年底，新郑市观音寺镇大董完全小学教学楼、观音寺镇岳口完全小学教学楼和综合楼、城关乡初级中学综合楼和教学楼共计4个加固项目已完工；新郑市观音寺镇菜王完全小学厕所、龙湖小乔小学办公楼共计2个拆除重建项目已完工。2022年，按照郑州市重点民生实事任务要求，新郑市需完成投用幼儿园21所。截至2022年底，孟庄镇巢湖路社区幼儿园、新郑市哈敦幼儿园、龙湖镇圣爱温莎堡幼儿园等18所幼儿园已投入使用；新烟办第二幼儿园、风苑路幼儿园郭店镇华阳寨社区幼儿园3所达到投入使用条件。

【师资队伍】 持续加强师德师风建设。在教育系统深入开展师德师风大排查大整顿、“当好引路人，一起向未来”、在职教师违规办班及有偿补课代课专项整治等系列师德活动，推动师德专题教育工作的系统性、持久性、针对性、实效性，着力打造了一支师德高尚、作风优良、业务精湛、廉洁从教、为人师表、人民满意的教师队伍。累计征集评选师德征文80篇、师德案例73篇，评选郑州市师德先进集体12个、先进个人30人，新郑市教育局被评为郑州市师德管理先进单位。持续补充师资力量。按照教师招聘计划，由市委编办、市人社局、市教育局、纪委监察委等相关部门人员组成教师招聘工作领导小组，于7月5—10日，分别采用赴华中师大现场招聘和线上招聘的方式，进行了面向九所重点师范院校的校园招聘，7月10—28日，分别赴河南大学、河南师范大学、信阳师范学院进行中小学教师现场招聘，8月5日至9月5日，面向社会公开招聘中小学教师。招聘工作中，始终坚持公开、公平、公正的原则，精心组织，严格程序，阳光操作，依据试讲成绩，并经过体检、考察等程序，共招聘在编教师735名，分别分配至高中教师60人、初中371人、小学264人、幼儿园40人，有效缓解了教师紧缺问题。

【教师素养提升】 建立了县域教师教学素养提升四项机制，即市（县）、乡、校三级管理、经费保障、分层评价、奖励激励机制；建构出“331”教师成长进阶模型，两个“3”分别指“三格（入格、合格、风格）”教师和“三名”教师（新郑教学标兵、新郑名师、省市及以上名师），“1”指力争通过“三格、三名”教师的培养，打造一支学习型、研究型、专家型的队伍;形成了县域教师“培-练-评”一体化培养体系；组建了以教研员为首的县域教师素养提升专业培训团队。开展“双提升双展示一大赛”活动。3—4月，把“双减”校内减负工作与教育系统能力作风建设年活动相结合，与教师教学素养提升工作相结合，选准“双减”工作的作业和评价两个关注点，以提高“作业建设管理能力”和“命题评价能力”为突破点，组织教研室学科教研员和学校教学管理队伍、学科教师开展“双提升双展示一大赛”活动，努力实现学科教研员、学校教学管理人员和学科教师队伍能力作风“六个明显增强”：学科研究能力明显增强，学科发展能力明显增强，提高学科教学质量能力明显增强，作业和命题能力明显增强，教学技能和学科能力明显增强，引领能力和培训能力明显增强。各中小学校持续推进教师教学素养提升工程。针对新进教师、青年教师、骨干教师的不同情况，围绕课标、教材、备课、班级管理等方面，开展针对性的培训，促进新进教师尽快胜任教学岗位、青年教师和骨干教师的教学能力和育人水平不断提高。

【教学教研】 落实“创新教研求实效，引领教学提质量”工作理念，建立“市级统筹、校级联动、名师带动、全员行动”的新课程改革体系，深化高二“双新”研修、高一“三新”研修规划和实施，实验高中“双新”实施经验材料上报教育部课程教材中心。坚持探索指向核心素养的新型课堂教学样态，“导学课堂”等10项成果获郑州市“道德课堂有效形态”教学成果。通过开展初高中思政教师意识形态专题培训、“双新”培训、中小学思政教师素养提升培训、中小学思政集体备课培训、思政一体化专题培训等活动，大力推进中小学思政一体化建设。开展基本功比赛、优质课评选等活动，落实“一项大赛三大工程”，不断促进教师教学素养提升。在“基础教育精品课”遴选工作中，141节课例获郑州市奖励，5节课例获省一、二等奖。疫情期间，组织学科教研员分包学校进行每日督导，开展线上课堂优秀教学设计征集评选、中小学线上教学优质课展评、中小学作业设计优秀案例征集评选、初中理科教师科技创新教学案例征集等活动，全力保障市中小学线上教学教研工作平稳有序进行。开展“双十、三百”评选，参与省、郑州市“多文本阅读实验”“大单元阅读教学”“整本书阅读”“网上作文大赛”等活动，持续推动阅读教学工作。用作业改革撬动教学变革，在郑州市中小学作业设计优秀案例征集评选活动中，12项案例获一二等奖。做细课前研究活动，提升备课质量。组织研究性学习成果评比，推进综合实践活动常态化实施，指导学校以活动为载体，构建劳动课程新样态，落实教育教学研究项目立项、结项工作。2022年度，被评为教研先进单位。

【教育科研】 2022年，教科研工作紧紧围绕“提质增效”的总目标，继续按照“重两课、抓均衡、提品质”的工作思路，认真落实立德树人根本任务，以教科研活动为载体，以“校本研究”为中心，积极开展“科研兴教”“科研兴校”“科研兴师”活动，认真履行教育科研管理职能、培训指导服务职能；围绕市教育局中心工作和教育热点、难点、痛点问题开展科学研究，为学校发展服务，为师生成长服务，为办好人民满意的美好教育提供教育科研支持。

2022年，河南省规划课题批准立项5项，河南省农村应用课题批准立项4项；郑州市重点课题批准立项2项，郑州市一般课题批准立项68项；审核审批新郑市重点课题立项9项，一般课题立项168项。河南省教育科学规划课题结项获奖7项，河南省农村应用课题结项获奖5项；郑州市课题获奖结项72项，其中一等奖18项、二等奖25项、三等奖13项、结项16项；新郑市级课题结项获奖104项，重点课题结项获奖10项，其中一等奖4项、二等奖3项、三等奖3项，一般课题结项获奖94项，其中一等奖9项、二等奖42项、三等奖43项。

2022年，共有6篇成果在《郑州教育科研》杂志上发表。新郑市教育局教育科学研究室编印了《新郑市2021—2022学年优秀课题成果选编》，收入成果24篇。新郑市教育局和新郑市正商外国语小学、河南省新郑市第二中学、新郑市实验幼儿园、新郑市实验中学共5个单位被评为郑州市教育科研先进单位，有9人被评为郑州市教育科研先进个人。

【教育督导】 2022年，教育督导工作紧紧围绕新郑市教育重点难点工作开展，积极履行教育督导职责，努力做到督有权威、导有水平、促有成效，为促进新郑市教育事业科学发展和义务教育优质均衡发展发挥了应有作用。开展2022年春季开学教育系统疫情防控工作专项督导检查。确保2022年春季学期全面开学，2月25日前，对全市所有学校春季学期常态化疫情防控和开学准备情况进行评估督查。开展义务教育标准化管理合格校、特色校、示范校督导评估。3月8—12日对全市申报义务教育标准化管理的62所学校进行了实地督导评估。经评估新郑市正商外国语小学、和庄镇政和路小学等2所学校被认定为新郑市义务教育标准化管理示范校，新郑市实验小学等23所学校被认定为新郑市义务教育标准化管理特色校，新郑市龙湖镇小乔小学等37所学校被认定为新郑市义务教育标准化管理合格校。开展2022年教育系统暑期疫情防控工作专项督查。6月29日至8月底，开展新郑市2022年教育系统暑期疫情防控工作专项督查。开展2022年秋季开学学校准备工作评估验收工作。开学前一周内，对全市各学校开学准备情况工作进行专项督查，确保各级各类学校平安开学、开学平安。完成了教育系统二级机构责任目标考核工作。因疫情原因，2022年教育系统二级机构责任目标考评不再到各单位进行实地考核，按照客观公正的原则，由局各业务科室根据目标完成情况及平时工作情况，对各单位进行目标量化打分。积极推进责任督学挂牌督导工作。按照每月督导要点，认真指导责任督学开展“双减”、安全等入校工作，同时学习上级文件精神。加强对幼儿园办学行为督导，认真组织开展上等级幼儿园申报督导验收。2022年6月14—17日对全市16所申报等级评定的幼儿园进行了等级评估。新郑市阳光港湾幼儿园顺利通过新郑市示范园验收、新郑市孟庄镇实验幼儿园等13所幼儿园顺利通过新郑市一级园验收。2022年10月，新郑市轩辕幼儿园申报郑州市示范性幼儿园并顺利通过郑州市示范园验收。

（撰稿：时巧玲　审阅：秦培源　李东阳）

高等教育

【综述】 新郑市区域内有中原工学院、河南工程学院、郑州大学西亚斯国际学院、郑州升达经贸管理学院、郑州工业应用技术学院、河南检察职业学院、河南医学高等专科学校、河南工业贸易职业学院等12所高等院校，在校学生17万余人。

中原工学院

【概况】 2022年，学院有21个教学院（部），65个本科专业，全日制在校生23000余人，教职工1997人，其中专任教师1400人，高级职称教师615人，博士学位教师611人；国家级优秀教师5人、全国模范教师1人、国家中青年有突出贡献专家、享受国务院政府特殊津贴专家20人；河南省学术技术带头人6人、河南省教学名师14人、省级优秀教师10人、河南省特聘讲座教授3人，省级及以上教学和科研团队17个。

学院拥有“智能与航空信息技术”和“纺织服装新材料及高端装备”2个河南省特色骨干学科群，涵盖7个一级学科；拥有信息与通信工程、控制科学与工程、计算机科学与技术、网络空间安全等13个一级学科硕士学位授权点，60个二级学科硕士学位授权点，17个硕士专业学位授权类别；拥有8个重点学科一级学科和2个重点学科二级学科；拥有河南省首批工业训练中心和大学科技园。学院是河南省博士学位授予立项建设单位。

聚焦建设一流本科教育，以提升人才培养质量为核心，积极推进人才培养模式改革与创新。截至2022年，学院有10个国家级一流本科专业建设点，4个国家级特色专业，1个国家级专业综合改革试点专业，1个国家级实践教学基地，2门国家级一流本科课程。4个专业通过工程教育专业认证。探索“以赛促学，以赛促能”的人才培养模式，将创新创业教育贯穿于人才培养全过程，“十三五”期间，共获得国际奖项48项，国家级奖项649项，省级以上奖项2970项。2021年，在全国普通高校大学生竞赛排行榜中，学院位列河南省第4名。毕业生就业率保持在90%以上。

学院现有金刚石高效精密锯切工具技术国家地方联合工程实验室、河南省网络舆情监测与智能分析重点实验室、河南省功能性纺织材料重点实验室、河南省功能盐材料重点实验室、河南省计算智能研究与应用国际联合实验室、河南省多模式图像处理与智能分析国际联合实验室、河南省纺织服装产业协同创新中心等52个国家级和省级科研平台。学院入选首批河南省高校知识产权运营管理中心，再次获评“河南省高校知识产权综合能力十强十快高校”。2012至2022年，承担各类科研项目2313项，其中国家自然科学基金项目193项，国家社科基金项目51项，国家重大科技专项、国家重点研发计划课题、国防重大专项子课题等11项，省部级项目930项。获省部级以上科研奖励191项，其中国家技术发明二等奖1项、国家科技进步奖二等奖4项、省科技进步一等奖4项、河南省社会科学优秀成果奖一等奖3项；被三大检索收录论文2675篇，出版著作1053部，获授权发明专利1168件。工程学首次进入ESI世界前1%。2020—2022年，连续3年入院科研经费均超过亿元。

截至2022年，学院与24个国家和地区的61所高校和教育机构开展国际合作与交流，是河南省最早开展中外合作办学项目的高校之一，与英国曼彻斯特大学等国外著名高校签署联合培养博士项目，与德国埃森经济应用技术大学等国外著名高校签署联合培养硕士项目，与曼彻斯特大学等国外著名高校合作举办本科层次中外合作办学项目。与俄罗斯联邦圣彼得堡国立宇航仪器制造大学合作设立中原工学院中原彼得堡航空学院。在泰国格乐大学设立海外分校——中原工学院轩辕学院。与爱尔兰阿斯隆理工学院联合成立了“中爱软件工程联合研究院”。国际合作走上了“引进来”与“走出去”双向发展的新道路。学院是中国高等教育学会中外合作办学研究分会常务理事单位，是首届河南省高校交通教育联盟理事长单位，获“河南省引进国外智力工作先进集体”和“河南省引进外国人才和智力工作先进单位”。

截至2022年，学院为河南省文明校园、河南省思想政治工作先进单位、河南省脱贫攻坚先进集体、全国高等教育学籍学历管理工作先进集体、全国第二批深化创新创业教育改革示范高校、河南省首批“三全育人”综合改革试点高校、就业工作先进单位、河南省课程思政示范高校建设单位。学院党委是河南省高等学校“五好”党组织、全省创先争优先进基层党组织、河南省高等学校基层党组织。中国共产主义青年团中原工学院委员会是“全国五四红旗团委”、全国暑期社会实践活动“优秀单位”。

【学院领导班子成员名单】 党委书记贾少鑫，院长、党委副书记刘国际（ —12月），党委副书记张宝强（4月— ），党委副书记邹松涛（9月— ），纪委书记、监察专员张艾青（ —10月），副院长黄健、刘洲峰（ —12月）、唐多毅、方建印、张宝强（ —4月）、海然（4月— ）、瞿博阳（4月— ）。

【党建】 2022年，学院开展“能力作风建设年”活动，举办暑期中层干部“能力作风建设”专题培训班，运用国家教育行政网络学院、河南省干部网络学院、“三会一课”等载体，分系统、分模块开展业务培训。4月15日，党委书记贾少鑫，院长、党委副书记刘国际撰写署名文章《中原工学院“四个结合”将“能力作风建设年”活动引向深入》在《河南日报》刊发。推进基层党组织强基引领行动，加大对先进基层党组织的培育力度。年内，建成特色党建走廊等一批党建阵地，获批全国党建样板党支部1个，省级样板党支部5个，1个全国样板党支部通过教育部验收。做好党员培训工作，开展2022年河南省基层党支部书记网络培训示范班、党支部书记党务知识专题培训、党员师生“学习贯彻党的二十大精神”培训班。学院建立领导干部报告个人有关事项填报培训工作机制。常态化开展填报工作的培训及警示教育工作，2022年，学院领导干部个人有关事项报告查核一致率达到100%。做好干部管理工作，按期完成科级以上干部共计422人的人事档案专项审核工作。改进干部档案管理，开发和启用出国证照管理系统，完成干部选任、年度考核、干部推荐、干部信息采集等各项工作。

【省委巡视】 3月1日至4月29日，学院党委接受省委第十一巡视组的首轮常规巡视。6月19日，省委第十一巡视组反馈学院领导班子巡视情况。学院党委切实履行巡视整改主体责任，成立巡视整改工作领导小组，制定《督查工作方案》。在为期2个月的巡视整改集中期，实行每周例会制度和督查通报制度，全面落实巡视整改任务。年内，66项整改任务办结63项。

【第四次党代会】 7月19日，中国共产党中原工学院第四次代表大会开幕。党委书记贾少鑫代表中共中原工学院第三届委员会作题为《扎根中原大地 聚力改革创新 全面开启筹建河南电子科技大学新征程》的党委工作报告，院长、党委副书记刘国际致开幕词。会议以书面形式审查了中国共产党中原工学院第三届纪律检查委员会工作报告。20日，大会选举产生中共中原工学院第四届委员会和第四届纪律检查委员会，刘国际、刘学健、刘洲峰、张艾青、张东伟、张志增、张宝强、贾少鑫、唐多毅、海然、黄健、瞿博阳（以姓氏笔画为序）等12人当选为党委常委，贾少鑫当选为党委书记，刘国际、张宝强当选为党委副书记；选举产生了王楠、方敬永、田华泉、刘伟、张艾青、郑常青、随新民（以姓氏笔画为序）等7名纪委委员，张艾青当选为纪委书记，田华泉、刘伟当选为纪委副书记。表决通过了《中国共产党中原工学院第四次代表大会关于中原工学院第三届委员会工作报告的决议》和《中国共产党中原工学院第四次代表大会关于中原工学院第三届纪律检查委员会工作报告的决议》。

2022年7月19—20日，中国共产党中原工学院第四次代表大会召开
（中原工学院/供图）

【“十四五”规划推进情况】 2022年，编制完成并实施学院“十四五”发展规划和“十四五”8个专项规划。根据规划，实施文化铸魂战略，加强精神文化、制度文化、行为文化、形象文化建设，为学院事业高质量发展提供精神动力和文化支撑。年内，围绕筹建河南电子科技大学中心任务，在学院官网开设“高标准推进筹建河南电子科技大学”宣传专栏，及时宣传报道学院筹建河南电子科技大学工作动态和建设成效。

【文明校园创建工作】 2022年是学院河南省文明校园到届重创年，学院组织召开动员会、推进会3次，开展实地模拟考核5次，围绕“思想道德建设、领导班子建设、教师队伍建设、校园文化建设、校园环境建设、活动阵地建设”6个方面形成创建材料4000余份。11月14日，河南省精神文明建设指导委员会办公室对推荐“河南省文明校园”高校名单进行公示，学院名列其中。

【学习宣传贯彻党的二十大精神情况】开设“喜迎党的二十大”“学习贯彻党的二十大精神”专栏，推出8篇连续报道，宣传学院师生学习贯彻党的二十大精神开展情况；统筹全校学习宣传贯彻活动，发布“我校师生热议党的二十大”“我校师生热切关注党的二十大开幕盛况”以及各直属党组织学习宣传贯彻的系列报道；发布党的二十大动态、报告全文、权威报道、解读文章，组织党委理论学习中心组学习、党委会“第一议题”学习等，掀起学习宣传贯彻热潮。其中，服装学院学生寄语党的二十大抖音作品阅读量320余万次，党委书记贾少鑫署名文章《“四个聚焦”推进深入学习宣传贯彻党的二十大精神见行见效》在《河南日报》发表。

【新闻宣传工作】2022年，学习贯彻中国共产党中原工学院第四次代表大会精神，开设“学精神 谈举措 谋发展”专栏，推出7篇连续性报道，宣传各部门学习贯彻学院第四次党代会精神的详细情况。7月20日，策划制作一图读懂“中原工学院第四次党代会报告”专题，报道特色做法，撰写评论员文章。

根据疫情防控情况，做好宣传教育引导工作。通过各类新闻媒体平台和端口发布抗疫资讯320余篇次，采写报道《楼长田朝晖》《55岁的罗锋同志累倒了》等学院抗疫先进典型60余篇次，撰写舆情快报40余篇次。

【共青团工作】加强学生社团建设管理，开展“青春献礼二十大‘百团’筑梦新征程”社团文化节活动，全年累计开展社团活动352项。2022年，大学生创客汇获省级“十佳社团”称号；大学生艺术团获省级文明社团称号。实施“青年马克思主义者培养工程”，持续培养青年学生骨干力量。开展“青年马克思主义者培养工程”暨“校团学组织学生干部后备人才培训班”（简称“青马班”)学员宣讲党的二十大精神活动。年内，“青马班”60名学员通过线上平台在全校17个二级学院团支部开展党的二十大精神宣讲60余场。参加“挑战杯”全国大学生系列科技学术竞赛。3月28日，在第十七届“挑战杯”全国大学生课外学术科技作品竞赛国赛中，学院获全国三等奖3项，刘让同教授获“全国优秀指导教师”称号，这是学院近十年参加“挑战杯”竞赛首次获得该类别奖项。6月15日，在全省“挑战杯”创业计划竞赛中获省级金奖6项，银奖7项，铜奖18项，学院再次捧得省赛“优胜杯”。开展暑期“三下乡”“返家乡”社会实践活动，组建国家级社会实践重点团队1支、省级社会实践重点团队6支、校级重点团队10支。10月8日，在全省暑期社会实践成果评比中，获省级优秀团队奖2项，先进个人奖1项，优秀品牌项目1项。学院获2022年河南省暑期社会实践优秀单位奖。

【脱贫攻坚】3月10日，学院连续2年被河南省乡村振兴局、省商务厅、省机关事务管理局、省总会等部门评为“‘互联网+抗灾情 战疫情、促销售、助脱贫’表现突出单位”。7月，连续第4年在全省定点帮扶和校地结对帮扶考核等次为“好”。

【教育教学】编制《中原工学院“十四五”人才培养规划》，制定《中原工学院关于贯彻新发展理念主动服务融入新发展格局加快建设高质量本科教育的实施方案（2022—2025年）》，明确高质量本科教育发展目标和路径；出台专业建设管理、实践教学管理、课程建设管理、教学质量评价等方面共18个配套文件，其中新制定文件10个，修订文件8个，形成完善的教学管理制度体系。召开本科教育工作会议，落实立德树人根本任务，加快构建高水平人才培养体系，推动本科教育高质量发展。开展教学改革研究与实践，获批河南省高等教育教学成果奖21项，其中特等奖6项；立项河南省高等教育教学改革研究与实践项目17项。2022年，学院获批2021年度国家级一流本科专业建设点3个、省级一流本科专业建设点5个；获批省级一流本科课程26门、省级虚拟仿真教学项目5项；获批省级课程思政特色化教学研究示范中心1个、省级课程思政教学团队1个、省级课程思政样板课程4门。推进工程教育专业认证，电气工程及其自动化、机械制造及其自动化、高分子材料专业3个专业通过工程教育专业认证。获批河南省产教融合品牌项目6个，教育部2022年第一批产学合作协同育人项目37个，省级本科实习基地5个。

【科学研究】获批纵向科研项目163项，其中主持承担国家自然科学基金项目10项，国家重点研发计划子课题3项，国家社会科学基金项目2项，完成年度科研入校经费2.02亿元。获批省部级项目立项 105项，市厅级项目43项；河南省科技进步奖7项、中国纺织工业联合会科学技术奖、河南省教育厅优秀科技成果奖46项、获得河南省社会科学优秀成果奖4项、河南省高校人文社会科学研究成果奖6项；获批科研平台6个，其中国家级平台1个、省级平台2个、市厅级平台3个；工程学首次进入ESI世界前1%。国内外共公开发表学术论文1200余篇，出版著作40余部，授权各类专利161项，发布标准13项，进行项目评价11项，举办“弘德讲坛”学术讲座22场。

2022年，获批各级团队人才项目

4个；其中，李春雷教授获中原科技创新领军人才，为学院连续第四年获该项人才计划；焦明立教授获批河南省高校科技创新团队；翟黎鹏、李碧草两位老师分别获批河南省高校科技创新人才。与265家单位在电子信息等领域开展产学研合作，签订产学研合作项目285项。6月15日，学院被教育厅、科学技术厅、河南省人力资源和社会保障厅、河南省财政厅四部门认定为首批河南省高校科技成果转化和技术转移基地。

【学科建设和研究生教育】 学院组织召开学科建设与研究生教育会议，推动研究生教育由“打基础”阶段向“量质并重”高质量发展，出台《中原工学院关于推动研究生教育高质量发展的实施方案》，系统修订研究生培养过程管理文件15个。优化研究生课程体系，制定2022版研究生培养方案。在河南省特色骨干学科建设成效评价工作中，“纺织服装新材料及高端装备”和“智能与航空信息技术”两大学科群综合评价等次均为“合格”；在河南省特需急需特色骨干学科培育项目中，学院“智慧新能源”学科群获批立项建设。实施学科实力提升计划，立项“优势学科攀登计划”项目4项，“骨干学科发展计划”项目5项，“学科骨干教师支持计划”项目21项，“学科青年硕导培育计划”项目46项。

2022年，学院6篇硕士学位论文入选2021年河南省优秀硕士学位论文。在2023年度河南省研究生教育改革与质量提升工程项目立项评审中，获批河南省研究生联合培养基地项目2项，河南省研究生优质课程项目1项，河南省课程思政示范课程项目1项，河南省研究生精品在线课程项目2项，河南省精品教材项目1项，河南省研究生精品教学案例项目4项。在2022年度全省教育系统“两创两争”活动先进集体和先进个人推选工作中，学院2名研究生获得“河南省文明学生”称号，获得“河南省文明班级”1个。

【师资队伍建设】 2022年，学院引进博士14人，柔性引进长江学者1人（石照耀）。评选校级师德标兵10人（周伟涛、朱彩霞、陈锦晓、赵杰、张春丽、路向阳、于贺春、罗云、朱时艺、田朝辉），学生喜爱的老师13人（王蕾、刘倩、孙小丽、苏明静、李佳、李琼、李斌、杨明、何方、贾旭、毛宝铭、郭丽、郭璇）。获批省级教学名师2人（王肃、蔡爱芳）、省教育厅学术技术带头人2人（温盛军、邵伟力）、河南省教育系统优秀管理人才1人（张书钦）、纺织之光教师奖2人（卢士艳、楚艳艳）、纺织之光教师特别奖1人（卢士艳），其中纺织之光教师特别奖是学院首次获评。

【学生工作】 举办“以生为本，立德树人，五育并举，务实创新，着力促进学生工作高质量发展”为主题的学生工作高质量发展论坛，提升学生教育管理服务能力和水平。遴选20名机关干部担任专职辅导员，选聘43名研究生担任兼职辅导员。借助在线心理咨询、“张老师悄悄话”平台开展面对面心理咨询159人次。通过企业微信公众号、“指点天下”App推文425篇。抓实班风学风建设，获评省级先进班集体23个、文明班级2个、文明宿舍4个、三好学生66人、优秀学生干部23人、优秀毕业生119人、文明学生5人。2022届毕业生研究生考取率18.81%，初次毕业去向落实率80.42%。开展“创先争优”活动，评选各类先进个人1754人次；发放各类奖学金4492人次共727.345万元。资助困难学生10507人次，发放助学金、助学贷款1644.334万元。

【就业与创新创业工作】 采用线上与线下相结合的方式，举办专场招聘90场，网络双选会10场，直播带岗4场，分学院专场8场。2022届本科毕业生年终就业率91.70%，研究生年终就业率90.94%。

学院成立学生生涯与就业指导工作室8个，获批就业与创新创业课题项目16个，建立综合性竞赛指导教师团队10个，建设大学生创新创业实践基地7个。2022年，学院获各类学科竞赛国际级奖50项，其中一等奖12项、二等奖17项、三等奖21项；获省级奖项138项，其中一等奖37项、二等奖67项，三等奖34项。在第八届中国国际“互联网+”大学生创新创业大赛中，获省级一等奖4项、二等奖9项、三等奖6项。11月25日，学院入选河南省创新创业学院建设高校。

【合作与交流】 2022年，学院与意大利乌迪内美院签署合作备忘录；持续推动中原彼得堡航空学院中外合作办学机构评估工作。年内，获河南省政府来华留学生奖学金资助36万，招收本、硕留学生18名；获河南省汉语推广经费资助10万，在意大利、泰国开展“黄河文化”“纺织文化”为主题的汉语推广活动。获批“河南省杰出外籍科学家工作室”项目，资助经费100万元，实现河南省最高级别引智平台建设零的突破。

5月20日，河南省教育厅下发《关于对全省教育外事工作优秀集体和优秀个人进行通报表扬的通知》（教外办〔2022〕161号），学院获评“全省教育外事工作优秀集体”，国际合作与交流处处长谭恒获评“全省教育外事工作优秀个人”。

7月5日，学院15名学生获得国家留学基金管理委员会公派留学资格。其中，10名学生获得“2022年促进与俄乌白国际合作培养项目”本科插班生公派资格；5名学生获得“2022年赴俄乌白专业人才培养计划”硕士研究生公派资格。

9月30日，科技部下发“关于印

发2022年第二批线上出国（境）培训试点项目计划的通知”（国科才函〔2022〕114号），学院获批“航空电子信息技术发展与创新”培训项目，成为科技部2022年线上出国（境）培训试点项目计划执行单位之一，河南省共有7个单位获得资格，高校仅有2家。

【条件保障】 购置纸质图书73万元、数字资源95.2万元，全年图书馆入库纸质图书4万余册。出台2022教育信息化和网络安全工作要点，完成62间智慧教室全光网改造，打造研讨型智慧教室6间、基础型智慧教室58间，推进以自建Canvas为核心、多平台融合的教学空间建设，为全年的多媒体教学服务提供保障。完成龙湖校区2号教学组团和中原校区学生宿舍楼加固工作，完成行政办公资产采购约220台（套），调剂行政办公家具120余件，设备60台（套）。

【校友捐赠】 9月，组织深圳校友会对南阳新集村定向捐赠冷暖空调33台、教学一体机3套、捐资1万元，总价值近20万元助力学院定点帮扶。11月，收到校友抗疫捐款157.89万元，其中地方校友会组织的捐款超过 25万元；学院物资仓库共收到各方捐赠的口罩66余万只，抗原试剂、防疫药品等5万余份，酒精消毒液、防护服、测温枪等防疫物资若干，电动车、折叠床、米面菜等防疫生活保障物资等共110批次。

（撰稿：韩红磊　秦　婧
审阅：黄　健　郑常青）

河南工程学院

【概况】 2022年，河南工程学院有龙湖校区、桐柏路校区和南阳路校区，占地面积为175.31公顷，建筑面积为94万平方米。图书馆有图书（含电子图书）403万册。有全日制在校生32356人，其中有本科生24237人；考取硕士研究生1046人，考研率为23.45%。有教职工1589人，其中具有正高级专业技术职务者136人、副高级专业技术职务者485人、博士学位者476人。有教育部创新团队1个、河南省高校科技创新团队9个。设有教学院（部）24个、本科专业57个，涵盖7个学科门类。有国家级及省级本科教学质量工程项目260余个、国家级一流本科专业2个、国家级特色专业和综合改革试点专业2个、国家级虚拟仿真实验教学项目1个、国家级大学生校外实践教育基地2个、国家级一流本科课程1门、河南省重点学科4个、河南省特色专业和综合改革试点专业17个、河南省一流本科专业13个、河南省一流本科课程36门、河南省精品在线开放课程14门、河南省优秀基层教学组织15个。有河南省科研平台21个、河南省重点实验室1个。学院是河南省博士后研发基地。

【学院领导班子成员名单】 学院党委书记刘永涛，院长李利英，党委副书记袁静波，副院长董浩平、张锢、王永恒、王生交、张瑞林、焦有宙，纪委书记李德耀。

【党建】 2022年，学院接受中共河南省委巡视“政治体检”，以自我革命精神扎实做好巡视整改后半篇文章，持续提升治理体系和治理能力现代化水平。聚焦提升“五大能力”，着力锻造“五大作风”，累计开展各级各类学习、培训和练兵200余场（次）。深入实施基层党建“五项工程”和“两化一创”强基引领行动，有1个党支部入选第三批“全国党建工作样板支部”培育创建单位名单，5个党支部被评为第二批全省高校省级样板党支部。获批立项河南省教育系统党建创新项目3项。

【内部治理】 2022年，学院坚持党委领导下的院长负责制，贯彻落实新修订的《河南工程学院章程》。探索实施校院二级管理改革试点方案，出台新的绩效分配制度，建立“基本工资+绩效工资”分配新模式，加大二级学院绩效分配权限。升级“七项治理”模式，进一步完善学院教代会制度和代表参政议政机制，持续开展二级教代会达标活动，推进依法决策、科学决策、民主决策，推动校务公开和民主管理。聚焦内涵建设和内部治理，深化“放管服”改革，注重业绩

5月26日，河南工程学院工业软件产业学院与产业研究院揭牌仪式暨卓越组织体系研讨会在龙湖校区举行（河南工程学院/供图）

与实效，突出工作实绩增量，签订二级单位目标任务书，通过制度设计倒逼改革创新，学校院内涵建设取得系列标志性、突破性成果，充分激发了事业发展内生动力。

【转段发展】 2022年，学院将校企合作、产教融合作为变轨超车的新起点和改革创新的切入点，提升了教育链、人才链与产业链、创新链的耦合度。制定《河南工程学院专业集群建设实施方案》，明确专业集群运行机制和保障措施。依托专业集群，建好产业学院。制定《河南工程学院纺织服装现代产业学院建设方案》，成立纺织服装现代产业学院理事会，举办纺织服装现代产业学院揭牌仪式，将产教融合推向深入。深入贯彻落实河南省第十一次党代会精神和"设计河南"战略部署，以"硕士授权单位建设"为契机，出台《河南工程学院工业软件头雁计划》，成立工业软件产业学院和工业软件产业研究院。投资1000余万元建设智能制造产业平台，占地面积1000余平方米；按照工业级标准，建设自动和手工装配两条生产线，配备智能制造设备700台（套）和智能制造信息化系统7套，建设虚拟仿真教室2个，能同时满足300人实习。按照"工科专业+工业软件应用""软件专业+工业场景""文科专业+工业软件应用"的路径，促进学科专业交叉融合，建立复合型工业软件学科专业体系，软件工程（数字化设计及制造、智能电网、智能物联、智能制造信息化）等4个专业已率先招生400人，取得了显著成效。学院与郑州航空港经济综合实验区、清华大学软件学院、华为技术有限公司等政府、高校、研究院所、工业软件头部企业等签订合作协议，导入高端的工业软件教育资源，推动工业软件产教深度融合。《河南日报》刊发《实施"头雁计划"推动工业软件特色发展》，进行专题报道。学院获批为工业和信息化重点领域产业人才基地。河南工程学院软件学院获批为省级重点支持建设的工业软件学院。学院被认定为中国工业设计协会创新设计研究院（文化创意领域）、河南省第五批工业设计中心。签订工业软件类社会服务项目20余项。

2022年5月26日，河南工程学院工业软件产业学院与产业研究院揭牌仪式暨卓越组织体系研讨会在龙湖校区举行。河南工程学院党委书记刘湘玉、院长李利英等出席会议。

【教学】 2022年，学院首次实现国家级一流本科专业零的突破，首次实现省级教学名师零的突破。会计学、服装与服饰设计2个专业被认定为国家级一流本科专业。新增河南省一流本科课程14门、河南省课程思政样板课程4门。省课程思政特色化教学研究示范中心1个。新立项省教改项目11项，获河南省高等教育教学成果奖5项。获批省级虚拟仿真实验教学项目3项。新增经济学、工程造价、智能采矿工程等3个本科专业。新增数字化设计及制造、智能电网、智能物联、智能制造信息化4个工业软件本科专业。

充分发挥思政课育人主渠道作用，打造新时代思政金课，学院青年教师在全省高校思政课比赛中获综合素质特等奖、教学展示特等奖各1项。大力推进辅导员队伍专业化、职业化发展，学院有1名辅导员获第九届河南省高校辅导员年度人物入围奖。完善立德树人系统化落实机制，深入实施"七个一批"育人项目，推进全员全过程全方位育人进程，培育德智体美劳全面发展的高水平应用型人才。创新实施"思政队伍建设双十条""弘扬杨靖宇精神'六个一'工程"，建立完善师德师风长效机制，构筑师生理想信念教育新格局。改革育人模式，抓好书院制改革和"一站式"社区建设。学院力行书院获批立项建设为河南省高等学校书院制育人模式改革示范书院。树立学生中心地位，实施课程思政、思政课程"双轮驱动"，深化思政课教学改革，组织开展院级层面课程思政类项目建设工作，打造具有学院特色的课程思政品牌。

【科研】 2022年，学院修订、出台了科研管理文件9份，基本形成了适应新发展格局的科研组织管理和科研成果评价体系。获批立项国家自然科学基金项目3项，其中国家自然科学基金面上项目1项、青年基金项目2项，获直接经费资助金额达115万元；获批立项国家社会科学基金一般项目3项、教育部人文社科项目2项、省级科研项目54项（含河南省科技攻关项目30项、河南省自然科学基金项目4项、河南省哲学社会科学规划项目13项）。学院项目"机器人视觉仿生与伺服控制关键技术及应用"获河南省科学技术进步二等奖。学院获河南省社会科学成果奖4项、河南省高校哲学社会科学优秀成果奖8项。学院教师在国内外标志性期刊上发表多篇高水平论文。学院"智能系统计算与应用大数据创新实验室"入选河南省大数据发展创新平台立项建设名单。出台《河南工程学院科研机构管理办法（修订）》，依托省级科研平台，整合院内科研资源，首批设立院内产业研究院、研究院（中心）共计8个。学院先后获批为河南省革命文物协同研究基地、河南省社会科学普及基地、郑州市社科普及示范基地。

【师资队伍建设】 2022年，学院牢固树立"引育并举"工作理念，牢牢把握"用好现有人才，稳定关键人才，引进紧缺人才"的工作原则，高起点、高标准、高质量推进人才队伍建设。组织开展了学院2022年师德标兵和师德先进个人评选活动，评选出10名师德标兵和25名师德先进个人。修订《河南工程学院人才引进待遇》，引进外籍院士1人、拔尖人才3人、高水平应用型人才3人、博士研究生66人。新增河南省教育厅学术技术带头人2人、河南省高层次人才4人（含C类3人、D类1人）、享受河南省政府特殊津贴专家2人。学院教师被评为2022年度河南省本科高校教学名师1人。有5名教师出国（境）攻读博士学位及访问学习，2名教师获得2023年度留学科技人员择优项目立项资助。聘请语言类外国文教专家7人次，教授课程共计26门次。

【学生管理】2022年，学院建立师生诉求快速响应机制，开通微哨在线等学生意见建议办理平台，对微哨收集的意见建议接诉即办，收到办理学生意见建议近1500条，确保件件有回复、落实有进度，有效提升了管理服务水平。获各级各类学科竞赛奖项644项，其中国际级奖项11项、国家级奖项113项、省级奖项520项。其中，获“互联网+”大学生创新创业大赛奖项18项，其中国家级2项、省级16项；获数学建模国家级奖项8项，省级奖项41项，国际（美国）大学生数学建模竞赛奖项11项；获“挑战杯”河南省大学生创业计划竞赛奖项32项。

【群团活动】2022年，学院管理工程学院电子商务1841团支部被授予全国五四红旗团支部称号。承办“活力杯”河南学校共青团基层基础工作大赛，学院获共青团工作项目一等奖2项、二等奖1项、三等奖2项；微团课一等奖1项。

【合作与交流】2022年，学院新增国际联合实验室1个。与韩国清州大学、韩国明治大学合作分别开展海外专升本、海外本升硕项目。学院有28名师生出国（境）学习、交流。有36名国（境）外学者到学院（或线上）进行学术交流。

（撰稿：申一平　审阅：王永恒）

郑州升达经贸管理学院

【概况】2022年，郑州升达经贸管理学院有郑州新郑龙湖和登封2个校区，占地面积为132.15公顷，建筑面积为719962.37平方米。有在校生35439人，其中本科生28862人、专科生6577人；招生12425人，其中本科生10019人、专科生2406人；毕业9445人，其中本科生7848人、专科生1597人。有教职工2026人，其中专任教师1350人；专任教师中，具有正高级专业技术职务者124人、具有副高级专业技术职务者488人、具有博士学位者79人。设有11个学院、7个学科门类、72个专业（含本科专业47个、专科专业25个）。有河南省一流本科专业建设点5个、河南省特色专业建设点3个、河南省专业综合改革试点5个、河南省民办高校品牌专业建设点11个、河南省民办高校学科专业建设资助项目11个。固定资产总值8.17亿元，教学仪器设备总值1.54亿元。图书馆有纸质图书290.83万余册、电子图书103.74万种。

2022年，学校获“中原十大品牌影响力典范院校”“社会认可的十大民办教育品牌院校”“2022年度河南省最受学生信赖本科高校”“2022年省级创新创业教育实践基地建设高校”“河南高校（党建）宣传工作示范单位”“河南高校2021—2022年度宣传先进单位卓越奖”“第三届河南省高校大学生朗读大赛最佳组织奖”等荣誉。

【学校领导班子成员名单】学校董事长王淑芳，执行董事王新奇，党委书记雷霆，校长、党委副书记郭爱先（1—4月）、张欣（4月— ），副校长兼工会主席张金安，副校长兼教务长吴益民，副校长兼总务长张其武。

【党建】2022年，学校党委召开12次党委会议，主要研究了党的建设、师生思想政治教育、意识形态、宣传思想、统一战线、党风廉政教育等方面工作。设立人民武装部，调整党建工作领导小组、全面从严治党工作领导小组、意识形态工作领导小组等。制定《郑州升达经贸管理学院意识形态工作分析研判暨联席会议制度》《郑州升达经贸管理学院院部党政联席会议议事规则》等，完善学校党委、纪委等各级组织和党委职能部门工作职责。制定《郑州升达经贸管理学院迎接党的二十大宣传工作方案》，组织收听收看中共二十大开幕会直播，推进迎接学习宣传中共二十大工作。召开4个季度意识形态工作分析研判暨联席会，层层签订意识形态工作责任书。学校党委书记雷霆多次带领党政职能部门相关人员进行基层党建工作调研，听取各院部党政主要负责人工作汇报，了解二级党组织党建工作开展情况、党建特色品牌和好的做法。

1月24日，学校党委对17名二级党组织书记进行抓基层党建工作述职评议考核。2月12日，中共河南省委教育工委对学院党委书记雷霆进行抓基层党建工作述职评议考核。6月7日至14日，按照《郑州升达经贸管理学院基层党建工作考核评价指标体系》（升达党发〔2020〕68号）文件精神，对各二级党组织党建工作进行综合考核。12月19日，学校党委对17名二级党组织书记进行年度述职述廉述学考核。学院做好统一战线工作，获新郑市2021年度“新的社会阶层人士统战工作先进单位”“基层侨联组织建设先进单位”称号。

【重要会议】2022年3月1日，河南省民办高校章程建设工作研讨会在学校召开。3月10日，学校召开党的建设暨全面从严治党工作会议，安排部署学校2022年度党建和全面从严治党工作。3月30日，学校召开郑州

"7·20"特大暴雨灾害追责问责案件以案促改工作动员部署会。7月27日，学校登封校区建设发展推进会在学校国际会议厅举行。8月15日，由河南省教育厅主办、郑州升达经贸管理学院承办的2022年河南省民办高校章程建设培训班在红旗渠干部学院开班。9月16日，学校在国际会议厅召开省级文明校园创建工作推进会。学校执行董事王新奇、党委书记雷霆、副院长兼教务长吴益民及党委委员、副院长兼总务长张其武，各相关单位负责人，各二级党组织书记，学校文明办全体工作人员参加会议。9月29日，学校召开2022年度网络安全与信息化工作会议。全体学校领导、学校网络安全和信息化领导小组成员、全院中层及以上干部等参加会议。10月9日，学校召开2022年高等教育事业统计工作部署会。

【教育教学工作】 2022年，学校修订《郑州升达经贸管理学院申硕建设工作方案》，举办金融科技时代下金融专硕建设与人才培养论坛，通过2022年度专业硕士重点立项建设单位核查。新增"金融科技""大数据管理与应用"2个本科专业，停招"酒店管理""金融工程"2个本科专业。软件工程、土木工程、法学、会计学专业被确定为河南省2022年民办普通高等学校学科专业建设项目资助专业，软件工程专业被确定为2022年度郑州地方高校急(特)需专业立项建设专业。有2门课程被认定为河南省2022年本科高校课程思政样板课程。有7门课程被认定为河南省第三批一流本科课程，其中线上课程4门、线上线下混合式课程3门，获批立项河南省高等教育教学改革研究与实践项目6项、郑州市教育教学改革研究与实践项目6项。获批郑州市优秀基层教学组织3个。有2个基地以直接认定，1个基地以立项建设的方式入选2022年度河南省本科高校大学生校外实践教育基地名单。有2个基地入选2020年度河南省大学生校外实践教育基地立项建设项目验收认定名单。有17篇本科毕业设计（论文）被评为2021年河南省优秀学士学位论文（毕业设计）。

【教学质量管理】 学校结合教育部本科教学工作审核评估、国测平台相关标准，建立健全教育教学质量保障体系，助推内涵发展、特色发展，积极构建"自觉、自省、自律、自查、自纠"的质量文化，促进人才培养水平提升。修订课堂教学评价细则，对理论课和实训课采取不同的指标进行有差别的评价，课堂教学质量监测结果通过《质监周报》及时发布。学年线上线下共听课6511节次，抽查盲审2022届144位毕业生毕业论文（设计），审阅2023届8328位本科毕业生毕业设计（论文）选题，组织开展专业建设情况调查工作，完成高等教育质量监测国家数据平台数据填报、河南省专业建设数据填报和本科教学质量报告撰写工作等。

【校企合作】 2022年，学校构建产教学研融合的校企协同育人长效机制，3Q童商教育产业学院、升达腾讯云数智产业学院已投入运营并步入正轨，升达京东云乡村振兴电商产业学院落地实施中。先后选派18名教师赴菲律宾莱西姆大学（Lyceum of the Philippines University）、韩国世翰大学（Sehan University）攻读博士学位。电子商务、市场营销、酒店管理与数字化运营3个中外合作办学专科专业实现全部招生，共招生283人。

【科研工作】 2022年，学校举办学术讲座51场，其中线下9场、线上42场。学校教师参加院外科研学术会议58人次。立项纵向课题365项，其中省部级课题16项。课题结项346项，其中省级课题3项。成果获奖91项，其中市厅级奖励47项。获得科研经费资助247.71万元，其中上级拨款7万元、学校配套资助82.7万元、成果奖励106.97万元、获郑州市财政局基础研究与应用基础研究专项补助11.44万元。中国期刊全文数据库收录学院教师发表的论文474篇，其中有中文核心38篇、被SIC及EI收录检索论文42篇。出版专著29部。获得授权专利6项（含发明专利1项）、软件著作权51项。学校科研处获得河南省高校科研管理工作先进集体称号，学校教师杨存博、赵晓理、岳鹏钊被评为河南

特色社团——国旗班升国旗（郑州升达经贸管理学院/供图）

省高校科研管理工作先进工作者。

【社会服务】 学校青年志愿者协会开展志愿服务活动30余项。在校园内多次开展“爱心帮扶”“衣物捐赠”“美丽中国，青春行动”爱粮节粮、校园文明出行、抗疫志愿服务、“宪法卫士答题”等公益活动；在校外开展“99公益日”、电脑维修、法律咨询、垃圾分类、志愿服务进社区等公益活动；组建“河小青”实践团前往黄河滩开展巡河护河活动，依托“返家乡”“三下乡”“向基层报到”等平台开展志愿服务活动等。

【教师工作】 2022年，学校继续推进教师素质提升工程，引育博士研究生等高水平人才，修订“双师型”教师认定办法等相关制度，开展教学名师评选、“精彩一课”教学竞赛等活动。有90名青年骨干教师攻读博士学位，39人赴企业（行业）及事业单位挂职锻炼。有33人通过高级专业技术职务任职资格评审，195人通过“双师型”教师认定，10人通过青年教师导师制终期考核，20人通过辅导员岗位技术职务定级。学校教师被评为河南省教育厅学术技术带头人2人、河南省文明教师2人、河南省教学标兵4人，通过郑州市第六届优秀中青年骨干教师届满考核者5人，有60人参加省级相关教学技能竞赛并获奖。组建校本培训师队伍，推进校院两级教师发展联动机制，开展教师教学创新能力提升、教师资格考试面试指导、新聘教职员岗前培训、挂职锻炼经验交流沙龙、青年教师导师制总结交流沙龙、高校教学院长业务素养与能力提升、暑期教职员培训等各类专题培训；组织24名教师报名参加中西部高校青年教师专业能力发展数字化培训；组织全体教师在国家智慧教育公共服务平台进行“2022年暑期教师研修”专题学习；组织教师分层分类参加培训，累计4000余人次。举办教职员院外学术交流、培训70余场。学校教职工参加青年教师导师制培养终期考核10人，赴企业（行业）挂职锻炼39人；参加在线学习中心网络平台课程学习755人，选课6336门（次）。

【学生工作】 2022年，学校坚持立德树人、以生为本、以文化人，落实以学生为中心的措施，服务学生。探索创新宿舍楼楼长制，确保校园安全稳定。持续深化“三大教育”（爱国教育、劳动教育、伦理教育），不断优化“三大竞赛”（秩序礼仪、文明宿舍、学生整洁），着力强化“三方育人”（教书育人、服务育人、环境育人）。举办“文明礼貌月”“好学月”“劳动月”“诚信教育活动月”“赠棉衣送温暖”等活动。开展毕业生信息采集、学历证书办理、毕业生毕业典礼系列活动。学校学生被评为省级优秀毕业生188人、郑州市“三好学生”117人、郑州市“优秀学生干部”40人、院级优秀毕业生189人、院级三好学生2875人、院级优秀学生干部1699人、院级先进班集体61个。认真做好学生奖助贷工作，评定国家奖学金8人、国家励志奖学金656人、国家助学金5114人，发放国家助学贷款11309人（其中生源地贷款11195人、校园地贷款114人），贷款资金12452.72万元（其中生源地资金12326.22万元，校园地资金126.5万元）。学校心理健康教育中心接待学生来访600余人次，完成个体咨询424人次，咨询总时长为510小时；开展心理危机干预27人次，关注筛查重点学生216人。学生在校参保11367人。学校在第三届河南高校大学生“踔厉奋发正青春·笃行不怠向未来”主题诵读大赛中获得“最佳组织奖”。

【宣传工作】 学校以“永远跟党走 奋斗新征程”为主题，线上线下相结合，通过“读、讲、演、说、赛、唱、展、写”等多种形式，广泛开展“百年党史青年说”大学生讲党史大赛、红歌接力唱、主题文艺汇演、师生颂党情、百年党史知识竞赛、百年党史“河南100问”微党课比赛、红色电影进课堂、“奋斗百年路 启航新征程”图片展、“翰墨忆初心 矢志育新人”书画作品展、庆祝建党百年理论研讨会等活动，引导师生赓续精神血脉，筑牢理想信念。在省委宣传部、省委高校工委、省教育厅等组织的庆祝建党百年活动中，荣获市厅级以上荣誉38项次。向知名媒体推送

10月25日，郑州升达经贸管理学院召开工作调度会
（郑州升达经贸管理学院/供图）

稿件900多篇，8篇作品在2022年河南省好新闻奖评选中获奖。河南省教育厅网站和微信公众号报道学校四十余次，学校官方微信、抖音、快手最好排名分居全省高校第2、第3、第5名，提升了学校美誉度。官方抖音和快手分别被河南省教育厅评为全省十佳。

【招生与就业】2022年，学校共有本科专业44个、专升本专业24个、专科专业25个安排招生，招生计划12783人（其中本科5800人，专科2500人，专升本4483人）。在校生规模35439人，达到建校以来新高。学校本科报到率97.89%，专科报到率96.4%，专升本报到率97.98%，学校整体报到率达到97.63%，共录取新生12758人在河南省本科高校中也居于领先地位。学校文科录取最低分469分，高出本科二批省控线24分，理科录取最低分431分，高出本科二批省控线26分，保持了生源质量的持续提高。2022年，学校创新就业指导活动形式，提升毕业生就业能力。组织线上招聘企业2000余家，提供就业岗位10万余个，学院领导通过实地走访考察、线上视频会议、企业进校园等方式共走访企业121家。学校2022届毕业生年终就业去向落实率为84.7%。学校入选2022年河南省创新创业教育实践基地建设高校名单。

【校友工作】2022年，学校完成校友智能化服务平台的开发测试工作，建立集服务、宣传、互动、组织一体化的校友平台。采用线上与线下相结合的方式举办各地校友会活动及校友大讲堂、校友沙龙、校友访谈和校友企业走访等特色活动。继续深入挖掘校友资源，利用新媒体平台宣传优秀校友事迹，讲述校友故事。继续完善校院两级校友工作体系，开展毕业班校友工作联络员聘任工作，聘任2022届毕业班校友工作联络员335人。开展学院年度代言校友评选活动，评选出“校友年度代言人”10人。

【后勤保障】2022年，学校总务处确保物资及时发放到位、餐饮供应充足、维修工作优质高效、环境消杀规范彻底。建设完成实验大楼，学生宿舍43号楼及南园新建生活储水水池、水泵房、粮油仓库、物流仓库等工程，完成新建图书馆室内装修工程施工招标工作。

（撰稿：朱永恒　审阅：郭爱先）

郑州西亚斯学院

【概况】2022年，学院占地面积150多公顷，建筑面积100余万平方米。设有18个学院（含1个中外合作办学机构—堪萨斯国际学院），开设46个本科专业、30个专升本专业、20个专科专业，7个中外合作办学专业，4个职业本科专业，各级各类在校生33000多人。教职员工总数近2000人，其中专任教师1400余人，具有高级专业技术职务教师近500人。有河南省重点学科5个、河南省民办普通高校品牌专业9个、河南省民办普通高等学校学科专业建设项目资助专业11个、河南省一流本科专业建设点7个、河南省特色专业建设点3个、河南省专业综合改革试点5个。学院图书馆建筑面积约7万平方米，有纸质图书251万册、电子期刊39万册。

学院是河南省首家被国务院学位委员会批准可以实施境外学士学位教育合作项目的全日制本科院校、首批被教育部中外合作办学评估合格的高校、河南省本科生学业导师制改革试点高校、河南省“十四五”时期重点建设的示范性应用技术类型本科高校、河南省首批本科高校智慧教学示范校、河南省国际化特色高校立项建设单位、郑州市产教融合创新试点院校。

【学院领导班子成员名单】学院理事长陈肖纯，党委书记马建生，代理院长赵予新，副书记、纪委书记李华峰（—9月），副院长、工会主席吴华（—9月），副书记、副院长、工会主席吴华（9月—），副院长郑敏，纪委书记王甲林（9月—）

【党建】2022年，学院组建了党的二十大精神宣讲团，开展讲座、报告会、经验交流会50余场，20000余人次参与。组织完成2个党总支、34个党支部的换届工作，培训入党积极分子2587名，发展党员700人。组织开展“学习强国”平台评优活动，对评选出的99名“学习之星”及8个“先进学习型党组织”予以表彰。推荐全省高校党建工作标杆院系1个，样板支部2个，“双带头人”教师党支部书记工作室1个。艺术设计学院教工党支部和博雅住宿书院学生第二党支部入选第二批全省高校省级样板党支部。截至12月，学院现有党总支24个，直属党支部1个，党支部93个，其中教工党支部59个，学生党支部34个，党员共计2463名。

【疫情防控】学院建成具有535个床位的健康驿站，发放棉服、慰问金等累计158000元，保障了教育教学秩序。

【机构调整】成立党政办公室，合并原党委办公室、学校办公室、发展规划办公室、校友总会办公室(教育基金会秘书处)工作职能；监察审计处、纪委办公室合署办公；原教务科研处分立为教务处和科研处；学务处(党委学工部)、住宿书院总院、校团委合署办公；成立招生与职业发展中心，合并原招生办公室、就业创业处工作职能，就业创业处更名为就业创业办公室，招生办公室保留；成立党委宣传部(新闻中心)，合并原党委宣传部、学校办公室新闻中心工作职能；党委组织部、统战部、校工会合署办公；成立后勤服务中心（划归监察审计处管理），合并原后勤公司物业服务、

5月，郑州西亚斯学院与美国富特海斯州立大学中外合作办学二十周年庆典顺利举办（郑州西亚斯学院/供图）

基建处房屋维修改造、能源服务工作职能；保卫处更名为安全保卫处，成立人民武装部，与安全保卫处合署办公；国际教育学院与国际交流处合署办公。

【举办郑州西亚斯学院与美国富特海斯州立大学中外合作办学二十周年庆典】 5月，学院与美国富特海斯州立大学合作办学二十周年庆典顺利举办。河南省人民政府副省长何金平、堪萨斯州副州长兼商务厅厅长大卫·托兰德致辞。何金平表示，20年来，西亚斯学院已成为河南省对美合作的重要窗口，两省州人文交流的重要桥梁，中美两国教育领域交流合作的成功案例，希望两省州继续携手努力，将西亚斯学院打造成为中美两国教育合作的典范。大卫·托兰德表示，两省州的长期友好关系推动打造了西亚斯学院这一双方合作的典范，希望两省州和两校深化理解和支持，成为推动中美两国整体友好关系的重要基石。中美使领馆、两省州外事机构负责人、中美高等教育机构等负责人参加会议。

【承办第十三届全国中外合作办学年会】 12月，由教育部国际司支持，中国高等教育学会中外合作办学研究分会、河南省教育厅共同主办，郑州西亚斯学院承办的第十三届全国中外合作办学年会召开。河南省人民政府副省长宋争辉致辞。来自全国30个省、自治区、直辖市的650名嘉宾参加年会，27位中外合作办学著名专家围绕年会主题和10个分专题作报告。

【全学分制改革】 出台《郑州西亚斯学院完全学分制实施方案》《郑州西亚斯学院完全学分制实施细则（试行）》一系列管理文件，开展微专业、辅修专业和双学位专业开设申报工作和教师挂牌授课工作，努力建立弹性学制、选课制、导师制、绩点制、重修制、主辅修制等基本制度，积极构建“按学年注册、按需求选课、按学分毕业、按绩点授学位”的教学管理体制机制。从2022级本科生开始全面实施完全学分制管理。

【科学研究】 深入实施社会服务能力提升工程，2022年，学院共发表学术论文379篇，其中核心期刊63篇，EI、SCI、CSSCI等检索收录33篇；出版学术著作、论著、教材63部；国家发明专利、外观设计、实用新型、计算机软著等47项。承担各类科研项目248项，其中省部级项目（含科技厅攻关项目）18项，获得各类科研奖项35项。

【招生与就业】 2022年，学院新增福建、广东2个招生省份，招生计划投放省份达13个；共录取新生8304人，河南省内普通本科考生文科录取最低分超省控线25分。理科录取最低分超省控线34分；新增郑州西亚斯学院堪萨斯国际学院招生指标250人，新招来华留学生30人，来自29个国家，留学生在册人数122人；9月，顺丰供应链管理学院和数字技术产业学院开始招生。举办就业双选会55场，开展访企拓岗活动27场次，走访座谈企业274家，邀请优质企业1521家，提供就业岗位53247个。

【专业建设】 3月，供应链管理、区块链工程、审计学3个普通本科专业顺利通过教育部备案。4月，大数据工程技术、人工智能工程技术、软件工程技术3个职业本科专业通过教育部备案。5月，测控技术与仪器、社会体育指导与管理2个专业通过省学位办新增学士学位授权专业审核。6月，工商管理、会计学、护理学3个专业获批立项2021年度河南省一流本科专业。9月，推荐时尚传播和数字媒体艺术专业申报2022年度新增本科专业。12月，经济学专业获批立项河南省2023年民办普通高等学校学科专业建设资助项目。

【课程建设】 4月，学院主持的《民办院校创业孵化平台建设与创业指导服务模式改革的研究与实践》获省级教学成果二等奖。9月，基础护理学、宏观经济学、高级英语、市场营销学（双语）、会计学基础、模拟电子技术、中级财务会计（Ⅰ）、影视广告创作等8门课程被认定为河南省一流课程。11月，音乐剧专业课程思政教学团队拟获批立项河南省课程思政教学团队建设项目；基础护理学、模拟电子技术2门课程拟获批立项河南省课程思政样板课程；“智能+”商学院课程思政教学研究特色化示范中心拟获批立项河南省课程思政教学研究特色化示范中心。12月，民办高校法学虚拟教研室获批立项河南省2022年省级虚拟教研室。截至2022年12月，学院泛雅平台建设课程17071门，覆盖学生3万余人。

【教材建设与管理】 出台《郑州西亚斯学院教材建设与选用管理办法》《郑州西亚斯学院境外教材选用管理办法》。《应用文写作》获批立项为“十四五”首批职业教育河南省规划教材。

【实践教学】 2022年，开展11个专业学院102个实验室的教学实验中心建设方案论证工作，完成工业机器人实训室等5个实验室建设项目。组织学生参加校内、外学科竞赛57场，获得省级以上奖项272项，其中国家级奖项49项。立项15个学科竞赛校队，并进入两年建设周期。立项176个大学生实验创新训练项目，完成结项169个；11月，学院顺利通过河南省示范性应用技术类型本科高校年度考评。

【教学质量体系建设】 2022年，新聘4名专职教学督导员，制定《管理干部听课制度》《教学督导团工作条例》《教学信息反馈与处理制度》《实习实训教学质量评价办法》等10多个教学管理制度，编写《郑州西亚斯学院教学质量保障体系纲要》，完善了教学质量标准，健全了教学质量监控体系和工作机制。校、院两级教学督导巡课、查课、听课3137次，管理人员和辅导员参与听课评价2286次，教师同行参与听课评价8610次。

【师资队伍建设】 2022年，学院引进专任教师221人，其中高级职称33人，博士研究生7人；教师外出培训进修20人次，其中国内进修17人，国外进修3人；1名教师被评为河南省学术技术带头人，1名被评为河南省青年骨干教师，2人获“当好引路人，一起向未来”师德师风优秀案例，3名教师分别获评河南省高校思想政治工作先进个人、优秀思想政治理论课教师、优秀辅导员，2名教师获评2022年度河南省“文明教师”。

【学生管理】 首批设立4个校级育人导师（辅导员）工作室，推进育人导师队伍专业化发展；组织开展思想教育类讲座、报告会、经验交流会等50余场次，累计20000余人次参与；2738人通过“新生入学绿色通道”办理入学手续，8人学费减免；9人获得国家奖学金，730人获得国家励志奖学金，11145人次获得国家助学金；设置新生入学礼包、爱心棉衣、返乡补贴，受助学生200余人。

【合作与交流】 2022年，共推荐35名学生参加国际交流交换项目，落实教职工海外进修和培训项目名额14人，组织参加中外合作办学专题培训会议4场，开设教职工国际化培训项目2个；新签订国外校际合作协议7份，先后与境外9所高校的20个专业进行学分课程互认。5月，学院国际交流处荣获“全省教育外事工作优秀集体和优秀个人”称号。6月，学院入选河南省国际化特色高校建设单位。7月，学院创办人、理事长陈肖纯博士参加第十九届世界大学校长联合会三年峰会，并当选为2024—2027年联合会主席，大会通过由郑州西亚斯学院承办2024年第二十届三年峰会。11月，理事长陈肖纯参加联合国协会世界联合会全体大会，并当选为世联会新一届主席。

【信息化建设】 2022年，学院新建普通智慧教室97间，专业学院智慧教室16间，累计建成智慧教室303间，占比达83.5%。学院“5G+沉浸式教育场景融合应用创新项目”成功入选工业和信息化部、教育部组织“5G+智慧教育”应用试点项目名单，《5G+沉浸式教育场景融合应用场景》成功入选河南省数字化典型应用场景创建类智慧教育场景，《信息化赋能智慧教学应用与创新》《场景驱动数据治理 推动学校数字转型》2项入选河南省高等学校信息化应用优秀案例。

【校园文化建设】 2022年，建成诗经文化特色馆藏库，收集图书628册，举办国风·郑风图片展。开展“读百部经典品千年文化”——《中华传统文化百部经典》校园行活动，举办“束脩礼先师 读经续传承——孔子诞辰日纪念活动”。在“第三届河南省高校大学生主题诵读大赛”中，学院学生取得一、二、三等奖各1项；在2022年全国高校商业精英挑战赛品牌策划竞赛中，荣获全国一等奖1项、三等奖2项；在2022年河南省“挑战杯”大学生创业计划竞赛中，学院荣获优秀组织奖，33件作品省赛获奖，其中一等奖1件，二等奖5件，三等奖27件；在河南省第18届大学生科技文化艺术节荣获优秀组织奖，51件作品省赛获奖，其中一等奖10件，二等奖15件，三等奖22件，优秀奖4件；在第二届中国大学生英语辩论赛CUDC全国总决赛荣获国赛二等奖。西亚斯军乐团荣获河南省“十佳社团”。

（撰稿：刘俊锋　审稿：郑　敏）

郑州工业应用技术学院

【概况】 2022年，郑州工业应用技术学院占地面积为139.33公顷，校舍建筑面积为100余万平方米，总投资28亿余元。面向全国招生，录取全日制本、专科新生12221人；毕业本科生7064人，专科生4929人；在校普通全日制本、专科生38230人，五年一贯制学生3288人。现有专任教师1914人，其中具有中级及以上专业技术职务教师773人，占比40.4%；具有硕士及以上学位教师1610人，占比84.1%；博士19人，占比1%。设有16个教学院部、7个学科门类、88个专业（含本科专业48个、专科专业40个）。有实验实训中心（综合实验室）42个。教学仪器设备总值2.56亿元。图书馆有纸质图书300.72万册、电子图书195万种、中外文数据库20余个。

2022年，因办学成绩突出，学校荣获“河南优秀民办高校”称号；被《河南教育（高等教育）》评为年度宣传先进单位“奋进奖”；进入2021年我国民办应用型本科高校发明专利授权前10强；教师教学发展中心荣获“省级教师教学发展示范中心”称号；1个基层团支部被团中央授予最高荣誉——“全国五四红旗团支部”；学校的办学先进事迹还被中国教育报、河南日报等新闻媒体公开报道。

【学校领导班子成员名单】 学院院长俞海洛，党委书记孙柏梁，副院长谷建光（兼）、王新杰、徐春华、杨新新，党委副书记、纪委书记王洪海，财务总监周华锋（—3月）、刘莹莹（4月—6月）、胡海朋（6月—），监事会主席彭毅（—4月）、桓逸衡（4—11月）、郜少龙（11月—）。

【党建】 学院党委坚持以习近平新时代中国特色社会主义思想为指导，深入学习贯彻中共二十大精神，深刻领悟“两个确立”的决定性意义，增强“四个意识”，坚定“四个自信”，坚决做到“两个维护”。认真学习中共中央总书记习近平在瞻仰延安革命纪念地和在安阳考察时的重要讲话精神，弘扬伟大建党精神、延安精神、红旗渠精神，锚定“两个确保”，紧紧抓住实施“十大战略”的机遇。学院当选为中国民办教育协会党建专业委员会理事单位。1个支部成功入选“第三批新时代全国党建工作样板支部培育创建单位”；2个支部被授予“第二批全省高校省级样板党支部”。确定入党积极分子3477人，举办入党积极分子培训班2期，参加培训班人数3477人，新发展预备党员710人，预备党员转正1482人。

【领导调研】 1月7日下午，以省委改革办机关党委专职副书记张艳辉为组长的省教育厅高校创新发展综合配套改革专题调研组一行4人莅临学院，就高校创新发展综合改革开展专题调研。4月28日，新港产业集聚区管委会主任乔建伟、企业服务中心主任张瑜、产业发展办公室主任朱黎娟、企业服务中心副主任刘右纯等一行6人来学院调研。5月17日上午，河南省教育厅年检评审专家组对本校2021年度办学情况进行了检查。

【师资队伍建设】 2022年，学校有教职工2648人，其中专任教师1914人，专任教师中副高以上职称228人，具有硕士及以上学位教师1610人；入选河南省高等学校教学名师1人，河南省教育厅优秀管理人才1人，河南省教育厅学术技术带头人2人，河南省教育厅青年骨干教师2人，河南省教育厅文明教师2人。组织全体教职工参加暑期专题培训、暑期在线研修学习、新入职教师岗前培训、教学管理者及骨干教师专业培训、专职教师常态化培训等，不断提高师资队伍整体水平；组织38名青年教师赴企业（行业）挂职锻炼，切实提高了中青年骨干教师的实践教学能力；优化了教职工薪酬待遇体系，营造了公平公正、凝心聚力的良好干事创业氛围。

【教学】 学院有5项高等教育教学改革研究与实践项目获批立项，其中1个获批省级重大项目，2个获批省级重点项目，2个获批省级一般项目。2门课程被认定为河南省2022年本科高校课程思政样板课程，“新商科课程思政特色化教学研究示范中心”被认定为河南省2022年省级课程思政特色化教学研究示范中心。1项成果被评为2021年度河南省高等教育教学成果奖一等奖。5门课程被认定为2022年省级一流本科课程，其中4门课程被认定为线上一流课程，1门课程被认定为线上线下混合式一流课程。2部教材获批河南省“十四五”职业教育规划教材建设立项，实现学校教材建设的又一次突破。

【科研】 学院在硕士学位授予一般立项建设单位中排名提升2位，排名第7。教师共发表论文656篇，其中核心期刊论文152篇，包括SCI 31篇，EI 9篇，SSCI 4篇，ISTP 1篇，中文核心102篇，CSCD 5篇。获批省部级项目39项，其中河南省社科规划项目1项，河南省科技厅科技攻关8项、软科学5项、会计专项1项、联合基金1项，教育部产学合作协同育人项目23项。获批厅级项目264项，获得厅级科研成果奖6项。“河南省隧道工程机械工程技术研究中心”获批为河南省工程技术研究中心。出版学术著作39部。举办学术报告、讲座37场，学术氛围更加浓厚。

【合作与交流】 学院克服疫情不利影响，通过续签、新签，校企合作基地已达181个；获批2个河南省大学生校外实践教育基地，目前总数已达6个；获批1项河南省本科高校产教融合品牌项目；签订重点校企合作项目17项，其中校地校企合作项目8项；获批1个河南省特色行业学院，遴选5个校级产业（行业）学院，不断提高校企合作水平。

学院继续坚持开放办学，构架多维国际化布局。学院巩固与菲律宾中央大学、泰国格乐大学合作成果；保持和美国佛罗里达国际大学、美国加州大学河滨分校等友好院校的联系；与奥地利维也纳模都尔大学签约合作举办数据科学与大数据专业本科层次项目；推进与英国西伦敦大学、吉尔吉斯斯坦高校、韩国岭南大学、俄罗斯莫斯科财政工业大学、马来西亚苏丹伊德里斯教育大学的合作；和加拿大荷兰学院推进中加高尔夫合作办学项目，首届毕业生顺利毕业。

【学生管理】 面临严峻复杂的疫情形势，学院竭尽全力保障4万余名师生的生命安全和身体健康。同时，积极调动各方资源，组织开展2022届毕业生学院专场线上招聘会、“多校联合，助力大学生百日招聘活动”等线上招聘会6场，为毕业生顺利就业保驾护航，学院2022届毕业生毕业去向落实率已达到90%以上。

【学生竞赛】 学院教师指导学生积极参加各级政府部门、行业学会及协会组织举办的各类学科竞赛并取得优异成绩。获得省级三等奖以上奖项478项，其中国家级特等奖3项，国家级一等奖25项，国家级二等奖38项，国家级三等奖64项；省级特等奖3项，省级一等奖62项，省级二等奖102项，省级三等奖181项；榜单内竞赛共获得国家级奖项68项，省级奖项317项。

（撰稿：陈欣雨　审阅：俞海洛）

河南检察职业学院
（国家检察官学院河南分院）

【概况】 河南检察职业学院总占地面积56.6公顷，建筑面积14.86万平方米；设有法律系、检察系、司法管理系、经济管理系四个系，1个本科专业，11个专科专业及方向；学校有教职工358人，其中专任教师249人；专任教师中，正高级职称者3人，有副高级职称者40人，有博士学位者7人；学校在校生6314人，其中本科生748人、专科生5566人；本年招生2619人，其中本科生161人、专科生2458人；本年毕业1998人，其中本科生201人、专科生1797人。学院校内有国家检察官学院河南分院教育培训基地、痕检、文检、侦查、教研实验室和模拟法庭、法律援助中心、鉴定中心、速录中心等实训教学场地。

【学院领导班子成员名单】 党委书记耿全红，党委副书记、院长张进超，副院长蔡云川、殷宏、邵军峰，纪委书记韩锦霞，政治部主任史玉琴。学院党委落实立德树人根本任务，坚持职业教育办学方向，坚持服务检察的培训定位，认真落实国家和省职教改革发展系列新政精神，以“能力作风建设年”和“质量建设年”活动为抓手，以“双高”建设和精神文明创建为主线，统筹推进疫情防控和改革发展，各项工作取得新进展。

【党建工作】 坚持党建引领，先后召开11次党委理论学习中心组会议，深入学习习近平新时代中国特色社会主义思想，特别是习近平总书记关于能力作风建设的重要论述，各党支部组织党员学习段文龙检察长“六抓六戒”精神，并撰写个人心得体会；党委坚持“听评讲议”思政课活动长效机制，学院领导班子成员先后深入思政课教学一线，与广大教师深入交流、探讨思政课程与课程思政建设有效途径，千方百计开创“三全育人”工作新格局；研究制定学院2022年党建工作要点、意识形态重点任务、全面从严治党主体责任清单和党风廉政建设责任清单，召开2022年度党风廉政建设和反腐败工作会，召开“违规吃喝违规收送礼品礼金问题专项整治工作”安排部署会，一体推进不敢腐、不能腐、不想腐，努力为学院高质量发展营造风清气正的政治生态和教书育人环境。制定学院各类宣传阵地管理制度、坚持意识形态定期分析制度，掌控师生思想状况，有针对性地解决倾向性苗头性问题。建立网络舆情监管制度和舆论危机预防应对机制，避免重大舆情事件发生。认真抓好宗教问题综合治理，成立领导小组，建立工作机制，开展深入摸排。五一疫情期间，学院广大教职工充分发挥党员先锋模范作用，主动向社区报到，科学有序开展志愿服务。根据工作实际做好发展党员线上结业考试工作，组织336名入党积极分子和178名发展对象各进行1次模拟考试和1次正式考试，新发展学生党员128名。

【能力作风建设年】 成立“能力作风建设年”活动领导小组，领导小组下设办公室，配置4个工作小组，负责组织实施、协调指导、督促检查和总结通报等日常工作，分工明确、各司其职。研究制定开展“能力作风建设年”活动的实施方案与开展“大学习 大研讨 大培训 大练兵”活动实施方案。召开学院“能力作风建设年”活动推进会，进一步凝聚认识、统一思想，总结、部署各阶段工作，确保推进有力有序。学院党委班子成员对标对表习近平总书记关于能力作风建设的重要论述，按照“四对照四查摆”要求，深入查找自身能力作风方面的差距，结合分管工作，确定调研课题。各部门围绕“四对照四查摆”全面查找能力方面存在的短板弱项，能立行立改的在问题清单中标出，难以解决的问题，确立调研课题，扎实推进整改。召开“7・20”特大暴雨灾害追责问责案件以案促改工作部署会，要求各部门把以案促改作为抓手，改进作风、提升能力，全面做好学院疫情防控工作。研究制定了基层党建专项检查方案，做好学生安全和疫情防控工作日常监督、突击检查，促进学院“能力作风建设年”活动扎实高效开展。

【疫情防控和校园安全】 认真落实

河南省教育厅，郑州市、新郑市疫情防控办公室各项部署和要求，先后召开10次疫情防控工作会议，安排部署学院疫情防控工作。制定《河南检察职业学院关于加强常态化疫情防控责任的方案》，在学院疫情防控工作领导小组下增设5个工作专班，压实疫情防控责任。严格执行全要素值班制度，开展校园疫情防控督查巡查工作，科学果断应对“11·10”紧急突发情况，以快制快很好化解了校园疫情风险，师生安全健康得到切实保障，组织对学院教职工和“三保”人员一周三次核酸检测，组织对学生每天20%抽检，实现周内全员覆盖、高频检测。做好疫苗接种工作，引导、督促师生尽快完成新冠疫苗全程接种，严格疫情期间师生请销假制度，动态更新各项闭环管理台账，精准掌握师生疫情相关信息，及时排除风险隐患。录制国家安全日宣传视频，制定印发《河南检察职业学院学生安全工作例会实施方案》，通过规范学生安全工作会议的形式及时掌握学生安全动态，排除校园安全隐患，构建学生安全管理联动机制。

【检察培训】 全年共举办21期培训班，培训学员共计3411人次，其中全国检察培训班5期，培训学员910人，全省检察培训班11期，培训学员1805人；成功承办全省员额检察官遴选考试等8期重要会议和活动，合计163人次。按照省教育厅相关要求，完善了高等学历继续教育各类管理制度。申请恢复本校高等学历继续教育工作，成功申报电子商务、法律事务、大数据与会计三个专业的招生，本年度报考本校成人教育的考生共4688人，已录取2000人，高等学历继续教育工作实现了良好开局。经过积极申报，学院成功获批为“院校类职业技能等级认定机构”，获准面向本校教职工和在校学生开展7个职业（工种）的职业技能等级认定工作。本年度组织了2022届毕业生参加职业技能等级教学过程认定，共发放电子商务、企业人力资源管理、劳动关系协调员、物业管理员四类职业、六个工种的职业技能等级证书1841个，其中高级工证书1032个，中级工证书809个。

【学历教育及科研】 加强思政课教学创新，16个教研室将课程思政深度融入120余门课程日常教学，充分运用教育信息化平台，《毛泽东思想与中国特色社会主义理论体系概论》课程被评为省级精品课程，在全省职教能力大赛中，民法、信息技术、大学英语等课程团队获得省级二等奖，应用文写作课程团队获得省级三等奖。开发完成“法院、检察院书记员职业能力训练系列教材”，其中四部获批立项河南省首批“十四五”规划教材，实现了学院省级规划教材零的突破。持续探索在线课程建设规律，完善优化网络课程体系，《刑事案例分析与安全风险防范》《经济法》通过省级在线课程评定，其中《经济法》课程成功入选国家级在线精品课程。学院组织参加第九届河南省高校辅导员素质能力大赛荣获二等奖1项。2022年学院教职工申报各类调研课题论文等共计90余项，专家评审立项26项，结项调研课题35项，在国内外学术刊物发表论文及学术著作52篇。

（撰稿：王　雅　审阅：田　凯）

河南医学高等专科学校

【概况】 2022年，学校有南北两个校区，南校区位于郑州新郑教育园区，北校区位于郑州市金水区，占地面积共80.79万平方米，校舍总建筑面积42.06万平方米，固定资产总值6.21亿元，教学科研仪器设备总值1.35亿元，馆藏图书78.7万册，电子图书51万册。学校现有教师702人，其中教授和副教授228人，博士、硕士479人；拥有二级教授、优秀教育管理人才、学术技术带头人、职业教育教学专家、省级名师、省级骨干教师等50余人，引进特聘教授9人。学校是河南省职业教育特色院校、省级优质高等职业院校、“十四五”时期教育强国推进工程职业院校、中国人民解放军护理军士定点培养院校，牵头组建河南省医药卫生骨干职业教育集团、河南省家政服务与管理产教融合专业联盟，开设临床医学、护理、药学、医学检验技术、医学影像技术、预防医学等27个专业（方向）。

【学校领导班子成员名单】 党委书记花明，校长、党委副书记孙韬，党委副书记王传中，工会主席、党委副书记吴平才，纪委书记、党委委员谢尚乐，党委委员、副校长周斌、王黎、张进忠、郑胜，党委委员、附属医院党委书记、院长何平。

【政治建设】 学习宣传贯彻党的二十大精神，面向全体干部和党员开展多形式、分层次、全覆盖的培训，推动广大党员干部准确领会党的二十大精神的核心要义，深刻领悟“两个确立”的决定性意义，进一步增强“四个意识”、坚定“四个自信”、做到“两个维护”。

【思想建设】 落实党委会“第一议题”制度，印发执行《2022年党委理论学习中心组分专题集体学习安排》，党委理论学习中心组全年组织开展学习（扩大）会议5次，分阶段组织教职工政治理论学习，强化党的创新理论武装。学习宣传贯彻党的二十大精神，面向全体干部和党员开展多形式、分层次、全覆盖的培训。

【组织建设】 持续开展“样板党支部”创建和“双带头人”教师党支部书记培育工作，护理学院教工党支部获评“第二批全省高校省级样板党支部”。扎实开展“党建+”特色项目品牌化建设，推动基层党建与中心工作深度融合。建立健全党费收缴管理制度，上线使用“党费通”平台。强化党员队伍教育管理，培训入党积极分子、发展对象1037人，转正党员147名。加强对统战工作领导，做好民主党派建设和“宗教双防”工作。

【纪律建设】落实党风廉政建设党委主体责任和纪委监督责任，印发2022年度履行全面从严治党主体责任清单等三个清单，集中开展违规吃喝、违规收送礼品礼金问题专项整治工作。开展郑州“7·20”特大暴雨灾害追责问责案件以案促改工作，查摆整改防灾救灾、应急管理和灾后重建等方面存在的突出问题。举办“第二届党风廉政学习教育宣传月”活动，对近年选拔任命的72名干部开展党风廉政网络培训。

【作风建设】组织开展“转作风、强素质、提能力”和“学习党的二十大精神”等网络培训。严格选拔任用，突出政治标准，严格监督管理，做好干部考核和个人事项报告。开展“能力作风建设年”活动，提升干部五项能力。

【治理能力提升】实施“十四五”事业发展总规划及专业建设、师资队伍建设、校园建设等3项专项规划。以学校章程为统领，建立健全涵盖各工作领域的较为完备的规章制度体系。推进人事制度改革，修订完善《中高级专业技术职务任职资格申报评审条件》等8项人事管理制度。强化监督管理，召开第二届第七次教职工暨工会会员代表大会。规范学生管理，召开学校第四次学生代表大会。

【师资队伍建设】开展“以老带新”、进企业（医院）顶岗锻炼，鼓励提升学历、晋升职称，全面提高教师的双师素质和专业能力。派遣17名教师外出进修培训及研修，现有3人博士在读；2名教师分别被评为河南省教育厅学术技术带头人、河南省优秀教育管理人才；检验、药学、定向培养军事生教学团队被认定为校级教学创新团队，护理专业教师教学创新团队获省级立项。

【学生培养】以养成文明习惯、浓厚学习风气为重点，开展新时代文明实践活动。深化体育课程改革，开展阳光体育运动，加强体育场馆建设，河南省学生体育总会网球训练基地落户本校。推进公共艺术教育，投入269万建成集声光电于一体的公共艺术中心。深入开展实习实训、专业服务、社会实践、勤工助学等工作，培养学生劳动精神。抓好心理健康教育，加强学生心理危机干预和日常心理咨询。深化资助育人，办理国家助学贷款1866万元，发放国家奖助学金、校内学生奖学金等1663万元。

【教育教学】推进“三教改革”，提升教师教学能力，专任教师在省第二十六届教育教学信息化交流活动、省高等职业教育教学能力大赛、省教师教学技能竞赛中均获得较好成绩。教材建设取得突破，《婴幼儿托育服务与管理》专业教学资源库入选河南省职业教育专业教学资源库立项建设，5门课程获批河南省职业教育精品在线开放课程立项建设，5部教材获批“十四五”首批职业教育河南省规划教材建设项目。开展教法研究，推进情景教学、虚拟仿真教学等具有职业教育特点的教学模式、线上线下相结合的混合式教学改革；入选省级精品在线开放课程5门，认定校级精品在线开放课程20门，评选校级“课堂革命”典型案例12个。深化产教融合、校企合作，药品生产技术专业成功入选河南省首批30个现代学徒制示范点立项建设，“卓越助理全科医生联合培养实验班”获省卫生健康委科教处批准。依托医院、企业建立护理、药学等专业教师实践流动站，建立医学营养、养老护理等专业产教融合实训基地。开展“人人持证、技能河南”工作，申报12个“1+X”职业技能等级证书考核站点。加强实习工作管理，上线应用省教育厅《职业院校学生实习备案系统》。强化教学质量控制，印发学校《教学差错和教学事故认定与处理办法》，做好线上线下教学督导和日常巡课、调课等教学管理工作。

【科研创新】教学改革项目在层次、数量和类型上均有突破，4个项目获河南省高等教育教学成果奖，6个项目获河南省高等教育教学改革研究与实践项目立项；科研业绩创历史新高，全年申报国家自然科学基金项目2项，省级项目10项，厅级项目22项；获授权专利53项；发表科研论文91篇，其中SCI、EI收录21篇，中文核心期刊21篇；参编学术著作16部。

【行业服务】开展培训服务、社区服务、乡镇服务，举办12期基层医疗机构卫生技术人员培训，完成全科医师转岗培训和中医全科医生转岗培训；推动社区教育“能者为师”特色课程推介共享项目，打造康养健身社区健康大课堂和药事管理法规课程。

【乡村振兴】持续做好与夏邑县校地结对帮扶工作，深入驻马店泌阳县高邑镇开展“四送一助力”结对帮创活动，与河南农购网签订合同，采购扶贫产品56万元。

【校园民生】完成宽带云桌面项目施工部署应用，投入使用6个计算机机房、4个英语语音室、1个视频监考室，学校出口带宽扩展到5.1G；推进综合能源检测管控系统项目、图书馆智慧化二期项目建设，完成高校信息素养教育数据库和智课教育云学习服务平台采购，开通PubMed检索平台等数据库。实施校园安全网格化管理，启动智慧化安防工程升级改造。出台校园总体规划提升设计方案和生态停车场设计方案。完成环境升级改造、实训楼一二三区升级改造、学生宿舍楼空调安装，推进学校土地证办理和11号学生宿舍楼、学生服务中心、新图书馆的立项申请。

【疫情防控】 精准抓好疫情防控，落实落细各项防控措施，筑牢校园防疫屏障。持续做好生活服务保障，加强食堂、商超监管，保证物资供应充足、价格稳定。及时掌握学生思想动态，采取多种形式与学生交流，建立学生诉求服务平台，快速有效解决学生合理诉求。学校平稳度过多轮疫情，实现校园零感染。

（撰稿：王天娇　审阅：张进忠）

河南工业贸易职业学院

【概况】 2022年，学校总面积32.58公顷。教学、科研仪器设备总价值达2.6亿元。馆藏图书114.11万余册。学院固定资产原值5.9亿元。学校在校学生21700人，在职教职员工625人，其中高级专业技术职称142人，“双师”型教师252人。

学校设有粮食工程学院、机电工程学院、汽车工程学院、信息工程学院、财务会计学院、工商管理学院、经济贸易学院、艺术设计学院、应用外语学院、音乐学院、马克思主义学院、继续教育学院等12个学院和基础理论教学部，开设了粮食工程技术与管理、机电一体化技术、数字媒体技术、大数据与会计、工商企业管理、电子商务、建筑室内设计、商务英语、音乐等41个招生专业（方向），其中省级特色专业2个，国家级骨干专业2个，省级骨干专业4个，中央财政支持专业1个，省级综合改革试点专业2个。国家级生产性实训基地1个，中央财政部和教育部支持的职业教育实训基地1个，省级示范性实训基地3个，河南省高等职业教育实训基地1个，河南省电子商务实训基地1个，河南省中等职业学校“双师型”教师培养培训基地1个，河南省高等职业学校“双师型”教师培养培训基地1个。

【学校领导班子成员名单】 党委书记刘合行，校长王国福，副校长李杰虎、李振伟、刘卫红、王铬，纪委书记王修法。

【党建与党风廉政】 2022年，学校能力作风建设年活动扎实推进。筑牢教育培训“充电桩”，配发《习近平谈治国理政》第四卷110本，邀请专家为副科级以上党员干部专题讲座1次，开展线上专题讲座11次，组织135名副科级以上干部赴延安进行为期6天的提升能力作风建设培训。形成能力作风建设年专题简报共计85篇，并在学校官网、公众号开设能力作风建设专栏，展示建设成果90余篇。找准突出问题“求实效”，提高调查研究能力。领导班子形成调查报告7篇，36个单位建立了问题清单和整改台账。成立8个督导组，对各单位存在问题的整改情况进行督导，做到落实见效。因活动成绩突出受邀在河南省粮食和物资储备局“能力作风建设年”活动推进暨先进事迹报告会上作典型发言，省教育厅督导组对学校工作开展情况给予肯定。

学校学习宣传贯彻党的二十大精神全面展开，精心组织学习教育培训。配发学习用书160套，组织线上党的二十大培训2次。创新开展宣讲活动，采取线上线下结合的方式，积极开展宣讲活动。邀请省委党校、河南干部网络学院等专家学者到校宣讲，学校党委书记带头做党的二十大宣讲报告会。坚持问题导向，注重党的二十大精神落地见效，把学习成效体现到推动工作的实际行动上。

党建和党风廉政建设进一步加强，一是加强政治学习，组织16名基层党支部书记参加2022年全省高校基层党支部书记网络培训示范班，组织副科级以上干部227人参加“河南省粮食和物资储备局领导干部学习贯彻党的十九届六中全会精神及粮食安全、人事业务专题培训班”学习，组织广大党员干部开展多形式、分层次、全覆盖的学习党的二十大精神培训。加强制度管理，出台学校《党校工作条例（试行）》《关于党费收缴和使用党费支持基层党支部工作管理办法（修订）》，形成制度管理的新格局。开展支部标准化建设，实施“两化一创”三年行动计划，评选出10个校级样板党支部，财务会计学院教职工党支部被评为省级样板党支部。完善基层党建设组织，新成立1个党总支，下属2个党支部。选优配强各基层党组织支部书记9名、基层党组织支委38名。高标准完成党员发展工作，全年发展预备党员共363名（其中教师预备党员39名，学生预备党员188名）。按期转正了43名学生党员。做好慰问帮扶困难党员工作，2022年春节前期，学校对17名困难党员进行走访慰问，发放慰问金23400元。七一前走访慰问“光荣在党50年”老党员1名。党建网站正式运行，及时发布信息动态，展示本校基层党建风采。党风廉政建设常抓不懈，纪检监察干部队伍建设进一步加强，制定《河南工业贸易职业学院三重一大事项责任追究制度》，做好监督检查工作，编写督导简报80余期，开展副处级干部谈话核实3次，积极开展警示教育和纪律教育活动，组织全校党员开展党规党纪学习网上在线测试1次。

【管理体制改革】 6月1日起，学校正式划转省教育厅管理。在省教育厅指导下，学校全面完成了人、财、物等各种关系的划转移交，学校管理的规范化、科学化再上台阶。

【教育教学】 双高工程建设有序推进，圆满完成双高工程项目中期总结，顺利完成2022年高水平学校179项建设任务和116项标志性成果。多措并举确保线上线下教学质量。大力推进课程建设，8门课程入选社区教育“能者为师”系列特色课程，12门课程在国家终身教育智慧教育平台数字化学习资源征集和遴选工作中通过国家开放大学审核。注重人才培养模式改革，财务会计学院的人才培养模式被中华网报道，人才培养质量不断提升。教师参加各类比赛成绩突出。在全省思政课“大比武”活动获得特等奖2项、一等奖1项；在全省高校思想政治理论课示范“金课”比赛中获得一等奖1项、二等奖1项、三等奖1项。在2022年河南省高等职业教育教学能力大赛中共有6组教学团队获得三等奖；在河南省第二十六届教学信息化交流活动中获得一等奖5项、二等奖8项、三等奖6项；在“当好引路人，一起向未来”主题征文和优秀案例评选活动中获得省级一等奖2篇、二等奖1篇、三等奖3篇。学生参加技能竞赛成绩斐然，获得国家级三等奖3项，省级一等奖9项，二等奖8项，三等奖14项。参加“互联网+”大学生创新创业大赛荣获省赛二等奖1项、三等奖12项，学校首次荣获优秀组织奖；参加2021年河南省大学生职业生涯规划大赛总决赛荣获铜奖2项，取得历史性突破；参加“2022年大学生移动互联创新大赛”取得国赛金奖1项、银奖1项。

【学生管理】 胜利召开学校第四次学代会，强化思想引领，开展了“喜迎二十大、永远跟党走、奋进新征程”主题教育实践活动，通过“工贸陪你学起来、数读《十九届六中全会决议》”“共抗疫情，你我同行”“劳动淬炼成长，实践创造幸福”等一系列活动，积极引导学生树立积极向上的生活态度。注重学生心理健康，优化四级心理工作网络，做好测评跟踪关怀咨询，开通“点对点”咨询通道，师生近2万人次参加心理健康培训。参加各类活动屡创佳绩，“挑战杯”河南省大学生创业计划大赛荣获“优秀组织奖”，银奖1项、铜奖9项；“延红色血脉 展国防风采”社会实践团获评2022年三下乡国家级重点团队；“青春在左，服务在右‘微光照初心’”社会实践团和“河小识”助力黄河流域中心城市垃圾分类实践团获评2022年三下乡省级重点团队；连续两年荣获全省暑假“三下乡”社会实践活动优秀单位；在“禁止传销 净化校园”宣传作品征集活动中获得一等奖1项；荣获百优“魅力团支书”1个。落实国家奖助贷等政策，帮助贫困生顺利完成学业。2022年通过“绿色通道”入学1063人，缓交学费532.97万元。为1737名家庭经济困难学生提供勤工助学岗位，发放勤工俭学津贴73.7万元。448名毕业生获得河南省贫困毕业生求职创业补贴，共计89.6万元。积极开展校园体育运动，开展“阳光健身跑”活动，万余名学生积极参加本次活动，引导学生养成经常锻炼、科学锻炼的健康生活习惯。培育3个校级名班主任工作室，在省第九届辅导员职业能力大赛中获得三等奖1项。

【科研工作】 科研成果产出数量和质量不断攀升，公开发表学术论文357篇，其中核心38篇；公开出版专著6部；公开出版主、参编教材 4部；授权专利20项，其中国家发明专利8项。科研成果荣获厅级以上奖励7项，其中省级奖励1项；成功立项校内外课题103个，其中省级课题9项；成功结项校内外课题90项，其中省级课题6项。科研支持大幅提高，纵向课题财政拨款到账经费31.2万元，其中5.2万元为郑州市科技局奖励的专项补助资金，本校是全省唯一荣获此项专项补助资金的高职院校。到账横向科研经费17.5元，突破新高。全年发放科研经费共计89万元，同比增长44.1%。

【校企合作】 河南食品药品与粮食职业教育集团和河南省粮食职业教育集团于9月27、28日成功举办成立大会。对省内诸多企业进行了实地调研和分析，与河南奥尼斯特食品有限公司、郑州轨道网络科技有限公司、河南超凡装饰设计工程有限公司等6家企业签订了校企合作协议，拓宽了师生实践平台。校友会工作稳步推进，以校友会为链接的校企合作进一步扩大范围。

【招生就业】 招生人数再创新高，2022年招生录取高职高专、3+2升段专科、五年一贯制专科新生共计9323人，报到8994人，报到率96.47%；其中，校本部录取9123人，报到8817人，报到率96.65%。招生质量再创新高，单招考试环节，录取计划3500人，实际报名7388人，实现了优中选优；统招考试环节，学校高职高专统招文、理科录取分数分别高出河南最低录取控制分数线147分和151分。办学模式实现新突破，学校首次和意大利万神殿艺术设计学院开展联合办学，录取计划120人，实际录取120人；首次和河南省经济管理学校进行中高职联合办学，录取计划200人，实际录取200人。

就业质量显著提升，2022届毕业生共6520人，截至年底就业人数为6047人，毕业去向落实率92.75%。2022届毕业生平均月薪4180.62元，自主创业率0.2%，专业相关度71.92%，稳定率47.07%，毕业生就业现状满意度95.18%，就业质量稳步提升。经调查，2022年用人单位对本校就业服务工作满意度98.39%，毕业生对学校就业指导工作满意度达96.99%，社会声誉有效提升。

【校园建设】新增绿化面积约1500平方米，整体绿化效果趋于完善。做好财务预算，统筹资金使用，确保重大项目资金使用。全年顺利完成两个校区建筑物外立面及楼牌更换工作，校园面貌焕然一新；完成龙湖校区体育场北侧及东侧护坡维修改造工作和龙湖校区校门升级改造工作，校园安全得到保障；完成优胜校区校园道路升级改造、宿舍内电力线路及校园主电缆升级改造、培训餐厅改造工作，优胜校区基础设施承载能力大力提升。数字化校园提质增效，学校官网、门户网站全面升级，以新形式展示学校新风貌；办公楼1楼无纸化会议室改造完成，提升了视频会议的质量；智能档案馆基本建设完成，档案管理的电子化、信息化和现代化水平达到全省一流水平。进一步完善后勤服务设施和服务项目，提高后勤保障能力和服务质量，确保水电气暖等安全正常运转，确保教育教学有序开展。认真做好资产清查、固定资产登记工作，为学校资产高效利用奠定基础。人才公寓于7月16日开工建设。作为本校的重点建设项目，学校高度重视，定期检查、巡视，保障工程质量。截至12月25日，已经完成第11层楼的浇筑，预计2023年暑假完工。

9月6日，河南工业贸易职业学院承办河南省第八届仓储管理农产品食品检验业务技能竞赛（河南工业贸易职业学院/供图）

【精神文明建设】绿色校园、文化校园建设成效显著，校园面貌日新月异，图书馆、粮食博物馆、校史馆、文化长廊等一系列文化品牌成为学校建设新亮点。依据《文化建设五年规划方案》打造了独具工贸特色的校园文化SIS识别系统，“道德讲堂”影响力日益显著，社会主义核心价值观成功融入学校教育教学全过程，校园精神文明建设再上台阶，省级文明校园（标兵）单位顺利通过考评，11月14日在河南文明网公示。

【社会服务】认真落实“人人持证、技能河南”建设工作，2022年累计完成培训任务5081人，其中高级工以上3788人。完成了35个职业（工种）备案工作，32个“1+X”职业技能登记证书申报工作。成功举办2022年河南省“1+X”媒体融合运营省级师资培训班，被“学习强国”、教育在线等媒体平台报道。成功承办河南省第八届仓储管理农产品食品检验业务技能竞赛，社会影响力进一步提升。高效完成本年度培训任务，截至12月20日，年度职业培训共计24713人次，培训项目（班次）48项，培训学时970个。与宁陵县及时沟通联系，制定2022年校地结对帮扶工作计划和任务清单，如期完成了各项任务，12月份采购白菜、萝卜、芹菜、西兰花等蔬菜4217.5公斤。

（撰稿：焦艳娜　审稿：王修法）

文化

CULTURE

·文化>>>

CULTURE

文化广电

【概况】新郑市文化广电旅游体育局，由原新郑市文化广电和旅游局、新郑市体育运动学校、新郑市体育中心职责整合并于2020年5月7日完成合并，是市政府工作部门，为正科级，挂新郑市文物局牌子。现有在职干部职工376人，全局设办公室、编制人事科、广播电视管理科、行政审批科等14个科室，文化馆、图书馆、博物馆、郑国车马坑遗址博物馆、欧阳修陵园纪念馆、郑韩故城遗址保护中心、豫剧文化演艺中心（副科级）、文化市场综合行政执法大队（副科级）等14个二级事业单位。

2022年，新郑市文化广电旅游体育局紧紧围绕习近平总书记关于文旅体工作重要论述和重要指示批示精神，全面落实各级党委、政府决策部署，强化探索创新，突出重点亮点，克难攻坚，砥砺前行，较好地完成了上级安排部署的各项任务。全市各景区共接待游客约420万人次，实现旅游总收入18亿元。新郑市获第三批省级全域旅游示范区称号，在2021年度省级现代公共文化服务体系建设绩效考核中获得优秀等次；孟庄镇综合文化服务中心获2021年长三角及全国部分城市最美公共文化空间奖，观音寺镇十里铺同庆舞狮文化合作社被评为“河南省示范性乡村文化合作社”；《李遂芹 为让轩辕湖畔鼓更酣》等3件作品在2022年河南省“喜迎二十大 欢乐进万家十大群众文化活动”中获奖，短视频《读书“shi”刻》荣获省委宣传部“豫”见最美读书人短视频大赛一等奖；乡村文化合作社建设工作被《中国文化报》专题报道（新郑文化合作社：让村民从“观众”到“主角”），大遗址保护利用工作被《中国文物报》专题报道（《古韵谱新篇 故都向未来——在郑韩故城国家考古遗址公园感知文化力量》）；新郑市文化广电旅游体育局获郑州市未成年人思想道德建设工作先进单位、2021年郑州市文物系统先进集体、2021年郑州市体育工作先进单位、2022年郑州市第二届十佳地标打卡地评选优秀组织奖、新郑市2021年度综合考评优秀单位、新郑市2021年度宣传思想文化工作先进集体等称号。

【公共文化服务】丰富群众文化活动，策划推出“喜迎二十大，欢乐进万家”文化惠民活动，线上线下结合，在全市开展了内容丰富、形式多样，涵盖艺术广场舞、群众合唱大赛、乡村文化合作社才艺大赛、民间艺术大赛、艺术摄影展、美术书法作品展、少儿才艺大赛、音乐舞蹈戏曲曲艺群众艺术创作等25项群众性文化活动，惠及群众近万人，为迎接党的二十大胜利召开营造浓厚的氛围。

提升基层文化服务中心服务效能，开展“最美文化志愿者”及“郑”美文化空间评比，进一步挖掘基层文化服务中心的服务效能，释放服务活力，其中，最美文化志愿者评选活动经各乡镇、办事处、管委会自评推荐和“郑韩文旅云”线上投票，最终评选出“最美文化志愿者”“优秀文化志愿者”“受欢迎文化志愿者”各10名。同时，通过强化政治、业务培训和日常管理，加强300名基层文化管理员的素能建设，提升服务水平。

强化文艺培训，各类文艺培训以线上为主，线下为辅，线上活动依托新郑文旅云平台等媒体平台大力发展云阅读、云课堂、云展播，推出瑜伽、非遗、化妆、舞蹈、“品书香·沐春风”好书推荐等培训60余场，培训文化志愿者2000余人次。线下活动主要依托传统节日开展香包、灯笼制作等培训活动，传承传统节日文化，丰富群众文化生活。

强化文艺创作，围绕迎接党的二十大等重大主题，组织创作歌曲《爱的长城》《脚步丈量》、舞蹈《请党放心 强国有我》《根》《鹤舞铜莲》、古乐演奏《华夏“郑”声·奏支山歌给党听》等作品30余件；其中，原创舞蹈《根》荣获郑州市艺术广场舞展演一等奖，舞蹈《鹤舞铜莲》荣获郑州市第六届中老年舞蹈比赛一等奖。创作《东门踏歌》情景剧，已完成舞蹈排练工作。开展“疫路有你”书法绘画作品征集、“我眼中的文化新郑”绘画作品征集、“我家的人世间故事”征文、“喜迎二十大 奋进新征程”摄影作品展等活动，引导广大文艺爱好者以文艺创作的形式践行社会主义核心价值观，传播向上向善正能量，共征集到各类书画、征文作品500余件，累计参与近800人次。

强化全民阅读活动，举办了“我们一起走进春天”新年读书会、“主”我风采·“持”骋舞台“小小主持人”大赛；“书香新郑 全民阅读”“中秋诗会”“绿书签行动”暨“知识产权宣传周”版权集中宣传活动启动仪式等活动20余场。推进总分馆制建设，建成图书馆分馆20个(含社区、村级分馆6个），总分馆免费开放面积达1600多平方米，拥有纸质和电子藏书近10万册，图书借阅实现“一卡通”。

4月22日，新郑市2022年“书香新郑 全民阅读”“绿书签行动”暨“知识产权宣传周”版权集中宣传活动启动仪式举行（市文广旅体局/供图）

【行业执法】 强化行业安全事故隐患进行排查和整治，开展行业安全检查80余次，其中，节假日期间开展文化市场安全生产大检查以及网吧、KTV、游艺娱乐场所、电影、演出、剧本杀、密室逃脱、印刷发行企业、校外培训机构等专项整治行动22次，出动执法人员1800余人次，车辆300余台次，检查场所共计3200余家次，下达责令改正通知书34家次，推动文化市场经营秩序日趋规范。

依法行政，综合执法监管服务并重。畅通举报渠道，多渠道公布24小时举报电话，接受社会监督，坚持24小时值班制度，及时受理群众举报14件，办结率100%，没有发生群众投诉事件。加大巡查检查力度，严厉打击网吧接纳未成年人进入、无证经营等违法违规经营行为，积极开展房屋安全隐患排查、打击文化和旅游市场养老诈骗整治、未成年人突出安全风险隐患专项治理、校园周边环境整治等专项治理工作，及时消除问题隐患，规范市场经营秩序，办结案件3件。开展“扫黄打非”工作，组织开展“扫黄打非”等专项行动8次，出动执法人员200余人，检查印刷出版物企业、物流公司、仓储仓库等部位600余家次，取缔游商地摊8个，收缴涉嫌盗版图书2000余册。

普法宣传，助力法治观念深入人心。创新普法宣传形式，创新运用新郑市公共文化数字平台“郑韩文旅云”开展专题法治宣传，用数字手段打造法治宣传教育最强音。注重员工学法用法。积极开展“4·15”全民国家安全教育日、“疫情防控常态化”、“防范非法集资和电信网络诈骗”、“校园交通安全和消防安全”、“美好生活·民法典相伴”、“4·26”知识产权宣传周等一系列员工学法活动。法治宣传进基层，通过在景区、公共服务场所发放法治宣传彩页，摆放宣传展板等形式，开展公共卫生安全、传染病防治、突发公共卫生事件应急管理等方面法律法规的宣传，增强广大群众疫情常态化防控的法治意识和法治观念。

（撰稿：王　宁　审阅：樊战东）

文学艺术

【概况】 新郑市文学艺术界联合会（简称文联）是市委、市政府领导下的全市文艺界群众团体，是党和政府联系广大文艺工作者的桥梁和纽带，成立于1984年9月，为参照公务员管理的事业单位，办公地点设在市人民路186号市委市政府大楼四楼，现有10人，主席1人，副主席1人，兼职副主席3人，工作人员8人。下设有办公室、编辑室、编制人事科、创研室、秘书处，管理所属作家、书法家、美术家、摄影家、音乐家、戏剧家、曲艺家、舞蹈家、电影电视家、民间文艺家等10个协会，各协会设主席1人，现有会员957人，国家级会员26人。

2022年，新郑市文学艺术界联合会紧紧围绕新郑市的工作大局及郑州市文联安排的工作任务，团结全市文学艺术界，坚持“二为”“双百”方针，认真贯彻习近平新时代中国特色社会主义思想，忠于职守，勇于创新，获评2021年度新郑市宣传思想文化工作先进集体、创建全国文明城市提名城市工作先进单位，并被郑州市评为文艺志愿者先进单位。

【文化活动】 2月15日（农历正月十五），由河南省摄影家协会、中共新郑市委宣传部、新郑市文学艺术界联合会、新郑市融媒体中心、梨河镇人民政府、新郑市摄影家协会和佳能公司联合主办的“我们的中国梦——文化进万家”河南摄协志愿服务走进新郑市梨河镇，河南省摄影家协会秘书长赵慎珠率队采风，为群众义务摄影。2月20日（农历正月二十日），由郑州市文学艺术界联合会、中共新郑市委宣传部、河南诗词学会、郑州市作家协会、郑州诗词学会主办，新郑市文学艺术界联合会、新郑市融媒体中心、新郑市教育局、新郑市文化广电旅游体育局、新郑市地方史志办公室、中共新郑市城关乡委员会、新郑市城关乡人民政府、新郑市作家协会、新郑市诗词学会、新郑市城关乡东郭寺村民委员会承办的纪念白居易诞辰1250周年典礼，在白居易诞生地——新郑市城关乡东郭寺村白居易故里园隆重举行。文联作为主办单位之一，全程参与纪念白居易诞辰1250周年典礼系列活动，举办书法、摄影、剪纸等系列展览。3月1日，河南省舞蹈家协会副主席、郑州市舞蹈家协会主席周玲娣率河南省舞蹈家协会的艺术家们在梨河镇新蛮子营村文化广场举行“文艺进万家 健康你我他”学雷锋文艺志愿服务主题活动，开展广场舞培训。4月1日，统战部组织第六届新郑市政协委员推荐人选，经过呼吁和努力，特设文化艺术体育界别，岳建华、李玲、赵静、刘淑玲等16人当选政协委员。4月3日（农历三月初三），壬寅年黄帝故里拜祖大典举行。文联参与壬寅年黄帝故里拜祖大典、第十六届黄帝文化国际论坛等筹备工作，具体参与黄帝故里壁画、诗词的书画装裱工作。组织黄帝故里“有熊IP”形象暨黄帝传说有熊故事系列绘本《能能初见轩辕》推介发布会。由郑州市文学艺术界联合会、郑州市美术家协会主办，新郑市文学艺术界联合会、新郑市美术家协会承办“壬寅年黄帝故里拜祖大典——纨扇起清风·郑州中国画宫扇作品邀请展”，共邀请省市26位中国画名家，创作精品力作104幅，分四期展出。6月20日，新郑市纪委监委与新郑市文联、书法家协会日前共同举办“清廉新郑”之诗词文化书法创作活动。来自中国书法家协会和新郑市书法家协会15名书法家齐聚一堂，通过现场书写清廉诗词、制作清廉折扇等形式，生动鲜活地展示了廉洁文化。活动现场共即兴创作精美书法作品70余幅。6月25日，河南省民协专家组莅临新郑市，就新郑市申报“河南省黄帝文化之乡 ”进行考察论证。专家组对黄帝故里园区、具茨山等进行实地考察，并召开新郑市申报“河南省黄帝文化之乡”省级专家组考察论证会。7月7日，河南省美协副主席、郑州市美协主席白金尧，郑州市美协副主席丁万春、范怀珍、曲春林、孟建超，郑州市美协副秘书长牛犇、办公室主任张志军、山水画艺委会主任刘洪海一行到新郑市实地调研新郑市辛店镇孙河民俗村，考察乡村文化振兴、文化与旅游融合发展工作。新郑市辛店镇党委书记王燕、新郑市文联主席岳建华、市志办主任李磊、文联秘书长郭伟民、美协主席高喜军等陪同调研。9月21日，“喜迎二十大 欢乐进万家”新郑市书法美术作品展开幕式在河南有熊国创文化产业园隆重举行。作品展由新郑市文学艺术界联合会、新郑市地方史志办公室、河南新郑黄帝故里文化研究会秘书处主办，新郑市书法家协会、新郑市美术家协会承办，新郑市收藏协会、河南有熊国创文化产业有限公司协办，展出时间为9月21日至10月31日。9月28日，由中共新郑市委宣传部、新郑市文学艺术界联合会、辛店镇人民政府、新郑市摄影家协会、新郑市大汉窑文化旅游产业有限公司共同举办的“喜迎二十大 欢乐进万家——我眼中的黄帝故里”新郑市摄影作品展，在辛店镇大汉窑欢乐田园开幕，共收到摄影来稿500多件，经过专家评选有90件作品入选。9月28日，由中共新郑市纪律检查委员会、新郑市监察委员会主办，中共新郑市城关乡委员会、新郑市城关乡人民政府承办，新郑市文学艺术界联合会、新郑市融媒体中心协办的喜迎二十大·诗声颂祖国“清廉新郑”之白居易诗词诵读展演在新郑市城关乡东郭寺村白居易故里成功举办。省纪委监委、郑州市纪委监委及新郑市有关领导嘉宾出席活动，市委常委、市纪委书记、市监委主任姚志刚为展演致辞。此次展演是“清廉新郑”建设系列活动之一。

【年度工作荣誉榜】 作协：6月2日，新郑市作家协会荣获郑州市作家协会首届（2021年度）先进集体。刘伟鹏担任短视频节目《行走新郑》主讲人发布40余期视频作品，通过新媒体传播新郑文化。9月，郭伟民加入中国作家协会。11月，刘淑玲、鲁玉婷荣获沿黄九省（区）“扫黄打非·护苗”诗歌大赛铜奖。

剧协：曹会敏、曹会芳获得“中

国戏剧码头梅花奖”，在“传承有我，势不可挡——2022河南戏曲最具影响力青年演员网络票选”进入20强。6月，刘二红参加“2022年度戏迷擂台赛”，获金奖擂主。

影视协：孙泽华、邢伟、左豪杰作品《新郑裴李岗遗址发现我国最早的红曲霉酿酒技术距今约8000年》获2021年度河南省县级台新闻奖电视类长消息二等奖；孙泽华、左豪杰作品《邮包里的惦念》荣获2022年河南省宣传部“新春走基层”优秀作品；赵焓作品《反诈，我们一起行动》荣获郑州市职工反诈宣传短视频赛三等奖，抗疫版《孤勇者》登陆《人民日报》，并荣获中国医师协会健康传播工作委员会第五个中国医师节创意短视频活动中优秀创意作品。

音协：6月，郑州市第十五届歌手大赛、郑州市器乐大赛，报送选手获金奖2名、二等奖1名、优秀奖1名。8月，由河南省文联、省教育厅、省文旅厅主办的黄河之滨音乐类大赛，新郑音协获金奖4名、二等奖9名、三等奖7名。

美协：高喜军作品《守护绿色》荣获河南省美协举办中原画风——河南省青年优秀美术作品展三等奖，作品《查看健康码与行程码》《志愿者》在河南省美协举办的“众志成城 共克时艰——河南省美术家协会抗击疫情美术作品网络展”参展，作品《乡村振兴》河南省美协举办的壁画新河南——中原画家线描“十大战略”参展，作品《远方》在纪念毛泽东同志《在延安文艺座谈会上的讲话》发表80周年——河南省写生创作美术作品网络展参展。1月，牛犇作品《守望相助风雨共担》在全国第六届线描艺术展入展。

舞协：7月，马斌编导舞蹈《鹤舞铜莲》参加郑州市第六届中老年舞蹈大赛获得一等奖第一名；舞蹈《努力的样子》参加郑州市“舞我之境”第二届青年舞蹈展演获得一等奖第二名。

民协：3月，赵霞剪纸作品《枣乡春早》获第五届“河南省民间文艺金鼎奖”，此为她第二次获此殊荣。4月24日，新郑市民间文艺家协会荣获河南省民协系统2021年先进单位。6月，李建立担任郑州市民协民间文学专委会副主任，牛青山任理事。8月，刘文平评为第八届河南省工艺美术大师。

摄协：张振亚加入中国摄影家协会。郭新伟、赵晗等人分别获得郑州市“我眼中的大美郑州”摄影大赛多个奖项。

书协：4月，郑州市书法家协会第三届专业委员会机构组成和人员名单中，新郑书协有6名会员李学智、卢承华、贾凯、樊朝阳、金学松、赵冉。4月，河南省书协第31届群众书展看稿会，新郑书协张开善等9人入展。9月，郑州市书协第28届墨缘书法展新郑卢泽宇、高志伟、许彦玲、郭春燕4位作者获优秀作品奖。

6月21日，马一宁、李学智、刘伟鹏、李建立、李阳被评为2021年度郑州市文艺志愿服务先进个人，文联、作协、舞协、美协、剧协、摄协被评为2021年度郑州市文艺志愿服务先进单位并获组织工作奖。

（撰稿：郭伟民　审阅：岳建华）

文　物

【文物保护单位及景区景点】 全市拥有不可移动文物点700余处，其中全国重点文物保护单位11处，省级文物保护单位14处，郑州市级文物保护单位25处，县（市）级文物保护单位58处；馆藏各类珍贵文物达6万余件。新郑市充分发挥历史文化优势，积极开发旅游资源，建成了全国重点文物保护单位和国家AAAA级旅游景区轩辕黄帝故里、中国侨联首批命名的爱国主义教育基地具茨山游览区、中国唯一将《诗经》摆到地面上的主题公园郑风苑景区、获评2017年中国十大考古新发现的郑国车马坑景区。

【开展文物保护规划方案编制工作】 完成了新密禹抗日民主政府旧址修缮保护设计方案、郑韩故城城墙本体维修加固勘察设计方案、郑韩故城城墙“7·20”受灾段落抢险加固方案、黄甲石桥修缮加固工程设计方案、子产墓和后周皇陵环境整治方案的编制和报批工作，启动了《新郑市文物保护利用总体规划》《郑韩故城宫城区遗址公园设计方案》《欧阳修墓保护规划》等一系列规划和方案编制工作。

【推进各项文物保护项目】 完成了刘金山民居、史氏民居、水月寺、平汉铁路炮楼、新密禹抗日民主政府旧址窑洞等一批文物保护维修工程，田野文物安防平台一期工程投入使用，积极推进新郑轩辕庙防雷、郑韩故城后端湾遗址公园及北城墙中段遗址公园建设工程。

【应急抢险救灾工程认定及灾后重建工作】 按照应急管理局要求，填报应急抢险救灾工程认定申报表，申请认定郑韩故城城墙滑坡抢险加固工程、新郑郑韩故城南城墙遗址抢险加固工程、欧阳氏祠堂抢救性维修工程、新郑市博物馆大楼屋面抢修保护项目、新郑市炎黄文化中心屋顶改造、郑韩故城东城墙人民路口两侧水毁整修项目，已完成相关资料报送，争取后续资金正常拨付。

【配合全市重大项目建设】 做好项目前期调查勘探、行政审批、方案报批工作，审批项目地块40余项，共办理考古意见、土地选址、土地豫审证明、规划意见等150余件。完成文物勘探40余家，勘探面积约155.87公顷。

【强化文物安全巡查】配合文物执法工作，对全市各级文物保护单位采取网格化管理，建立了专项巡查制度，责任到人，开展文物巡查700余次，夜间巡查1次，发放宣传册页80余份，送达函告20封、违法建设通知书4件，及时发现并查处许岗韩王陵等4处违法建设行为。同时，将郑韩故城等33处文物保护单位纳入物业管理范围，对文物保护范围和建设控制地带区域卫生保洁及绿化管理、文物安全巡查实行专人管理。

【加强文物活化利用工作】推出“剪出新意 纸为传承”线上剪纸、“我在博物馆里画文物”2022年青少年创意作品征集大赛等社教活动、“游古韵车马、品汉服文化”研学游活动、“山河无恙 家国传承”——壬寅年清明节欧阳修经典诵读活动等，弘扬新郑优秀历史文化文物资源，不断推动文化遗产融入百姓日常生活。开展国际博物馆日、文化和自然遗产日非遗宣传展示等活动，进一步宣传了新郑悠久的历史文化资源，营造全社会共同参与文化遗产保护的良好氛围。

（撰稿：王　宁　审阅：樊战东）

地方史志

【概况】新郑市地方史志办公室成立于1982年，成立时名称为新郑县地方史志编纂委员会总编室，全供事业单位。2012年更名为新郑市地方史志办公室，2022年有工作人员16人，内设综合科、编辑室、年鉴科、历史文化研究科、资料室、编制人事科6个科室。获全国第二批节约型机关、郑州市文明单位等荣誉。

【乡镇街道志、部门志及村志编纂】扎实推进乡镇街道志书编纂。全面启动全市15个乡镇（街道）的志书编纂工作，先后有《八千乡志》《城关乡志》《新建路街道志》《观音寺镇志》等出版发行，《梨河镇志》等通过评审，已进入出版程序；《薛店镇志》等完成编纂，进入初级评审程序；《新华路街道志》《新烟街道志》《孟庄镇志》正在编纂中。《孟庄镇志》《新建路街道志》《城关乡志》被列入郑州市名镇名乡志文化工程。《薛店镇志》被纳入郑州市名镇志文化工程项目库。

科学指导部门志和专业志编纂工作。充分发挥职能作用，对《新郑市卫生志》《新郑市农村商业银行志》《新郑市总工会志》《新郑市妇女志》《新郑市委政法委志》《新郑市教育志》等部门志的编纂工作进行业务培训和专业指导，严格体例标准，适时组织专家进行评审，确保了部门专业志书编纂的质量和水平。2022年2月，《新郑市总工会志》印刷出版。

悉心指导村志编纂工作。按照以乡带村的思路，鼓励和支持有条件的村庄开展村志编纂，先后有22个村庄启动了村志编修工作，已有观音寺镇《唐户村志》、郭店镇《山根村志》、辛店镇《辛店村志》、薛店镇《大吴庄村志》、城关乡《敬楼村志》、新华路街道《张龙庄村志》《阁老坟村志》等编纂成书。年初，龙湖镇《泰山村志》、观音寺镇《唐户村志》出版，并在唐户村举行《唐户村志》发行仪式。

【古志整理及校注】在翻印整理清乾隆四十一年（1702年）《新郑县志》的基础上，聘请郑州大学文学院专家教授对清顺治十六年（1659年）、清康熙三十三年（1694年）、清乾隆四十一年三部《新郑县志》进行整理，此项工作纳入郑州市旧志整理工程。

【《新郑年鉴（2022）》编纂】为做好《新郑年鉴》（2022）编纂工作，年初下发《新郑市人民政府办公室关于做好2022卷〈新郑年鉴〉编纂工作的通知》。内容涉及政治、经济、军事、文化、生态、社会生活等诸多方面，着重反映新型城镇化建设、生态环境、黄帝故里拜祖大典、工业经济、现代农业、民营经济、文化建设和旅游、扶贫开发以及社会民生等方面的情况，彰显新郑在建设郑州南部重要对外开放高地中取得的新成就。

【编辑《黄帝故里·新郑大事月报》】编辑栏目设置有“卷首寄语、特别关注、调研指导、谋划创新、工作动态、媒体撷英、友好往来、荣誉新郑、社会大观”等。另外，每月按时向省、郑州市史志办报送新郑发生的较大事件的文稿和图片。

【历史文化研究与宣传】编辑《历史的足音》一书，通过多维度地展示1921—2020年新郑100年的历史进程，回顾和展现新郑在中国共产党领导下逐步发展、实现繁荣的创造性实践。该书按照编年体原则，每一年度的内容，由关键词、新郑纪事、新郑印象等三个部分构成。关键词简明扼要地记载本年度中国发生的重大事项，把握时代主题；新郑纪事主要记述当年度新郑所发生的重大事项；新郑印象着重收录反映新郑城乡及人民生活的真实图片。发表历史文化文稿、散文、诗稿12篇6.3万字，《从有熊国国家治理体系的构建看黄帝文化的历史与当代社会价值》《黄帝文化是中华民族的象征，精髓是中华大一统》《林则徐日记中的新郑轩辕故里》《凤台圣地越千载》《因古城而得名的古城村》《清明节祭祖文》《关不住的春光》《娘，我要上学》《逆行者的力量》等发表在杂志《华夏源》《郑州文学》及“学习强国”“今日头条”“轩辕文化苑”等传统媒体和新媒体上。

【开展史志文化进乡村活动】积极践行用脚步丈量工作法，分别走进观音寺镇唐户村举行《唐户村志》赠书仪式暨史志文化进乡村活动，走进观音寺镇溟水寨村指导村史馆建设，走进龙湖镇维也纳健康关爱中心，为隔离人员送去介绍新郑历史文化的书籍，为疫情防控人员送去慰问物品。先后参与组织在辛店镇白居易主题文化园举行的2022年白居易诗歌文化系列活动、在东郭寺村白居易故里园举行纪念居易诞辰1250周年典礼，参加新郑市黄帝文化吉祥物IP、新郑城市IP打造座谈会、申报“河南省黄帝文化之乡”暨“河南省黄帝文化研究中心”河南省专家组考察论证会等。市志办退休人员靳录组织相关人员已经走了溟水河所流经十一个村庄，待全部走过溟水河所流经村寨，可出版《走溟水》。

（撰稿：马艳辉　审阅：李　磊）

河南新郑黄帝故里文化研究会

【概况】河南新郑黄帝故里文化研究会秘书处成立于2008年，事业全供单位，位于新郑市人民路186号市委大院内，共有16人，内设综合科、学术研究科、宣传科、基金外联科和编制人事科5个科室，领导班子3人。2022年，研究会秘书处深入学习宣传贯彻党的二十大精神，紧紧围绕市委、市政府中心工作，担当尽责、踔厉奋发，深入推进黄帝故里文化研究、弘扬、保护、利用，持续推动黄帝文化研究创新出彩，为新郑加快建设全国现代化一流中等城市作出积极贡献。

【黄帝故里文化研究工作会议】7月21日，在新郑市炎黄文化艺术中心举行黄帝故里文化研究工作会议。新郑市委书记马志峰，市委常委、统战部部长、市委办公室主任李峰，市委常委、宣传部部长璩鹏辉等市四大班子相关领导出席会议。河南省黄帝故里文化研究会会长高林华，常务副会长马国亮，副会长石聚彬及相关会员单位代表参加会议。会议由璩鹏辉主持，副市长王淑慧致辞，河南省黄帝故里文化研究会会长高林华做工作报告。新任会长马国亮作了表态讲话，表达了带领研究会再创新佳绩、再铸新辉煌的信心和决心。最后，新郑市委书记马志峰做了重要讲话。马志峰要求黄帝故里文化研究会全体成员，同心同德、砥砺前行，以更加开阔的视野、更加创新的思路、更加务实的作风，承担起传承黄帝文化、讲好黄帝故事、弘扬黄帝精神的责任和使命，为新郑加快现代化全国一流中等城市建设做出新的更大贡献。

【筹办好第五届中华父母节】7月4日，第五届中华父母节在具茨山风后顶成功举办。活动共分“诗诵父母”和“拜祖仪式”两个篇章，第一篇章“诗诵父母”诵读内容为：爱情颂、父母颂、始祖颂；第二篇章“拜祖仪式”共分为：盛世礼炮、敬献花篮、净手上香、恭读《拜黄帝嫘祖文》、吟唱《中华父母颂》、施行拜礼等六项仪程。通过活动举办，凝聚起全民族的信心与力量，为中华民族伟大复兴汇聚起磅礴伟力。新华网河南频道、人民网河南频道、河南电视台、大河网、《郑州日报》、郑州电视台等10多家媒体对活动进行宣传报道。

【黄帝纪念馆姓氏文化馆展陈策划工作】8月28日，黄帝故里园区黄帝文化纪念馆、中华姓氏文化馆展陈策划和连廊浮雕设计方案汇报会在郑州举行，省委常委、郑州市委书记安伟等郑州市领导出席会议。刘庆柱、王巍、朱海等专家分别就各方案进行深入探讨，提出真知灼见。汇报会后，研究会秘书处积极联系对接策划团队修改完善提升策划方案，对接郑州、新郑相关部门，协调沟通策划团队适时向省市主要领导汇报，以便尽快敲定展陈策划案，为后期展陈布置奠定基础。

【黄帝故里拜祖大典举办】承担“学习强国”平台专项答题出题重任。组织黄帝文化专家多次反复研讨、反复推敲，前后出题达60多道，全面展示黄帝故里拜祖大典主题、仪程等特色亮点，提升黄帝故里新郑在全国的知名度、美誉度和影响力。组织专家深刻阐释拜祖大典重要意义。组织研究会专家刘文学、赵宪立、刘宏民等10余位专家接受访谈，积极宣传祭拜黄帝、弘扬黄帝文化的时代价值，为拜祖大典营造浓厚氛围。大力普及黄帝文化知识。围绕壬寅年黄帝故里拜祖大典和黄帝文化宣传，组织专家，围绕黄帝文化、黄帝故里拜祖大典精心设计题目，开展答题有奖宣传活动，极大提升了黄帝文化影响力和传播度。

【“行走新郑·追溯文明起源”活动】积极参与“行走新郑·追溯文明起源”活动，安排刘伟鹏科长作为主讲人，围绕新郑历史遗迹、名人先贤进行录制、解说，深挖历史背后的故事，让语言更接地气、内容更吸引人。截至2022年底，已播出短视频40余期。通过通俗易懂、深入浅出的讲解，让收藏在博物馆里的文物、陈列在广阔大地上的遗产、书写在古籍里的文字都活起来，让大家在亲眼欣赏和亲身游历中感知灿烂历史、认同文化传统，形成人人知晓黄帝故里新郑厚重历史的浓厚氛围，进一步增强热爱家乡的热情和自豪感。

【编辑出版黄帝文化相关学术书籍】为进一步扩大黄帝文化、黄河文化宣传研究，编著《黄帝文化与黄河文化研究》一书，共收录专家论文86篇，把黄帝文化与黄河文化有机融合，谱写黄帝文化、黄河文化新篇，开启“两黄”文化研究新征程。为进一步宣传黄帝文化，展示新郑良好形象，编辑出版第一至十五届论坛精粹汇编：《黄帝文化国际论坛——走向黄帝》，以图文并茂的形式呈现15年来论坛取得的丰硕成果和重大影响，持续巩固提升黄帝故里拜祖大典和黄帝文化国际论坛品牌。为持续丰富和扩展广大人民群众的文化需求，持续发挥《华夏源》（双月刊）新郑黄帝文化和厚重历史文化宣传的重要窗口和主阵地，顺利编辑出版第82~87期期刊，每期刊发专家文章20余篇、约10万字。

【推动传统文化进基层，凝聚奋进力量】 黄帝文化是新郑市特色鲜明、最有价值的黄金品牌，传承弘扬黄帝文化是研究会秘书处义不容辞的责任。强化网络宣传，主动与市融媒体中心联络对接，成立协调小组，制定了宣传方案，明确了组织领导、主要任务、方法步骤及时限要求，相继刊发了研究会秘书处专家刘文学、刘宏民等黄帝文化研究文章20余篇。开展黄帝文化宣讲进基层活动，3月2日，在文明实践中心以《黄帝文化与中华文明》为题，面向全市各个单位的230多名干部职工宣讲黄帝文化；4月1日，以《弘扬黄帝文化 凝聚民族精神》为题，以云直播的形式，面向全市干部职工和线上网友讲解宣传黄帝文化，在线收听收看人数突破5万人次。6月3日，到郑州西亚斯学院作《新郑黄帝文化与中华历史文化》专题讲座，引导广大学子从文化传承中汲取奋进力量。举办全民阅读活动，9月10日，参与主办了第二届“月圆中秋·情满故里”中秋朗诵会，弘扬了中国传统民俗文化，增进了大家爱党、爱国、爱新郑的美好情感。举办书法美术作品展，9月21日上午，研究会秘书处参与主办的“喜迎二十大欢乐进万家”新郑市书法美术作品展在河南有熊国创文化产业园举行。此次活动共展出书法、美术作品63幅，为喜迎党的二十大营造浓厚氛围。

【助力各级文化项目申报工作】 积极助力新郑市申报“河南省黄帝之乡”。编制《新郑市申报河南省黄帝文化之乡方案》，陪同专家组考察黄帝文化遗迹遗址，召开考察论证会。河南省民协已正式向新郑市政府发文，命名新郑市为“河南省黄帝文化之乡”，同意建立“河南省黄帝文化研究中心”。积极助力黄帝故里园区申报国家AAAAA级旅游景区，认真梳理历代文献关于黄帝故里文献记载，总结历年来召开的相关学术会议，为申报工作提供理论支撑。积极助力黄帝故里拜祖大典国家级非物质文化遗产传承情况申报，对研究会近年来传承弘扬黄帝文化情况进行梳理总结，助力黄帝故里拜祖大典非物质文化遗产申报。积极助力新郑市图书馆申报三级馆，向其捐助黄帝文化、姓氏文化、名人文化、郑韩文化等有关方面书籍200余册。

【推动黄帝文化研究再上新台阶】 强化理论学习，深入学习贯彻习近平新时代中国特色社会主义思想和党的二十大精神，把思想和行动统一到习近平总书记关于传承和弘扬中华优秀传统文化重要论述上来；深入学习省市主要领导关于文化的重要讲话，结合新郑实际，认真贯彻落实。阅读促能力提升，先后举办世界读书日读书分享会、端午节主题经典诵读等活动，结合《黄帝文化与中华文明》等书目阅读情况，教育引导大家勤学、善思、笃行，进一步提升业务能力素养。开展实战练兵，积极参与“行走新郑·追溯文明起源”“我的人世间故事”等活动征文，撰写《探寻礼拜黄帝的文化渊源》《浅议后周世宗庆陵》等文章7篇，先后在“学习强国”平台推出“我的人世间故事”《一碗鸡蛋茶》《飘粱馍·粱上曲》等文章10篇，其中本单位周宝霞的《我家的“人世间”故事——走亲戚》荣获优秀奖。开展调研促提升，到新村镇前洼王村等村庄开展历史文化调查，捐赠《文明圣典》《黄帝故里古都典证》《谈古论今话炎黄》等书籍、期刊150余册，并深入村庄实地调查走访，认真梳理民间历史文化资源，全面掌握前洼王村民间民俗文化遗产和文物遗迹。

（撰稿：陈君梅　审阅：郑利伟）

旅游

TOURISM

·旅　游 >>>

TOURISM

旅游景区与风景名胜

【黄帝故里景区】黄帝故里是中华人文始祖轩辕黄帝的出生、创业、建都之地，战国《竹书纪年》和汉代《史记》等史书均有记载。汉代建轩辕故里祠，历代迭修。明隆庆四年于祠前建轩辕桥，清康熙五十四年，新郑县令许朝柱于祠前立“轩辕故里”碑。20世纪90年代以来黄帝故里多次进行扩建，景区面积已达7万平方米，整体布局突出“中华之根”主题，从北到南依次为轩辕丘拜祖区、故里祠区、中华姓氏广场区，构成了“天、地、人”三大板块，气势恢宏，灿然有肃。2021年1月经新郑市发展和改革委员会批准，新郑市黄帝故里核心景区改扩建项目开工建设。更新项目位于新郑市新建路以西、郑韩路以南、阁老路以东、南环路以北区域，南北长约1679米，东西宽约933米，项目总占地面积约1.25平方公里，建筑面积约102300平方米，投资约34.5亿元。项目分为核心区和其他文化区。核心区主要是黄帝故里核心景区改扩建工程，按照回家广场区、同心广场区、故里祠区、拜祖广场区、博物馆区等分类。其他文化区涵盖接旨胡同区、嫘祖商城区、南街古巷区、郑国车马坑区及其他区。截至2022年12月底，项目已建设完成始祖殿、寻根门、拜祖广场、同心广场、市民休闲广场、连廊、贵宾休息楼、景区绿化等。轩辕纪念馆、姓氏文化馆，游客中心、贵宾室等项目正在建设中。黄帝故里城市更新项目共筹集资金189456.26万元，其中拆迁安置由财政注资67616.65万元已完成支付；工程建设资金支出92130.61元，土地及相关税费支出29709万元。

三月三朝拜轩辕黄帝古来有之。据战国《竹书纪年》记载“黄帝崩、其臣左彻者，削木为黄帝像，帅诸侯朝奉之”，唐代以后渐成“盛世官拜，乱世民拜”的规制。自1992年起，新郑市人民政府开始主办炎黄文化节；2005年，省委、省政府决定黄帝故里拜祖大典由县级举办升格为郑州市主办。从2006年起，黄帝故里拜祖大典上升为省级层面主办，并逐步形成了由省政府、省政协、国务院台办、中国侨联、全国台联、中华炎黄文化研究会共同主办，郑州市政府、郑州市政协、新郑市政府共同承办的格局。2007年，中央电视台三个频道同时对黄帝故里拜祖大典实施直播，大典海内外影响力迅速扩大；2008年，黄帝故里拜祖大典被国务院列入第二批国家级非物质文化遗产名录，其庄严性、权威性进一步提升；2014年，经党中央、国务院审批，全国清理和规范庆典研讨会论坛活动工作领导小组致函（国清组函〔2014〕47号）省委、省政府，黄帝故里拜祖大典作为国家“保留举办”的节庆活动项目，可以每年举办，不需逐年报批，体现了党中央、国务院对举办黄帝故里拜祖大典的充分肯定；继台湾2014年开始连续两年在农历三月三与新郑黄帝故里联动举办“同拜黄帝活动”后，2016年，中国香港、澳门和美国分别于三月三拜祖大典期间自发在当地举行了隆重的“同时同像同主题同拜黄帝”活动，为振奋民族精神，凝聚民族力量，推动中华文化走向世界发挥了积极作用。2017年，中共中央办公厅、国务院办公厅印发的《关于实施中华优秀传统文化传承发展工程的意见》指出，要大力弘扬讲仁爱、重民本、守诚信、崇正义、尚和合、求大同等核心思想理念。黄帝故里拜祖大典正是推动中华优秀传统文化传承与发展，实现优秀传统文化创造性转化和创新性发展，并积极参与世界文化对话交流互鉴的最佳实践。连续17年的成功举办，黄帝故里拜祖大典已经成为海内外众多人士公认的华人世界第一圣典，黄帝故里被越来越多的华人奉为“世界华人拜祖圣地，中华民族精神家园”。黄帝故里拜祖大典的“广泛性、民本性、互动性、层次性、惠利性、敬畏性”的特点，促进了对台对侨对外工作，促进了经济发展、文化繁荣，增进了全球华人的交流合作，促进了不同文明在互鉴中的发展，在经济、政治、文化和社会等各个方面取得了丰硕成果，为推动祖国和平统一、中华民族伟大复兴发挥了积极而深远的作用。

黄帝故里景区于2003年被评选为国家4A级旅游景区，2006年被确定为全国重点文物保护单位，2008年游客接待中心被命名为全国巾帼文明示范岗。2010年被命名为中国侨联爱国主义教育基地、河南省爱国主义教育基地，2012年12月黄帝故里景区被国家标准委推选为国家级服务业标准化试点；黄帝故里拜祖大典荣获2012郑州市十大城市品牌，2012年12月壬辰年黄帝故里拜祖大典被第三届中国节庆创新论坛评为最佳传承传统文化节庆活动，2012年12月黄帝故里拜祖大典被河南日报报业集团评选为首届中原经济区（河南）100张名片之“文化河南”，2012年12月景区网站被国家智慧旅游服务中心评为河南省唯一一家全国2012优秀旅游景区网站，2014年12月，被批准为国家级服务业标准化试点。2015年6月被国台办授予海峡两岸交流基地称号。2017年4月，被评为河南省文明单位。2018年9月，被河南省旅游局命名为河南研学旅游示范基地。2020年，被评为河南省文明单位。

【具茨山景区】 国家AAA级旅游景区，位于新郑市西南具茨山管委会境内，距新郑市区15千米，总面积12平方千米，是轩辕黄帝访贤问道、结公拜将、屯兵驯兽之地。主要有中国最古老的浑石结构石庙——轩辕庙、天下一绝——琴声回音、连心锁、天心坑、炎黄二帝山体自然巨像、嫘祖洞、中天轩辕阁、黄帝乾坤鼓、黄帝屯兵洞、有熊氏部落村等景观。

【郑风苑景区】 位于新郑市区东部风光旖旎的郑韩故城和黄水河畔，始建于2001年，长2千米，占地面积66.67公顷（水域面积13.33公顷），总投资约7000万元，2002年7月建成开放，是一座以《诗经·郑风》为主题的旅游景区。它将郑韩文化遗址与自然风景完美融合，巧妙展现了2700多年前春秋时期的郑国风情。苑内有镌刻《诗经·郑风》诗歌的21块奇石，形态各异，意趣盎然；苑内杨柳依依，碧波荡漾，汇聚了中国南北方名品荷花百余种，千姿百态，荷香四溢。郑风苑是一座集休闲、文娱、旅游、观光于一体的多功能文化休憩公园。

2010年园林管理服务中心对郑风苑进行了景观整治提升。在西岸中段修建了郑国东门，对苑内灯光设施进行了改造提升，安装了灯光监控设施，同时依照国家AAA级旅游景区标准对苑内的公厕、浮桥等基础设施进行了改造，对郑风阁和文化长廊进行了彩绘刷新。

【郑国车马坑景区】 位于新郑市区文化路南端，为春秋时期郑国国君及其家族墓地，是郑韩故城遗址的重要组成部分。属全国重点文物保护单位该区域发现有春秋墓葬3000余座，其中6米以上的大型墓葬180余座，大中型车马坑18座，其墓葬与车马坑数量之多、规模之大，国内罕见。

郑国车马坑景区2002年建成并对外开放，总规划面积18公顷，建筑面积5000多平方米，埋葬了郑国22代国君。景区内新建有三公广场、子产园、观景眺望台、墓葬车马坑平面展示区、东周文化特色景观墙、休闲游廊等景观。其中，郑公“中”字形大墓总长45米，南北墓道摆放45辆实用葬车，是全国发现的第一座春秋时期带墓道的大墓。一号车马坑葬有多种豪华实用车辆20辆和40余匹马，是我国发现同时期葬车最多的车马坑，为研究我国礼制、古车发展史，用车制度、古代葬制等提供了珍贵的史证资料。

【新郑博物馆】 位于新郑市区黄帝故里西侧300米处，占地面积10000多平方米，建筑面积为3000多平方米。1995年对外开放。是一座具有地方特色的县（市）级综合性博物馆，国家二级博物馆。现存馆藏文物6万余件，其中三级以上文物4400余件。主要陈列有“郑韩文物展”“华夏之根——走进有熊氏故墟展”“明清瓷器精品展”“石刻碑廊展”等，展品有裴李岗文化时期的陶器、石器、动物化石，春秋战国时期的青铜礼乐器、兵器和生活生产用具，以及明清瓷器等。新郑博物馆馆藏丰富，先后接待过大批海内外观众。

【欧阳修公园】 位于新郑市区西13千米辛店镇欧阳寺村，是全国重点文物保护单位，是欧阳修家族墓群和祠堂所在地。欧阳修是北宋杰出的政治家、文学家和史学家。

欧阳修公园肃穆庄重，占地万余平方米，主要由大殿、中殿、东西配殿及墓冢组成。大门两侧立有两尊石狮，气势逼人。门楣上方题“欧阳文忠公祠”横匾。中殿内矗立明代的“宋太师欧阳文忠公之墓”石碑和苏轼、苏辙、曾巩、王安石的祭文石刻。大殿有欧阳修坐像，以供祭祀。西配殿内是他的生平简介壁画。东配殿内是苏轼手书《醉翁亭记》的石刻，弥足珍贵。该园碑石林立，古柏参天，雨后初晴，一派郁郁葱葱，雾气升腾，如烟似雨，故有“欧坟烟雨”的美称，为新郑古代八景之一。

（撰稿：闵　博　审阅：樊战东）

黄帝故里景区管理

【概况】 新郑市黄帝故里景区管委会2007年4月，经郑州市机构编制委员会办公室审核、郑州市机构编制委员会批准规格为副处级；2012年11月，黄帝故里景区管委会经河南省机构编制委员会办公室研究同意，机构规格由副处级调整为正处级；2016年3月，郑州市机构编制委员会办公室依据省编委会批复，同意将新郑市黄帝故里景区管理委员会内设机构和人员编制进行调整，调整后新郑市黄帝故里景区管理委员会，设5个内设机构均为正科级。主要职责：贯彻执行国家、省、市有关方针、政策和法律、法规；根据城市总体规划和经济社会发展规划，编制并组织实施景区发展规划，落实景区的建设、管理和总体规划的实施。贯彻执行国家、省、市风景名胜、旅游行业等管理方面的法律法规、规章和政策，合理开发景区资源。负责黄帝故里景区内的规划建设、文物保护、安全保卫、环境保护、经营管理、接待服务、市场营销等工作。负责黄帝故里景区的宣传教育、对外交流等工作，发挥黄帝故里爱国主义教育示范基地作用。负责黄帝故里景区招商引资和对外经济技术合作事项，按照规定权限审批和审核报批投资项目。负责督促落实黄帝故里拜祖大典中的各项筹备服务工作，承办各类拜祖活动。负责黄帝文化研究、宣传、展示及黄帝故里文化的传承、发展和知识产权保护工作。行使市政府授予的其他职权，承办市委、市政府和上级交办的其他事项。黄帝故里景区管理委员会内设5个内设机构，均相当于正科级规格。分别是办公室、宣传接待局、规划建设局、经营管理局、拜祖大典办公室。下属单位有新郑市黄帝故里景区游客接待中心、新郑市黄帝文化传承发展中心。景区现有干部职工120人，其中事业全供19人，事业差补17人，事业自筹28人，企业自筹44人，劳务派遣12人。

2022年，黄帝故里景区管委会以党的二十大和习近平总书记系列重要讲话精神为指导，高举习近平新时代中国特色社会主义思想伟大旗帜，全面贯彻新时代弘扬伟大建党精神，紧紧围绕市委、市政府确立的发展战略，成功举办了壬寅年黄帝故里拜祖大典等重大活动，黄帝文化的知名度和影响力进一步增强。

【黄帝故里品牌影响】 壬寅年黄帝故里拜祖大典于2022年4月3日成功举办。大典紧扣时代主题，突出政治性、思想性、文化性，拜祖大典仍以“同根同祖同源，和平和睦和谐”为主题，以“内容不减、标准不降、防疫要严、效果要好”为基本原则，呈现方式由现场简约而庄重的典制性拜祖仪式、网上拜祖、电视直播、插播网上拜祖和境外拜祖、主持人和专家访谈等共同组成，全球华人通过观看直播、网上拜祖等方式，跨越时间空间，“云”聚黄帝故里，共同恭拜人文始祖轩辕黄帝，为华夏祈福祈愿祈新程，“三月三，拜轩辕”是中华民族的文化传统，一年一度的河南新郑黄帝故里拜祖大典已成为大家溯源、寻根、凝心的共同精神家园。

持续推动特色活动，打造研学科普新高地。锚定创建省级研学基地的目标，定准措施，精准发力；以黄帝文化研学大讲堂为主阵地，邀请研学专家学者作专题解读，促进研学旅行与黄帝文化相融合，深化干部职工对传统文化的认知；成功申创“郑州市科普教育基地”，以科技周期为抓手，开展“喜迎二十大 科普向未来”系列主题活动，为黄帝故里景区打造开放、协同、惠普的科普环境；联合助力团市委策划拍摄“建队节”献礼节目——“喜迎二十大 争做好队员”红领巾寻访黄帝故里，濡养新时代少先队员文化自信。

高质服务日常接待，传播拜祖祭典文化魅力。2022年，共举办政务接待、行业协会拜祖、青少年团体拜祖、企业拜祖等不同形式的拜祖活动120余场，将拜祖仪式温馨化、专业化、系统化，巩固了拜祖仪式品牌，增强了拜祖仪式的认同感，同时又推介了景区拜祖产品，提高了景区拜祖经营收入和知名度。

认真落实宣传报道、舆论引导，严守意识形态红线。高标准运营景区官方媒体，展示美好人文景区。抖音持续发布黄帝文化研学大讲堂、景区新貌等视频作品，其中景区新貌篇播放量达到7.9万余次；官方微信平台及时更新官方动态、景区建设、特色活动相关信息，回应大众关切；积极与省市级媒体对接，上报景区宣传资料；强化网站监管，排查程序漏洞，杜绝不良言论和违规操作，筑牢网络安全防线。

【疫情防控】 统筹协调，科学有效应对。管委会紧盯疫情防控新形势新要求，持续压紧压实“四方责任”，多次召开景区疫情防控工作推进会议，传达上级会议精神，结合实际对景区疫情防控工作进行周密部署，持续完善疫情防控应急指挥体系建设和应急预案。按照全市疫情防控工作需要，管委会迅速组建志愿服务队，吸收广大党员、志愿者、预备党员、入党积极分子充实疫情防控队伍，闻“疫”而动，冲锋在前，下沉社区，参与志愿者服务。强化督查，补齐防疫短板。故里景区纪检监察室紧盯管委会防疫情稳生产，扎实做好疫情防控监督执纪，对监督检查中发现的问题进行通报反馈，提出整改建议，不定期开展“回头看”，严肃执纪问责。管委会各部门在疫情防控关键时期防控措施进一步细化、责任意识得到了提升、思想大局意识得到统一，切实做到了守责、担责、尽责。

【组织建设】 强化学习制度，提高党员干部党性修养。积极开展集中学习研讨。组织理论中心组学习、“7・20”特大暴雨灾害追责问责案件学习、党的十九届六中全会精神系列培训学习、“学习强国”督学促学和网络干部学习等；积极组织各类学教活动。党工委委员讲党课4次、开展黄帝文化研学大讲堂4次、开展领学活动8次、业务培训5次、邀请专家授课1次、发放学习资料5套、调阅评比学习笔记3次，推动学习教育融入日常、抓在平常；积极拓展多种学习渠道。用好共产党员网、“学习强国”学习平台、微信、公众号等网上学习阵地，进一步丰富学习教育手段；此外，2022年两个党支部共吸收入党积极分子1名，同时有4名基层业务骨干递交了入党申请书。

强化组织制度，提高党建工作科学化水平。2022年，党工委带领两个支部以落实“三会一课”为基础，以能力作风建设年活动为契机，深入开展党员学习教育培训、重大事项公开、优秀党员评选、参观学习等活动，完成了支部换届选举、入党积极分子吸纳培训、党员能力素质教育等工作，达到了预期目的，提高了党员思想觉悟，强化了党员工作能力。党的二十大召开以后，党工委立即组织全体党员进行集中学习，深入贯彻落实二十大精神。在党工委委员胡凯军主任的带领下，全体党员通过集中学习、自学、新媒体等多种方式全方位吃透党的最新精神，为下一步工作打下了坚实的基础。

强化作风建设，提高党员干部服务水平。坚持问题导向，深入查摆赋能作风转变。组织召开“7・20”特大暴雨灾害追责问责案件以案促改专题民主生活会，认真进行专题集中学习6次、理论学习中心组专题学习6次；召开警示教育会1次、专题民主生活会1次、专题组织生活会1次；共排查风险点3个、查纠单位问题10个、个人查摆问题均不少于5个。全部问题已整改完成。坚持以学促干，深入开展能力作风建设年活动。能力作风建设年活动自2021年12月份开展以来，故里景区党工委督促各部门把能力作风建设同业务工作深度融合，认真谋划新思路新方法新举措，不断提高全体党员干部政治思想素养、业务能力水平，全体党员干部志愿参与全市文明交通岗、防疫卡口值班、无主管楼院联建等活动，着力从思想政治、工作作风方面进一步强化干部队伍建设。

强化党风廉政建设，筑牢党员干部防腐拒变的思想防线。加强了对全体党员领导干部的遵守政治纪律、民主集中制和党风廉政建设责任制的监督检查力度，保证了各项重大决策部署的贯彻落实、保证了政令畅通和权力的正确行使；深化了对全体党员领导干部的廉政教育，认真落实了个人事项报告制度，完善了政务公开制度，严控了“三公”消费，不断提高各党员领导干部廉洁自律的自觉性；完善了谈心谈话制度，严格执行领导与分包科室领导谈话、与重点岗位人员谈话，科室领导与科员谈话的制度，为监察工作全面铺开奠定基础。

强化四措并举，守好意识形态主阵地。强化机制阵地。结合工作实际，认真分析研判当前意识形态，及时调整意识形态工作领导小组，落实班子意识形态工作的主体责任，明确工作责任，建立分析研判机制，召开意识形态工作专题会议，及时学习传达贯彻有关文件精神，全面排查意识形态领域的风险隐患，及时掌握、汇总党员干部的思想动态；强化思想阵地。通过组织中心组学习、各党支部集中学习以及个人自学等方式，积极开展党的重大理论、方针、政策宣传学习，不断增强党员干部的政治意识，守牢防范化解意识形态风险底线；强化宣传阵地。网络宣传以常态化运营为主，抖音拍摄短视频、官方网站持续发布黄帝文化、姓氏文化、景区动态等宣传稿件，规范景区媒体资料库，建立专门的媒体资料存储系统，最大限度地宣传黄帝故里景区，为壬寅年拜祖大典宣传造势，提升影响力；强化网络阵地。进一步加强网络信息管控，强化微信公众号、官方网站、抖音官方账号等信息审核发布，加强平台监督管理，做好常态化更新维护。

【园区建设】 黄帝故里园区规划建设指挥部严格贯彻落实省、郑州市、新郑市委市政府指示精神，围绕“二月二竣工、三月三投用”目标，扎实有序推进黄帝故里园区规划建设工作。积极做好与郑州市相关部门的联络对接、与园区规划建设指挥部现场协调、工程建设、规划设计、文旅论证、资金保障等五个工作组的联络协调工作；筹备组织省、郑州市、新郑市领导调研活动80余次，各类协调会、汇报会30余次，每周两次协调会、四次现场工作调度会，坚持“早晨会、日调度、晚督查”；编印简报、工作专报、会议纪要和汇报材料各类文件50余篇，深入践行“用脚步丈量工作法”，扎实有序推进黄帝故里园区规划建设工作。

全力保障施工现场秩序，严格落实常态化疫情防控措施，每日对景区及周围区域进行全方位无死角消杀；在黄帝故里景区改扩建工程项目部召开园区改扩建工程承建企业安全生产和疫情防控工作会议，对安全生产和疫情防控工作及时进行重点安排部署；组织召开黄帝故里景区平安建设工作专题会议、二十大前后景区疫情防控工作会议，对景区社会稳定，安全生产、疫情防控、意识形态及环境保护等重点事项进行部署。

新塑黄帝像及连廊浮雕工程意义重大，受到社会广泛关注。新塑黄帝像在三月三拜祖当天惊艳亮相，受到社会各界好评，连廊浮雕工程正在全力推动中，责任部门多次派专人与设计单位对接，及时沟通督促创作进度，并先后多次赴北京河北等地组织参与连廊浮雕的评审汇报工作，预计明年农历二月二连廊浮雕工程完工，保证明年三月三拜祖大典顺利举行。

持续加强安全生产监管，按照新郑市“7·20”以案促改学教工作要求，对景区安全隐患风险进行详细排查，形成《新郑市黄帝故里景区洪涝灾害安全隐患风险排查情况报告》，对于新建设施提出建议处置措施，对于景区现阶段能够及时解决的隐患风险制定整改措施；对办公区、故里祠、景区施工区域进行日常巡检，保障水、电、燃气等安全使用；持续做好景区施工区域及重点治理部位的环境保护工作；筹办“黄帝故里安全月夏季防火知识讲座”主题宣讲活动，增强干部职工消防安全意识和自我防范意识，提高火灾自助自救能力；制定《新郑市黄帝故里景区防洪度汛应急预案》《防洪度汛应急演练方案》，结合生产实际情况组织开展防洪度汛应急演练活动，提高景区应对突发事件能力，确保安全度汛。

（撰稿：白艳阁　审阅：王　超）

具茨山国家级森林公园管理委员会

【概况】具茨山国家级森林公园位于新郑市区西南20千米处，属于山地丘陵地貌，占地面积4667公顷，是一处多功能综合性国家级森林公园，为国家级AAA级旅游景区。管委会代管12个行政村，人口1.2万人，是一处多功能综合性国家级森林公园。2022年，具茨山管委会，深入推进“十大战略”行动，全面开展“三标”活动，大力实施“九项工程”，以经济高质量发展为主线，以加强党的建设为保障，以平安创建为基础，以推动产业发展、社区治理、景区建设为抓手，以全面推进乡村振兴为目标，不断提升区域发展水平，做大做强优特产业，扎实完成了全年各项任务，全管委会呈现经济发展、社会进步、人民安居乐业、社会和谐稳定的良好态势。

【经济发展】2022年，管委会地区全年生产总值34492万元，完成全年固定投资6551万元，社会消费品零售总额10212万元，居民人均可支配收入10525元。全年粮食产量3677.96吨，较2021年稳步提升。初步形成了以生态农业、旅游产业为主，农产品深加工为辅的集体产业体系，都市农业、休闲农业初具规模。

【基层党建】党建引领，强基铸魂，基层党组织建设迸发新活力。截至2022年底，具茨山管委会建立党员联系户2313户，组建党员志愿者队伍15队，楼栋长65人，实现了党员联户全覆盖，社区楼栋有人管，志愿服务常态化，形成上下协作推动基层党建工作新局面。聚焦“五星”支部创建，明确全年创建目标，分解29项具体任务，夯实工作责任，培养“一村一明白人”，完善包联推动机制，每月逐村研判、推进，每季度开展评比，2022年完成创建农村“四星”支部2个，“三星”支部8个，“二星”支部2个。

【巩固拓展脱贫攻坚成果】全力巩固脱贫成效，衔接乡村振兴。管委会通过开展就业技能培训，宣传推广就业信息，提供公益性岗位，开展困难家庭大病、就学等资金救助，引导支持发展“一村一品”集体产业，增设就业岗位等系列措施，促进群众致富增收。2022年，管委会开展逐步入户排查，完成两轮辖区内所有农户（6303户25382人）家庭基本情况、经济收入等的排查工作，完成30户监测户122人集中排查，减少4户监测户，并做好监测户帮扶工作，经排查，所有农户均达到“两不愁三保障”，所有脱贫户各项政策落实到位。

【产业发展】紧抓区域产业发展。通过打造“一村一品”优特产品，开展直播带货，探索“互联网+三农”经营模式，延长产业链等，以产业振兴带动乡村振兴。2022年，管委会村集体经济经营性收入已全部达10万元以上。有力推动了大槐树村银耳基地、白庙村农机、李庄村九溪田园综合体、河南省冰极限有限公司等产业项目建成投产。积极装修具茨山特色农产品展销中心，以电商直播带货新形式，打开农产品销路，推动党支部领办农业专业合作社。发展特色种植业6.67公顷，增加就业200余人，实现3个村集体收入达50万元。

【人居环境治理】抓实人居环境整治载体。管委会以楼栋为单位，发挥党员联系户及党员积分制度作用，设岗定责，评选模范和优秀楼栋长，制作色块统计图（详细将外来人口、困难户、党员联系户等采用不同色块进行标注，标明居住楼层），实现5分钟便民服务，为群众提供精准化、便民化服务。强化榜样宣传、党员积分激励及实用物品奖励，加快推进群众精神文明创建。持续美化社区人居环境。依托具茨山景区旅游总体规划、森林公园总体规划，维护生态本底，带动美丽乡村建设全域推进、整体提升，打造生态宜居村。

【景区发展】整体提升管理服务质量。景区在常态化疫情防控、景区安全、环境卫生、基础设施建设、游客接待讲解等工作中，不断提升服务水平，并对景区内环境卫生、旅游厕所、游客中心、标志标牌、摊位管理等工作进行整改，进一步提高旅游景区配套设施服务，并于2022年6月顺利通过郑州市文广电和旅游局复核。部门联动筑牢景区防疫安全屏障。游客中心办公室与辛店五中队、千户寨派出所三部门联合协作。

【社会事业】 完善社会救助体系，保障困难群众基本生活。2022年，审批办理低保手续4户9人；办理特困手续3人，为35户困难家庭发放救助金75500元。为困难老人补助资金和分散特困对象照料护理费发放资金197740元，积极为辖区残疾人申办特殊生活补贴5人、“三无”残疾人1人、两项补贴10人、低保精神病1人、通信补贴15人。发放辅助器具57件，春节期间，慰问帮扶计生困难户24户，失独家庭1户。

优化居民社保服务。开展就业失业登记工作，发放空岗信息3期，开展网上招聘会；开办3期技能培训班，培训学员145人；为群众做好养老保险和医保咨询、参保等业务，登记新生儿参保26人，办理到龄老人养老保险领取手续165人，丧葬补贴66人。促进文明殡葬，提高火化率。今年以来，辖区火化遗体79具，实现火化率100%。为辖区困难群众提供公益性岗位24人；做好辖区小额担保贷款工作，全方位宣传小贷政策，完成小贷组件3个。

关注群众健康，做好计生服务。新生入库人口65人，死亡退档65人；办理60岁以上奖扶对象50人，50岁至59岁生活补贴对象35人，养老保险补贴对象11人；做好孕前优生检测工作，出具健康检查报告40例；做好两癌筛查宣传工作，动员50岁以下育龄妇女进行健康筛查。

关爱退役军人，情暖优抚对象。发动辖区所有退役军人积极办理优待证。春节、八一期间走访慰问退役军人。慰问现役军人家属。完善教育服务，强化科学普及。积极响应国家“双减”工作，全面排查辖区校外培训机构，规范3家校外培训机构安全防范、培训内容。加强蕙光武校日常管理。广泛推广科普中国App，开展科普活动，并在全国科普日活动中荣获郑州市级全国科普日优秀组织单位。

【信访工作】 按照2022年领导接访台账安排，分包领导接访日主动约访，源头吸附，做到矛盾不上移，就地及时解决。每周班子会议上及时传达上级信访工作会议精神。疫情期间，积极引导群众在通过短信、网投等形式反映诉求，并积极协调解决。2022年，共受理群众来信来访64件次，接待群众来访90余次，结案率90%。矛盾案件累计郑好办录入108起，真正地把“一码解纠纷”落实到位。针对信访问题和上级交办案件，管委会明确了“谁包案，谁负责”的工作原则，确保真正做到案结事了，群众满意。

【森林防火】 严格落实森林防火工作责任。辖区所有村组层层签订责任书，与个体企业、商户签订防火目标责任书，制定“分区划段、分片包干、责任到人”岗位责任制、森林防火问责制度，做到“人员、责任、措施、制度、监督、检查”六到位，形成全抓管护、全民重防火的森林防火工作格局。各分区、各村护林员、瞭望员等工作人员队伍，坚持24小时到岗到位，进行全方位、全时段的监控，强化林火监测和预警预报工作，确保森林防火信息、政令畅通。利用报刊、标语、宣传车等各种有效手段积极宣传，2002年度防火队发放森林防火宣传彩页7000余份，组织防火宣传活动30余次，利用“周五集中学习”组织机关干部、村两委、防火队员学习掌握森林防火应急措施，真正实现一手抓宣传一手抓教育。严格火源管理，落实野外火源管理相关规定，按照“纵向到头、横向到边，不留死角、不留空白”的原则，坚持“原因不查清不放过、整改不落实不放过、责任不追究不放过、教训不吸取不放过”方法，认真开展森林火灾隐患排查工作。组织参加各种防火演练演习10余场，协同社会力量参与景游客救援10余人次，扑救森林初发火情50余起，提高了森林防火人员扑救森林火灾的应急反应能力，促进新郑市森林防火指挥一体化、管理规范化建设，为有效预防和扑灭森林火灾奠定了良好的基础。2022年，管委会森林防火科迅速研判处置，及时阻断火情，为森林防火工作作出突出贡献，被评为郑州市森林防火工作先进集体。

（撰稿：马瑞婷　审阅：王润青）

旅游管理

【完成省级全域旅游示范区创建】 印发《新郑市省级全域旅游示范区创建工作方案》，明确创建步骤和时间节点，进一步细化分解任务，落实创建责任，协同全市相关单位全力以赴做好各项创建工作任务。对10余个点位（旅游集散中心、中华路旅游服务区、好想你红枣小镇、裴李岗村、南街古巷、智慧旅游大数据中心建设）的标识系统、游客服务中心（点）及旅游氛围进行提升，做好验收评估迎检工作。

【大力发展乡村旅游】 指导大汉窑、孙河、北靳楼、唐户等村积极发展乡村旅游。其中观音寺镇、辛店镇大汉窑村、龙湖镇龙泉山庄分别创成河南省特色生态旅游示范镇、乡村旅游特色村及休闲观光园区，龙湖镇泰山村入围第二批全省乡村康养旅游示范村。

深入推进景区提质行动。指导黄帝千古情景区制定《黄帝千古情夜经济活动策划方案》，积极推荐黄帝千古情创建“夜经济”品牌；积极与省文旅厅、市文旅局对接黄帝故里创5A申报材料上报工作，同时针对创建标准、创建程序等问题，对创建指挥部和黄帝故里下发指导函10余份；积极推进黄帝千古情景区创建第五批标准化示范单位；积极推进郑国车马坑景区创建文明旅游示范单位。

【强化旅游营销推广】 线上线下发力开展节庆活动。结合疫情形势，以线上为主、线下补充的方式，举办“山河无恙 家国传承”壬寅年清明节欧阳修经典诵读、“5·19”中国旅游日宣传、2022年中华枣乡风情游暨第二十届红枣文化节等特色活动。如，以“5·19中国旅游日·邀您云上游新郑”为主题的中国旅游日宣传活动，各景区讲解员线上为游客介绍了南街古巷、考院博物馆、新郑市博物馆、郑国车马坑遗址博物馆等景区点，用镜头、视频向广大市民展示新郑优质的文化和旅游资源，使更多网友直观地感受新郑魅力，直播期间观看人数达5.45万人次。推出精品旅游线路。以“豫见春天 惠游新郑”为主题，将全市各景区点优化整合、串点成线，推出采摘游、寻根游、探古游等8条精品旅游线路，并制作短视频广泛宣传；推出新郑美食、美景等短视频。拍摄“舌尖上的新郑”“美好郑韩故事汇”“小时讲考院”“我为新郑代言”等系列短视频。编写旅游宣传资料，整理撰写了《精品旅游线路》服务指南、《文化旅游项目》招商手册、《民宿》推介手册等。

【做好促进文化旅游产业发展复苏工作】 出台相关政策措施。针对文旅行业出现的困难，联合市财政局、工会等部门出台《新郑市关于促进文化旅游产业恢复发展的若干措施》，推出了建立旅游联盟、加强校企合作、银旅合作等促进文旅复苏十大措施。与市总工会联合开展“老家人游新郑”系列职工普惠服务活动，发放旅游消费券8000张。建立文旅企业白名单制度，推进黄帝千古情列入郑州市级白名单企业，图书方志馆、好想你红枣小镇被列入新郑市白名单企业；将黄帝千古情（市级白名单）、好想你红枣小镇（县级白名单）导入河南省“四保”企业项目运行调度平台，并完善了员工、车辆、场所码等信息；同时，针对列入白名单的文旅企业明确了分包领导和具体负责人，切实为企业做好服务。开展助企纾困及促消费活动，举办“金融赋能 助力文旅”金融服务下乡入企文旅专场对接会，为新郑文旅产业突破性发展赋能添活力。推出2022年“老家人游新郑促消费”活动、“春暖润郑韩 翰墨庆元旦 丹青绘新篇”新郑市2023文旅消费季暨书画作品展、2023年元旦文旅活动“大礼包”等，助力景区快速复苏，收到良好效果。积极扶持乡村旅游发展，培育户外露营地，辛店镇孙河村乡音烤野露营俱乐部和孟庄镇酒孙村海陆空露营地入选郑州市发布的首批22家户外露营地推荐名单。龙湖镇泰山村、新村镇裴李岗村、好想你红枣小镇入选郑州市夏日乡村旅游推荐线路目的地。

【旅游市场监督管理】 联合其他部门对旅游行业进行督查60余次，出动人数120余人次，定期或不定期到旅行社、各景区点、农家乐及旅游特色村进行安全生产、房屋安全、地质灾害排查、疫情防控等方面检查，共计下发整改通知书50余份、专项督察通报30期，对于发现的问题，制定工作台账，逐一进行销号。

【业务人员培训管理工作】 组织讲解员深入景区、文物点开展实地学习4次，要求通背全市讲解词，强化培训督导，做好日常政务接待工作；培养2名全域讲解员，并配合做好我局政务讲解工作，先后接待了郑州市及新郑市领导政务讲解20余次，并得到了上级领导的一致好评；抽调讲解员配合完成了新郑市壬寅年黄帝故里拜祖大典央视导演组服务工作，得到了上级领导及游客的一致好评。

（撰稿：王　宁　审阅：樊战东）

卫生 体育

SANITATION AND SPORTS

·卫生 体育>>>

SANITATION AND SPORTS

卫生 健康

【概况】新郑市卫生健康委员会承担市域内卫生健康医疗资源配置、疾病预防控制、职业卫生监管、卫生健康应急处置、医疗机构和医疗服务准入管理、卫生计生监督执法、深化医药卫生体制改革、基本公共卫生服务项目落实、中医药行业指导管理、国家基本药物制度、组织推进老龄事业发展、卫生健康信息化建设、依法管理计划生育技术服务、开展卫生健康教育和健康促进、开展爱国卫生运动、食品安全风险评估等职责；设置有办公室、编制人事科、财审科、疾病预防控制科、医政医管科、中医管理科、基层卫生健康科、法规与综合监督科、妇幼健康科、老龄健康科、人口监测与家庭发展科、规划信息宣传科、行政审批科、健康城市指导科、爱国卫生科15个科室和党办、工会、妇联、团委、党风廉政建设办公室等党团群团组织机构。截至2022年底，全市辖区共有卫生机构（含村卫生室）632个，开放床位6619张，卫生技术人员7614人，其中执业（助理）医师2779人，注册护士3325人。

2022年，新郑市卫生健康工作认真按照中央、省、郑州市卫生健康工作会议精神，全面落实市委、市政府决策部署，按照新时代卫生与健康工作方针，认真做好新冠疫情防控，大力推进深化医改重点任务，持续完善医疗卫生服务体系建设，深入开展党史学习教育，全面加强党的建设，圆满完成全年各项目标任务，获评“2022年度郑州市卫健系统优胜集体”。

【健康新郑】补短板、强弱项，深入实施健康新郑行动，推进健康城市和“健康细胞”建设。深入实施18个健康促进专项行动，巩固新村镇、梨河镇、和庄镇、薛店镇、辛店镇、孟庄镇6个省级健康镇成果，2022年新创省级健康细胞单位5个、郑州市健康细胞单位5个，已完成资料申报和初审。深入开展爱国卫生运动，开展城乡环境综合治理，持续推进“三大行动”常态化、“以克论净”常态化、城市管理常态化、乡镇清洁网格化，今年累计开展全城清洁行动46周次。深入开展系统内爱国卫生工作，打造示范卫生间193个，达标卫生间610个；落实垃圾分类收集，每周五开展“资源回收日”活动。持续开展禁控烟工作，2022年全市复审无烟单位62家。强化病媒生物预防控制工作，坚持群专结合、以防为主，累计消杀16755个点位936.68万平方米，投放鼠药1523.78公斤、灭蚊蝇药品26580.8公斤、防蟑螂药品3102.5公斤，消除滋生地42269处。扎实推进国家卫生城市创建复审工作，共创成国家卫生镇5个、省级卫生镇5个、全市15个乡镇办全部达到省级以上卫生乡镇；省级卫生村83个、卫生社区10个、卫生先进单位48个；郑州市卫生村45个、卫生社区15个、卫生先进单位42个。健康教育持续开展，持续开展疫情防控和健康科普知识宣传，发送疫情防控信息43期，张贴海报2500余份，实现健康科普知识县乡村三级传播全覆盖；对住院病人宣教125283人次，发放健康教育处方1135210份；开展院内健康教育培训280次，参加培训4966人；举办孕妇课堂16次，参加282人；患者随访136178人，医院开展健康体检215887人，开展义诊139次，累计服务11369人；举办健康大讲堂84场，网络传播信息3548条，发放宣传资料249种36953份，线上线下参与群众100万人次；围绕“爱耳日”“健康宣传月”等开展宣传活动，健康讲座25场次，参听课2100人；健康义诊活动42场次，义诊10731人次；发放宣传资料126种4.7万份，宣传彩页6350余份；悬挂条幅85条；制作宣传版面42块；微信等推送健康知识信息25600条，受众5万余人；利用信息网络及媒体进行大众传播，编发手机健康知识信息16期127778条，受益群众63889人次；为10个机关单位、6所学校健康小屋配送健康支持性工具13种320套、健康教育宣传册及折页8种9280册；举办新郑市第五届健康科普能力大赛，23家医疗卫生机构59名医务工作者参赛，并选送3名优秀选手参加郑州市健康科普能力大赛。

【深化医改】 医药卫生体制改革持续深化，发挥新郑市深化医疗卫生体制改革领导小组统筹管理作用，市政府分管副市长统一分管医疗、医保、医药工作，研究解决医共体建设、公立医院改革、公立中医院建设等医改问题，有效推进“五医联动”改革，深入推进三明医改经验在新郑市落地生根。配合国家、省、市开展县级公立医院综合改革和医共体建设成效评价工作。推进县级公立医院和基层医疗机构医疗服务价格改革，初步建立“有升有降、有进有出”的医疗服务项目价格动态调整机制。统筹规划建设县域妇幼健康服务资源，完成危重新生儿救治中心标准化建设，新郑市妇幼保健院诊疗水平和服务能力通过二级评审，危重孕产妇救治中心标准化建设有序推进中。推行以按病种付费为主的多元复合式医保支付方式改革，新郑市公立人民医院作为DIP支付改革首批试点，已进入实际付费阶段，全市所有住院定点医疗机构将于年底前全部实现DIP实际付费。健全中医药服务网络体系，建立中医中药统筹管理机制，为全市中医药事业高质量发展提供有力保障。新郑市紧密型医共体建设阶段性任务已通过河南省深改委专家组验收，下一步将以郑州市县一体高质量推进县域紧密型医共体为抓手，持续深化医共体内涵建设。公立医院综合改革工作有序推进，启动2家医院病案质量评估、DIP分组及DIP成本管理决策、电子病历、临床路径管理、合理用药监测系统建设，完成新郑市公立人民医院薪酬制度改革和编制总员额核定工作，取消新郑市公立人民医院及14家基层公立医疗机构行政规格，持续监测公立医院收支结构及控费指标。目前新郑市公立人民医院健康运营、新郑市公立中医院土建工程基本完成，群众就医满意度持续提升。药品供应保障制度不断健全，确保药品、高值医用耗材合理使用。2022年，新郑市基层医疗卫生机构备案药品目录3023个品规，市直公立医疗卫生机构备案药品目录2429个品规、高值医用耗材目录2626个品规；扎实落实国家基本药物制度，全市政府办基层医疗卫生机构、二级专科医院和三级综合公立医院基本药物使用金额占比平均值分别达到92.7%、57.3%、51%，配备品种数量占比平均值为87.3%、61.5%、49.7%，均高于省定目标。加强药品、高值耗材监管力度，落实病例处方月点评、季汇总制度，平均每月点评处方4760份，住院病历1760份，其中合理处方97.7%，平均每张处方用4.3个药物，基本药物使用率99.3%。落实药品采购“两票制”，药品执行“零差率”销售，政府办医疗卫生机构“两票制”执行比例为99.8%。做好短缺药品供应保障，持续加强低价药品、短缺药品、儿童用药的及时供应保障，进一步完善国家药物政策体系，依托河南省短缺药品监测平台，每月及时准确报送短缺药品信息。加强药品、耗材（高值）管理，完善采购制度，建立高值耗材准入遴选机制，加强监督检查。强化监督管理，审核14家基层公立医疗机构发票2231张、金额9994.5万元；审核2 家市直公立医疗机构药品发票2891张、金额6417.3万元；高值耗材发票728张、金额5934.5万元；补助实施基本药物制度的9家乡镇卫生院、4家社区卫生服务中心314.6万元。组织竞赛促能力提升，

1月30日，新郑市卫健委召开卫生健康系统党史学习教育总结会议
（卫健委/供图）

2022年举办新郑市第六届基本药物合理应用知识技能竞赛，设西药、中药2个专业项目，全市15支参赛队共49人参赛。

【公卫服务】基本公共卫生服务稳步推进，运用公卫绩效线上考核系统，“以评促建、以评促改、评建结合、持续提升”绩效评价工作。建立电子健康档案人数997133人份，建档率85%；有动态记录的档案份数719776份，健康档案使用率72.18%；建立健康档案的65岁及以上老年人86232人，接受健康体检62075人，规范率65.92%；中医药健康管理管理率67.37%；辖区内已管理的高血压患者54470人，规范管理服务率87.35%，血压控制率99.7%；辖区内已管理的2型糖尿病患者23637人，规范管理服务率86.51%，血糖控制率99.7%。家庭医生签约服务稳步推进，优化调整家庭医生服务团队，全市组成共计816人，包含全科（专科）医生、村医、公卫医师和护士构成的307支家庭医生签约服务团队，累计为全市710957人签约家庭医生，其中重点人群签约215286人。根据家庭医生签约服务协议，2022年度已为签约居民减免2382人次，累计减免费用17.17万元。基层医疗卫生机构投入力度加大，2022年争取政府专项债券资金约7800万元，为全市基层医疗卫生机构更新CT、核磁等医疗设备，目前正在进行招标采购；借助中国红十字基金会“新站·新健康”灾后重建项目，争取资金405万元，用于全市81家村卫生室房屋修葺、室内装修、设备购置、服务能力提升等，同时建成“红十字博爱卫生站”。统一采购设备已配发至各卫生室，进行安装调试，个别受灾村卫生室已完成房屋修缮。“优质服务基层行”活动扎实开展，2022年对已达标单位开展优质服务基层行“回头看”，同时加强龙湖镇新建3家社区卫生服务中心业务指导，积极推进申报服务能力基本标准达标进度。乡村振兴工作有效衔接，2022年新郑市持续对省级已脱贫继续享受政策户和三类户落实健康帮扶惠民政策，在县域内定点医疗机构设置“一站式”就医结算窗口，继续实施“七免一减”、先诊疗后付费、门诊慢性病医疗兜底保障、家庭医生签约随访服务等一系列惠民利民政策。2022年共减免起付线1973人次67.95万元，减免10%自付费用2014人次27.4万元，门诊慢性病医疗兜底共保障10015人次50.13万元。公有产权村卫生室建设稳步推进，通过资产转让、政府购买、扩建新建等形式，将混合产权村卫生室转为公有产权标准化村卫生室，新郑市公有产权村卫生室213家，占比达到85.2%。

3月3日，新郑市卫健委召开新郑市2022年卫生健康工作会议（卫健委/供图）

【医疗服务】持续提升县域医疗服务能力，以急诊急救“五大中心”建设为抓手，持续提升本市急危重症患者救治能力和救治水平，并在五大中心建设基础上，先后成立出血、眩晕、结石、异物、腹痛、气促、中毒等七大症状救治中心。不断提升医务人员业务素质，共组织医疗机构培训及会议50余场次，院内业务培训160余次；组织公立医院参加郑州市第二期新冠应急医疗救治队感染防控技能考核；推进基层医疗卫生机构家医签约服务，以线上培训、以会代训形式，提升乡村医生业务能力，优化家医签约服务梯队结构。组织二级及以上医疗机构对全市16家基层疫苗接种点分片对口管理，落实疫苗接种点一医一护保障机制，累计开展医疗保障60余次。医疗机构医废处置能力进一步提升，推动智能医废工作纳入医疗机构业务考核，与第三方专业机构签订医废处理相关协议，保证核酸检测小屋医疗废物处置安全化、标准化。下乡支农和医师定期考核有序推进，完成2000多名定考医师定考报名，完成上周期支农下乡人员档案资料审核，安排本周期支农下乡人员。医疗机构行政审批和医师资格证发放工作进展顺利，共抽调专家进行执业年度校验167次、复验30次，新增执业地点11次，变更执业地点3次，增设执业科目1次，血液透析室执业登记验收1次，限制类医疗技术备案受理4次；累计发放2021年医师资格证198份。医疗投诉、纠纷协商和大病救治专项工作统筹推进，2022年共受理处置各类医疗投诉及纠纷100余起，委托医疗事故技术鉴定10多起、尸检4起；接诊救治农村贫困人口大病患者98

人，共296人次，其中门诊212人次，住院84人次，减免费用共计881593.61元。持续推进重大项目建设，专项债项目取得明显成效，已下达专项债资金共3.63亿元，其中新区中心医院4000万元、新村镇卫生院改扩建项目5000万元、新郑市第八人民医院1.05亿元、基层医疗机构设备购置项目7800万元、公立人民医院医疗设备购置项目5000万元、和庄示范卫生院提升项目4000万元。积极推动公立人民医院检验检测中心建设，配合辖区政府推进新郑市第八人民医院、观音寺中心卫生院迁建、孟庄镇卫生院迁建、新郑市中心医院等项目建设。推进医疗卫生信息化建设，推动新郑市紧密型医共体信息化建设项目专项债发行工作。

【医养服务】 老年健康服务水平进一步提升，创新医养结合服务模式，社区医疗养老以日间照料为主，为集居老人提供医疗服务；机构医养整合医疗机构资源，打造专业医养结合机构。创建老年友好型社区，2022年新烟街道办事处烟厂社区创建成为“国家级老年友好型社区”。健全老年健康服务网络，指导新郑市公立人民医院创建成为“老年健康管理中心”；新建路社区卫生服务中心、观音寺中心卫生院创建成为“老年健康服务站”。建立完善老年健康服务体系，指导新郑市公立人民医院、新郑华信民生医院（解放路院区）开设老年医学科，设置床位60张；全市一级以上医疗机构全部开设老年人就医绿色通道。着力提升医养结合机构服务质量，督促4家医养结合试点机构开展服务能力质量提升行动，指导新郑华信民生养护中心完成医养结合示范项目建设及升级改造。3岁以下婴幼儿照护服务向好发展，全面摸清底数，全市共有婴幼儿托位1552个，其中幼儿园10家、托位293个，托育机构19家、托位1259个。督促指导强化落实，16家托育机构已正常招生运营，2家正在筹备建设，1家完成备案登记。在新郑市妇幼保健院挂牌成立托育指导中心，积极推进普惠托育中心建设，新区管委会已建成开业，新村镇即将完成建设，新烟街道等5家单位完成选址并初步推动建设，新华路街道等8家单位已选址。提升托育服务能力水平，依托新郑市妇幼保健院托育指导中心，定期对从业人员进行培训；依托社区卫生服务中心建立科学育儿指导服务中心，组建科学育儿指导团队，要求各育儿中心开通1个微信公众号和短视频公众号。

8月6日，新郑市卫健委召开健康新郑行动工作推进会（卫健委/供图）

【中医中药】 中医药事业迎来新发展，服务体系不断完善，市公立中医院完成二级中医医院执业登记；全市各二级及以上综合医院、新郑市妇幼保健院均建设有国医苑，均能提供中医药服务；各乡镇卫生院、社区卫生服务中心全部建成中医馆，能提供6类10项中医药适宜技术，全市85%的村卫生室配备有中医药诊疗设备，能开展4类6项中医药适宜技术。新郑市公立人民医院、新郑市妇幼保健院国医苑通过郑州市卫健委验收。新建路社区卫生服务中心、新华路社区卫生服务中心、新村镇卫生院被评为郑州市示范中医馆、河南省示范中医馆。人才培养机制逐步健全，组织151人参加2022年度中医执业（助理）医师报名工作，完成材料初审及郑州市现场审核；完成基层中医药人才能力进阶培养19人，开展非中医类别医师中医培训310余人；开展中医类别医师全科医师培训2人，中医师承和确有专长报名22人。接收安置中医专业农村订单定向医学生1人。中医药文化深入宣传，各级各类医疗机构广泛开展中医药健康教育知识讲座，推进中医药文化进校园活动及《中华人民共和国中医药法》宣传系列活动，广泛普及中医药健康知识。联合新郑市建设局新建一个中医药文化主题公园，公园内广泛种植中药树木、中草药等，设置有中医药文化宣传栏，中医药文化氛围浓厚。

【卫生治理】 有序推进疾控机构建设，新招聘本科以上疾控人员5人，18家预防接种门诊达到示范标准化建设。规范免疫规划管理，适龄儿童免疫规划疫苗接种率达到95%以上。艾滋病、地方病和慢性病等综合防控工作扎实推进。重点行业领域职业病危害专项治理成效明显。开展食品安全风险监测，审核上报食源性病例1836

例。卫生应急能力持续加强，制定突发公共卫生事件等应急预案6部，组建市级卫生应急队伍5支，组织开展卫生应急培训22次，应急演练5次，有效处置上报1人以上重伤突发事件信息110起，圆满完成重大活动、考试防疫医疗保障工作39场。民生实事项目顺利实施，持续开展妇女“两癌”、新生儿疾病、产前筛查及脑卒中、肺癌早期筛查等民生实事项目，3.2万人次受益。推进“智慧医疗”建设。加强医疗卫生机构信息统计直报工作，推进网络安全一体化监管服务平台应用，定期开展网络与信息安全检查，推进医共体信息化建设，向全民健康信息平台汇集数据359万条，市公立人民医院建成数字化医院。综合监管巩固加强。完成“双随机、一公开”抽查391家次，持续实施“蓝盾护航行动”、打击非法医疗美容服务等专项行动，医疗卫生服务秩序进一步规范。

（撰稿：田胜利　审阅：岳刘慧）

体　育

【完善体育基础设施建设】 2022年在全市社区、行政村新建健身路径工程35套、智能健身驿站4个、多功能笼式运动场1个。全市人均体育场地面积达到2.30平方米，基本形成15分钟健身圈，市民群众共享全民健身成果，经常参加健身体育锻炼人数比例达到42.02%，国民体质总体合格率达到99%，全年科学健身指导服务人数达2200余人，同时，定期按时做好全民健身体育设施的确权普查、维修安装等工作，杜绝和消除体育设施的安全隐患，确保全市人民的体育健身需求和健身安全。

【举办丰富多样的赛事活动】 线上线下结合，举办线上新春全民健身大联欢、青少年体育健身展示大赛、“行走是吾乡”郑州市自行车公开赛（新郑站）等活动20余项。特别是5月全民健身月期间，结合疫情形势，采用线上“云展播”的方式开展了为期一个月的“全民动起来 体育助防控”主题活动，展播内容包括广场舞、武术、舞龙、健身气功、空竹、轮滑、自行车等全民健身项目；还推出优秀社体指导员在线指导的健身课堂，教学内容包括骏马快走、八段锦、跆拳道入门等，广泛宣传普及了健身运动，提升了市民群众居家科学健身意识。

【社会体育培训】 全市社会体育指导员达到3120人，每千人拥有社会体育指导员2.6个；全年开展科学健身指导走基层送健康活动次数达10余次，健身辅导培训达到1000余人次，全市基层健身指导站点达到538个。同时，组织体育指导员参加“走基层 送健康”活动，深入乡村、社区、工厂、敬老院、企业，引导社会指导员在实践中提升技能，宣传健康知识。

（撰稿：王　宁　审阅：樊战东）

社会生活

SOCIAL LIFE

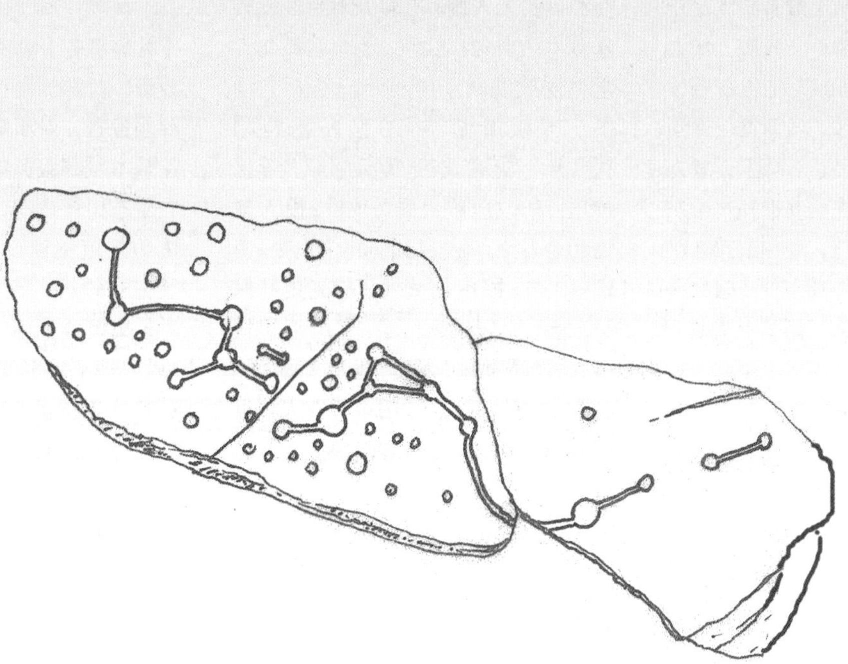

·社会生活>>>

SOCIAL LIFE

民政工作

【概况】新郑市民政局位于中华路，内设11个行政科室，下属6个事业单位：新郑市社会组织服务中心、新郑市殡仪馆、新郑市民政事务服务中心、新郑市殡葬事务中心、新郑市殡葬改革执法队、新郑市社会福利服务中心。2022年，全市民政系统立足新发展阶段，围绕市委、市政府工作大局，全方位落实“464”工作布局，着力保民生、兜底线、救急难、促稳定，积极探索新路径，各项工作有力推进、成效显著。先后获得郑州市殡葬改革工作先进单位、郑州市养老服务工作先进集体、新郑市创建国家园林城市工作先进集体、新郑市统战工作先进集体、新郑市国家卫生城市复审工作红旗单位等荣誉。

【社会救助】强化兜底保障，提升社会救助能力。从2022年7月1日开始，新郑市城乡低保标准为每人每月750元和特困供养人员救助标准为每人每月1125元，全年发放困难群体救助资金6000余万元，兜底保障城乡低保对象3917户7422人、特困供养对象1308人。投入180余万元为低保对象、特困人员每人增发210元的一次性生活补贴。完善“先行救助”“一事一议”等临时救助措施，全面推行急难发生地实施临时救助，为317人次困难家庭发放临时救助金46.45万元。

【社会福利】建立孤儿和事实无人抚养儿童价格补贴联动机制，为92名孤儿和事实无人抚养儿童及时足额发放基本生活费121.4万元，为11名孤儿大学生发放助学金10.9万元。先后启动了“情暖孤儿”“同在蓝天下、向阳花儿开”“乐享暑期、萌动社区”等慈善项目和政府购买服务项目，投入款物60余万元，受益儿童600余人次，使留守儿童、困境儿童生活得到更好保障，能够更好融入社会。严格落实残疾人“两项补贴”制度，发放“两项补贴”847.46万元，惠及困难残疾人和重度残疾人6759名。完善流浪乞讨人员救助管理机制，救助生活无着的流浪乞讨人员30 人次，护送返乡8 人，资助返乡9人，亲属接回10人，医疗救助 18人。为12名长期滞留新郑市的流浪乞讨人员办理了入户手续，并全部落实了特困、医保等待遇。

【养老服务】加快推进养老服务健康发展，为全市机关、企事业离退休职工80岁以上2153名老人发放高龄津贴302.64万元。争取财政补助资金342.45万元，累计建成3个街道养老服务中心和67个城镇社区日间照料中心。扎实开展养老防诈骗宣传活动，共发放各类宣传手册2000余份，制作反诈视频12个、横幅5条、展板2个，走访老年群体230余人。

【社会事务】继续全面落实惠民殡葬政策，对郑州籍亡故居民减免基本殡葬服务费，对新郑籍亡故居民全部免除基本殡葬服务费，成功承办第十五届生态树葬活动。加强婚姻登记标准化、规范化建设，全年共办理结婚登记3467对，其中“跨省通办”260对；离婚登记1532对，办理收养登记6人。规范地名管理，完成新建设项目名称审核备案8家，为39家新建小区及单位实地进行了地名地址及门牌号编排工作，清理整改不规范地名1家，完成龙湖镇撤镇设街道行政区划调整上报工作，配合完成尉氏县岗李乡、大马乡调整至航空港区代管事项；完成新郑市与周边县市区的界桩巡护检查工作，并对界桩进行了进一步维护。

【基层政权】 全面推动基层治理工作高质量发展，制定《新郑市民政局关于推进基层政权建设和基层治理创新工作的通知》《新郑市民政局关于开展村规民约“回头看”工作的实施方案》等两项工作措施；持续开展村委会规范化建设及村务公开“阳光工程”示范村的创建和优秀村规民约评选活动，全市11个乡镇的20个村被评为第二批郑州市级示范村，龙湖镇泰山村、新村镇梨园村村规民约被评为郑州市优秀村规民约。

【社会组织管理】 深入推进社会组织党建工作。依法登记的社会组织398家，其中民办非企业单位317家（幼儿园165家，培训机构90家，其他类62家），社会团体81家。在398家社会组织中除5家宗教类社会团体外，共有党员476名，建立党组织24个（其中，社会团体1个）、联合党支部2个（其中，社会团体2个），其余367家社会组织挂靠其他党组织，实现党建工作100%全覆盖。加大打击整治非法社会组织和“僵尸型”社会组织专项整治行动力度，依法注销“僵尸型”社会组织3家，清理违规校外培训机构30家，停止非法宗教活动1家，净化社会组织发展环境。

【慈善事业】 慈善事业有序推进，共接收慈善款物7879.16万元，支出9153.14万元，受益人数50万余人次。重点围绕“济困、安老、抚孤、助医、助学、助残、优抚、幸福家园工程”等方面制定实施了23个慈善项目。

（撰稿：吴晓彬　审阅：沈会轩）

双拥优抚安置

【概况】 新郑市退役军人事务局认真贯彻落实习近平总书记关于退役军人工作重要论述和重要指示批示精神，深入推进《中华人民共和国退役军人保障法》贯彻落实，牢牢把握“让军人成为全社会尊崇的职业”这一目标，勇于担当，攻坚克难，有序推动军民融合和退役军人各项工作任务深入发展。2022年，新郑市退役军人事务局认真贯彻落实习近平总书记关于退役军人工作重要论述和重要指示批示精神，深入推进《退役军人保障法》贯彻落实，牢牢把握“让军人成为全社会尊崇的职业”这一目标，勇于担当，攻坚克难，有序推动军民融合和退役军人各项工作任务深入发展。2022年新郑市退役军人事务局获得了郑州市退役军人事务工作先进单位等荣誉称号。

【党建引领】 新郑市退役军人事务局始终把党建工作贯穿思政教育、帮扶解困、权益维护等退役军人事务全过程，切实增强退役军人的政治素质和能力水平。充分运用“政治教育、创业孵化、就业培训、法律服务、金融服务、医疗保障、怀旧体验、矛盾化解”等活动特色载体，开展各类丰富的线上线下服务，凸显军人尊崇。结合党史学习教育，组织开展重温入党誓词、观看红色电影，新郑市第二届“最美退役军人”“最美军嫂”“最美拥军人”评选表彰和新郑市党政军庆八一联欢晚会等活动形式，引导退役军人听党话、跟党走。成立新郑市退役军人定点医院。为全市退役军人提供“一专三免三优先两优惠”政策，设置军功荣耀病房和就诊绿色通道，让退役军人享受到便捷、优质、高效的医疗保障服务，切实让退役军人感受到党和政府舒心暖心的拥军优待政策。

【优抚褒扬】为优抚对象发放抚恤补助款。对优抚对象在全市31家定点医疗机构住院实行了一站式结算服务，从制度上解决了重点优抚对象的医疗困难，为住院优抚对象补助医疗补助款；为7名下岗优抚对象缴纳参保资金1.14万元，为1~6级残疾军人缴纳参保金。

【双拥共建】 春节、八一期间，组织市四大班子开展拥军慰问活动，送去慰问物资。慰问现役官兵家庭，发放慰问品。慰问困难退役军人等家庭，发放慰问金。

【就业创业】 按照自愿参加、自选专业的原则，结合退役军人自身特点，面向岗位需求，采取中高级职业技能培训与短期职业技能培训相结合的办法，对退役士兵进行免费培训。与新郑市元信劳务派遣有限公司合作，推荐退役士兵到行政事业、企业单位工作。运用退役士兵QQ群、电视飞播、电话联系、发放宣传页等多种方式发布招聘信息50多条，多名退役士兵找的理想的工作。与新郑市人社局联合，召开新郑市春风行动暨万人助万企网络招聘会，河南新郑招聘网、新郑直聘、新郑网等网站有450余家企业携9370个岗位参与，初步达成就业意向多人。按照河南省“人人持证，技能河南”政策要求，享受技能培训补助汽车驾驶多人，并建立新郑市退役军人技能培训台账，通过技能培训，实现退役军人免费学技能，持证促增收目的。

（撰稿：贾志超　审阅：乔万义）

医疗保障

【概况】 2022年，新郑市医疗保障工作牢固树立以人民为中心的发展理念，紧紧围绕国家、省、郑州市和新郑市关于医疗保障工作的决策部署，坚持以深化医疗保障制度改革为主线，以“能力作风建设年”活动为抓手，以增强参保群众获得感、幸福感和安全感为追求，持续加强管理、提升能力，统筹推进“五个医保”建设，实现了全市医保事业在稳中求进中取得新突破。先后获“郑州市2022年度医疗保障工作先进单位”“郑州市2022年度医疗保障经办工作先进集体”“新郑市国家卫生城市复审工作先进单位”、新郑市“巾帼文明岗”等称号，《中国医疗保险》“学习强国”学习平台“大象新闻”《郑州晚报》等多家媒体对新郑市医保工作进行报道文章219篇。

【全民参保】 全市城乡居民参保人数为548050人，其中驻新郑高校学生参保70904人、财政资助困难群众参保13582人。职工参保单位4843家，参保职工101967人，其中在职职工82896人，退休职工19071人。新增参保单位1169家，新增参保职工9360人。参加生育保险4684家，参保人数77430人。同时按照郑州市医保局部署，从2021年12月20日开始，采取“全面宣传造氛围、分层培训打基础、多方参与齐发力”的举措，大力开展了“郑州医惠保”项目推广。

【基本医疗服务】 从2022年7月1日起，实施职工医保门诊共济保障，形成了职工医保门诊就医个人账户、门诊统筹和门诊慢特病“三位一体”的待遇保障体系。全市共有12.69万人次享受门诊共济待遇，医保基金支付4500余万元，报销比例超过59%。严密组织实施职工、居民、生育保险待遇核准、支付，共支付医保基金10.23亿元，其中职工医保基金支付5.45亿元、居民医保基金支付4.78亿元。严密组织基本医疗保险门诊慢特病网上办理，全市共计1074人网上申报（职工218人、居民856人），通过802人（职工160人、居民642人），通过率为75%；线下办理日常门慢特业务991件（职工489件、居民502件）。

【困难群众医疗救助】 按照“精准认定救助对象、精准标识救助待遇、精准支付救助金额”的原则，严密组织实施《郑州市人民政府办公厅关于健全重特大疾病医疗保险和救助制度的实施意见》推进落实。2022年，共救助各类困难群众13714人次、救助金额744万余元，分别较2021年上升13%和3%。特别是在依申请救助机制落实上，及时将依申请救助对象名单和申请表下发各定点医院，确保了第一时间掌握患者身份、第一时间帮助患者申请、第一时间开通救助待遇，让困难群众最大程度地感受到医保利民的温度。2022年，共计1665人次低保边缘家庭成员、易返贫致贫人口享受依申请救助，支付救助资金93万元。

【巩固医保脱贫攻坚成果】 紧盯“参保全覆盖、待遇全兑付、监测全到位”的目标任务，紧密结合医保帮扶政策的调整优化，采取“科级领导包乡、股级干部包村、全局上下齐参与”的工作机制，成立12个工作专班，坚持问题导向、目标导向，强化责任落实、政策落实和工作落实，突出做好分类资助参保、慢病鉴定保障、政策宣传培训、风险监测预警等重点工作，并举一反三地查找和整改问题，有效地确保了组织领导到位、宣传培训到位、参保覆盖到位、政策倾斜到位、问题整改到位、监测预警到位、信息共享到位和服务保障到位。2022年，全市5050名脱贫享受政策人口、411名易返贫致贫监测对象全部财政资助参加基本医疗保险，6272名脱贫人口享受慢性病待遇保障，5197人次就医支付统筹基金2465万余元、医疗救助支付392万余元。

【医药价格】 按照郑州市统一部署，组织辖区内具备住院资质的医疗机构先后多次全量报送历年来住院数据，做好改革各项衔接工作，全市符合条件的医疗机构全部实现DIP实际付费，并圆满地完成省局对新郑市支付方式改革情况的调研评估。2022年共组织各定点医疗机构先后参加各级药品、耗材集中带量采购共32批次，组织报量11批次，落地执行20批次，涉及品种304种/类，合同总金额2618.33万元，医保预付841.36万元，返还预付金458.66万元，预计节约医保基金5000万元以上。新郑市零售连锁药店纳入全省药品集中带量采购达81家，全部签订了补充协议，执行集采中选产品，进一步提升了集采药品的可及性。按照郑州市局部署，进一步理顺比价关系，执行全市统一规范的基层医疗服务价格。2022年4月1日零时起，基层医疗机构全部取消药品（中药饮片除外）、医用耗材加成，对基层5314项医疗服务价格项目进行了全量调整，适当提高门诊诊察、手术、治疗、病理、护理、中医等体现医务人员技术劳务价值的医疗服务项目价格，降低大型医用设备检查治疗和检验等项目价格。

【基金监管】 印发了《新郑市2022年基金监管集中宣传月活动工作方案》，在全市范围内深入开展了以“织密基金监管网 共筑医保防护线”为主题的《医疗保障基金使用监督管理条例》集中宣传月活动，共发放宣传手册45000多份、宣传折页50000多份、宣传海报5000多张，进一步营造了“人人知法、人人守法”的良好监管环境。根据郑州市和局统一安排部署，及时组织对全市定点医药机构进行服务质量考核，对10家85分以下的定点医药机构按照50%比例返还质量保证金。完成了411家定点医药机构（定点医疗机构294家、定点零售药店117家）2022年度服务协议续签工作。同时根据服务协议，对全市定点医药机构执行服务协议情况进行专项检查，检查定点医疗机构310家次、定点零售药店511家次，检查住院人员在院情况1300余人次，对日常监管发现问题的27家定点医药机构进行了集中约谈和限期整改。围绕打击“假病人、假病情、假票据”，等欺诈骗保违法行为，及时印发了《新郑市2022年打击欺诈骗保专项整治行动方案》，已完成全对定点零售药店、乡镇卫生院的全覆盖检查。根据《新郑市医疗保障基金管理领域腐败和作风问题专项整治工作方案》安排要求，组织各定点医药机构深入开展自查自纠，共计40家定点医药机构自查涉及违规基金89933.22元。

【医保经办服务】全市普通门诊异地直接结算定点医药机构已开通14家，超额完成郑州市下达的5家目标任务。5种试点门诊慢特病异地就医直接结算定点医疗机构已开通2家，超额完成1家的目标任务。245家村卫生室完成医保业务信息编码维护赋码，超额完成130家的目标任务。按照省级事项清单层级管理ABCD级经办要求，围绕医保经办服务职能前移、不断完善经办服务体系，做到应下尽下、应发尽发，形成“2+15+9+5”的经办服务延伸网络体系，即医疗保障中心作为医保经办主阵地，经办服务下沉至15个乡镇、9家金融机构、5家医疗保障服务站、1个行政服务分中心，有效地确保了“覆盖面广、下发事项全、经办能力强”的服务格局，真正做到让医保业务下得去、接得住，打通医保服务“最后一千米”，全面实现“就近办、方便办、快速办”。紧紧围绕全力争创国家级医疗保障服务示范点和省级医疗保障服务示范点的目标任务，以“走流程办业务解难题”活动为牵引，不断深化完善“一窗通办、内部流转”工作机制，持续完善医疗保障服务“好差评”制度，持续推进综合柜员制、承诺告知制、一次性告知制、首问负责制和限时办结制，公开办事制度、办事程序、服务内容、服务标准、办事结果。过去一年，窗口共受理办件15690件，其中“一窗通办”10221件、“一网联办”5469件，全部实现零差错、零投诉。24小时服务热线平均每天接待来电来访40余人次，确保群众诉求“件件有回音、事事有着落”。先后圆满地完成了省医保行风建设专项评价现场评估调研及国家局的暗访检查，收到锦旗、表扬信50余件。加快推进基于医保电子凭证的“互联网+”医保服务发展，进一步方便参保群众办理医保业务，优化群众就医购药体验，提升医保服务水平，全面推进医保电子凭证移动支付场景建设，结合新郑市实际，向郑州市推荐申报了3家定点医疗机构作为医保电子凭证移动支付场景建设试点单位，超额完成郑州市下达的1家试点任务。

（撰稿：唐　春　审阅：赵建军）

残疾人事业

【概况】新郑市残疾人联合会成立于1989年8月，副科级规格，民政局代管，1997年12月升为正科级规格。2000年9月成为独立正科级单位。内设办公室、编制人事科、康复部、组联部、教育就业部、理事办、维权部，下设残疾人就业服务中心，股级规格，办公地点位于中华路北段。被河南省残联评为2022年度残疾人工作先进单位。

【康复救助】截至2022年12月，市残联已康复救助0~14岁残疾儿童361名，发放康复救助资金378.9万元，并全部在各定点康复机构正常进行康复训练，基本实现有需求残疾儿童应救尽救；为全市2913名视力、听力、言语残疾人发放通信补贴104.8万元。开展残疾人辅助器具免费适配。依据残疾人需求调查，通过各基层残联筛查，2022年共为527名残疾人免费发放辅助器具，11828名残疾人签约家庭医生并享受免费服务。

【就业培训】2022年，全市共有6名残疾考生参加高考，市残联积极为残疾考生在考前指导、志愿填报、学费资助等方面给予帮助。同时，开展残疾人应届高考毕业生摸底调查，了解毕业残疾学生的求职需求，提供就业指导，推荐就业岗位，11名应届高校毕业生中，有7人已就业，2人选择继续深造。培训残疾人173名，按比例安排残疾人就业407名。

【残疾人证核发】2022年共计办理残疾证1158份，新办理773份，到期换证262份，持证总计12740人。

【社会保障】2022年共为1168人次低保家庭精神病患者提供康复救助，安装假肢18例。共为4963名重度（精神、智力三级及建档立卡）残疾人发放重度残疾人特殊生活补贴3256.504万元；为195名“三无”残疾人发放生活救助70.38万元；2022年全市共有5019人享受重度残疾人护理补贴，1740人享受困难残疾人生活补贴。巩固拓展残疾人脱贫攻坚，保障贫困残疾人基本生活。以政府购买服务的形式为全市35个贫困村46名困难残疾人开展居家托养服务。

（撰稿：马绍辉　审阅：马慧智）

红十字会

【概况】新郑市红十字会办公地点设在中华北路中原华信大厦15楼，隶属新郑市人民政府，正科级规格。领导职数一正一副，共有人员23名，内设办公室、编制人事科、组织宣传部、赈济救护部四个科室。红十字会的主要职责是：开展备灾救灾工作，普及卫生救护知识，组织开展群众性初级卫生救护培训，对易受损害群体进行救助，组织开展造血干细胞、遗体及器官组织的捐献，推动无偿献血，依法开展社会募捐，开展人道主义领域内的志愿服务和社会公益活动。

【募捐及救助工作】 主动作为、多方协调，2022年上半年争取郑州市红十字会捐赠资金支持3908.05万元（其中3808.05万元用于龙湖镇梅山小学异地灾后重建、100万元用于梨河镇水毁桥涵修复工程）。组织开展新郑市“5·8”公益日“新郑红十字人道救助计划”项目互联网筹资2.3万元。8月25日、9月28日分别开展“红十字爱在身边”大病救助及红十字光明行救助，共救助资金275人32.3万元。七一前后与市委组织部联合开展慰问老党员及支援乡镇办疫情防控552条棉被；开展关爱你我他温暖千万家系列活动，向农村困难家庭发放米面油265人份；小天使基金及阳光天使救助6人；为14名困难听力障碍老人免费适配助听器；向教育系统捐赠6台AED（自动体外除颤仪）助力师生健康、校园安全；向救援队捐赠四台消杀喷雾设备；向“7·20”受灾严重的北部四镇捐赠应急包400个，助力各疫情防控卡点帐篷50顶、折叠床12个、防护面罩2000个，为一线人员保驾护航。获评河南省红十字会2021年99公益日互联网筹资工作先进县。

【救护工作】 开展应急救护普及培训及防灾减灾“五进”活动12场，培训2500余人；印刷大中小学生应急救护手册6万余本及各类宣传品2万余份发往新郑市各中小学和辖区内高校；5月及10月初按照新郑市委组织部安排部署，市红十字会党组书记亲自带队下沉高风险区域并抽调人员下沉到新烟街办事处荷花苑小区、无主管楼院生产资料公司家属院及新华办端湾胡同，协助开展疫情防控工作。新郑市融媒体中心为此专门拍摄工作纪实短片在全市播放，宣传报道群众健康安全的“守门员”，24小时无缝守护，牢牢筑起疫情防控的铜墙铁壁。

【三献工作】 持续发挥新郑市“红十字爱在身边”“高校行三献科普知识讲座”品牌效应。分别在炎黄广场、消防救援大队等地开展“5·8”红十字博爱宣传周、“5·12”防灾减灾日、“6·14”世界无偿献血者日等无偿献血活动10次。招募118名志愿者加入中国造血干细胞捐献者资料库，实现2人成功捐献，至此新郑市已有28名成功捐献造血干细胞志愿者。实现器官捐献8例，共救治45名重症器官衰竭患者。新郑市红十字献血屋暨红十字培训中心建设项目主体已完成。

【红会送医工作】 积极开展“河南红会送医计划”。新郑市红十字会分别组织郑州市一院、郑州市三院红十字志愿服务队深入薛店镇卫生院、梨河镇卫生院，开展红会送医志愿服务活动10次。培训、带教医护人员49人次，危重疑难病例会诊12人次，义诊5场，受益群众1000余人次。在2022年度郑州市“红会送医计划”项目工作会议上，新郑市红十字会作先进典型发言，并获评郑州市“红会送医计划”项目工作先进单位。

【志愿服务及学校红十字工作】 积极开展人道救助、“三救三献”及防灾减灾宣传、应急救护培训等红十字志愿服务活动38场次。尤其是率先在郑州市打造基层红馨家园——新村镇公主湖社区(张垌村)红十字服务站，服务站内设培训教室、生命安全体验馆、社区红十字会办公室、文娱室、博爱超市等。2022年10月，经新郑市红十字会推荐，该社区作为郑州市唯一入选社区，获评中国红十字会总会表彰的“全国红十字模范单位”。2022年9月7日，由中国红十字基金会援建的新郑市首家“博爱校医室”在新郑市外国语小学揭牌，同时举办“生命教育校园健康守护”活动。

（撰稿：陈晓敏　审阅：李向华）

乡（镇）街道

TOWNSHIP, TOWN AND SUBDISTRICT

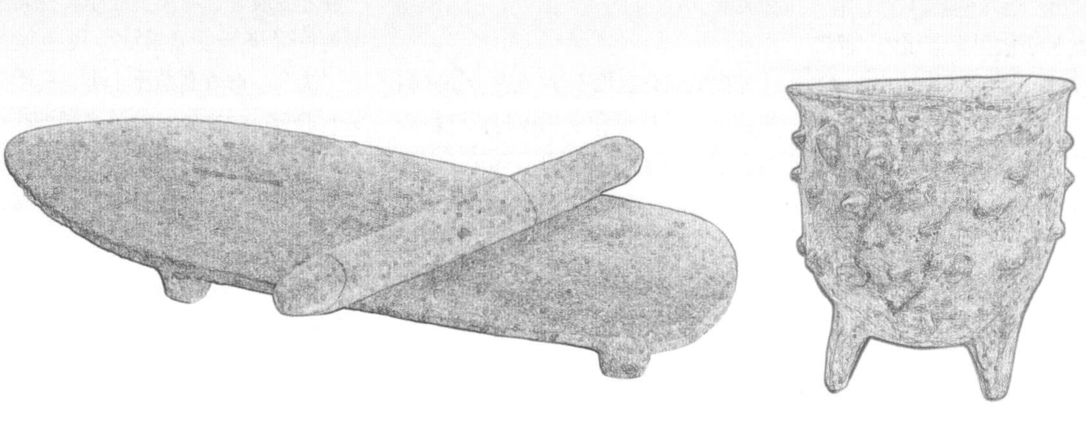

·乡（镇）街道 >>>

TOWNSHIP， TOWN AND SUBDISTRICT

城关乡

【概况】 城关乡位于新郑市区西部，区域面积40平方千米，辖14个行政村、65个自然村、112个村民组、8610户，总人口37604人，耕地面积2269.87公顷。城关乡地理位置优越，交通便利，基础设施完善。辖区内S323省道、郑韩路西延、登杞铁路横穿东西，107国道、大学路南延纵贯南北，南水北调生态保护带、双洎河构成“一带一河”的城市生态带穿境而过，得天时、占地利、享人和。白居易故里、郑武公陵、韩国王陵、清朝三代武臣岳钟琪故里坐落境内，历史文化底蕴深厚。

2022年，城关乡围绕市委、市政府提出的经济社会发展任务，坚持以九项工程为统揽，持续践行脚步丈量工作法，不断强化“三标”意识，不断推进能力作风建设年活动走深走实，稳经济、谋发展，抓生态、促振兴，惠民生、保安全，控疫情、战汛情，凝心聚力、踔厉奋发，勇挑重担、攻坚克难，不断开创各项工作新局面，稳步推进经济社会高质量发展。先后获“河南省省级节水型单位”“郑州市信访工作四无乡镇”“河南省全国科普日活动优秀组织单位”等13项省市级荣誉。

【经济社会发展】 坚持优质发展，经济运行稳步提高。2022年全年地区生产总值17.1亿元，社会固定资产投资全年完成5.4亿元；财政收入完成3775万元；社会消费品零售总额完成3.6亿元，同比增长1%；城乡居民人均可支配收入完成27741元，同比增长6.8%；全乡坚持稳字当头、稳中求进，顺利完成了各项任务，保持了经济持续健康发展。

【新型城镇化建设】 对城关乡镇区临街房户、乔庄村和大周庄村拆迁群众二套房、杨庄村拆迁户采取异地安置方式，集中安置在故里新家园二期。镇区临街房户分房131户319套；乔庄村拆迁户二套房分房151套；周庄拆迁户二套房分房13户13套；杨庄村拆迁户分房10户23套。西城花园北苑社区、泰成溪水湾社区已取得土地使用证和用地规划许可证，并取得规划许可证、施工许可证、预售证。西城花园北苑社区已网签1066套，泰成溪水湾安置房已网签1369套。

【乡村振兴和人居环境整治】 集体经济抓“实”。城关乡14个村预计共完成村集体经济收入400多万元，所有村集体经济收入均达到10万元以上，乔庄、胡庄、周庄等三个村集体经济收入20万~50万余元，小占庄村集体收入达100万元以上。大力谋划村集体经济，实施沟张冷藏保鲜库、白居易故里乡村音乐厅、东郭寺商业街、轩辕牧耕采摘基地、敬楼村老吾老等项目，推进村集体组织资源变资产、资金变股金、农民变股东，探索村级集体经济新发展模式。民生项目抓“快”。群众利益无小事，民生问题大于天。2022年，城关乡深入践行以人民为中心的发展思想，积极推进惠民实事项目，不断提升群众获得感、幸福感。积极推进城关乡饮用水地表化项目，设计规划主管网28944米，加压泵站1座，受水区包含沟张、端庄、西贾庄、敬楼、东郭寺村、高皮匠村、官刘村、张庄、王刘庄9个行政村，40个自然村，共计5477户居民。已完成铺设主管网11835米，砌筑各类管道附属井室15座，施工主管网完成工作量40%。大力协调南水北调干渠沿线村庄生产道路修缮项目，对城关乡王刘庄、沟张、端庄三个村庄破损严重的道路进行维修，共计2677米，已完成项目建设。稳步推进基础设施补短板项目和公益事业项目，争取敬楼村道路修缮项目、沟张村道路亮化提升项目、薛庄社区环境提升项目和官张道路整修项目，已大部分完工，相关手续正在完善中。环境整治抓“深”。城关乡立足自身实际，积极查摆各村人居环境存在的问题，充分动员，多措并举，持续开展以抓“六清”治“六乱”为主要内容的人居环境集中整治专项行动，累计出动9500余人次，大型机械200余台，清运垃圾7800余处，整治荒宅151处，绿化面积超3200平方米，栽种树木1200棵。实现了道路净化、街道亮化、村庄绿化、环境美化的效果。

【**社会民生**】 便民服务暖人心。“进一扇门，办所有事”，城关乡在便民服务工作中以为群众办实事目的，着力解决好群众的操心事、烦心事、揪心事。新配备了高拍仪、手写板、指纹登录仪、叫号机、评价器、LED显示屏等办公设备和政务服务自助终端机，群众可以进行公积金信息查询、证件打印、自助缴费等202项业务办理，进一步推进了政务服务的自动化，实现群众在家门口就近办事。持续加强业务知识学习，不断提升服务态度，建立健全责任追究制、限时办结制、监督投诉制等各项制度，设立意见箱、意见簿、评价器，全面接受群众监督、投诉，充分调动工作人员的积极性、主动性，树立窗口良好形象，全力打造优质服务环境。努力提升规范化服务群众水平。设置党员志愿服务岗、无障碍通道、老年人服务专窗、绿色通道，为办事群众提供饮水、爱心轮椅、爱心雨伞、手机加油站、医药箱等便民设备，以备办事群众的不时之需。印制“便民服务卡”和“办事一本通”，配备导办人员，让群众更直观明了地熟知办事所需材料等，一次就能办成事。开展村级代办零跑腿服务、自助服务、预约服务、留言簿登记服务等特色服务，为有特殊情况、特殊需求的群众开展特色办理，打通便民服务“最后一公里”。2022年，共受理低保特困审批、社保、生育登记、老年证办理等业务2900余件，接受群众咨询1800余人次，为群众提供代办服务1100余件，提供志愿服务900余次，按时办结率、现场办结率、服务对象满意率均为100%，做到了件件有落实、事事有回音，受到了办事群众一致好评。

【**社会治理**】 城关乡牢牢守住防止规模性返贫的底线，先后多次组织乡村干部和帮扶责任人等开展入户筛查和重点人群排查，全面摸清底数，深入查摆问题。全乡筛查总数为8610户，37604人，排查128户，353人，原有脱贫户5户，排查中发现边缘易致贫户2户，突发严重困难户8户。坚持实施“一户一方案、一人一措施”的工作方法，根据监测对象的返贫致贫风险、资源条件、发展需求和真实意愿，针对性制定帮扶措施，安排帮扶资金和项目，抓好帮扶措施落地落实，解决困难人群实际困难。5户建档立卡贫困户已经全部脱贫且生活日益好转，边缘易致贫户均已标记消除风险，突发严重困难户中7户已标注风险消除。

强化散煤管控，全面排查工业企业大气污染源，对违规的企业下发问题整改通知书，并持续跟进问题整改情况，开展“回头看”工作，确保问题不反弹。坚决打击遏制“小散乱污”企业死灰复燃，对全乡“小散乱污”开展全面排查，建立工作台账和问题销号制度，并实施动态清零。共取缔“散乱污”作坊2家，下达整改通知书46起，已整改到位46起。突出重点时段管控，面对夏粮、秋粮收割等关键时期，安排专人24小时在基站周边调度洒水，积极查找问题根源，出台问题解决方案，精准发力，确保基站空气质量短期出实效，长远有保障。

开展一系列走访慰问活动，为辖区优抚对象及部分困难退役军人、边海防现役官兵送去慰问物资及慰问金，受理生活困难退役军人临时救助。做好建档立卡和优待证制发相关

新郑市城关乡2022年教师节庆祝暨表彰大会（城关乡/供图）

工作，完成辖区优抚对象优抚金社保卡更换，900余人优待证申请发放。组织退役军人参与创业就业活动，累计组织退役军人参加省市县三级招聘会，为退役军人下步就业打下基础。做好信访工作，信访接待25人，及时解决问题，保证矛盾不出乡。

高度重视武装工作，不断提升民兵政治素质和训练水平。注重日常拉练培训强技能，在年中考核拉动现场，基干民兵们呼点率远超80%，官兵相认、民兵政治教育内容对答如流；志愿防疫显本色，城关乡民兵着眼于“平时服务、急时应急、战时应战”的宗旨，积极组织民兵参与各项工作中。优抚慰问暖军心，关心复转军人、现役军属，在春节、八一等节日，对全乡现役军人军属进行逐一走访慰问，同时借“光荣之家”牌匾发放悬挂契机，动员乡村干部主动与军人军属结对，帮助解决生活困难。兵役登记不漏人，开展“进每村入每户登每个适龄人”活动，做到应登全登，不漏一人。宣传征兵输人才，积极开展“四到位三调动”征兵宣传活动，广泛动员辖区应征青年参军入伍。

围绕为党的二十大胜利召开营造安全稳定的政治社会环境这一中心任务，全力遏制了突出违法犯罪和案件多发高发态势，坚决打好防范化解重大安全风险攻坚战，有力维护了全乡政治安全和社会稳定的良好局面。摸清信访底子抓重点，对近年来曾经信访过的96起信访案件全部进行梳理研判，并按照ABCD四类进行分类标识管理，做到一案一组、一案一策，提高工作的针对性、精准性；健全信访机制重实效，坚持日排查双调度机制，新排查出各类矛盾纠纷34起，已化解34起。9月份以来，先后召开信访工作联席会议6次，信访研判会议7次，研究信访案件22起。压实生产责任保平安，建立健全“党政同责、一岗双责、齐抓共管”安全生产责任体系，全乡实现安全生产“五个全覆盖”，切实压实责任、逐级传导压力。共对全乡16家企业、6家加油站，2家大型饭店、6家商超进行安全隐患排查40次，下达整改通知书30余份；对辖区农民创业园、钢材市场等重点部位、重点领域进行地毯式集中排查整治40余次；在人员密集场所、公共场所等设立安全生产宣传阵地10处，共出动人员90人次，发放消防宣传资料1600余份，悬挂条幅50余条，营造出人人关注安全和事事讲安全的良好氛围。

喜迎二十大　强国复兴有我——城关二幼2022年庆祝“六一”儿童节线上展演暨民俗艺术展活动（城关乡/供图）

【党建工作】始终坚持把党的领导贯穿到政府工作的各个方面，全面推进治理体系和治理能力现代化，努力打造人民满意政府。建设廉洁高效型政府，认真履行全面从严治党主体责任，努力形成“更担当”的实干作风，深入推进政府系统党风廉政建设和反腐败工作，持之以恒落实中央八项规定及实施细则精神，严格执行省、市有关规定，严守政治纪律和政治规矩，坚决纠正“四风”突出问题。建设法治阳光型政府，努力锻造“更优质”的政府服务。始终把法治思维贯穿政府决策、执行、监督全过程。依法接受人大的法律监督、工作监督，主动接受政协的民主监督，重视司法、舆论和社会监督，确保各项工作在法律框架内开展。共办理人大议案建议30件，政协提案，办结率100%。市长热线受理群众诉求84件，群众满意率100%。建设集思广益型政府，努力健全“更科学”的决策制度。围绕提高政府决策的科学化、规范化、民主化水平，进一步完善了重大事项集体决策制度，严格按照“集体讨论、民主集中、会议决定”的程序进行议事，针对重大决策事项，召开党政班子会38次。健全政府信息公开制度，提高政府工作透明度，保障人民群众对政府工作的知情权、参与权和监督权。建设能力作风型政府，全面开展“三标”活动，扎实推进“能力作风建设年”活动，深入践行“用脚步丈量工作法”，有序开展“五星”支部创建活动，组织干部赴新密、荥阳等地观摩学习，拓宽工作思路，全年累计开展专题培训8次，应知应会测试3次，“能力提升小讲堂”活动13次，解决群众急难愁盼问题358件。

（撰稿：孙玉霄　审阅：张玉洁）

辛店镇

【概况】 辛店镇位于新郑市西部，距郑州市南35千米，西与新密市毗邻，南与具茨山国家森林公园接壤。全镇辖36个行政村，168个自然村，301个村民组，地域面积86平方千米，8.3余万人。黄帝饮马泉、战国古墓群、白居易祠堂、欧阳修陵园、许衡故里等名胜古迹遍布全境，地下煤炭资源丰富，交通便利，四通八达，郑栾高速、郑州市大学路纵贯南北，G343公路横跨东西。

【荣誉】 2022年，辛店镇以党的二十大精神为指导，深入落实习近平总书记关于河南、郑州的重要讲话指示精神，以高质量绿色发展为主题，深入实施“九项工程”，着力彰显“四个特色”，奋力实现“四个一流”，以“三镇”建设为标准，建设“工业重镇、文旅强镇、生态名镇”，以“一园一区一镇”建设为标杆，争创现代农业示范园、乡村振兴示范区、高质量绿色发展示范镇，努力在乡村振兴伟大事业中走在前列，全镇呈现经济稳步发展、各项事业全面进步、社会大局和谐稳定的良好局面。先后获得全国重点镇、全国文明镇、全国体育先进乡镇、全国文化先进乡镇、河南省卫生先进单位、河南省卫生镇、河南省健康镇等荣誉称号。

【经济建设】 2022年，全镇地区生产总值预计完成41.1亿元，增长8%以上；主要工业增加值预计同比增长10.5%；固定资产投资预计完成22亿元，增长14%以上；人均可支配收入预计达到3.08万元，增长12%以上；社会消费品零售总额预计完成8.3亿元，增长8%以上；一般财政收入预计累计完成34020万元，占全年预算目标的134.9%；规模以上企业研发投入预计同比增长15%。

积极开展市场主体培育，全镇已纳入“四上”培育库企业44家，其中，工业21家，服务业23家（零售业11家，餐饮业2家，批发业2家，其他营利性服务业8家）。全年预期目标11家（工业5家，服务业3家，建筑业3家），已完成入库企业1家（郑州通宇科技有限公司），已完成资料上报6家，其中工业4家，服务业2家。年底前有望再入规企业4家，其中，工业2家，餐饮2家。

加快经济高质量发展，以深入开展“亩均论英雄”综合评价工作为抓手，不断增强企业创新意识、创新能力。全镇参加2022年“亩均论英雄”综合评价企业59家，比2021年增加5家，所有资料都已收集齐全，等待评定结果；培育高新技术企业2家；河南省第一建设集团建筑科技有限公司成功获批“郑州市装配式钢结构工程技术研究中心”，5家装配式生产企业已荣获河南省装配式建筑产业基地称号。中原建港、河南省一建屋顶光伏发电项目已建成并网发电，年发电量3.61兆瓦。

持续优化营商环境，落实惠企助企政策不打折。召集160多家中小微企业召开《新郑市稳经济助企纾困政策三十条》政策对接解读会，“万人助万企”分包企业首席服务官送文件到企业，宣讲政策，科学精准分析，确保企业提高申请补助通过率，及时跟踪兑现。累计走访企业165家，解决企业困难问题65个。紧紧扭住项目建设不松手，落实项目建设服务专班化、清单化、台账化工作机制，盯紧恒华电力、省一建二期、郑煤机铸件、上海积佳自流平、河南亿森设备制造、好门消防科技防火门、正赢石化扩建等项目推进，确保项目早建成早投产早见效益。2022年以来新建项目23个，已完成总投资13个，恒华电力、省一建二期、郑煤机铸件项目已动工建设。牢牢抓住招商引资不松劲，积极与光大集团、比亚迪集团对接，启动绿色建材产业园、环保产业园、再生金属利用产业园、中小微企业创新产业园、北靳楼集体经济产业园等特色产业园包装、推介和基础设施建设，对中原建港周边土地进行测绘整理，通过低效工业用地腾笼换鸟，以商招商、产业链招商。

加强统计“双基建设”，认真落实省、郑州市、新郑市关于乡镇统计基础工作规范要求，持续推进统计基层基础建设。配备专职或兼职统计人员8名，其中，5人已从事统计工作5

4月30日，辛店镇举行第一季度“亮赛比”观摩活动（辛店镇/供图）

年以上，并积极参加上级统计部门的业务培训。建立健全原始记录并有可靠的原始记录数据来源，收集途径、方法和依据，做到数出有据。原始记录登记做到不重不漏、登记清楚、记录准确，确保原始记录与实际相符、符合逻辑。建立定期统计台账、年度统计台账、历史统计台账，保持统计台账数据与统计报表、原始记录相互衔接一致、符合逻辑，确保统计台账连续完整。有严格的统计交接制度、统计档案管理制度、统计资料收集管理制度和统计数据质量检查制度，确保统计资料和数据的真实、完整。统计工作采取实报实销制度，满足统计日常工作开展。严格遵守统计法律法规和统计制度。按期如实报送各类统计资料，不发生拒报、迟报、瞒报、漏报、虚报、代填代报等统计违法行为。加强一套表联网直报企业统计基础工作，全镇20家规模以上企业（18家规模以上工业，2家规模以上服务业）全部联网直报，做到统计、会计和业务核算之间的准确性、及时性、一致性、匹配性相统一，做到数出有据，不重不漏。

【乡村振兴】严格落实耕地保护，高标准开展耕地保护工作。以“非农化”“非粮化”专项排查整治工作为抓手，建立健全辛店镇农村土地流转备案制度，巩固土地撂荒专项整治工作成果，严防大棚房问题出现反弹，粮食播种面积稳定在4000公顷以上，夏粮产量较2021年有明显提升。全面落实惠农政策，综合运用好地力补贴等各类惠农政策，调动农民种粮积极性。全镇2022年度共三批次种粮补贴，第一批4023.43公顷13457户；第二批4023.21公顷13455户；第三批4027.73公顷13484户，一、二批次已全部发放完毕，第三批次正在有序推进。耕地地力补贴4243.1公顷15957户发放工作顺利完成。加强生产技术指导，做好春耕秋播等重点时段农业生产技术指导。积极争取上级病虫害飞防资金，开展小麦、玉米病虫害飞防2次，飞防面积7933.33公顷，切实减轻了农民负担，促进农业提质增效。健全禁烧网格化责任体系，抓好夏秋秸秆禁烧工作。坚持镇村齐抓共管，多渠道、多途径开展禁烧宣传，针对火点逐一现场核查处置，全镇“不敢烧、不想烧、不愿烧”的氛围逐步形成，建立健全镇、村两级禁烧网格化责任体系，镇级秸秆禁烧网格化责任人共12人，村级秸秆禁烧网格化责任人共196人，36个行政村全面覆盖。在全镇工作人员的辛苦下，秋季禁烧中共处置郑州市级以上交办火情8处。

以基础建设为抓手，促进区域发展。加强道路交通建设，涉及辛店镇“7·20”灾后重建道路、桥梁、大坝抢修等项目共计26项，已全部完成；春晖路东段雨水改造工程正在施工中；投资126.45万元的马沟地质灾害点整治工程正在施工。加快新型农村社区建设，阳光社区雨水改造工程已完工；翰林居北大门、东大门，西、南围墙工程春节前完工；西土桥社区共建8栋楼房，420套房屋，预计年底交工；靳沟社区共建10栋楼房，754套房屋，建筑面积12.8万平方米，主体已完工，正在安装门窗。加快“三区三线”举证，涉及土地4宗约140公顷，其中基本农田约103.33公顷。垃圾通道基本农田已调整，正在对接报批环节，同时对地面附属物准备进行清表。城镇开发边界国有建设用地举证：除划定边界范围之外全镇举证25宗，涉及土地160.53公顷，批文和矢量数据全部举证成功。

以脱贫攻坚为重任，实现精准扶贫。加强监测稳固成果。2022年辛店镇新纳入监测对象21户77人。对于新纳入的监测对象及时落实帮扶措施进行帮扶，确保不返贫致贫。加强培训促进就业，提供空岗信息和实用技术培训，克服疫情影响，帮助脱贫户和监测户务工就业，确保脱贫户和监测户收入稳定增长。2022年全镇新增公益性岗位22人，开展雨露计划培训13期，培训群众587人，为困难群众稳岗增收打下了坚实基础。落实相关扶贫政策，2022年帮助脱贫户和监测户49人申请雨露计划教育补助，补助金额7.35万；11人申请雨露计划技能补贴，补助金额2.2万元；11人申请本科教育补助，补助金额2.2万元。

【人居环境】深入推进人居环境整治，开展“治理六乱、开展六清”集中整治行动，已完成3个人居环境示范村和示范街项目建设；累计投入500余万元资金用于人居环境集中整治工作；累计完成刘岗村农村户厕改造530户任务。加大辖区内散乱污、散煤整治工作。全年取缔排查出的新入驻“散乱污”企业5家，办理中央第五环保督察组交办群众举报案件45件。加大对辖区道路的洒水降尘及清扫力度，尤其在重污染天气期间，加大洒水、雾炮频次；在S323省道西入镇口设置治理超载卡点，禁止超载、渣土车辆运行，严防物料遗撒或泄漏；对辖区内餐饮、洗浴、住宿等经营服务业违法使用燃煤设施等行为进行再排查，最大限度减少散煤燃烧造成的环境污染，推动全镇空气质量进一步改善。积极开展国土绿化工作，按照突出一村一品，村村有亮点工作思路谋划、设计、建设好刘湾、东土桥美丽乡村示范村项目；做好2021年示范村湛张、欧阳寺、孙河片区提升项目收尾工作；统筹推进刘湾、马沟、东土桥三个行政村森林乡村创建，重点打造沂水河水月寺、饮马泉、孙河景观节点绿化，督促各村做好林木采伐恢复工作，进一步增加森林资源，改善生态环境；完成新造林19.33公顷，森林采伐恢复1.25公顷，人工育苗2公顷。

【社会保障】做好困难人员救助，

全年新增特困人员29人，共有特困人员335人（其中集中特困93人，分散特困242人）；新增困难生活补贴15人，重度护理补贴111人。2022年发放临时救助资金15人27000元。做好残疾人救助，全镇现有重度残疾人和精神、智力三级及建档立卡残疾人特殊生活补贴（非低保类）158人，视力、听力、言语残疾人通信信息补贴人员90人，郑州市低保家庭精神病患者医疗救助10人，三无残疾人7人；为困难残疾人发放辅助器具42件。低收入家庭应保尽保，对新申请特困户和低保户进行入户审核，认真查访，并做好相关档案管理。辛店镇2022年新增低保户22户53人，全镇现有低保户433户872人。四是全力做好养老机构安全防范，督促检查辖区内1家公办敬老院和2家民办养老院疫情防控和安全生产各项政策落实，确保消防安全和食品安全，营造良好的生活环境，保障特困老人安享晚年；辛店镇目前有界牌社区日间照料中心，并新建王庄村日间照料中心，另有22个村日间照料中心使用国开行贷款进行建设，前期手续已全部完成。

【就业创业】 新增城乡就业431人，失业再就业39人，农村劳动力转移就业660人，农民工返乡创业94人，完成任务数的168%；办理就失业登记证22人次；协助申请办理小额担保贷款12件，空岗位信息录入39条。组织开展免费技能培训10期，共培训学员576人，有效地提升了劳动者的工作技能，增强了其自身的就业竞争力。

【文化建设】 全镇村村建有文化大舞台和文化宣传橱窗，村室内图书阅览室、电子阅览室、文化娱乐室、培训教室等功能室设备齐全。利用春节、元宵节等传统节日，组织全镇各文艺工作队开展文艺展演，共计开展活动近30场次，群众的文化生活日趋丰富。开展辛店镇“星级文明户”认领，“乡村光荣榜”“文明家庭”评选活动，乡风文明持续向好。深入开展“辛店骄傲”系列评选。弘扬孝老爱亲传统美德，用身边人身边事带动影响周边，开展“十星级文明家庭”评选活动，在全镇范围内树立一批和睦家庭先进典型；开展“好婆婆”“好媳妇”评选，选树尊老爱幼、孝敬公婆典型，促进家庭和睦、邻里和谐。

【平安建设】 2022年，矛盾案件累计郑好办录入205起，切实保护群众利益。做好特殊人群管理工作，镇综治中心按照上级统一要求，扎实做好邪教人员、吸毒人员、精神障碍患者等特殊群体的管理、救助、服务工作，进一步摸清底数，建立台账。建立安全生产风险防控责任体系，加强对煤矿、化工、服装加工等重点领域安全隐患排查整改，扎实做好安全生产工作。常态开展平安建设日常宣传和专题宣传，开展多次平安建设宣传活动，充分利用多形式宣传，悬挂宣传横幅400余条，并向辖区居民、商户发放平安宣传彩页5000多份。开展“百日行动”、常态化扫黑除恶宣传、禁毒宣传、国家安全日宣传、反邪教宣传、反间谍宣传，力争让广大人民群众参与平安创建，共享平安建设成果。

【基层党建】 强化政治引领，狠抓思想建设，全年镇党委班子先后10次深入学习贯彻习近平总书记关于党的建设系列重要论述，明确了新发展阶段“大党建”工作，全面抓实党的建设各项重点任务，以高质量党建统领和推动经济社会高质量发展；充分利用“学习强国”学习平台，加大对党支部、党员的日常管理教育和服务，狠抓党员队伍管理，夯实基层党建之基，让战斗堡垒更加坚强有力。聚焦主责主业，全面履行党建职责。始终坚持“书记抓、抓书记”，党委书记带头履行“第一责任”，班子成员带头履行“一岗双责”，带动各级党组织主动扛起“主体责任”；用脚步丈量乡村，深入一线，带头做好党支部联系点制度，定期对村“两委”班子和党员进行民主评议；带头参加政协工委活动，重要事项听取驻地政协委员建议，为政协工委提供充足的经费和人员保障；与五星支部创建引领乡村基层治理相结合，锚定辛店“工业重镇、文旅强镇、生态名镇”融合发展目标，打造辛店新标杆。精准制定工作台账，高效推进目标任务。将各项中心任务整体谋划、一体推进，制成“辛店镇中心任务推进表”，量化工作任务，细化工作措施，建立“责任领导—责任部门—责任村”工作责任链条，实行一项工作、一名领导、一个专干、一项措施，让分管领导和部门做到“清楚干什么、清楚解决进度、清楚解决结果”三个清楚，让工作举措、责任人、进度安排情况、进展情况等重要信息通过三级台账清单一目了然。确保各项任务目标落到实处、取得实效。聚焦“五星”支部创建，狠抓队伍建设。召开班子专题会议，研判各村村情，开展五星支部大讲堂，逐村建立“五星”支部创建计划；深入开展“双带双争”行动，支部书记“导师帮带对”结成16对，互相交流经验，共同进步，36名村党支部书记成功通过“一村一明白人”验收。

【疫情防控】 坚持全镇“一盘棋”、上下“一条心”、协同大作战，坚决打赢疫情防控阻击战，为全镇经济社会发展营造良好环境。充分利用各村广播、微信群、巡逻车、悬挂条幅等形式，宣传疫情防控知识及政策，使辖区群众全面掌握防控知识，做好自身防护。累计悬挂条幅400条。

（撰稿：刘洋涛　审阅：马骁兵）

观音寺镇

【概况】观音寺镇位于新郑市区南5千米，地处新郑、禹州、长葛三市交界，辖21个行政村，75个自然村、174个村民组，5.5万人，耕地3666.67公顷，总面积63平方千米。境内南水北调主干渠、西气东输主管线、S103省道和溱关路贯穿全境。2022年，观音寺镇以开展“能力作风建设年”活动和“三标”活动为抓手，团结全镇广大干部群众，凝心聚力谋发展，助企纾困惠民生，攻坚克难抓项目，统筹做好疫情防控和经济社会发展各项工作，较好地完成了全年各项目标任务。全年地区生产总值完成15.48亿元，主要工业增加值同比增长12.4%，固定资产投资完成2.77亿元，社会消费品零售总额完成5.51亿元，财政收入完成1639万元，城乡人均可支配收入达到27994元，新增市场主体490家，新培育“四上”临界点企业3家，粮食产量位居新郑市前列。先后获河南省特色生态旅游示范镇、省级农业产业强镇、沿黄干流森林特色小镇、郑州市信访工作“四无”乡镇（街道）等多项省市殊荣。

【基层组织建设】镇党委深入学习贯彻党的二十大精神以及习近平新时代中国特色社会主义思想，压紧夯实意识形态工作责任，先后开展党委理论学习中心组专题学习13次、各类理论宣讲活动30余场次、文化惠民系列活动220余场次。在各类媒体上发布宣传信息130余条，回应网上问政信息40余条。聚焦“五星”支部创建任务，大力开展党建引领推进网格化基层治理工作，全镇先后创成“三星”以上党支部17个，整改软弱涣散党组织1个；建成镇村两级网格化平台7个，划分二级网格21个、三级网格125个，选聘网格员768名，解决各类问题千余件。进一步强化党建主责主业意识，先后组织开展“亮赛比”“一村一明白人”等实地调研、观摩12次，制定8类21条帮带措施，充分发挥“关键少数”的示范带头作用。稳步做好乡镇管理体制机制改革各项工作，圆满完成镇人大主席团和镇政府换届工作。严格落实党风廉政建设责任制，紧盯关键节点和重点人员，把握运用好监督执纪“四种形态”。深入开展“7·20”特大暴雨灾害追责问责案件以案促改工作，排查整改镇、村各类问题404个。全力支持镇纪委开展监督执纪工作，全年共处置问题线索12件，给予4人相应党纪政务处分。

【优化营商环境】营商环境持续优化，坚持以“万人助万企活动”为载体，落实党政干部联系服务民营企业制度，积极向企业宣传落实各项惠企政策，切实帮助企业解决用工、融资等难题104个。年内新招引落地企业5家，总投资近亿元，其中德利园食品、鑫达食品、诺达再生资源回收利用等3家企业已建成投产运行。

【项目建设】重点项目稳步推进，镇专职消防救援队建设项目建成并投入使用，郑州理工职业学院新校区项目各项工程已开工建设，南水北调中段观音寺调蓄工程安置区（一期）已完成土地征收，考古、规划编制等各项前期工作进展有序；郑许高速观音寺段、镇卫生院迁建等重点项目正按计划积极推进中。

【乡村振兴】全面落实乱占耕地建房整治和“一网两长”暨山田长工作机制，切实加大对土地违法案件的查处力度，拆除各类违法占用耕地建房行为8宗，整改耕地非粮化图斑14处，恢复耕地0.98公顷。不断深化“河长制”工作，先后整治南水北调运河防汛隐患风险点3处，拆除河道违建一处。“观音寺镇临山特色产业森林特色小镇”以及唐户村、楼李村森林乡村“示范村”建设作业设计顺利通过省林业局批复。脱贫成果不断提升，在全镇开展防返贫监测大排查，共筛查12706户、53340人，排查重点人群947户、2730人。组织开展乡村振兴理论培训班6期，培训镇村干部400余人次。争取上级专项资金1060万元，实施新郑市2022年扶贫（衔接）资金项目6个。先后申报2023—2025年“财政衔接推进乡村振兴补助资金（巩固拓展脱贫攻坚成果和乡村振兴任务）项目库”项目53个，涉及资金1.24亿元，为推进巩固拓展脱贫攻坚成果同乡村振兴有效衔接工作打下坚实基础。集体经济不断壮大，以菜王村为试点探索土地管理经营新模式，释放土地增收效能，全镇土地托管总面积达660.27公顷。围绕推动农文旅融合发展，与河南乡之旅文化旅游开发有限公司签订观音寺镇唐户乡村振兴产业综合体战略合作协议。大力推进潩水寨村开展以历史文化探索、传统书画展览以及非物质文化遗产展示为特色的文旅产业建设。全镇2022年村集体经济经营性收入超20万元的行政村有18个，占比达85.7%。

【民生保障】人居环境持续改善，先后争取各类资金近700万元，整治荒宅荒园152处，拆除违章建筑23处，整治私搭乱建147处，整治规范集镇市场4个，完成170余户“三改”工作，新增路灯、地灯、高杆灯等200个，栽植苗木4150棵，提升道路绿化约8.3千米，评选出“美丽庭院”640户。投资1400万元，实施河南省财政厅美丽乡村建设试点项目；投资420余万元，实施十里铺村村集体经济发展及村庄提升项目；投资175万元，实施省级农村公益事业建设项目6个。惠民政策落实落细，先后发放耕地地力保护补贴622.1万元。及时对全镇低保户进行动态调整，新增享受农村低保人员52户116人，新增享受残疾人补贴人员71人，新增享受高龄补贴人员13人。加强就业创业指导，组织技能培训228人次，新增就业495人，农民工返乡创业55人。积极开展拥军优抚工作，完成退役军人建档立卡信息表填报采集工作。先后完成8276户的农村住宅不动产登记确权审核及批复工作。

【社会综合治理】 防灾减灾能力持续提升，镇村不断强化重点区域隐患排查整改，定期开展安全生产大检查。先后完成13534户房屋的农村住房安全隐患排查，对符合补贴条件的111户农村危房进行改造。投资936万元完成5.06千米农村公路灾后重建工程，修复83处因灾受损基础设施；投资199.28万元，完成溵水寨、田庄等村灾后重建项目。公共服务持续完善，切实加强镇便民服务中心制度建设，规范办事流程，力争做到让老百姓"不跑空，跑一次，一次办"。目前，镇村两级便民服务中心已入驻59项业务，全年为群众办理各类服务事项6600余件，提供各类便民服务200余次。信访工作持续加力，多措并举推进"三零"平安创建工作，按照"排查得早、发现得了、控制得住、解决得好"的要求，扎实做好矛盾纠纷排查化解各项工作，落实信访包案领导责任制，建立健全应急处置机制，实行责任查究，先后排查、化解各类矛盾476个。

（撰稿：王　冲　审阅：张豪乐）

梨　河　镇

【概况】 梨河镇位于郑州市最南部，南与长葛市相邻，北与新郑市中心城区隔河相望。镇域面积42平方千米，镇区面积8平方千米。全镇辖24个行政村，有3.8万人，有0.25万公顷农田，全镇党员1500余名。2022年，梨河镇全方位做好市委、市政府各项工作安排，持续加强党的思想、组织、作风和制度建设，克服困难，努力完成上级交办的各项任务，推动梨河镇各项工作的顺利开展。

【主要经济指标】 梨河镇2022年度完成财政收入6366万元；完成规模以上工业总产值17.78亿元，较2021年同期17.61亿元同比上升1%；固定资产投资累计完成17.15亿元，同比增长88%；社会消费品零售额累计完成5.5亿元；全年新入库固定资产投资项目10个，共计投资金额14.86亿元，其中亿元以上项目5个；完成"四上"企业入库6家。

【城乡建设管理】 积极争取上级支持，破解要素制约。省政府批复土地征收10.36公顷，招拍挂项目3宗。全年投资9225.62万元，开工、完成各类工程11个，锦堂西路整修工程、农村公路灾后重建、4条乡村道路改造、2处泄洪渠桥涵道路工程、S103绿化工程等如期完工；人人利三期配套水电工程及G107污水管网工程快速推进。郑南高速梨河镇段率先完成附属物普查，为工程施工创造良好条件。镇村形象提升显著，太空主题游园特色鲜明，收获赞誉；绿化亮化工程全面铺开，在黄甫蔡、高新庄等13个村开展"四旁"绿化，种植树木1万株，绿化面积10万平方米，镇村道路太阳能路灯全面普及，群众出行更加安全。解决群众反映突出的难题，完成安置房、商品房网签538套6.8万平方米。农村房屋排查、国家卫生镇复审、农村房屋不动产登记、改厕工作、环境卫生整治及城市精细化管理、土地违法整治、一网两长等各项工作如期完成。

【产业发展】 克服禹州、长葛市和年底三次疫情影响，快速推动经济社会恢复正常，推动产业结构提档升级。强化项目要素保障，做到资金、土地、服务等要素跟着项目走，以最优的服务，最快的速度，最优的质量服务企业发展。人人利三期工程、河南长润开阔年产24万吨高档饲料项目全面施工，2023年可投产运行，刘华食品二期生产线正在紧张调试。中房太极强势合作，华夏城三期项目强势推进。郑州市雷德水泥制品有限公司二期项目成功落地，开工在即。加大技术改造投资，激发市场主体活力，引导"四上"企业入库，促进产业结构转型升级，超额完成技术合同成交额。持续开展万人助万企活动，全力推进"三个一批"项目进展，通过脚步丈量了解企业困难，向企业送政策、送服务、送要素、强信心，帮助企业解决资金、土地、手续等各方面问题。完成河南合则环保科技有限公司设备购置项目、新郑市康达机械厂钢构车间建设项目、新郑市闽星亿包装彩印有限公司年产200吨彩印包装膜扩建项目、郑州宏亮包装材料有限公司年加工260万个纸箱和480万张成品面纸扩建等5个项目。提前着手，人人利三期配套供水、供电工程，G107污水管网建设工程与企业项目同步施工，为工业经济稳增长奠定基础。

【"三农"工作】 农业生产能力得到提高，严查非法占用农地行为，基本农田面积保持稳中有增，完成S103土地复垦1.67公顷。通过地力补贴、种粮补贴等政策，引导群众种粮积极性，夏粮、秋粮获得丰收。强化日常监管，确保全镇农产品安全质量。推进林业建设，以创建郑州市级森林村庄为抓手，按照一村一景进行个性化打造，匠心设计绿化美化布局、精心筛选树种，逐步形成村村小景点，连线成面，加快村庄由"点线成林"向"全域绿化"转变。大力推动农村产业结构调整，成立合作社、家庭农场

85家。草莓、葡萄、西瓜等特色水果小有名气，中药材、山药种植面积稳步扩大。夜经济蓬勃发展，锦堂路美食一条街小有名气。直播带货有声有色，河南锦鲤从梨河游向全国。加强河长制管理，健全奖惩制度，激发河长工作动力。坚持开展沿河巡查，坚持常态化开展“清四乱”专项行动，对双洎河、唐寨水库周边的生产、生活垃圾及建筑垃圾进行清理，做好防溺水宣传，制止群众、儿童下水，严防发生安全事故。做好扶贫衔接，持续巩固脱贫成果，排查8804户37786人，筑牢防返贫底线。为监测对象2户8人落实精准扶贫政策，从教育、住房、就业、就医等多方面实现政策应享尽享、保障政策全部落实。

【农村人居环境整治】 围绕“六乱”“六清”治理，扎实推进农村人居环境整治。成立工作专班，围绕清除村庄垃圾、整治农户庭院、改善路域环境、开展“四旁”绿化、完善基础设施等任务，坚持因地制宜、分类施策、健全机制，保持农村人居环境工作的高压态势，形成干有目标、抓有重点的良性机制。出动人员9502人次，动用施工机械590台次，整治私搭乱建、整治荒宅荒园、拆除违章建筑、清理残垣断壁、整治广告标牌标栏等349处，高质量完成改厕问题排查整改3964户，镇村环境面貌焕然一新。强化部门联动，做到履职到位。引导群众积极参与，建立长效管理机制、督查评比机制，充分调动各村群众积极性。同时整合党员、巾帼志愿者、共青团、文化管理员等各类群众组织，动员志愿者3550余人次，评出“五美庭院”620户。做好示范引领，以创建郑州市级森林村庄为抓手，按照一村一景进行个性化打造，匠心设计绿化美化布局、精心筛选树种，逐步形成村村小景点，连线成面，加快村庄由“点线成林”向“全域绿化”转变，荣获省级生态文明建设示范乡镇称号。

【民生事业】 圆满完成人大、政府换届选举工作，以全年民生十件实事为重点，全力以赴推动完成。实事工程见成效，坚定推进乡镇重塑性改革、结构性优化、功能性再造，率先启动并完成乡镇管理体制机制改革。投资692万元，新郑市行政服务中心梨河分中心投入使用，设置窗口28个，进驻行政许可、行政确认等服务群众事项计6类265项，结合“两委”代办，打造十五分钟便民服务圈，运行半年来，共接待群众15100人次，办件量14838件，占比98.26%，总体评价满意率为95.61%。应急处突保安全，开展全流程防汛应急演练，梨河镇消防站投入使用，提高应急处突能力。深入开展安全生产专项整治三年行动、辖区防灾减灾工作，通过定期检查、专项排查、台账督促、销号管理，开展企业安全生产督导检查98家次，发现各类一般安全生产隐患228处全部整改到位，全年未发生较大以上安全生产事故，未发生因灾造成人员伤亡。全力做好民生兜底，大力开展帮残济困、慈善救助工作，通过走访慰问、送温暖活动，落实资金发放，确保困难群体及时享受到各类政策补贴。全镇现有低保、享受特困供养人员、困难老人、孤儿、留守儿童等共计934人，均按政策享受待遇。1100名残疾人、持证精神残疾人均得到救助和帮助。全方位做好养老工作，为14个村申请国开行贷款建设村级日间照料中心，新蛮子营村、梨河村、黄甫蔡村已完成初步建设。养老金征缴、医疗保险征收工作分别位居全市第三、第四名。完善文化服务体系建设，打造梨河特色文化品牌。开展我们的节日、全民阅读、手工月饼制作等各类活动12场，“千村百镇”系列体育活动、诵读比赛、红色电影下基层演出等文体活动充实了农村群众文化生活，全国科普日系列活动深受群众好评。省摄影协会“我们的中国梦——文化进万家”和省舞蹈家协会学雷锋文艺志愿服务“文艺进万家健康你我他”活动为群众带来了文化盛宴。进一步提升村级文化活动阵地水平，绰刘、官庄等6个村笼式足球场、篮球场建设已经获批。成立广场舞、舞龙、舞狮三个文化合作社，《唱支山歌给党听》《辉煌中国梦》广场舞在新郑市“中原舞蹁跹”广场舞比赛中获全市第一名、一等奖。全力做好劳动保障工作，多措并举促进群众就业创业。组织农民劳动力培训创业技能，开展“人人持证，技能河南”培训活动6期，共培训230余人，完成农村劳动力转移680人，新增城镇就业350人，占全年任务的103 %。农村群众就业充分，发放农民创业小额贷款330万元，扶持创业30人，返乡农民工创业辅导56人，全镇失业再就业35人，就业困难人员再就业30人。定时定期开展劳动监察，开展“双随机专项大检查”活动，全年调解薪资纠纷23起，涉及资金36万元。

【平安综治工作】 全面做好党建引领网格化试点工作，以“三零”创建为目标，利用好网格化探索 “组织领导、网格覆盖、党员带头、群众参与”“四治融合”的乡村治理模式基层治理新模式，全镇划分二级网格24个、三级网格124个。开展矛盾纠纷化解工作。成立1000人的平安志愿者队伍，用好矛调室、一村一法律工作者，将法治思想引入基层矛盾化解过程，把矛盾消除在萌芽状态，化解纠纷757件，28起信访案件全部按期办结，群众满意率100%。推进“雪亮工程”和智能安防小区建设，技防水平有了显著提高，案件发生率明显下降。着力做好禁毒铲毒、防溺水、反邪教等工作，群众安全感指数、治安满意度和安全感指数上升。

6月3日，梨河镇举办端午主题活动（梨河镇/供图）

【党的建设】 聚焦主责主业，深耕党建"责任田"。镇党委始终把基层党建摆在首要位置，每月至少召开2次党委会专题研究部署基层党建三年行动计划、"五星"支部创建等重点任务。聚焦责任落实，建立"书记抓、抓书记"责任体系，党政班子以上率下，将党建工作落实到一线、安排在基层。聚焦问题整改，针对党建述职反馈的问题，建立责任、问题、整改"三个清单"，结合"能力作风建设年"活动，梳理整改问题10项21个，针对性地采取措施，形成长效机制。聚焦"头雁"建设，围绕"选、育、用、管"，狠抓"双带双争"、导师帮带，组织结对活动40次。用好"亮赛比"机制，推行"总评、互评、点评"三评工作法，督促农村干部想干事、会干事、干成事、不出事。强化能力建设，牵住党建"牛鼻子"。以"主题党日"为抓手，做到"年度有计划、季度有主题、每月有安排"，强化党员党性锻炼，寓教育于活动中。以"一村一明白人"为抓手，每村多培养1名明白人，将党的政策、重点工作、村里发展讲给党员听、群众议。以党员志愿服务为抓手，建立"村支部—党小组—党员中心户"服务链条，24个村支部下设党小组114个、党员中心户579人。彰显党建作为，把好党建"方向盘"。让年轻干部在一线锻炼，选派30名年轻机关干部分包24个村支部。将有限财力倾斜基层，不折不扣落实村级工作经费，投资100万元新建、改造阵地7个，刘楼村党群服务中心建成使用。投资692万元，完成新郑市行政服务中心梨河分中心建设，结合"两委"代办，打造十五分钟便民服务圈。创建五星支部，激活党建"一池水"。以镇村双强、繁星成片为目标，通过脚步丈量摸清家底，聚力支部过硬，深入挖掘各支部特色、特点、特长，采取班子分包、科室指导、专班推进，对照标准逐村逐项研判，点对点提出实打实的创建举措。聚力产业兴旺，加快集体经济发展步伐。大力推行产业结构调整，发展生态种植、物流运输、工程施工等多种模式的集体经济。全镇落地集体经济项目12个，成立合作社、家庭农场85家。聚力人居环境整治，回应群众期待。拓宽资金来源，深入开展乡村道路升级、改水改厕、示范村（街）建设，补齐基础设施短板。聚力基层治理，实现网格全覆盖。全镇划分二级网格24个、三级网格163个，探索"组织领导、网格覆盖、党员带头、群众参与""四治融合"的乡村治理模式。七里堂村、新蛮子营村被评为郑州规范化建设和政务公开示范村。全年创成农村四星支部5个、三星支部14个、二星支部5个，三星以上支部占80%，总评得分3分，高于全市平均分。

【精神文明建设】 高度重视精神文明建设工作，打造文明村镇。持续开展星级文明户、乡村光荣榜评选，壮大文化队伍，提升群众文明素养。积极开展以"我们的节日"为代表的精神文明创建活动，倡导文明、节约、诚信的社会新风尚。同时，充分发挥新时代文明实践所站的作用，开展移风易俗活动。做好扫黄打非，用充满正能量的活动不断丰富村民精神生活空间。充分利用媒体平台展示形象，建立工作信息发布督促机制，积极寻找有价值的新闻线索对外推介，全年共在各级平台上发布梨河相关信息187篇。

【全面从严治党】 深刻吸取教训，深入开展"7·20"巡察整改工作。高标准制定整改方案和整改台账，22项整改措施全部按时完成。强化执纪审查调查力度，共办理案件6件，初核4件、函询1件、立案1件。强化执纪监督"四种形态"运用，对侵害群众利益，情节较轻不构成违法违纪的吴庄村、周庄村3名党员干部给予批评教育。全面落实"清廉新郑"建设要求，七里堂村、前吕村分别被确定为郑州市、新郑市清廉乡村试点村。深入开展"以案促改"工作，推动廉政谈话和廉政党课常态化。筑牢防线，坚决把纪律挺在前面，坚持防微杜渐，加强对村"三资"的监管力度。用好廉情监督员队伍，促进全面从严治党向村级延伸。

（撰稿：毛　檽　审阅：杜　鹃）

和庄镇

【概况】 和庄镇位于新郑市东部，镇域面积37.52平方千米，辖16个行政村，32个自然村，总人口3.4万人，耕地面积2266.67公顷，是河南省首批重点产业集聚区——新郑市新港产业集聚区核心区乡镇，也是河南省新郑市经济技术开发区所在地。辖区道路四通八达，紧邻高速路口，距港区、机场半小时车程，区位优势明显，境内文化底蕴深厚，是明朝隆庆年间内阁大学士、内阁首相高拱故里。

2022年，和庄镇紧扣“建设现代田园临空经济强镇”这一目标，一手抓防疫，一手抓发展，践行“用脚步丈量工作法”，围绕“一线一片区两大主导产业”，厚植发展优势，实施“九项工程”，经济社会发展稳中有进、难中向前，取得了新成效。顺利通过国家卫生镇和省级文明镇复审。先后荣获“河南省农村人居环境集中整治行动先进单位”“河南省健康单位”“河南省节水单位”“郑州市服务中小企业先进单位”“郑州市信访工作‘四无’乡镇”“郑州市无烟党政机关”“郑州市爱国卫生杯先进单位”“郑州市计划生育协会先进单位”“郑州市疫情防控优秀新时代文明实践所”“郑州市爱国卫生运动红旗单位”“新郑市民营经济统战工作先进集体”“新郑市‘扫黄打非’工作先进集体”“新郑市农村公路文明乡镇养护站”“新郑市消防工作先进单位”“新郑市青年文明号先进集体”“新郑市五四红旗团委”“新郑市优秀妇联组织”等称号。

【党建引领】 严格落实“第一议题”制度，组织专题学习习近平新时代中国特色社会主义思想和党的二十大精神32次，开展理论中心组专题学习研讨22次，开展“线下+线上”培训12期，覆盖群众上万人；开展“我们的节日”等系列文艺活动15场；严格落实上级“四单”交办清单22期，办理市长热线、网民留言、社会舆情等325起。把“五星”支部创建作为乡村振兴总抓手，探索建立以构建“镇、部门、村、组、党员”五级责任体系，实施“摘星夺旗、人人参与”“挂图作战，攻坚夺星”“四亮一争一创”“列单、派单、接单、销单”四大行动，建设美丽乡村示范区、新型城镇化示范区、“党建+”三大品牌为主要内容的“543”工作法，推动“五星”支部创建工作走深走实。投资300万元完成小岗王、东高党群服务中心提升改造，全镇基本实现标准化党建阵地全覆盖；围绕重点工作开展“亮赛比”活动，落实“四挂钩”竞争激励机制，激发基层战斗力。其中杜楼村“软弱涣散”党组织整顿高标准完成，陆庄村党组织书记成功入选郑州市第二届“百优”党组织书记，全镇16个行政村年集体经济收益超20万元8个、超100万元2个。全镇创成“四星”支部2个、“三星”支部11个。依托市城运平台、民新通等，优化企业、门店微网格，建设镇村城运中心，着力打造企业直通车、便民直通车、服务直通车特色应用场景；坚持把“三起来”与“三色管理”有机结合，737名党员战斗在抗疫一线，着力构筑疫情防控“红色堡垒”。

9月7日，市领导到和庄镇调研基层党校红色驿站工作开展情况（和庄镇/供图）

【经济指标】 全年完成财政收入3.3亿元；地区生产总值完成57.7亿元，同比增长3.4%；规模以上工业增加值累计增速6.5%；社会消费品零售总额完成20.02亿元，同比增长14.8%；固定资产投资完成27.06亿元，同比增长27%；全镇农民人均纯收入达到33983元，占全年任务的117%，各项经济指标稳步增长。

【工业经济】 创新发展理念，充分发挥“腾笼换鸟”效应，推动图源环保、正航再生资源、厨来香、同祥食品、闽盛食品、宜顶食品等企业顺利入驻。通过“定行业、定区域、定协会、定人员”的“四定”招商模式，吸引美盈森包装、普庆印刷、宅乐送食品等一批亿元以上投资项目落地、开工；培育达利、润弘等龙头企业5家，实现传统食品向健康食品、传统医药向生物医药的“蝶变”。围绕现代食品、生物医药两大主导产业，谋划重点项目6大类49个，总投资48.7亿元，年度投资21.1亿元。13个新郑市及以上重点项目和“三个一批”重点项目推进情况全市领先。全镇入库“四上”企业56家，培育后备入库规模企业10家，新增“三高”企业9家、“四转”企业16家。重点培育高新技术企业4家、科技型企业8家、战

6月3日，市领导到镇敬老院对老人们进行端午节慰问（和庄镇/供图）

略性新兴企业6家，专、精、特、新企业5家。实施科技创新和体制机制创新“双轮驱动”，践行“用脚步丈量工作法”，深入开展“万人助万企”活动，落实“日碰头、周例会、月研判”工作机制，强化“五心”服务，挂图作战，加快推进投资8亿元的美盈森4.0包装、投资2亿元的邦美实业等项目，帮助企业解决各类问题148个，推动形成完整的产业链条，打造百亿级现代食品、生物医药产业集群。

【乡村振兴】 城乡建设品质持续提升。加快推进投资72806万元的河赵三、四期1090套安置房建设。统筹推进投资4.5亿元的公立中医院、投资6500万元的莲河公园二期等项目。圆满完成1450套安置房网签工作。围绕和美乡村建设提升城镇品质，完成投资200万元的初心园、投资600万元的杜楼水库、投资550万元的关庙郑塘坝重建等项目，累计整治道路、公交站、果皮箱等重点部位3000余处，处理精细化管理案件近千件，城乡面貌焕然一新，城镇建设迈上高质量发展“快车道”。人居环境整治扎实推进。完成投资725万元东高美丽乡村示范村项目设计、施工图和项目预算编制工作。大力推动投资928万元的穆庄美丽乡村示范村建设项目。完成崔黄庄、西高21条总长2500米土路硬化；组织开展“整治六乱、开展六清”专项行动，累计整治清理违章建筑147处，清理私搭乱建81处、荒宅荒院77个、残垣断壁37处，创建“美丽庭院”560户，让村庄“净起来”。开展春季种树、种花和种菜活动，让村庄“绿起来”。安装村庄主街路灯75盏，让村庄“亮起来”。同时，紧盯土地卫片、农村乱占耕地等重点领域，实现农村乱占耕地建房图斑整改率100%。落实河长制常态化工作机制，开展巡河48次，构建水清、岸绿、河畅、景美的自然生态环境。

【社会保障】 社会保障有力度。一年来，累计发放低保等各类救助救济补贴款等192.15万元。扎实开展退役军人工作，完成退役军人建档立卡和优待证办理。加大力度做好城镇失业人员、就业困难人员等重点人群就业工作，大力推进“人人持证、技能河南”建设，累计开展技能培训29批1431人，新增就业450人，转移农村劳动力680人，处理用人用工相关案件35起，涉及金额307万元。持续推动教育发展，新建教学楼1栋，新增学位600个。持续提升紧密型医共体服务能力，率先达到国家推荐标准。围绕“一老一幼一青壮”，投资500万元建设歹庄、杜楼、尹庄等7个老年人日间照料中心和镇级普惠托幼机构，高标准打造河赵青翼家园阵地并顺利通过验收，持续深入开展“最美家庭”“最美家庭成员”评选等工作，切实提高群众幸福感、获得感和满意度。先后组建、培养戏曲表演队、广场舞队、盘鼓队、军鼓队、大鼓队等民间文艺队伍62支，组织专题培训8次，培育文艺骨干400余人。广泛开展“我们的中国梦 文化进万家”文艺巡演、“粽情端午”“书香和庄”全民阅读、“九九重阳节”敬老爱老、“结对子、种文化”戏曲培训等活动，开展“红色电影进基层”16场次、送戏下乡8场，不断满足群众精神文化需求。

【社会综合治理】 深入开展“三零”平安村、单位创建活动，集中开展矛盾纠纷大排查大起底大化解活动，共排查各类信访矛盾85个，化解率100%，圆满完成党的二十大安保任务。积极推进数字乡村建设，投资70万元为15个村安装数字大喇叭，投资200万元为河赵村安装人脸识别系统。建设完成16个村级综治中心“一门式办理”“一站式服务”综合便民服务平台。整合基层平安建设力量，配优配强镇、村两级综治工作队伍，壮大“平安志愿者”队伍，精心建设平安乡村“指挥部”，实现视频监控全覆盖。持续开展“工贸”“危化”“仓储物流”等行业专项治理，“大暗访、大排查、大整治、大执法”四大攻坚行动，累计检查生产经营单位700余次，村、社区100余次，发现安全隐患2451处，下发整改通知书53份，均已整改到位，排查出的自建房房屋安全隐患按要求整改到位，辖区未发生重特大事故。

（撰稿：刘智勇　审稿：许利军）

薛店镇

【概况】薛店镇位于新郑市东北部，地域面积56平方公里，镇区规划面积39.6平方公里，建成区面积18.2平方公里，辖20个行政村，48个自然村，总人口约10万人（其中户籍人口4.1万人），是全国发展改革试点镇、全国重点镇、国家卫生镇、国家生态镇、河南省园林城镇。2022年薛店镇全年完成财政收入4.31亿元，完成地区生产总值65.62亿元，同比增长3.3%；工业经济税收占全镇比重增至80%，规上工业产值突破100亿元，同比增长12.1%。

（一）区位交通。薛店镇紧邻郑州新郑国际机场，北距省会郑州25公里，南距新郑城区10公里，境内京广铁路、石武高铁、京港澳高速纵贯南北，商登高速、S102省道、西气东输、横穿东西，南水北调、规划的地铁16号线等国家省市重点工程穿境而过，具有空港、铁路港、公路港、信息港“四港联动”的立体交通优势。

（二）产业情况。近年来，薛店镇大力发展电子信息、智能装备制造等新兴产业，推动智能终端产业港、锐杰微芯片封装、威斯迪克等电子信息产业项目建成投产，争取逐步形成电子信息全产业链。努力打造绿色食品、医疗科技等特色板块，抓好金星啤酒、高森罐业等重点项目建成投产，保障康之健、百力汇、百利祥罐业等项目在建施工，稳步推进普罗斯物流产业园等项目开工建设。充分发挥航空港综合交通枢纽优势，加快铁路物流基地项目落地开工，推进冷链仓储、快递速运融合发展。围绕打造现代商贸综合服务中心，加快润丰新辰、荣德金茂商业中心建设，为推动经济高质量发展增添新动能。

【党的建设】一是全面加强党的建设。强化政治引领。认真落实党委会“第一议题”，高质量召开民主生活会2次，党委书记讲党课2场，开展中心组理论学习16次，党委会议24次，制定《机关干部考核办法》等制度12项，实施村党组织月考核排名，调整不胜任干部3人。狠抓基层基础。组建“五星”支部创建“1+5+1”专班，建立“六个一”机制，通过清单化、台账化抓好贯彻落实。累计奖补创建经费50万元，召开例会17次、分析研判10次，组织“故里英才”引进研究生开展“夜校大讲堂”20课时。攻坚重点任务。全年发展党员28人，培养积极分子23人，成立“两新”党组织2个、临时党组织26个，组织党务专题培训6场，颁发“光荣在党50年”纪念章15人，投资150万元的岗周等四村联建党群服务中心投入使用，建成村级日间照料中心200平方米。

二是持续巩固党的领导。坚持党对一切工作的领导。站位“国之大者”“省之要者”，把党对一切工作的领导贯穿所有工作始终，推进政府依法履职和治理创新，发挥人大、政协制度优势，增强工会、共青团、妇联等人民团体桥梁纽带作用，加强人民武装、老干部等工作，确保党中央决策部署和省委、郑州市委和新郑市委各项要求在我镇条条落地、件件落实、事事见效。强化意识形态管控。全年召开意识形态联席会议4次，分析研判会议5次，举办“党的创新理论进基层”宣讲活动15场，组织“扫黄打非”行动6次，开展精神文明创建活动80余场，评选九星级以上文明户100户，选树“乡村光荣榜”先进模范22人。画好统战同心圆。组织《宗教事务条例》等专题学习2场，规范岗周和草店等宗教活动场所管理，举办“听讲看送”活动6场。组织工商联、新阶层人士教育专项基金广泛开展抗击疫情、关爱困境儿童、教育基金行动等活动12场。

三是纵深推进全面从严治党。扛稳党委主体责任。严格落实班子成员“一岗双责”制度，全年专题研究全面从严治党工作6次，听取镇纪委专题汇报12次，做深市委巡察整改“后半篇文章”，明晰整改责任，层层传导压力。严格纪委监督责任。深入推进7·20特大暴雨灾害事件以案促改，全年组织警示教育20次，召开警示教育大会3次，通报反面典型事例50余例，开展专项监督检查80余次，消除廉政风险点6个，解决群众急难愁盼问题230个。从严执纪问责。全

2月，薛店镇组织召开复工复产及重点时期安全生产工作会议（薛店镇/供图）

6月，薛店镇组织召开阶段性重点工作会议（薛店镇/供图）

年开展落实中央八项规定精神监督检查8次，发现问题3个，并全部完成整改。搜集各类问题线索18件，办结10件，初核了结6件，立案审查6件，给予党政纪处理4人。

【产业发展】 坚持统筹发展新思路，把握稳中求进工作总基调，深入贯彻新发展理念，持续推动新旧动能转换，促进经济由高速度向高质量转变，努力筑牢高质量发展基础。产业结构持续优化。工业主导地位日益突出，现代商贸物流业高速发展，工业经济税收占全镇比重增至80%，规上工业产值突破100亿元，增速达12.1%，16个省市重点项目稳步推进，完成投资39.56亿元。扎实开展“万人助万企”活动，走访企业220余次。产业集群优势突出。郑州众合石材城已入驻企业、商户200多家；中德产业园签约企业169家，装修入住69家；航美国际智慧城签约IBM、聚思鸿、联想集团、甲骨文等企业26家，已进驻员工300人。智能制造新添动能。全力支撑企业整合升级、产业创新发展。全年新培育规上工业企业4家，新增“四上”企业22家。白象股份、瑞泰耐火材料、雪花啤酒等企业数字化、智能化、绿色化改造升级加快，天康宏展营业收入首次超20亿元。

【城市规划】 致力发展规划新布局，深入推进城乡面貌日新月异。城市品质跨越提升，完成“三区三线”重点项目立项及边界优化调整、全域土地综合整治与生态修复试点申报等工作；完成C004河胡线、C036河河线、Y018大庙线灾后重建道路项目；实现幸福街、腊梅路、花园路、乐福路、梨园路进场施工；华润电力智慧能源集中供热及清洁能源管网已全面开工建设；建成41.66公里饮用水地表化工程，惠及全镇8个行政村7000余户群众。人居品质显著改善，开展自建房安全隐患专项整治行动，摸排自建房6259栋，排查隐患房屋884处，逐户落实管理修缮要求；紧抓省政府专项债发行等机遇，已将岳庄一期、二期安置房缺口、常刘村安置房缺口、花庄二期棚户区改造项目纳入薛店镇棚户区改造项目安置范围，并申请入发债项目库。已完成莲花社区等棚户区改造项目立项、财政审核等相关手续，计划发债4.7亿元；农村人居环境改善工作持续开展，组织开展垃圾清运、道路硬化、空地绿化、村庄美化、污水净化等重点工作，农村人居面貌明显改观。城乡管理更加精细。高度重视土地资源的开发利用和保护，大力开展违法占地专项清理行动。全面整改违法图斑33个，面积12.99公顷（含耕地面积4.76公顷），拆除违建面积6600余平方米。投入运行网格化基层治理平台，以“智慧化”赋能“绣花功”，全领域、全时段监管分析城市活动、指派处理违规事件。累计清除违规广告4700余处，规范游商突店1300余处，治理车辆乱象3000余起，“整洁、有序、舒适、愉悦”的城乡环境初步呈现。

【改革创新】 2022年，薛店镇抢抓改革创新机遇，不断增强发展后劲，改革创新成效显著。招商引资高质高效。招引花花牛饮料、玖豫基金等一批强链、补链、延链的优质项目；其中新引入的河南锦之锐科技有限公司，实现了新郑市在信息技术服务业上“零”的突破。项目建设提质增速。45个重点项目专班推进，高森罐业、普洛斯等项目陆续竣工投产，华思5G年产100万平方米电路板及100万套芯片研发、合丰泰年产1500万片柔性显示模组制造、雪麦龙年产3000吨天然香料香精扩建、正佳能源石油高端智能装备生产等项目即将建成投产。营商环境持续改善。依托薛店镇新联会，成功举办“喜迎二十大，奋进新征程，2022新郑市薛店镇经济发展高峰论坛”；结合“万人助万企”活动，深入践行“用脚步丈量工作法”，当好“金牌店小二”，开展入企送政策38次，指导天康宏展等18家规上工业企业申报奖励资金1200万元，指导华润雪花啤酒等13家企业完成技改备案，为远大重工、百利祥罐业等10余家小微企业联系银行缓解资金难题，为锐杰微等企业顺利提供科技贷等项目，为雪花啤酒等7家企业解决电力稳定需求问题，累计为金星、世通等企业输送一线工人230人。

【生态治理】坚决打赢大气污染防治攻坚战，严格落实“大生态、大环保、大格局、大统筹”总体要求。大气污染稳定防控。严格落实建筑工地“三员管理”和“工地警长”责任制，累计下发整改通知125份，确保“8个100%”“两个严禁”执行到位。关停取缔15家违规企业。大力整治餐厨油烟污染，督促35家餐饮服务单位安装使用油烟净化装置。实施全年全面禁烧，基本实现重点监控时段“零火点”目标。全面加强废铅蓄电池集中收集，与50家汽修企业签订危废回收合同。高标准完成中央及省、市各级交办案件2批2件。水体治理取得实效。认真落实“河长制”工作要求，开展违法违规排污专项排查整治，完成黑臭水体治理2处，庙东陈等6个村污水管网及污水处理站建成使用。生态建设扩面提质。统筹推进湿地、农田、流域等生态系统建设，大力实施生态廊道、高速互通立交及出入口区域绿化整治提升，栽植树木7485株，新增绿化2.26万平方米。

【社会各项事业】安全防控精准到位。建成薛店站前街消防站项目，安全生产持续强化。常态化对辖区内各类市场、建筑工地、景区、物流仓储、“三合一”场所等重点行业企业、重点领域经营场所进行监管，开展专项检查97余次，发现各类隐患1900余处。组织开展消防安全演练培训活动7次，持续提升应急处置能力。全镇火情、安全事故数量有效压减。社会治理成效显著。全力推动平安薛店建设，深入开展“百日攻坚专项行动”，依托人防、物防、技防三防手段，坚持“日巡+夜巡”24小时治安巡逻，形成常态震慑。深入开展电信网络防诈骗“七进”活动，持续提升群众反诈意识和能力，成功见面劝阻1903人，止损金额2万余元。加大案件侦办力度，全年出警5149起，刑事立案63起，受理治安案件104起，刑事拘留7人，2022年零发案村（社区）占比80%，社会治安形势得到持续性好转。信访工作扎实稳妥。认真落实信访案件包案制度，充分发挥管区、村（社区）矛盾排查调处机制，排查调处各类矛盾纠纷342件，办理信访案件233起，结案233起。全力攻坚问题楼盘化解难题，4个列入省市台账的项目已全部化解，化解率100%。疫情防控有序有力。始终坚持人民至上、生命至上，因时因势优化调整防控措施，集中力量、集中资源应对疫情高峰，最大限度保护了人民生命安全和身体健康。

（撰稿：黄　贝　审阅：冯文江）

孟庄镇

【概况】孟庄镇位于新郑市东北部，东临郑州航空港经济综合实验区，西接新郑教育园区，北靠郑州，距新郑国际机场10千米左右。行政面积66平方千米，辖22个行政村 、1个社区、35个自然村，户籍人口4.7万人，流动人口3.2万人，共计约7.9万人。辖区内机场高速、京港澳高速、京广铁路、京广高铁南北贯通，双湖大道、地铁2号线、新老107连接线穿境而过，“铁、公、机”齐备，区位优势突出。孟庄镇将充分利用自身优势，围绕商贸物流、红枣旅游、空港服务“三张名片”，全力建设临郑临港经济强镇。

2022年，孟庄镇全面落实“疫情要防住、经济要稳住、发展要安全”的重大要求，锚定“两个确保”，开展“三标”活动，推进“十大战略”，砥砺奋进、真抓实干，经济社会高质量发展取得了新成效。全年完成地区生产总值46.6亿元，同比增长3.6%；完成财政收入2.73亿元；规模以上工业增加值增速达3.5亿元，增速12.5%；社会消费品零售总额23.5亿元，同比增长14.9%；固定资产投资总额81.8亿元，同比增长14.8%；粮食产量全年10122吨；全镇农民人均可支配收入达到2.8万元，同比增长6.5%。

【项目建设】产业发展持续向好，孟庄镇现有枣制品加工企业50余家，规模以上3家，已初步形成以红枣为主导的食品加工产业集群，2022年实现产值9100万元；华药药业实现产值1.4亿元，正在筹划建设华药药业生物医药产业园；加快华南城T-park产业园建设，招引总部企业落地，预计产生利税3000万元；引进海博瑞实业，建成三槐园餐饮、俺们村糕点铺生产枣馍等各类特色农产品50多种，年总营业额达800万元。重点项目长期向好，投资12亿元占地12.8公顷的郑州智能科技职业学院一期建成并投入使用，实现招生2000人，预计2023年再招生2500人；投资5.2亿元占地6公顷的奔驰汽车文化产业园暨万通企业总部正在加快建设，一期新郑驰星4S店已营业，实现年销售2.9亿元；投资2.5亿元占地5.47公顷的骏创仓储物流一期已建成使用；投资11.3亿元占地26.13公顷的万家丽智能物流港项目主体已经完工。

【基础设施建设】交通路网建设更加完善，启动华二路潮河桥、府前路东延、学府路建设，完成郑港四路、滨河东路规划设计，建成绿茵路、祥和路东延；督促双湖大道东延道路建设加快进度；修缮耿湖村北金岱路桥；完成袁孟路、双湖大道潮河桥、马东洼护坡等“7·20”水毁工程修复；建成孟庄镇消防服务站。社区建设更加完善，完成3357户34万平方米安置房网签；启动孟庄村回迁安置，完成594户1581人875套首套安置房分配；

探索推行网格化治理模式，建立一级网格1个、二级网格23个、三级网格133个。

【生态文明建设】 加强生态环境保护治理，开展“散乱污”企业专项排查245次，取缔整治“散乱污”企业15家；集中整治料场及搅拌站、建筑工地等150家；常态化推进大气污染防治，开展散煤、扬尘、秸秆焚烧、烟花爆竹集中治理1360人次，全年空气质量优良天数达228天。加大护林巡河力度，全面落实“林长制”工作要求，开展护林巡查1080人次，及时扑灭林地火情105起，针对枣尺蠖等枣树病虫害开展专项防治38次；严格落实“河长制”，常态化开展潮河、南水北调运河巡查1858人次，排查整改妨碍行洪突出问题5个，封堵污水水源4处，清理河道围垦2处。加快美丽乡村建设，完成主次干道和排前路硬化100千米，完成改厨改厕改水2700余户，建设农村文化广场4个、乡村街头游园12个；创建评选“美丽庭院”示范户235户；申请郑州补短板资金135万元，安装太阳能路灯300余盏。

【社会民生事业】 全面提升社会保障，高质量推进“人人持证、技能河南”培训，围绕挖掘机、推土机、叉车操作和电工、保育员等开设培训班21次，参与培训756人，促成就业689人；审核新增五保户20户、低保户45户，临时救助24户，发放救助资金2.45万元。深入推进社会健康，建成村级标准化卫生室23个，投资64万元建成曹庄、城后马等村（社区）日间照料中心5处，解决200名老人日间照料问题；建成托育中心1处，可满足115名婴幼儿托育需求；开展辖区内职业病、慢性病等疾病排查2万余次。蓬勃发展文体事业，不断完善综合文化活动中心、新时代文明实践站、农家书屋等文化设施，扎实开展群众文化活动，成功举办大铜器合作社技能大比武、酒孙音乐节、全民运动会等20场次，参与人数达8000余人，获得“郑州市公共文化服务高质量发展示范乡镇”荣誉，孟庄镇综合文化服务中心被评为“2022年河南省最美公共文化空间”。扎实开展巩固脱贫攻坚后评估，强化监测识别帮扶力度，完成对冯辛庄、耿湖等12个村89户脱贫户和寺后张、南常口等3个村10户“三类户”排查工作，全面落实帮扶措施。全镇23个村（社区）年集体收入均突破10万元，潮河新城社区、唐河村等年集体收入突破100万元。

【社会综合治理】 持之以恒保平安，成立镇村两级应急救援队伍24支400余人，开展燃气、危化品、自建房、食品药品安全等专项整治120余次，排查企业、作坊、家庭、商户等6000余家，整改隐患1800余处，清理非法储存充装液化气窝点3处，封停非法加油站5处。全力以赴护平安，深化开展“三零”平安建设。创建“三零”村（社区）17 个；深入开展信访积案化解和矛盾纠纷排查，累计办理信访案件429起，被评为新郑市二十大维稳先进单位；深入开展问题楼盘化解和拖欠民工工资专项整治，协助华南城中园和浩创城申请中央保交楼专项资金1.8亿元，解决拖欠民工工资512起3938人1.12亿元；严厉打击非法集资、电信诈骗等违法行为，开展防范电信诈骗宣传150次，追回群众被骗资金53.68万元；建立镇村两级治安巡逻机制，开展常态化夜间巡查280次。

酒孙村海陆空露营地（摄于2022年5月8日）（孟庄镇/供图）

【基层党建】 全面夯实政治思想建设，孟庄镇党委始终以习近平新时代中国特色社会主义思想指导工作、推动实践，全镇各支部组织开展主题党日学习332次，中心组学习12次，利用“学习强国”“河南干部网络学院”等平台进行线上学习，实现了学习教育全覆盖。特别是党的二十大胜利召开后，第一时间组织党员干部开展学习研讨、座谈交流，通过党委中心组集中学、广泛宣讲深入学、线上线下结合学、坚持不懈常态学等方式，迅速掀起学习宣传贯彻党的二十大精神热潮。全面强化组织建设，严格按照发展党员工作“一步一审”全程纪实，高标准发展党员20名，预备党员转正31名，为孟庄镇高质量发展提供有力的干部支撑；围绕“五星”支部创建，开展“亮赛比”观摩6次，创成农村“四星”支部3个、“三星”支部18个，创成社区“三星”支部1个；新成立非公企业党组织2个，培育社区社会组织

6月15日，进行铜器大比武（孟庄镇/供图）

12个；全年举行“五星”支部创建培训7次，举办“万名党员进党校”培训班2期，切实以组织振兴引领乡村振兴。全面落实从严治党，加强作风建设，通过学习讨论、查摆问题、深入整改等方式，推动党员干部思想作风变好、变深、变彻底；加强队伍管理，实行“红黑榜”积分制，督促广大党员干部担当作为、转变作风、树好形象、推动工作；加强责任落实，切实履行全面从严治党主体责任和党政班子“一岗双责”，严格执行第一议题制、民主集中制、“一把手”重大事项决策“末位表态”等制度。开展“廉洁过中秋”“廉扇送清风”等党风廉政建设活动15次，组织召开廉情监督员培训30次，切实把纪检“三化”建设落实到高质量发展的每一项工作中。

【年度工作荣誉榜】 2022年，先后获得“河南省园林城镇”“郑州市无烟单位无烟党政机关”“郑州市信访工作四无乡镇”“爱国卫生杯先进单位”“2021年度综合工作优秀单位”“扩大有效投资及重点项目建设专项奖”等荣誉。

（撰稿：张瑞灵 审阅：史淑娟）

郭店镇

【概况】 郭店镇位于新郑北12千米、郑州南20千米处，距新郑国际机场、京港澳高速5千米，东临郑州航空港综合经济试验区，西与新密市省级产业新城接壤，南接新郑中心城区，北临郑州新郑教育园区管委会，是郑州南部新城重要组成部分。郑新快速通道、107国道、中华北路、大学南路、希望路与S102省道、107连接线、黄金大道和莲花路构筑成“五纵四横”的交通网，四通八达，方便快捷。境内历史积淀深厚，文化遗产丰富，现有国家级文物保护单位5处、省级2处、郑州市级3处、新郑市级8处华阳古城、后周皇陵、陈氏“三宰相墓”、郭威墓等历史古迹赋予了郭店镇厚重的历史底蕴。

全镇辖32个行政村，89个自然村，219个村民组，常住人口9.8万人，镇域面积77平方千米，其中镇区面积17平方千米，基本农田3066.67公顷。辖区内以汉族为主，回民2200余人，主要集中居住在华阳寨村。

2022年，围绕市委、市政府提出的经济社会发展目标任务，牢牢把握稳中求进工作总基调，紧紧扭住高质量发展目标不动摇，积极应对各种风险挑战，主动作为、强力攻坚，深入落实“用脚步丈量乡村”工作法，统筹推进疫情防控、党建引领网格化、五星支部创建、经济社会发展、美丽乡村建设等各项重点工作，较好地完成了各项目标任务，保持了经济社会各项事业稳定健康发展。

【经济指标】 2022年全年郭店镇财政收入完成26543万元，占目标任务34271万元的77.45%；郭店镇规模以上工业增加值累计增速年初目标12%，实际完成-12.5%；固定资产投资年初目标835000万元，实际完成783071万元，占全年目标任务93.8%；社会消费品零售额目标任务181500万元，全年完成166006万元，占目标任务的91.46%，同比增长1.54%；农村人均可支配收入29073元，同比增长6%。其他各项经济指标均实现较快增长。全市发展竞争力持续提升，郭店镇经济发展重要性日益凸显。

【项目建设】 本年度省市重点项目共16个，其中省重点项目2个，郑州市重点项目5个，新郑市本级重点项目9个，年度计划投资40.78亿元，在建重点项目10个，完成投资39.56亿元。百力汇生态健康城建设项目，2022年度计划投资10亿元，现已完成投资额8.5亿元，公园及商业街均已投入使用。传化华商汇中原物流基地核心区建设项目，2022年度计划投资12亿元，现已完成投资额80000万元，一期已投入运营，二期正在规划调整。永泽环保产业园建设，2022年度计划投资1.5亿元，已完成投资额9800万元。河南瑞腾塑胶集团有限公司年产二十万套海绵城市配套管道及厕所升级迭代产品配套项目，2022年度计划投资2亿元，已完成投资额1.6亿元，已取得施工许可证，现场施工进度2#

标准化工业生产厂房钢结构正在施工。华东师范大学附属郑州（新郑）江山学校（小学部），2022年度计划投资1亿元现已完成投资额1亿元，已开始运营。河南浩纳实业有限公司年产5万套现代化智能家居项目，2022年度计划投资3亿元，土地招拍挂工作有序进行中。新郑市香祖油脂有限公司香祖油脂标准化厂房建设项目，2022年度计划投资1.2亿元，附属物清理工作已完成，后期建设有序进行中。郑州乾龙物流有限公司乾龙现代物流园项目，2022年度计划投资3.5亿元，已完成投资额3.1亿元，一期4~7号仓手续已办结；一期8号仓库已竣工，手续办理中，1~3号仓库、2号信息大厅、3号综合办公楼已竣工，手续办理中；二期19~20号仓已建设完成、3~5号仓库手续已办结。

【万人助万企】坚持“用脚步丈量”工作法，对全镇104家“四上”企业及新增31家企业听心声、解困难，精准优化营商环境，不断提升企业创新活力与综合竞争力，以“万人助万企”系列活动为契机，打造一流中原物流小镇。优化镇“万人助万企”服务专班，组建由党政主要领导挂帅，班子成员及部门负责人、商务局、科工信委干部为成员的新专班，镇班子成员担任分包企业首席服务官，深入包联企业调研解决问题。服务专班人员下沉企业开展精准服务，建立助企服务工作台账，摸清基本情况，汇总企业诉求，建立完善问题、责任和任务清单，每周召开服务专班工作会，邀请市级相关职能部门负责人参加，协调上级部门政策支持，逐个研判，逐一销号。2022年共走访企业1000余次，其中收集有关用工、资金等问题87个，邀请中国银行新郑支行等金融机构召开“银企对接会”，帮助企业解决资金问题，已有11家企业与银行对接，其中9家企业贷款已投放完毕，共计4320万元，分别为河南黑豹物流有限公司400万元、新郑市金田地面业有限公司140万元、郑州盛达文具有限公司500万元、河南远航物流600万元、瑞腾塑胶1000万元、裕程达汽车200万元、源泉制冷900万元、三力冷链500万元、颐尔福80万元。

【社区建设】坚持城镇社区发展新理念，贯彻落实市委、市政府提出的“九项工程”，推动“城镇品质”“城镇服务”“城镇融合发展”“城镇经济”四大提升。常家庄社区共建设17栋2072套，合计18.47万平方米，已回迁安置群众184户，分房287套，分房面积31250平方米，二期分房正在积极筹备。华阳寨社区共建设11栋863套，合计9.7万平方米，已回迁安置群众254户1272人，分房553套，分房面积6.36万平方米，已网签528套，二期分房正在积极筹备。南北街社区开工建设8栋896套10.6万平方米，其中4栋452套4.8万平方米已交房，已回迁安置群众285户1260人；4栋444套5.8万平方米已封顶，正在进行二次结构。洪沟社区开工建设16栋，其中2栋255套3万平方米已交房，2021年10月份9栋972套11.57万平方米已竣工，2022年已分房141套1.45万平方米，5栋5.6万平方米正在建设中，其中部分楼栋二次结构已完工。同时配套建设的小学、幼儿园、党群服务中心、社区综合文化服务中心、公共图书室、商业步行街等基础设施逐步投入使用。在做好建设的同时，积极解决拆迁群众临时过渡问题，共发放过渡费117.72万元。

【城建工作】切实开展土地征收，保障城乡建设顺利进行，积极做好农用地、建设用地报批工作。2022年度，康宁路、S102省道立交桥、中纬变电站、郑新快速路西辅道等项目涉及发布新征地启（2022）2号、3号、6号、9号、12号五个批次14个行政村的土地预征收工作。2021年第二批城乡挂钩试点项目、2022年第四批乡镇建设共完成征收土地6.0196公顷。与河南瑞松玄武岩纤维有限公司等2家企业签订交地确认书2份，成交面积49986.55平方米。华南城五路、郑州市四十四中新校区电力外网等建设项目立项正在进行中。洪沟路、佛赵路、拥军路、汇丰路、合顺路、华利路、常庄路等项目正在有序进行，前期拆迁工作初步完成，待上级资金拨付后立即启动项目建设。

通达云新能源项目（郭店镇/供图）

【双改工作】郭店镇政府坚持“路长制”工作体系，以文明城市创建为契机，开展“全城清洁”行动与爱国卫生运动，发挥党员干部群众积极性，全力推进“双改”工作强力推进，打造良好城镇人居环境，提升人民群众生活幸福感。强化镇区路政基础设施改造，加大政府资金投入，组织人员对老旧道路坑洼进行填补，重点部位窨井盖安装防坠网，街道路口购置新型环保分类垃圾桶，增强镇区路政基础设施水平。持续开展“全城清洁”行动，围绕镇区交通拥堵、秩序混乱、环境脏乱等问题，组织开展59次大整治行动，出动3900人次，清理占道经营290余处，小广告980余处，违规广告条幅740余处，清理垃圾560余处14000余吨。定期消毒消杀，累计出动专业队伍59个，出动人员230余人，累计投入器械87台次，消杀点位129个，消除滋生地210余处，累计消杀面积130余万平方米，镇区乱象得到有效遏制。

【基层党建】扎实开展“五星”支部创建工作，不断增强基层组织战斗力。全年先后召开5次“五星”支部创建推进会和4次“五星”支部培训会。组织两次支部书记“五星”支部应知应会知识测试，真刀真枪锻造村（社区）支部书记过硬理论水平。指导32个村（社区）制定不同的创建举措，制作创建举措版面，张贴在村内醒目位置，提升“五星”支部创建的科学性和针对性。印发《新郑市郭店镇深入推进“五星”支部创建工作实施方案》，将五颗星29项任务细化分解，明确创建目标，成立郭店镇“五星”支部创建工作领导小组，完善工作机制，明确一星一专班责任分工。建立周研判、月总结、季观摩协同推进工作机制。每月召开专题会议，总结点评前期工作，协调解决重难点问题，安排部署下步任务。每季度组织对各村创建情况进行观摩评比，对各项创建任务进行逐项“过筛”。成立“五星”支部宣讲团。选拔15名优秀年轻机关干部组成“五星”支部宣讲团，制作宣讲PPT，在全镇范围内开展“五星”支部宣讲活动。扎实做好意识形态与宣传工作，不断增强干部群众思想凝聚力。认真落实意识形态方面“四单”交办制度，高标准高质量完成季度意识形态工作总结、网络意识形态工作总结、意识形态分析研判报告及发言稿等制度性工作，工作成效受到上级部门的认可。在云上新郑上发布镇级宣传稿件共计70篇，发布新时代文明实践活动、镇党委重要会议简讯、重要日常活动等各类美篇共计16篇，尤其是在疫情防控等重要时刻，集中对相应主题进行了重点宣传，有效地将全镇人民面对疫情突发时镇定、果决的行动和全体干部能吃苦、能奋斗的干劲展现了出来。

【基层网格】稳步开展党建引领网格化平台建设，不断增强基层群众幸福感。郭店镇网格化基层治理组织体系共有519人，由党政主要领导担任一级网格网格长，班子成员担任分包行政村（社区）二级网格第一网格长，支部书记担任二级网格长，其他党员干部、村组干部分别担任二三级网格网格员，充分发挥党员领导干部的战斗凝聚力与堡垒作用，扎实基层组织建设，同时根据网格治理体系，全镇划分小微网格1270个，小微网格长1270人（党员、村民代表），更加精准服务群众。创新工作方法，抽调三名机关同志担任网格化工作明白人，对各村工作情况第一时间开展督导检查，明确支部书记为各村网格化工作第一责任人，对进度较慢的村进行重点督促，派专人对落后村进行一对一辅导。对工作开展不力的网格人员进行及时的调整更换。建立郭店镇网格员工作群，及时发布培训视频和操作说明，解决网格员在工作中遇到的问题，网格化任务完成情况与村本年度党建经费和党建考核挂钩，细化奖惩措施，提高各村工作积极性。主动开展工作，自平台建立以来，先后召开党建引领网格化平台培训会3次，先后开展事件流转、场所码反扫、网格日志上报、二维码公示牌制作、“五星”模块创建、“三色标注”等多项工作，面对纷繁复杂的任务，坚持统筹协调，密切配合，确保线下线上各项工作开展有序有力，保质保量完成。

【作风建设】开展“大创新”活动，结合全镇实际情况，提出“1236”工作机制，结合“提升七种能力、锻造四种作风”两大板块，制定了三个清单，成立六个工作组，为开展能力作风建设年活动明确了目标方向、任务内容、方法路径。开展“大学习”活动，坚持“第一议题”学习制度，把能力作风建设年活动作为重要政治任务，每周一组织全体机关干部、支部书记开展集中学习，重点学习党建、乡村振兴、土地规划、信访等工作知识，形成班子成员领学、部门负责人领讲的浓厚学习氛围。开展“大查摆”活动，共开展23次党委班子“四个对标”大讨论，镇全体机关干部、32个行政村216名村两委干部结合对标找差，制定“三个清单”，开展宣讲活动80余次，扎实开展“我为群众办实事”活动，共解决群众反映强烈的便民服务、疫情防控、城乡建设等问题130个。

【人居环境】高度重视人居环境整治，紧紧围绕“净起来”“绿起来”“亮起来”和“美起来”目标，依托党建引领网格化体系，充分发挥党员先锋模范与战斗堡垒作用，创建“党员＋网格员＋志愿者”模式，利用32个二级网格以及106个三级网格，号召全民参与、党群共建，号召群众发挥共创精神，因地制宜、突出特色，高标准打造各村人居环境整治亮点，争创省市级人居环境整治模范村。先后开展4次人居环境集中整治观摩活动，有20个村被评为先进单位，制作喷绘宣传标语276条，编发人居环境集中整治专班行动工作简报46期。2022年度全镇出动人工20588人次，机械135辆，清运垃圾7097处，整治荒宅荒院203个，清理坑塘沟渠46个，拆除违章建筑38处，整治私搭乱建97处，清理残垣断壁92处，整治广告标牌标栏177处，拆除旱厕70个，排查黑臭水体8处，创建美丽庭院1632户，栽种28种1850棵绿化树，绿化面积6672平方米，新增路灯、地灯等153盏，创建森林乡村4个，有效提升了村庄的人居环境整治水平，逐步提升群众的获得感和幸福感。

【乡村振兴】扎实做好巩固脱贫成果与乡村振兴的有效衔接，秉承“上下同心、尽锐出战、精准务实”的实干精神，做好农村集体经济发展，实现乡村振兴快速发展。开展巩固脱贫攻坚成果“回头看”行动，围绕责任落实、政策落实、工作落实、巩固成效等4个方面20项具体内容，及时发现解决影响巩固脱贫攻坚成果的苗头性问题，健全农村低收入人口常态化帮扶机制。针对岗时和小司郑州市低收入村重点开展帮扶工作，涉及脱贫户98户、351人，其中享受政策65户、213人，监测户14户、46人（其中9户31人风险已消除），经过帮扶省级户8户，市级户85户达到稳定脱贫条件，经过四议两公开和申报审批标注稳定脱贫。新修岗时村内道路18000平方米，小司村内道路6100平方米。第一书记项目，小司村新修道路2000平方米。积极落实相关政策，开展脱贫人口务工监测和就业帮扶工作，新增加公益性岗位8个。报送发放雨露计划职业教育补贴10人次15000元，本科补贴1人次2000元，短期技能劳动力培训补贴1人次2000元。为增加脱贫户收入和可持续发展能力，积极协调农村信用社为脱贫户发放贷款，用于发展产业，新增小额信贷5户22万元。

【土地管理】深入践行以耕地生态保护为首要任务的土地管理格局，扎实推进“林长制”“河长制”长效机制，开展农村用地专项治理，成立镇级领导工作小组，组织职能部门开展专项巡视工作，以管区为单位开展大清查。召开林长制工作动员会、推进会5次，镇级林长巡林116次，村级林长巡林392次。河长制工作动员会、推进会6次，镇级河长巡河128次，村级河长巡河289次。严格按照森林违法图斑专项整治工作要求，对46个违法图斑进行专项治理，筛查掉43个，需整改3个已完成，完成率100%。加强基本农田治理，对于土地废弃限制与土地流转率低等问题，强化政策导向与资金扶持，开展土地撂荒专项整改行动，同时规范土地性质，鼓励发展规模经营，确保土地红线不动摇。村镇规划办联合自然资源与规划所、综合执法大队、管区开展土地卫片专项治理，严厉打击农村非法用地行为，引导农户规范使用土地，避免耕地闲置，高标准高质量完成耕地流入流出工作，实现耕地流入164宗72.05公顷，耕地净减少210宗20.31公顷，农村土地治理效果显著。

【生态治理】重拳出击提升生态环境质量，秉承“绿水青山就是金山银山”理念，镇党委政府聚焦乱占、乱堆、乱采、乱建“四乱”，围绕“散乱污”企业、大气污染防治、污染天气应急管控、烟花爆竹禁燃禁放、燃煤禁烧、排查废铅蓄电池、黑加油站治理、扬尘防控智慧化系统信息普查等重点工作开展专项治理行动，多次召开工作部署会议，综合治理改善生态环境。联合经济发展办公室、综合执法大队、巡防队开展定期督察巡逻工作，全年组织执法检查人员督察500余次，排查工地、商户、住户10000余次。针对重点污染问题进行回头看，对违法人员进行约谈并下达限期整改通知书，对长期拒绝整改者，采取“铁拳出击、强力震慑”依法拆除行动，切实打击了辖区生态环境违法案件，还老百姓绿水青山。目前共完成上级交办省委督办问题14件，郑州市级督办问题28件，新郑市级督办问题45件，“12369”举报问题90余件。综合治理推动生态可持续发展。秉持可持续发展理念，努力营造创新型工业体系，大力推动产业结构升级调整，杜绝重工污染排放，引导企业减少污染排放。建立环境保护宣传机制，抓好线上线下两条宣传阵线，线下成立镇村两级环保工作小组，依托党员教育室、村民图书室开展形式各样的环保宣传教育工作，提升广大群众对环保重要性的认识。线上拓宽宣传方式，利用群众喜闻乐见的微信、微博、抖音等新媒体内容，借助网络热点、鲜活的环保事例，阐述生态环境保护的价值。开展雷锋志愿服务活动，依托党团组织和学校，号召镇区广大青年干部与学生、志愿者，利用周末时间开展植树造林、捡拾垃圾等公益志愿服务活动，在社会上形成良好风气，推动生态环境综合治理。

【综合治理】加强矛盾纠纷联动排查，坚持畅通和规范群众诉求表达、利益协调、权益保障通道，重点围绕征地拆迁、卫片拆除、农民工工资、问题楼盘等领域，开展拉网式排查，并进行有效化解，最大限度消除不稳定因素。开展“脚步丈量解民难，增强能力化积案”专项活动，化解交办案件29件，化解重复信访积案集中专项活动交办案件15件，化解三大领域集中治理专项活动交办案件12件。严格落实安全生产责任，深入开展安全生产集中整治，突出食品药品等重点行业领域隐患排查治理，坚决防范遏制各类事故发生。持续开展反电信诈骗专项行动，组织网格员、志愿者等开展“敲门”行动，累计入户排查2100余户，走访群众累计约8800人次，排查隐患相关线索9条。利用宣传标语、宣传栏、横幅、村喇叭、微信等方式，积极营造良好反诈社会氛围，先后播放村广播64次，滚动LED宣传30次，悬挂横幅32条，发放反诈骗宣传页800余份，持续扩大反诈宣传成效，完善社会治安防控体系，严厉打击违法犯罪活动，维护了社会大局和谐稳定。

【文化事业】 坚持以人民群众文化需求为导向，积极协调科教文卫体等上级部门资金与政策支持，配备健身器材、农家书屋等基础设施，打造内容丰富、设施完善的综合文化服务中心，营造良好的乡村文化氛围。全镇32个行政村(社区)均建成农家书屋，成立盘鼓队、舞龙舞狮队、秧歌队、广场舞等民间文艺队伍54支，培养发展一大批文艺骨干。持续提升文化活动品质，以创建全国文明城市提名城市和郑州市文明乡镇为契机，开展群众喜闻乐见、形式丰富的群体活动。为庆祝中华人民共和国成立73周年，喜迎党的二十大召开，在郭店镇中心社区开展“喜迎国庆 洁美家园”主题文明实践志愿服务活动。在铜佛赵社区举办“喜迎二十大·情暖重阳节”主题活动，为老人宣讲政策，为老人送去温暖。这一年石羊寨、南街、华阳寨、新李营四个村被评为新郑市级文明村，双岭村申报郑州市级文明村的验收工作取得圆满成功，郭店镇基层文艺工作焕然一新。

【社会保障】 巩固实施好居民养老和居民医疗保险制度，不断扩大参保覆盖面。积极发展老龄事业、社会福利、慈善事业，加强妇女、未成年人、老年人和残疾人等特殊群体关爱服务。截至年底，共为15户38人申报了低保手续。七一建党节慰问低保户党员29人。入户办理临时救助16人，发放临时救助资金30000元。入户审核特困人员12人，办理新增退休人员高龄津贴16人，办理老人优待证212人，持续开展残疾人动态更新工作，对1100多名残疾人基本生活状况进行了调查，办理“三无”残疾人补贴13人、残疾人通信补贴181人、重度残疾补贴41人，残疾人日发放轮椅6把。春节期间，共为32个村困难人员发放救助金37600元、大米249袋、面粉209袋、食用油250桶、棉衣248件、棉被246条。

【就业扶持】 大力实施就业优先战略和更加积极的就业政策，扎实做好农民工、城镇困难人员等重点群体就业工作，提高劳动者就业能力。帮助下岗失业人员、失地农民、城镇新增劳动力和建档立卡劳动力实现就业，其中返乡创业103人，农村劳动力转移就业667人，城镇630人，失业人员再就业48人，就业困难人员就业34人。开展小额担保贷款12件。共处理农民工工资396多起，2000人次，涉及金额2000多万元，共排查241起矛盾纠纷，排查率达到100%，调处率达到98%。积极开展各类就业培训，收集发布用工信息300余条。

【疫情防控】 自疫情阻击战打响以来，郭店镇深入贯彻落实习近平总书记关于新冠疫情防控重要讲话精神，始终绷紧疫情防控这根弦，全面做好各项工作。第一时间启动疫情防控应急预案，党政主要领导亲自挂帅，全体领导班子身先士卒、靠前指挥，既当“指挥员”，又当“战斗员”，机关党员干部以及三十二个行政村（社区）村组干部、党员志愿者迅速出动，全天候下沉一线，冲锋在前，吃住在村。

（撰稿：张亿帆　审阅：王瑞杰）

新村镇

【概况】 新村镇位于新郑市区北大门，与新郑新区套合，107国道、郑新快速通道、大学路南延线、中华北路纵贯南北，万邓公路、裴李岗路横穿东西，新密铁路穿境而过，南水北调中线工程环拱镇区，双洎河、黄水河东西环绕，自然条件优越，区位优势明显，文化底蕴深厚。镇域面积74平方千米，耕地2420公顷，辖23个行政村92个自然村，人口4.1万人，党员共计1577名。2022年，先后荣获“国家卫生城市复审工作红旗单位”“省级节水型单位”“郑州市爱国卫生工作先进集体”“新郑市创建国家园林城市工作先进乡镇”“公共节能先进单位”“民族宗教工作先进单位”等荣誉。

【经济发展情况】 2022年新村镇深入践行“用脚步丈量工作法”，坚持党建引领，以“九项工程”为统揽，以经济发展为主线，抢抓机遇、主动作为，各项工作顺利开展，社会大局稳定，经济发展平稳增长，人民的幸福感、获得感、安全感不断提升。2022年全镇完成地区生产总值55.46亿元，财政收入完成1.74亿元，工业产值完成30亿元，社会消费品零售总额完成17.23亿元，新增四上企业入库9家，全镇四上企业累计达到50家。荣获新郑市“高质量发展贡献奖”。

【营商环境优化】 落实班子成员分包联系企业机制，明确干部服务企业名单，常态化深入企业帮扶纾困，找准问题、精准施策，实地走访68家企业，解决10余项制约企业发展的问题，助力企业长远发展。开展“点对点、面对面”式服务，切实做好“惠企政策送到位、企业创新引导到位、企业问题收集到位、问题跟踪解决到位、调研走访服务到位”五项服务，确保“四上”企业全覆盖，全力帮助昊之源、君正、源晟鑫等6家企业尽早入库。制定个性化助企方案，充分利用网上劳动就业招聘平台、微信群、进村宣传等渠道，为永益达、光阳印业、恒华电器、豫新电缆等7家公司发布招聘信息，解决辖区企业招工难、途径少等问题；联合企业组织辖区村民开展职业技能培训，为用工企业提供一批叉车、电焊、电工等技能人才，实现企业用工和群众就业双赢。

【重点项目建设】 坚持项目为王，将经济高质量发展落实到项目建设上来。以拆迁村安置区配套建设为依托，投资1200万元吴陈变电站双回路电力改造工程和吴庄社区棚户区三期改造项目的道路、供排水、绿化、照明及电梯等基础设施预计12月底前底完工；投资1600万元育才路西延工程已经通车。紧盯重点工程，主动服务总投资1.25亿元的新村镇卫生院改扩建项目，专项债发债已经完成，已经开工建设；及时解决正商公主湖开发建设难题，推动水域面积7.5万平方米、绿化面积5万平方米的滨湖公园投入使用。鼓励迭代升级，大力支持传统工业企业把握低碳转型重要机遇，走高质量、可持续的绿色发展道路。福华钢铁利用现有场地，在不新增产能的前提下，靠前谋划产能置换，计划投资15亿元开展新型节能智能电弧炉更新项目，可有效降低冶炼电耗，实现绿色低碳安全可持续发展。

【乡村振兴发展】 加强特色农业集约发展程度，积极探索现代农业发展新模式，因地制宜建设特色农业示范园，卓卓葡萄、白居易芦笋、孙庄油桃、暖泉湖莲藕等特色农产品广受好评。积极引进集体经济项目补齐发展弱项，王垌、时垌、二十里铺等6个村庄的标准化仓库已经建成投入使用。撬动创新能力，时垌村深挖资源优势，依托区位交通和流转集体土地打造特色游乐项目，充分利用节假日举办集游玩、采摘、吃喝、购物于一体的“丰收嘉年华”亲子活动，活动期间客流量达3万余人次，营业额60多万元，让村民在家门口实现致富增收，实现村集体与村民双赢。名师齐助阵，直播带货为特色农副产品注入活力，组建“新村镇暖泉湖电商学院”，聘请电商红人老师开展培训课程6次，牌坊庄、时垌、马垌等村民学员多达50余人，居易芦笋月销突破1万单，销售额位居河南省各大平台第一，极大地激发了村民创业致富的信心。

【文旅文创融合】 深挖特色资源，把裴李岗农耕起源、梨园戏曲等文化内涵融入到日常生活中，提升文化创新活力，在“逐梦黄河 创领未来”郑州市2022年文化创意设计大赛中，与河南省知著文化创意有限公司联合推出的《鼎立中原·乳钉纹红陶鼎文创套盒》，荣获“郑州礼物”单元一等奖。精心谋划文旅产业，推动一、二、三产业融合发展，将诗经郑风、上古岩画、军事游戏等特色文化内核，形象定位成郑风里云湾、山上来客史垌、万户兵营屯孙等乡村旅游主题，以裴李岗、云湾精品村为主轴，有机结合卓卓葡萄等特色产业园，打造全域旅游线路，“一心十点”研学带初具规模；投资1600万元裴李岗精品村农耕文化展示中心、抟土制陶中心、古法压榨坊等项目已建设完成，辐射带动效应初见成效。强化文旅项目招商，积极推动文化、教育与旅游有机融合，依托“行走八千年”研学营主题活动，讲述农耕文明起源，打响裴李岗文化名片；通过盘活利用批而未供及闲置土地，为文旅产业企业、特色农业示范园等项目建设留出发展空间；大力支持民宿经济、休闲观光农业等乡村旅游业发展，助推云湾村省级食育基地、暖泉湖全国网络作家部落等项目落地。

【基础设施建设】 常态化开展城镇精细化管理和“路长制”巡查，及时处理系统交办案件2095条；强化乡村道路养护、公路路面改善修补，对商贸街、乐学路等6条新建及延长道路完善路名牌信息，累计安装13处；持续强化市政基础建设，积极配合郑新路绿化提升工作，粉刷临街房屋墙体4000平方米，完成新村大道、郑南高速等污水管网清淤4600米，修剪新村大道绿篱和双猫广场绿化41767平方米。高质量推进灾后重建，大力推动南水北调干渠左排部庄沟及孟家沟、双洎河沿线提灌站维修、双洎河护坡、冯庄水库大坝等水毁整治工程，已全部整修完成；修复涉及水泉、时垌、二十里铺三条水毁道路共3.72千米，总投资310万元的亚投行农村公路灾后重建21处，路面修复、增设管涵、护栏修复、道路清淤、水泥和沥青路面挖除及恢复等工程正在稳步推进。进一步加快水利基础设施建设，主动申报涉水项目并协调镇域水系连通工程，积极争取上级资金，保障万邓路桥涵、时垌坑塘整治等工程顺利完工；全面排查整改农田水利灌溉设施设备，配齐配强机泵5台、控制柜8套；主动对接相关部门开展农村饮水工程地表化改造规划，分批次进行改造实施，新村村核桃园、时垌村饮水工程地表化改造已完成436户，保障了人民群众饮水安全。

【生态环境建设】 扛牢大气污染防治责任，各管区、部门联合加强对“散乱污”企业、建筑工地、南水北调保护区、107国道等重点区域日常巡查力度，坚持日查夜查、干部带班、专人值守，同步做好扬尘、散煤、秸秆禁烧、餐饮油烟、工业企业、重点时段防治等各项治理工作，启动107国道两侧雾森降尘设备，例行巡查376

次，全覆盖摸排加油站、餐厅场所、工业企业、无名厂房275家，查处问题128件，确保辖区空气质量持续改善。紧盯污染源头治理，联合市大气污染领导小组，出动252人次，开展为期7天的污染源大排查，实地调研基站周边、各大工业企业及重点区域情况，督导帮扶小组、企业负责人、村支书共同研讨治理方案，建立问题清单，实行销号整改，全力打好秋冬季大气污染防治攻坚战。高标准、严要求完成各级环保督办件整改销号，每周召开大气污染防治专题会议，严格落实台账制度，不等不靠、主动作为，2022年郑州市环境污染防治督导组、郑州市控尘办交办案件11项，整改完成11项；新郑市大气污染防治督导组、新郑市环境保护分局交办问题28个，整改完成率达100%。

【自然资源巡察】 强力推进拆违治违，彻底清查下发的182宗存疑卫片和317处减少耕地图斑，建立违法行为和土地现状工作台账，上下联动，合力打击新增违法占用耕地建设，守牢耕地保护红线。持续开展自然资源“一网两长”巡查，督促各级田山长及网格员做好日常巡查工作，定期督导巡查工作台账，及时发现并制止相关土地违法事件发生，坚决动真碰硬、露头就打。各级网格累计巡查84348次，共发现10处问题，均迅速整改到位。扎实开展河长巡河工作，落实镇村河长定期巡河、巡河员每日巡河要求，两级河长累计巡河2100余次，对巡河中发现的四乱现象、垃圾积存以及公示栏、警示牌缺失等6处突出问题及时整改，共出动人员130余人次，出动机械230台次，清理河道垃圾120余立方米，封填废弃鱼塘1个。

【安全生产】 紧紧围绕“安全生产月”，多形式开展宣传教育活动，组织收听学习主题宣讲38次，发放主题宣传页33000余份；创新和拓展消防安全宣传途径，累计召开消防安全专题学习会、消防安全专项行动推进会26次，组织辖区村庄、社区及社会单位开展消防培训、演练52次。开展安全隐患“大排查、大整治、大起底”活动，机关干部下沉一线，重点对居民自建房、临时安置房、商贸物流仓储场所、生产企业仓储场所、在建施工工地等进行摸排，整理汇总隐患排查台账，应急执法等相关职能部门合力治理隐患，共排查企业（单位）232家，发现隐患324处，已全部整改完成。有力开展消防安全工作，成立镇消防安全委员会、镇消防安全服务中心，坚持召开消防安全专题会议，定期深入辖区内各村、社区及社会单位检查消防安全工作，组织开展消防安全集中检查行动117次，对辖区沿街门店“三合一”场所等检查1073处；统筹开展“九小”场所和沿街门店消防安全、彩钢夹心板临时建筑综合整治、高层建筑消防安全等12项专项治理工作，共排查出各类消防安全隐患问题508处，已全部整改完成。

新村镇举行民兵防汛应急演练（新村镇/供图）

【平安建设】 深入开展防诈骗宣传教育，发动群众下载安装“国家反诈中心”应用41147人次，多形式提醒群众警惕电信网络诈骗，学习掌握防范技巧，电信诈骗类案件发案量呈逐步下降趋势。全面铺开“三零”平安创建活动，组织开展多领域代表人士业务知识培训，坚持矛盾纠纷分级排查、逐级调解、一案一档，动态监测并掌握全镇治安状况数据信息，整合群防群治力量，力争实现“零上访”“零案件”“零事故”。扎实开展“六防六促”专项行动，严格落实“一帮一”包联管控工作机制，通过“网格+警格+部门”联动，形成齐抓共管、共建共治的工作合力，依法有效解决各类矛盾纠纷，共入户走访群众30000多人次，排查并化解各类矛盾纠纷153起，确保无“民转刑”隐患。从严从实从细做好信访工作，共受理系统信访案件124起，主要涉及民生类、纪检举报类、物业投诉、农民工讨薪、拆迁安置、农村违法建设等方面；涉及短信信访案件和市局交办案件30起，全部已办结，满意率100%。

【民生事业】 大力推行“一窗式受理、一站式办结”服务模式，增设市场管理和税务窗口、13项为民政务事项，完善便民中心窗口制度，推行首问负责制、首办负责制，提供老年服务专窗、老年专座、老花镜、代写处等暖心举措，得到上级肯定和表扬，被《郑州日报》专项报道。2022年以来共接待各类群众5560人次，受理各类事项4653件，办结率、满意率均达100%，打通服务群众“最后一千米”，有力地推动“数字郑州”建设。扎实做好稳就业保就业各项工作，高质量推进“人人持证、技能河南”建设，通过“互联网+培训、技能认证、就业”模式，组织开展厨师、家政、小儿按摩等专业培训，累计组织技能培训1789人次，农村劳动力培训完成670人，就业创业人数达到956人。2022年新增城镇就业677人、农村劳动力转移就业707人。满足老年人健康和养老服务需求，加快老龄服务基础设施设备建设，发挥日间照料中心作用，公主湖社区、吴庄社区托老站每天为25名空巢老人、孤寡老人、留守老人及留守儿童提供服务；依托养老服务信息平台，加大政府购买服务力度，为困难家庭失能老人和高龄老人提供居家养老服务。以丰富的文化内容和创新的文化形式，为全镇广大群众提供个性化文化活动和文化服务，充分利用春节和元宵节，鼓励发动各村文艺骨干和运动爱好者，开展舞龙舞狮、秧歌、广场舞30余场次，既降低了群众外溢流动，又提升了群众的健身热情。依托新时代文明实践站，通过“美丽庭院”“十星级文明户”评选，“用孝心温暖乡村、用教育点亮未来”“梨园戏曲文化节”等活动，加强精神文明建设，评选出55户五星健康文明家庭。

【党的建设】 扎实推进党建制度落实，严格组织生活，形成班子成员和支部书记双负责制，坚持落实“三会一课”、民主评议党员制度，累计开展民主生活会、组织生活会32次，镇村两级书记讲党课60余次，支部书记抓党建意识明显增强。以镇级党校为依托，组建单位“提升能力、锻炼作风、实干立身、争先出彩”宣讲团，举办16期“理论+业务”宣讲活动，引发大象新闻、新郑发布、新郑基层党建等媒体报道关注。全镇齐发力，比学赶超争创“五星”。成立“五星支部”创建领导小组，各管区、部门、支部密切配合，下村开展创建指导工作300余次，组织23个行政村党支部书记和部分党务工作者开展“五星支部”创建应知应会知识测试，以“亮赛比”逐村观摩活动为契机，开展“五星支部”争创资料展评会，逐村汇报创建谋划和进展情况，2022年创成农村“四星”支部3个、“三星”支部15个、“二星”支部4个，“三星”以上支部占比78.3%。深化三级网格体系，建立镇村组干部、联户党员、驻村干部、三人小组在内的三级网格责任机制，发动各支部组建群防群控六大专班和党员先锋队、志愿者服务队两支队伍，依托三级网格开展场所码反扫914个，清理无效码659个。利用网格化管理平台推动事件流转，紧盯乡村振兴、信访稳定、安全隐患排查等重点工作，压实联户党员小微网格长流转责任，全镇共流转事件377条，处置377条，处置率达到100%。畅通群众反馈渠道，积极推进“随手拍”推广应用，制作140个三级网格二维码标志牌，调度各村张贴在村内显眼位置，积极向群众宣传推广，140个三级网格全部张贴完毕。

【党风廉政建设】 强化监督执纪问责，牢固树立“四个意识”，认真实践监督执纪“四种形态”，聚焦主业，落实主责，切实加强党的作风建设和反腐倡廉建设。定期组织机关干部、各村廉情监督员学习新政策、新精神，开展理论知识宣讲，充分利用“能力作风建设年”“三会一课”“主题党日”等活动，密切联系群众，充分发挥纪委和群众之间的桥梁纽带作用。认真开展重大节假日期间的廉政教育，领学党规党纪知识、组织观看廉政电教片、通报党员干部违纪违法典型案例，引导全体党员干部牢固树立正确的权力观，做到知敬畏、存戒惧、守底线。组织开展重大节日廉政谈话4次，书记讲廉政党课23次，班子成员讲廉政党课23次，播放廉政教育片3次。完善作风纪律轮查制度，定期针对各村、部门开展作风纪律检查，狠抓干部作风纪律，对机关干部在岗情况、履职情况和工作日午间饮酒情况进行突击检查10次，开展疫情防控、安全生产、720以案促改等落实情况专项监督检查共计46次，查办案件13件，诫勉谈话4人，不断增强各级领导干部的责任意识。

【新郑医药产业园】 新郑市城北医药园位于新郑市区北新村镇，是新郑市的工业组团和加快向房地产、生态观光休闲农业等第三产业转型的新市区。园区规划面积10平方千米，建成区面积7.8平方千米。北距省会郑州32千米，东距郑州国际机场8千米，距京广铁路、京珠高速公路4千米。107国道、商郑高速、万郑公路、郑新快速通道、新密铁路和南水北调中线干渠穿区而过，具有较好的交通区位优势。

园内地势平坦，基础设施完备。现有35千伏、220千伏变电站各一座，各种通信网络齐全，日供水能力1万立方米自建水厂和新郑市第二水厂两个。园区各类企业约112家，其中河南福华钢铁集团有限公司、郑州欧普陶瓷有限公司、河南银发生物科技有限公司、新郑市永盛纸制品包装有限公司等22家规上工业企业规模持续壮大，引导企业转型升级有序进行。现有中心幼儿园、中心小学、新郑一中、新郑三中、郑州华信剑桥附中、新郑电大、郑州城轨交通中等专业学校、郑州平原邮电学校、郑州工业应用技术学院、郑州理工职业学院等各类学校10余所，涵盖了幼儿教育到大学教育，盘活土地新建1家郑州时代科技产教融合创新创业园项目；8000年的裴李岗古文化遗址，历史悠久的玉皇庙、望京楼遗址，黄水河湿地公园和万亩生态休闲农业片区形成一个集历史文化与自然风光为一体的生态园区。

（撰稿：范振伟　审阅：李伟锋）

新建路街道

【概况】新建路街道办事处原为新郑市城关镇，地处老城区，是黄帝故里景区所在地。总面积4平方千米。下辖6个社区居委会，常住人口4万人。2022年，新建路街道以“能力作风建设年”为抓手，深入推进“十大战略”行动，加快落实“九项工程”，扎实开展“三标”活动，咬定高质量发展不放松，持续有力统筹辖区经济社会发展大局，竭力在各项工作中创优争先。

【经济指标】2022年，街道财政收入完成4553万元，占全年目标任务7079万元的64.31%；固定资产投资完成148844万元，完成全年目标任务127000万元的117.2%；工业增加值累计同比增速5.8%；社会消费品零售额累计完成133559万元，占全年目标任务182100万元的73.34%；城镇居民可支配收入完成40544元，占全年目标任务42500元的95.4%，同比增长3%。

【项目建设】围绕发展文旅科创产业发展方向，加大项目包装和策划，创新招商引资方式，力争引进一批重大产业项目和优质企业入驻辖区。全力推进南街古巷、接旨胡同和嫘祖城风后现代产业园招商运营和企业孵化，组织调研活动15次，风后现代产业园已与多家医药、科技企业签订合作协议，将快速成为辖区新的经济增长点。辖区3个政府投资项目（故里新家园二期、黄帝故里核心景区改扩建项目、安居小区改造项目）已按计划顺利进行，灾后重建项目全部完工。

【产业发展】全力开展“万人助万企”，宣传落实助企惠企政策，抓好重点企业跟踪调度，通过脚步丈量工作法，实地走访36家企业240余次，协调解决问题180个，擦亮“无难事、悉心办”服务品牌，助力企业良性发展，优化营商环境，让企业真切感受到政府的诚意。新增市场主体950家，培育四上临界点企业4家，新增入库四上企业5家.为经济发展积蓄力量。同时为稳经济促消费，积极指导辖区家电类和汽车类企业拓宽销售渠道，采取线上线下齐发力的方式，激发市场潜力，刺激消费活力。

【“五星支部”创建】聚合组织力量，推动党建业务深融合。加压推进“五星支部”创建，建立“四个有”台账完善和“三个一”指导研判机制，推动基层治理水平全面提升。坚持党建引领，统筹资源整合和力量聚合，科学划分二级网格11个、三级网格24个、小微网格50个，50名联户党员担任小微网格长，形成纵向到底、横向到边的网格化基层治理框架。依托基层网格化管理平台，充分利用事件流转“随手拍”二维码，全面提升城市精细化治理程度。积极落实社区干部“导师帮带制”，建立7对“老带新”、2对“强带弱”帮带对子，全力打造社区治理“主力军”。成立“群防群控体系建设”基层党建书记项目，以“三起来”活动为抓手，充分利用“党员联户、干部包片、支部会商”工作机制，吸纳街道党员、社区党员、市直单位“双报到”党员700余名，在辖区内重要点位成立临时党支部64个，通过卡点值守、协助核酸检测、环境消杀、运送物资等方式发挥“六大员”职责，构建起“街道党工委+社区党支部+小区临时党支部”的三级联动机制，以强大合力巩固疫情群防群控体系。

【民生实事】深入推进芙蓉花园、宝利来小区等无主管楼院治理工作，同时加快西街、南街、南大街社区党群服务中心升级改造，完成西街、繁荣街、东关街社区日间照料中心建设。成立东街、北街2个社区级社区治理（慈善）基金，整合基层慈善资源，促进社会问题在社区层面以慈善、自治、互助等方式解决。

【社会救济和劳动保障】进一步加强社会保险经办人员的内部管理与监督，切实提升风险防控能力，确保民生基金零风险，让老百姓的“养命钱”成为“放心钱”。全年走访慰问困难家庭170户；建设面积约650平方米的普惠托育服务中心。开展劳动监察普法宣传、劳动用工双随机日常巡查、重点领域重点企业劳动用工专项检查以及根治欠薪专项行动，进一步规范劳动争议调解工作。2022年，共受理欠薪投诉来电来访9起、网络平台投诉案件7起，涉及金额149997元，均已结案处理。新增城镇就业874人，失业再就业98人，就业困难再就业57人，协助办理就失业登记证35人次。开展“人人持证、技能河南”就业技能培训478人次，开展读书分享会、戏曲大家唱、舞蹈培训等线上文化活动30场次，受众人数2000余人。

【城市精细化管理】大力开展秸秆禁烧工作，采用网格化包保制度，加大了秸秆禁烧工作宣传和巡查值守力度，整治突出问题，辖区空气质量持续保持良。着力落实河长制、路长制工作，按时完成巡河任务，及时清理河道垃圾、沿河围垦，加强水源地保护，精细化开展文明劝导、路段巡查、环境整治等方面工作，为城市精细化管理工作营造良好的环境和舆论氛围，不断提高城市管理水平。不断完善垃圾分类设施，逐步推进垃圾分类工作。开展垃圾分类知识大型宣传活动10次，发放宣传册1500余册，全力将帝都佳苑、盛世嘉园、故里新家园南北院、凤台苑等小区打造为垃圾分类示范点，新建垃圾分类箱房6座，垃圾分类亭12个，垃圾分类箱房（亭）建设率达到70%，居民垃圾分类知晓率达90%以上。严格大气污染防治巡查、环境卫生综合整治及城市管理执法力度，加强房屋建筑工地的扬尘监管，高质量完成文明城市创建任务，进一步提升辖区人居环境。

【网格化基层治理】 健全基层网格体系，坚持党建引领，统筹资源整合和力量聚合，科学划分二级网格11个、三级网格24个、小微网格50个，50名联户党员担任小微网格长，形成纵向到底、横向到边的网格化基层治理框架。组织机关党员、社区“两委”干部对各网格进行疫情防控场所码反扫采集，实现街道人户核实率、场所码反扫率均达100%。优化智慧平台建设，成立联建支部专班，定期开展无主管楼院整治提升工作，依托基层网格化管理平台，在辖区安装4个“智慧哨兵”，及时发现上报解决无主管楼院存在的问题，实现楼院管理智慧化。充分利用事件流转“随手拍”二维码，上传事件流转610件，办结率达100%，全面助力城市精细化治理。提升综合业务能力，严格落实三级网格长日巡查走访制度，结合各社区疫情防控、安全生产、居民矛盾调解等工作开展巡查，完成走访日志同步填写。确定基层网格业务明白人，组织开展社区网格化明白人业务培训5次，切实提升网格化明白人工作能力和业务水平。

【社会治安综合治理】 严格落实平安创建“1+1+9+2”制度体系，建立平安创建“四色”管理台账，全力做好“三零创建”工作，持续开展社会矛盾风险隐患排查化解，坚持排查化解同法治宣传教育相结合，多渠道、多角度宣传《信访工作条例》，引导群众运用郑好办“一码解纠纷”端口依法依规合理表达诉求。排查社会矛盾风险隐患106件均已化解到位，信访交办案件共48件，均已按期结案。

【安全生产】 积极防范安全风险，建立“街道、社区、网格”三级常态化监管网络，持续开展双节、两会等重点时期“三查”（重点排查、集中清查、消防夜查）行动，排查安全隐患496处，整改率达100%；开展安全知识培训18场、应急演练6场，投入16万余元建立防汛物资储备库；加大重点行业安全检查整改力度，进行专项检查15次；坚决做到“三个不放过”，落实群租房“四个一律”措施和电动车“三个决不能”要求，督促高危企业做到“六不”要求，全年无重大灾害事故发生。

【基层党建】 以习近平新时代中国特色社会主义思想为指导，严格落实一岗双责和理论中心组学习制度，召开意识形态分析研判暨联席会议4次、专题会4次、意识形态专题培训会2次，理论中心组学习12次。扎实推进“能力作风建设年”微课堂活动，充分运用河南干部网络学院、“学习强国”App等平台加强“线上自学”，做到集中学习与自主学习相融合，不断提高政治判断力、政治领悟力、政治执行力。

【文明创建】 广泛开展新时代文明实践活动，完成文明城市创建各项任务。加强宗教政策法规宣传力度，强化宗教事务管理。全面净化文化市场环境，规范完善基层“扫黄打非”站点建设，开展辖区印刷发行企业排查行动、“绿书签护苗行动”等，做到“扫黄打非”工作进基层，宣传阵地进基层；秉承“帮办代办，主动作为”的服务理念，明确在社区“两委”干部中选聘2名专职便民服务员，在社区便民服务站建立代办指导机制，实行一次性告知、跟踪回访制度，做到居民办事不出辖区。2022年办理各类审批及服务事项共350余项；根据办理层级、方式、程序和要求对便民服务流程进行优化调整，完善工作机制，实施数字化改革，做到“数据多跑路，群众少跑腿”，最终实现打通服务群众“最后一公里”。

【党风廉政建设】 严格落实“三重一大”会议制度，规范行政决策程序，提高决策科学化水平；严格落实党风廉政建设责任制。紧盯重要时间节点，加强监督检查，坚决纠正“四风”，定期或不定期地进行作风建设监督检查，明察暗访13次，开展专项监督检查2次，重要时间节点廉政谈话4次，与班子成员、部门负责人、社区支部书记开展廉政谈话35人次，谈话提醒15人次，做到警钟长鸣，时刻警醒警示基层党员干部知敬畏、存戒惧、守底线；积极开展郑州“7·20”特大暴雨灾害追责问责案件以案促改工作。在纪工委设立办公室，充分发挥“指挥长”作用，协调专班，定人定责，组织召开工作推进会2次，警示教育大会3次，问题整改工作会2次，开展阶段性工作总结2次，同时充分发挥纪工委监督执纪职责，保证以案促改工作高质高效完成；积极开展清廉机关、清廉社区建设工作，组织党员干部开展“树清廉家风”“读清廉故事”读书会和参观见学市廉政教育中心等活动，倡导党员干部树清廉家风。

（撰稿：时萌萌　审阅：任晓莉）

新华路街道

【概况】 新郑市新华路街道办事处成立于2001年11月，所辖范围为文化路及新建路北段以东，郑韩路以北，阁老坟以南、黄水河以西，城南双洎河以北，总面积12.6平方千米，地处新郑市城市中心，办公地点设在新华路291号。辖22个社区（小高庄、大吴楼、张玉庄、洧水路、毛园、府西路、后屯、竹园、阁老、金岭、褚庄、仓城、后端湾、沈庄、白庙范、双龙寨、五宅庄、裴大户寨、秀水、张龙庄、双拥路、领秀城），共有36个居民小组，居民18187户，67613口人，常住人口18.5万人，耕地173.33公顷。

2022年，新华路街道办事处按照市委、市政府确立的“九高”目标，实施“九项工程”，践行“用脚步丈量城市”工作法，围绕活力、宜居、文明、平安“四个新华”建设目标，抓牢“1244”工作路径。坚持一个核心，突出党建引领，深化城市区域化党建“五双工作法”，筑牢基层战斗堡垒。强化四个攻坚，通过压责任强担当、夯基础抓常态，推进城市管理、污染防治、项目建设、民生工作提质增效。守牢四个底线，突出群众参与、网格管理、齐抓共管、群防联控，筑牢疫情防控、安全应急、信访稳定、平安建设安全保障，以党建高质量推动街道经济社会发展高质量。街道获得（2021—2023）年度河南省卫生先进单位、2022年度郑州市园林小区先进单位、2022年度郑州市无烟先进单位等称号。

【党的建设】 组织工作。加强政治思想建设，围绕习近平新时代中国特色社会主义思想、党的十九大及十九届历次全会精神、习近平在省部级主要领导干部“学习习近平总书记重要讲话精神，迎接党的二十大”专题研讨班上的发表重要讲话精神等内容开展集中学习20余次。加强干部队伍建设。组织相关书记30余人次参加新郑市2022年“五星”支部创建专题培训班、郑州市市直事业单位2021年度新招聘人员及2019—2022从优秀支部书记选拔到事业单位工作人员岗前培训班、郑州市城市社区“五星”支部创建示范培训班。按照市委工作安排部署，对街道22个社区党组织“明白人”开展两轮培训，共计90余人次参加，并组织了集中汇报评比和社区现场讲解评比，4个社区被选中参加全市社区明白人专题节目录播。组织党员干部开展各类培训11次，480余人次参加。积极发展党员，共计发展积极分子18名，预备党员转正14名。加强基层阵地建设，大吴楼社区等7个社区新建组织阵地5200余平方米，沈庄等4个社区改扩建组织阵地2000余平方米，府西路等2个社区1900余平方米的组织阵地正在打造。加强基层组织建设，以“五星”支部创建为抓手，严格按照市委“五星”支部争创工作部署和要求，对22个社区党支部进行逐一过关，制定科学规划计划和有效创建举措。对各社区创建开展情况开展3轮检查验收，严肃组织生活和民主评议党员，按照市委要求开展党史学习教育专题民主生活会、郑州“7·20”特大暴雨灾害追责问责案件以案促改专题民主生活会、组织生活会和民主评议党员。组织开展前三季度社区党组织书记“亮赛比”及逐社区观摩活动，并组织参加市专场比学活动。不断扩大党组织和工作覆盖，打造万佳商业股份有限公司、家可美家政服务公司、蓝天救援队三个“两新”党组织示范点。采用聚焦党的建设、聚焦难点堵点、聚焦重点任务的“三聚焦”方法，针对党建引领网格化治理、“五星”支部创建、“7·20”专题、疫情常态化防控、“三零”创建和助企惠民等专题开展中心组学习研讨5次，撰写个人学习笔记5篇，组织普通党员干部专题集中学习8次。在落实预约、扫码等疫情防控措施的前提下，确保信访、计生、劳保等135项服务居民事项不断档。锚定经济指标，践行脚步丈量，走访企业20余家、座谈40余次、解决问题10余个。在大吴楼社区和阁老社区实施自来水改造工程，争取让1200户居民和1400余名居民早日用上清洁干净卫生的自来水。组织电商、电工、家政服务、叉车、烹饪等技能培训10场次，有力提升657名居民的就业能力和水平。

宣传工作。推进思想建设，坚持“第一议题”学习制度，组织了15次集中学习，撰写集中学习笔记15篇，自学笔55篇，心得体会1篇。以管区为单位，开展“赶考路上有我”“书记讲党课”等活动，打造“红色小课堂”“党建读吧”等学习阵地。实施“周通报、月评比、季考核、年总评”的办法，持续抓好“学习强国”学习平台在线学习，街道“学习强国”学习平台人均积分保持新郑市乡镇（街道）前三名。强化宣传报道，积极做好“三标”活动、防灾减灾、黄帝故里拜祖大典、疫情防控、“脚步丈量工作法”“能力作风建设年”等活动的社会面宣传工作，累计在“学习强国”学习平台刊发报道13篇、河南日报客户端1篇，在映象网、《郑州日报》、《郑州晚报》、郑州电视台、新郑市电视台、新郑发布、云上新郑等媒体正面宣传报道120余篇（条）。筑牢意识形态思想防线，坚持“一把手”带头，亲自部署、处理、批示意识形态相关工作，按时向市委宣传部提交每季度意识形态工作报告，召开意识形态分析研判会议3次、专题会议3次，上报意识形态各类报告6篇，风险隐患排查台账10篇。严格落实“列单、派单、交单、清单”四单交办制度，共计处理网络舆情事件6条、回复云上新郑问政5次，累计开展“扫黄打非”集中宣传3次、专项检查6次，进一步筑牢辖区文化安全“防火墙”。推动文明创建，成立省级文明单位创建专门小组，圆满完成2022年省级文明单位的创建工作。从强化领导措施、强化经费保障，营造浓厚氛围、深化环境卫生整治、弘扬志愿精神等方面入手，查缺补漏，加强和完善设施和功能设置，新增宣传版面、公益广告500余块，全面完成全国文明城市提名城市复审任务。持续推行“党建+志愿服务”工作模式，围绕党建服务、重点项目、大气防治、平安建设、疫情防控等内容，开展政策宣教、文化文艺、文明交通、环境保护等各类志愿服务80余次。突出典型引领，组织各社区积极开展“文明社区”“文明家庭”“文明市民”“好婆婆、好媳妇”等道德模范选树工作，推行孝善文化进社区。共上报5个文明市民、16户文明家庭（12户获评）。坚持开展传统节日和重大纪念日主题活动，围绕春节、元宵节、清明节、端午节、中秋节、国庆节等传统节假日，组织各类活动10场次。

统战工作。凝聚思想共识，开展各种教育、座谈活动、召开专题工作会议、举办各种培训讲座10余次。夯实宣传阵地。通过制作宣传栏、LED屏轮播、发放宣传册等多种宣传方式增强《河南省宗教事务条例》的宣传力度和覆盖面，共计发放宣传彩页800余份、悬挂条幅100余条、开展主题活动12场。落实宗教政策，加强日常督查检查，强化后屯基督教堂等宗教场所管理。开展宗教房屋安全隐患、消防隐患排查活动。发挥各界作用。鼓励街道新阶层人士、乡贤人士积极参与到志愿者活动、疫情防控和创文创卫工作中，如蓝天救援队积极参与社区防疫消杀工作，新阶层人士联谊会组织疫情防控捐款活动。结合“四联五到位”民情大走访工作，不定期对分包社区内社会乡贤、新阶层人士登门拜访，加强联系沟通，进一步挖掘新阶层人士贡献更大的社会力量，激发广大在外能人回家创业的积极性。推进非公工作，依托新时代民营经济“两个健康”实践中心，落实领导干部与民营经济人士谈心谈话制度，搭建街道服务站，落实领导干部包联重点工程制度，推进构建亲清政商关系，召开民营经济统战工作会议，学习贯彻关于加强新时代民营经济统战工作重要指示精神和全国、全市民营经济统战工作会议精神，助推街道营商环境持续优化，促进街道民营经济健康发展。

新郑市新华路街道学习《新郑市村（社区）基层组织建设》操作手册
（新华路街道/供图）

【社团组织】 妇联工作。结合纪念“三八”国际妇女节112周年，妇联举办了庆“三八”健步走活动。开展“守护青春 爱她健康——女性健康宫颈癌关爱计划”公益项目HPV疫苗接种工作，开展“两癌”“两筛”宣传，普及两癌两筛政策及健康知识，切实保障妇女儿童健康水平。不断扩展妇联组织覆盖面，在辖区2个三新组织成立妇联组织，组织辖区22个社区开展平安家庭创建工作，开展寻找最美家庭系列活动，通过寻找最美爱国爱党、最美书香传家，最美绿色环保、最美孝老爱亲家庭等一系列活动，树立了榜样，营造了良好的家风氛围。在抗疫工作中，切实发挥街道社区两级妇联组织战斗堡垒和广大妇联党员干部、巾帼志愿者先锋模范作用，投入抗疫工作，发挥了半边天的作用。工会工作。全年共成立企业工会（包含工会小组）50余家，为职工办理工会会员卡500余张。督促、指导22个社区规范化建设职工之家和职工书屋，引导基层工会达标创优，推选出1名郑州市最美职工、1名郑州市五一劳动奖章、1家新郑市“女职工关爱室”。共完成79家企业、297810.88元的经费返还工作，助力小微企业健康发展，活跃辖区经济。

【经济发展】 以“万人助万企”活动为载体，通过“四进四问”，将辖区内43家“四上企业”进行全面梳理，联合管区社区深入摸排走访辖区企业，发现问题诉求企业10家，均已帮助解决问题。新增“四上企业”入库3家（河南党乐商贸有限公司、郑州百年暖通有限公司、郑州众一食品有限公司）。全年财政收入7154 万元，固定资产投资完成123138.9万元。

【综合治理】 全年街道党工委、办事处研究信访工作52次，召开信访日调度会101次，接待群众来信来访176起293人，排查不稳定因素375起，涉及995人，民调员排查受理群众纠纷问题352起，调解348起，调解率达到98%。完善社会治安形势分析评估、预警机制和“人防+物防+技防”机制，辖区门店张贴“十户联防、守望相助”公示牌3400余家。全年街道发案数量1357起，比上年发案数量1425起，相比发案率同比下降4.8%；建立巡逻队伍22个，成立1200人的“平安志愿者”队伍。开展校园周边隐患排查、安全生产百日攻坚、大检查大执法大督查、预防未成年人溺亡专项治理等专项整治活动，排查单位场所231家，排查问题隐患328项，督促整改率100%，清理楼洞电动车130余台次，清除飞线和私拉电线380余根，对排查的98家机构存在问题隐患逐一整改销案，制止河边玩耍嬉戏儿童15人次，批评教育9人次。有社区矫正人员39人，解除矫正人员46人，完成审前调查28人，无一人重新犯罪。印制国家安全、反邪教、禁毒、非法集资等宣传彩页23000份，条幅60余条，宣传小礼品4500余个，铲除罂粟原植物90余棵，批评教育15人，新制作扫黑除恶专项斗争固定宣传标语45块，在居民小区、居委会周边等设置宣传栏120块，发放价值6万余元的洗衣粉、毛巾、雨伞、洗洁精、纸杯、纸盒、宣传袋等宣传品。

【平安新华】 新郑市开展“全城清洁”活动，新华路街道办事处不断加强宣传，先后组织50余次清洁行动，参与4500余人，出动机械车辆250余台次，对社区、城乡接合部环境进行全面整治，重点整治清理辖区内垃圾、杂物210余吨；清除乱贴乱画的小广告800余处；拆除乱扯乱挂的广告条幅、非法户外广告牌420余处。办事处采取设立宣传点和入户宣传的方法，向沿街门店和居民小区发放创卫宣传册及“门前五包”责任书，向商户和居民普及创卫知识。对辖区的脏乱差问题进行深入细致的调查摸底，列出台账，依据台账将查出的问题按类别划入各社区整治工作范围，列表下发到各社区，限时组织专项治理，并加强事后日常巡查、定期督导和随机执法检查，确保整改不走过场、整改成效常态化。配合土地部门完成卫片执法及乱占耕地建房整改任务累计14处。协同配合完成影响河道行洪附属物丈量工作（已完成拆除工作），初步完成辖区内自建房安全隐患摸底排查工作，违建已拆除3处，疑似违建完成情况恢复22处。全年，开展流动商贩管理执法行动121次，户外广告专项整治行动44次、排查户外广告及门楣招牌安全隐患1214块。依托数字城市管理平台处置案件13000余起，其中处置流动摊贩3860余宗、占道经营2640余宗、暴露垃圾4600余宗、违规门牌条幅1650余宗。全力打赢蓝天保卫战。对辖区内餐厨油烟情况进行日常巡查，下达整改通知书15份，不间断对辖区餐饮门店的油烟净化器的安装以及保养维护情况进行排查督导，做好沿街商铺宣传指导工作。充分利用机械设施，加大对所辖主要道路进行清洗、清扫、喷洒降尘作业，坚持每天24小时持续喷雾抑尘，全天候洒水及冲洗道路积尘。根据道路情况，对整治难度大的道路采取统一调配、分片包段责任到人的方式进行整治，并及时调整主要道路洒水降尘作业时间，确保全天10小时以上持续作业。雾炮车、洒水车、冲洗车对迎宾街、繁荣街、新建路、南环路、人民路、轩辕路、阁老路、褚庄路面进行精细化冲洗。全年共计动用大型机械设备600台（辆）次，出动人力400余人次；冲洗道路10万平方米；清理主次干道沿线可视垃圾44吨；洒水降尘1800余车次，有效地减少了扬尘对大气的污染。全方位开展病媒防治工作。全方位开展消杀，通过毒鼠洞投放毒饵、饱和投饵和药物滞留喷洒的方式灭蟑螂、菊酯类药物、有机磷类药物的方式杀灭蚊蝇，共投入鼠药850公斤，投入灭蚊蝇药物5600包，悬挂诱蝇笼2850余个。

【社会事务】 优生优育。按照“属地管理、全员信息登记”的原则，逐人核实审核重点人群计划生育情况，完善全员人口信息库，新生儿信息录入数据库196人，辖区死亡退档10人，计生信息进档20人，退档18人。完善生育登记审核168人。全面落实三孩政策。12月，协助办理生育证52份，计生证明办理68份。老年优待证办理95份。开展预防出生缺陷免费产前筛查宣传，提高出生人口素质、提升妇女儿童健康水平，不断大力宣传“两筛”和优生优育知识及优生惠民政策。宣传引导辖区36对新婚夫妇积极进行优生检测，有效预防出生缺陷。早孕、妊娠结局随访也同步进行，早孕随访（优生随访三年）46人，妊娠结局随访39人。办理农村独生子女生活补贴60人，其中农村双女生活补贴26人；办理城乡独生子女居民养老保险46人，其中城乡双女居民养老保险22人；办理60岁城镇独生子女奖励扶助6人；办理独生子女办证家庭审核23人次；申请办理生育关怀抚慰金1人。社会救助。临时救助100户，发放救助资金11.25万元。辖区共有低保户157户273人，其中城市低保138户237人，农村低保19户36人，全年发放低保资金189万余元。为7名特困人员发放护理补贴2万余元。残疾人工作。对辖区150名无工作、没有享受低保的重度残疾人和精神、智力三级残疾人进行认证公示，并申请2022年度特殊生活补贴120万元。为118名16周岁以上视力、听力、言语残疾人办理通信补贴4.2万元，其中新办理14人。就业创业。城镇新增就业完成450人，失业人员再就业60人，就业困难人员就业完成31人，农民工返乡创业完成55人，空岗信息完成150人。新增发放创业担保贷款20组件，发放小额贷款宣传品300余份，宣传页500余份。开展职业技能线下提升培训班五期，分别是家政服务培训班两期，中级叉车一期，结业人数共125人。为560名青壮年提供职业技能线上培训，新增就业1115人。打击恶意欠薪。共巡查督促企业和门店完善劳动合同170家，协调解决沿街门店、工地欠薪案件共32起，完善工地一金三制1家，组织各社区张贴保障农民工工资支付条例宣传海报300余份，发放宣传品200余份，各类宣传页1000份。

【便民服务】 全年便民服务大厅共办理劳动就业、居民社保、卫生计生，居民盖章、老年证、市场监管等业务15673件，群众满意率100%，接受群众咨询5120次，为群众提供热水、充电、医药、雨伞、书吧等志愿服务316次；对街道能够办理的154项乡级政务服务事项和社区能够办理的33项村级政务服务事项，对社区分级培训，街道和社区政务服务事项全部录入河南省政务服务平台并进行事项公开发布，方便群众在网上办理查询；开展网格化工作入户核实共计119494人，场所码反扫采集3013个，网格事件流转办理1350件。

【退役军人服务】 依托全国退役军人和其他优抚对象建档立卡系统，登记辖区退役军人和其他优抚对象信息。抓好八一建军节、春节等重大节日期间走访慰问活动。全年为辖区优抚对象发放米、面、油、奶等共计40500元，临时救助5人，发放救助金3000元，在八一建军节期间为辖区内武装部、教导大队、消防大队的官兵们送去了慰问物资共计22417元。街道武装部利用辖区工地围挡制作19条宣传标语、24幅户外广告、26条条幅大力营造征兵宣传氛围。

【纪检监察】 全年共接待来访群众34人次，发现问题线索14个，移交市供电公司6件，上报5件，指定管辖1件，处理2人。共开展学习教育2656人次，中心组学习8次，专题民主生活会1次，开展各种督查192次。按照街道人大换届工作整体安排，监督27次，发现整改问题3个。开展“能力作风建设年”活动，共撰写150余篇学习笔记和心得体会。在疫情期间，组成疫情督查组，共督查32次，督促整改问题62个。在郑州7·20特大暴雨灾害追责问责案件以案促改工作中，撰写对照检查材料1100余份，查纠问题11个，整改落实11个。在仓城等4个社区开展清廉社区创建活动。在《中国纪检监察报》《河南日报》《河南法制报》发表文章3篇。

【安全生产】 2022年是全国安全生产专项整治三年行动“验收总结”收官之年，街道全年累计召开各项安全工作部署会议46次，开展各项领域安全生产培训会50余次。街道应急办组织召开多频次安全生产工作推进会、集中学习《贯彻习近平总书记关于安全生产重要论述和重要指示批示精神论述》专题13次。各社区组织安全知识教育培训会90余次，印制各类安全知识手册8000本对辖区居民发放，在重点路段、居民小区和工地等处悬挂安全条幅150余条、发放安全知识宣传彩页海报10000份。开展家庭减灾能力入户调查，共抽调4个社区，家庭减灾普查160户。建立街道办应急物资储备库200平方，加强应急物资储备管理和应急调拨使用，购买充实应急物资。白庙范社区完成郑州市综合减灾示范社区创建工作。街道深入开展安全生产大排查，排查生产经营场所2533家，加油站5家，企业6家；辖区重点人员密集场所56家（其中KTV娱乐场所6家、餐饮酒店9家、足浴5家、网吧9家、农贸市场2家、大型商超6家、健身房7家、影院2家、洗浴中心9家、教堂1家），排查率均达到100%，累计排查发现安全隐患问题1648处，已整改1646处，2处责令限期整改，整改率达99.7%。街道对大气污染排放源开展大排查，对辖区内的重点区域进行常态化巡查700余次，“禁烧”巡查宣传50余次；先后组织50余次清洁行动，出动机械车辆250余台次，重点整治清理辖区内垃圾、杂物210余吨。处理新郑市级督导组交办问题23个，专家组交办问题96个，发布指令568条。

【应急处置与救灾救援】 7月进入汛期，街道组建街道防汛抗旱应急综合执法中队82人，街道防汛抗旱应急巡防队23人，街道机关防汛抗旱应急队伍79人，街道防汛抗旱民兵应急队伍29人，应急车辆4台，机械车辆8台，编组蓝天救援队28人，辖区22个社区居委会应急队伍281人，街道上下实行条块结合，管区社区防汛责任分包，确保辖区安全度汛。发布气象天气预警信息、提示信息，累计发布69条，向管区、社区发布防汛调度指令47条，向新郑市本级累计上报街道防汛工作开展动态信息26条，党政领导履职工作动态信息18条。重点围绕辖区一闸一坝（部湾闸、裴大户寨坝），两河两路（双洎河、黄水河、郑新路、仓城路），三安置点（后屯、裴大户寨、沈庄安置房临时安置点），四工地、（沈庄安置房建设、壹品蓝湾三期、公园里三期、诚益风景），五涵洞（华瑞路涵洞桥、文化路涵洞桥、中华路涵洞桥、双拥路涵洞桥、风苑路涵洞桥）及城市低洼老旧小区、无主管楼院开展防汛调度布控、隐患排查，问题整改、物资调拨等确保安全度汛。街道为应对特大暴雨，组织150人参加3个演练场的综合演练活动，汛期紧急调拨社区防汛物资沙袋4000个，调拨水泵10台、协调抽水泵20台，累计组织党员、社区干部、志愿者防汛队伍1200余人次，协调出动机械铲车8台，应急车辆14台，确保辖区安全度汛。针对22个社区谋划确定应急避难场所25个，容纳约8770人。

【项目建设】推进“四大片区”三年行动规划，与市直相关部门共同推进9大类46个项目，总投资约25亿元。新郑蓝天燃气有限公司次高压外环管网建设工程，正在进行管线走向评审、安全预评审，预计明年开工；新郑市仓城路综合农贸市场建设项目等待出地上建筑；黄水路升级改造工程等待施工合同；片区老旧小区改造项目3个，总投资6648.98万元，包装成功专项债3200万元，12月底前按时交工；社区党群服务中心项目建设项目2个，总投资558万元，已完成总工程量的95%；新郑市炎黄大道加油站项目，投资1000万，已投入使用；高标准打造社区日间照料中心21个。

【文明新华】坚持“品质化、标准化、精细化”推进城市建设管理，完成全国文明城市创建工作。全年共开展垃圾分类知识大型宣传活动12次、28场垃圾分类微课堂、80次入小区宣传活动，将幸福港湾、壹品蓝湾、荣华上品、维也纳春天、滨河花园等小区打造为垃圾分类示范点，至年底，办事处垃圾分类箱房（亭）、四分类垃圾桶站点建设率达到90%，辖区内居民对垃圾分类知晓率达到98%以上，在各办事处、管委会中处于优先地位。2022年在郑州市中老年舞蹈大赛舞蹈《鹤舞铜莲》和新郑市“中原舞翩跹”艺术广场舞比赛中舞蹈《唱支山歌给党听》《最美小康梦》都获得了一等奖。开展各类文化培训3场；在22个社区开展“送电影下乡”惠民活动；联合新郑市彼岸社工团队举办以“教会儿童自救，提高生存能力”为主题的生存训练营互动活动；组织干部职工开展“千村百镇”系列体育健身活动。对辖区内127家文化艺术、体育类校外培训机构疫情防控和消防安全进行不间断排查，保证全年无事故。

【社区服务】新华路街道进一步完善了社区治理模式，社区规范化建设在去年的两个社区试点基础上扩大到今年所有社区全面展开。社区服务站设立站长及民政和劳动保障、人口计生和医疗、综合事务等3个工作岗位，建立了多个服务项目，实行统一、规范化管理。采取“交叉”模式，社区服务站站长由社区居委会主任兼任。建设具有医疗保健、体育健身、教育培训、为老服务等功能的公共服务设施和室内外文化活动场所，打造商业、生活、文体娱乐等方面的“一刻钟社区服务圈”。

（撰稿：赵艳芳　审阅：刘伟峰）

新烟街道

【概况】新烟街道办事处位于新郑市中心城区东部，是新郑的东大门，总面积2.3平方千米，辖区现有10个社区，总人口7.9万人。新烟街道办事处区位优越、交通便利。东靠京珠高速公路，临近新郑国际机场，京广铁路穿境而过，人民路、解放路、烟厂大街、炎黄大道等主干道路密集分布，构成了方便快捷的立体交通网络；西亚斯、郑煤技校等高校近三万师生形成了巨大的消费市场，吸引了大量的商户入驻，为三产服务业发展提供了得天独厚的条件；辖区内有新郑卷烟厂家属区、火车站、二处、五处、地质队、中盐206库、糖库等11家上三级单位，在招商引资、资源共享方面具有极大优势，有力地带动了辖区劳务、运输、仓储等相关行业的发展。

【经济发展】脚步丈量促发展，聚焦重点产业链，绘制全景图路线图，做优做强“以市场换投资、以资源换项目”文章，班子成员带队走进分包企业实地调研，详细了解企业经营现状及未来发展思路，倾听企业诉求，积极为企业发展出谋划策、排忧解难，促进经济平稳健康发展。共解决通行证办理、对接相关部门等问题28个，线下走访（接待）企业30余次，储备重点在谈项目5个。跟踪问效优服务，用活用好助企纾困三十条，积极帮助企业争取政策、享受政策，最大限度释放政策红利，为河南兴顺能源有限公司申请53万元扶持资金。宣传好减免房租的相关政策，协调金芒果实业公司带头履行社会责任，为35户商户减免2021年、2022年各三个月房租，帮助中小商户渡过难关，共克时艰。对2022年以来重点招商项目建档立册，双周调度、每月通报，靠上协调解决制约问题，推动项目加速落地。对接银企融“活水”，广泛动员辖区中小微企业、个体工商户、金融机构入驻“信易贷”平台，鼓励企业及时发布融资需求、高效便捷完成线上融资流程，助力银企高效对接。同时以“线上+线下”的方式推广注册“信易贷”，及时答疑解惑，助力企业发展。2022年，街道财政收入累计完成4584.38万元；工业增加值8%；固定资产投资累计完成23931万元；社会消费品零售增速17%；规模以上工业增加值累计完成8%；地区生产总值完成264943万元，增速1.7%。

【精细管理】坚持广泛宣传、大力投入、健全制度、长效管理，深入开展“我为群众办实事”活动，用脚步丈量城市，用责任书写担当。把老旧小区管起来，围绕把无主管楼院“组织建立起来、群众组织起来、环境美丽起来、事务管理起来、服务开展起来”工作要求，辖区27个无主管楼院全部建立党组织和自管会，实现了无主管楼院党组织全覆盖，创新实施党员身份亮在楼道里、自治组织建在楼栋上、检查评比落实在常态上、共驻共建落在实处上，形成党建引领、群众自治、公约发力、共驻共建“四位一体”管理新模式，解决城市治理的顽症痼疾。让城市环境靓起来，全力以赴抓好创卫复审工作，继续坚持好环境卫生周观摩月评比奖惩制度，充分调动社区、物业小区积极性，实现辖区卫生状况持续改善；不断增加辖区绿地面积，助力争创国家园林城市、示范城市；深入推进城市精细化管理“路长制”工作，突出城市管理治污、治堵、治脏、治差，不断提升城市环境品质和城市管理水平。充分利用数字化城管系统平台，对易发多发案件进行分析处理，2022年全辖区共排查问题1464个，已解决问题1462个。促大气环境优起来，坚持铁腕治霾，聚焦污染源头治理，强化“六控”措施落实，不定期对辖区工地、散煤、散乱污进行实地检查、督导，对辖区412户饭店进行了油烟监测，不断改善辖区环境质量。严格落实“河长制”，深入推进“四水同治”，积极开展“三污一净”专项行动，清理河道淤泥、垃圾60次，全面疏通辖区污水管网，确保水质稳定达标。

【平安建设】 坚持共建共治共享的原则，完善党委领导、政府负责、社会协同、公众参与、法治保障的社会治理体制，实现社会安定有序，人民安居乐业。信访工作坚持“有访必接、接访必办、办访必果”，加大解决突出问题的调处力度，着力解决群众反映的热点问题，对诉求合理的解决到位，对要求过高的教育到位，对无理纠缠的稳定到位，对触犯法律的处置到位，信访形势总体平稳，上级交办的突出问题攻坚化解率达100%。安全生产排查主动出击，班子成员、社区干部每天对所有企业、工地、九小场所、商户、无主管楼院进行安全确认，严格实行安全责任制，层层签订目标责任书，促进安全生产整体工作再上新台阶，所辖高层建筑72栋完成自查自纠，排查小区9家，建筑72栋，完成率百分之百。反电诈宣传全覆盖，围绕“降发案，保平安”工作，有效整合辖区力量，多措并举，全力攻坚。线上建立新烟街道三级反电诈工作群199个，同时利用云上新郑融媒体及其他新媒体手段发布反电诈宣传信息200余条；线下深入开展反电诈宣传进小区、进学习、进工地、进金融机构、进门店六进活动，整合辖区通信、金融机构、企业、门店、小区、学校、医院、宾馆酒店等各类主体1000余个。辖区累计安装国家反诈中心App5.4万人，占辖区人口总数的94%。无诈成员单位创建924个，创成无诈社区8个。

【民生实事】 守牢平安稳定底线，维护和谐社会环境。把“平安新烟”建设纳入街道总体规划，配强配齐领导小组，建立健全制度和机制，扎实做好敏感时期和重大节日期间平安稳定工作，把不稳定因素牢牢吸附在街道和社区；建立1个街道矛盾调处室和10个村级矛盾调处室，2022年7月1日至9月29日，街道通过“智慧矛盾调解系统”共计录入108条纠纷，并已全部完结。畅通信访渠道，主动约访接访，化解信访突出问题，2022年，接待群众来信来访37起206人。守牢安全生产底线，保障群众生命安全。深入开展重点行业领域安全生产专项整治，健全隐患排查和安全预防控制体系，广泛开展宣传培训演练，努力为辖区的安全生产形势持续稳定做好保障。2022年，共排查企业、商场、沿街门店、网吧、KTV等人员密集场所31家，排查问题隐患108项，整改108处，整改率均达到100%；清理楼洞电动车200余台次，清除飞线和私拉电线100余根；开展消防安全知识讲座8次，发放防灾减灾宣传彩页10000余份，知识手册20000余份，悬挂宣传条幅150条；出资18万余元建立应急物资储备仓库，确保储备物资品种适宜、质量可靠、数量充足。守牢民生保障底线，增强群众幸福感。开展“人人持证 技能河南”免费技能培训4期，培训人员共200余人，协助辖区大学生及返乡创业农民工申请小额担保贷款150万元；发放创业补贴3人次；处理农民工欠薪纠纷案件24

9月，郑州市“党的创新理论万场宣讲进基层”巡回宣讲走进新烟街道烟厂社区（新烟街道/供图）

起，进行劳动仲裁调解案件3起，共涉及纠纷金额共计160万余元；完成建设10个日间照料中心并投入使用；办事处养老服务体系项目已完成科研评审。

【网格化治理】 探索“党建引领网格化”治理模式，统筹配置网格员，把环境整治、疫情防控、文明城市创建等业务整合起来，实现全实效监管，全覆盖防控，夯实基层治理根基。“智治+人治”促精治，27个无主管楼院均按要求建立了长效机制，成立自管会并制定工作方案，积极开展“智慧哨兵”门禁安装，累计投入40余万元，安装数字哨兵8个，安装智慧门禁20个，其中联建单位生态环境局安装智慧门禁2套。开展“净”楼道、“靓”庭院、“绿”小区行动，累计拆除“无主管楼院”小区违章建筑1220平方米，整修院落2230平方米。“全域+全员”创文明，以办事处、新时代文明实践所为重点，以烟厂社区、解放路社区、金芒果社区等点位为先导，坚持连点成线、点面结合，形成重点引领、点位先行、全域共创的创建格局。依托各类文明志愿服务队，吸纳辖区党员、群众、企业、联建单位等群体参与，通过开展清洁家园、文明交通、条例宣讲等活动，让市民知晓创建、参与创建、享受创建，大力营造全民共建氛围。

【基层党建】 按照“跳起摸高、分级定标、因地施策”的原则，科学定“星”，全力创“星”，全程护“星”，扎实推进“五星”支部创建工作走深走实。上接“天线”，把好方向。街道先后召开动员部署会、专题研讨会、工作推进会、观摩交流会等专题会议，组织社区支部书记逐条对照“五星”创建标准过筛过细、弄通弄懂，敦促各社区党支部集中学习、全面领会，学透文件精神，瞄准努力方向。下接地气，摸清底数。按照“一社区一品牌，一支部一特色”的工作思路，街道包社区领导带领社区干部，对照评星标准，逐一分析研判，全面查摆优势与不足，明确方向和思路，逐社区建立现状台账，实现底数清、情况明。经过分析研判，计划创建五星支部1个，四星支部3个，三星支部6个，各社区支部共制定270条创建举措，为下一步全力创星找准了发力点。中聚人心，全面动员。结合“一社区一明白人”，策划“‘五星’创建我来讲”系列活动，让社区干部走向台前，讲政策、讲思路、讲举措，做到想明白、讲明白、干明白。制作宣传版面，在社区显眼位置向群众亮明承诺、亮出举措、亮清时限，营造“五星”创建浓厚氛围，吸引群众广泛参与。

（撰稿：张　慧　审阅：刘炎峰）

人物

PERSONAGE

·人 物>>>

PERSONAGE

2022年度新郑市晋升中级职称人员

中小学一级教师：

杨银萍 乔立佳 张亚威 何 萍
苏翠霞 穆有红 贾丹华 张 一
李娇娇 乔丹华 彭晓晓 张 丽
敬瑞霞 李 平 苗改英 周慧静
李红宾 杨颜珠 孟 苏 李 娜
王 芳 田萌文 付 丽 高茗茗
王彦宾 张聪惠 时雪艳 苗新科
郭丽君 时凯丽 高云云 高重阳
常 莹 申 娜 郭丽娟 郭金欢
刘 博 左春阳 颜亚星 李坤鹏
王晓莉 赵 琦 白雪丽 余 青
赵绘娟 连晓思 高 宏 陈晓明
冯 敏 李相雲 张彦阁 陈龙飞
赵文苑 王会发 马伟营 韦嘉一
歹娇娇 葛 遥 王 凯 王 鑫
刘 胜 张 亚 李志明 李 冉
丁 越 雷 鹤 高 攀 李 佩
李俊锋 李五凯 吕柏宇 张利伟
孔维维 赵佳音 万娜娜 李晓君
王慧娟 徐忠文 郭惠敏 岳世浩
万竹青 王景红 吕志杰 曹步谦
赵春喜 王路路 李 月 颜腾龙
刘 娜 赵晓敏 郭昭瑞 宋 冉
张园园 李金坪 许娟娟 万超敏
贾花菊 赵露辉 吴佳宝 范彬彬
董燕姣 高 洁 赵 蕾 时俊针
华 蕊 吕 东 周伟娟 刘晓明
刘雨滑 程金会 范 宁 高 杨
付靖婷 刘新惠 杨二丽 王朝凤
李秋香 张亚辉 岳 帅 陈 莉
刘 佳 郭燕萍 孙军霞 梁 婷
刘 芳 李 媛 尹欣欣 石雅丽
吕美兰 李留娟 王晓惠 田玉冰
刘欢欢 张改敏 李迎男 李静静
王 敏 蔡焕焕 陈芳芳 马建瑞
马 英 乔玉晓 刘伟平 刘建玲
卢冰冰 时伟伟 胡志瑜 谢玖玲
张子涵 冯花蕾 张 晓 王红杰
胡 聪 乔亚丽 司亚娟 代艳霞
李献志 卢鸿敏 李 敏 李 燕
李金慧 乔路萍 牛晓丹 马 良
张 毫 李 博 冯丹莉 侯瑞敏
张艳芳 陈 柠 柏聪慧 王晶晶
沈 晶 肖子惠 邱丽娟 陈伟静
宋俊华 韦晓静 杨 杰 王奕哲

工程师：

王兴帅 崔晚晚 张慧敏 张永帅
樊保起 王春艳 王浩娜 蔡永艳
刘志霞 李广辉 李胜男 黄蒙蒙
李 娜 李海鸽 石 丽 乔宗磊
常明瑞 张群贤 张 谦 王博文
路晏红 白艳鹤 左丽轲 赵 阳
卢现成 杜燕英 米攀义 郭凯勋
周广超 许银川 郭克俭 赵鑫涛
高成岗 宋璐璐 张建蕊 周开放
张远扬 李 玲 郑海霞 李 玮
王 帅 董小龙 刘玲玲 黄永伟
孔林林 陈水玲 李二丽 韩建松
宋豪杰 吴孝龙 王文博 刘 松
李小明 席景瑞 王 浩 郭伟升
范超杰 李 佳 林 磊 刘保磊
李军宁 杨 玫 秦欢欢 黄素丽
张晓宗 胡 伟

农艺师：

刘艳平 王宏德 申喜梅

馆员：沈小芳

民间艺术师：雪 强

卫生技术：

安占杰 罗蒙蒙 申明科 王欢欢
赵 亮 郭孟娟 兰 天 李 萍
赵秀丽 范峰亮 王双玲 赵会萍
李明磊 王亚丽 陈世红 张峥峥
高二丽 马九龙 李英杰 苏永涛
赵荣坤 郭 新 高江涛 李 洋

张 洁　杨路云　高 雪　董 莹
宋富萍　贾 爽　陈朝霞　刘秋阁
袁 纳　樊 俭　赵红霞　谢元勋
李 萍　孙敏霞　付咏春　秦 华
张 龙　杨炎雯　梁晓炜　秦晓革
唐芳芳　周国瑞　袁玉凤　高亚军
张 龙　范俊波　董 杰　郭芳芳
王 凯　钱 蕊　王 静　尚万浩
穆海茹　高 勇　师艳艳　张宛宛
郭亚丽　崔景玉　王晓月　丁 灿
郭瑞龙　李彦锋　赵莉娜　王海荣
仓洪洲　陈慧慧　和书培　张春彦
朱巍巍　赵世胥　赵聪聪　宰翠颖
杜 培　李曌洋　兑元瑞　杨慧芳
聂雪为　杨玉荣　王 霞　赵 静
孟 洁　杜伟超　郭翠萍　刘振雨
薛松涛　田林涛　师军帅　高志红
陈 洁　耿贝贝　陈二英　周玉平
史双余　连书峰　赵瑞丛　尚聪慧
朱超岚　杜甜甜　张冰川　高占锋
范 松　岳 凡　范李丽　李 玲
牛坤伟　郭文秀　邱 鹏　白丽娜
刘 航　赵艳芳　宋骁一　吴亚可
敬 仰　宁 鸽　张倩南　郭伟亭
李松杰　王 慧　郭文菲　张 锋
岳云霄　赵溪清　赵泽波　于慧洁
朱世磊　王 鹏

护理学：

付盼宁　李倩文　张 敏　马聪敏
王 梦　李 雪　连巍娥　丁伟莉
王飞燕　刘永丽　王小冉　朱亚丹
翟向华　高会娟　秦莉莉　赵 丹
张志敏　张小敏　吴晓丽　高 爽
牛 岩　程 英　蒋淑慧　傅登月
员秀贞　赵 娜　沈超群　许现芝
王 珂　桂巍巍　冯 娜　贾 钘
游 丽　王艳娜　穆会娟　赵玉镜
高 颖　苏宏玉　李伟丽　杨聪聪
蒲瑞坪　荆 醒　李 倩　孟 双
李鹏霞　袁影影　李娜娜　苗玉芳
王 琳　周 滢　王小溪　张 琴
康业恒　李银萍　赵彦杰　李 红
史伟伟　韩晓兰　周珊珊　杨丽娟
张月君　郑李霞　刘玲霞　张丽莎
赵 青　高亚莉　靳莉婷　王 纳
刘春霞　袁文兴　鲁宁春　吴一平
杨 提　刘俊霞　曹瑞恒　史亚蕌
李才婷　魏 伟　张 哲　时淑娟
侯松燕　陈金兰　王晓琳　师凯歌
万亚萍　袁金艳　李 芳　张江萍
李 静　赵路路　白 雪　王 颖
张 丽　杜 航　贾瑞霞　郑艳红
仝晓兰　冯丽洁　华 聪　王小兵
吴荣荣　马 芬　李晶晶　常 悦
张 瑞　孟淑娟　陈闪闪　王 莹
刘志莹　时婉婉　彭 莉　王 琰
包亚男　王亚娟　赵利花　仇明丽
李 蓓　徐晓菲　牛 青　赵聪洁
万 雨　李 凯　夏彩虹　高艳丽

2022年度新郑市晋升副高级职称人员一览表

表1

姓名	申报单位名称	学科专业	申报职称
刘志平	新郑市公立人民医院	妇产科	副主任医师
任芳莉	新郑市公立人民医院	外科护理	副主任护师
刘志超	新郑华信民生医院	临床医学检验技术	副主任技师
张 三	新郑华信民生医院	临床医学检验技术	副主任技师
吕豪杰	新郑华信民生医院	临床医学检验技术	副主任技师
张永生	新郑华信民生医院	放射医学	副主任医师
沈 凯	新郑华信民生医院	中医骨伤	副主任医师
尹永涛	新郑华信民生医院	中医骨伤	副主任医师
吴喜见	新郑华信民生医院	中医内科	副主任医师
韩翎燕	新郑华信民生医院	妇产科护理	副主任护师

续表1

姓名	申报单位名称	学科专业	申报职称
付慧莲	新郑华信民生医院	药学	副主任药师
王桂淼	新郑华信民生医院	内科护理	副主任护师
李　永	新郑华信民生医院	神经外科	副主任医师
王志超	新郑华信民生医院	神经外科	副主任医师
张　勇	新郑华信民生医院	疼痛学	副主任医师
沈　丹	新郑华信民生医院	外科护理	副主任护师
付振伟	新郑华信民生医院	耳鼻喉科	副主任医师
刘　培	新郑华信民生医院	消化内科	副主任医师
赵颜霞	新郑华信民生医院	心血管内科	副主任医师
曹清花	新郑华信民生医院	针灸	副主任医师
徐泽霞	新郑华信民生医院	中西医结合妇科	副主任医师
李玉凤	新郑华信民生医院	中西医结合外科	副主任医师
周慧君	新郑华信民生医院	中药学	副主任药师
陈　梅	新郑天佑医院	临床医学检验技术	副主任技师
张　丽	新郑天佑医院	超声医学	副主任医师
郭俊红	新郑天佑医院	妇产科	副主任医师
盛玲玲	新郑天佑医院	妇产科	副主任医师
李花玲	新郑天佑医院	内科护理	副主任护师
高红欣	新郑天佑医院	神经外科	副主任医师
金　锋	新郑天佑中医院	中医骨伤	副主任医师
肖　琼	新郑天佑中医院	中医内科	副主任医师
俎景林	新郑天佑中医院	普通内科	副主任医师
宁　杰	新郑天佑中医院	神经外科	副主任医师
黄光辉	新郑天佑中医院	麻醉学	副主任医师
王红艳	新郑天佑中医院	神经内科	副主任医师
张会玲	新郑天佑中医院	中西医结合内科	副主任医师
高晓霞	新郑天佑中医院	中药学	副主任药师
董小波	新郑天佑中医院	中医儿科	副主任医师

续表1

姓名	申报单位名称	学科专业	申报职称
贾晓烨	新郑市观音寺中心卫生院	口腔内科	副主任医师
岳　改	新郑市孟庄镇卫生院	妇产科	副主任医师
李　华	新郑市新区社区卫生服务中心	妇产科	副主任医师
刘桂锋	新郑市妇幼保健计划生育服务中心	妇产科	副主任医师
赵俊霞	新郑市赵俊霞中医诊所店	中医皮肤	副主任医师
董书灿	新郑市新烟街社区卫生服务中心	口腔医学	副主任医师

2022年新郑市老寿星（100岁以上）一览表

表2

姓 名	性别	出生日期	家 庭 住 址
李遂昌	男	1923年5月27日	观音寺镇岳口（事业退休）
郭喜梅	女	1922年1月22日	新郑市观音寺镇沟冯村
陈　昌	男	1922年4月9日	辛店镇化雨庄村2组
王锦平	女	1922年5月15日	新村镇鲍家
刘玉妞	女	1922年6月29日	辛店镇袁集村1组
苏桂芳	女	1922年1月14日	辛店镇靳沟村8组
张素珍	女	1921年3月1日	新郑市新华办毛园社区
李喜娥	女	1921年3月12日	梨河镇绰刘村
王凤英	女	1921年5月20日	辛店镇东土桥4组
冯玉梅	女	1921年6月1日	孟庄镇肖庄社区218号
李桂梅	女	1921年9月23日	郭店镇前时村五组
宝秀英	女	1921年9月24日	教育园区（龙湖镇）梅山社区
赵景仙	女	1921年9月25日	城关小占庄溪水湾
刘改英	女	1921年11月11日	观音寺镇王行庄
沈秀英	女	1921年11月12日	教育园区（龙湖镇）郭庄社区
马遂娥	女	1921年12月6日	郭店镇五里堡一组

续表2

姓 名	性别	出生日期	家 庭 住 址
张白妮	女	1921年8月10日	郭店镇大范庄二组
王遂英	女	1920年12月20日	新郑市新华办金岭社区
赵大妮	女	1919年3月15日	新区镇观庙郑423号
韦孝兰	女	1917年7月15日	新郑市新华路祥和二街石油公司家属院
高好妞	女	1916年11月23日	郭店镇司洼四组
苏仁秀	男	1915年4月2日	郭店镇华阳寨三组
孙兰针	女	1915年10月8日	孟庄镇寺西王235号
李翠花	女	1911年10月1日	新村郝家岗
马玉先	女	1911年12月13日	和庄镇老庄刘
史秀花	女	1923年2月10日	辛店镇后高庄村9组
赵欣离	男	1922年1月2日	具茨山油坊沟
时　爱	女	1922年9月17日	观音寺镇沟冯村
张交连	女	1923年3月22日	新村镇前洼王村
王别林	男	1923年3月29日	孟庄镇潮河新城社区
危文枝	女	1923年5月13日	教育园区（龙湖镇）荆王社区
郑小花	女	1923年7月26日	新郑市孟庄镇唐寨村村委会
冯金梅	女	1920年9月13日	薛店镇西场李村
张凤菊	女	1923年5月5日	郭店镇铜佛赵六组
牛免妮	女	1922年6月9日	新区常庄村
李大妮	女	1923年9月20日	梨河镇高班庄村
白爱民	女	1923年10月14日	辛店镇齐河村4组
史丙坤	男	1923年10月7日	辛店镇史庄村4组
马秀英	女	1923年10月22日	辛店镇鲁楼村4组
王　晴	女	1923年6月9日	观音寺镇唐庄村
赵勤妞	女	1923年9月28日	城关乡西贾庄八组
冯二妮	女	1923年8月5日	郭店镇三十里铺六组
苏秀兰	女	1923年9月10日	郭店镇华阳寨二组

附录

APPENDIX

·附 录>>>

APPENDIX

新郑市2022年国民经济和社会发展统计公报

2022年是党的二十大胜利召开之年，是“十四五”规划的关键之年。一年来，面对复杂严峻的外部环境和多重超预期的困难挑战，在市委、市政府的坚强领导下，全市上下坚持以习近平新时代中国特色社会主义思想为指导，以迎接、宣传、贯彻党的二十大为主线，全面落实“疫情要防住、经济要稳住、发展要安全”的要求，果断出台并加快推动落实稳经济一揽子政策和接续措施，有效应对各种风险挑战，顶压前行、难中求成，经济社会高质量发展迈出坚实步伐。

一、综 合

初步核算，全年全市完成地区生产总值819.8亿元，比上年增长2.1%。其中：第一产业增加值29.0亿元，增长4.2%；第二产业增加值348.5亿元，增长4.6%；第三产业增加值442.3亿元，增长0.1%。一、二、三产业增加值占地区生产总值的比重分别为6.5%、42.5%和54%。

年末全市常住人口120.37万人，其中城镇常住人口83.1万人；常住人口城镇化率为69%，比上年末提高0.32个百分点。全年出生人口0.66万人，人口出生率为5.49‰；死亡人口0.54万人，人口死亡率为4.47‰；自然增长率为1.02‰。

全年全市居民消费价格比上年上涨2.2%。八大类商品及服务价格呈现“七涨一降”，食品烟酒类、衣着类、居住类、生活用品及服务类、交通和通信类、教育文化和娱乐、医疗保健类分别上涨2.4%、0.9%、1.7%、1.3%、5.2%、0.6%、2.3%，其他用品和服务类下降0.1%。

二、农 业

全年全市粮食产量23.3万吨，比上年下降1.7%；油料产量1.7万吨，下降2.7%；蔬菜产量17.0万吨，增长3.8%；水果产量6.7万吨，下降5.5%；生猪出栏17.7万头，增长17%；牛出栏0.46万头，增长22.24%；羊出栏3.99万头，下降7.85%；家禽出栏203.17万只，下降45.55%。

年末全市农业机械总动力63.27万千瓦。拖拉机和联合收获机分别为6920台、1621台。拖拉机配套农具达12358台。全市机耕面积、机播面积、机收面积分别达到28.35千公顷、40.86千公顷和41.19千公顷。农作物耕种收综合水平达88.84%。

三、工业和建筑业

工业：全年全市规模以上工业增加值比上年增长2.2%。按轻重工业分，轻工业增长13.4%，重工业下降6.7%。按行业分，食品加工业增长15.8%，生物医药业增长16.6%，非金属矿物制品业下降27.3%，钢铁及金属制品业增长2.9%，设备制造业降低21.4%，煤炭开采和洗选业增长5.2%，纺织服装业增长9.8%。

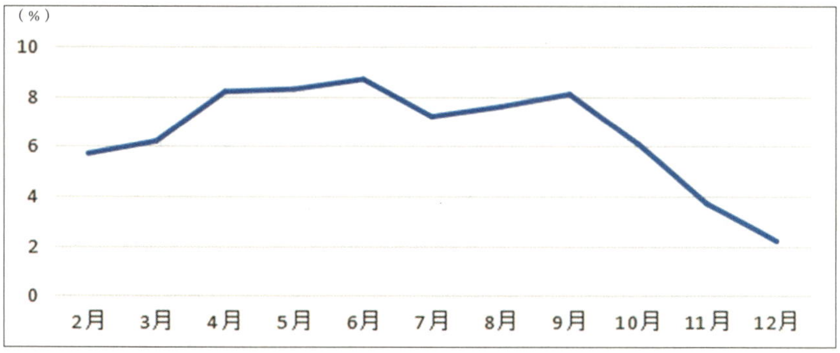

图1　2022年新郑市各月规模以上工业增加值累计增速示意图

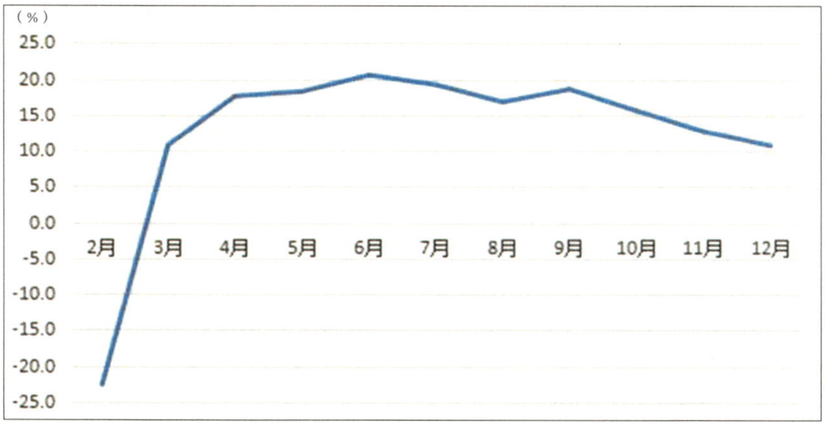

图2　2022年新郑市各月固定资产投资累计增速示意图

规模以上工业效益：全年全市规模以上工业企业营业收入比上年增长6.5%；每百元资产实现的年营业收入为96.0元，提高1.2元；利润总额23.3亿元，增长12.3%；营业收入利润率为5.6%，提高0.9个百分点。微观杠杆率略增，全市规模以上工业企业资产负债率为55.3%，提高0.7百分点。

规模以上工业产品产量：全年全市方便面产量11.7万吨，比上年增长45.5%；乳制品产量7.5万吨，下降0.8%；塑料制品产量4.5万吨，下降25.8%；钢材产量45.1万吨，下降3.8%。

建筑业：全年全市建筑业实现增加值33.6亿元，比上年增长69.7%。全市具有资质等级的建筑业企业总产值增长46.2%，利润总额增长66.7%，营业收入增长45.1%。

四、固定资产投资

全年全市固定资产投资（不含农户）比上年增长10.7%。其中，第一产业投资下降70.5%；第二产业（工业）投资增长40.8%；第三产业投资增长8.7%。

房地产开发投资：全年全市房地产开发投资比上年下降1.9%，其中住宅投资下降4.2%。房屋施工面积1747.6万平方米，下降10.8%，其中，房屋新开工面积123.1万平方米，下降61.8%。房屋施工面积中，住宅施工面积1391.3万平方米，下降9.1%；住宅新开工面积106.4万平方米，下降56.9%。竣工面积51.6万平方米，下降66.1%，其中住宅竣工面积41.6万平方米，下降64.9%。商品房销售面积250万平方米，增长7.3%，其中，住宅销售面积231.6万平方米，增长7.4%；商品房销售额146.2亿元，下降16.4%，其中住宅销售额138.8亿元，下降16.6%。

五、内外贸易、旅游

消费品零售：全年全市批发和零售业增加值114.8亿元，比上年下降5.5%；住宿和餐饮业增加值14.7亿元，下降14.2%。全年实现社会消费品零售总额315.2亿元，下降5.1%。其中，限额以上单位消费品零售额67.4亿元，下降22.4%。按经营所在地分，城镇消费品零售额264.3亿元，下降5.4%；乡村消费品零售额50.9亿元，下降3.5%。按行业分，批发业80.1亿元，增长8.2%；零售业203.0亿元，下降8.1%；餐饮业30.5亿元，下降14.6%；住宿业1.6亿元，下降2.0%。

对外贸易：全年全市共签订协议项目27个，签约金额347.4亿元，引进省外资金97.8亿元。实际利用外资完成23998万美元，比上年增长3.2%。进出口总值10.5亿元，增长78%。

旅游：全年全市各景区接待

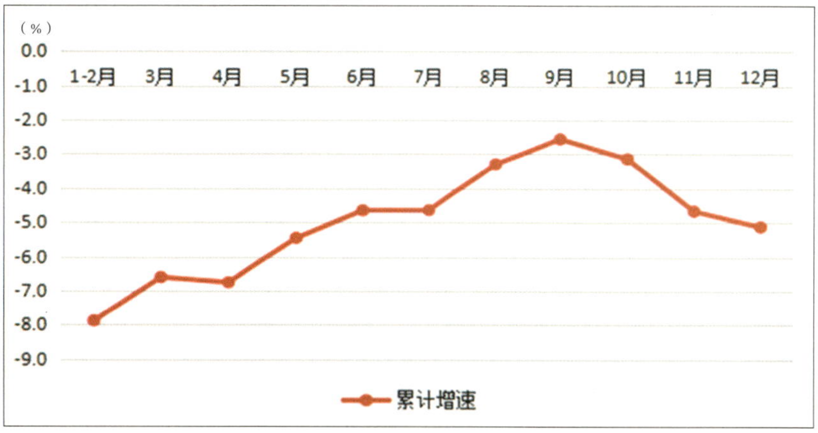

图3　2022年新郑市各月社会消费品零售总额累计增速示意图

游客约420万人次，比上年下降16.18%；旅游总收入约18亿元，下降10.18%。全年共受理旅游投诉4起，处结率100%，游客满意率100%。

六、财政和金融

财政：全年全市地方公共财政预算收入71.0亿元，比上年下降5.0%。其中税收收入34.2亿元，下降20.6%，占地方公共财政预算收入的比重48.2%。地方公共财政预算支出93.3亿元，下降7.6%；政府性基金预算支出16.4亿元，下降23.3%。

金融：年末全市金融机构存款余额790.6亿元，比年初增长5.7%；金融机构贷款余额666.2亿元，比年初下降5.1%。

七、科技、教育和卫生

科技：全年全市新增郑州市级以上工程技术中心、研发中心10家，国家网技术合同成交额14.63亿元；专利授权2279件，其中：发明317件，实用新型1633件，外观设计329件。

教育：年末全市有各级各类中初等教育学校360所，其中中等职业学校9所、普通高中7所、普通初中(九年一贯制)32所、小学110所、特殊教育学校1所、幼儿园201所。在校学生262610人，其中中等职业学校30516人（不含省、市属中职学校）、普通高中20860人、普通初中(九年一贯制)47630人、小学113985人、特殊教育学校157人、幼儿园49462人。

卫生：全市共有卫生机构（含村卫生室）637个；床位6615张。卫生技术人员6701人；其中执业医师、执业助理医师2255人，注册护士3035人。免费婚检率达到71.69%。基本药物制度持续完善，全年基层医疗卫生机构销售金额8605.2万元，让利金额1979.2万元；市直公立医院销售金额5858.3万元，让利金额1347.4万元。

八、人民生活

全年全市农村居民人均可支配收入28519元，比上年增长6.1%；人均生活消费支出22128元，下降4.3%。城镇居民人均可支配收入40080元，增长2.9%；人均生活消费支出21515元，下降9.4%。

九、劳动和社会保障

全年全市新增城镇就业再就业岗位9593个，其中下岗失业人员再就业922人，就业困难人员再就业624人，公益性岗位就业430人。累计发放小额担保贷款7616万元。

全年全市农村劳动力转移就业6133人，职业技能培训4.47万人次，失业人员再就业培训1893人，创业培训840人。

全年全市新增参保企业1069家，养老、工伤、失业三险累计参保人数达到65.59万人。其中，企业职工基本养老保险累计参保人数12.17万人；机关事业单位养老保险累计参保职工2.67万人；城乡居民养老保险参保人数达到32.3万人，参保率保持99%以上；工伤保险正常参保人数达到10.69万人；失业保险正常参保人数达到7.76万人；职工基本医疗保险参保人数达到10.2万人（其中在职人员参保8.29万人人，退休人员参保1.91万人）；城乡居民基本医疗保险参保人数达到54.36万人；生育保险参保人数达到7.74万人。

按照科学管理、应保尽保、分类施保、特困重保、超标退保的原则，全年全市累计将3917户7422人城乡困难家庭纳入低保范围，发放救助资金4105.2万元。共为1308名特困人员落实供养资金1697.2万元。

十、环境保护、生态文明

环境保护：全年全市城区空气质量达到或优于国家二级标准的天数为228天；城市集中饮用水源地水质达标率100%；城区可吸入颗粒物 PM10年平均浓度为76微克每立方米，细颗粒物PM2.5年平均浓度为45微克每立方米。

生态文明：全年全市造林绿化面积86公顷，森林抚育366.67公顷，新建提升生态廊道2条。

注：1.本公报数据为初步统计数，部分数据因四舍五入的原因，存在着与分项合计不等的情况。

2.公报中生产总值及各产业增加值绝对数按现行价格计算，增长速度按可比价格计算。

3.公报中部门数据来自相关部门。

2022年新郑市居民消费价格指数表

附表1：

（上年同期价格为100）

类 别	指数
居民消费价格总指数	102.2
一、食品烟酒	102.4
二、衣着	100.9
三、居住	101.7
四、生活用品及服务	101.3
五、交通和通信	105.2
六、教育文化和娱乐	100.6
七、医疗保健	102.3
八、其他用品和服务	99.9

2022年新郑市农业主要产业情况表

附表2：

项目	种植面积（公顷）	单产（公斤/亩）	总产量（吨）
粮食	38766	400	232544
其中：夏粮	18669	385	124604
秋粮	20097	413	107940
油料	4997	225	16880
其中：花生	4318	244	15834
蔬菜	4242	2672	170004
瓜果	166	2387	5957

2022年新郑市主要工业产品产量表

附表3：

名称	单位	累计完成	比上年（±%）
方便面	万吨	11.7	45.5
乳制品	万吨	7.5	−0.8
啤酒	万千升	61.9	1.8
饮料	万吨	12.0	1.5
化学试剂	万吨	15.0	0.9
塑料制品	万吨	4.5	−25.8
商品混凝土	万立方米	260.9	−37.5
钢材	万吨	45.1	−3.8

索引

INDEXES

·索 引>>>

INDEXES

说明：

一、本索引采用主题分析的方法，把年鉴所刊登的条目，按汉语拼音顺序排列，同音字按声调排列，声调相同的按下一个字的音序排列。

二、标目后数字为页码，字母a为左栏，b为中栏，c为右栏。

三、内容有交叉或完全不同而标题相同的条目，为便于读者检索，在索引中重复出现。

A

B

C

D

E

F

G

H

J

K

R

S

T

W

X

Y

Z